本研究得到四川省社科重点研究基地项目“《民法典》时代商业银行的法律风险防范”（SC21EZD047）的资助。

《民法典》时代商业银行的法律风险防范

LEGAL RISK PREVENTION
FOR
COMMERCIAL BANKS
IN
CHINA CIVIL CODE ERA

合同条款设计与风控操作要点

廖振中　高晋康　著

法律出版社
北京

图书在版编目(CIP)数据

《民法典》时代商业银行的法律风险防范：合同条款设计与风控操作要点 / 廖振中，高晋康著. -- 北京：法律出版社，2021
ISBN 978-7-5197-5908-7

Ⅰ. ①民… Ⅱ. ①廖… ②高… Ⅲ. ①商业银行法－研究－中国 Ⅳ. ①D922.281.4

中国版本图书馆 CIP 数据核字(2021)第 183035 号

《民法典》时代商业银行的法律风险防范
——合同条款设计与风控操作要点
《MINFADIAN》SHIDAI SHANGYE YINHANG DE FALÜ FENGXIAN FANGFAN
—HETONG TIAOKUAN SHEJI YU FENGKONG CAOZUO YAODIAN

廖振中 高晋康 著

策划编辑 郑 导
责任编辑 郑 导 曲 杰
装帧设计 汪奇峰

出版发行 法律出版社
编辑统筹 学术·对外出版分社
责任校对 王 丰 李景美
责任印制 陶 松
经 销 新华书店

开本 710 毫米×1000 毫米 1/16
印张 48 字数 704 千
版本 2021 年 10 月第 1 版
印次 2021 年 10 月第 1 次印刷
印刷 三河市兴达印务有限公司

地址：北京市丰台区莲花池西里 7 号(100073)
网址：www.lawpress.com.cn
投稿邮箱：info@lawpress.com.cn
举报盗版邮箱：jbwq@lawpress.com.cn

销售电话：010-83938349
客服电话：010-83938350
咨询电话：010-63939796

书号：ISBN 978-7-5197-5908-7
定价：198.00 元

廖振中

生于 1977 年 12 月，四川成都人。法学博士，西南财经大学中国金融法研究中心副主任、法学院副教授,硕士生导师。现任中国银行法研究会理事。在《中国法学》《现代法学》《比较法研究》等刊物发表学术论文多篇。主持、参与国家社科基金项目、国家自然科学基金项目、教育部人文社会科学研究项目、四川省社会科学规划项目7项。中华人民共和国执业律师(兼职)，执业年限16年，执业领域为金融担保，资管信托。

电子邮箱:lzz@ swufe. edu. cn

高晋康

生于 1963 年 4 月，山西临县人。法学学士、经济学博士。现任西南财经大学中国金融法研究中心主任、法学院教授、博士生导师。 兼任教育部高等学校法学类专业教指委委员、中国银行法研究会副会长、国家社科基金评审组专家，四川省委、省政府法律顾问等职。在法律出版社等出版著作20余部，主编《经济法律通论（普通高等教育十一五国家级规划教材）》，在《中国法学》《法学家》《现代法学》等海内外刊物发表学术论文70余篇，主持完成国家社科重大招标课题等国家级省部级课题10余项，牵头获得四川省哲学社会科学优秀成果一等奖和教育部、司法部等各类科研成果奖20余项。获评、入选国务院特殊津贴专家、国家“万人计划”教学名师、教育部新世纪人才等。

序　一

进入新世纪以来,中国银行业逐步进入发展快车道。截至2020年末,中国银行业金融机构总资产为2988万亿元,机构网点总数达22.67万个。习近平总书记指出,防范化解金融风险特别是防止发生系统性金融风险,是金融工作的根本性任务。在银行业金融机构的制度体系中,风险管理处于关键性地位。商业银行风险管理的根本目标是通过全面风险管理体系的建立健全和有效运行,实现安全稳定金融秩序下持续高效的金融供给,服务实体经济和人民生活。我国银行业监督管理部门先后发布了《银行业金融机构全面风险管理指引》《商业银行合规风险管理指引》《银行保险机构恢复和处置计划实施暂行办法》等文件,提出为贯彻落实中央经济工作会议"把防控金融风险放到更加重要的位置"的总体要求,银行业应坚持底线思维、分类施策、稳妥推进、标本兼治,切实防范化解突出风险,严守不发生系统性风险底线。

被誉为"社会生活百科全书"的《民法典》,是新中国成立以来第一部以"法典"命名的法律,是新时代我国社会主义法治建设具有里程碑意义的重大成果。可以预见,《民法典》及随后陆续颁布的配套司法解释对银行业风险管理将产生很大的影响。《民法典》于2021年生效之后,银行业非常重视对管理者和业务人员的风险控制能力培训。但是,依据《民法典》对银行业实务操作风险进行专门分析解说的专业类书籍,目前还很稀缺。本书的两位作者长期从事民商法教学研究工作,且多年来置身金融行业的法律实务。他们撰写的本书,站在维护金融安全的高度,密切联系银行业务实践,理性公允、深入浅出地剖析"民法典时代"商业银行所面临的法律风险,值得业内人士一读。

该书从实战角度出发,通过真实的司法案例系统性地揭示、分析具有以下特点：一是突出实用性，即立足于实践，以案说法，切实回应银行业第一线的业务、风控、合规等部门的实际需求；二是注重及时性，即对《民法典》及随后陆续颁布的配套司法解释进行解读，便于银行工作人员了解其最新精神；三是力求操作性，该书收集了十家代表性银行的合同文本，进行逐一点评并给出针对性建议，特别指明了当前银行操作中的一些风险点。

总之，该书是一本实用性时效性俱佳的业务操作参考书，既有助于银行业工作人员快速理解《民法典》对商业银行风险控制的影响，也为从事金融法实务的律师、法官解决复杂疑难金融纠纷提供参考。我相信，多一些这样的作品问世，对维护我国的金融系统性安全，实现“金融稳，经济稳”的目标，将会大有裨益。

是为序。

中国法学会银行法学研究会会长

王卫国

2021 年 9 月

序　二

“法律犹如国语，为民族精神之体现。”[①]2020年5月28日，十三届全国人大三次会议表决通过《中华人民共和国民法典》(以下简称《民法典》)，实现了中国法治百年的梦。回首七十年《民法典》制定的曲折历程，凝聚着三代立法者、法律工作者乃至亿万人的梦想。这部“社会生活百科全书”[②]是一个国家法律传统和信仰的生动写照，更与每一个人的生活息息相关，合同、物权、担保、婚姻、继承、收养等事项，都能在《民法典》中找寻到答案。

对于商业银行而言，风险与利润是硬币的两面。根据《银行业金融机构全面风险管理指引》，法律风险并非第一层级的风险，而是包括在操作风险之中。近年来，银行业务面临的内部操作(法律)风险问题日益突出，“吾恐季孙之忧，不在颛臾，而在萧墙之内也”。如何尽可能降低自身内部所存在的各种风险因素，增强抵御外部风险的能力，是每一家现代商业银行需要回应的重大问题。从这一角度来看，《民法典》及配套新规一方面将为商业银行提供操作(法律)风险控制指引，使其有法可循；但换一角度看，新旧法律的衔接与冲突也有可能给商业银行造成非常大的困扰。可以预见，《民法典》以及最高人民法院《关于适用〈中华人民共和国民法典〉有关担保制度的解释》、最高人民法院《关于适用〈中华人民共和国民法典〉婚姻家庭编的解释(一)》、《全国法院民商事审判工作会议纪要》等新规的出台，必将对商业银行操作(法律)风险防控产生重大影响。

2020年5月29日习近平总书记在中央政治局就“切实实施民法典”举

---

① 王泽鉴：《比较法与法律之解释适用》，载王泽鉴：《民法学说与判例研究》(第二册)，中国政法大学出版社1997年版，第1页。

② 徐隽等：《保障民事权利，夯实善治之基——民法典：社会生活百科全书》，载《人民日报》2020年5月28日，第13版。

行的第二十次集体学习时强调:"有关国家机关要适应改革开放和社会主义现代化建设的要求,加强同民法典相关联、相配套的法律法规制度建设,不断总结实践经验,修改完善相关法律法规和司法解释。"在充分认识到《民法典》及配套新规重要性的基础上,商业银行亟需对相关岗位人员有针对性地进行培训,重新组织和设计相关合同条款,调整贷前贷后操作流程与方法,从而避免 2021 年 1 月 1 日《民法典》生效后罔知所措的情况。因此,如何将《民法典》及配套新规与司法案例结合,系统解决商业银行各种业务中最常见的各类热点难点问题,就成为当前亟需解决的一个课题——这恰恰是本书的写作目的。同时,本书写作团队主要成员廖振中、高晋康从 2019 年开始对各大商业银行、金融控股公司、信托公司、中小贷公司、担保公司进行了上百场民法典讲座,其间金融机构工作人员提出了相当多值得深入探讨的实务问题,为本书写作的又一机缘。

就本书写作目的而言,一是为商业银行工作人员、法官、律师提供实务操作参考指南;二是为在校师生教学提供有益的素材,激发问题意识。就本书写作方法而言,如博登海默所言,"使司法判决具有法律效力的力量,并不是法官的意志或命令,而是原则的内在价值或是体现于判决中的习惯实在性"。① 值此信息化大数据时代,商业银行操作(法律)风险之控制,诉讼纠纷案件之处理,早已不可单一拘泥于单纯法条文义,而必"先查海量类案先例,后理裁判底层逻辑",方可渐有端绪。此乃本书写作"任督二脉"之所系。

具体而言,本书有如下特色:

第一,选题标准。采取民法典及配套新规、司法指导性案例与银行法律风险控制中难点问题三位一体的写作框架,选出同时满足三个条件的 30 个专题:(1) 民法典及配套新规存在立法创新或对原有立法进行实质性改动;(2) 在既往司法实务中争议较大,各级法院判决存在一定冲突,容易导致"同案不同判";(3) 属于商业银行常见的风险控制难点或近年来新兴的热点问题,如图 1

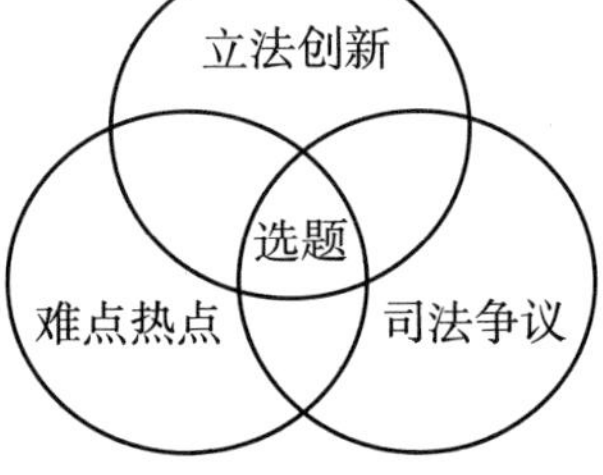

图 1　商业银行常见风险控制难点或热点问题

① [美]E. 博登海默:《法理学,法律哲学与法律方法》,邓正来译,中国政法大学出版社 1998 年版,第 431 页。

所示。

第二,风险评级。本书针对每个专题都建立了风险评级的两个指标。一是《民法典》及配套新规的立法创新或实质性改动对商业银行的风险影响,分为“增加”、“降低”两种情况:前者属于《民法典》及配套新规增加了商业银行风险,需要银行进行特定的合同设计与风险控制手段加以预防,如《民法典》第686条规定“约定不明,推定为一般保证”;后者属于《民法典》及配套新规赋予了商业银行通过合同设计增加自身安全系数的空间,银行需要对此加以积极使用,如《民法典》第681条对保证人承担保证责任在《担保法》原有“债务人不履行到期债务”之外增加“当事人约定的情形”,这需要银行在合同中加以细化明确。二是本书对每一专题给予了操作性风险星级评估。★号代表风险指数。★★★★★代表银行败诉率高于80%,不可触碰的红线禁区;★★★★代表银行败诉率高于50%,且该规定复杂、司法裁判争议较大,需要特别谨慎从事;★★★代表民法典进行了新规定,需要银行在合同和制度中作出特别约定,提前防控风险;★★为风险基本可控,需要提示经办人员注意事项。

第三,立法考辨。本书采体系化编撰的思路,以阐明法文之本意,呈现立法沿革之全貌。一是对《民法典》条文及其关联新规、立法机关意见等加以汇编;二是考虑到《民法典》相当之比例的条款来自过去十年间最高人民法院的“法官造法”,故对前期司法解释、最高人民法院会议纪要、公报指导性案例也予以梳理呈现;三是为体现最新学术动态,本书对近五年来法学核心期刊上发表的相关学术论文进行了文献综述,对重要的学术争论要点予以提炼,以飨读者。

第四,裁判可视化梳理。本书依托Alpha案例库对近10年,尤其近5年来30个专题所涉及的海量商业银行败诉案件进行了全面梳理,对“历年案件数量”“涉及行业”“一审、二审结果”等信息进行可视化呈现,精心选取660个典型案例判决精要加以提炼,梳理出司法部门对相关案例的裁判思路与底层逻辑,从而总结出商业银行败诉的各种原因所在。在此过程中,本书写作团队尽可能采用图表方式进行可视化分析,从而“提升认知流畅性,减少信息传递异化”,[①]有利于读者迅速掌握相关银行业务的潜在法律风险点。

---

① 蒋勇:《诉讼可视化》,法律出版社2017年版,第2页。

第五,全国十家代表性商业银行合同条款比对点评。本书写作团队收集了全国具有代表性的十家商业银行信贷、担保等领域的现有合同条款。在本书所设计的30个专题所涉及的业务领域,本书对上述十家商业银行的合同具体条款进行了比对分析,对各银行条款约定不同之处予以点评,“说明其优势所在,检讨其潜在之问题”,相互镜检,以收探赜索隐之效。

第六,合同设计方案与风控操作要点。基于以上立法考辨、裁判梳理、合同比对,本书向商业银行提出了非常具体、操作性极强的合同设计方案与风控操作要点。同时,本书写作团队在这一部分提供了大量亲身经办案例,根据办案期间“所见、所思、所悟、所感”,最直观地体现相关操作风险点。

本书之完成,一方面受益于本书写作团队主要成员在学术界经年累积,使本书写作团队取他人学术之长;另一方面则得益于本团队长期浸淫金融领域商事纠纷的实践经验。廖振中除完成本书主要章节的写作外,还与高晋康一起完成本书的策划、修订。蔡泳曦、周寓先、沈冬军、李然、蒋红参与了部分章节写作。

同时,本书也是国家级教学成果奖“从法律诊所到法律医院”的延续,同时也是西南财经大学“西南财经大学教学成果一等奖建设项目:卓越法治人才培养自媒体多方互动教学平台建设”“线上线下混合式金课建设:民法总论”“小班化课程金课建设项目:卓越财经法律人才思维与技能实战培训”“双师同堂:法税同审”等实践性教学的成果。鼓励学生能动性投入学习,强调学生对所接受的教学流程的建设性贡献。① 在本书写作过程中,西南财经大学法学院的常馨月、陈雪颖、陈姿含雨、邓梓葱、韩锦炫、胡家仪、黄凌汐、黄泳绮、江静、刘舒怡、刘思函、刘欣宇、刘姿君、罗安玲、孟苗辰、牛俪静、乔明哲、苏宇琦、万煜、王孟桥、王思源、王怡之、吴蕴瑶、许金茹、张瀚文同学(以上以拼音排序,不分先后)参与了案例检索、文献搜集、资料整理,协助整理表格、脚注。刘悦同学承担了可视化制图工作。

本书的写作首先要感谢西南财经大学及法学院为本书写作团队提供的便利与支持。本书写作过程中同时受益于与鲁篱教授、吴越教授、辜明安教授、王伦刚教授等师友以及诸多金融界实务界人士交流、探讨与头脑风暴。

---

① Reeve, Johnmarshall, and C. M. Tseng, *Agency as a Fourth Aspect of Students' Engagement during Learning Activities*, Contemporary Educational Psychology 36. 4(2011):0-267, p. 2.

法律出版社郑导编辑精心审校本书，备尝辛苦，本书写作团队感激莫名，在此致以诚挚的谢意！

相对于“法不轻授，道不轻传”，本书写作团队更加愿意相信老子所言“将欲取之，必固予之”，希望与在校师生、律师同济、法官及其他司法实务工作者、金融界人士进行广泛的交流。毕竟《民法典》博大精深，斯人才疏学浅，所知有限，且成书时间仓促，疏漏舛误之处难免。期望各界朋友不吝指正。如有批评、意见、建议均请惠赐，当不胜感激。

廖振中　高晋康

2021 年 9 月 31 日

目　录

第二编　借款合同

第一编　合同总则

第一章　合同成立的判断标准（公章、签名与指印）及其风险防范

【《民法典》变化的影响】风险增加

【风险等级】★★★★

【提要】《民法典》第490条第1款规定，当事人采用合同书形式订立合同的，自当事人均签名、盖章或者按指印时合同成立。商业银行进行合同设计时必须严格区分"签字盖章"与"签字、盖章"的区别，注意空白合同生效的条件。同时，《民法典》也规定了采用信件、数据电文等形式订立合同的成立要件。因此，商业银行在对签字、盖章进行审查时需要辨别公章、私章及签名的可辨识性以及涂改或补充内容的签署，否则商业银行有可能承担合同无效的风险。

一、民法典及配套新规

▶《中华人民共和国民法典》（以下简称《民法典》）

【合同成立时间】

第490条　当事人采用合同书形式订立合同的，自当事人均签名、盖章或者按指印时合同成立。在签名、盖章或者按指印之前，当事人一方已经履行主要义务，对方接受时，该合同成立。

法律、行政法规规定或者当事人约定合同应当采用书面形式订立，当事人未采用书面形式订立但是一方已经履行主要义务，对方接受时，该合同成立。

【信件、数据电文形式合同和网络合同成立时间】

第491条　当事人采用信件、数据电文等形式订立合同要求签订确认书的，签订确认书时合同成立。

【书面合同成立地点】

第493条　当事人采用合同书形式订立合同的，最后签名、盖章或者按指印的地点为合同成立的地点，但是当事人另有约定的除外。

二、立法考辨

当事人采用合同书订立合同的，自当事人签字、盖章或者按指印时合同成立。但实践中经常会出现当事人以只签字不盖章或者只盖章不签字为由提起合同未成立或合同无效之诉。此时，双方当事人易就合同成立及效力问题产生争议。如在北京大有克拉斯家具商城与中国机床总公司、北京牡丹园公寓有限公司进口代理合同纠纷①一案中，根据最高人民法院相关的司法解释及《合同法》第32条："当事人采用合同书形式订立合同的，自双方当事人签字或者盖章时合同成立。"签字与盖章若只具其一合同即成立生效，而非签字与盖章需要同时具备。

《民法典》认可并承继并发展了合同法的相关规定。第一，《民法典》第471条在《合同法》第13条的基础上，增加了兜底性的"其他方式"。该项修改有助于解决理论界在缔约方式问题上存在的争议，构建了我国民法以"合致为中心"的缔约制度。第二，《民法典》将按手印与签字、盖章签订合同的方式并列，使其成为法定的签订合同的方式。第三，《民法典》改"签字"为"签名"，将"按手印"改为"按指印"，使得相关客体的外延与内涵界定更加清晰准确，如图1-1所示。

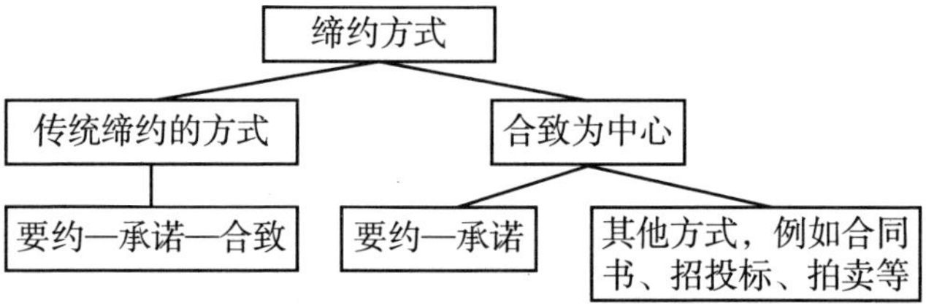

图1-1 《民法典》关于缔约方式分类示意

司法实践中对合同成立问题有以下几个争议之处：

第一，《民法典》第490条亦规定，当事人未采用书面形式订立但是一方已经履行主要义务，对方接受时，该合同成立。换言之，若当事人以实际履行的行为认可该合同已经发生法律效力，应当认定该合同成立，当事人亦不能以合同未盖章或者未签字主张合同未成立。② 但对于签章与合同真实意

① (2013)民申字第72号。
② 肖广学与广州七喜集团有限公司、关玉婵股权转让纠纷[(2016)粤01民终14171号]。

思关系,崔建远(2018)[①]指出,合同书上盖章的意义在于表示该书面形式的意思表示系公章或合同专用章显示的主体所为,不宜无条件地断言合同书上盖章的意义在于确认当事人通过书面形式作出的意思表示的真实性。印章加盖于合同书上形成外观,发生于特定当事人双方从事系列交易时使用同一枚印章的场合,一方当事人与第三人间成立法律关系时所用文件上加盖的印章,不构成该特定当事人双方订立合同加盖印章的外观。陈甦(2002)[②]则认为,印章只是签名的一种便捷和替代性的方式,不能据此认为印章效力高于签名,相反,正是由于印章的人身分离性,印章的实质效力应是低于签名。王倩雯(2005)[③]提出反对意见,认为仅凭单纯的印章人身可分离性并不能推出其效力低于签名这一结论。

从比较法角度来看,德国学者迪特尔·梅迪库斯(2000)[④]在《德国民法总论》一书中指出:德国并不严格限制签章的形式,只要所签之名能与其他签名相区别,并指明文件主体是谁即可。《美国统一商法典》及其评述认为,签名包括任何旨在认证文书的符号,无论是否完整,无论以何种字体书写,无论以印章或一般书写的形式,无论是按手印或是仅写首字母都可以起到认证的作用。[⑤]

第二,关于空白合同对当事人是否具有法律约束力的问题。目前,司法实践中关于合同中空白条款的争议屡见不鲜,关于空白条款的认定与效力很不统一。在银行、保险、信托等金融业务中,一般情况下合同文本主要由金融业经营者所提供的格式条款组成。但合同中通常另有一部分"特别约定"系空白条款,由双方当事人协商后手填或机打,该部分条款构成每笔交易的个性部分。例如,贷款合同中关于贷款数额、期限、利率、担保人、担保财产等条款往往都是空白条款,留待银行与借款人协商后填写。主流观点认为当事人在合同上签字的行为系对自己民事权利的处分,将会产生授权金融机构补记合同空白条款部分内容的法律后果,除非当事人能够证明该

---

① 参见崔建远:《合同解释语境中的印章及其意义》,载《清华法学》2018年第2期。

② 参见陈甦:《印章的法律意义》,载《人民法院报》2002年8月23日。

③ 参见王倩雯:《公司印章法律问题研究》,中国政法大学2005年硕士学位论文,第20~23页。

④ 参见[德]迪特尔·梅迪库斯:《德国民法总论》,邵建东译,法律出版社2000年版,第463~465页。

⑤ 参见[美]美国法学会、美国统一法委员会:《美国统一商法典及其正式评述》(第一卷),孙新强译,中国人民大学出版社2004年版,第25页。

合同对方当事人补记的条款不是其真实的意思表示。[①]

第三,对于亲笔签名是否必须签署本名?如何看待亲笔签名签署本名的必要性及自然人私章作为签名的有效性问题?在杜某玲与吴某杰买卖合同纠纷[②]一案中,珠海市中级人民法院指出,我国现行法律并未限定当事人在合同书上签字的形式必须是签其正式姓名全名。对此,应遵从意思自治原则,由当事人自行决定。只要签字能够反映当事人的个人行为特征,能够识别当事人的身份,均应视为合法。即使是对书面要式行为规定非常严格的德国,其限制的重点也主要是复制、描摹签字以及印章等签订合同方式。因为其认为这些方式无法确定系本人所签,所以不符合书面形式要求,但对于亲笔签名所签的姓名本身,亦认为"签名者,签上笔名即可"。[③]

私章作为签名另一种方式是否具有其适当性,是一个在书面要式行为基础上立法论角度考量的问题。杨德桥(2012),[④]肖伟志、汪婷(2018)[⑤]对此进行过系统讨论,认为我国没有使用私章代替签名签订合同的习惯,如使用私章,在合同签订、履行过程中特别容易发生抵赖。

关于签名是否必须具有可辨识性、合同盖章存在瑕疵是否具有效力的问题。德国学者弗卢梅认为,一般情况下,署名无须具有可辨识性。[⑥]《德国民法典》第126条第2款规定,如采用亲笔签名以外的画押方式订立合同,必须有两人以上见证或者公证认证等附加条件。实务中,为防范风险,商业银行在与客户签订合同时需要加强对签字的审查,尽量避免接受签写过于简略或过于复杂的名字。因为过于简略或过于复杂都可能导致该签字不容易被辨识,太过简单还容易被恶意模仿。

因此,在《民法典》时代,商业银行在进行合同审查过程中,应当更加注意签字与按指印对于合同效力的影响。通过事前合同文本设计、客户签字按

---

① 赵某为宏超公司提供担保纠纷[(2018)最高法民申4045号民事裁定书]。该案中最高人民法院认为担保人赵某作为完全民事行为能力人,特别是作为银行从事信贷的工作人员,应该认识到空白合同上作为保证人签名的法律后果,故最高人民法院认为在当事人签名真实的情况下,其应承担相应的法律责任。

② (2012)珠中法民二终字第110号。

③ [德]卡尔·拉伦茨:《德国民法通论》(下册),邵建东译,法律出版社2003年版,第559页。

④ 参见杨德桥:《自然人书面契约取信方式研究》,载《北方法学》2012年第2期。

⑤ 参见肖伟志、汪婷:《论合同书规则的独立性》,载《湘潭大学学报(哲学社会科学版)》2018年第6期。

⑥ [德]维尔纳·弗卢梅:《法律行为论》,迟颖译,法律出版社2013年版,第293页。

指印时的提醒与提示等方面,规避因签字、按指印带来的合同效力瑕疵风险。

三、司法裁判可视化梳理

本书写作团队使用 Alpha 案例库对“金融借贷中的合同成立纠纷”进行了检索[1],检索关键词为“全文:签字、盖章、手印”+“攻方当事人包含:银行”+“法院认为包含:合同不成立、合同并未成立、合同未成立”,总共得到判决 556 件,可视化如图 1-2 所示。

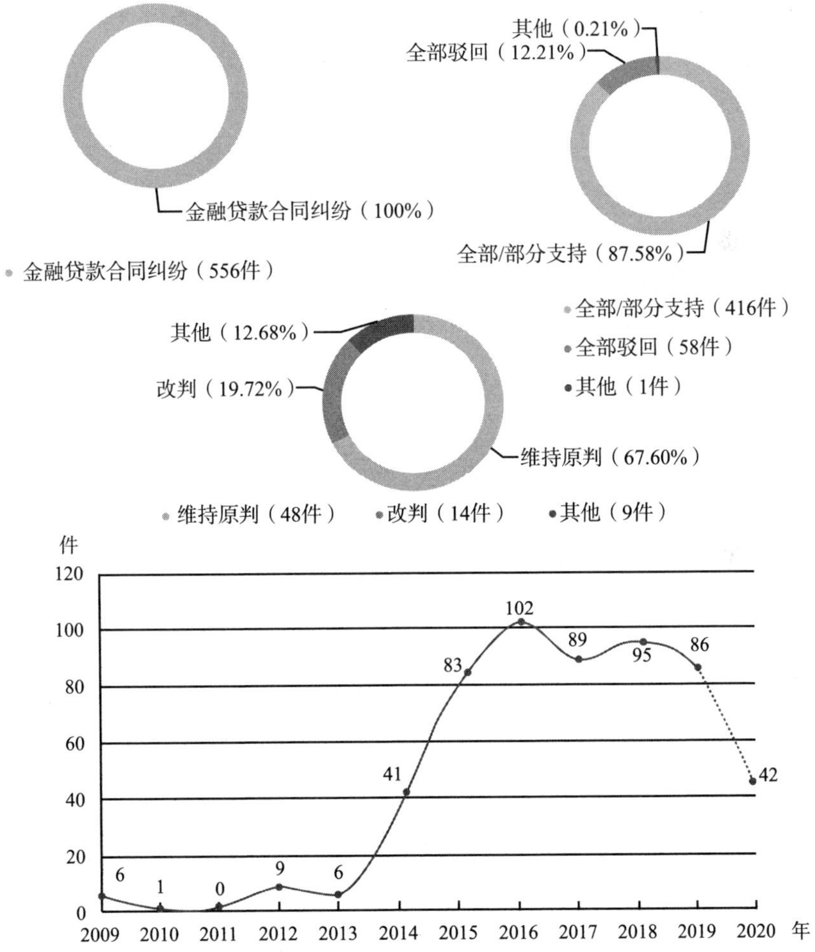

图 1-2　金融借贷合同成立纠纷可视化示意

---

① 最后检索日期:2020 年 12 月 31 日。

根据既往司法判例，在使用印章、签字及手印签订合同的过程中，商业银行可能面临司法败诉的风险主要源于以下几个方面：

（一）因合同文本对签字、盖章、手印等合同成立要件约定不明产生风险

一般认为，当事人如在合同中没有明确约定，则签字、盖章、手印只具备其一，合同即成立。在陈建、二连民贸龙泽房地产开发有限公司商品房销售合同纠纷①一案中，最高人民法院认为，依据《合同法》第32条之规定，当事人在合同上签字或盖章后合同成立。签字、盖章如无特别约定则并非两者应同时具备。民贸公司提出如此重大的交易活动，仅有公司印章而法定代表人王某某未签名，不符合商业常理。这一观点只是其一方推断，并不能据此否定《债权转让协议》上民贸公司印章的真实性。民贸公司还提出《债权转让协议》上印章形成时间与合同文本形成时间不一致，但法律对两者形成时间的先后次序并无强制性规定。民贸公司否认案涉《债权转让协议》的真实性的理由，法院不予支持。

但是，如果当事人在合同中明确约定，“签字、盖章、手印是合同成立的并列必然条件”，因其属于当事人意思自治范畴，司法机关在进行合同效力认定时一般以当事人双方约定为准。在沈阳水泥机械有限公司与辽宁水泥工业设计院、朝阳银行股份有限公司龙城支行金融借款合同纠纷②一案中，最高人民法院认为：《保证合同》上“沈阳水泥机械有限公司”的印章是张翔鹏私刻的假印章，不能代表水泥机械公司的意思表示。水泥机械公司未在本案的《保证合同》上加盖公章，并非一个单纯的形式要件欠缺问题，而是涉及对其是否做出了同意担保的真实意思表示的认定问题。《保证合同》第14条约定：“本合同由甲乙双方法定代表人或法定代表人授权的代理人签字并加盖公章后生效。”由此可见，《保证合同》为附生效条件的合同，只有签字与加盖公章的条件同时具备，合同才能生效。因《保证合同》上仅有法定代表人张翔鹏的签字，而无水泥机械公司的真实公章，水泥机械公司亦不存在先签订合同，而后又拒绝加盖公章、恶意阻却合同生效的情形，故此《保证合同》约定的生效条件并未成就。现水泥机械公司对《保证合同》不予认可，《保证合同》确定地不能发生法律效力，水泥机械公司无需承担保证责任。

同时，签字、盖章之间不能使用“、【顿号】”，否则一般被认为是并然关

① （2017）最高法民再28号。

② （2014）民提字第164号。

系,即签字与盖章必须同时具备合同方才生效。在浙江顺风交通集团有限公司与深圳发展银行宁波分行借款合同纠纷①一案中,最高人民法院认为,宁波分行与顺风公司对还款协议的生效条件作出特别的约定,即协议在双方当事人签字、盖章时生效。关于该协议中"签字、盖章"之间的顿号应如何理解,即签字与盖章应同时具备还是具备其一即可认定协议成立。双方当事人签订的协议中所表述的"签字、盖章"中的顿号,是并列词语之间的停顿,其前面的"签字"与后面的"盖章"系并列词组,它表示签字与盖章是并列关系,只有在签字与盖章均具备的条件下,该协议方可生效,具体情形如表1-1所示。

表1-1　最高人民法院"签字、盖章"裁判规则

情　形	认　定	判　例
签章	签字或盖章就生效	(2015)民申字第885号②
签字、盖章	签字且盖章才生效	(2005)民一终字第116号
签字盖章	签字且盖章才生效	最高法民申2428号③
签字且(并)盖章	签字且盖章才生效	(2014)民提字第164号

(二)因合同某页骑缝章的缺失产生风险

商业银行常使用骑缝章代替逐页盖章签订合同以节约时间成本,但骑缝章的不当使用可能会给其带来风险。如在中国银行股份有限公司惠州分行与冯某权、冯某芳金融借款合同纠纷④一案中,广东省高级人民法院认为,本案中,中行惠州分行提供的645号《最高额担保合同》版本上所盖骑缝章存在缺失,而骑缝章缺失的一页载有双方争议的担保主债权的期间等重要内容,中行惠州分行对此不能作出合理解释,故不应采信中行惠州分行提供的645号《最高额担保合同》版本作为认定本案事实的依据。一审认定中

① (2005)民一终字第116号。

② 该判决认为,根据该合同约定,合同经双方当事人签章后生效,但并未明确要求合同生效需要同时具备当事人的签字、盖章。根据《合同法》第23条的规定,当事人采用合同书形式订立合同的,自双方当事人签字或者盖章时合同成立。公司法定代表人代表法人行使职权,其在合同上签字的行为,代表法人的意思表示,并不要求再加盖公司公章而使合同成立。

③ 该判决认为,协议书文本中"签字盖章"的含义,一般认为只要签字或盖章即构成对协议的签署确认行为,而非必须同时具备签字与盖章才发生法律效力。

④ (2015)粤高法民二终字第4号。

行惠州分行提供的645号《最高额担保合同》版本的真实性并采信作为认定本案事实的依据，有所不当，法院予以纠正。在中国银行股份有限公司青岛市南第二支行与王某某、孙某某融借款合同纠纷①一案中，青岛市市南区人民法院认为，首先，本案的关键证据原告提交的信用卡专项分期付款合同存在以下疑点：有被告王某某签字的页面的纸质与纸张颜色明显与其他页面纸张不同；签字页右侧有上下两个骑缝章的痕迹，下方的骑缝章可以与其他页面的骑缝章拼合，上方的骑缝章在其他页面相同部位无任何骑缝章印记。同时，该合同与被告律师庭前阅卷的合同除被告王某某签字的页面内容一致外，其他页面在排版顺序、内容、行间距、字体、页面底端页码处均不一致，同为原告提交的原件和复制件完全是两份合同，原告也无法作出合理解释。

在骑缝章的使用过程中，商业银行应当格外注意骑缝章逐页的连贯性与完整性，通过对负责盖章的工作人员进行培训或技术指导等方式，尽量避免骑缝章的遗漏，从而避免缺乏骑缝章的合同部分失去效力。

（三）因“倒签”影响合同效力而产生风险

商业银行在部分情况下，可能采取“倒签”的方式与客户签订合同，“倒签”的合同由于倒置了合同履行与签订的先后，缺乏客观上的时间顺序性，在合同效力认定上存在一定的风险。一般认为，倒签合同如果不影响（损害）公共利益，该合同合法有效。如中国信达资产管理公司合肥办事处、中国建设银行合肥市新站开发区支行与安徽华业地产有限公司借款合同纠纷②一案中，最高人民法院认为，上诉人华业公司认为14份合同均存在倒签合同、审查不严、审批违法和贷后监督不规范等问题，违反国家有关法律、法规，依法均属无效合同。信达合肥办事处亦承认在14笔合同签订过程中，存在违规行为。对于华业公司所述的铁路支行在贷款中存在的违规行为，属于一般违反行政规章的行为，并不能导致双方所签合同无效。

但是，如果“倒签合同”被认定为“恶意串通”或者“以合法形式掩盖非法目的”，将会导致该合同的无效。如在钟某城、赵某棋等与钟某城、赵某棋等建设用地使用权转让合同纠纷③一案中，最高人民法院在认定《转让协议》

---

① （2016）鲁0202民初1622号。

② （2001）民二终字第23号。

③ （2015）民申字第1643号。

是为阻却法院另案执行而倒签的虚假协议的基础上，依据《合同法》第 52 条第 2 项的规定，以“恶意串通，损害国家、集体或者第三人利益”为由，认定《转让协议》无效。在江苏鸿联钢杆有限公司与张某某、李某某专利权权属纠纷①一案中，江苏省高级人民法院认为，第二份委托开发合同的签订存在企图通过物质疏通人际关系，从而打开产品销路，以达到不正当竞争的目的，该行为不利于营造良好的公平竞争环境，并与公序良俗相悖。根据《合同法》第 52 条第 3 项之规定，上述行为属于以合法形式掩盖非法目的的行为，该行为无效，即通过倒签形成的第二份委托开发合同无效。

商业银行基于弥补前期疏漏或达成特定目标等原因会出现“倒签”合同。因此，采取“倒签”的方式签订合同前，应当仔细考量其是否损害了公共利益或违反《合同法》第 52 条有关合同效力的相关规定，以规避合同无效的风险。

（四）因不当使用已盖章的空白合同而产生风险

由于商业银行空白合同保管不善，导致该合同被恶意利用，使得商业银行可能承担本不应当承担的合同义务。在青海民族用品厂、西宁三环工业有限公司与中国银行股份有限公司青海省分行、青海省绿宝实业集团有限公司借款担保合同纠纷②一案中，最高人民法院认为，根据《合同法》第 32 条规定，当事人采用合同书形式订立合同的，自双方当事人签字或者盖章时合同成立。据此，抵押人在抵押合同上盖章并且有其法定代表人签字的，该抵押合同依法成立。在当事人双方根据抵押人出具的盖有其公章的空白抵押合同及抵押物清单订立抵押合同的情况下，抵押人对于其出具盖章的空白抵押合同、抵押物清单的目的是用于签订抵押合同是清楚明确的，如果抵押人并没有声明其出具盖章的空白抵押合同、抵押物清单后至签订抵押合同时尚需再行协商，则应当认定抵押合同的签订并未超出抵押人的真实意思表示。在中国农业发展银行临邑县支行、许某保证合同纠纷③一案中，最高人民法院认为，临邑农发行称对方用其签字盖章后的空白合同伪造 2000 万元的担保合同，临邑农发行作为专业的金融机构，具有专业的注意能力，负有审慎的注意义务，其把签字盖章后的空白合同交给债务人和债权人，且没

---

① （2014）苏知民终字第 0048 号。

② （2006）民二终字第 7 号民事判决。

③ （2017）最高法民申 2227 号。

有加盖骑缝章,放任结果的发生,应承担相应的担保责任。另外,在杨某某、张某保证合同纠纷[①]一案中,最高人民法院认为,由于杨某某、张某自认其在《保证合同》的"乙方(保证人)"及"乙方、乙方配偶"后横杠上签字,即便是《保证合同》其他地方存有空白,作为完全民事行为能力人,将留有空白内容的合同交于合同相对方的,应视为对保证事项的无限授权,合同相对方在空白部分可以填写相应内容。同样,在中国工商银行股份有限公司东阳支行与东阳市皓琛科技有限公司、吴某某金融借款合同纠纷[②]案中,东阳市人民法院认为,皓琛科技公司未能提供相应证据证实其签署上述合同当时系空白合同,而原告亦未承认签署上述合同为空白合同,为此仅凭皓琛科技公司的陈述尚不足以认定原告要求其签署的上述合同系空白合同。退一步讲,即使上述合同签署时系空白合同,该行为也仅是违反银行业的相关规定,并不足以影响上述《小企业借款合同》《借款展期协议》的效力。皓琛科技公司应当明知在空白合同上签字盖章所应承担的法律后果。上述合同对合同当事人均有约束力。

因此,如商业银行对空白合同书保管不善,则可能带来巨大的风险。对空白合同,尤其是已经盖章的合同的管理与控制,应当成为商业银行日常工作的重点。通过完善相关内控管理制度,以达到规避风险的效果。

(五)因内部人员私刻印章而产生风险

商业银行在进行日常管理时,应当格外关注印章的控制,同时对客户印章进行必要的审查及留有审查过程的证据,避免被司法机关认定具有"重大过错"而承担责任。在内蒙古昌宇石业有限公司与陈某某合同纠纷[③]案中,最高人民法院指出,合同所加盖的印章与合同文字的前后顺序、文字形成日期等对认定合同内容的真实性均有重要影响,故合同所加盖的印章真实并不直接等于合同的内容真实。协议加盖的印章虽为真实,但因协议形成行为与印章加盖行为具有相对独立性,协议形成行为是双方合意行为的反映形式,而印章加盖行为是双方确认双方合意即协议的行为,两者相互关联又相互独立,在证据意义上,印章真实一般即可推定合意形成行为真实,但在有证据否定或怀疑合意形成行为真实性的情况下,即不能根据印章

① (2018)最高法民申1165号,类似案例参见郭某某、宁夏担保集团有限公司追偿权纠纷再审[(2018)最高法民申4176号]。

② (2017)浙0783民初12238号。

③ (2014)民提字第178号。

的真实性直接推定协议的真实性,也就是说,印章在证明协议真实性上尚属初步证据,人民法院认定协议的真实性需综合考虑其他证据及事实。

反之,虽然公章系私刻伪造,但司法机关如果认为金融机构存在重大过错,仍然可能以《最高人民法院关于审理经济纠纷案件中涉及经济犯罪嫌疑若干问题的规定》为依据判决金融机构承担民事侵权责任。在那某某、苏某某与民生证券股份有限公司、民生证券股份有限公司太原长风街证券营业部侵权责任纠纷①案中,山西省高级人民法院认为,而被告民生证券长风街营业部在许某长达几年的犯罪过程中,并未引起警觉,直至第三人许某被太原市公安机关抓获逮捕。上述情形之所以能发生,与二被告规章制度不健全、用人失察、对公司高级管理人员监管不力密不可分。……民生证券股份有限公司太原长风街证券营业部因公章、财务用章和业务用章未建立相应印章管理制度,部分合同附件未经营业部经办人、复核人或事后审核人签字并加盖营业部印章以及营业部原负责人许某涉嫌合同诈骗犯罪,反映出营业部岗位制度失衡。说明二被告内部管理存在疏漏,缺乏预防、制止单位负责人许某犯罪行为发生的内部监督、防范机制,具有管理上的明显过错,由于二被告管理上的过错使得许某、常某某有机可乘,以被告民生证券长风街营业部名义进行合同诈骗,造成二原告巨额损失。

(六)格式合同对签字盖章约定不明带来的风险

在山西洪洞农村商业银行股份有限公司与山西盛腾农副产品开发有限公司金融借款合同纠纷②一案中,商业银行一方提供的《最高额抵押合同》第14.3条规定,"本合同经签约双方法定代表人(负责人)或授权代理人签字并加盖公章或合同专用章之日起生效。依法需要办理抵押登记的,自登记

---

① (2018)晋民初26号。(2019)最高法民终443号民事判决书维持原判。值得注意的是,虽然本案一审山西省高级人民法院承认"上述一系列行为是在其担任被告民生证券长风街营业部总经理期间实施的,造成二原告有合理理由相信许某是在履行职务行为,也正是因为许某具备履行职务的条件,使其在实施犯罪过程中,能够轻易地获得原告的信任",但判决依据确是《侵权责任法》第6条,并认为,"二原告在保本高息的诱惑下,放松警惕,将投资款汇入许某指定的个人账户而非公司账户中,有违日常生活经验法则,二原告未尽到充分的审慎注意义务,对其财产损失亦存有过错,应对97927500元的损失承担15%即14689125元的责任。至于二原告主张的利息,因双方均有过错,因此,法院不予支持"。这一判决思路有值得商榷之处。

② (2019)最高法民申4740号。该案中洪洞农商行认为,该条款中"本合同经签字并盖章之日起生效"后边为句号,句号之后才是"依法需要办理抵押登记的,自登记之日起生效",故其本意是特指法律、行政法规规定应当办理抵押登记生效的,自登记之日起生效,而涉案《最高额抵押合同》并不属于依法应当办理抵押登记才生效的合同,故该合同应签字盖章即生效。

之日起生效”。最高人民法院认为，根据涉案《最高额抵押合同》封面上“重要提示：请抵押人认真阅读本合同全文，尤其是带有★标记的条款。如有疑义，请及时提请抵押权人予以说明”的约定，涉案《最高额抵押合同》应为洪洞农商行提供的格式文本。根据《合同法》第41条规定，洪洞农商行主张原审对涉案《最高额抵押合同》第14.3条解释错误理据不足，法院不予支持。

四、商业银行现有条款的比对点评

（一）多家商业银行的现有条款比对

本书写作团队以“固定资产贷款合同”为例，考察了多家银行合同成立/生效条款的安排，比对点评如下：

【A银行】

20.8　生效

本合同应经双方法定代表人或授权签字人签字或加盖公章，并自本合同首页载明之日起生效。

【B银行】

第34条　签订与效力

（一）本合同经甲方法定代表人或授权代理人和乙方负责人或授权代理人签章（签字或盖章）并加盖双方公章或合同专用章后生效。

【C银行】

（九）合同生效条件

1. 甲方法定代表人（负责人）或授权代理人签字并加盖公章（或合同专用章）；

2. 乙方法定代表人（负责人）或授权代理人签字（或盖章）并加盖公章（或合同专用章）。

【D银行】

十、合同生效条件

本合同经甲方法定代表人（负责人）或授权代理人签字并加盖公章及乙方负责人或授权代理人签字并加盖公章后生效。

【E银行】

16.1　本合同自借款人法定代表人或其授权签字人签字或盖章并加盖单位公章、贷款人负责人或其授权签字人签字或盖章并加盖单位公章之日起生效。

【F银行】

第13条　合同的生效、变更和解除

13.1　如本合同为线下操作,则本合同由自然人保证人签字及非自然人保证人的法定代表人/主要负责人或委托代理人签字/签章或非自然人保证人加盖公章或合同专用章,并由债权人的法定代表人/主要负责人或委托代理人签字/签章且加盖公章或合同专用章后生效。

13.2　如本合同为线上操作,则经甲、乙双方使用电子签名签署后生效。各方通过乙方提供的电子渠道进行任何形式的确认(包括但不限于数字证书、密码、勾选、点击确认等形式)均视为《中华人民共和国电子签名法》第十三条规定的可靠条件的电子签名。

【G银行】

第14条　合同的生效、变更、解除和终止

14.1　本合同自甲、乙双方法定代表人(负责人)或授权代理人签字(或盖章),并加盖公章之日起生效,至本合同项下借款本金、利息、复利、罚息、违约金及所有其他应付费用全部偿清之日终止。

【H银行】

6.10　合同生效

6.10.1　本合同自借贷双方签字或盖章之日起生效。

【I银行】

第5条　提款条件

借款人提款须满足下列条件:

1.本合同及其附件已生效;

2.借款人已向贷款人预留与订立和履行本合同有关的借款人文件、单据、印鉴、人员名单、签字样本,并填写有关凭证。

第19条　合同生效

本合同经借贷双方的法定代表人(负责人)或授权签字人签署并加盖公章之日起生效。

(二)多家银行的现有条款之点评

上述合同所存在五个问题值得比对:

第一,所有银行都使用的"签字"作为合同生效的条件,但《民法典》第490条规定,当事人采用合同书形式订立合同的,自当事人均签名、盖章或者按指印时合同成立。故《民法典》生效后,应当改"签字"为"签名"。另外,“签订”是双方订立合同并签字(双方民法法律行为)。因此,《民法典》里对当事人双方合意成立合同的行为,均是采用“签订合同”的说法,不应采取“签署”(I银行)、[①]“签订”等词语。

第二,根据《民法典》第490条,“签名、盖章或者按指印”之间是或然、相互取代的关系。但上述合同中,除A、H银行之外,其他银行均使用“签字并加盖公章”的表述,这一表述人为地提高了合同生效的条件,值得商榷。

第三,除A银行外,其他银行对于签名主体,均出现了法定代表人之外“负责人”的表述。鉴于《民法典》第61条规定:“……代表法人从事民事活动的负责人,为法人的法定代表人。”同时,《民法典》第504条将法人的法定代表人或者非法人组织的负责人加以区分。因此,法人组织不存在负责人的概念,此处的负责人应当明确为非法人组织。同时,F银行的“主要负责人”应当删去“主要”二字。

第四,在法人的法定代表人或者非法人组织的负责人签名之外,B、E、F、G承认法定代表人或者负责人“私章”与签名具有同等效力,采取了“法定代表人或其授权签字人签字或盖章”的表述。这一做法虽然可以增加交易的便捷性,但是,鉴于《民法典》并未承认私章的效力,同时合同是否成立应由主张合同关系成立的一方当事人承担举证责任,在个人签名被证实非本人所签的情况下,对方当事人不能证明私章为个人所有并加盖时,应当承担举证不能的诉讼后果。[②] 因此,建议采取不对等约束,在商业银行本身法定代

---

① 从语义和法律语境来看,“签署”一词一般都针对“特定文件”。

② 唐某与程某某签订房屋买卖合同纠纷案件[(2012)民抗字第55号]。该案中最高人民法院指出,当事人达成合意是合同的成立的必备要件。《合同法》第32条规定“当事人采用合同书形式订立合同的,自双方当事人签字或者盖章时合同成立”。该条明确了当事人在合同书上签字或盖章的时间为合同成立的时间,不仅确认了当事人达成合意的外在表现形式为签字或者盖章,而且赋予了盖章与签字在合同成立上同等的法律效力。因此,经当事人签字或者盖章的合同应该是当事人达成合意的体现,对双方当事人具有法律拘束力。依法成立的法人或其他组织均有登记备案的公章,经登记备案的公章对外具有公示效力,所以,通常情况下,法人或者其他组织在对外签订合同时,采用盖章的形式。而自然人的私章没有登记备案的要求,对外不具有公示效力,在私章所代表的一方否认该私章为其所有,盖章行为是其所为时,该方当事人实质是否认与对方当事人达成合意成立了合同关系,此时涉及就合同关系是否成立的举证责任的分配问题。根据《关于民事诉讼证据的若干规定》第5条的规定,在合同纠纷案件中,主张合同关系成立的一方当事人对合同订立的事实承担举证责任。即在双方当事人就合同关系是否成立存在争议的情况下,应由主张合同关系成立的一方当事人承担举证责任。因此,在私章所代表的一方否认该私章为其所有,盖章行为是其所为,即否认与对方成立合同关系时,应由主张合同关系成立的一方当事人承担举证责任,该方当事人应当举证证明该枚私章为对方所有以及盖章的行为为对方所为或对方委托他人所为。

表人可以使用私章的同时，尽量避免对方当事人使用私章。

第五，B、C、F三家银行将“合同专用章”与“公章”效力等同，其他银行则限定“加盖公章”为合同生效的必要条件。合同专用章，顾名思义，是指专门在合同中使用的印章，在订立合同时加盖合同专用章，也应可以证明法人或其他组织同意签订合同，并认可全部合同条款。① 司法实务中，一般认为合同专用章和公章对合同和协议而言具有同等法律效力。因此，从提高交易效率考虑，可以并用合同专用章。②

第六，只有F银行考虑到了“线上操作”，并根据《电子签名法》第13条③的相关规定，认定经甲、乙双方使用电子签名签署后合同也可以生效。各方通过乙方提供的电子渠道进行任何形式的确认（包括但不限于数字证书、密码、勾选、点击确认等形式）均视为规定的可靠条件的电子签名。

五、商业银行风控操作要点

为维护金融债权，促进金融借贷业务健康发展，从源头上防范和化解金融风险，本书写作团队建议商业银行在“合同成立环节”应当加强以下风险防控措施：

（一）商业银行相关合同版本应当避免将签字、盖章、手印作为合同成立的并列条件

如果当事人自身在合同中约定，“签字、盖章、手印是合同成立的并列必然条件”，司法机关一般会予以认可。因此，商业银行在合同文本中应当进行明确约定“签字、盖章或手印”之一均构成合同成立要件，避免将签字、盖章、手印作为合同成立的并列条件。如某商业银行在《关于公司综合授信类

---

① 参见江必新、何东宁：《最高人民法院指导性案例裁判规则理解与适用（合同卷二）》（第二版），中国法制出版社2012年版，第92~93页。

② 如《最高人民法院关于在审理经济纠纷案件中涉及经济犯罪嫌疑若干问题的规定》（法释〔1998〕7号）第4条规定，个人借用单位的业务介绍信、合同专用章或者盖有公章的空白合同书，以出借单位名义签订经济合同，骗取财物归个人占有、使用、处分或者进行其他犯罪活动，给对方造成经济损失构成犯罪的，除依法追究借用人的刑事责任外，出借业务介绍信、合同专用章或者盖有公章的空白合同书的单位，依法应当承担赔偿责任。但是，有证据证明被害人明知签订合同对方当事人是借用行为，仍与之签订合同的除外。

③ 《电子签名法》第13条规定，电子签名同时符合下列条件的，视为可靠的电子签名：（1）电子签名制作数据用于电子签名时，属于电子签名人专有；（2）签署时电子签名制作数据仅由电子签名人控制；（3）签署后对电子签名的任何改动能够被发现；（4）签署后对数据电文内容和形式的任何改动能够被发现。当事人也可以选择使用符合其约定的可靠条件的电子签名。

标准文本的使用指引》第3.4.4条中规定,为保障合同效力,担保合同签署生效部分由“签字及盖章生效”修改为“签字或盖章生效”,通过明确约定将签字与盖章作为选择性条件,具备其一则合同成立,同时该条也能够促进担保合同尽早成立生效。另一家银行则在内部指引中说明:“9.注意签署合同时的签字、盖章问题。担保类合同约定为签字(含签章)或盖章生效,以尽早使担保合同生效。但在业务操作中,合同及其附件均应既签字(含签章),又加盖公章或合同专用章,业务人员应严格按照我行制度进行核保用印。”对于保证合同等银行享有权利明显多于义务的合同,商业银行更是应当明确约定保证人一方只要签名、盖章或者按手印合同即成立,防止合同不成立的风险。

（二）双方同时加盖骑缝章,且骑缝章与合同落款签章应当保持一致,涂改之处必须由双方同时重新签字按指印确认,防止单方修改

鉴于商业银行的合同往往多达数十页,为防止换页风险,在与法人或其他组织签订合同时,必须约定双方同时在合同纸质文本上加盖骑缝章(尤其是必须有客户一方的章),且骑缝章与合同落款签章应当保持一致。自然人为交易对象的,应当同时在骑缝章位置签字按指印。在衡阳市南岳振华房地产有限公司与衡阳市南岳区农村信用合作联社金融借款合同①一案中,最高人民法院认为,振华公司认为南岳信用社篡改了《贷款补充合同书》中的部分内容,但该合同书上有振华公司的骑缝章,并非南岳信用社的骑缝章,因此,南岳信用社无偷换篡改合同的可能。振华公司在南岳信用社持有的《贷款补充合同书》上盖有振华公司印章及骑缝章,应认定为振华公司对南岳信用社持有的《贷款补充合同书》的内容的确认。同时,商业银行工作人员还要特别注意操作中骑缝章所盖章的位置。在江苏射阳农村商业银行股份有限公司与李某某、杨某某等金融借款合同纠纷②一案中,被告曾经提出过“射阳农商行提供的50万元合同文本上的骑缝章加盖在担保人栏内红色指印之后,因此,推定射阳农商行将《最高额个人担保借款合同》第1页担保金额由10万元变造为50万元”的抗辩,虽然法院并未予以支持,但也体现出一定风险与隐患。

---

① (2013)民申字第1016号。

② (2016)苏民申5342号。

(三)商业银行对外签订合同必须严格按照相关流程进行,不得倒签合同或者逆程序签订合同

"倒签合同或者逆程序签订合同"不仅可能被司法机关认定为"恶意串通"或者"以合法形式掩盖非法目的",而且会影响商业银行财务部门的账务管理,从而带来财务风险。因此,商业银行内控手册应当禁止"倒签合同或者逆程序签订合同"。本书写作团队曾经承办的一起保证合同纠纷案件中,由于某商业银行改制过程中新、旧公章曾经发生过变动。但是,银行工作人员对法律规定的理解不到位,为了延续"保证期间",毫无必要地将合同倒签至两年之前(银行改制之前),并加盖旧公章。但在案件审理过程中,保证人主张进行纸张鉴定后发现合同本身应当成立于当年(2010 年)。因此,法院在判决中写明:"本案保证合同订立于 2010 年 7 月,合同地双方是某某信用社与被告某某某,而某某信用社已经于 2009 年 10 月 27 日注销。法人的民事权利能力与民事行为能力均是从法人依法设立时产生,至法人终止时消灭,因此,至注销之日起,某某信用合作社不再具有民事权利能力与民事行为能力,自然也丧失了相应的缔约能力,故不能认定某某信用社与被告达成了保证合同,原告某某信用社据此要求被告某某某承担保证责任没有法律依据,其诉请本院不予支持。"

(四)尽量避免单纯使用"按指印"的方式缔结合同,如果无法避免,则需要预留相关人员"指印"作为证据留存,同时注意规范按指印的操作流程

《最高人民法院关于合同法司法解释(二)理解与适用》一书中认为,按指印的真实性问题,例如,是否在醉酒、昏迷、胁迫状态下形成的,需要在民事诉讼中根据具体案情对举证责任合理分配以后加以解决。[①] 因此,从证据真实性来看,按指印存在一定的风险。本书写作团队在实践中,甚至遇到过"保证人的十指皮肤均存在严重硬化现象,无法提取十指指印样本用于鉴定,导致脱保"[②]的极端案例。因此,按指印必须首先使用专用的印泥或印油,防止印泥或印油在手指上堆积。其次,按指印的依次顺序为:右手[③]的食指、拇指、中指。最后,在按指印过程中,要将手指平放在合同文本上,滚动按压,力度适度,确保纹路清晰。

---

① 沈德咏主编、最高人民法院研究室编著:《最高人民法院关于合同法司法解释(二)理解与适用》,人民法院出版社 2009 年版,第 53 页。

② (2016)川 01 民终 6130 号。

③ 特殊情况下可用左手,但需要随后用文字注明。

（五）商业银行应当尽量杜绝签订空白合同

所谓“空白合同”，是指当事人签字盖章时，借款合同中的金额、借款期限，担保合同中的主债务人等关键信息未填写的合同。2020年6月17日，江苏省南通市中级人民法院联合中国人民银行南通市中心支行、中国银行保险监督管理委员会南通监管分局、南通市地方金融监督管理局共同发布《关于金融机构经营中存在空白合同问题的风险提示及整改意见》（以下简称《整改意见》），①该《整改意见》专门提出，第一，对于借款合同中的借款人、借款金额、借款期限、借款用途、借款利率等，担保合同中的担保人、主债权金额、担保范围、担保期限、关联主合同等，务必在签署前填写完善；首选以打印方式载明合同文本内容，防止人为篡改；如确需手写的，务必统一字迹、同一时间填写完成，不得涂改。严格双人面签制度，充分利用拍照、视频、录音等方式固定合同签署过程，并纳入信贷档案管理范畴。第二，完善合同文本送达程序。在各方当事人就合同进行签字盖章后，银行应及时根据约定将合同等相关文本送达债务人或担保人，并签收送达回执，纳入信贷档案留存，切实防范涉诉风险。第三，推行送达地址确认制度。在各类合同签署时，应将送达地址确认书作为合同组成部分一并签署，对于双方当事人在纠纷发生之前约定送达地址的，法院可以将该地址作为送达诉讼文书的确认地址。该文本的签署，可以避免诉讼公告，缩短诉讼周期，防止当事人恶意逃避诉讼，提高银行维权效率。对于异地客户无法面签合同送达回执的，可按送达地址事后寄送合同文本，但应妥善保存邮寄凭证和签收记录。

（六）除了合同之外，尽量保留借款凭证、往来账目等与合同相关的其他证据，以形成完整的证据链

考虑到司法实务中已经通过判决形成“印章真实也不等于协议内容真实，即印章在证明协议真实性上尚属初步证据，人民法院认定协议的真实性需综合考虑其他证据及事实”的判决思路，商业银行应当尽量保留合同签订和履行过程中相关的发票、借款凭证、往来账目、验收记录、在磋商和履行过程中形成的电子邮件、传真、信函等资料。如在中国长城资产管理公司长春

① 南通市中级人民法院金融审判庭在审理中发现，自2017年始至2020年5月15日，该庭共审结金融借款合同及担保合同纠纷案件151件，其中借款人或担保人以签订空白合同为由提出抗辩的有31件，占比达20.5%。

办事处与吉林华星电子集团有限公司保证合同纠纷[①]案中,最高人民法院指出,贷款凭证系商业银行证明已经向借款人发放贷款的有效凭证,债务人在其上加盖公章、法定代表人名章及财务专用章,对发放借款的时间、数额及已经偿还事项进行确认,因此,借款凭证可以作为贷款实际发放的证据。

对于商业银行线上业务,在上海浦东发展银行股份有限公司太原分行与赵某某金融借款合同纠纷案[②]中,太原市中级人民法院指出,案涉“浦发银行-通联宝 POS 贷”网络贷款业务是上海浦东发展银行股份有限公司的一款网络金融产品,其申请、审核、放款均通过网络在线操作,在认定借贷关系是否成立时应当与纸质载体签订合同的方式相区别。从合同文本形式上,这种电子合同是无纸合同,通过电讯讯号表示,没有原件;从合同签署生效上,电子合同是通过电子识别、确认,当事人往往无法签章确认。虽然法律、法规已经认可了数据电文的证据效力,[③]但司法实务中审查认定电子证据时,法官往往对电子证据的真实性认定非常小心谨慎,对于没有其他证据相佐证的电子证据,一般不予采信。在马某与捷信消费金融有限公司金融借款合同纠纷[④]案中,天津市滨海新区人民法院认为,本案中,原、被告系通过电子方式签订合同,原告向被告提交了手机短信验证码,产生了电子签名,且经国家有关机构认可的可信时间戳固定了在一个时间点已经存在的、完整的、可验证的电子文件,该电子文件载明了双方借款合同基本的权利义务。……同时,根据电子时间戳固定的证明显示原告已收到手机,原告亦已向被告提交了个人身份证件及同意代扣款的银行卡,被告更已就双方合同

① (2014)民二终字第 99 号。最高人民法院认为,长城公司据以主张主债权的证据主要是借款合同、借据以及催收逾期贷款通知书等。一般而言,借款凭证系商业银行证明已经向借款人发放贷款的有效凭证,债务人在其上加盖公章、法定代表人名章及财务专用章,对发放借款的时间、数额及已经偿还事项进行确认,因此,借款凭证可以作为贷款实际发放的证据。此外,本案中,原债权银行多次向主债务人及保证人华星公司送交催收贷款本息通知书,该通知书对债务人尚欠的借款本金及利息数额均有明确记载,主债务人及华星公司对此均无异议并且加盖公章进行确认。综上,根据民事诉讼优势证据规则,应认定上述款项已经实际发放。华星公司以没有提供原始放贷的汇款凭证关键证据为由主张主债务不存在的理由不能成立。

② (2019)晋 01 民终 1185 号。

③ 《最高人民法院关于民事诉讼证据的若干规定》(法释〔2019〕19 号)第 14 条规定,电子数据包括下列信息、电子文件:(1)网页、博客、微博客等网络平台发布的信息;(2)手机短信、电子邮件、即时通信、通讯群组等网络应用服务的通信信息;(3)用户注册信息、身份认证信息、电子交易记录、通信记录、登录日志等信息;(4)文档、图片、音频、视频、数字证书、计算机程序等电子文件;(5)其他以数字化形式存储、处理、传输的能够证明案件事实的信息。

④ (2018)津 0116 民初 80261 号。

向中国建设银行支付了5299元。综上,应认定双方合同已实际履行,原告应依约向被告履行还款义务。

因此,商业银行在开展业务的过程中,除应做好电子合同的保管工作外,更应当对其他相关证据加以保全,形成完整的证据链条,保证电子合同真实性得到法院的认可。

第二章　预约合同新规与商业银行预约合同、备忘录设计

【《民法典》变化的影响】风险增加

【风险等级】★★

【提要】《民法典》第495条明确了预约合同的构成要件及违约责任。该规则相比《最高人民法院关于审理买卖合同纠纷案件适用法律问题的解释》等原有规则又有一定的变化。为了让银行等金融机构进一步了解《民法典》关于预约合同新规的有关规定，本书对预约合同纠纷的司法处理、存在的问题和风险防控等问题进行了较为全面的解读。

一、民法典及配套新规

▶《民法典》

【预约合同的规范】

第495条　当事人约定在将来一定期限内订立合同的认购书、订购书、预订书等，构成预约合同。

当事人一方不履行预约合同约定的订立合同义务的，对方可以请求其承担预约合同的违约责任。

▶《最高人民法院关于审理买卖合同纠纷案件适用法律问题的解释》（以下简称《买卖合同司法解释》）

第2条　当事人签订认购书、订购书、预订书、意向书、备忘录等预约合同，约定在将来一定期限内订立买卖合同，一方不履行订立买卖合同的义务，对方请求其承担预约合同违约责任或者要求解除预约合同并主张损害赔偿的，人民法院应予支持。

二、立法考辨

《民法典》第495条规定了预约合同的定义及违约责任，该规定延续了《买卖合同司法解释》第2条，比较两者可以发现：

第一,《买卖合同司法解释》第2条规定预约合同类型除了包括认购书、订购书、预订书以外,表述上还包含"意向书、备忘录"两项,但《民法典》的立法者认为,意向书、备忘录等意向性的协议往往缺乏实质性内容,难以满足预约合同对双方具有实体约束力的要求,故将其排除在外。

第二,根据最高人民法院公报案例,①判断当事人之间订立的合同系本约还是预约的根本标准应当是当事人的意思表示。

第三,《民法典》认为预约合同本质上仍然是一种完整合同,其与本约合同的唯一区别在于预约合同的目的是为了下一步签订本约合同。从这一角度来看,预约合同理应具备与本约合同完全相同的法律效力。

第四,预约合同的违约责任本质上是一方违背诚实信用原则,不签订本约合同的缔约过失责任。但是预约合同自身对违约责任的约定,可以清晰明确地界定、计算缔约过失责任,解决了守约一方举证困难的问题。因此,预约合同应具有清晰明确的违约责任。

学术界对预约合同的效力及违约救济进行过探讨。耿利航(2016)②认为,法院应当区分事实,以探究当事人真意为出发点,既不能任由当事人违反当初的完成交易之承诺,也不能施加给当事人从未允诺的强制缔约责任;张华(2019)③指出,违反预约合同的违约责任是否包含继续履行即可否强制缔约,损害赔偿是信赖利益还是履行利益,是否应该赔偿机会损失等,理论和实务中都没有明确统一的规则;叶雄彪、梅夏英(2020)④认为,预约合同订立后,一方当事人拒绝依据预约合同签订本约即构成违约。如果当事人约定了定金和违约金,则应当尊重其约定,但法院可适当予以调整;若当事人未进行约定,则违约方应当承担损害赔偿责任,但预约合同不宜强制履行。

---

① 该案例中,最高人民法院认为,对于当事人之间存在预约还是本约关系,不能仅孤立地以当事人之间签订的协议之约定为依据,而是应当综合审查相关协议的内容以及当事人嗣后为达成交易进行的磋商和有关的履行行为等事实,从中探寻当事人真实意思,并据此对当事人之间法律关系的性质作出准确界定。参见成都讯捷通讯连锁有限公司与四川蜀都实业有限责任公司、四川友利投资控股股份有限公司房屋买卖合同纠纷案[(2013)民提字第90号],载《中华人民共和国最高人民法院公报》2015年第1期(总第219期)。

② 参见耿利航:《预约合同效力和违约救济的实证考察与应然路径》,载《法学研究》2016年第5期。

③ 参见张华:《预约合同的违约救济》,载《法律适用(司法案例)》2019年第2期。

④ 参见叶雄彪、梅夏英:《预约合同问题研究》,载《中国社会科学院研究生院学报》2020年第4期。

三、司法裁判可视化梳理

本书写作团队使用 Alpha 案例库对“金融借贷中的预约合同纠纷”进行了检索，①检索关键词为“案由：金融借款合同纠纷”+“全文：同句‘预约合同’”+“攻方/守方当事人包含：银行”，总共得到判决 96 件，可视化分析如图 2-1 所示。

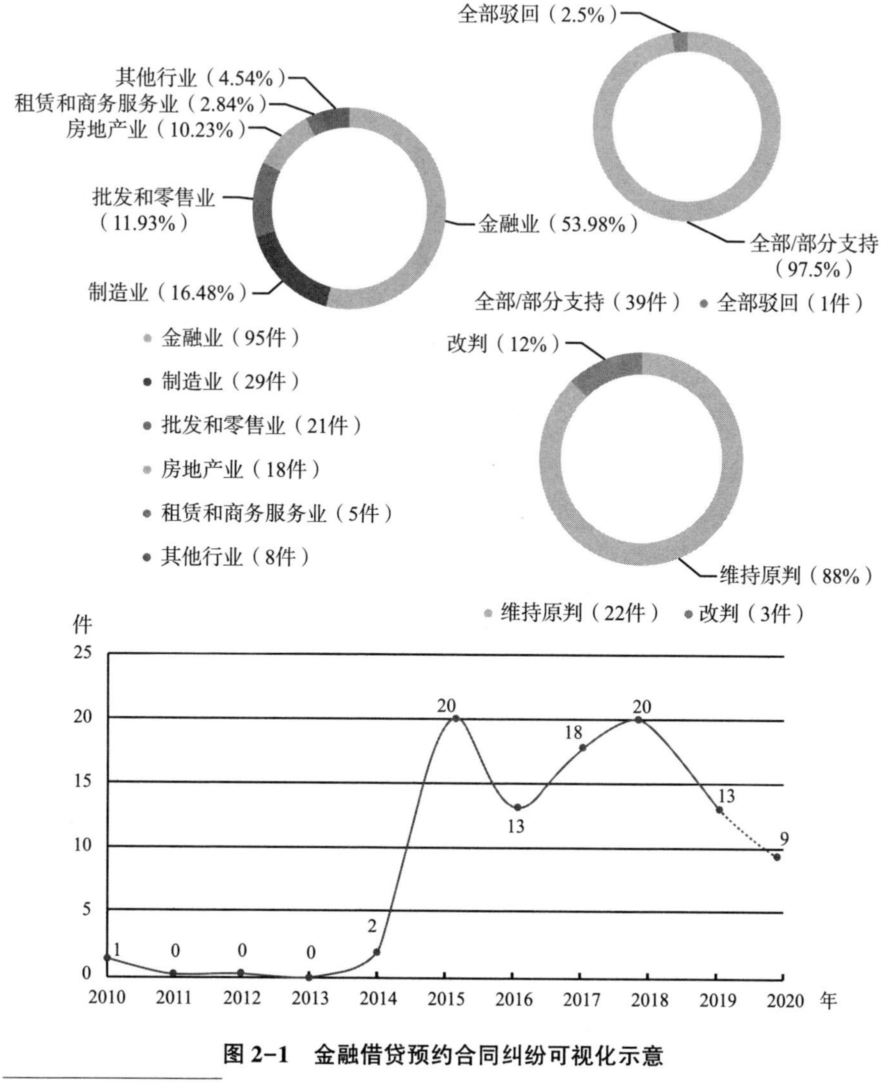

图 2-1　金融借贷预约合同纠纷可视化示意

① 最后检索日期：2020 年 12 月 31 日。

就司法判例来看，司法部门对“商业银行预约合同、预约备忘录纠纷”类案件的审理思路如下：第一步，法院将对预约合同以及备忘录的性质进行区分，判断这一文件是否具备预约合同的基本要素，抑或仅仅是一种记录性文件；第二步，人民法院将对预约合同以及备忘录的效力进行评价，是否因形式或内容违反相关规定而无效，如图 2-2 所示。

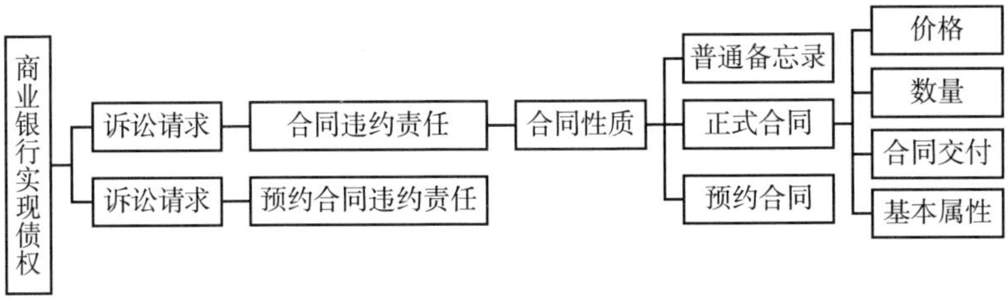

图 2-2　预约合同纠纷诉讼风险司法裁判思路示意

从相关案件可视化分析可以看出，银行作为起诉方与客户因“预约合同、备忘录”发生的诉讼纠纷，其诉讼请求被支持或全部支持的情况在 2018 年达到最高峰，而 2019 年则有所回落。

（一）人民法院一般以预约合同、备忘录等文件的性质而非命名方式作为认定依据

如在左某某、江西银行股份有限公司合同纠纷①案中，江西省高级人民法院认为，江西银行与左某某签订了《债权购买意向书》，对债权转让的标的、价款及订立正式的《债权转让协议》的时间、违反意向书的违约责任等重要条款均作出了明确约定。基于上述条款约定，江西省高级人民法院认定《债权购买意向书》属于预约合同。又如在中国工商银行股份有限公司成都

① （2018）赣民终 284 号。法院认为，意向书是指缔结正式合同之前，当事人达成的记录初步事项的协议。意向书的性质及效力不能一概而论，应结合具体情形判断，可能是磋商性文件，也可能是预约合同或者名为意向书实为本约合同。案涉《债权购买意向书》江西银行与左某某就债权转让的标的、价款及订立正式的《债权转让协议》的时间、违反意向书的违约责任等重要条款均作出了明确约定，应当认定为双方当事人为订立正式的《债权转让协议》而签订的预约合同。从性质上看，预约和本约是相互独立且相互关联的两个合同。预约合同本身也是一种合同，其成立、生效、履行、违约责任等均应适用合同法的一般规定。本案已查明的事实证实，江西银行与左某某签订的《债权购买意向书》是双方当事人的真实意思表示，内容不违反法律、法规的强制性规定，依法应认定为有效合同。一审对合同效力的认定正确，应予维持。江西银行将左某某的 1000 万元定金退还并与案外人签订债权转让合同，明确以自己的行为拒绝履行案涉合同，该行为违背了《合同法》规定的全面履行原则及商事合同中应遵循的诚实信用原则，属于根本违约。综上分析，本案合同无法履行最终导致解除的责任在江西银行，上诉人江西银行依法应承担相应的违约责任。

盐市口支行、成都中强实业有限公司财产损害赔偿纠纷[①]案中，四川省高级人民法院认为，中强公司与工商银行盐市口支行签订了《补充协议书》，但由于签订该补充协议书时“成都国际商城”项目尚未通过政府规划及报建审批，双方的《补充协议书》因缺乏价格这一基本约定而属预约合同性质。

同样，在杨某某、中国民生银行股份有限公司成都分行金融借款合同纠纷[②]一案中，成都市中级人民法院认为，关于案涉《综合授信合同》《最高额抵押合同》《最高额保证合同》是否属于预约合同的问题。预约合同是双方当事人为将来订立确定性本合同而达成的合意，预约合同约定的权利义务是将来双方应当如何订立本约，预约合同的标的系订立合同的行为。本案中双方当事人所签订的《综合授信合同》《最高额抵押合同》《最高额保证合同》权利义务内容符合借款合同、担保合同的法律关系特征，并非为将来订立合同的约定，合同中也无将来订立合同的意思表示，不属于预约合同。

（二）商业银行对合同性质、效力把握不准确将面临承担违约责任的风险

在前述左某某、江西银行股份有限公司合同纠纷[③]案中，首先《债权转让协议》被江西省高级人民法院依法认定为有效合同。在此基础上江西省高级人民法院认为，后续履行中江西银行将左某某的1000万元定金退还并与案外人签订债权转让合同，明确以自己的行为拒绝履行案涉合同。该行为违背了合同法规定的全面履行原则及商事合同中应遵循的诚实信用原则，属于根本违约。左某某则基于此请求江西银行承担违约责任，江西银行以该《债权购买意向书》的内容违反了中国银监会相关规定为由主张《债权购买意向书》无效拒绝承担违约责任。但在本案中，法院认为中国银监会相关规定并非《合同法》第52条所列明的违反法律法规的情形，虽然江西银行的行为违反了行业规范但《债权购买意向书》应属有效，最终认定江西银行需承担相应的责任。该案江西银行明知行业规范仍然故意触犯，将受到行业监管部门的处罚；同时其签订《债权购买意向书》后又违约，最终承担了巨额的违约责任。

---

① （2018）川民终852号。该判决指出，双方签约时“成都国际商城”项目尚未通过政府规划及报建审批，《补充约定书》的内容也因此而缺乏购房价格等商品房买卖合同必备的主要条款，故《补充约定书》为商品房买卖预约合同的性质。

② （2019）川01民终14162号。

③ （2018）赣民终284号判决。

（三）预约合同、备忘录、正式合同性质的认定将直接影响商业银行债权的实现

在另一案件中①，四川省高级人民法院认为，某银行DJY支行对曾某、郑某某享有债权，《执行异议和复议规定》第29条对房屋消费者物权期待权保护进行了规定，“金钱债权执行中，买受人对登记在被执行的房地产开发企业名下的商品房提出异议，符合下列情形且其权利能够排除执行的，人民法院应予支持：（一）在人民法院查封之前已签订合法有效的书面买卖合同；（二）所购商品房系用于居住且买受人名下无其他用于居住的房屋；（三）已支付的价款超过合同约定总价款的百分之五十”。该案某银行DJY支行为实现债权以曾某、郑某某与中豪房地产公司签订的房屋买卖合同属于预约合同而非正式买卖合同为由主张不得排除对房屋的执行，法院结合该协议“出卖人”“买受人”“商品房买卖一事订立本协议”“自愿购买”“付清房款”“产权”“交房”等表述，认定曾某、郑某某与中豪房地产公司签订的房屋买卖合同属于正式的商品房买卖合同。对于一般商业银行而言，在对外出借款项之前应当充分了解债务人的财产状况，对于难以实现债权的当事人借款申请，应保持审慎态度。

（四）商业银行不遵守预约合同，应当承担违约责任

如张某某、李某某与招商银行股份有限公司苏州分行金融借款合同②案中，苏州市中级人民法院认为，招行苏州分行与张某某、李某某签订的《个人授信协议》系双方真实意思表示，合同内容合法有效，双方均应按约履行。根据合同约定，在三年授信期间内，招行苏州分行有义务按约在授信额度内接受张某某、李某某的贷款申请。但是在张某某、李某某于2014年10月第

---

① （2020）川民终26号。判决书写明，关于曾某、郑某某是否在人民法院查封之前，已与中豪房地产公司签订合法有效的书面买卖合同的问题。本案中，各方当事人对案涉《商品房买卖协议》签订于法院查封之前无异议，但某银行DJY支行以该协议欠缺《商品房销售管理办法》相关规定内容为由，主张《商品房买卖协议》为预约合同，不符合前述规定关于“人民法院查封之前已签订合法有效的书面买卖合同”的要件。对此，法院认为，该协议是否为商品房买卖合同，应当综合当事人意思表示、合同约定条款、实际履行情况等因素予以判断。从合同内容来看，除约定所购商品房基本情况、价款支付方式、时间外，还约定了交房日期及交房违约责任等内容，其买卖的商品房标的物基本状况清晰，各方主要权利义务明确，已具备商品房买卖关系的基本要素，各方据此履行合同也并不存在障碍。其次，综观该协议“出卖人”“买受人”“商品房买卖一事订立本协议”“自愿购买”“付清房款”“产权”“交房”等表述，以及交易双方对商品房买卖关系的一致确认，本案合同双方签订合同的意思表示，显然在于买卖而非进行预约。

② （2016）苏05民终5596号。

三次向招商银行苏州分行申请贷款时，招商银行苏州分行未予批准，并认为其有权依据《招商银行“生意贷”小额信用个人经营贷款/授信额度申请表(授权/声明部分)》第4条可以单方终止授信协议，理由是张某某、李某某的信用额度已超过招行苏州分行的规定，不符合续贷条件。招行苏州分行所依据的相关信用额度的政策在2014年2月17日已发布，但招行苏州分行未能举证证明张某某、李某某的资信状况较之前发生较大变更而影响招行苏州分行债权实现的情形，也未能举证证明招行苏州分行在信贷政策发生变化后及时通知张某某、李某某，以便张某某、李某某及时调整其弱担保贷款及信用卡额度，进而导致张某某、李某某有理由相信其可在招行苏州分行处通过第三次贷款申请，并取得贷款。因此，招行苏州分行在履行《个人授信协议》中存在违约行为，并导致张某某、李某某另行借贷，其利息差额损失应由招行苏州分行承担。

(五)担保合同违反从属性原则，同时签约之时尚未成立、融资数额尚未确定、债权人债务人等基本要素均不特定的项目融资作为主债权，并缺少债务人履行债务的期限、保证担保的范围、保证的期间等基本要件，明显不符合担保合同的成立要件，最终被认定为意向性约定

如中国葛洲坝集团房地产开发有限公司与海口恒天晟实业有限公司、海南葛洲坝实业有限公司借款合同纠纷[①]一案中，2010年，葛洲坝房地产公司作为甲方与恒天晟公司作为乙方签订《海南陵水土福湾项目合作开发协议书》(以下简称《合作开发协议》)。约定：(1)双方共同发起设立一家项目公司(名称尚未确定)，负责海南省陵水黎族自治县(以下简称陵水县)土福湾项目的开发建设；(2)项目公司的注册资本为5000万元，其中葛洲坝房地产公司出资2550万元，占注册资本的51%；恒天晟公司出资2450万元，占注册资本的49%；(3)甲方的责任为：负责除项目公司注册资本金以外的全部融资工作，满足土地摘牌及项目开发建设的资金需求，融资成本由项目公司承担；乙方的责任为：负责协调与当地政府的关系，确保项目公司在土地获取、报审报建、开发建设等各个环节高效运转；负责土福湾项目561亩土地的获取工作；负责土福湾项目容积率在片区大规划范围内的提高工作；乙方以其在项目公司的全部股权对项目融资承担连带担保责任；(4)甲乙双方共同主持项目公司的日常经营管理工作，确保双方共同利益的实现。协议还对

① (2016)最高法民终240号。

其他相关事项进行了约定。

最高人民法院认为：

第一，上述约定不符合担保合同的从属性特征。担保设立的目的是为了保障当事人合同法律关系中的债权的实现，基于担保关系的附随性，《担保法》第5条明确规定，担保合同是主合同的从合同。因此，担保合同作为从合同，自身不能独立存在，必须以主合同的存在为前提和依据，并随着主合同产生、变更和消灭。本案二审中，葛洲坝房地产公司与恒天晟公司确认《合作开发协议》签订时间为2010年7月，早于葛洲坝实业公司于2010年8月3日成立的时间节点，亦早于葛洲坝房地产公司在本案所主张的主合同即《借款合同》于2010年8月27日签订的时间节点。《合作开发协议》签约时，主债权即项目融资尚未发生，且《合作开发协议》关于项目融资的债务人、债权人、债权数额等均未约定的情况下，所谓的对项目融资的担保无从设立。故在葛洲坝房地产公司本案主张的主合同即《借款合同》尚未签订、债务人葛洲坝实业公司尚未设立、涉案债权债务关系亦未发生的情况下，葛洲坝房地产公司依据上述《合作开发协议》的约定主张恒天晟公司与其之间存在担保法律关系，缺乏事实和法律依据。

第二，上述约定不具备保证合同的成立要件。保证合同是在保证人与债权人之间订立的；合同双方应就债权种类数额、担保范围等合同主要条款达成合意并予以书面确认；在保证合同不完全具备法定条款的情况下，合同双方可以也应当予以补正。其中，鉴于保证合同的类型和性质，其主要条款在有效确定保证人的保证责任方面，应当符合以下要求，如保证意思，保证人必须明确表达对某一债权债务愿意以自己的财产担保债务履行的意思表示；被担保主债权，即保证合同的标的，应当是特定化的、数额可以确定的、已经成立并合法有效的债权。《合作开发协议》有关恒天晟公司“以其在项目公司的全部股权对项目融资承担连带担保责任”的约定，是以签约之时尚未成立、融资数额尚未确定、债权人债务人等基本要素均不特定的项目融资作为主债权，并缺少债务人履行债务的期限、保证担保的范围、保证的期间等基本要件，明显不符合保证合同的成立要件。因此，即使葛洲坝房地产公司关于2010年8月27日其与葛洲坝实业公司签订《借款合同》形成涉案债权的主张属实，鉴于该债权债务关系形成后直至本案诉讼时，葛洲坝房地产公司与恒天晟公司并未对《合作开发协议》中的上述所谓的担保条款予以有效补正或者重新订立保证合同，故葛洲坝房地产公司依据上述《合作开发协议》的约定主张恒天晟公司与其之间存在担保法律关系，缺乏事实和法律依据。

第三，上述约定在法律属性上当属意向性约定。从《合作开发协议》的合同名称和双方当事人签订该合同的主要目的看，该合同实为葛洲坝房地产公司与恒天晟公司为合作开发海南省陵水县土福湾项目签订的意在明确合作双方权利义务的协议，并非为设定债权人和担保人之间的担保权利义务而签订的合同。《合作开发协议》载明的恒天晟公司"以其在项目公司的全部股权对项目融资承担连带担保责任"的合同条款，系双方合作开发相关项目中对于双方权利义务的安排，在法律属性上可以认定为合作双方就将来发生的融资行为预先作出的由恒天晟公司提供担保的意向性约定。但该意向的落实，尚需具体融资事项发生后由具体融资方与恒天晟公司另行签订符合担保合同成立要件的合同。即只有在担保合同成立后才可能产生恒天晟公司的担保法律责任。故葛洲坝房地产公司在没有证据证明其与恒天晟公司对涉案债权签订有担保合同的情况下，仅依据上述《合作开发协议》的约定主张恒天晟公司与其之间存在担保法律关系，缺乏事实和法律依据。

四、商业银行现有条款的比对点评

（一）多家商业银行的现有条款比对

本书写作团队对某家银行的《贷款意向合同》进行了分析。

关于贵司【____】年【____】月【____】日为____________________（用途）向我行申请（金额、币种）________________（大写）的________（性质）贷款的来函收悉。经研究，我行初步同意在满足下列条件的前提下承做该项贷款：

1. 我行承做该项贷款符合国家关于贷款的各项规定；

2. 经我行评估，确认该项贷款符合我行各项贷款条件，并经我行审批通过；

3. 我行认可就该项贷款所提供的担保；

4. 根据我行要求向我行提供有关的各项资料；

5. 贷款项目已经相关有权部门批准立项（仅适用于项目贷款）。

上述意向性贷款条件基于我行对该项目现有情况的初步审核，仅表明我行承做该贷款的意向，不构成我行的任何承诺、负债或义务，对我行不具有法律约束力。最终的贷款条件和条款以双方可能于将来签署的有关贷款合同中的规定为准。

对于上述意向性贷款条件，贵司未经我行同意，不得向任何第三方披露。

本贷款意向书的有效期为【____】个月，自出具之日起算。

（二）现有条款之检讨

根据司法实践和上述合同条款，商业银行签订预约合同时存在三个问题需要进行细化与调整：

第一，需要进一步细化预约合同的确定条款和未确定条款。预约合同的重要功能是整理前期磋商成果，减少后期磋商成本。因此，已确定事项应当在预约合同中明确约定，而并非将未确定事项作为预约合同的全部内容，这将丧失预约合同的合同特性。因此，商业银行在预约合同中应当根据前期磋商的情况，把确定性条款列入预约合同中去。

第二，在预约合同磋商过程中防控缔约过失风险。在前期磋商过程中商业银行既要防范缔约过失风险，更要注意防范由于相对方的恶意磋商、欺诈缔约、擅自撤销要约时的缔约过失、未尽通知保密等义务、合同无效的缔约过失等行为给商业银行形成的风险。因此，在前期磋商过程中，商业银行应当进行初步的信息收集和调查，避免道德风险。

第三，应当进一步合理约定违反预约合同的法律责任。《民法典》第495条第2款规定，当事人一方不履行预约合同约定的订立合同义务的，对方可以请求其承担预约合同的违约责任。但是，该规定并未明确违约责任的承担方式，商业银行应当通过合同约定的方式进一步细化违反预约合同的法律责任。

五、商业银行风控操作要点

基于以上分析，按照《民法典》确立的规则，为更好地防范金融风险，维护金融债权，本书写作团队建议商业银行加强以下风险防控措施：

（一）商业银行在办理业务过程中应当提前厘清相关文件系普通会议记录还是对合同双方均存在约束的预约合同或正式合同①

商业银行在与客户磋商的过程中不可避免地会使用备忘录等文件。对

① 最高人民法院曾经有一种观点认为，预约合同只是前期谈判的结果，其内容有待于本约合同来确定，本约合同签订后，预约合同的内容转化为本约合同的内容。参见最高人民法院民事审判第三庭编著：《最高人民法院关于买卖合同司法解释理解与适用》，人民法院出版社2012年版，第53页。

于备忘录而言，商业银行应当在备忘录内容中明确其条款仅系前期记录磋商结果，不具有合同约束力，约定内容应以正式合同为准，避免因备忘录具备了合同的基本条款而被法院认定为预约合同或正式合同。在签订正式合同时也应注意合同条款的完备性，例如，属性约定、价格约定、交付情况、违约责任、争议解决等条款，避免因缺少基本条款而被人民法院否定其正式合同的性质。如在中国农业银行股份有限公司锦州锦兴支行与锦州玥宝塑业有限公司金融借款合同纠纷①一案中，最高人民法院指出，2004 年 4 月 1 日，省农行向玥宝公司出具《省农行承诺函》，该函明确载明："贷款总额不超过人民币 9000 万元。……本承诺函仅用报于贵公司向国家有关部门说明该项目贷款的初步落实情况，待项目经国家有权部门正式批准立项后，最终承贷方式、金额和条件等，需报经农总行审批确定。……本承诺函有效期从出具之日至正式决定是否贷款时止。"由上述事实可知，省农行向玥宝公司出具《省农行承诺函》的目的，是用于玥宝公司向国家有关部门说明该项目贷款的初步落实情况，并申请立项所需。《省农行承诺函》仅载明了省农行向玥宝公司发放贷款的意向，至于双方之间就发放 9000 万元项目贷款事宜能否成立有效借款合同法律关系，需以农总行审批同意作为条件。2005 年 11 月 23 日，农总行向省农行下发了农银复〔2005〕1692 号《关于对锦州玥宝塑业有限公司项目贷款的批复》，明确表示不同意发放该项目贷款，故该借款合同最终并未生效，因此，锦兴支行因农总行未批准而未发放该部分贷款并不构成违约。由于在前述承诺函已明确写明，对于该部分贷款的能否实际发放，取决于农业银行总行的批准，因此，玥宝公司在锦兴支行出具该贷款意向书时，应当认识到存在该贷款未获批准、不能发放的风险。

（二）预约合同订立后违约责任的承担并不以此后是否达成本约为标准，商业银行应注意预约合同内容的确定以及合同条款之间的关联

一般来说，预约合同的内容是双方当事人在一定期限内签订本约合同，但若双方当事人在一定期限内未达成本约合同也并不意味着违约的必然产生。商业银行在预约合同的签订中应当尤其注意预约合同对本约合同内容的约定，标的物属性、价格、数量等是否明确。若双方确实达成了一定时期内订立本约的合意，但在预约合同中并未对价格、数量、基本属性等合同基本信息予以明确，则后期双方经磋商在一定期限内无法对上述不明确

① （2013）民二终字第 57 号。

的信息达成一致最终导致无法订立本约合同且拒绝签订本约合同的行为并非属于违约行为。作为违约责任的一种,即使继续履行合同能够在最大程度上保障商业银行的利益,但由于在上述情况下强行缔约能否得以适用在司法实践中存在较大争议,整个理论界对该问题的研究也尚浅,商业银行应避免陷入该种不利境况,即在一开始签订预约合同时即对合同内容全面明确。如中国民生银行股份有限公司济南分行与李某某等金融借款合同纠纷①案中,济南市市中区人民法院指出,虽然在原、被告所签《综合授信合同》第 18 条中,约定了"本合同所述授信额度不构成乙方确保授信提用人使用授信额度的义务"的内容,并使用了如被告所称的"仅是合作意向"之词句,但结合该合同第 19 条关于"乙方有权根据授信提用人申请使用额度时的乙方授信政策决定是否同意"的规定,前述第 18 条属双方关于在特定条件下,即乙方受到授信政策限制时的免责约定,此约定的效力不影响《综合授信合同》其他条款的效力。据上,对被告李某某、何某关于双方所签《综合授信合同》名为合同,实为法律意义上的意向,对各方当事人均无法律约束力的主张,法院不予采纳。

另外,商业银行应当对《授信合同》与后续具体合同、业务申请书之间的关系主动予以明确。如金某某与中国民生银行股份有限公司宁波分行金融借款纠纷②案中,宁波市江东区人民法院指出,《授信合同》是银行与客户之间就未来一定期限内客户特定业务开展的融资事宜达成的预约合同,双方实质上约定将来以另签具体合同或经银行接受的业务申请书为贷款合同形式要件,并以银行审查通过为将来合同成立的前提。再如重庆忠县稠州村镇银行股份有限公司与重庆市忠县石宝房地产公司,喻某某等金融借款合同纠纷③案中,忠县人民法院认为,依据前述查明的关于《综合授信合同》的内容,其性质应属于具体借款合同的预约合同。被告周某某在符合《综合授信合同》约定的条件时,原告负有与被告周某某签订具体的借款合同的义务。双方签订的《综合授信合同》和《个人创业(经营性)借款合同》系预约合同与本合同的关系,既有联系又有区别,但属于两个不同的独立合同,属于两个不同的法律关系。双方在预约合同与本合同中均约定了不同的权利

① (2018)鲁 0103 民初 373 号。

② (2015)甬东商初字第 2724 号。

③ (2016)渝 0233 民初 1665 号。

义务。双方应当按照约定的不同的合同内容履行相应的合同义务。即使原告在预约合同的履行中存在违约行为,也不影响被告周某某应当履行其在具体借款合同中负有的偿还借款本息的合同义务。被告周某某主张原告对预约合同存在违约行为并导致其损失与本案属于不同的法律关系,在本案中不予调整。因此。对于被告周某某认为原告违反预约合同约定而对抗其在本合同应当履行的合同义务的主张,法院不予支持。

(三)商业银行应严格遵守预约合同,违反预约合同可能导致商业银行承担前期费用的损失赔偿或使对方错失交易机会的损失

在大量预约合同、备忘录等纠纷的司法判例中,关于商业银行与另一方的责任分担问题存在较大争议,守约方往往主张违约方承担缔约产生的相关费用、机会利益的损失以及可得利益的损失。在法院的裁判中,对于违反预约合同而造成的损失,人民法院存在不同处理,理论与实务界亦均无统一标准。该损失具体是指前期磋商费用的损失、交易机会的损失还是可得利益的损失也并无相关规范予以明确。但总体上,一旦违反预约合同将产生相应的损失赔偿责任,商业银行应注意严格按照预约合同履行合同,避免承担巨大的损失赔偿责任;保留整个预约合同磋商中的材料,一旦对方出现违约情况即可将此前留存的材料作为证据提交,从而最大程度上请求法院判令对方承担赔偿责任。

(四)预约合同、备忘录的名称可能影响对双方意思表示的认定

人民法院对预约合同、备忘录性质的认定以合同条款的意思表示等作为主要判断依据。但若双方对意思表示的内容发生争议,则其本身名称也将影响对性质的认定。在预约合同中约定了数量、价格、交付时间、违约责任、争议解决等基本条款,预约合同因此已经完全具备了本约合同的内容,则法院据此认定该合同系以预约合同命名的本约合同的可能性较大;但若双方因意思表示产生争议,主张属于预约合同的当事人需提供基本证据证明其当时不可能产生订立本约合同的意向,令人民法院对双方意思表示产生合理怀疑,则争议合同本身的名称将会成为认定双方意思表示的证据之一。对于商业银行而言,在签订预约合同时即应对预约合同的内容包括命名等予以全面审查。合同条款、命名方式都须准确表达商业银行方的真实意思表示,使得合同在内容与形式上协调一致,避免因形式上的矛盾增加后期诉讼难度,导致商业银行遭受损失。

第三章　合同解释规则与商业银行合同“鉴于条款”的设计

【《民法典》变化的影响】风险增加

【风险等级】★★★

【提要】《民法典》第142条、第466条规定，有相对人的意思表示的解释，应当按照其所使用的词句，结合相关条款、行为的性质和目的、习惯以及诚信原则，确定相对人意思表示的含义。因此，当合同双方对合同条款内容发生争议时，明确当事人的“合同目的”是确定双方真实意思表示的重要手段。“鉴于条款”又称“叙述性条款”，是对合同签订之目的、希望和意图所作的陈述性说明。《民法典》规定，约定不明、解除合同、确定赔偿范围、适用定金罚则等情形下，均需要法官对合同目的进行探究。相较于鉴于条款在探究合同真实目的过程中的重要性而言，其在实践中反而很容易被忽略。商业银行如何设计鉴于条款、明确表达缔约目的、防止歧义，是本章要探讨的问题。

一、民法典及配套新规

▶《民法典》

【意思表示的解释】

第142条　有相对人的意思表示的解释，应当按照所使用的词句，结合相关条款、行为的性质和目的、习惯以及诚信原则，确定意思表示的含义。

无相对人的意思表示的解释，不能完全拘泥于所使用的词句，而应当结合相关条款、行为的性质和目的、习惯以及诚信原则，确定行为人的真实意思。

【合同条款的解释】

第466条　当事人对合同条款的理解有争议的，应当依据本法第一百四十二条第一款的规定，确定争议条款的含义。

合同文本采用两种以上文字订立并约定具有同等效力的，对各文本使用的词句推定具有相同含义。各文本使用的词句不一致的，应当根据合同的相关条款、性质、目的以及诚信原则等予以解释。

【格式条款的解释】

第498条　对格式条款的理解发生争议的，应当按照通常理解予以解释。对格式条款有两种以上解释的，应当作出不利于提供格式条款一方的解释。格式条款和非格式条款不一致的，应当采用非格式条款。

【合同约定不明确时的履行】

第511条　当事人就有关合同内容约定不明确，依据前条规定仍不能确定的，适用下列规定：

（一）质量要求不明确的，按照强制性国家标准履行；没有强制性国家标准的，按照推荐性国家标准履行；没有推荐性国家标准的，按照行业标准履行；没有国家标准、行业标准的，按照通常标准或者符合合同目的的特定标准履行。

（五）履行方式不明确的，按照有利于实现合同目的的方式履行。

【合同法定解除】

第563条　有下列情形之一的，当事人可以解除合同：

（一）因不可抗力致使不能实现合同目的；

……

（四）当事人一方迟延履行债务或者有其他违约行为致使不能实现合同目的。

【非金钱债务实际履行责任及违约责任】

第580条　当事人一方不履行非金钱债务或者履行非金钱债务不符合约定的，对方可以请求履行，但是有下列情形之一的除外：

（一）法律上或者事实上不能履行；

（二）债务的标的不适于强制履行或者履行费用过高；

（三）债权人在合理期限内未请求履行。

有前款规定的除外情形之一，致使不能实现合同目的的，人民法院或者仲裁机构可以根据当事人的请求终止合同权利义务关系，但是不影响违约责任的承担。

【定金罚则】

第587条　债务人履行债务的,定金应当抵作价款或者收回。给付定金的一方不履行债务或者履行债务不符合约定,致使不能实现合同目的的,无权请求返还定金;收受定金的一方不履行债务或者履行债务不符合约定,致使不能实现合同目的的,应当双倍返还定金。

▶2019年《全国法院民商事审判工作会议纪要》(以下简称《九民纪要》)

第47条　合同约定的解除条件成就时,守约方以此为由请求解除合同的,人民法院应当审查违约方的违约程度是否显著轻微,是否影响守约方合同目的的实现,根据诚实信用原则,确定合同应否解除。违约方的违约程度显著轻微,不影响守约方合同目的实现,守约方请求解除合同的,人民法院不予支持;反之,则依法予以支持。

二、立法考辨

根据《现代汉语词典》中的解释,“鉴于”是指“以某种情况为前提加以考虑”。鉴于条款(Recital)又称“叙述性条款”,该条款并非法律规定必须具备的条款,而是合同双方根据交易习惯在合同首部列明交易背景、前提、先决条件、目的、意图、希望等合同组成部分的陈述性说明。在中国本土司法语境中,多数法院倾向于认为鉴于条款具有一定的约束力,其中最具标志性的是三联商社股份有限公司诉山东三联集团有限责任公司商标许可使用合同纠纷①案。在该案中,法院查明,2003年1月27日,三联集团公司(许可人)与郑某某(被许可人)签订《商标许可使用合同》,合同主要约定以下内容:鉴于:(1)许可人是“三联”服务商标(指第779479号“三联”服务商标)的商标权人;(2)许可人是被许可人的第一大股东,积极支持被许可人的发展。合同第1条~第4条明确了商标使用许可的范围、期限和许可方式,即三联集团公司许可郑某某在家电零售领域无偿使用第779479号“三联”服务商标;商标无偿使用许可期限为合同生效之日起至商标有效注册期满止(包括续展期限);三联集团公司承诺不再以任何直接或间接形式在家电零售领域使用或许可他人使用“三联”商标。合同第6条明确了商标的续展和

① (2011)鲁民三终字第158号。

转让，即三联集团公司应在“三联”服务商标有效期届满时负责进行续展，并承担续展的费用。如果三联集团公司拟放弃“三联”服务商标的所有权，应事先通知郑某某，并在郑某某同意的情况下，无偿将“三联”服务商标的所有权转让给郑某某。该案二审法院认为，该案双方当事人争议的焦点问题是：三联集团是否应当将涉案“三联”商标无偿转让给三联商社。而解决这一问题的关键在于如何理解涉案《商标许可使用合同》中的“鉴于”条款，即“三联集团是郑某某的第一大股东”能否视为涉案合同的附条件。该案经二审法院审判委员会讨论认定，应将“三联集团是郑某某的第一大股东”视为涉案合同的附条件。三联集团持有的三联商社的股权被拍卖并使得三联集团丧失三联商社第一大股东地位，因此三联集团将其涉案“三联”商标转让给案外人并无不当，将“三联集团是郑某某的第一大股东”视为涉案合同的附条件，更符合合同字面含义以及合同目的、背景，处理结果更符合诚实信用、公平原则。因此，二审法院认定，原审判决驳回三联商社的诉讼请求正确。

由此可见，“鉴于条款”往往与合同目的挂钩，而《民法典》规定，在约定不明、解除合同、确定赔偿范围、适用定金罚则等情形下，均需要法官对合同目的进行探究，其重要性不言自明。一般而言，可以就鉴于条款的内容将其分为“目的类鉴于条款”“基础（背景）类鉴于条款”“标的类鉴于条款”三种，如图 3-1 所示。

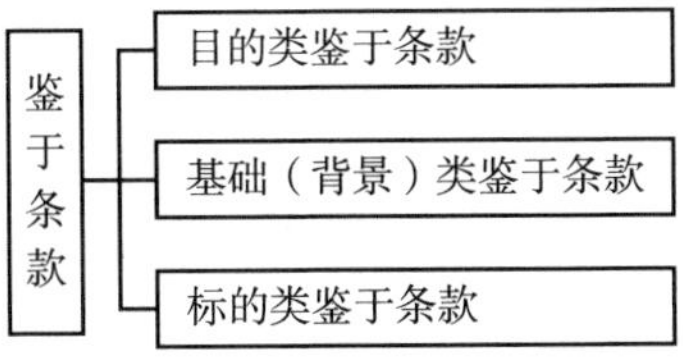

图 3-1　“鉴于条款”分类示意

“鉴于条款”能够帮助法官查明当事人的真实意思表示、明确合同成立或生效之先决条件，减轻商业银行的举证责任，具有十分重要的法律意义。《民法典》认可并承继了《合同法》对“合同目的”解释的相关规定。《民法典》第 466 条规定，合同条款的解释准用《民法典》第 142 条的规定，后者将合同解释的方法拓展到了所有“意思表示”的解释，认为具有相对人的意思表示的解释，应当按照所使用的词句，结合相关条款、行为的性质和目的、习惯以及诚信原则，确定意思表示的含义。

我国司法实务中，一般认为，“合同目的是当事人通过订立和履行合同想要达到的目标和结果,其既可以是为物质利益的追求,也可以是为了非物质利益。”[①]在张某某、徐某某诉启东市取生置业有限公司房屋买卖合同纠纷[②]案中,最高人民法院判决也指出,合同目的可以分为客观目的和主观目的。客观目的即典型交易目的,可通过社会大众的普通认知标准予以判断,如当事人购房的客观目的在于取得房屋所有权并用于居住、孩子入学、投资等,影响合同客观目的的实现的因素有房屋位置、面积、楼层、采光、质量、小区配套设施等。主观目的为某些特定情况下当事人的动机和本意,当事人的特定主观目的作为合同条件或成交基础,一般通过合同的具体约定进行体现。

学界对“合同目的”的研究主要集中在合同解释与合同解除两个研究方向。崔建远(2015)[③]指出,合同目的可以分为典型交易目的(又分抽象视角和具象视角)、主观目的(动机)、单方的目的和双方的共同目的。当动机(合同原因)直接影响了当事人订立合同所期望的经济利益时,也可能被看作合同目的。单锋(2017)[④]认为,合同订立过程中,存在各种未必能完全还原到效果意思的缔约情境,因此,法官需要以“合同目的”作为法技术概念,在合同文字之外探寻当事人“动机”,才能解决纠纷。章杰超(2018)[⑤]对合同目的的含义进行了分析,认为合同目的内涵在于当事人的期望,而这种期望不仅仅限于经济利益,还可以包括其他利益。赵文杰(2020)[⑥]指出,合同目的的确定是一个以抽象合同概念中的要素类型化的过程。由此可见,鉴于条款本身实际上是对合同目的的一种细化和体现,虽然一般情况下可能不具有实际意义,但在特定情况下会被法院作为法技术手段加以采用。如果商业银行没有给予足够的重视,认为其可有可无,抑或照搬硬套,则可能给自身带来法律风险。

---

① 参见最高人民法院民事审判第二庭编著:《最高人民法院关于买卖合同司法解释理解与适用》,人民法院出版社2012年版,第407、408页。

② 参见张某某、徐某某诉启东市取生置业有限公司房屋买卖合同纠纷案[(2015)通中民终字第03134号],载《最高人民法院公报》2017年第9期(总第251期)。该判决指出,该特定主观目的之客观化,属于《合同法》第94条第1款第4项的规制范围。如开发商交付的房屋与购房合同约定的方位布局相反,且无法调换,购房者可以合同目的不能实现解除合同。

③ 参见崔建远:《论合同目的及其不能实现》,载《吉林大学社会科学学报》2015年第3期。

④ 参见单锋:《论“合同目的”的规范效应》,载《南京师大学报(社会科学版)》2017年第4期。

⑤ 参见章杰超:《合同目的的含义之解析》,载《政法论坛》2018年第3期。

⑥ 参见赵文杰:《论法定解除权的内外体系——以〈民法典〉第563条第1款中“合同目的不能实现”为切入点》,载《华东政法大学学报》2020年第3期。

三、司法裁判可视化梳理

本书写作团队使用Alpha案例库对金融借款合同的“金融借贷中鉴于条款纠纷”进行了检索,[①]检索关键词为“案由:未设置案由”+“攻方当事人包含:银行”+“全文:同句‘鉴于条款’,”共得到判决48件,可视化分析如图3-2所示。

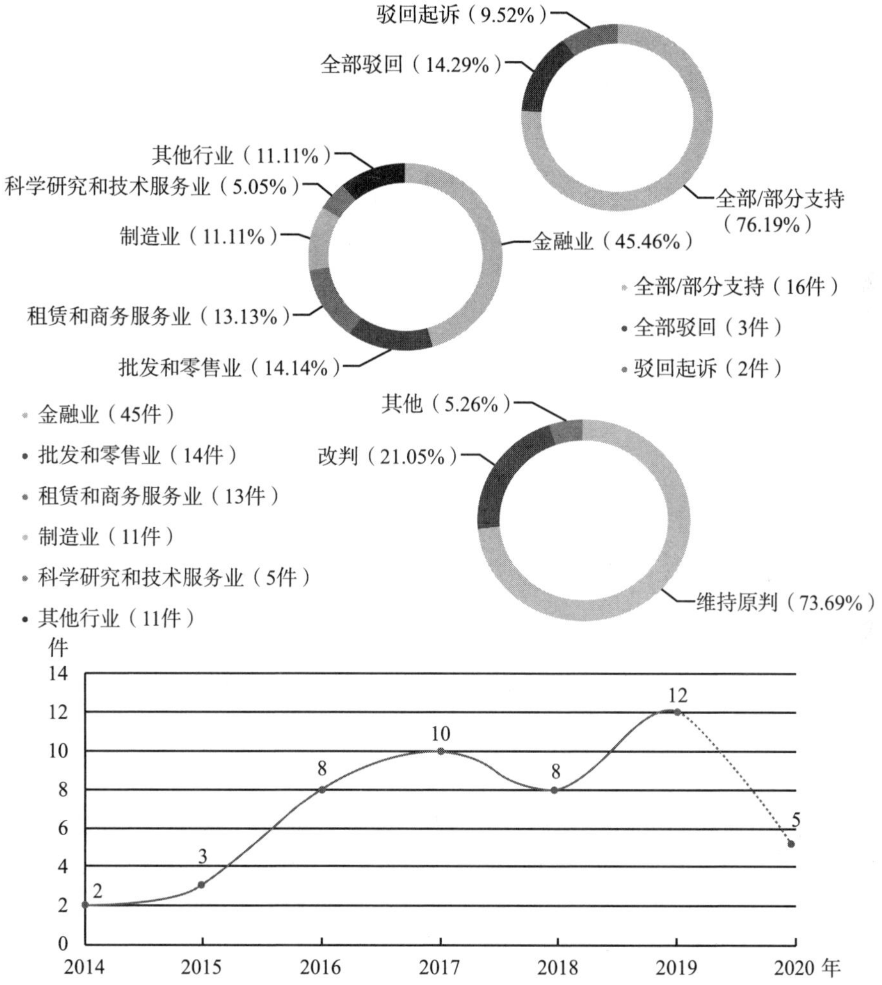

图3-2　金融借贷合同“鉴于条款”纠纷可视化示意

① 最后检索日期:2020年12月31日。

根据既往司法判例，商业银行及其他金融机构在“鉴于条款”与“合同目的”问题上可能面临司法败诉的风险主要源于以下几个方面：

（一）法院结合“鉴于条款”和其他合同条款，对合同内容进行综合性解释，认定商业银行存在过错

在武汉钢铁集团鄂城钢铁有限责任公司诉中国民生银行股份有限公司上海分行等金融借款合同纠纷案①中，上海市第一中级人民法院认为，根据涉案《动产融资差额回购协议》之“鉴于”条款，该《动产融资差额回购协议》系基于民生银行与上海中琦公司签订之《综合授信合同》及《银行承兑协议》等“主合同”，系为保障上述协议顺利履行而签订。……民生银行作为涉案金融融资服务的提供者、动产融资差额回购业务模式及操作规程设定的主导方、涉案《动产融资差额回购协议》以及相应《综合授信合同》《银行承兑协议》等格式合同文本的主要拟定方，不仅应当严谨设定合同交易模式，而且更应当严格履行、监督合同既定的交易规程以实现银行作为专业金融机构的风险管控职责。民生银行应当清楚知晓“提货规则”作为涉案动产融资差额回购业务风险控制链条重要一环的地位和作用，其消极懈怠的行为不仅违反了协议约定，增加了涉案动产融资差额回购业务的风险，而且给非金融机构的武汉鄂钢公司以一定误导，使其产生民生银行认可其凭《提货通知单》复印件就可以发货的错误认识，亦无证据表明民生银行在风险发生后采取了积极、必要和有效的措施防止损失的扩大。因此，民生银行的消极行为违反了相关合同约定，也是本案融资差额款损失的原因，应当承担相应的合同责任。②

（二）“鉴于条款”描述不清，自相矛盾，法院通过其他证据另行对合同之间的关系加以认定，认定商业银行存在违约行为

在陕西万强实业有限公司与被告华夏银行股份有限公司西安分行、被告西安天安制药股份有限公司、第三人陕西宽建实业有限公司和解协议纠纷③一案中，华夏银行曾在该案中提出，四方和解协议鉴于条款规定，宽建置业与天安制药已于 2002 年 1 月就该案土地使用权签订了《联合开发协

① (2014)沪一中民六(商)终字第 82 号。

② 该案判决最终认定，综合民生银行与武汉鄂钢公司在涉案动产融资差额回购业务中的实际履行情况以及违约情形，同时考量到双方当事人利益衡平，认定武汉鄂钢公司对融资差额款损失承担 80%的主要责任，民生银行应对融资差额款损失承担 20%的次要责任。

③ (2013)碑民初字第 00244 号。

议》,后双方又签订了《债权债务偿还协议》《入股协议》《丙方实际投资经核实约定补充协议》等,前者表明在2002年宽建置业与天安制药建立了股权转让关系,而后者却为联合开发关系,而后者还表明两者由联合开发关系变为债权债务偿还关系、投资入股关系,后又变更为宽建置业投资关系。相同的当事人,在相同的期间内,就相同的标的物,设定多重的法律关系,在法律上不可能,在实际上也是子虚乌有,只不过是宽建置业与天安制药为达到涉案土地使用权不被强制执行之共同目的。但是这一抗辩并未得到法院的支持。

西安市碑林区人民法院则认为,从以上一系列合同签订过程来看,虽然借款合同签订在前,四方和解协议签订在后,但从四方和解协议的内容及文字表述来看,借款合同、四方和解协议应视为同一时间段形成的,四方和解协议应为主要的合同,借款合同是为履行和解协议设定的重组贷款的第一步而签订的,具有从属性。四方和解协议、借款合同、保证合同是当事人真实意思表示,不违反法律规定,应属有效合同。……四方和解协议、借款合同系同一时间段形成的,具有不可分割性,应作为一个整体来理解。四方和解协议系主要的合同,借款合同系为履行和解协议而签订的,具有从属性。四方和解协议与借款合同对借款合同还款义务的不同约定,应以四方和解协议的约定为准。……四方和解协议对重组贷款事项的约定,通过宽建置业名下750万元借款合同的签订、履行,实现了重组贷款的第一步。但此后华夏银行与天安制药未按约定签订天安制药名下652万元的借款合同,致重组贷款的第二步未能实现,华夏银行、天安制药构成根本性违约。因华夏银行、天安制药的违约行为,导致签订和解协议的合同目的不能实现,原告主张解除和解协议,依法应予支持。借款合同、保证合同是为履行和解协议而签订的,具有从属性,原告主张一并解除借款合同、保证合同,亦应予以支持。由此可见,华夏银行所主张的“鉴于条款”所载明的内容,法院并未将其作为认定各方合同关系性质的主要证据。

(三)“鉴于条款”被认定为单纯的“缔约背景的描述”,未设定具体的权利义务,不具备理所当然约束缔约各方的效力

在长沙兆华恒宇股权投资合伙企业与中国东方资产管理股份有限公司湖南省分公司、湖南恒宇置业有限公司合同纠纷①一案中,长沙市开福区人

① (2016)湘0105民初6184号。

民法院认为,原、被告签订的《意向协议》中载明的鉴于条款:"1. 乙方已于2012年10月向丙方投资8800万元,目前持有丙方61.6%的股权,根据乙方对丙方增资时的《股权投资协议》及相关承诺,乙方享有的该等股权及对丙方投资开发的位于韶山南路398号的'宇洋·东海'项目(原名沸点100)享有优先分配(退出)的权利。2. 现丙方拟通过甲方采取委贷增信方式取得银行贷款(下称委贷债权)人民币壹亿元整用于项目建设,甲方为了保证委贷债权的实现要求乙方出具《承诺函》,承诺:甲方的委贷债权优先于乙方对丙方享有的权利,并要求乙方放弃一切与本次委贷债权偿还前相关的优先权利。3. 乙方为了支持丙方项目建设,拟向甲方出具包含上述内容的《承诺函》。4. 目前,甲方拟定近期就委贷增信融资方案上报审批。"

法院认为,上述鉴于条款系缔约背景的描述,并非承诺或担保,未设定具体的权利义务,不具备理所当然约束缔约各方的效力,故原告基于上述鉴于条款主张被告违反资金使用的约定并承担违约责任缺乏充分依据,法院不予采纳。

(四)法院结合"鉴于条款"及其他证据,认为合同双方存在虚伪同谋的情形,从而认定合同无效

在湖北融泰典当有限公司诉武汉高丽凤凰实业有限公司、李某某、桂某某、庄某某企业借贷纠纷①一案中,武汉市中级人民法院认为,2010年6月2日,武汉高丽公司(甲方)与湖北谊信公司(乙方)及桂某某、庄某某、李某某签订《项目合作协议书》,合同约定:鉴于(1)甲方正在兴建"首玺池典"项目,其现状为"首玺池典"项目建设装修。(2)甲方承诺该项目在2010年8月18日正式投入经营,甲方并承诺在2010年12月31日前,该项目的日平均营业额应达到人民币肆拾万元。……而事实上,该项目从未实际运作。故该《项目合作协议书》名为项目合作,实为借贷。项目的实际权利人为融泰典当公司,融泰典当公司以项目合作之名向武汉高丽公司发放1000万元贷款,双方没有关于当物、估价金额、当金数额、综合费率等事项的约定,武汉高丽公司事实上也没有提供当物,双方的借贷行为不符合典当的基本特征,在性质上应属企业间借贷。融泰典当公司作为提供资金的一方以资金融通为常业,双方的借贷行为不属于正常的企业间临时性资金拆借行为,有违国家有关金融法规,应为无效。

① (2014)鄂武汉中民商初字第00089号。

(五)法院将"鉴于条款"内容视为履行相关协议之前提条件,但同时认为该条件是否成立存在争议,且基于公共利益之考虑认为当事人一方放弃其建设工程价款优先受偿权的《承诺函》无效

在中国华融资产管理股份有限公司福建省分公司、苏州市凤凰建筑安装工程有限公司合同纠纷案[①]中,最高人民法院指出,根据《最高人民法院关于审理建设工程施工合同纠纷案件适用法律问题的解释(二)》第23条"发包人与承包人约定放弃或者限制建设工程价款优先受偿权,损害建筑工人利益,发包人根据该约定主张承包人不享有建设工程价款优先受偿权的,人民法院不予支持"之规定,放弃该优先权原则上是有效的。……但关于《承诺书》的效力问题。本案双方当事人对《承诺书》是否附条件及所附条件是否已成就存在争议。从《承诺书》中"鉴于"部分内容可知[②],苏州凤凰公司系基于其与借款人金瑞公司签有案涉金瑞商业广场项目建设工程施工合同,且金瑞公司顺利获得上述贷款与其具有利害关系之前提,才出具了该《承诺书》。结合金瑞公司与浦发银行福州分行签订的《房地产开发项目贷款合同》亦约定该贷款具体用途为"金瑞商业广场项目建设需要"之事实,苏州凤凰公司主张其放弃优先权的前提是金瑞公司取得的贷款将用于涉案工

---

① (2019)最高法民终1951号。

② 该案中,双方所签署的《承诺书》载明:"鉴于:1.我单位于2012年11月28日与发包人福建金瑞有限公司签订一份编号为JR-GC015号的《福安金瑞商业广场施工合同》及相关的补充协议,由我单位(或本人)承包建设发包人的'金瑞商业广场'项目工程。2.根据政府主管部门颁发的352226201302210101号《施工许可证》,我单位已进场施工,工程建设正在进行中。3.发包人告知我单位有关它拟将上述在建工程的金瑞商业广场作为抵押物抵押给贵行,作为借款人福建金瑞置业有限公司获得贵行38000万元人民币贷款的条件。4.发包人或借款人顺利的获得上述贷款与我单位具有利害关系。为此,我单位(或本人)向贵行承诺如下:一、就上述抵押物,我单位放弃《合同法》第286条的规定享有的优先权,以使贵行依抵押权享有对抵押物的完整的优先权。1.在本承诺书生效前,发包人未支付给我单位(或本人)的工程价款,我单位(或本人)将以优先权以外的方式向发包人追索。如该债权未能实现,其风险由我单位自行承担,我单位放弃依《合同法》第286条的规定享有的优先权。2.在本承诺书生效后,我单位将谨慎行事,及时、足额向发包人催收工程价款,确保不发生新的拖欠。如发生发包人未足额支付工程价款,其风险由我单位自行承担。我单位将以优先权以外的方式向发包人追索。如该债权未能实现,我单位放弃依《合同法》第286条的规定享有的优先权。……三、如我单位违反上述承诺,对上述工程(在抵押物的范围内)行使《合同法》第286条规定的优先权的,我单位所获得的价款或建筑物本身即应无条件的归贵行,用于清偿发包人或借款人所欠贵行的贷款本息和费用,贵行有权直接向受诉人民法院主张该权利。……六、我单位承认:贵行对有关抵押合同和借款合同的签署和执行,是建立在对上述承诺信赖的基础上的。本承诺书的各项承诺,均构成对我单位的可强制执行的、具有法律约束力的义务和责任。七、本承诺书自我单位签署之日生效。一旦贵行与发包人之间的抵押合同生效,本承诺书即成为该合同的组成部分。"

程项目的建设(包括支付其建设工程价款),符合常理。没有证据证明若浦发银行福州分行发放贷款的用途并非用于金瑞商业广场建设,苏州凤凰公司仍同意放弃其建设工程价款优先受偿权。因此,应当认定《承诺书》所附条件为:浦发银行福州分行依约发放贷款给金瑞公司用于金瑞商业广场项目建设。现双方当事人对浦发银行福州分行向金瑞公司发放32810万元贷款的用途是否符合合同约定的“金瑞商业广场项目建设”存在争议。但即使《承诺书》未附条件或所附条件已成就,华融福建省分公司的诉讼主张能否成立,仍取决于本案放弃建设工程价款优先受偿权的条款是否有效。本案中,苏州凤凰公司为使发包人金瑞公司顺利获得浦发银行福州分行的贷款进行涉案工程建设而出具《承诺书》放弃建设工程价款优先受偿权,但金瑞公司获得贷款后并未向苏州凤凰公司支付工程价款,现苏州凤凰公司已无力自行清偿建筑工人工资系显而易见的事实……因此,若苏州凤凰公司放弃其建设工程价款优先受偿权,则其责任财产必然减少,从而对其偿债能力造成更加恶劣影响,损害建筑工人利益。故即使《承诺书》并非附条件之承诺或所附条件已成就,因苏州凤凰公司放弃优先权之承诺损害建筑工人利益,一审法院对华融福建省分公司关于该放弃优先权的条款有效之主张不予支持。

四、商业银行现有条款的比对点评

(一)多家商业银行的现有条款比对

本书写作团队以“综合授信贷款合同”为例,考察了多家银行合同成立/生效条款的安排,比对点评如下:

【A银行】

甲方、乙方依据《中华人民共和国合同法》等有关法律、法规,各方经友好及平等协商,基于真实意思表示,立约如下,以昭信守。

【B银行】

鉴于______________________________,甲方向一方申请借款,乙方同意向甲方发放贷款。根据有关法律法规和规章,甲乙双方经协商一致,订立本合同,以便共同遵守。

【C银行】

甲方向乙方申请综合授信,乙方同意提供授信。为明确甲、乙双方的权利、义务,甲、乙双方根据《中华人民共和国合同法》及有关法律法规的规定,经协商一致,特订立本合同。

【D银行】

依据《中华人民共和国合同法》《中华人民共和国商业银行法》等有关法律法规之规定，甲方与乙方本着诚实信用、平等自愿的原则，经协商一致，订立本合同，以共同信守。

【E银行】

经甲、乙双方协商，就甲方向乙方提供授信等事宜已达成一致，为明确甲、乙双方的权利、义务，特订立本合同，以便共同遵守。

【F银行】

鉴于：

1. 申请人向银行申请本合同中所列的业务产品的银行授信额度；

2. 银行同意基于本合同所列的条款和条件向申请人提供银行授信额度。

双方经友好协商，达成本合同，以兹共同遵守。

附件一：先决条件文件：

一、借款人提供了在形式和内容上均为贷款人认可和接受的文件

(1)经最新工商年检的营业执照；

(2)公司章程及所有相关修改或变更；

(3)人民银行颁发的有效的贷款卡；

(4)一家有资格的中国会计师事务所出具的关于公司注册资本的验资报告；

(5)同意办理本合同项下借款的借款人董事会或其他有权机构的决议/会议记录；

(6)董事会成员名单及签字样本；

(7)组织机构代码证；

(8)法定代表人身份证/护照；

(9)法定代表人身份证明；

(10)授权委托书；

(11)贷款人要求的其他资料。

二、担保文件

借款人和/或担保人应按照贷款人满意的内容和格式签署以下担保文件(担保借款人在本合同项下债务的及时足额偿还及其他义务的履行)，且该等担保文件已经根据中国法律进行登记或完善。

【G银行】

乙方向甲方申请综合授信借款,甲方同意向乙方发放该类贷款。为明确双方的权利和义务,根据有关法律、法规,甲、乙双方经平等协商一致,自愿订立本合同。

【H银行】

借款人因________________________________项目建设需要向贷款人申请综合授信借款,双方经协商一致,订立本合同。

【I银行】

借款人、贷款人经平等协商,就贷款人向借款人发放固定资产贷款事宜达成一致,特订立本合同。

(二)多家银行的现有条款之点评

上述合同所存在三个优点值得借鉴或者需要细化、调整:

第一,除B、H银行之外,所有银行均使用“甲方向乙方申请综合授信,乙方同意提供授信”的笼统表述,而B、H银行采取“鉴于________________________,甲方向一方申请借款,乙方同意向甲方发放贷款”的留白做法,有利于具体经办人员根据业务个案实际情况,填制涉及交易背景、前提条件,[①]值得借鉴。

第二,A、B、C、D银行在鉴于条款中列明了订立合同的法律依据。其中,B、G银行采取概括性表述“根据有关法律法规和规章”,其他三家银行则采取了类似“依据《中华人民共和国合同法》、《中华人民共和国商业银行法》”的具体化表述。其他银行则缺乏这一要素。同时,根据《民法典》第1260条[②]之规定,2021年1月1日起《中华人民共和国担保法》《中华人民共和国合同法》《中华人民共和国物权法》将同时废止。所以,商业银行所有合同“鉴于条款”中的法律依据表述应当修改。

第三,F银行将“鉴于条款”与“先决条件”主动加以区分,鉴于条款只说

---

① 关于填制合同的操作风险,可参见陈福录:《信贷合同填制的八大操作风险及防范攻略》,载《中国农村金融》2016年第10期。

② 《民法典》第1260条 【施行日期及旧法废止】本法自2021年1月1日起施行。《中华人民共和国婚姻法》、《中华人民共和国继承法》、《中华人民共和国民法通则》、《中华人民共和国收养法》、《中华人民共和国担保法》、《中华人民共和国合同法》、《中华人民共和国物权法》、《中华人民共和国侵权责任法》、《中华人民共和国民法总则》同时废止。

明订约的目的，同时在附件一里面另行约定“附件一：先决条件文件”，包括借款人提供了在形式和内容上均为贷款人认可和接受的下列文件以及借款人和/或担保人应按照贷款人满意的内容和格式签署以下担保文件，这一做法更加清晰，有利于法官区分条件与目的，值得借鉴。

五、商业银行风控操作要点

为维护保障金融债权安全，促进金融借贷业务健康发展，从源头上防范和化解金融风险，本书写作团队建议商业银行在“鉴于条款”应当采取如下设计：

（一）商业银行应当及时更新“鉴于条款”的法律依据

商业银行“鉴于条款”大多会提及“根据《中华人民共和国合同法》、《中华人民共和国担保法》及相关法律法规的规定……签订本合同”的表述。鉴于《民法典》在2021年生效后，相关《民法总则》《物权法》《合同法》《担保法》等既往适用的法律都将被废止，所以，在各类合同的“鉴于”条款部分，凡提及该等将失效法律的条款均需进行调整。同时，考虑到法律、法规会持续更新，最高人民法院也会出台相关司法解释、会议纪要等配套性司法文件。因此，从合同长期使用所需的稳定、简洁和便利角度出发，可以修改为：“根据国家有关法律、法规、规章及司法解释”的表述为妥。

（二）商业银行应当利用“鉴于条款”，充分说明双方缔约过程或目的，从而避免格式合同的风险

《民法典》颁布后，凡是“提供格式条款的一方未履行提示或者说明义务，致使对方没有注意或者理解与其有重大利害关系的条款的，对方可以主张该条款不成为合同的内容”①。因此，商业银行通过“鉴于条款”，充分表明对方对格式条款中有重大利害关系的条款已经知情并充分了解，从而避免

---

① 《民法典》第496条　【格式合同的定义与订立】格式条款是当事人为了重复使用而预先拟定，并在订立合同时未与对方协商的条款。采用格式条款订立合同的，提供格式条款的一方应当遵循公平原则确定当事人之间的权利和义务，并采取合理的方式提示对方注意免除或者减轻其责任等与对方有重大利害关系的条款，按照对方的要求，对该条款予以说明。提供格式条款的一方未履行提示或者说明义务，致使对方没有注意或者理解与其有重大利害关系的条款的，对方可以主张该条款不成为合同的内容。第497条　【格式合同的无效】有下列情形之一的，该格式条款无效：（1）具有本法第一编第六章第三节和本法第五百零六条规定的无效情形；（2）提供格式条款一方不合理地免除或者减轻其责任、加重对方责任、限制对方主要权利；（3）提供格式条款一方排除对方主要权利。第498条　【格式合同的解释】对格式条款的理解发生争议的，应当按照通常理解予以解释。对格式条款有两种以上解释的，应当作出不利于提供格式条款一方的解释。格式条款和非格式条款不一致的，应当采用非格式条款。

格式合同的风险。

如在上海汽车集团财务有限责任公司与上海华隆汽车销售服务有限公司、延某某金融借款合同纠纷①案中，上海市静安区人民法院认为，《经销商零售合作协议》鉴于条款写明："协议双方愿意将各自营销策略与金融服务优势相结合，充分运用各自……的业务特色和成功经验，积极推动……车辆的销售和金融服务。双方就此达成一致。"可见，原告与被告上海华隆公司在商业活动中形成自愿合作关系，在商业合作中具有平等的法律地位，在签订《经销商零售合作协议》时已经就条款内容进行协商达成一致，并在双方长期合作中使用。因此，综合分析原告与被告上海华隆公司签订《经销商零售合作协议》时的缔约能力、经济地位、商事主体地位等相关因素，不能认定《经销商零售合作协议》是未与被告上海华隆公司协商确定的不平等格式合同。

（三）在最高额担保（抵押/保证）合同中，应当充分使用"鉴于条款"，锁定担保人的责任期限及担保责任总额

对于最高额担保，由于其涉及一段时间内的持续借款，商业银行尤其要注意通过"鉴于条款"锁定担保人的责任期限及担保责任总额，应当写明"基于主合同项下可能连续发生的多笔债务，为确保主合同项下债务的履行，甲方同意为主合同项下自____年____月____日起至____年____月____日发生的全部/部分债务提供最高额抵押担保，担保的债券最高余额为____万元。"

例如，在中国农业银行股份有限公司苍南县支行与苍南县龙港金兴丝网印刷有限公司、温州市海洋印务有限公司等金融借款合同纠纷②一案中，浙江省高级人民法院认为，首先，《最高额保证合同》第一页"鉴于条款"和"第一条"明确约定，金兴公司自愿为苍南农行自 2013 年 6 月 8 日起至 2015 年 6 月 7 日止与海洋公司所形成的债权提供最高额保证担保，担保的债权最高余额为 600 万元。案涉借款发生在 2014 年 7 月 2 日，形成于上述约定的期间，且该借款系用于归还政府的转贷资金，故金兴公司应对该笔借款承担担保责任，原审对该节事实的认定和法律适用，并无不当。再如渤海银行股份有限公司杭州分行与浙江天华建设集团有限公司、浙江加兰节能科技股份有限公司等金融借款合同纠纷③案中，杭州市中级人民法院认

---

① （2017）沪 0106 民初 57 号。

② （2016）浙民申 973 号。

③ （2015）浙杭商终字第 165 号。

为,《最高额保证协议》“鉴于”部分明确,保证人同意向债权人提供无条件不可撤销的最高额连带责任保证,总额度为 4000 万元整;第 2 条保证下第 2.3 款约定,“债权人与债务人在授信协议项下就具体业务签订具体业务合同时无须再通知保证人”。依照上述约定,将流动资金额度增至 2000 万元,以及商业汇票承兑额度减至零万元,系债权人与债务人在总授信额度内做出的分额度调剂使用,并不涉及具体业务合同的变更,无须通知保证人。

(四)商业银行可使用“鉴于条款”,强化同一业务中不同合同之间、同一合同不同条款之间的关联

由于商业银行的综合授信、与开发商合作综合开发贷款协议、银证合作通道业务中,需要充分使用“鉴于条款”,构建体系化合同架构。

就同一业务中不同合同之间的衔接而言,在中国光大银行股份有限公司天津滨海分行与陈某弟、陈某正金融借款合同纠纷①一案中,天津市第二中级人民法院指出,《贷款合同》中鉴于条款明确标明“本合同为该《额度合同》不可分割的组成部分,本合同项下的贷款为该《额度贷款》项下贷款”。……因此,原告与被告陈某弟、陈某正、叶某道、谢某微、金某微、杨某莲、瑞祥公司签订的《额度合同》《贷款合同》《配偶承诺书》《承诺书(保证担保)》《应收账款质押合同》均系各方当事人的真实意思表示,内容不违反法律、法规的强制性规定,合法有效,当事人应当按照约定全面履行自己的义务。

就同一合同不同条款之间的衔接与关联而言,在中国信达资产管理股份有限公司湖北省分公司与武汉升阳置业发展有限公司、湖北致远科技集团股份有限公司金融借款合同纠纷②一案中,武汉市中级人民法院指出,依据合同第 2 条违约责任的约定和鉴于条款③对“重组债务”的定义,信达资产

---

① (2017)津 02 民初 330 号。

② (2016)鄂 01 民初 1588 号。

③ 该案中,《延期还款补充协议》鉴于条款约定:1. 汉口银行洪山支行与信达资产湖北分公司于 2013 年 6 月 3 日签订的编号为鄂金收 201306-001 的《债权收购协议》,信达资产湖北分公司已于 2013 年 6 月 7 日向原债权人汉口银行洪山支行支付债权收购款项。自付款日起,债务人升阳公司欠信达资产湖北分公司债务本金 9450 万元及相应利息(下称“重组债务”)。2. 根据债务人升阳公司与信达资产湖北分公司于 2013 年 6 月 3 日签订的《延期还款协议》,债务人应于 2013 年 6 月 7 日对原债权人支付收购款之日起 24 个月内向信达资产湖北分公司足额支付 9450 万元,并以主债务金额为基数按照 15%的年利率向债权人支付利息。具体为债务人按季支付利息,具体支付日期为信达资产湖北分公司支付收购款之日起每个自然季度最后一个月的 20 日,最后一次利息支付日期为重组债务到期日。

湖北分公司有权要求升阳公司继续按照约定的还款计划还款,宣布未到期债务立即到期,并以逾期本金和对应利息为基数按日万分之六的标准计收违约金。

第四章　格式合同新规、卖方适当性义务与商业银行合同条款设计

【《民法典》变化的影响】风险增加

【风险等级】★★★

【提要】《民法典》第496条、第497条、第498条对格式合同的定义与订立、效力、解释等问题进行了较为全面的规范。而《九民纪要》则对银行等"卖方机构"的适当性义务进行了规范。在此情况下，为了更好地保护金融机构的合法权益，本章从民法典的新规内容及其对相应合同的影响、法律风险防控等方面对格式合同和"卖方机构"的适当性义务进行了较为全面的解读。

一、民法典及配套新规

▶《民法典》

【格式合同的定义与订立】

第496条　格式条款是当事人为了重复使用而预先拟定，并在订立合同时未与对方协商的条款。

采用格式条款订立合同的，提供格式条款的一方应当遵循公平原则确定当事人之间的权利和义务，并采取合理的方式提示对方注意免除或者减轻其责任等与对方有重大利害关系的条款，按照对方的要求，对该条款予以说明。提供格式条款的一方未履行提示或者说明义务，致使对方没有注意或者理解与其有重大利害关系的条款的，对方可以主张该条款不成为合同的内容。

【格式合同的无效】

第497条　有下列情形之一的，该格式条款无效：

（一）具有本法第一编第六章第三节和本法第五百零六条规定的无效情形；

（二）提供格式条款一方不合理地免除或者减轻其责任、加重对方责任、限制对方主要权利；

（三）提供格式条款一方排除对方主要权利。

【格式合同的解释】

第498条　对格式条款的理解发生争议的，应当按照通常理解予以解释。对格式条款有两种以上解释的，应当作出不利于提供格式条款一方的解释。格式条款和非格式条款不一致的，应当采用非格式条款。

▶2019年《全国法院民商事审判工作会议纪要》（以下简称《九民纪要》）

72.**【适当性义务】**

适当性义务是指卖方机构在向金融消费者推介、销售银行理财产品、保险投资产品、信托理财产品、券商集合理财计划、杠杆基金份额、期权及其他场外衍生品等高风险等级金融产品，以及为金融消费者参与融资融券、新三板、创业板、科创板、期货等高风险等级投资活动提供服务的过程中，必须履行的了解客户、了解产品、将适当的产品（或者服务）销售（或者提供）给适合的金融消费者等义务。卖方机构承担适当性义务的目的是为了确保金融消费者能够在充分了解相关金融产品、投资活动的性质及风险的基础上作出自主决定，并承受由此产生的收益和风险。在推介、销售高风险等级金融产品和提供高风险等级金融服务领域，适当性义务的履行是"卖者尽责"的主要内容，也是"买者自负"的前提和基础。

73.**【法律适用规则】**

在确定卖方机构适当性义务的内容时，应当以合同法、证券法、证券投资基金法、信托法等法律规定的基本原则和国务院发布的规范性文件作为主要依据。相关部门在部门规章、规范性文件中对高风险等级金融产品的推介、销售，以及为金融消费者参与高风险等级投资活动提供服务作出的监管规定，与法律和国务院发布的规范性文件的规定不相抵触的，可以参照适用。

74.**【责任主体】**

金融产品发行人、销售者未尽适当性义务，导致金融消费者在购买金融产品过程中遭受损失的，金融消费者既可以请求金融产品的发行人承担赔偿责任，也可以请求金融产品的销售者承担赔偿责任，还可以根据《民法总则》第167条的规定，请求金融产品的发行人、销售者共同承担连带赔偿责任。发行人、销售者请求人民法院明确各自的责任份额的，人民法院可以在判决发行人、销售者对金融消费者承担连带赔偿责任的同时，明确发行人、销售者在实际承担了赔偿责任后，有权向责任方追偿其应当承担的赔偿份额。

金融服务提供者未尽适当性义务，导致金融消费者在接受金融服务后参与高风险等级投资活动遭受损失的，金融消费者可以请求金融服务提供者承担赔偿责任。

75.【举证责任分配】

在案件审理过程中，金融消费者应当对购买产品（或者接受服务）、遭受的损失等事实承担举证责任。卖方机构对其是否履行了适当性义务承担举证责任。卖方机构不能提供其已经建立了金融产品（或者服务）的风险评估及相应管理制度、对金融消费者的风险认知、风险偏好和风险承受能力进行了测试、向金融消费者告知产品（或者服务）的收益和主要风险因素等相关证据的，应当承担举证不能的法律后果。

76.【告知说明义务】

告知说明义务的履行是金融消费者能够真正了解各类高风险等级金融产品或者高风险等级投资活动的投资风险和收益的关键，人民法院应当根据产品、投资活动的风险和金融消费者的实际情况，综合理性人能够理解的客观标准和金融消费者能够理解的主观标准来确定卖方机构是否已经履行了告知说明义务。卖方机构简单地以金融消费者手写了诸如“本人明确知悉可能存在本金损失风险”等内容主张其已经履行了告知说明义务，不能提供其他相关证据的，人民法院对其抗辩理由不予支持。

77.【损失赔偿数额】

卖方机构未尽适当性义务导致金融消费者损失的，应当赔偿金融消费者所受的实际损失。实际损失为损失的本金和利息，利息按照中国人民银行发布的同期同类存款基准利率计算。

金融消费者因购买高风险等级金融产品或者为参与高风险投资活动接受服务，以卖方机构存在欺诈行为为由，主张卖方机构应当根据《消费者权益保护法》第55条的规定承担惩罚性赔偿责任的，人民法院不予支持。卖方机构的行为构成欺诈的，对金融消费者提出赔偿其支付金钱总额的利息损失请求，应当注意区分不同情况进行处理：

（1）金融产品的合同文本中载明了预期收益率、业绩比较基准或者类似约定的，可以将其作为计算利息损失的标准；

(2)合同文本以浮动区间的方式对预期收益率或者业绩比较基准等进行约定，金融消费者请求按照约定的上限作为利息损失计算标准的，人民法院依法予以支持；

(3)合同文本虽然没有关于预期收益率、业绩比较基准或者类似约定，但金融消费者能够提供证据证明产品发行的广告宣传资料中载明了预期收益率、业绩比较基准或者类似表述的，应当将宣传资料作为合同文本的组成部分；

(4)合同文本及广告宣传资料中未载明预期收益率、业绩比较基准或者类似表述的，按照全国银行间同业拆借中心公布的贷款市场报价利率计算。

78.**【免责事由】**

因金融消费者故意提供虚假信息、拒绝听取卖方机构的建议等自身原因导致其购买产品或者接受服务不适当，卖方机构请求免除相应责任的，人民法院依法予以支持，但金融消费者能够证明该虚假信息的出具系卖方机构误导的除外。卖方机构能够举证证明根据金融消费者的既往投资经验、受教育程度等事实，适当性义务的违反并未影响金融消费者作出自主决定的，对其关于应当由金融消费者自负投资风险的抗辩理由，人民法院依法予以支持。

二、立法考辨

在《民法典》颁布实施之前，《合同法》第39条规定了格式合同的订立与定义，第40条规定了格式条款的无效认定，第41条规定了格式条款的解释规则。作为对合同法规定的细化，最高人民法院《关于适用〈中华人民共和国合同法〉若干问题的解释(二)》[以下简称《合同法司法解释(二)》]第6条、第9条、第10条等条文对格式合同问题进行了规范。《民法典》延续了合同法的规范思路但进行了一定的调整，主要表现在：一是《民法典》第496条对格式合同定义与订立规则的顺序进行了调整，进一步扩大了提示或者说明义务的范围，扩大至“重大利害关系的条款”，并对未尽提示或者说明义务法律后果的规范，采用了“不订入”规则。[①] 二是《民法典》第497条第2项规定了“不合理”免责条款无效的规则。

《九民纪要》认为，在审理金融产品发行人、销售者以及金融服务提供者（以下简称卖方机构）与金融消费者之间因销售各类高风险等级金融产品和为金融消费者参与高风险等级投资活动提供服务而引发的民商事案件中，必须坚持“卖者尽责、买者自负”原则，将金融消费者是否充分了解相关金融产品、投资活动的性质及风险并在此基础上作出自主决定作为应当查明的案件基本事实，依法保护金融消费者的合法权益，规范卖方机构的经营行为，推动形成公开、公平、公正的市场环境和市场秩序。《九民纪要》从适当性义务、法律适用规则、责任主体、举证责任分配、告知说明义务、损失赔偿数额、免责事由等方面对“卖方机构”的适当性义务做出较为全面的规范。

在学术领域，国内学者近五年来对格式合同相关问题也在不断进行探讨：如张良（2016）[②]认为，格式条款内容控制的法律适用方法应遵循从具体规则到抽象原则的逻辑顺序，依次为“黑名单”和“灰名单”制度、强制性规范、显失公平规则、诚实信用原则与公序良俗原则。其他文献更多是基于合同法对格式合同的效力规制、反垄断规制等内容进行规范。卢志刚（2017）[③]从法经济学的角度对网络第三方支付格式合同进行了研究，认为网络三方支付合同具有一定金融属性，且缔约情境独立，缺乏交互性和现场性，因此对于该类格式合同应当采用特殊规制手段，例如设计默认规则更大程度保护消费者利益等。

国内学界近五年对卖方适当性义务的研究包括：在卖方机构的适当性义务方面，如王锐（2017）[④]对金融机构适当性义务司法适用进行了实证分析

---

① 刘某某诉中国移动通信集团江苏有限公司徐州分公司电信服务合同纠纷案，最高人民法院指导案例64号（最高人民法院审判委员会讨论通过，2016年6月30日发布）。该案中最高人民法院认为，本案被告既未在电信服务合同中约定有效期内容，亦未提供有效证据证实已将有效期限制明确告知原告，被告暂停服务、收回号码的行为构成违约，应当承担继续履行等违约责任，故对原告主张“取消被告对原告的话费有效期的限制，继续履行合同”的诉讼请求依法予以支持。

② 参见张良：《论消费者合同中格式条款的内容控制》，载《河南大学学报（社会科学版）》2016年第4期。

③ 参见卢志刚：《网络第三方支付格式合同再规制研究——基于行为法律经济学视角》，载《政法论丛》2017年第5期。

④ 参见王锐：《金融机构适当性义务司法适用的实证分析》，载《法律适用（司法案例）》2017年第20期。

研究,认为适当性义务是一种部分法定化的道德诚信义务,源于近年来金融市场发展的需求,最佳途径仍在于法定义务的确立。钱玉文、吴炯(2019)[①]认为,适当性义务作为一种诚信义务,将认定风险的因素紧扣适当性行为本身;代销模式下成立合同责任应突破合同相对性,民事责任为缔约过失责任与侵权责任竞合;曹兴权、凌文君(2019)[②]认为,适当性义务的司法适用应该有合理的边界,要平衡法律父爱保护主义与私法自治的关系,并对投资者提供差异化保护;吴弘、吕志强(2020)[③]认为,适当性义务的核心内涵决定其先合同义务的法律性质,违反适当性义务的民事责任为缔约过失责任。吴烨(2020)[④]指出,对于适当性义务,不能仅仅理解为程序性的说明义务,司法机构应当以"形式+实质"双重标准进行审查。

三、司法裁判可视化梳理

本书写作团队使用 Alpha 案例库对"金融借贷合同格式条条款纠纷"进行了检索,[⑤]检索关键词为"案由:金融借款合同纠纷"+"全文:同句'格式合同/条款'"+"当事人包含:银行",总共得到判决 10,230 件,可视化分析如图 4-1 所示。

就司法判例来看,司法部门对"商业银行与客户签订格式合同"类案件的审理思路,如图 4-2 所示。

◆法院对"案涉合同"进行形式审查,查明"案涉合同"是否属于商业银行为重复使用而提前拟定的;

◆法院着眼于格式合同的内容,是否有合同内容能反映所争议的事实;

◆依据第一步、第二步的事实来认定"案涉争议格式合同条款"如何理解、是否有效。

当银行客户与商业银行之间发生诉讼纠纷,争议焦点集中于争议条款是否因免除、限制格式合同提供方自身责任条款、加重对方责任条款、排除

---

① 参见钱玉文、吴炯:《论商业银行适当性义务的性质及适用》,载《湖南社会科学》2019 年第 4 期。

② 参见曹兴权、凌文君:《金融机构适当性义务的司法适用》,载《湖北社会科学》2019 年第 8 期。

③ 参见吴弘、吕志强:《金融机构适当性义务辨析》,载《上海金融》2020 年第 6 期。

④ 参见吴烨:《金融机构适当性义务的规范逻辑》,载《证券法苑》2020 年第 1 期。

⑤ 最后检索日期:2020 年 12 月 31 日。

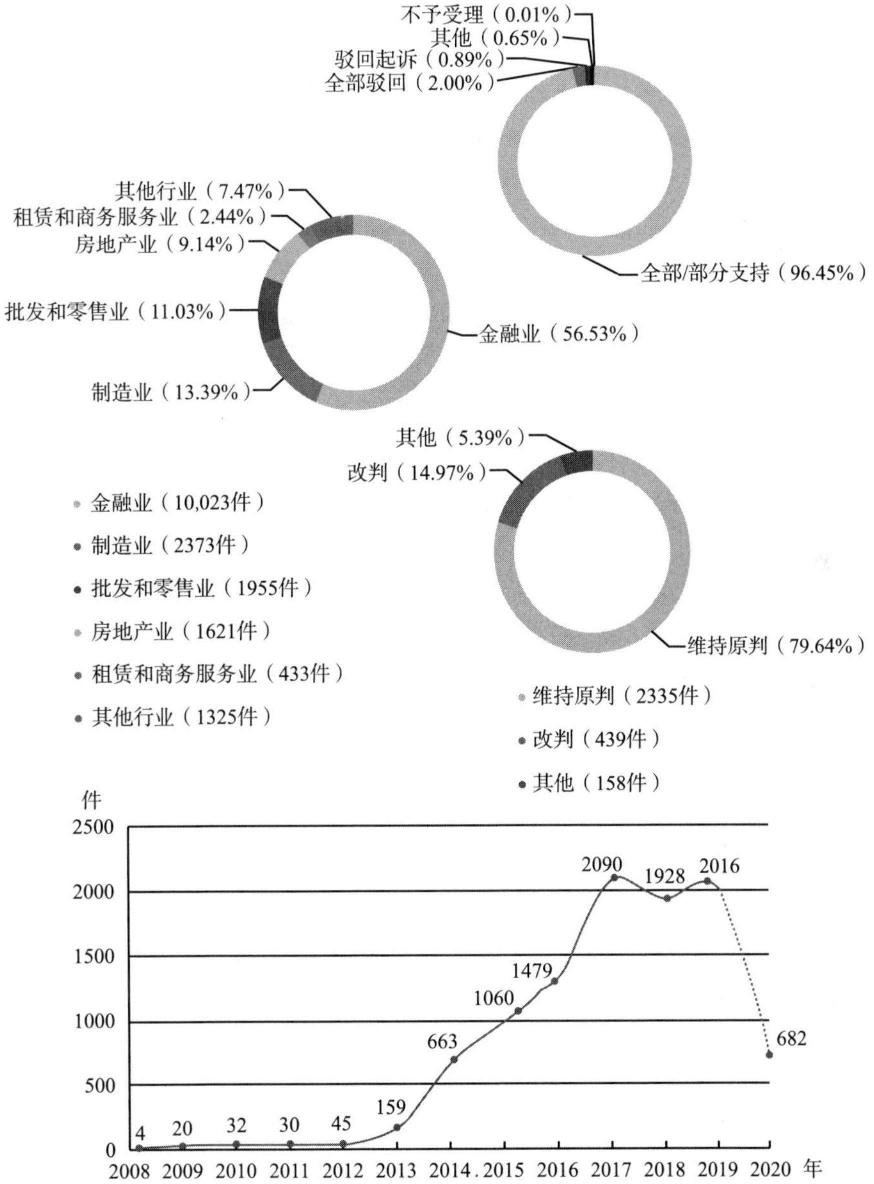

图 4-1　金融借贷合同“格式条款”纠纷可视化示意

对方主要权利等无效时，银行客户一般将对双方之间签订的合同系商业银行重复使用而事先拟定的这一事实进行基本证明，在这一环节客户基本能通过各种途径收集到证据材料，商业银行在这一事实上的抗辩难度较大，如

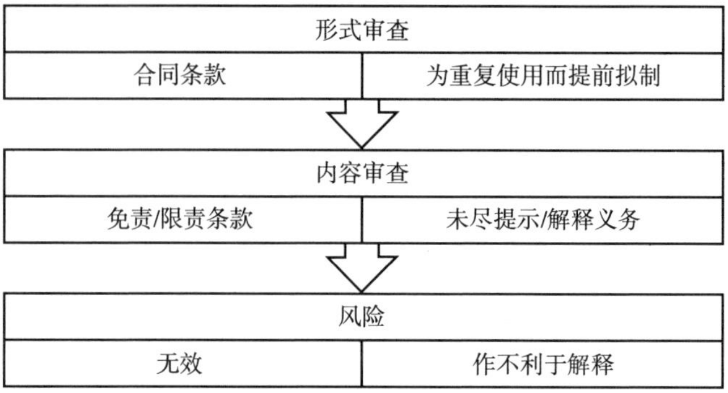

图 4-2　金融借贷合同“格式条款”纠纷司法裁判思路示意

中信银行股份有限公司福州分行与金辉集团有限公司、陈某某等金融借款合同纠纷①案中，福建省高级人民法院认为，关于涉讼合同是否属格式合同的问题。中信银行认可涉讼合同是其为重复使用而事先预定的。该案中，中信银行直接认可了其与银行客户签订的合同属于为重复使用而事先预定的，并未抗辩。

在案涉合同系商业银行为重复使用而事先拟定的这一事实得以认定的基础上，格式合同条款可能因具备无效事由而无效。无效事由包括提供格式合同的一方未对格式合同免除、限制格式合同提供方自身责任条款，加重对方责任条款，排除对方主要权利等条款进行提示说明，因对某一格式合同条款有两种以上解释却按照不利于格式合同提供方的理解进行解释等。商业银行作为格式合同的提供方通常在这一环节上存在的风险较大，此环节认定亦是格式合同条款问题的关键之处。如万荣县汇民村镇银行有限责任公司与李某、运城市凯丰农业开发有限公司等金融借款合同纠纷②一案中，山西省高级人民法院认为，本案原审查明汇民银行与凯丰公司签订的《万荣县汇民村镇银行借款合同》尾部载明借款人为运城市凯丰农业开发有限公司，凯丰公司的代理人李某某在“共同借款人（法定代表人）”处加盖了李某的印章。因该合同系申请人单方制作的格式合同，其在合同签订时并未对“共同借款人”或是“法定代表人”进行勾选，造成合同当事人对合同内容产生了歧义。同时申请人亦未明确其是否在合同签订时就此处内容向合

① （2014）闽民申字第2284号。
② （2019）晋民申3142号。

同相对方履行了提醒注意义务，故原审适用《合同法》第 41 条的规定并不存在适用法律错误的情形。该案争议的合同是汇民银行提供的格式合同，汇民银行与凯丰公司在合同中未勾选李某某属于“共同借款人”或是“法定代表人”，对此存在两种解释，法院依法作出了不利于汇民银行的认定。

商业银行开展日常业务不可避免地要使用到格式合同，但应当采取合理措施对格式合同的免除、限制自身责任的条款、加重对方责任条款、排除对方主要权利等的条款进行合理的解释说明，避免因未尽解释说明义务遭受损失。在上诉人沈阳星河铜业有限公司与被上诉人招商银行股份有限公司大连五一广场支行、原审被告九星控股集团有限公司、李某某、沈阳北方交通重工有限公司、沈阳北方交通重工集团有限公司金融借款合同纠纷[①]案中，辽宁省高级人民法院认为，中国人民银行《关于人民币贷款利率的通知》第 3 条第 2 款明确规定，对逾期或未按合同约定用途使用借款的贷款，从逾期或未按合同约定用途使用贷款之日起，按罚息利率计收利息，直至清偿本息为止。对不能按时支付的利息，按罚息利率计收复利。这一规定，是国家对银行业金融机构的特别授权。且招商银行在与星河铜业签订《借款合同》时，已对合同条款内容及含意向星河铜业做了“特别提示”，星河铜业予以盖章确认。“该案招商银行对格式合同条款要求星河铜业予以盖章确认，法院判决也据此做出了有利于招商银行的认定。又如在中国农业银行股份有限公司莆田城厢支行与福建省莆田市医药有限公司、莆田市建砼工贸有限公司金融借款合同纠纷[②]案中，关于案涉合同条款效力的问题，被告吴某某认为，案涉《保证合同》及《最高额保证合同》系格式合同，合同中第 2 条、第 6 条关于农行城厢支行免除自己责任、加重对方责任的条款，因农行城厢支行并未就该加责条款的概念、内容及法律效果等对吴某某尽明确说明义务，对吴某某不产生法律约束力。福建省高级人民法院认为，案涉《保证合同》及《最高额保证合同》的尾部，具有保证人声明，载明：“债权人已依法向我方提示了相关条款（特别是黑体字条款），应我方要求对相关条款的概念、内容及法律效果做了说明，我方已经知悉并理解上述条款”。吴某某现认为原告没有尽明确说明义务，并未提交相关证据予以证明。且案涉合同第 2 条、第 6 条的内容并不违反法律的相关规定，或者显失公平之处，吴某某的此项抗辩

① (2017)辽民终 316 号。

② (2015)闽民初字第 65 号。

不能成立。该案中农行城厢支行对争议条款内容进行了黑体字设置，并要求客户在尾部作了“债权人已依法向我方提示了相关条款（特别是黑体字条款），应我方要求对相关条款的概念、内容及法律效果做了说明，我方已经知悉并理解上述条款”的陈述，法院以加责条款内容并不违反法律的相关规定，无显失公平之处为由肯定了该条款效力。

在商业银行适当性义务诉讼风险方面，就司法判例来看，人民法院对“商业银行适当性义务”纠纷类案件的审理思路如图4-3所示。

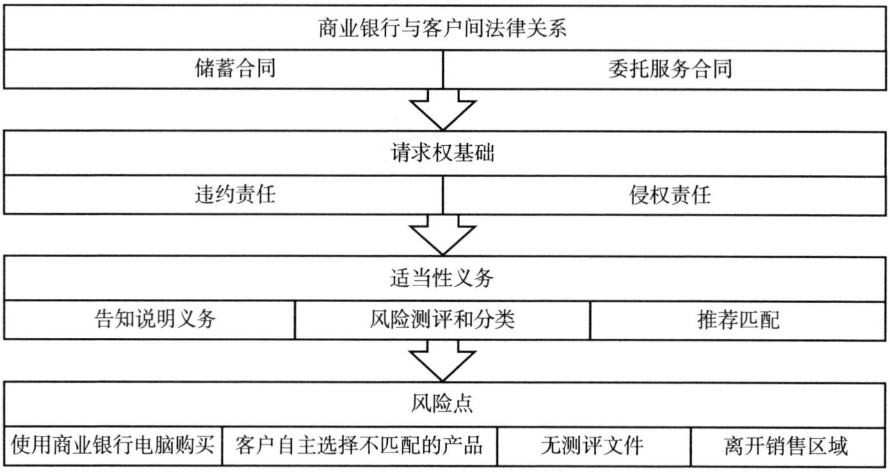

图4-3　商业银行适当性义务纠纷类案件司法思路示意

◆人民法院对银行客户与商业银行之间的基本法律关系予以认定，厘清系属储蓄合同关系或属服务合同关系，在此基础上再对双方之间民事法律关系的效力进行认定；

◆人民法院结合法律法规以及相关证据对商业银行是否未尽“适当性义务”的事实进行审查；

◆人民法院根据查明的事实在银行客户与商业银行之间分配损失承担责任。

其中第二步、第三步是人民法院在审理此类案件的关键，对于商业银行而言若在第二步中处于不利地位则其败诉风险将大大提升。

首先，银行客户与商业银行之间建立的法律关系性质的不同将会影响诉讼中法律适用、举证责任分配等内容，商业银行选择了不当的法律关系应诉将会导致损失扩大。例如，在王某某、中国工商银行股份有限公司济宁任城区支行服务合同纠纷①案中，山东省高级人民法院认为，该案明确对储蓄合同关系与金融服务合同关系进行了区分，对于储蓄合同关系，存款到期后商业银行负有返还本息的义务，所产生的风险只是存款利息等收益的多少，对本金不会产生影响；而对于金融服务合同关系，若投资人认为商业银行未尽适当性义务则可请求银行承担损害赔偿责任。

其次，商业银行须严格按照行业规范、既定程序开展业务并对过程材料予以留存，以便在法院对银行"适当性义务"进行审查之时提供充足的证据予以证明，避免在已尽适当性义务的情况下因举证不能而陷入败诉风险。例如，徐某某与平安银行股份有限公司北京丰台支行财产损害赔偿纠纷②一案中，北京市高级人民法院认为，平安银行丰台支行因未提供充足的证据证明其已全面妥善地履行了适当性义务而承担了不利的后果，法院认定平安银行丰台支行履行适当性义务存在瑕疵。

在中国建设银行股份有限公司北京恩济支行与王某财产损害赔偿纠纷③

---

①　(2018)鲁民申5458号。该判决认为，申请人向一审法院起诉时的诉讼请求是要求被申请人归还本金10万元及利息。我国现有的投资渠道中，购买基金产品和在银行存款，虽然都是投资行为，但所蕴含的风险是不同的。依据我国银行法律的规定，投资人在银行存款形成的是储蓄合同关系，存款到期后银行负有返还本息的义务，所产生的风险只是存款利息等收益的多少，对本金不会产生影响。而本案申请人委托被申请人购买的是基金公司出售的基金产品，双方形成的是金融服务合同关系，无论是申请人利用银行支付平台自行购买，还是委托银行购买，其基金产品的收款方都是出售基金产品的基金公司，因而申请人委托被申请人购买基金产品，不是在被申请人处存款，故申请人请求被申请人归还本金和利息于法无据。

②　(2019)京民申1985号。该判决认为，当事人对自己提出的诉讼请求所依据的事实或者反驳对方诉讼请求所依据的事实，应当提供证据加以证明。在作出判决前，当事人未能提供证据或者证据不足以证明其事实主张的，由负有举证证明责任的当事人承担不利的后果。本案中，二审法院综合考量投资者风险自负原则作为证券市场投资的基本原则、平安银行丰台支行在推介案涉理财产品时适当性义务履行的瑕疵及证券市场固有的风险因素对损失影响的权重比例，酌情判定平安银行丰台支行赔偿徐祯弘经济损失147,234.93元并无不当。徐某弘的再审理由不能成立。

③　(2019)京民申3178号。该判决认为，建行恩济支行系涉诉基金的代销机构，其对王某进行了风险评估后，推介王某购买了涉诉基金，王某在建行恩济支行处完成购买行为，故双方之间形成个人理财服务法律关系。建行恩济支行在对王某进行风险评估后对王某的投资风格及风险承受能力应为明知。但建行恩济支行却向王某主动推介了"风险较大"的"经评估不适宜购买"的理财产品，其行为存在重大过错。建行恩济支行的过错行为与王某的损失之间存在因果关系。鉴于，建行恩济支行在向王某推介涉诉基金的过程中，存在明显不当推介行为和重大过错，违反了作为基金代销机构应当承担的适当性义务，故对于王某基于购买涉诉基金遭受的损失，建行恩济支行应当承担损害赔偿责任。建行恩济支行虽否认存在上述行为，但未能提举有效证据证明王某是在充分了解投资标的及其风险的基础上自主决定购买涉诉基金。关于建行恩济支行主张王某多次购买理财产品，有足够投资经验，王某虽多次购买理财产品，但其之前购买理财产品的事实，并不能导致其对本案涉诉基金的相关风险等内容有所了解，并不能据此减轻或免除建行恩济支行未按金融监管的相关规定履行适当性推介义务及未向王某出示和提供基金合同和招募说明书而应承担的责任。

案中,北京市高级人民法院指出,建行恩济支行系某基金的代销机构,客户王某通过该行购买了基金,事实上王某选择购买的基金属于风险较大且经评估不适宜其购买的理财产品,建行恩济支行主张系客户王某在了解了基金风险后自主选择购买的,但该行却未能提供材料证明其已按金融监管的相关规定履行适当性推介义务及已向王某出示和提供基金合同和招募说明书而被法院认定存在重大过错。

江苏省南京市中级人民法院①曾在判决中对商业银行的适当性义务进行了具体阐述。该院认为,《证券投资基金法》第99条规定,基金销售机构应当向投资人充分揭示投资风险,并根据投资人的风险承担能力销售不同风险等级的基金产品。《中国银监会关于规范商业银行代理销售业务的通知》规定,商业银行开展代销业务,应当加强投资者适当性管理,充分揭示代销产品风险,向客户销售与其风险承受能力相匹配的金融产品。该案中民生银行鼓楼支行与苏某之间的争议焦点集中在:(1)民生银行鼓楼支行对苏某所作的风险测评是否真实;(2)民生银行鼓楼支行是否违反告知说明义务;(3)如果民生银行鼓楼支行违反了适当性义务,是否应对苏某的损失承担赔偿责任,赔偿数额如何确定。对于争议焦点(1),苏某主张风险测评系民生银行鼓楼支行工作人员代为操作,评估中的问卷回答并非其真实意思表示,但由于苏某未能提供证据证明该主张,法院认可了风险测评的真实性;对于争议焦点(2),江苏省南京市中级人民法院认为民生银行鼓楼支行系案涉基金的代理销售机构,苏某在该支行的推荐下购买了案涉基金产品,且购买行为系在该支行营业场所工作人员的电脑上完成,因此,即便案涉基金产品系苏某使用个人网银购买,也不能免除民生银行鼓楼支行的告知说明义务。民生银行鼓楼支行没有按照规定在理财产品销售专区销售案

---

① (2019)苏01民终7576号。该判决认为,关于民生银行鼓楼支行有无违反告知说明义务的问题。金融机构在向投资者销售金融产品或者提供相关服务的过程中,应当根据产品、投资活动的风险和投资人的实际情况,向投资人充分说明与金融产品相关的风险、合同的主要内容等重要事项,使得金融消费者对所要投资的金融产品有足够的认识来做出投资决定。本案中,民生银行鼓楼支行系案涉基金的代理销售机构,苏某在该支行的推荐下购买了案涉基金产品,且购买行为系在该支行营业场所工作人员的电脑上完成,因此,即便案涉基金产品系苏某使用个人网银购买,也不能免除民生银行鼓楼支行的告知说明义务。民生银行鼓楼支行认为苏某通过网银购买基金时已经知悉产品风险,无须其告知说明的上诉理由不能成立,法院不予采纳。民生银行鼓楼支行没有按照规定在理财产品销售专区销售案涉基金,也没有对销售过程进行录音录像,以致在本案中未能举证证明其已经履行了告知说明义务,应当承担不利的后果。一审判决认定民生银行鼓楼支行违反告知说明义务,并无不当。

涉基金，也没有对销售过程进行录音录像为由故认定民生银行鼓楼支行未能提供证据证明其已尽适当性义务，并认定民生银行鼓楼支行违反先合同义务合同，判令民生银行鼓楼支行赔偿苏某本金损失688,350.07元及自苏某起诉之日即2019年4月9日起按照中国人民银行发布的同期同类存款基准利率计算的利息损失。另外，该案以及上述北京市高级人民法院(2019)京民申1985号等多起案例商业银行中均以投资人此前经常购买基金为由主张投资人对理财产品风险早已知悉，但法院认为投资人虽然多次购买理财产品但与案涉争议产品并不同一。

最后，商业银行的工作人员在进行电子银行业务操作时，尤其是为客户开通电子银行业务时，应明示手机银行、网上银行的风险与区别，告知并赋予客户对外支付限额选择权，特别提示电子密码器高额转账风险。一旦商业银行就影响客户资金安全的重要信息披露不充分的，则可能承担相应责任。在施某某与中国工商银行股份有限公司上海市水电路支行储蓄存款合同纠纷①一案中，上海市第二中级人民法院认为，储户在申请电子银行注册并开通网络支付功能时，银行应向持卡人明确说明该网络支付交易的认证方式、交易规则、支付类型、法律风险、风险防范措施等信息，充分履行信息披露义务。但工行水电路支行在电子银行注册过程中，不但未就前述电子银行开通渠道和对外支付的交易限额给予施某某选择权，而且未告知手机银行与网上银行的区别及不同风险，尤其未就对外支付的不同限额向施某华作出明确告知，影响施某某对使用电子银行风险的知情和预判，导致施某某在大额钱款短时间内迅速被转出的情况下，丧失了发现异常并醒悟制止的时间保障和限额保障。此外，工行水电路支行在开通电子银行的“客户须知”中，仅列明“致U盾客户的特别风险提示”，就同样具有大额支付功能的电子密码器的使用风险未作披露。虽然工行水电路支行在随后提供的密码器说明书中有“特别提示”和密码器上覆薄膜的“风险提示”，告知施某某保管好电子密码器及其生成的数字，工行水电路支行工作人员亦现场告知施某某阅看密码器说明书。但上述告知均非事前告知、直接告知，即工行水电路支行并未在开通电子银行过程中以显著方式直接告知施某某密码器的使用风险，未在储户勾选认证介质时同步就该介质风险进行释明，仅事后告知

---

①　(2018)沪02民终5232号，该案最终判决工商银行赔偿施某华损失25万元，同时该案例入选《2018年度上海法院金融商事审判十大案例》。

施某某自行查看说明书,告知尚不够充分,与电子密码器的大额支付风险不相匹配,故工行水电路支行就电子密码器的风险告知亦有欠缺。综上,工行水电路支行未完全、充分履行信息披露义务,导致持卡人未能警惕可能发生的风险并及时采取必要的防范措施,相关权益未能得到有效保障。

四、商业银行现有条款的比对点评

(一)多家商业银行的现有条款比对

本书写作团队考察了多家银行《个人贷款合同》《电子银行个人客户服务协议》等合同文本的"格式合同适当性"条款比对检讨如下:

【A银行】

尊敬的客户,为了维护您的权益,请在签署本协议前,仔细阅读本协议各条款(特别是黑体字条款),关注您在协议中的权利、义务。如对本协议有任何疑问,请咨询经办行客户经理。

……

甲方声明:

乙方已提请甲方注意本协议各条款,特别是黑体字条款作全面、准确的理解,并应甲方要求作了相应条款的说明。签约各方对本协议的含义认识一致,认同并接受本协议全部条款。

【B银行】

为了维护您的利益,请您在签署本合同前,仔细阅读如下注意事项:

1. 您已阅读本合同所有条款,并已悉知其含义;

……

如您对本合同还有疑问之处,您可在签署之前向××银行各级分支机构咨询。

……

第16条　诚信承诺

(一)借款人本着诚实信用原则,向贷款人作出如下承诺和保证,截至本合同签订时:

……

3. 借款人已阅读本合同所有条款,并特别注意了本合同字体加黑的条款。应借款人要求,贷款人已经就本合同做了相应的条款说明。借款人对本合同各条款,特别是约定担保人发生有关可能影响其担保能力或担保物情形时贷款人有权提前收回贷款的条款的含义及相应的法律后果已全部通晓并充分理解。

【C银行】

第17条　特别提示

甲方已阅读本合同所有条款,并特别注意了本合同字体加黑的条款和补充条款。应甲方要求,乙方已经就本合同做了相应的条款说明。甲方对本合同的含义及相应的法律后果已全部通晓并充分理解。双方对合同各条款的理解不存在异议。

【D银行】

第14条　甲方陈述与保证

……

五、甲方已阅读本合同所有条款,并特别注意了本合同字体加黑斜体字的条款。并应甲方要求,乙方已经就本合同做了相应的条款说明。甲方对本合同条款的含义及相应的法律后果已全部通晓并充分理解。

【E银行】

第20条　其他

20.1　借款人已全面阅读本合同条款,对其应当履行的义务及可能承担的民事责任已知晓。借款人确认,在签署本合同时,双方已就全部条款进行了详细的说明和讨论。借款人签署本合同,即表明借款人对合同的全部条款均无疑义,并对当事人有关权利义务和责任限制或免除条款的法律意义有准确无误的理解。

【F银行】

第18条　附则

……

18.6　在签署本合同时,乙方就本合同的全部条款已向甲方进行了详细的说明和解释,双方对合同的全部条款均无疑义,并对当事人有关权利义务和责任限制或免除条款的法律含义有准确无误的理解。

【G银行】

［重要提示］

本合同系各方根据有关法律、法规,在平等自愿的基础上协商订立而成,所有合同条款均是各方意思的真实表示。为充分维护借款人的合法权益,贷款人特别提请借款人在签订本合同前仔细阅读本合同条款,并特别关注本合同条款中的加粗、加黑字体部分,在充分理解本合同条款的含义及相应的法律后果之后再签章。

【H银行】

尊敬的客户:为了维护您的权益,请在签署本合同前,仔细阅读本合同各条款(特别是黑体字条款),关注您在合同中的权利、义务。如对本合同有任何疑问,请向贷款行咨询。如需进行业务咨询和投诉,请拨打某某银行客服热线:×××××。

借款人声明:贷款人已依法向我方提示了相关条款(特别是黑体字条款),应我方要求对相关条款的概念、内容及法律效果做了说明,我方已经知悉并理解上述条款。

(二)多家银行的现有条款之检讨

根据司法判决所体现出的风险,上述合同存在三个问题需要进行细化与调整:

第一,就相关条款的位置而言,A、B、H银行在合同首部进行了"请在签署本协议前,仔细阅读本协议各条款(特别是黑体字条款),关注您在协议中的权利、义务"的提示,在最后又要求贷款方进行"甲方声明(A银行)"或"诚信承诺(B银行)",说明借款人阅读、注意、通晓并充分理解相关条款。这一做法从结构上前后呼应,比其他银行将相关提示单独放在"特别提示(C银行)"、"甲方陈述与保证(D银行)"、"其他(E银行)"、"附则(F银行)"或者"首部[重要提示](G银行)"更为合理。

第二,在说明提示义务方面,一般银行通过"特别提示"或特殊的字体或采取【斜体】、颜色【加黑】进行提示。但是,民法典进一步扩大了提示或者说明义务的范围,相应的合同应当根据"与对方有重大利害关系的条款"要求进行进一步的履行提示或者说明义务。因此,D银行同时使用"加黑斜体"的做法值得借鉴。

第三,银行一方不合理地免除或者减轻其责任、加重对方责任、限制对方主要权利。在部分银行合同中,存在不合理地免除或者减轻其责任、加重对方责任、限制对方主要权利的条款,甚至有些条款有侵犯人身权之嫌。因此,应当对这些条款依据民法典进行进一步的论证。从这一角度来看,C银行强调客户特别注意了本合同字体加黑的条款和补充条款,将"补充条款"涵盖于内的做法值得借鉴。

第四,为了防止格式合同的借款人优先解释规则,部分银行将"双方对合同的全部条款均无疑义(F银行)”或者“双方对合同各条款的理解不存在异议(C银行)”写入了合同。但这一做法在法律上的有效性值得怀疑。需要注意的是,《民法典》第498条规定,对格式条款的理解发生争议的,首先应当按照通常理解予以解释。因此,商业银行应当将更多的注意力放在对同条款的字斟句酌,防止歧义的出现,而非直接武断地要求对方认可合同条款无疑义。

五、商业银行风控操作要点

基于以上分析,本书写作团队认为司法部门会按照《民法典》与《九民纪要》确立的规则,规范格式合同和金融机构适当性义务。为更好地防范金融风险,维护金融债权,本书写作团队建议商业银行加强以下风险防控措施:

(一)商业银行应当进一步扩大提示说明条款的范围

为重复使用而事先拟定合同模板并非认定合同条款无效的关键要件,即使确是如此,其条款的无效也取决于条款内容本身及商业银行是否对格式合同条款进行了合理的提示说明等因素。为避免合同条款无效的风险,商业银行在提供格式合同之前即应对格式合同条款如免除责任或限制责任的条款,或者明显违反公平原则的条款等敏感条款进行审查,进行审查整合后及时修改,最终决定作为格式条款使用的应当对该类条款进行充分的提示说明,切忌遗漏或者随意挑选部分条款进行解释说明,应当全面审查,避免因遗漏而导致合同条款无效,造成商业银行不必要的损失。以管辖条款为例,最高人民法院就曾在裁定书中认为,借款合同中的管辖约定条款约定了管辖的法院且排除了借款人即清远公司选择管辖法院的权利,作为提供格式合同的一方即内蒙古银行应采取合理的方式提请对方注意,否则格式条款无效。[①] 依照《民法典》这种条款不能成为合同内容。同时,约定仲裁、支付令等均存在此类问题。

(二)商业银行应当根据司法实践的要求采用多种说明方式

从司法判例库的案例来看,一些商业银行在格式合同条款的提示说明义务上采取的措施对于一般商业银行有较大的借鉴意义,例如,使特殊的格式合同条款的字体字号颜色明显区别于其他条款,或者要求客户对特殊条款进行盖章、捺印予以确认或要求客户对已了解具体的某一条款的内容直

① 最高人民法院(2013)民一终字第166号。

接作出特别说明等。

（三）商业银行应当更加谨慎地履行与对方有重大利害关系的条款的提示和说明义务

由于《民法典》第496条明确规定，提供格式条款的一方未履行提示或者说明义务，致使对方没有注意或者理解与其有重大利害关系的条款的，对方可以主张该条款不成为合同的内容。这依规定改变了原来金融消费者需要通过诉讼主张合同条款无效的做法，从而大大降低了金融消费者对格式合同条款中不利于自身的内容进行维权的成本。因此，商业银行必须更加谨慎地审查自身格式合同条款中是否存在与对方有重大利害关系的条款，并于提示和说明。

例如，很多银行在储蓄合同中约定"使用密码视同本人操作"，产生银行卡盗刷纠纷时，银行以该条进行抗辩，往往被司法判决否定。如本书写作团队处理的案件之一，其中商业银行上诉的主要理由就是"合同已经约定凡是使用密码交易视同本人交易"（见图4-4），该案二审法院认为该条款未经特别提示说明，故不采纳该上诉意见，驳回上诉，维持原判。

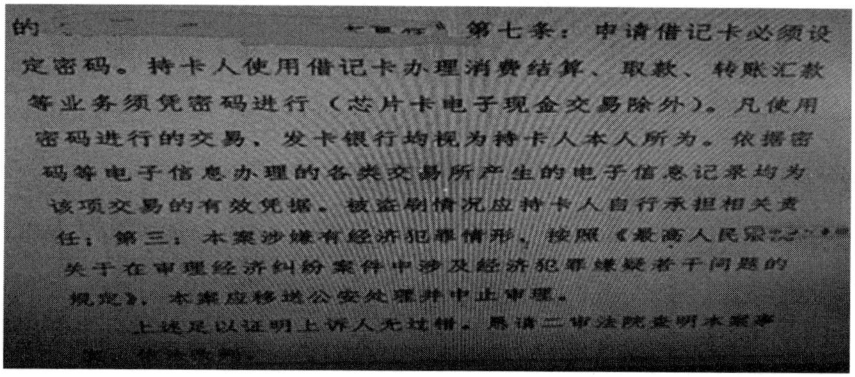
的[illegible]第七条：申请借记卡必须设定密码。持卡人使用借记卡办理消费结算、取款、转账汇款等业务须凭密码进行（芯片卡电子现金交易除外）。凡使用密码进行的交易，发卡银行均视为持卡人本人所为。依据密码等电子信息办理的各类交易所产生的电子信息记录均为该项交易的有效凭据。被盗刷情况应持卡人自行承担相关责任；第三：本案涉嫌有经济犯罪情形，按照《最高人民[illegible]关于在审理经济纠纷案件中涉及经济犯罪嫌疑若干问题的规定》，本案应移送公安处理并中止审理。

上述足以证明上诉人无过错。恳请二审法院查明本案事实，[illegible]

图4-4　裁判文书

（四）正确填写、勾选格式合同内容，若因漏填漏选等原因导致对合同条款出现不同的解读，则有按不利于商业银行的意思认定的风险

在司法判例中，存在大量的商业银行与银行客户因笔误、字迹不清、漏填等对合同条款的意思的解读发生争议的案例，出现此种情况大多因为银行工作人员在办理业务时出现疏漏，未按商业银行的内部规定使用特定的用笔或字迹不清时未进行补写、应当勾选的部分未进行勾选等，或者未对业

务客户填写的资料进行仔细审查,未及时审查出客户所填资料的错误、遗漏等问题。对合同进行修改时可将错误之处用横线划去,将正确的内容补充在临近的空白处,最为关键的是对任何修改之处均须商业银行与客户双方盖章、捺印予以确认。根据相关法律规定,若对合同条款有两种及以上的解释则法院应当按照不利于格式合同条款提供方的解释进行认定,实践中大多情况合同范本皆是由商业银行一方提供,一旦出现此类情况则商业银行遭受损失的风险将大大上升。

(五)格式合同的内容应随着银行业务更新扩大以及相关法律法规的变化及时更新,格式合同内容滞后将对商业银行带来不确定的风险

近年来随着银行业务的扩大,相关法律法规亦在随之变化,而反观实践中,大量商业银行对自身提供的格式合同内容更新不及时,陈旧的格式合同条款已不适应新的法规与业务。例如,2017 年起普通民事诉讼的时效已由原来的 2 年变为 3 年,若商业银行不对相关条款进行及时更改,则有丧失时效利益的可能性;通过调查了解,实践中大量商业银行在格式合同中仍然未对通知送达条款进行事先约定,事实上,早在 2016 年相关法律规范已经明确,当事人在纠纷发生之前约定送达地址的,人民法院可以将该地址作为送达诉讼文书的确认地址。结合银行类纠纷的情况,商业银行作为起诉方起诉客户时存在大量的客户地址不明,无法送达,最终只得通过公告缺席审判的情况,这大大增加了商业银行的追偿成本,埋下了隐患。

(六)商业银行须严格按照行业规范、既定程序开展业务并对过程材料予以留存以证明对适当性义务的充分履行

根据相关规定,金融机构在向金融消费者推介、销售基金产品时,应当履行适当性义务,即了解客户、了解产品、将适当的产品销售给适合的金融消费者等义务。金融机构的适当性义务具体包括:一是对金融消费者进行风险测评和分类;二是向金融消费者告知说明基金的具体情况,即告知说明义务;三是将适当的产品推荐、销售给适当的金融消费者。但是,在司法实践中,实体法义务需要证据进行支撑,故银行应当留存履行适当性义务的过程性资料。

在王某某与渣打银行(中国)有限公司北京中关村支行金融委托理财合

同纠纷①一案中,北京市高级人民法院认为,商业银行在严格把控业务流程的情况下,系足以应对此类诉讼纠纷的。第一,王某某签署的《产品说明书》渣打银行中关村支行在首页“重要提示”第一行以加粗黑体文字的方式明确该产品在最不利的情形下,投资收益为零,又在第一项产品概要里以黑体字的方式提醒该产品收益为浮动式,最低为零。第二,渣打银行中关村支行以《投资评估问卷》的方式,就王某某的投资目的、投资经验、流动性需求、抗风险能力等予以评估,并在该评估水平之内推荐了案涉产品。王某某签署了具体的《产品说明书》,书写了阅读、知晓并愿意承担产品风险的承诺。第三,同时在银行电话回访中亦明确自己知晓并了解案涉产品。第四,对产品的基本信息渣打银行中关村支行已分别按照王某某提供的邮寄地址和邮箱地址,以平信、邮件的方式予以寄送。根据以上事实法院认定渣打银行中关村支行已经以书面的、明确的、连续的方式多次告知王某某该产品不保收益,渣打银行中关村支行已经尽到适当性义务。

(七)当事人部分履行的行为可以验证商业银行对格式合同的说明义务

在对方当事人保证人已按约履行了部分义务的情况下,商业银行如积极举证证明这一事实,法院一般倾向于认定格式合同的效力。在安徽盛运新能源投资有限公司、甘肃银行股份有限公司酒泉分行金融借款合同纠纷②一案中,最高人民法院认为,该条款约定了保证责任承担的顺序,属于保证合同关系的主要权利义务内容,保证人安徽盛运公司在签订合同时对此应当有必要的注意,且该《最高额保证合同》第9条“甲方的陈述与保证”第2项明确约定:“安徽盛运公司已阅读合同及主合同所有条款。应安徽盛运公司要求,甘肃银行酒泉分行已经就合同及主合同做了相应的条款说明。安

---

① (2020)京民申3398号。该判决认为,渣打银行中关村支行已经以《投资评估问卷》的方式,就王某某的投资目的、投资经验、流动性需求、抗风险能力等予以评估,并在该评估水平之内推荐了案涉产品。王某某签署了具体的《产品说明书》,书写了阅读、知晓并愿意承担产品风险的承诺,同时在银行电话回访中亦明确自己知晓并了解案涉产品。因此,渣打银行中关村支行已经尽到适当性义务。渣打银行中关村支行主张对产品的基本信息已分别按照王某某提供的邮寄地址和邮箱地址,以平信、邮件的方式予以寄送。王某某虽否认收到上述信件和邮件,但并未就其在长达五年的投资理财期间因为产品信息不通畅而联系过银行予以解决提交相关证据。根据王某某本人提交的证据显示,理财期间银行方面的客户经理一直与其保持着联系。渣打银行官网也对案涉产品分不同时期公告了《产品重要通知》《MALI11117E产品表现通知》《MALI11117E产品到期收益报告》。在王某某签署的《认购申请书》中,也明确本人可以通过网上银行、电话银行或银行网点等途径进行对账。故王某某主张渣打银行中关村支行未尽到充分披露产品信息的相关义务,不能成立。

② (2016)最高法民终752号。

徽盛运公司对合同及主合同条款的含义及相应的法律后果已全部通晓并充分理解。”并且，在本案起诉前，安徽盛运公司在债权人甘肃银行酒泉分行尚未对债务人甘肃吉隆公司提供的物的担保主张权利时，已自行代偿了部分本金和利息。综上，应认定安徽盛运公司知道且应当知道上述条款的约定意思，其此项上诉理由不成立，法院不予支持。

（八）谨慎填写非格式合同条款的内容，非格式合同的内容优于格式合同的内容

我们日常所说的商业银行提供的格式合同大多属于“非完全格式合同”，使用“完全格式合同”的情况相对较少，“非完全格式合同”合同的部分内容需要双方协商填写确定，但在司法判例中出现大量的非格式合同部分的约定与格式合同部分的约定不完全一致或者相反，出现此种情况时按照相关法规的规定，非格式合同部分的效力应优于格式合同的效力。商业银行在日常业务办理中即需要注意非格式合同部分与格式合同部分是否存在矛盾或不一致，出现不一致情况应当及时提出进行修改、重新协商确定，避免因此给商业银行带来不必要的损失。

第五章　越权代表、越权代理新规及商业银行风险防范建议

【《民法典》变化的影响】风险增加

【风险等级】★★★★★

【提要】《民法典》区分了代表行为、职务代理行为、特殊代理行为，同时要求越权代表、越权代理行为的相对人必须“善意”；《九民纪要》则确定了“认人不认章”的新规则。实践中越权代表、越权代理行为会给商业银行带来内、外两种不同法律风险。商业银行应当吸取司法先例的教训，采取措施，主动防范“债务人企业法人法定代表人、工作人员签订合同时越权代表、代理行为”与“银行内部人员对外越权代表、代理行为”所带来的两种法律风险。

一、民法典及配套新规

▶《民法典》

【法定代表人越权行为】

第504条　法人的法定代表人或者非法人组织的负责人超越权限订立的合同，除相对人知道或者应当知道其超越权限外，该代表行为有效，订立的合同对法人或者非法人组织发生效力。

【职务代理】

第170条　执行法人或者非法人组织工作任务的人员，就其职权范围内的事项，以法人或者非法人组织的名义实施的民事法律行为，对法人或者非法人组织发生效力。法人或者非法人组织对执行其工作任务的人员职权范围的限制，不得对抗善意相对人。

【表见代理】

第172条　行为人没有代理权、超越代理权或者代理权终止后，仍然实施代理行为，相对人有理由相信行为人有代理权的，代理行为有效。

▶《九民纪要》

41.【盖章行为的法律效力】(认人不认章原则)

司法实践中，有些公司有意刻制两套甚至多套公章，有的法定代表人或者代理人甚至私刻公章，订立合同时恶意加盖非备案的公章或者假公章，发生纠纷后法人以加盖的是假公章为由否定合同效力的情形并不鲜见。人民法院在审理案件时，应当主要审查签约人于盖章之时有无代表权或者代理权，从而根据代表或者代理的相关规则来确定合同的效力。

法定代表人或者其授权之人在合同上加盖法人公章的行为，表明其是以法人名义签订合同，除《公司法》第16条等法律对其职权有特别规定的情形外，应当由法人承担相应的法律后果。法人以法定代表人事后已无代表权、加盖的是假章、所盖之章与备案公章不一致等为由否定合同效力的，人民法院不予支持。

代理人以被代理人名义签订合同，要取得合法授权。代理人取得合法授权后，以被代理人名义签订的合同，应当由被代理人承担责任。被代理人以代理人事后已无代理权、加盖的是假章、所盖之章与备案公章不一致等为由否定合同效力的，人民法院不予支持。

二、立法考辨

《民法典》出台之前，对于企业工作人员对外的经营活动企业是否承担责任，主要法律依据是《民法通则》第43条，该条规定："企业法人对它的法定代表人和其他工作人员的经营活动，承担民事责任"以及最高人民法院《关于贯彻执行〈中华人民共和国民法通则〉若干问题的意见》第58条规定："企业法人的法定代表人和其他工作人员，以法人名义从事的经营活动，给他人造成经济损失的，企业法人应当承担民事责任。"同时，《合同法》第50条规定："法人或者其他组织的法定代表人、负责人超越权限订立的合同，除相对人知道或者应当知道其超越权限的以外，该代表行为有效。"

上述规定的核心在于，需要法定代表人与其他工作人员，以法人名义对外从事经营活动。但是，对"以法人名义对外从事经营活动"的认定，则主要依赖于公章或者法定代表人的签字等权利外观。

相比之前的规定，《民法典》及《九民纪要》的新规定强调了以下几点：

第一，区分了代表行为、职务代理行为、特殊代理行为。《民法典》第61条规定，依照法律或者法人章程的规定，代表法人从事民事活动的负责人，为法人的法定代表人。法定代表人（含非法人组织的负责人）代表企业的权源基于本身职位法定性，因此，无需代理授权；而其他工作人员则存在两种情况：一是工作人员基于自身职务而享有对外代理企业进行业务的代理权，该权利是商事代理的自然涵盖范围，无需单次的授权委托书；二是工作人员进行自身职务之外的特别代理事项，则需要按照《民法典》第 165 条的要求，出具书面形式的授权委托书。

第二，对于法定代表人的越权代表行为、职务代理中的越权代理行为，《民法典》要求考察第三人是否善意，这一善意由法人（企业）承担举证责任，要求法人（企业）证明相对人知道或者应当知道越权行为。对于“应当知道”，则是指相对人没有尽到合理注意义务，存在过失。①

第三，越权代表、越权代理与《民法典》第 172 条规定的表见代理的区别在于，前两者无需考察是否存在授权外观，而表见代理则以授权外观为前提。

第四，针对现实中企业公章及其他印章泛滥的问题，《九民纪要》对于公章的问题确定了“看人不看章”②的原则，即关键看盖章之人有无代表权或代理权，有代表权或代理权的，即便没盖章或假盖章，也可以构成有权代表或有权代理；反之，没有代表权或代理权的，即便盖真章，合同也不见得有效。同时，要结合职权范围看有无代表权或代理权。明显超出代表或者代理权限的，构成无权代表或无权代理。

2019 年《最高人民法院第二巡回法庭第 12 次法官会议纪要》中，针对“公司法定代表人以虚假公章签订合同的效力”问题，最高人民法院法官指出，商事活动中的职务行为不同于一般自然人之间的代理行为。法定代表人是由法律授权，代表公司从事民事活动的主体，其有权代理或者代表公司整体意志作出意思表示，法定代表人在法定授权范围内代表公司所为的行为本质上是一种职务行为。一个有职务身份的人使用不真实的公司公章假意代表公司意志从事民事活动，该行为是否对公司产生效力，不能仅仅取决于合同所盖印章是否为公司承认的真实公章，亦应当结合行为人所为之行为是否属于其行使职权的范围，即在假意代替公司作出意思表示之时是否

① 参见李宇：《民法总则要义：规范释论与判解集注》，法律出版社 2017 年版，第 158 页。

② 《九民纪要》征求意见稿里有“应当把握‘认人不认章’的原则”的表述，由于此说法太过口语化，正式稿将其删去，但相应的精神没有改变。另外，根据《印章治安管理办法》第 13 条第 1 款规定，需要刻制印章的单位，只能申请刻制一枚单位法定名称章。

存在能够被善意相对人相信的权利外观。即使未在合同上加盖公司公章亦或是合同订立者擅自加盖虚假公章的，只要是法定代表人或者有权代理人代表公司而为的职务行为，并且其在合同书上的签章为真实的，仍应当视作公司行为，所产生的法律后果由公司承担。①

《最高人民法院民二庭第 18 次法官会议纪要》指出，在合同书上加盖公司公章的法律意义在于，盖章之人所为的是职务行为，即其是代表或代理公司作出意思表示。但章有真假之分，人也有有权无权之别，不可简单根据加盖公章这一事实就认定公章显示的公司就是合同当事人，关键要看盖章之人有无代表权或代理权。盖章之人为法定代表人或有权代理人的，即便其未在合同上盖章甚至盖的是假章，只要其在合同书上的签字是真实的，或能够证明该假章是其自己加盖或同意他人加盖的，仍应作为公司行为，由公司承担法律后果。反之，盖章之人如无代表权或超越代理权的，则即便加盖的是真公章，该合同仍然可能会因为无权代表或无权代理而最终归于无效。②

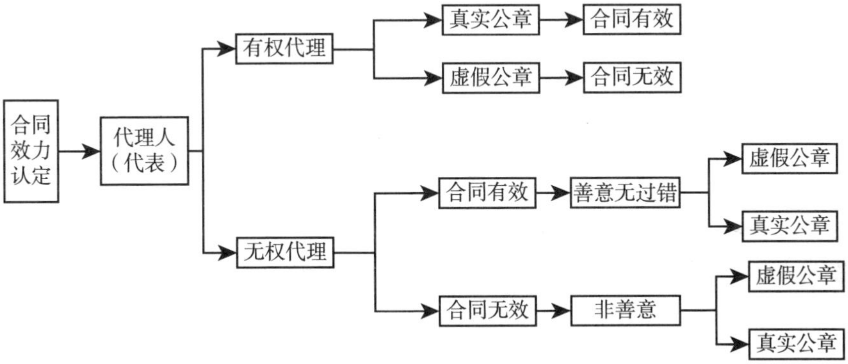

图 5-1　《民法典》及《九民纪要》新规下的公章与合同效力关系认定示意

近年来，学术界对“越权代表”、“职务代理”与“表见代理”研究成果颇丰。

---

① 参见贺小荣主编：《最高人民法院第二巡回法庭法官会议纪要》（第一辑），人民法院出版社 2019 年版。

② 最高人民法院民事审判第二庭编著：《〈全国法院民商事审判工作会议纪要〉理解与适用》，人民法院出版社 2019 年版，第 288~292 页。

就“越权代表”而言，吴越（2017）[①]批评现行法律上“知道或者应当知道”的立法表达，对合同有效性范围进行了不适当的缩小和限制，因此不利于商事交易的快捷要求。因此，建议以“善意”为核心构建我国越权代表制度中对第三人的制度要求。高圣平、范佳慧（2019）指出，应以《合同法》第50条为基础判断该行为是否对公司发生效力。第三人是否履行了必要的形式审查义务，可以推至其“知道或者应当知道”越权代表行为的存在，否则应当按照物权代理的规则进行处理。[②] 杨代雄（2020）认为，应当综合衡量法人与第三人的过错程度，以“过错”为核心打造越权代表制度。[③]

就“职务代理”而言，徐深澄（2019）指出，团体法思维下的团体自治和交易安全是《民法典》接纳职务代理制度的前提，采“有因性原则”作为职务代理制度的基础理论。[④] 汪晓华（2019）认为，为了防止职务代理认定在司法裁判中的不一致，应当区分法定代表人职务代理行为与一般工作人员职务代理行为，以“合身份、职权、目的三要件”确定职务代理的成立与否。[⑤] 杨秋宇（2020）认为，职务代理是《民法典》对商业惯例的一种认可。未来如果制定商法通则，则可以考虑对职务代理权进行类型化处理，从而完善这一制度。[⑥]

就“表见代理”而言，杨芳（2017）对《合同法》第49条的表见代理制度进行了全面的评述。[⑦] 朱虎（2017）讨论了表见代理中的被代理人可归责性，认为应参照善意取得制度，通过风险归责构建与解释表见代理制度。[⑧] 迟颖（2018）认为，立法应当考虑通过限缩性解释对《民法总则》第172条的规定

---

① 吴越：《法定代表人越权担保行为效力再审——以民法总则第61条第三款为分析基点》，载《政法论坛》2017年第5期。

② 参见高圣平、范佳慧：《公司法定代表人越权担保效力判断的解释基础——基于最高人民法院裁判分歧的分析和展开》，载《比较法研究》2019年第1期。

③ 参见杨代雄：《越权代表中的法人责任》，载《比较法研究》2020年第4期。

④ 参见徐深澄：《〈民法总则〉职务代理规则的体系化阐释——以契合团体自治兼顾交易安全为轴心》，载《法学家》2019年第2期。

⑤ 参见汪晓华：《民事职务行为司法判定的逻辑理路——兼论〈中华人民共和国民法总则〉第61条、第170条之体系安排》，载《河北法学》2019年第3期。

⑥ 参见杨秋宇：《融贯民商：职务代理的构造逻辑与规范表达——〈民法总则〉第170条释评》，载《法律科学》2020年第1期。

⑦ 参见杨芳：《〈合同法〉第49条（表见代理规则）评注》，载《法学家》2017年第6期。

⑧ 参见朱虎：《表见代理中的被代理人可归责性》，载《法学研究》2017年第2期。

进行类型化。① 冉克平(2018)认为企业内部人与外部人伪造、盗窃代理权凭证(含公章)的法律后果应当有所区别。② 陈甦(2020)指出,表见代理与公章效力之间的互证关系需要灵活识别,需要建立系统有效的公章抗辩处理规则。③ 娄爱华(2020)认为,私刻公章构成表见代理的表象要见面,也不能排除被代理人自身责任。④

三、司法裁判可视化梳理

本书写作团队使用 Alpha 案例库对“金融借贷中越权(理)代表纠纷”⑤进行了检索,检索关键词为“全文:善意+裁判结果:银行连带”+“守方当事人:银行”,共得到案件 92 件(金融业占 51.69%),且再审改判率高达 85.71%,说明该类案件争议极大,如图 5-2 所示。

其中典型案件包括:

在衡水银行股份有限公司站前支行、衡水银行股份有限公司与长春农村商业银行股份有限公司合同纠纷⑥一案中,一审吉林省高级人民法院认为,关于《受益权转让协议》的合同主体,时任衡水银行站前支行行长赵某以衡水银行站前支行的名义与长春农商行签订《受益权转让协议》,长春农商行基于该转让协议发放了贷款 22,000 万元,虽然衡水银行站前支行对该转让协议上衡水银行站前支行公章的真实性存在异议,但根据枣强县公安局《起诉意见书》,已认定赵某代表衡水银行站前支行签订该协议的真实性,且无论该公章是否真实,该《受益权转让协议》均应认定为衡水银行站前支行与长春农商行签订,其法律后果均应由衡水银行站前支行承担,最高人民法院的最终裁定也认定了这一思路。⑦

在郭某某、交通银行股份有限公司镇江扬中支行金融借款合同纠纷⑧一案中,最高人民法院认为,交行扬中支行并无充分证据证明案涉借条上公章

---

① 参见迟颖:《〈民法总则〉表见代理的类型化分析》,载《比较法研究》2018 年第 2 期。

② 参见冉克平:《论伪造、盗窃代理权凭证实施法律行为的私法效果》,载《清华法学》2018 年第 6 期。

③ 参见陈甦:《公章抗辩的类型与处理》,载《法学研究》2020 年第 3 期。

④ 参见娄爱华:《私刻公章与被代理人责任》,载《法学家》2020 年第 3 期。

⑤ 最后检索日期:2020 年 12 月 31 日。

⑥ (2015)吉民二初字第 19 号民事判决。

⑦ (2016)最高法民终 801 号。

⑧ (2018)最高法民再 302 号。

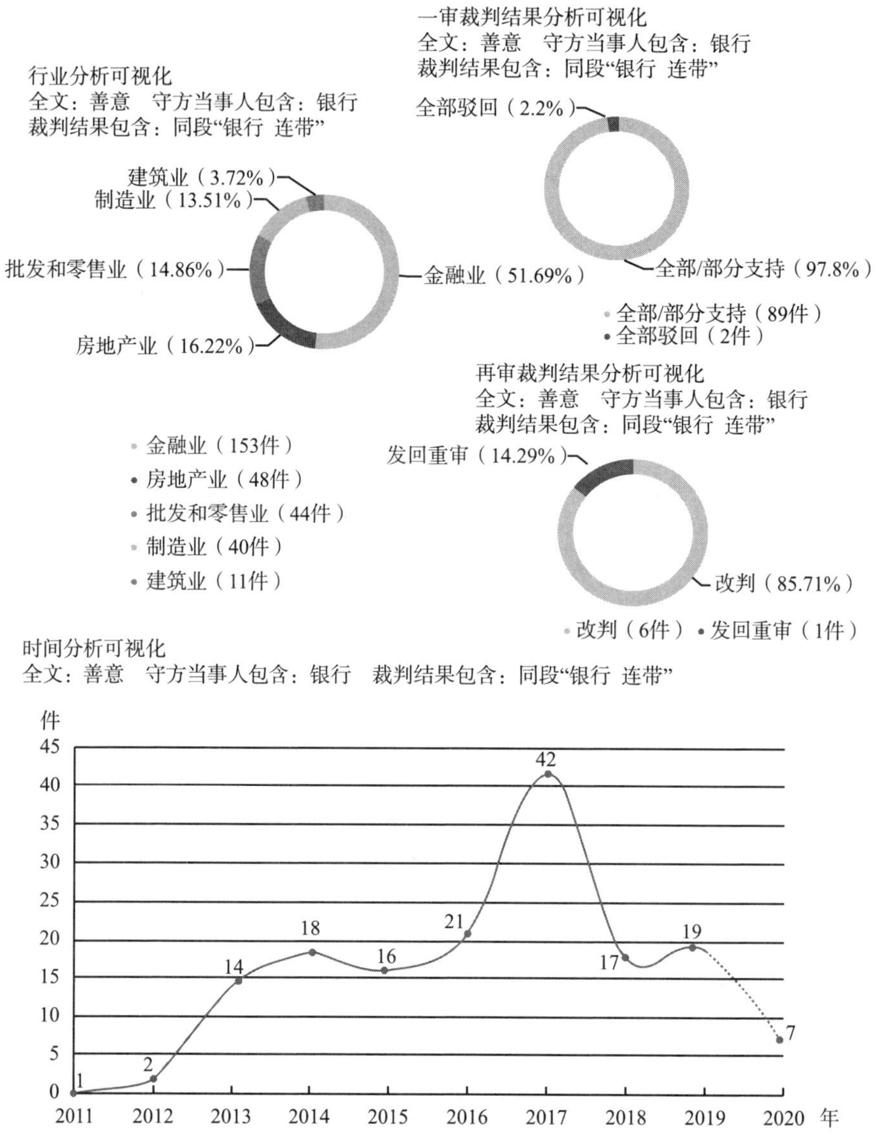

图 5-2　金融借贷合同“越权代表（理）”纠纷可视化示意

为虚假伪造公章。交行扬中支行主张案涉借条上该行印章为戴某某私刻公章，但其提交的相关证据均为其自身制作，交行镇江分行亦为其上级主管部门，仅有上述证据并不能证明交行扬中支行当时的公章被上级部门收回，更无证据证明案涉公章为戴某某私刻。在交行扬中支行提交的关于戴某某犯罪的刑事判决书中,亦未提及本案所涉交行扬中支行公章为戴某某私刻,戴某某私刻过公章的事实并不能证明案涉公章即为其私刻。按照证据规则,交行扬中支行对案涉借条上公章提出异议,应当在原审法院提出对案涉公章进行鉴定,但交行扬中支行在提出鉴定申请后又撤回鉴定,因此,并无充分证据证明案涉借款合同上公章为虚假公章,交行扬中支行以此否认其应当承担还款责任并无事实与法律依据。另外,即便案涉借款合同上交行扬中支行公章为戴某某私刻,但该公章系时任交行扬中支行负责人的戴某某在其办公室内所盖,郭某某亦有充足理由相信该公章代表交行扬中支行真实意思表示,且戴某某作为负责人亦能够代表交行扬中支行从事民事行为。因此,如交行扬中支行所称借款合同上公章为戴某某私刻,戴某某亦是代表交行扬中支行签订借条,郭某某相信其行为可以代表交行扬中支行亦无不当,交行扬中支行亦应为案涉借款承担还款责任。

在湖南恒宇投资担保有限公司金融借款合同纠纷[①]一案中,湖南省高级人民法院认为,廖某某作为农发行××县支行副行长及涉案贷款的经办人,自始至终参与了该笔贷款发放的全过程,先后代表农发行××县支行在《流动资金借款合同》、《保证合同》上及《借款凭证》等审批单据上签字,恒宇公司有理由相信廖某某在《暂缓放款函》送达回执上签字并出具《承诺》的行为代表农发行××县支行。根据《合同法》第 49 条规定,行为人没有代理权、超越代理权或者代理权终止后以被代理人名义订立合同,相对人有理由相信行为人有代理权的,该代理行为有效。廖某某的行为构成表见代理,该代理行为有效,其行为后果应由农发行××县支行承担。

在平安银行股份有限公司上海分行、辽宁绿地能源煤业有限公司等与绿地能源集团有限公司、上海瑟胜实业有限公司金融借款合同纠纷[②]一案中,上海市高级人民法院认为,无论从利益平衡的角度还是从注意义务分配的角度看,平安银行都应对卢某持有的双重身份来办理担保手续尽到审慎审查义务。平安银行诉称绿地能源公司的保证是平安银行向辽宁绿地能源公司授信的前提条件,基于此,卢某作为绿地能源公司的副总经理,平安银行更应严格审查卢某是否有权以绿地能源公司名义为其担任法定代表人的辽宁绿地能源公司的债务提供担保。平安银行主张卢某在本案中的行为具

---

① (2016)湘民终 691 号。

② (2019)沪民终 329 号。

备且完全符合职务代理的构成要件没有事实和法律依据,法院不予采信。

在田某与中国建设银行股份有限公司沈阳宜春支行、中国建设银行股份有限公司沈阳和平支行委托理财合同纠纷①案中,沈阳市中级人民法院认为,虽然本案民事纠纷的合同一方主体形式上没有采取欺骗手段,但基于(1)张某某身份为建行宜春支行客户经理;(2)商谈场所在建行宜春支行,且建行宜春支行办公场所有张某某为招牌理财师的照片;(3)商谈时间在建行宜春支行工作时间内完成;(4)张某某提交给田某的《中国建设银行股份有限公司理财产品客户协议书》加盖有建行宜春支行印鉴的事实,法院认为张某某的行为代表银行,故银行构成虚构合同,其行为符合《合同法》第52条第3项规定的"以合法形式掩盖非法目的"合同无效情形,一审法院根据上述规定认定本案所涉合同无效,并无不当。

在山东成武农村商业银行股份有限公司与李某某、崔某某等金融借款合同纠纷②一案中,菏泽市中级人民法院认定,王某某是否接收李成金偿还的贷款、该行为能否认定为职务行为是本案处理的关键。职务行为是与个人行为相对应的一个法律概念,其分为法定代表人的职务代表行为和法人的其他工作人员的职务代理行为两种类型。在审理案件时,需要从该行为是否以法人名义、有无授权及授权范围、行为的内容和范围与授权情况之间的关联度、通常交易惯例或者习惯、社会一般人在类似情况下对该行为性质作肯定性判断的可能性以及行为发生的时间、地点等方面进行综合考量。根据上述判断标准,具体结合本案分析如下:第一,职权标准,即行为人是否享有职权是判断行为性质的重要标准。职员是否享有单位的授权或者指示是判断职务行为的关键,该标准主要是考虑行为人的具体行为内容和行为方式。银行等金融机构发放贷款实行贷款责任人制度,相关责任人员均必须在贷款审批表上签字,并对每笔贷款实行终身责任制,即相关责任人无论岗位变换、工作调动或离退休,其责任应从贷款发放之日起至贷款本息全部收回为止。贷款第一责任人负有保证贷款手续合法性、收回贷款本息、维护贷款债权完整性的责任,并对贷款档案规范性管理的义务。本案中,王某某系原成武县农村信用合作联社汶上信用社客户经理、信贷员,并在涉案借款合同、贷款审批表上作为"第一责任人"签字。因此,王某某发放贷款、清收

① (2018)辽01民终6435号。

② (2015)菏商再终字第18号。

贷款本息均符合职权标准的相关特征。第二，名义标准，即审查该行为的实施是否以工作或职务名义实施。王某某向李某某出具已收到偿还贷款的书面证明，而非基于个人债权债务关系或者其他经济纠纷，故是以工作名义向借款人清收贷款。第三，客观判断标准，即只要具备基本认知水平的社会一般民众能较容易地从行为的外在形式确信该行为属于职务行为。该标准可以保障善意相对人基于合同关系的信赖利益。李某某申请贷款、贷前调查、签订借款合同、清收贷款均由王某某具体负责，李某某有充分理由相信银行工作人员的行为是履行职务行为。第四，成武县人民法院（2012）成商再初字第3号民事判决已认定王丕伦收取贷款的行为是职务行为，并经再审改判驳回成武县农商银行的诉讼请求。综上四点分析，涉案贷款第一责任人王某某接受李成金偿还的贷款并出具书面还款证明的行为应认定为职务行为。王某某在清收贷款以后是否将该款项交给成武农商银行，或者挪作他用，均是成武农商银行的内部管理行为，不得对抗善意的债权人，不得将内部管理不善导致的经营风险和损失转嫁给善意债权人承担。

在刘某松与哈尔滨农村商业银行股份有限公司团结支行金融借款合同纠纷①一案中，哈尔滨市道外区人民法院认为，宋某某作为团结支行的信贷员，负责办理刘某某向团结支行的贷款业务，刘某某所有贷款、领款、还款等行为均是在团结支行的营业场所，在宋某某的指导、参与下完成。刘某某基于对团结支行的信任，有充分的理由信赖宋某某的行为是代表团结支行履行的职务行为，宋某某构成表见代理。宋某某在为刘某某办理贷款、领款、还款时的违规、违法犯罪行为，团结支行负有监督管理责任，由此产生的民事责任应由团结支行承担。虽然宋某某因职务犯罪被判刑，并不影响团结支行对外承担民事责任。

另外，信托公司作为与银行类似的金融机构也存在相似问题，可供参考。在四川省信托投资公司与被上诉人刘某某等存单纠纷②一案中，四川省高级人民法院认为，虽然本案现有证据尚不能证明《代保管证》所涉300万元的存款，是由陈某某与李某在信托公司的营业场所内办理的，但是李某在担任信托公司营业部工作人员时已经在其业务范围内为陈某某办理过部分存款业务，在担任信托公司红光代办处负责人时继续办理相同业务，陈某某

---

① （2018）黑0104民初3717号。

② （2015）川民终字第31号。

有理由相信李某的行为系职务行为。虽然李某涉嫌非法转走并占有客户资金已涉嫌犯罪,但信托公司因管理不严,用人不当,致使李某利用工作上的便利条件,有机会在《代保管证》上加盖“四川省信托投资公司业务公章(五)”的印鉴,实施为陈某某办理存款业务的行为,造成存款人陈某某的存款资金损失,对此损害后果,信托公司除应依法追究李某刑事责任外,还应当承担向陈某某返还存款本息的责任。

四、商业银行风控操作要点

通过以上分析,尽管本书写作团队倾向于认为司法部门会按照《民法典》与《九民纪要》确立的规则,从严认定银行作为相对人的“善意”以及在银行工作人员对外工作中法人的“过错”,但为更好地防范金融风险,维护金融债权,本书写作团队仍然建议商业银行加强以下风险防控措施:

(一)银行作为债权人与企业法人法定代表人、工作人员签订合同时如何识别越权代表、代理风险

第一,商业银行在与债务人、担保人签订相应合同文件时,除加盖公章外,最好以法定代表人亲笔签字取代加盖法定代表人印章的方式。《民法典》第490条规定,当事人采用合同书形式订立合同的,自当事人均签名、盖章或者按指印时合同成立。虽然法律上“签名、盖章或者按指印”是可以相互取代的或然关系,但是,法定代表人笔签方式在很大程度上可以降低交易对手使用“萝卜章”的可能性。因此,商业银行应当要求同时加盖公章与法定代表人(或代理人)签字,并应当主动对合同签订人的身份进行严格审核,审核重点应当放在“对方是否有充分的代理权限或者是否为有权法定代表人”。

同时,法定代表人身份的确定,应当以现行有效的公司营业执照记载为准。

第二,对于公章真假,应当做好商业银行“合理谨慎义务”能力范围内的审核,以防范“假章”风险。

第三,尽量以“面签”代替邮件交换签字页的方式,并通过拍照、录像、见证人等方式保存证据。如面签确有困难,则应尽量采用法定代表人或授权代表签字加公司公章的方式。

第四,规范推广和使用电子签章。电子签章基于PKI公钥密码技术,通过数字证书、数字签名、数据完整性机制等技术,可确认电子文件签署主体

真实身份，有效防止文件被篡改，商业银行应当根据 GB/T 38540—2020《信息安全技术安全电子签章密码技术规范》的要求，规范推广和使用电子签章。

第五，在最高人民法院民二庭编写的《〈全国法院民商事审判工作会议纪要〉理解与适用》中着重强调说明了"在银行预留印鉴的，银行未尽审核义务向他人付款导致存款人损失的，应承担责任"，现实中最高人民法院也有相应案例[①]。因此，对于客户在银行有预留印鉴的，商业银行工作人员在办理相关事务时应加以严格审核。

第六，出现私刻公章、假章等情况时，银行需要积极举证，申请鉴定所盖之章为假章，不能消极放弃鉴定申请，从而导致举证不能。同时，银行应就盖章之人有代表权/代理权举出其他辅助证据，包括公司工商登记信息、授权委托书、个人名片、盖章过程及盖章场所的证据、以往的交易沟通记录等。即便不能直接证明有代理权的，也需要积极通过表见代理的规则进行举证。

（二）银行如何防范内部人员越权代表、代理所带来的法律风险

对于商业银行内部人员越权代表、代理所带来的法律风险，根据本书写作团队所收集的案例显示，司法机构会综合"越权人身份""印章性质""行为场合""银行获益与否""第三人善意无过失""银行是否存在监管过错"六个方面进行综合判断。一般来看，如果银行在上述六个方面中存在三个或三个以上方面的过错，则有很大可能会被司法机关认定全部或部分承担内部人员越权代表、代理所带来的不利后果，如表 5-1 所示。

表 5-1　银行工作人员对外越权代表（理）典型判例梳理示意

案号	表象				第三人善意无过失	本人可归责	判决结果
	无权代理人身份	加盖公章与否	行为场合	本人获益			
（2014）民四终字第 48 号	曾任鼓楼支行行长，但出具《借条》时已不再担任	公章×	—	—	赵某燕不存在合理的信赖	鼓楼支行印章的管理尽到了必要的监管义务	×

① 在（2016）最高法民再 231 号一案判决中，最高人民法院明确表示，作为专业金融机构的银行，应当核实转款凭证印鉴与预留在银行的印鉴是否一致。

续表

案号	表象				第三人善意无过失	本人可归责	判决结果
	无权代理人身份	加盖公章与否	行为场合	本人获益			
(2016)最高法民终800号	张某并非光大长春分行员工	公章和负责人名章均系犯罪分子伪造×	—	—	招商无锡分行不仅没有与光大长春分行负责人员或相关业务部门工作人员核查	—	×
(2018)最高法民再302号	戴某翔作为交行扬中支行时任负责人	公章√	在工作时间于行长办公室向郭某亮出具案涉借条	—	郭某亮此等信赖符合常人理性判断，相关信赖利益应予保护	—	√
(2016)最高法民申3057号	白山工行营业部的经理	个人信贷业务专用章√	—	—	李某江在明知于某兵借款并非白山工行业务范围的情况下，依然向于某兵借款，未尽到善良相对人的一般注意义务，主观上存在重大过失	—	×

续表

案号	表象				第三人善意无过失	本人可归责	判决结果
	无权代理人身份	加盖公章与否	行为场合	本人获益			
(2017)吉民终405号	工作人员	公章×	—	—	刘某实际控制银行卡长达两年之久，且在两年内李某学对该银行卡置之不理、不闻不问，有悖常理	—	×
(2018)黑民再292号	金山屯支行负责人	公章√	借款未在银行柜台办理，签订借款合同的地点并非在金山屯支行	未将所借款项汇入金山屯支行账户	—	—	×
(2016)湘民终691号	支行副行长	公章×	均是廖某华在其办公室签订的	—	根据诚实信用原则和公平原则，农发行××县支行亦应对廖某华的行为后果承担法律责任	—	√
(2015)川民终字第31号	信托公司营业部工作人员	业务公章√	不能证明在信托公司的营业场所内办理	—	陈某某有理由相信李某的行为系职务行为	信托公司因管理不严，用人不当	√

续表

案号	表象				第三人善意无过失	本人可归责	判决结果
	无权代理人身份	加盖公章与否	行为场合	本人获益			
(2015)浙民终字第22号	专职个贷经理	印章系高喜乐伪造×		资金亦未进入银行指定的结算账户	第三人将该账户的网银设备及密码交由高某乐保管,丧失了银行客户的基本注意义务,导致高某乐具备实施犯罪行为的便利条件	内部管理制度混乱,存在巨大漏洞,对员工的业务监管也存在严重缺失	50%的责任
(2018)浙民终827号	工作人员	伪造公章×	银行路边车上	平均年化利率达78.85%	葛某华作为具有丰富从商经验的完全民事行为能力人,应对该利率标准有清晰认知……葛某华并不属于善意且无过失		×
(2018)浙民终830号	工作人员	伪造公章×	银行路边车上	案涉业务平均年化利率达78.85%	华某华作为具有丰富从商经验的完全民事行为能力人,应对该利率标准有清晰认知……不属于善意且无过失	—	×

基于上述分析，本书写作团队做出如下建议：

第一，银行要规范公章及其他印章的管理，应当做到专人专管，公章(包括其他印章)不滥用。

根据司法先例，即便是私刻的假公章，如果该公章被反复使用，也会构成表见代理。[①] 因此，商业银行除备案公章、财务专用章、法人专用章等必要公章，不能滥刻公章，一般也不要存在多枚印章。例如，在黄某某、平安银行股份有限公司宁波分行保证合同纠纷[②]一案中，浙江省高级人民法院认为，本案争议在于平安银行在本案中是否应承担民事责任。从查明的事实看，陈某向黄某某借款时，在其与黄某某签订的借款合同、借据上均加盖有平安银行愿为陈某提供保证的“合同专用章”，并由陈某签署“如到期资金未还，由平安银行承担还款责任”的意见。陈某虽时任平安银行宁波分行营业部总经理，但其行为不能认定为平安银行的行为。理由是：陈某不存在行使职务行为的外观，加盖于借款合同、借据上的平安银行“合同专用章”，并非平安银行的真实印章，而是由陈某将平安银行授信合同专用章变造形成，“合同专用章”前遮去字的痕迹明显，且变造后“合同专用章”位置明显偏右，未处于居中位置，肉眼即可辨别，不能认定陈某使用变造印章的行为为职务行为。

第二，严格审核公章使用人的使用目的，不滥盖空白合同。同时，应当向合同相对人明确印章的使用范围。在合同中盖有非合同章的，应当做出明确清晰的解释。

第三，严格规范商业银行办公和营业场所的管理，通过签订地点来防范“萝卜章”。

现实中已经出现了犯罪分子利用银行行长办公室对外越权出具借条的案例[③]，商业银行应当根据金融监管部门对银行业机构办公和营业场所管理的监管要求[④]，即只在银行工作场所内部或者对方正规经营场所内部签订合同。如在黄某某、平安银行股份有限公司宁波分行保证合同纠纷[⑤]一案

---

① 参见最高人民法院(2015)民申字第3402号、(2016)最高法民再1号、(2017)最高法民申1722号民事判决。

② (2019)浙民终1742号。

③ (2018)最高法民再302号。

④ 如川银监局在2017年发出了《进一步加强银行业机构办公和营业场所管理的通知》。

⑤ (2019)浙民终1742号。

中,浙江省高级人民法院认为,陈某虽时任平安银行宁波分行营业部总经理,但其行为不能认定为平安银行的行为。其中一个重要理由是:债权人黄某某主张借款合同在平安银行营业场所、营业时间面签,并无证据证明。

第四,应当避免商业银行由于“内部人员越权代表、代理”而带来的个人财产与银行资产发生混同,从而被司法部门认定银行受益导致责任承担。

在笔者办理的某案件中,因为某商业银行××支行的前行长对外使用银行个人信贷管理专用章为民间借贷提供担保,同时私立账户并将民间借贷资金与银行公款混存,形成资金池,从而导致二审法院认定,“账户中包含贷款回报费用、统筹费用、上级行奖励、民间借贷利息的回扣,且员工报销垫支费用亦从该卡中转出。由于资金难以逐一匹配,但存入银行账户的资金属于种类物,并非特定物,因此,不能依据员工报销垫支费用小于上级行绩效奖励留存就当然得出××银行××支行使用的是自有资金的结论。……故法院认定××银行××支行占有并使用了案涉借款的资金回报费用”①。

第五,已经有案例显示,法院认为公司明知印章属于伪造且正在使用的情况,但并未采取措施加以阻止,以防止相对人的利益损害,具有过错,应当承担责任。② 因此,商业银行应当强化内控措施,对于公司存在印章管理混乱、使用多套印鉴、员工私刻公章等情形,应当立刻报案阻止,不能姑息养奸,导致自身消极过错的产生。

第六,《最高人民法院关于审理经济合同纠纷案件有关保证的若干问题的规定》第 17 条第 2 款规定:“金融部门的分支机构提供保证的,如无其他导致保证合同无效的因素,保证人应当承担保证责任。”因此,目前以金融部门的分支机构提供保证的,并不当然导致保证合同无效。③ 强化对支行行长、营业部主任、网点负责人等具有明显对外代表、代理银行权限的个人风

---

① (2018)川 06 民终 1009 号判决。

② (2017)京 03 民终 7675 号。

③ 在(2017)最高法民终 647 号中,最高人民法院认定,《关于适用〈中华人民共和国担保法〉若干问题的解释》(以下简称《担保法司法解释》)第 17 条第 1 款虽然规定,企业法人的分支机构未经法人书面授权提供保证的,保证合同无效。但该条规定针对的主体是“企业法人”的分支机构,有别于金融机构的分支机构。现行有效的《最高人民法院关于审理经济合同纠纷案件有关保证的若干问题的规定》第 17 条第 2 款规定,金融部门的分支机构提供保证的,如无其他导致保证合同无效的因素,保证人应当承担保证责任。据此,金融部门的分支机构提供保证的,并不当然导致保证合同无效。案涉两份《银行保函》自身无效的原因为本案存在主合同无效导致从合同无效的情形,而非工行星海支行未经法人书面授权提供保证。

险意识培训和内部审计控制。同时，商业银行要主动了解、防范上述特定主体涉及、卷入民间借贷的情况，未雨绸缪。

第七，金融机构对内部人员卷入民间借贷纠纷的所产生的越权代表、代理行为，如上述抗辩均失效的情况下，还可以考虑通过提出"债权人通过向社会不特定对象提供资金以赚取高额利息，出借行为具有反复性、经常性，借款目的也具有营业性，未经批准，擅自从事经常性的贷款业务，属于从事非法金融业务活动"的违法性抗辩，从而导致主合同无效，担保合同根据从属性也无效。但在此情况下，银行仍有可能因为提供担保的过错承担部分责任。如在大连高金投资有限公司、中国工商银行股份有限公司大连星海支行企业借贷纠纷、金融借款合同纠纷①一案中，最高人民法院认定，根据本案查明的事实，高金公司贷款对象主体众多，除了本案债务人德享公司以外，高金公司于 2009 年至 2011 年间分别向新纪元公司、金华公司、荟铭公司、鼎锋公司和顺天海川公司等出借资金，通过向社会不特定对象提供资金以赚取高额利息，出借行为具有反复性、经常性，借款目的也具有营业性，未经批准，擅自从事经常性的贷款业务，属于从事非法金融业务活动。《银行业监督管理法》第 19 条规定："未经国务院银行业监督管理机构批准，任何单位或者个人不得设立银行业金融机构或者从事银行业金融机构的业务活动"，该强制性规定直接关系国家金融管理秩序和社会资金安全，事关社会公共利益，属于效力性强制性规定。根据《合同法》第 52 条关于"有下列情形之一的，合同无效……(五)违反法律、行政法规的强制性规定"的规定，以及《合同法司法解释(二)》第 14 条关于"合同法第五十二条第五项规定的'强制性规定'，是指效力性强制性规定"的规定，应认定案涉《借款合同》无效，但根据《担保法》第 5 条第 1 款关于"担保合同是主合同的从合同，主合同无效，担保合同无效"的规定，主合同《借款合同》无效，作为从合同的《银行保函》也无效。《担保法司法解释》第 8 条规定，"主合同无效而导致担保合同无效，担保人无过错的，担保人不承担民事责任；担保人有过错的，担保人承担民事责任的部分，不应超过债务人不能清偿部分的三分之一"。工行星海支行应当知道高金公司违反法律规定从事高利放贷业务，对导致担保合同无效存在过错，应依法在 3500 万元限额内承担三分之一的赔偿责任。

① (2017)最高法民终 647 号。

第六章　合同无效情形、资管新规与商业银行合同效力风险的防范

【《民法典》变化的影响】风险增加

【风险等级】★★★★★

【提要】《民法典》从严格界定公权力干涉私人意思自治的角度出发，减少了认定合同无效的情形。但是，对金融等特许行业，却从格式合同、扩大规章对合同效力的影响等角度，加大了金融合同效力的审查力度。因此，金融行业需要：更加注重产品开发的精细化、避免内部管理漏洞导致对合同的不利评价；更加注重金融消费者的知情权、避免格式合同条款的无效；在合法的基础上更加主动合规审查以适应金融强监管新常态、避免违背监管目的导致合同无效。

一、民法典及配套新规

▶《民法典》

【民事法律行为有效的条件】

第143条　具备下列条件的民事法律行为有效：

（一）行为人具有相应的民事行为能力；

（二）意思表示真实；

（三）不违反法律、行政法规的强制性规定，不违背公序良俗。

【虚假表示与隐藏行为的效力】

第146条　行为人与相对人以虚假的意思表示实施的民事法律行为无效。

以虚假的意思表示隐藏的民事法律行为的效力，依照有关法律规定处理。

【违法强制性规定与违背公序良俗的法律行为效力】

第153条　违反法律、行政法规的强制性规定的民事法律行为无效。但

是,该强制性规定不导致该民事法律行为无效的除外。

违背公序良俗的民事法律行为无效。

【恶意串通的民事法律行为效力】

第 154 条　行为人与相对人恶意串通,损害他人合法权益的民事法律行为无效。

【格式条款无效的情形】

第 497 条　有下列情形之一的,该格式条款无效:

(一)具有本法第一编第六章第三节和本法第五百零六条规定的无效情形;

(二)提供格式条款一方不合理地免除或者减轻其责任、加重对方责任、限制对方主要权利;

(三)提供格式条款一方排除对方主要权利。

【超越经营范围订立的合同效力】

第 505 条　当事人超越经营范围订立的合同的效力,应当依照本法第一编第六章第三节和本编的有关规定确定,不得仅以超越经营范围确认合同无效。

【合同生效时间】

第 502 条　依法成立的合同,自成立时生效,但是法律另有规定或者当事人另有约定的除外。

依照法律、行政法规的规定,合同应当办理批准等手续的,依照其规定。未办理批准等手续影响合同生效的,不影响合同中履行报批等义务条款以及相关条款的效力。应当办理申请批准等手续的当事人未履行义务的,对方可以请求其承担违反该义务的责任。

【争议解决条款效力】

第 507 条　合同不生效、无效、被撤销或者终止的,不影响合同中有关解决争议方法的条款的效力。

【合同效力援引规定】

第 508 条　本编对合同的效力没有规定的,适用本法第一编第六章的有关规定。

►《合同法司法解释(二)》

第 14 条　合同法第五十二条第(五)项规定的“强制性规定”,是指效力性强制性规定。

▶《九民纪要》

【违反规章的合同效力】

(一)关于合同效力

人民法院在审理合同纠纷案件过程中,要依职权审查合同是否存在无效的情形,注意无效与可撤销、未生效、效力待定等合同效力形态之间的区别,准确认定合同效力,并根据效力的不同情形,结合当事人的诉讼请求,确定相应的民事责任。

【强制性规定的识别】

30. 合同法施行后,针对一些人民法院动辄以违反法律、行政法规的强制性规定为由认定合同无效,不当扩大无效合同范围的情形,《合同法司法解释(二)》第14条将《合同法》第52条第5项规定的"强制性规定"明确限于"效力性强制性规定"。此后,《最高人民法院关于当前形势下审理民商事合同纠纷案件若干问题的指导意见》进一步提出了"管理性强制性规定"的概念,指出违反管理性强制性规定的,人民法院应当根据具体情形认定合同效力。随着这一概念的提出,审判实践中又出现了另一种倾向,有的人民法院认为凡是行政管理性质的强制性规定都属于"管理性强制性规定",不影响合同效力。这种望文生义的认定方法,应予纠正。

人民法院在审理合同纠纷案件时,要依据《民法总则》第153条第1款和《合同法司法解释(二)》第14条的规定慎重判断"强制性规定"的性质,特别是要在考量强制性规定所保护的法益类型、违法行为的法律后果以及交易安全保护等因素的基础上认定其性质,并在裁判文书中充分说明理由。下列强制性规定,应当认定为"效力性强制性规定":强制性规定涉及金融安全、市场秩序、国家宏观政策等公序良俗的;交易标的禁止买卖的,如禁止人体器官、毒品、枪支等买卖;违反特许经营规定的,如场外配资合同;交易方式严重违法的,如违反招投标等竞争性缔约方式订立的合同;交易场所违法的,如在批准的交易场所之外进行期货交易。关于经营范围、交易时间、交易数量等行政管理性质的强制性规定,一般应当认定为"管理性强制性规定"。

31. 违反规章一般情况下不影响合同效力,但该规章的内容涉及金融安全、市场秩序、国家宏观政策等公序良俗的,应当认定合同无效。人民法院在认定规章是否涉及公序良俗时,要在考察规范对象基础上,兼顾监管强度、交易安全保护以及社会影响等方面进行慎重考量,并在裁判文书中进行充分说理。

二、立法考辨

“一切之法律效力，为法律所赋予，于此意义，法律行为之效力亦为法律所创设。”①合同效力问题，是金融机构从事相关活动应当首要关注的问题，一旦合同被确定无效，金融机构试图达到的目的就不能实现，而且会产生各种不利后果。因此，十分有必要从整体上把握《民法典》时代合同效力认定规则，并以此来指导金融机构的民事活动。

相较前《民法典》时代合同效力规则，《民法典》条款对合同效力的认定具有以下特点：

第一，合同效力与法律行为效力体系的逻辑梳理。

合同无效从合同编的特殊性规则提升到了《民法典》总则民事法律行为一章的普遍性规则，需要援引的法条包括《民法典》第144条、第146条、第153条和第154条，这四个条文明确了合同无效的五种事由：(1)无民事行为能力人实施的民事法律行为无效；(2)通谋虚伪中虚伪行为无效；(3)违反法律、行政法规的强制性规定的民事法律行为无效；(4)违背公序良俗的民事法律行为无效；(5)行为人与相对人恶意串通，损害他人合法权益的民事法律行为无效。同时《民法典》第508条规定，本(合同)编对合同的效力没有规定的，适用本法第一编第六章的有关规定。这一调整无疑使得合同无效的法律依据更具有体系性和逻辑性，实现了“法律行为效力规则之统一”。②

同时应当注意，《九民纪要》明确将未经批准的合同确定为未生效合同，区别于无效合同。该条指出，批准是合同的法定生效条件，未经批准的合同因欠缺法律规定的特别生效条件而未生效。实践中的一个突出问题是，把未生效合同认定为无效合同，或者虽认定为未生效，却按无效合同处理。无效合同从本质上来说是欠缺合同的有效要件，或者具有合同无效的法定事由，自始不发生法律效力。而未生效合同已具备合同的有效要件，对双方具有一定的拘束力，任何一方不得擅自撤回、解除、变更，但因欠缺法律、行政法规规定或当事人约定的特别生效条件，在该生效条件成就前，不

---

① 史尚宽：《民法总论》，中国政法大学出版社2000年版，第206页。

② 杨立新：《我国〈民法总则〉法律行为效力规则统一论》，载《法学》2015年第5期；参见冉克平：《民法典总则意思表示瑕疵的体系构造——兼评〈民法总则〉相关规定》，载《当代法学》2017年第5期；陈小君：《民事法律行为效力之立法研究》，载《法学家》2016年第5期。

能产生请求对方履行合同主要权利义务的法律效力，如表 6-1 所示。

表 6-1 《民法典》与《合同法》关于合同无效情形对比

《民法典》民事法律行为无效情形	《合同法》第 52 条合同无效情形
无民事行为能力人实施的民事法律行为	无民事行为能力人实施的民事法律行为
—	一方以欺诈、胁迫的手段订立合同，损害国家利益的
行为人与相对人以虚假的意思表示实施的民事法律行为(虚伪通谋)	以合法形式掩盖非法目的
违反法律、行政法规的导致无效的强制性规定的民事法律行为	违反法律、行政法规的效力性强制性规定
违背公序良俗的民事法律行为	损害社会公共利益
行为人与相对人恶意串通，损害他人合法权益的	恶意串通，损害国家、集体或者第三人利益

第二，更加注重尊重当事人意思自治，限制、明确合同因违法无效的情形。

合同意思自治是合同法体系的基石，合同法的核心就是当事人通过自己的意志决定是否和他人建立合同关系和建立怎样的合同关系。李克强总理曾引用西方法谚来阐述私权利和公权力的区别，即让市场“法无禁止即可为”，让政府“法无授权不可为”。[①] “法无禁止即可为”又称“法无禁止即自由”，只要不是法律所禁止的行为，人们都可以自由地按照自己的意思从事相关民事活动。[②] 相比较于合同法，《民法典》对于合同无效的事由，更加精练和集中，并且大大缩限了违反法律规定无效的适用范围。例如，《民法典》第 153 条承继了《合同法司法解释(二)》第 14 条关于“效力性强制规定”与“管理性强制规定”的二分法，强调“该强制性规定不导致该民事法律行为无效的除外”，即对于非效力性强制规定并不直接导致合同无效进行了再次强调。在鹤壁市广厦房产置业有限公司与淇县农村信用合作联社金融借款合

① 李克强总理 2014 年 3 月 13 日答记者问：《让市场“法无禁止即可为”，让政府“法无授权不可为”》，载人民网，http://lianghui.people.com.cn/2014npc/n/2014/0313/c382531-24626203.html，2020 年 10 月 5 日访问。

② 参见汪习根：《在“授权”与“禁止”之间——科学界定公权力的适用范围》，载《人民论坛》2012 年第 14 期；易军：《“法不禁止皆自由”的私法精义》，载《中国社会科学》2014 年第 4 期。

同纠纷[①]一案中，最高人民法院就明确排除了管理性强制性规定认定合同无效的适用。该判决指出……此外，《贷款通则》作为中国人民银行制定的部门规章，其主要内容是存贷款管理性规定，与《民法总则》第1423条、第153条、《合同法》第52条规定的导致合同无效之违反法律、行政法规的强制性规定在性质和法律后果上有所区别，不宜作为认定本案合同无效的情形。因此，广厦置业公司主张威尔士商贸公司与淇县农信社签订的《流动资金借款合同》因违反《贷款通则》相关规定而导致合同无效，进而因主合同无效导致从合同《保证合同》无效，既无事实依据又无法律依据。

梁慧星（2016）[②]曾建议立法上使用“禁止性规定”的概念取代《合同法司法解释（二）》“效力性强制规定”的定义。董万程、王继君（2017）[③]认为，应把强制性规定区分为效力性强制性规定和非效力性强制性规定，取消“管理性强制性规定”的概念。刘志刚（2017）[④]认为，所谓能引起否定法律行为效力的强制性规定，取决于该规定之对象是否会构成对相关基本权利的过当侵害。杨立新（2018）[⑤]通过名为合作，实际上属于药品典型的借资质生产、销售合同无效的案例指出，导致合同无效的强制性法律法规的认定需要从权益的种类、交易安全以及其所规制的对象等方面综合判断。杨代雄（2020）[⑥]指出，应当以强制法律规定所针对的对象区分法律后果，如果其针对的是法律行为（合同）之内容，则带来无效后果；如其针对的是法律行为的外部条件（时间、地点），则原则上不能导致无效之后果。

另外，最高人民法院在认定违反规章导致合同无效的情形时，按照以下逻辑梳理：其一，应确定适用的规章与上位法的立法目的一致；其二，确认该规章未与上位法相冲突，具有实质上的正当性合法性；其三，违反该规章将

---

① （2019）最高法民申4756号。

② 参见梁慧星：《民法总则立法的若干理论问题》，载《暨南学报（哲学社会科学版）》2016年第1期。

③ 参见董万程、王继君：《〈民法总则〉中的效力性强制性规定立法问题研究》，载《法律适用》2017年第11期。

④ 参见刘志刚：《基本权利对民事法律行为效力的影响及其限度》，载《中国法学》2017年第2期。

⑤ 杨立新教授认为，兰陵公司与三维公司一案的合作协议、补充协议，在名义上，是研发单位和药企之间关于新药上市的合作，实际是将原料药基础生产环节、成品药销售的权利让与不具备任何资质的民营公司，是典型的借资质生产、销售。参见杨立新：《违反法律法规强制性规定的药品合同无效》，载《人民法治》2018年第17期。

⑥ 参见杨代雄：《〈民法典〉第153条第1款评注》，载《法治研究》2020年第5期。

导致行业风险，妨碍行业发展；最后，违反该规章将可能损害社会公共利益。[①]

第三，对于公序良俗导致合同无效的问题。

《民法典》承继了《民法总则》与《合同法》的相关表述。但作为主要调整人格身份关系的原则，违反公序良俗原则导致金融合同无效的案例很少。刘志刚(2017)[②]指出，“借助基本权利对公序良俗原则进行客观化塑造”是法官适用该原则判断民事法律行为效力的前提。

在杉浦立身诉龚某案[③]中，上海金融法院指出，《民法总则》第153条第2款规定，“违背公序良俗的民事法律行为无效。”公序良俗的概念具有较大弹性，在具体案件中应审慎适用，避免过度压缩民事主体的意思自治的空间。公序良俗包括公共秩序和善良风俗。证券领域的公共秩序应先根据该领域的法律法规予以判断，在上位法律无明确规定的情况下，判断某一下位规则是否构成公共秩序时，应从实体正义和程序正当两个层面进行考察：该规则应当体现证券领域法律和行政法规所规定的国家和社会整体利益；该规则的制定主体应当具有法定权威，制定与发布符合法定程序，具有较高的公众知晓度和认同度。

值得特别提出的是，《九民纪要》规定，强制性规定涉及金融安全、市场秩序、国家宏观政策等公序良俗的应当认定为“效力性强制性规定”。李敏(2015)[④]即指出，《民法通则》第6条造成司法实践中适用误用、滥用国家政策的判决屡见不鲜。本书写作团队认为，《民法典》并未承认“国家政策”作为正式法源，《九民纪要》作为司法机关内部会议纪要将“国家宏观政策”扩大解释纳入公序良俗值得进一步厘清。

第四，对于恶意串通、脱法行为与通谋虚伪关系的再梳理。

---

① (2017)最高法民终529号。《立法法》第80条规定，国务院各部、委员会、中国人民银行、审计署和具有行政管理职能的直属机构，可以根据法律和国务院的行政法规、决定、命令，在本部门的权限范围内，制定规章。部门规章规定的事项应当属于执行法律或者国务院的行政法规、决定、命令的事项。没有法律或者国务院的行政法规、决定、命令的依据，部门规章不得设定减损公民、法人和其他组织权利或者增加其义务的规范，不得增加本部门的权力或者减少本部门的法定职责。

② 参见刘志刚：《基本权利对民事法律行为效力的影响及其限度》，载《中国法学》2017年第2期。

③ (2018)沪74民初585号，该判决入选《2018年度上海法院金融商事审判十大案例》。

④ 李敏：《民法上国家政策之反思——兼论〈民法通则〉第6条之存废》，载《法律科学》2015年第3期。

《民法典》第 146 条通谋虚伪沿用了民法总则的规定，该条包含虚伪表示行为和隐藏行为，虚伪表示行为无效，隐藏行为则要根据民事法律行为效力及其他与法律行为效力有关的规定来具体判断。《最高人民法院关于进一步加强金融审判工作的若干意见》（法发〔2017〕22 号）规定，对以金融创新为名掩盖金融风险、规避金融监管、进行制度套利的金融违规行为，要以其实际构成的法律关系确定其效力和各方的权利义务。这种“实质重于形式”的穿透式监管思路对司法判决的影响不言而喻。

在珠海华润银行股份有限公司与江西省电力燃料有限公司合同纠纷①案中，最高人民法院指出，就债务人能否以争议债权系通谋虚构为由向受让人抗辩这一问题，立法本身未设明文规定。……根据民法基本原理，双方当事人通谋所为的虚伪意思表示，在当事人之间发生绝对无效的法律后果。但在虚伪表示的当事人与第三人之间，则应视该第三人是否知道或应当知道该虚伪意思表示而发生不同的法律后果：当第三人知道该当事人之间的虚伪意思表示时，虚伪表示的无效可以对抗该第三人；当第三人不知道当事人之间的虚伪意思表示时，该虚伪意思表示的无效不得对抗善意第三人。

在《九民纪要》金融强化穿透式监管的背景下，明股实债、多层嵌套等金融通道业务是否会受到司法的否认性评定，值得商业银行关注。同时，《民法典》第 154 条沿用了《民法总则》对“恶意串通”的民事法律行为认定为无效的做法。但是需要注意的是，最高人民法院《关于修改〈关于民事诉讼证据的若干规定〉的决定》（法释〔2019〕19 号）第 86 条对“恶意串通”的证明要求远远高于普通民事案件，达到了“排除合理怀疑”的刑事证据要求。②

杨代雄（2014）③、冉克平（2017）④认为，《民法通则》对于“恶意串通行为”概念定位模糊，导致其外延过大，《民法典》应当将“虚伪通谋”从恶意串

① （2017）最高法民再 164 号。

② 最高人民法院《关于修改〈关于民事诉讼证据的若干规定〉的决定》（法释〔2019〕19 号）第 86 条规定，当事人对于欺诈、胁迫、恶意串通事实的证明，以及对于口头遗嘱或赠与事实的证明，人民法院确信该待证事实存在的可能性能够排除合理怀疑的，应当认定该事实存在。

③ 参见杨代雄：《恶意串通行为的立法取舍——以恶意串通、脱法行为与通谋虚伪表示的关系为视角》，载《比较法研究》2014 年第 4 期。

④ 参见冉克平：《“恶意串通”与“合法形式掩盖非法目的”在民法典总则中的构造——兼评〈民法总则〉之规定》，载《现代法学》2017 年第 4 期。

通中剥离出来，另行规定。朱广新（2016）[①]认为，“以合法形式掩盖非法目的”是受苏联民法伪装行为影响的产物，应当予以摒弃。茅少伟（2017）[②]指出，恶意串通之行为仅仅限于（合同）损害第三人利益之场景，不能扩大化使用。杨立新（2017）[③]认为，隐藏行为的外延要大于“以合法形式掩盖非法目的”，包括主体、客体、权利义务三方面的隐藏行为。曾大鹏（2018）[④]指出，“名为票据活动、实为借贷”的行为属于金融领域“黑白合同”，构成真意主义逻辑下的虚伪通谋。

三、司法裁判可视化梳理

本书写作团队使用 Alpha 案例库对“金融借贷合同无效纠纷”[⑤]进行了检索，检索关键词为“案由：未设置”+“全文：合同”+“全文：无效”+“攻/守方当事人包含：银行”，总共得到判决 88,699 件，可视化分析如下：

现行司法判决一般从五个方面认定金融合同无效：（1）无民事行为能力人实施的民事法律行为无效；（2）通谋虚伪中虚伪行为无效；（3）违反法律、行政法规的强制性规定的民事法律行为无效；（4）违背公序良俗的民事法律行为无效；（5）行为人与相对人恶意串通，损害他人合法权益的民事法律行为无效。

需要特别注意的是，《民法典》除第 388 条和第 682 条均采用了“法律另有规定的除外”的表述。可见，《民法典》修改了原《担保法》第 5 条“主合同无效，担保合同无效，合同另有约定的除外”之规定，禁止当事人依约定排除担保合同效力的从属性。这会极大影响独立保函之外的担保合同的效力。[⑥]

---

① 参见朱广新：《论“以合法形式掩盖非法目的”的法律行为》，载《比较法研究》2016 年第 4 期。

② 参见茅少伟：《论恶意串通》，载《中外法学》2017 年第 1 期。

③ 参见杨立新：《〈民法总则〉规定的隐藏行为的法律适用规则》，载《比较法研究》2017 年第 4 期。

④ 参见曾大鹏：《〈民法总则〉“通谋虚伪表示”第一案的法理研判》，载《法学》2018 年第 9 期。

⑤ 最后检索日期：2020 年 12 月 31 日。

⑥ 根据《九民纪要》第 54 条，无论是用于国际商事交易还是国内商事交易，均不影响独立保函的效力。若发生纠纷，应依据 2016 年《最高人民法院关于审理独立保函纠纷案件若干问题的规定》处理。

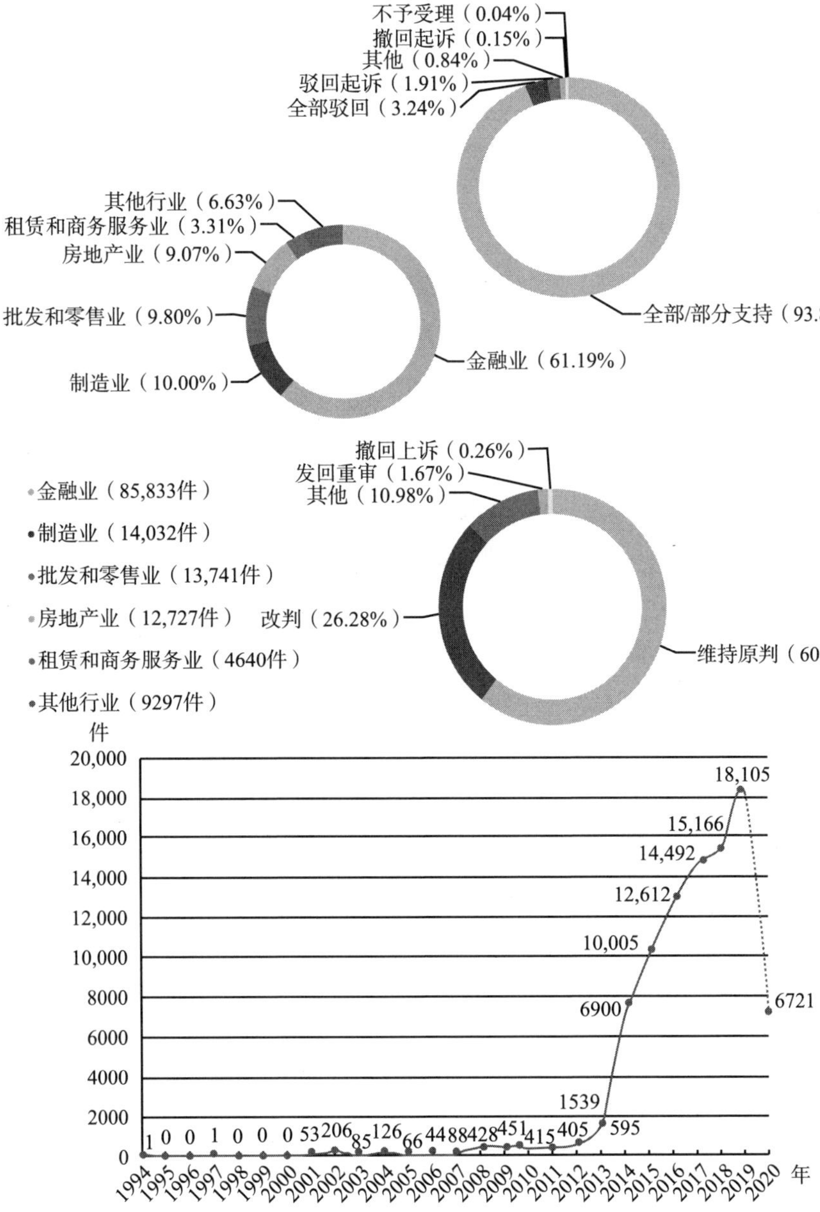

图 6-1　金融借贷“合同无效”纠纷可视化示意

（一）关于无民事行为能力人实施的民事法律行为无效

在张某红与中国建设银行股份有限公司深圳市分行确认合同无效纠纷①一案中，广东省深圳市坪山区人民法院认为，根据生效判决，张某星生前系痴呆症人，无民事行为能力。无民事行为能力人实施的民事行为无效。无效的民事行为，从行为开始起就没有法律约束力。……本案中，抵押人经生效裁判认定生前为痴呆症人，无民事行为能力，无法与被告就设定抵押权形成有效合意。且涉案房产的买卖合同被判令无效后，张某星与被告实质上是在他人的财产上设定抵押权。根据法律规定，以自己不享有所有权或者经营管理权的财产作抵押物的，应当认定抵押无效。金融机构对借款人的主体资格、资信，抵押物的权属和价值以及实现抵押权的可行性负有审慎审查的注意义务。被告在签订《个人住房（商业用房）借款合同》时未尽到审慎的审查义务，与无民事行为能力人签订借款合同设定抵押权，不构成善意第三人。被告作为债权人，该抵押和抵押合同被确认无效后会对其债权实现带来一定影响，但并不能因此改变张南星作为无民事行为能力人的事实，故对被告为善意第三人的辩解，法院不予采纳。

（二）通谋虚伪中虚伪行为导致金融合同无效

《民法典》第147条规定，行为人与相对人以虚假的意思表示实施的民事法律行为无效。以虚假的意思表示隐藏的民事法律行为的效力，依照有关法律规定处理。②

在中国民生银行股份有限公司南昌分行、上海红鹭国际贸易有限公司

① （2018）粤0310民初1529号。

② 但需要注意的是，虚伪行为无效并不一定必然导致真实意思表示（合法部分）无效。如在新疆阿拉尔聚天红果业有限责任公司与龚某某、阿拉尔金沙农业科技开发有限责任公司借款合同纠纷［（2017）兵01民初8号］一案中，新疆生产建设兵团第一师中级人民法院指出，《合作协议》行合作之名，无合作之实；无借贷之名，却有借贷之实，属于当事人意思表示不真实的合同。意思表示真实是民事法律行为的一般生效要件，只有具备了民事法律行为实质要件的民事行为才能成为法律所承认并产生行为人预期的法律后果。……《合作协议》因为欠缺合作合同的实质要件而无效。当事人实施民事行为应当遵循诚实信用原则。原告以一种虚假的合同形式掩盖另一种合同目的，虽不构成违法，但有违诚实信用原则，对社会主义市场经济秩序造成一定程度的扰乱，也是产生经济纠纷的根源，应当给予否定的评价。但对其合法的部分，仍然需要予以保护。……本案应当认定为借款合同法律关系，金沙农业公司既然实际使用了原告的资金且逾期未予返还，应当悉数偿还本金，并承担资金占用期间的利息。借款合同以利息为合同目的，资金占用费不属于合同法规定的借款合同内容，原告既以借款合同主张权利，主张资金占用费则无法律依据，法院对资金占用费不予支持。

票据追索权纠纷[①]案中，最高人民法院认为，上述行为中，首先，有色金属公司与民生银行南昌分行均明知本案票据开立、贴现及系列合同签订的真实意思表示是借款，只是就民生银行南昌分行而言，其上述行为的主要目的在于能够实现正拓公司归还其逾期贷款，而有色金属公司的目的则除了用该笔借款归还正拓公司的逾期贷款外，还能够再继续获得一部分借款以解决其资金困难问题。其次，对于红鹭公司而言，虽按其所述，其系出于赚取差价签订了案涉合同及相关文书，红鹭公司并不知晓有色金属公司与民生银行南昌分行借新还旧、转嫁风险的真实意图，但是红鹭公司至少明知其与正拓公司、有色金属公司分别签订的《阴极铜购销合同》没有真实交易内容。故对于本案票据的签发、取得和转让不具有真实的交易关系，红鹭公司账户收到的票据贴现款的用途亦并非用于向正拓公司支付票据项下《阴极铜购销合同》的货款，有色金属公司、民生银行南昌分行、红鹭公司均属明知。三方虽然明知本案票据项下无真实交易关系，但出于不同真实目的，相互合谋实施了该票据行为，属于通谋虚伪行为。因此，本案票据活动是各方伪装行为，所掩盖、隐藏的真实行为实际是借款。根据《民法通则》第55条规定及2017年10月1日起施行的《民法总则》第146条规定，民事法律行为应当意思表示真实，行为人与相对人以虚假的意思表示实施的民事法律行为无效，以虚假的意思表示隐藏的民事法律行为的效力，依照相关法律规定处理。……本案应按虚假意思表示所隐藏的真实法律关系处理。本案中，民生银行南昌分行与有色金属公司之间通谋虚伪行为隐藏的真实意思表示是借款，因此双方之间形成的真实法律关系应是借款关系。由于双方之间的借款为其真实意思表示，且不违反法律和行政法规的禁止性规定，该借款行为应属有效。

与此类似，在北京银行股份有限公司阜成支行与蒋某某等金融借款合同纠纷[②]一案中，北京市第四中级人民法院指出，经法院一再追问，北京银行阜成支行最终承认，涉案贷款合同的背景是以借新还旧的方式平移北银消费公司已经发生的不良贷款，并提交了北银消费公司于2017年9月22日出具的《关于北银消费贷款平移工作的确认函》，其中明确提到北银消费公司以新新鑫荣公司名义将50,593,375.05元借款平移到北京银行阜成支行。

---

① (2017)最高法民终41号。

② (2019)京04民初229号。

法院认为，根据上述证据，可以证明本案中新新鑫荣公司仅仅是名义上的合同行为人，系受他人指使签署贷款合同，涉案贷款的实际用款人为北银消费公司，期间北京银行阜成支行清楚知晓全部内情并积极配合，最终假借受托支付方式将贷款实际支付给其关联企业北银消费公司。因此，鉴于新新鑫荣公司不是真实贷款主体，亦未实际取得相应款项，且北京银行阜成支行对此心知肚明，涉案借款合同属于通谋虚伪意思表示，故北京银行阜成支行与新新鑫荣公司之间不存在真实金融借款合同关系，法院对北京银行阜成支行要求新新鑫荣公司偿还借款本息的诉讼请求不予支持。

在中国邮政储蓄银行股份有限公司靖州苗族侗族自治县支行与李某某、蒋某某金融借款合同纠纷①一案中，靖州苗族侗族自治县人民法院认为，原告中国邮政银行靖州支行对被告蒋某某系代被告李某某借款，案涉借款实际由被告李某某使用的事实是明知的。《民法总则》第 146 条规定，行为人与相对人以虚假的意思表示实施的民事法律行为无效。以虚假的意思表示隐藏的民事法律行为的效力，依照有关法律规定处理。因此，《小额联保借款合同》不是原告中国邮政银行靖州支行与蒋某某的真实意思表示，而是虚假的意思表示，该《小额联保借款合同》对原告中国邮政银行靖州支行与被告蒋某某而言是无效的。《小额联保借款合同》所隐藏的民事法律行为是原告中国邮政银行靖州支行与被告李某某之间的借款行为，该借款行为不违反法律法规强制性规定，故对被告李某某与原告中国邮政银行靖州支行签订的《小额贷款补充协议》及《债务清单》应认定为有效。原告中国邮政银行靖州支行明知被告蒋某某系代被告李某某借款，且协助被告蒋某某、李某某办理相关借款手续，被告蒋某某在本案中的行为，仅是基于配合原告中国邮政银行靖州支行与被告李某某实现借款的目的，与该借款的发生及还

---

① （2019）湘 1229 民初 141 号。本案中法院认定的关键事实包括：第一，虽然被告蒋某某与原告中国邮政银行靖州支行签订了《小额联保借款合同》，但在发放贷款的过程中，原告未尽基本的审查义务，原告中国邮政银行靖州支行除与本案被告蒋某某签订上述合同外，还与案外人姜某某、孙某某等其他 15 人以同样的方式签订《小额联保借款合同》。此后原告中国邮政银行靖州支行将该笔 50000 元借款发放至以被告蒋某某的名字设立的存折上，并将存折交给了被告李某某，之后被告李某某凭此存折支取、使用了该借款。第二，2014 年 9 月 12 日，被告李某某与原告中国邮政银行靖州支行签订了《小额贷款补充协议》、《债务清单》，确认被告蒋某某及案外人姜某某、孙某某等 15 人名下的 711700 元贷款资金的实际用款人为被告李某某。第三，从被告蒋某某的账户上归还的部分借款本息均是由被告李某某偿还，且原告与被告蒋某某签订《小额联保借款合同》后直到本案起诉前，原告中国邮政银行靖州支行未向被告蒋某某催款。

款不能的风险无因果关系，不应对此承担民事责任，故原告中国邮政银行靖州支行主张被告蒋某某偿还借款本息的诉讼请求依法不予支持。

（三）违反法律、行政法规的强制性规定，或者涉及金融安全、市场秩序、国家宏观政策等公序良俗的金融合同无效

民法通则时代，司法实践中存在大量的无效合同认定，究其原因，乃在于过于宽泛地理解了所谓法律的外延，将部门规章等无区别地纳入合同效力评价考虑因素。合同法对此进行了缩限，影响合同效力评价的规范一般仅限于法律和行政法规。司法实践中，再次将法律、行政法规分解为效力性和管理性强制规范，《民法典》继承了这种区分。但是，金融作为特许行业，规章在合同评价中的地位和作用不容忽视。《民法典》第 505 条规定："当事人超越经营范围订立的合同的效力，应当依照本法第一编第六章第三节和本编的有关规定确定，不得仅以超越经营范围确认合同无效。"《九民纪要》第 31 条规定，违反规章一般情况下不影响合同效力，但该规章的内容涉及金融安全、市场秩序、国家宏观政策等公序良俗的，应当认定合同无效。对于一般合同的合同效力问题，国家公权力进行了收缩，但是对于金融合同效力的评价，公权力的干预显然要加强。以 2018 年 4 月 27 日中国人民银行、中国银行保险监督管理委员会、中国证券监督管理委员会、国家外汇管理局联合印发的《关于规范金融机构资产管理业务的指导意见（银发〔2018〕106 号）》（以下简称《资管新规》）为例，我们可以看到司法裁判对待金融规章的一些基本思路。例如，在中国农业银行股份有限公司襄阳经开区支行、襄阳市高新区丰银小额贷款股份有限公司金融借款合同纠纷①一案中，最高人民法院认为，原审法院关于"上述三份协议以及《小额贷款公司融资合同》中关于手续费的约定，并非为了开展相关金融服务，实为农行经开区支行规避银监会和中国人民银行监管，利用交易地位不对等、市场信息不对称的优势，以融资为条件，以收取服务费的形式提前收回贷款利息"的认定，是基于法官根据案件查明基本事实，依法官自由裁量所作的"民事主体之间的意思表示是否真实"的法律事实判断，该法律事实认定并无不当。二审法院认定《常年财务顾问协议》、《一般专项资金托管协议》、《普通商品交易资金托管协议》以及《小额贷款公司融资合同》因欠缺意思表示真实要件而无效，符合判断民事合同无效的合同法基本法理，该法律适用也并无不当。

---

① （2019）最高法民申 2315 号。

在亿阳信通股份有限公司、交银国际信托有限公司金融借款合同纠纷①一案中,最高人民法院指出,涉及借款主合同效力问题的相关事实也需要进一步查明。具体而言,温州银行是否通过交银信托这一通道给位于黑龙江的亿阳集团发放贷款以及是否存在违反《银行业监督管理法》《贷款通则》等金融监管法律规章等规范性文件中对银行发放异地贷款的金融监管规定的情形,从而符合《九民纪要》第31条中关于"该规章的内容涉及金融安全、市场秩序、国家宏观政策等公序良俗的,应当认定合同无效"的要求,也需要结合查明温州银行与本案各方当事人之间的往来关系事实作出对该合同效力的认定。

相反,对于纯粹的商业银行合规性管理规定,法院并不当然认定其构成导致合同无效的"效力性强制规定"。如辽宁亿丰钢铁有限公司与吉林银行股份有限公司沈阳分行、沈阳达顺源贸易有限公司、沈阳市永惠钢材有限公司、沈阳市金鑫盛博商贸有限公司、王某某、铁某某金融借款合同纠纷②一案中,辽宁省高级人民法院认为,虽然《商业银行法》第35条规定,商业银行贷

---

① (2019)最高法民终111号。该判决同时指出,交银信托是否当时已知案涉股东大会决议程序违法之处,需要核实。依照《公司法》第101条第1款规定,"股东大会会议由董事会召集,董事长主持;董事长不能履行职务或者不履行职务的,由副董事长主持;副董事长不能履行职务或者不履行职务的,由半数以上董事共同推举一名董事主持"。而关于董事会召集股东大会的问题,则依据《公司法》第108条第4款和第46条第1项规定,属于董事会职权范畴。故董事会通过召集股东大会的决议,是股东大会合法召开的前提。从已查明事实可知,亿阳信通未对案涉董事会决议、案涉股东大会决议进行过公告。交银信托向一审法院提交了落款时间为2016年11月11日的亿阳信通第四次临时股东大会决议和落款时间为2016年11月7日的亿阳信通董事会决议。内容显示亿阳信通第四次临时股东大会和董事会决议同意对案涉借款提供担保并签署《保证合同1》等。但上交所网站上的亿阳信通的同期公告中,未显示2016年11月11日亿阳信通第四次临时股东大会的公告信息。《董事会决议》的时间为2016年11月7日,《股东大会决议》的时间为2016年11月11日。从董事会决议召集到股东大会决议通过,两者相隔4天。根据《公司法》第102条规定,临时股东大会应当于会议召开15日前通知各股东。也即从董事会决议通过召开临时股东大会到临时股东大会召开至少应间隔15日以上。交银信托作为专业的金融机构,应对公司法及证监会对上市公司对外提供担保的相关规定非常清楚。具体到本案中,交银信托在确定亿阳信通是否依法同意担保的问题上应更为谨慎、周全。交银信托当时除了对案涉股东大会决议文件进行审查之外,是否已将董事会决议和临时股东大会决议结合起来进行审查以及是否发现记载开会时间之间的异常之处需要进一步查明。

② (2015)辽民二终字第00372号。相似案例还包括李某某、田某某等与中国民生银行股份有限公司武汉分行、范某某金融借款合同纠纷[(2015)鄂民监三再终字第00005号]。该案中湖北省高级人民法院指出,本案李某某、田某某主张,涉案《最高额保证授信合同》因违反民生银行武汉分行发布的商贷通文件的相关规定而无效。法院认为,商贷通文件性质上属银行内部管理规范,而非国家颁布的法律、法规,即使《最高额保证授信合同》违反了商贷通文件的相关规定,亦不能据此否定合同效力。

款，应当对借款人的借款用途、偿还能力、还款方式等情况进行严格审查。但该条款并不是关于合同效力的强制性规范。《合同法》第 199 条规定，订立借款合同，借款人应当按照贷款人的要求提供与借款有关的业务活动和财务状况的真实情况。此条款也是规范借款人的义务，而不是贷款人的义务。银行是否存在违规贷款的情形及其发放贷款之后是否履行了按照规定对借款人执行借款合同的情况包括贷款资金的流向、用途等及借款人的经营及财务状况等进行跟踪调查和检查等，对于贷款人即银行而言，性质上属于风险控制条款，即使贷款人银行未进行相关的审查，没有尽到相关义务，对借款合同和保证合同的效力以及借款人的偿还责任不应产生影响。

在中国农业银行股份有限公司重庆南岸支行与刘某平等金融借款合同纠纷①一案中，重庆市第五中级人民法院认为，抵押权人疏于审查案涉房屋出租情况并不必然导致抵押合同无效。从审慎角度而言，原告农行南岸支行作为银行金融机构在接受房产作为抵押物时，应该从多个角度对房产权属进行核查，包括但不限于查询房产不动产登记资料、核验不动产权属证书、现场核查房屋状况和使用情况、通过与房屋相关的基础合同（如租赁合同）核查权属状况等。根据本案查明事实，签订本案抵押合同并办理抵押登记之前，案涉抵押房屋存在被第三人刘某超实际占有使用的情形，原告农行南岸支行作为专业金融机构应当对案涉房屋的出租情况进行充分的现场调查，以查明抵押物是否存在真实的权利人，从而避免错误接受已出售房屋作为抵押物。尽管原告农行南岸支行未能充分提交证据证明其对案涉房屋进行了审慎调查，但仅是违反了相关行政监管要求，并不能直接得出未严格审核抵押物出租情况就必然导致抵押无效的结论。通常情形下，只要不动产登记簿上不存在异议登记、预告登记、查封登记等记载事项，就应当推定抵押权人为善意。综上，原告农行南岸支行与重庆润邦公司签订的抵押合同中涉及重庆市南岸区青龙路×号×幢第×、×层×号房屋抵押有效。

2019 年出台的《资管新规》涉及银行理财、证券、基金、信托、私募等众多金融业务领域。《资管新规》的颁行意味着统一监管强监管广泛监管的时代来临，这是与金融行业在国民经济中的地位是相匹配的，其主要思路是通过降杠杆、破刚兑、拒绝资金池、禁止嵌套通道的方法，以确保不发生系统性整体性金融风险。

---

① （2019）渝 05 民初 1326 号。

《资管新规》前产生的违背监管要求的交易行为，虽然合同被认定的可能性极小，最高人民法院在相关案件中就以“法不溯及既往”并未直接否定合同效力，但最高人民法院也指出了相关问题，并劝导金融机构要规范相应经营。① 如在南昌农村商业银行股份有限公司与内蒙古银行股份有限公司合同纠纷②一案中，江西省高级人民法院指出，2018 年 4 月 27 日，中国人民银行、中国银行保险监督管理委员会、中国证监会、国家外汇管理局联合发布了《关于规范金融机构资产管理业务的指导意见》（银发〔2018〕106 号），对金融机构资产管理业务提出了具体的规范要求。从该监管新规来看，监管部门对于金融机构资产管理业务实行穿透式监管，禁止开展多层嵌套和通道业务。而本案当事人的交易模式确实存在拉长资金链条，增加产品复杂性之情形，可能导致监管部门无法监控最终的投资者，对交易风险难以穿透核查，不符合监管新规之要求。因此，本案各方当事人今后应严格按照资管新规，规范开展业务。

《资管新规》实施后，违反金融监管的情形都极大可能被法院否定。在福建伟杰投资有限公司与福州天策实业有限公司、君康人寿保险股份有限公司营业信托纠纷③案中，最高人民法院就指出，尽管《保险公司股权管理办法》属于部门规章……违反《保险公司股权管理办法》有关禁止代持保险公司股权规定的行为，在一定程度上具有与直接违反《保险法》等法律、行政法规一样的法律后果，还将出现破坏国家金融管理秩序、损害包括众多保险法律关系主体在内的社会公共利益的危害后果……本案《信托持股协议》应认定为无效。在杨某某与林某某委托投资协议纠纷④一案中，最高人民法院认为，这些规定有些属于法律明确应予遵循之规定，有些虽属于部门规章性质，但因经法律授权且与法律并不冲突，并属于证券行业监管基本要求与业内共识，对广大非特定投资人利益构成重要保障，对社会公共利益亦为必要保障所在，故当事人签订的《委托投资协议书》违反公司上市相关监管规定无效。

（四）行为人与相对人恶意串通，损害他人合法权益的金融合同无效

在绝大多数情况下，债务人或担保人要证明商业银行与其中一方恶意

---

① （2015）民二终字第 401 号，（2016）最高法民终 215 号判决书。

② （2015）赣民二初字第 31 号。

③ （2017）民终 529 号。

④ （2017）最高法民申 2454 号。

串通，其证明标准要达到“排除合理怀疑”，因此很难获得法院的认可。如湖北咸宁金桥信用担保有限公司、中国农业发展银行随州市分行金融借款合同纠纷①一案中，随州市中级人民法院指出，金桥担保公司主张农发行随州市分行与弘大畜牧公司之间存在恶意串通，骗取其提供担保的事实要达到排除合理的证明标准。因本案约定的借款用途为流动资金借款，随县众诚资产运营有限公司是随县人民政府设立的专门负责随州市中小企业续贷周转金日常经营管理的公司，本案所涉借款用于偿还续贷周转金，以确保弘大畜牧公司能够续贷银行借款，维系公司的正常运营，符合行业习惯。金桥担保公司主张的事实不足以达到排除合理怀疑的证明标准。

现实中比较容易出现的商业银行与他人“恶意串通”导致合同无效的情形，主要是法院依据《担保法》第 30 条第 1 项关于“主合同当事人双方串通，骗取保证人提供保证的”的规定，从而认定“保证人不承担民事责任”。

例如，在中国工商银行青岛市市北区第一支行诉青岛华悦物资发展公司、青岛海尔空调器总公司、青岛海尔集团总公司借款合同担保纠纷②一案中，最高人民法院认为，被上诉人华悦公司与被上诉人工商支行签订的借款合同是一份虚假合同。工商支行没有依此合同将款贷给华悦公司；华悦公司亦没有实际得到和支配该合同项下的 800 万元借款。该项贷款名为华悦公司“购房”款，实为工商支行用于内部平账、以贷堵漏、转嫁经济损失为目的。双方签订的借款合同，属于《民法通则》第 58 条第 1 款第 4 项、第 7 项规定的“恶意串通，损害国家、集体或者第三人利益”和“以合法形式掩盖非法目的”的无效民事行为，不应受到法律保护。对于无效民事行为的法律后果，应由工商支行自行承担。工商支行根据借款合同提出的诉讼请求，予以驳回；华悦公司此前所欠工商支行的 800 万元本息，由于该公司已被工商行政管理部门依法注销，应由工商支行另行追偿。华悦公司和工商支行隐瞒事实真相，“借新还旧”骗取上诉人空调公司在违背其真实意思表示的情况下进行担保，依照《担保法》第 30 条第 1 项关于“主合同当事人双方串通，骗

① (2018)鄂 13 民终 422 号。类似判例包括济南市能源投资有限责任公司与莱商银行股份有限公司济南历下支行金融借款合同纠纷一案[(2019)最高法民申 3126 号]。该案中最高人民法院认为，莱商银行发放本案贷款时尽管存在未关注借款人富美公司涉及多起借款纠纷，并被多次列入失信人名单等违反监管规定的行为，但该等违规行为的存在，并不能得出莱商银行与富美公司恶意串通，骗取能源投资公司提供担保的结论，也不能免除能源投资公司依法应当承担的保证责任。

② 参见《中华人民共和国最高人民法院公报》1997 年第 4 期(总第 52 期)。

取保证人提供保证的”“保证人不承担民事责任”的规定,空调公司不应对本案“借款”承担担保责任。

又如,上海三泷房地产开发有限公司诉中国建设银行上海市浦东分行、上海市申浦对外技术投资总公司借款担保纠纷①一案,经最高人民法院发回重审,上海市高级人民法院重审认为,浦东建行与申浦公司所签的外汇借款合同合法有效,申浦公司未能还贷付息,依法应承担违约责任。申浦公司以开展落实进出口业务为名,骗取三泷公司为其借款担保,将外汇短期借款用于向浦东建行偿还为案外人巨龙公司的担保之债;浦东建行明知该项贷款的实际用途,但其签订担保合同时未告知担保人三泷公司,亦不能举证三泷公司明知借贷双方“以贷还债”,应认定主合同当事人双方串通,骗取保证人提供保证,据此,三泷公司对申浦公司偿还浦东建行的担保之债,不承担民事责任。

在山东东平农村合作银行与山东隆腾建筑安装有限公司、山东东平奥洁纸业有限公司金融借款合同纠纷②一案中,最高人民法院认定,东平合作银行、奥洁公司借款的主要意图是购买房地产。奥洁公司除归还 1200 万元外,其余 346.9 万元汇入奥洁公司法定代表人妻子个人账户,100 万元被顺捷公司汇入个人账户,奥洁公司没有证据证明余款已用于购买桨板。东平合作银行与奥洁公司合谋以贷款购买房地产的行为,未取得保证人隆腾公司同意,保证人以本案借贷双方合谋骗保予以抗辩符合本案客观实际。因剩余款项没有用于经营,被挪作个人使用,加大了资金回笼的风险,以致该款至今未能偿还,客观上增加了保证人承担责任的风险。山东省高级人民法院据此认定东平合作银行、奥洁公司骗保的证据充分,认定事实并无不当。

在中国工商银行股份有限公司鹤壁分行、河南东方建设集团发展有限公司金融借款合同纠纷③一案中,河南省高级人民法院认定……并且在 2009 年年初,工行鹤壁分行具体经办人员通过深圳警方和李某某已经清楚知道深圳年富公司并没有为鹤源公司的贷款提供担保。在明知深圳年富公司为鹤源公司所提供担保为虚假的情况下,工行鹤壁分行具体经办人员向相关

---

① (2000)经他字第 7 号,载《最高人民检察院公报》2001 年第 5 号(总第 64 号)。

② (2016)最高法民申 729 号。

③ (2018)豫民终 406 号。

领导汇报后,与鹤源公司、王某相互串通,帮助鹤源公司寻找能够取代深圳年富公司的新的保证人。在筛选出东方公司比较符合条件后,还主动与王某一同到东方公司住所地郑州,找东方公司做工作,为鹤源公司的贷款提供担保。称“鹤源公司的贷款还款期限变更,原担保单位不愿意继续担保,需变更担保单位”。还故意隐瞒了鹤源公司逾期还款及提供伪造的深圳年富公司虚假担保材料的事实。上述事实充分证明工行鹤壁分行为了让东方公司提供保证,与鹤源公司相互串通,故意隐瞒了事实真相,以欺诈手段骗取东方公司为鹤源公司贷款提供保证。

四、商业银行风控操作要点

为维护金融债权,促进金融借贷业务健康发展,从源头上防范和化解金融风险,本书写作团队建议商业银行在“合同效力环节”应当加强以下风险防控措施:

(一)合同效力属于司法机关主动审查事项,商业银行应牢固树立合同效力前置审查意识

合同效力是指依法成立的合同在当事人之间所产生的法律拘束力,反映了法律对当事人之间合意的评价。因此,“合同效力审查是人民法院对民事案件处理的前提,无论当事人在诉讼过程中是否提出合同效力的抗辩,人民法院均应主动审查合同效力,这样才能对争议事项作出正确处理”①。最高人民法院在多个判决中反复明确了这一点,如在广元市新程实业有限公司、广元市川陕甘农产品批发市场有限公司建设工程施工合同纠纷②一案中,最高人民法院指出,合同效力审查不以当事人主张为前提,公权力应对民事法律行为是否危害国家利益、公共利益或者合同是否违反了公序良俗或法律法规的强制性规定作主动审查。再如,在青海信瑞资产运营管理有限责任公司、张某某债权转让合同纠纷③一案中,最高人民法院提出,在商事合同纠纷案件的裁判过程中,首先应当对当事人的争议所依据或者涉及的商事合同效力进行审查判断,对合同效力审查判断是人民法院正确处理当事人之间的商事合同纠纷案件的前提与关键。因此,商业银行设置合同效

① (2020)最高法民申348号。
② (2017)最高法民终289号。
③ (2020)最高法民终327号。

力前置审查程序，对自身所签订合同的合同效力提前预判，提前防止合同无效或者未生效的风险产生。

（二）慎重判断“强制性规定”的性质，找准金融创新与金融合规之间平衡，防止金融创新沦落为金融监管套利或者威胁金融安全

在评价合同效力的法律范畴上，鼓励金融创新时，公权力就会退后，强调金融稳定和金融安全时，无论行政还是司法都会更多强调金融机构行为的合法性和合规性。金融业是国民经济的血脉，同样也需要应声而变。以往部门规章的效力在民事审判中不太被重视，随着市场和政府地位的不断明确，金融作为特许行业，规章的干涉必将越来越多地体现在民事审判当中。部门规章的专业性比较强、复杂性比较高，金融机构在开发新产品的过程中一定要注意法律部门的提前介入和法律风险规避，做到收益和风险双评估。

表 6-2 《资管新规》相关政策文件一览

序号	文号	名称	发文时间
1	银监发〔2017〕55 号	《中国证监会关于规范银信类业务的通知》	2017 年 11 月 22 日
2	保监资〔2017〕282 号	《关于保险资金设立股权投资计划有关事项的通知》	2017 年 12 月 27 日
3	银监发〔2018〕2 号	《商业银行委托贷款管理办法》	2018 年 1 月 5 日
4	—	《私募投资基金备案须知》	2018 年 1 月 12 日
5	2018 年第 4 号令	《金融资产投资公司管理办法（试行）》	2018 年 6 月 29 日
6	—	《关于进一步明确规范金融机构资产管理业务指导意见有关事项的通知》	2018 年 7 月 20 日
7	2018 年第 6 号令	《商业银行理财业务监督管理办法》	2018 年 9 月 26 日
8	第 151 号令	《证券期货经营机构私募资产管理业务管理办法》	2018 年 10 月 22 日
9	〔2018〕31 号	《证券期货经营机构私募资产管理计划运作管理规定》	2018 年 10 月 22 日
10	—	《商业银行理财子公司管理办法》	2018 年 12 月 2 日

续表

序号	文号	名称	发文时间
11	—	《私募基金管理人登记须知》	2018 年 12 月 7 日
12	—	《证券基金经营机构管理人中管理人(MOM)产品指引(征求意见稿)》	2019 年 2 月 22 日
13	—	《中国银行业协会商业银行资产托管业务指引》	2019 年 3 月 18 日

例如,在北京北大高科技产业投资有限公司、光大兴陇信托有限责任公司借款合同纠纷①一案中,最高人民法院提及,银行通道业务在满足居民和企业投融资需求的同时,也存在部分业务规避监管和宏观调控等问题……根据当前国家金融监管原则,金融机构不得为其他金融机构的资产管理产品提供规避投资范围、杠杆约束等监管要求的通道服务。具体而言,商业银行应还原其业务实质进行风险管控,不得利用信托通道掩盖风险实质,将表内资产虚假出表;信托公司应确保信托目的合法合规,不得为委托方银行规避监管规定或第三方机构违法违规提供通道服务。与此类似,在江苏省国际信托有限责任公司与中国农业银行股份有限公司昆明分行合同纠纷②一案中,最高人民法院同样认为,关于《转让协议》的效力。本案中,农行昆明分行主张《转让协议》因违反金融监管政策而无效。此项主张能否成立,应围绕国家金融监管政策的实施各项政策均规定了对违规开展涉及影子银行和交叉金融产品风险业务具体的监管与查处措施,明确将商业银行"为非标准化债权资产或股权性融资提供直接或间接、显性或隐性的担保或回购承诺"作为整治工作重点。对于此类涉及公共政策的监管规定,作为金融机构的当事人须在签订、履行同业业务合同时予以严格遵守,人民法院亦应在审查相关合同效力时,按照《合同法》第 52 条的规定予以充分的考量。

① (2015)民二终字第 401 号。虽然该案中,最高人民法院以"对于此类存量业务,中国人民银行、中国银行保险监督管理委员会、中国证券监督管理委员会、国家外汇管理局于 2018 年 4 月 27 日联合发布的《关于规范金融机构资产管理业务的指导意见》(银发〔2018〕106 号)第 29 条规定,为减少存量风险,按照'新老划断'原则设置过渡期,过渡期设至 2020 年底,确保平稳过渡"为理由,豁免承认该案通道业务合同有效性。但也给商业银行提出了一个警告。

② (2017)最高法民终 478 号。该案中,最高人民法院同样以"据此,在整治金融市场乱象的过程中,监管机关对存量业务与新增业务采取新老划断的差别化处置政策,存量业务应在过渡期内予以清理并在到期后结清"为理由,豁免承认该案通道业务合同有效性。

《资管新规》颁行前后，很多人民法院都成立了专门的金融审判机构，甚至还成立了上海金融法院。这些专门审判组织的设立，一个重要的目的就是通过审判化解金融风险、维护金融稳定、实现金融安全，因此，即使违背监管规章的行为未必一定会被确认无效，人民法院也会采用司法建议等方式，实现审判与行政的良性互动。因此，在《资管新规》过渡期①结束后，商业银行在强监管、大监管时代要高度重视金融监管要求对合同效力的影响，避免民事损失、行政处罚乃至刑事责任的产生。

（三）强化合规性管理，防止恶意串通与通谋虚伪导致合同无效的风险

鉴于《最高人民法院关于修改〈关于民事诉讼证据的若干规定〉的决定》（法释〔2019〕19号）第86条对恶意串通“排除合理怀疑”的证据要求以及虚伪通谋的天生隐蔽性特征，商业银行很少被司法机关认定为与第三方恶意串通或者虚伪通谋。但如前所述，实践中仍然存在商业银行“名为借款，实为用于内部平账、以贷堵漏、转嫁经济损失为目的”，或“故意隐瞒事实真相，以欺诈手段骗取第三方提供保证”，或“隐瞒事实真相，‘借新还旧’骗取上诉人在违背其真实意思表示的情况下进行担保”种种情形，从而导致合同被认定无效。由此可见，一旦商业银行的合规管理出现上述情形，很容易成为被认定为恶意串通或虚伪通谋的证据。在施某某诉上海闵行上银村镇银行股份有限公司金融借款合同纠纷②案中，二审期间，上诉人提交上海银监局银行业举报事项答复书一份（沪银监访复〔2018〕819号），以证明涉案借款合同所述贷款用途没有相关销售合同、发票予以证明，上海银监局要求被上诉人加强消费贷款的资金用途合规管理，并对相关责任人予以问责。据此，上诉人认为不排除贷款背后的诈骗行为。虽然上海市第一中级人民法院最终没有支持这一证据，但其中所存在的合规隐患显而易见。因此，商业银行的内部合规管理是防止恶意串通与通谋虚伪导致合同无效风险的第一

---

① 需要注意的是，2020年7月31日，考虑到新冠肺炎疫情的影响，经国务院同意，人民银行会同发展改革委、财政部、银保监会、证监会、外汇局等部门，充分考虑今年以来疫情影响的实际情况，在坚持资管新规政策框架和监管要求的前提下，审慎研究决定，延长《关于规范金融机构资产管理业务的指导意见》（银发〔2018〕106号，以下简称《资管新规》）过渡期至2021年年底。

② （2018）沪01民终6740号。该案中上海市第一中级人民法院认为，涉案借款合同系被上诉人工作人员与××公司、案外人潘某家人等恶意串通，损害上诉人利益，应属无效。然而，上诉人就恶意串通行为并未提供证据佐证。尽管其在二审期间提交了上海银监局的答复书，但该答复书仅确认了涉案借款合同的贷款用途没有销售合同和发票证明，并未据此认定被上诉人与他人存在恶意串通行为，故上诉人主张借款合同因他人恶意串通而无效，并无证据佐证，法院不予采信。

道防线。

（四）加强商业银行业务操作流程管理，避免管理漏洞所导致的合同无效风险

在本书写作团队主办某个案件中，A 银行和汽车销售机构合作签订了大量以信用卡为载体的借款合同。消费者以分期偿还信用卡透支额度的方式按揭购买车辆，销售商为借款提供担保。由于银行过于宽松的经营管理，导致虚构销售合同，或者消费者最后并没有购买车辆销售者仍然套取现金的现象出现，法院最终因为证据中没有消费者签名的 POS 单，或者销售车辆没有登记至消费者名下的案件等情况，判决驳回金融机构的诉讼请求，导致银行出现大量损失。

（五）参考相关司法类案先例，准确设计程序性条款，防止程序条款无效

例如对于仲裁条款，应当准确写明仲裁机构的名称。在曾某某与杨某某、广州农村商业银行股份有限公司西城支行申请确认仲裁协议效力①一案中，合同第 13 条争议的解决条款 13.1 约定，“甲乙双方之间因本合同发生的一切争议，应协商解决；协商不成的，双方选择向广州仲裁委员会金融仲裁院申请仲裁。”债务人认为，据查，根本不存在广州仲裁委员会金融仲裁院这一仲裁机构，因此，该约定属于仲裁条款约定不明。虽然广州市中级人民法院最终通过“视为”的解释，勉强间接认可了上述仲裁条款，但是其中潜藏的法律风险已经昭然若揭。

再如，约定金融机构所在地人民法院管辖，可以完善为：鉴于金融机构已经提供完毕金融服务，依据最高人民法院《关于适用〈中华人民共和国民事诉讼法〉的解释》第 18 条“合同对履行地点没有约定或者约定不明确，争议标的为给付货币的，接收货币一方所在地为合同履行地”的规定，消费者同意由金融机构所在地人民法院管辖。

约定预留当事人送发地址，可以完善为：“送达地址的确定对于金融债权人主张权利具有决定性作用，以最高人民法院《关于进一步加强民事送达工作的若干意见》第 8 条第（1）项‘当事人在诉讼所涉及的合同、往来函件中对送达地址有明确约定的，以约定的地址为送达地址’为依据，双方约定送

① （2015）穗中法仲异字第 45 号。该案中广州市中级人民法院认为，广州金融仲裁院为广州仲裁委员会内设机构业务发展部的另一名称，讼争双方合意选择广州仲裁委员会金融仲裁院作为仲裁机构视为选择广州仲裁委员会为仲裁机构。因前述合同第 13 条有请求仲裁的意思表示、约定了仲裁事项且选定了仲裁机构，故该仲裁条款合法有效。

达地址事项如下：________________。”在一般情况下，本书写作团队不建议商业银行将每一个条款都草拟得过于冗长，但是，对于上述诸如送达、管辖等程序性条款，稍显盈篇累牍的表述并没有害处，可以大大节约商业银行将来的维权成本。

第七章　情势变更规则的调整与商业银行合同设计

【《民法典》变化的影响】风险增加

【风险等级】★★★

【提要】基于实质公平的需要，情势变更原则在司法实践过程中的地位也越来越重要。一直以来学术界和实务界针对情势变更的适用问题一直矛盾重重，现如今，我国《民法典》将情势变更原则正式确定下来，那么情势变更原则的适用情况发生了哪些变化？情势变更与不可抗力的适用问题发生了怎样的调整？银行等金融机构应该如何设计条款来尽可能减少其中的风险点？

一、民法典及配套新规

▶《民法典》

【情势变更】

第533条　合同成立后，合同的基础条件发生了当事人在订立合同时无法预见的、不属于商业风险的重大变化，继续履行合同对当事人一方明显不公平，受不利影响的当事人可以与对方重新协商；在合理期限内协商不成的，当事人可以请求人民法院或者仲裁机构变更或者解除合同。

人民法院或者仲裁机构应当结合案件的实际情况，根据公平原则变更或者解除合同。

▶《合同法司法解释(二)》

第26条　合同成立以后客观情况发生了当事人在订立合同时无法预见的、非不可抗力造成的不属于商业风险的重大变化，继续履行合同对于一方当事人明显不公平或者不能实现合同目的，当事人请求人民法院变更或者解除合同的，人民法院应当根据公平原则，并结合案件的实际情况确定是否变更或者解除。

▶最高人民法院《关于正确适用〈中华人民共和国合同法〉若干问题的解释(二)服务党和国家的工作大局的通知》(法发〔2009〕165号)

严格适用《中华人民共和国合同法》若干问题的解释(二)第二十六条,为了因应经济形势的发展变化,使审判工作达到法律效果与社会效果的统一,根据民法通则、合同法规定的原则和精神,解释第二十六条规定:合同成立以后客观情况发生了当事人在订立合同时无法预见的、非不可抗力造成的不属于商业风险的重大变化,继续履行合同对于一方当事人明显不公平或者不能实现合同目的,当事人请求人民法院变更或者解除合同的,人民法院应当根据公平原则,并结合案件的实际情况确定是否变更或者解除。对于上述解释条文,各级人民法院务必正确理解、慎重适用。如果根据案件的特殊情况,确需在个案中适用的,应当由高级人民法院审核。必要时应报请最高人民法院审核。

▶最高人民法院印发《关于当前形势下审理民商事合同纠纷案件若干问题的指导意见》(法发〔2009〕40号)

一、慎重适用情势变更原则,合理调整双方利益关系

1. 当前市场主体之间的产品交易、资金流转因原料价格剧烈波动、市场需求关系的变化、流动资金不足等诸多因素的影响而产生大量纠纷,对于部分当事人在诉讼中提出适用情势变更原则变更或者解除合同的请求,人民法院应当依据公平原则和情势变更原则严格审查。

2. 人民法院在适用情势变更原则时,应当充分注意到全球性金融危机和国内宏观经济形势变化并非完全是一个令所有市场主体猝不及防的突变过程,而是一个逐步演变的过程。在演变过程中,市场主体应当对于市场风险存在一定程度的预见和判断。人民法院应当依法把握情势变更原则的适用条件,严格审查当事人提出的"无法预见"的主张,对于涉及石油、焦炭、有色金属等市场属性活泼、长期以来价格波动较大的大宗商品标的物以及股票、期货等风险投资型金融产品标的物的合同,更要慎重适用情势变更原则。

3. 人民法院要合理区分情势变更与商业风险。商业风险属于从事商业活动的固有风险,诸如尚未达到异常变动程度的供求关系变化、价格涨跌等。情势变更是当事人在缔约时无法预见的非市场系统固有的风险。人民法院在判断某种重大客观变化是否属于情势变更时,应当注意衡量风险类型是否属于社会一般观念上的事先无法预见、风险程度是否远远超出正常

人的合理预期、风险是否可以防范和控制、交易性质是否属于通常的“高风险高收益”范围等因素，并结合市场的具体情况，在个案中识别情势变更和商业风险。

4. 在调整尺度的价值取向把握上，人民法院仍应遵循侧重于保护守约方的原则。适用情势变更原则并非简单地豁免债务人的义务而使债权人承受不利后果，而是要充分注意利益均衡，公平合理地调整双方利益关系。在诉讼过程中，人民法院要积极引导当事人重新协商，改订合同；重新协商不成的，争取调解解决。为防止情势变更原则被滥用而影响市场正常的交易秩序，人民法院决定适用情势变更原则作出判决的，应当按照最高人民法院《关于正确适用〈中华人民共和国合同法〉若干问题的解释（二）服务党和国家工作大局的通知》（法〔2009〕165 号）的要求，严格履行适用情势变更的相关审核程序。

▶《最高人民法院关于依法妥善审理涉新冠肺炎疫情民事案件若干问题的指导意见（一）》（法发〔2020〕12 号）

第 3 条　（二）疫情或者疫情防控措施仅导致合同履行困难的，当事人可以重新协商；能够继续履行的，人民法院应当切实加强调解工作，积极引导当事人继续履行。当事人以合同履行困难为由请求解除合同的，人民法院不予支持。继续履行合同对于一方当事人明显不公平，其请求变更合同履行期限、履行方式、价款数额等的，人民法院应当结合案件实际情况决定是否予以支持。合同依法变更后，当事人仍然主张部分或者全部免除责任的，人民法院不予支持。因疫情或者疫情防控措施导致合同目的不能实现，当事人请求解除合同的，人民法院应予支持。

二、立法考辨

情势变更原则是指合同有效成立后，因不可归责于双方当事人的事由发生情势变更而使合同的基础动摇或者丧失，若继续维持合同会显失公平，因此允许当事人通过协商或者司法程序变更合同内容或解除合同的原则①。虽然德、法等国基于固守“合同严守”的立场，为避免合同的消解不承

① 参见王家福：《中国民法学·民法债权》，法律出版社 1991 年版，第 393 页。

认情势变更原则。① 但是在经济全球化不断深入的背景下，影响交易稳定的因素增多，市场经济对情势变更制度精准适用的需求日益增强。因此，情势变更原则的适用就显得尤为重要。

我国 1999 年《合同法》固守大陆法系之严格遵守约定的圭臬，没有规定情势变更原则，后在 2009 年《合同法司法解释（二）》规定了相关原则。但又在最高人民法院《关于正确适用〈中华人民共和国合同法〉若干问题的解释（二）服务党和国家工作大局的通知》和最高人民法院印发《关于当前形势下审理民商事合同纠纷案件的若干问题的指导意见》两个司法文件中，要求各级法院“谨慎适用情势变更原则”“确需在个案中适用的，应当由高级人民法院审核。必要时应报请最高人民法院审核”。可见，我国司法部门对情势变更原则的适用非常谨慎。

《民法典》在原《合同法司法解释（二）》第 26 条的基础上，对情势变更原则做了以下修改，如图 7-1 所示。

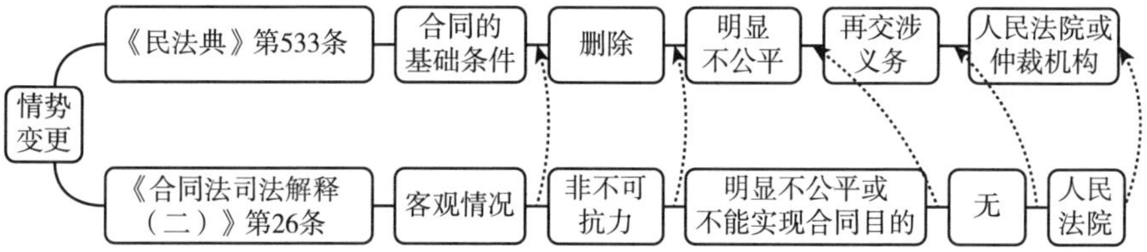

图 7-1 《民法典》第 533 条对《合同法司法解释（二）》第 26 条修改示意

第一，以“合同的基础条件”取代了“客观情况”，即《民法典》规定情势变更的原因限于当事人所订立合同的“基础条件”。从学理上讲使得重大变化的原因范围得到更精准明确的限制。

第二，删除了情势变更适用于“非不可抗力”的限制，明确不可抗力事件也适用于情势变更原则，扩大了情势变更的外延。同时以“明显不公平”为结果要件，取消了“合同目的不能实现”的规定，这两处更改使得不可抗力事件的适用更加明晰。情势变更与不可抗力本身就不是泾渭分明的两个概念，两者存在一定共性，即都会规范到当事人没有承受的、支配领域外的风

① 也有观点认为，《德国民法典》第 313 条“交易基础受干扰”，已经接受了交易基础瑕疵理论，并明确将之分为主观行为基础与客观行为基础。参见［德］卡尔·拉伦茨：《德国民法通论》，王晓晔等译，法律出版社 2003 年版，第 538~539 页。

险。[①] 因此,在实践过程中会产生许多适用混乱的情形。对于不可抗力事件发生导致合同受到影响主要分为以下几种情况:其一,不可抗力事件导致不能实现合同目的,适用《合同法》第 94 条的规定行使法定解除权解除合同。[②] 其二,因不可抗力导致合同不能履行,则适用《合同法》第 117 条在法律准许的范围内全部或者部分免除责任。[③] 但是这时就会有一种特殊情况,不可抗力事件的出现,既不会导致合同目的无法实现,也不会在根本上导致合同没有继续履行的可能性,只是会导致合同的继续履行对一方当事人产生不公平,这时不利方当事人既不能行使法定的解除权,也不能主张全部或者部分减免责任。同时,由于《合同法司法解释(二)》第 26 条对于"不可抗力"的排除限制,当事人也不能够据此来请求变更或者解除合同,因此这项矛盾就导致了实践过程中对于不可抗力和情势变更适用的各种观点的激烈碰撞以及各地法院对于其适用的混乱。在《民法典》没有颁布之前,对于此种情况,韩世远指出应该适用情势变更原则。[④] 现《民法典》对这种观点进行了认可,排除了情势变更对于不可抗力的限制,同时取消了合同目的不能实现的结果要件,因此,对于这种矛盾情况的出现就能够适用情势变更原则来解决,不仅更加公平合理,也是法律工具理性的体现。

第三,就情势变更的法律效果来看,《民法典》第 533 条新规定了当事人的再交涉义务。该项义务的规定参照了新修订的《法国民法典》第 1195 条对于再交涉义务的规定。[⑤] 其内容为受不利影响的当事人有权请求与对方协商,对合同的内容进行进一步的规定,并且对方应当积极回应并参与谈判,双方应该根据诚实信用和公平原则,重新调整权利义务关系,对合同进

---

① 参见韩世远:《合同法总论》(第四版),法律出版社 2018 年版,第 498 页。

② 《合同法》第 94 条:"合同的法定解除有下列情形之一的,当事人可以解除合同:(一)因不可抗力致使不能实现合同目的;(二)在履行期限届满之前,当事人一方明确表示或者以自己的行为表明不履行主要债务;(三)当事人一方迟延履行主要债务,经催告后在合理期限内仍未履行;(四)当事人一方迟延履行债务或者有其他违约行为致使不能实现合同目的;(五)法律规定的其他情形。"

③ 《合同法》第 117 条规定,因不可抗力不能履行合同的,根据不可抗力的影响,部分或者全部免除责任,但法律另有规定的除外。当事人迟延履行后发生不可抗力的,不能免除责任。本法所称不可抗力,是指不能预见、不能避免并不能克服的客观情况。

④ 参见韩世远:《合同法总论》(第四版),法律出版社 2018 年版,第 384~385 页。

⑤ 修改后的《法国民法典》第 1195 条规定,如果发生在合同订立时不可被预计的情势变化,导致一方当事人的履行成本过于巨大,并且该当事人并未接受此种风险,其可请求对方重新磋商合同。在重新磋商过程中,债务的履行并不得因此而中止。

行变更或终止。对于再交涉义务，当前学界对此有四种不同看法，分别为从给付义务说、不真正义务说、附随义务说和形成权说。[①] 本书写作团队认为通过对再交涉义务的规定，能够最大限度地避免纠纷进入司法程序，通过双方积极交涉来达到及时止损的目的，实现双方利益的最大化。同时，双方当事人通过自行协商对合同内容进行进一步规定也是意思自治和契约自由原则的体现，区别于法院的强制性调整，给予双方当事人更多自主选择的空间，对于减少司法对市场经济的干预具有重要意义。

第四，将纠纷解决的主体从"人民法院"扩展到了"人民法院或者仲裁机构"。在立法技术上精准弥补了法律移植时容易忽略的英、法文蓝本中看似简单的"庭"一词既可以指"法庭"，又可以指"仲裁庭"，更符合当代合同纠纷解决机制的国际国内实践。[②]

第五，就情势变更的后果来看，变更和解除合同何为优先？《最高人民法院关于依法妥善审理涉新冠肺炎疫情民事案件若干问题的指导意见（一）》（法发〔2020〕12号）中规定："能够继续履行的，人民法院应当切实加强调解工作，积极引导当事人继续履行。当事人以合同履行困难为由请求解除合同的，人民法院不予支持。"该条似乎隐含着"变更优先于解除的含义"。在都鹏伟实业有限公司与江西省永修县人民政府、永修县鄱阳湖采砂管理工作领导小组办公室采矿权纠纷[③]一案中，虽然当事人一审、二审均要求解除合同，但最高人民法院却最终支持"变更合同"，并指出鹏伟公司在履行本案《采砂权出让合同》过程中遭遇鄱阳湖36年未遇的罕见低水位，导致采砂船不能在采砂区域作业，采砂提前结束，未能达到《采砂权出让合同》约定的合同目的，造成巨额亏损。这一客观情况是鹏伟公司和采砂办在签订合同时不可能预见到的，鹏伟公司的损失也非商业风险所致。在此情况下，仍旧依照合同的约定履行，必然导致采砂办取得全部合同收益，而鹏伟公司承担全部投资损失，对鹏伟公司而言是不公平的，有悖于合同法的基本原则。鹏伟公司要求采砂办退还部分合同价款，实际是要求对《采砂权出让合同》的部分条款进行变更，符合合同法的规定。由此可知，司法实践关于情势变更的后果有"变更合同"优先于"解除合同"的倾向。

---

① 参见孙文：《情势变更下再交涉之解构》，载《法制社会》2020年第2期。

② 参见李颖轶：《作为规则的合同情势变更》，载《探索与争鸣》2020年第5期。

③ （2008）民二终字第91号，载《最高人民法院公报》2010年第4期（总第162期）。

近年来学术界在情势变更方面的研究成果颇丰。万方(2018)①就提出,民法典中应当区分不可抗力与情势变更,形成新的二元模式。严益州(2018)②专门分析行政合同中的情势变更原则,指出为防止损害私人一方利益,行政合同对情势变更应当更加严格,尤其行政规范性文件的变化不能作为情势变更的理由。王轶(2020)③指出,《合同法司法解释(二)》将不可抗力规则与情势变更制度之间强行挂钩的做法完全是"关公战秦琼",两者维度不同——不可抗力是原因(条件),情势变更、违约责任、合同解释等是结果。孙文(2020)④认为,中国情势变更的形成诉权模式可参照德国请求权,以当事人主导补充法院决定。

三、司法裁判可视化梳理

本书写作团队使用 Alpha 案例库对"金融借贷中情势变更/不可抗力纠纷"进行了检索⑤,检索关键词为"案由:未设置案由"+"攻方/守方当事人包含:银行"+"全文:不属于商业风险的重大变化、不可抗力",总共得到判决19,893 件,可视化分析如图 7-2 所示。

就司法判例来看,法院对"情势变更"类案件的审理思路主要分为以下两步:第一步,法院会根据当事人是否提出请求,来适应情势变更原则的相关内容;第二步,法院会根据当事人提供的相关证据判断该变化是否属于情势变更,特别是会明确区分情势变更与商业风险,如图 7-3 所示。

图 7-3　情势变更司法裁判思路示意

从判例来看,一般情况下,商业银行金融借贷案件中,法院很少认定构成情势变更。早在王某、王某某、杜某某与中国农业银行广东省分行营业部、广州天启房地产有限公司担保借款合同纠纷⑥一案中,广州市中级人民

---

① 参见万方:《我国情势变更制度要件及定位模式之反思》,载《法学评论》2018 年第 6 期。

② 参见严益州:《论行政合同上的情势变更　基于控权论立场》,载《中外法学》2019 年第 6 期。

③ 参见王轶:《新冠肺炎疫情、不可抗力与情势变更》,载《法学》2020 年第 3 期。

④ 参见孙文:《论情势变更情形的合同变更》,载《中国应用法学》2020 年第 3 期。

⑤ 最后检索日期:2020 年 12 月 31 日。

⑥ (2005)穗中法民二终字第 1150 号。

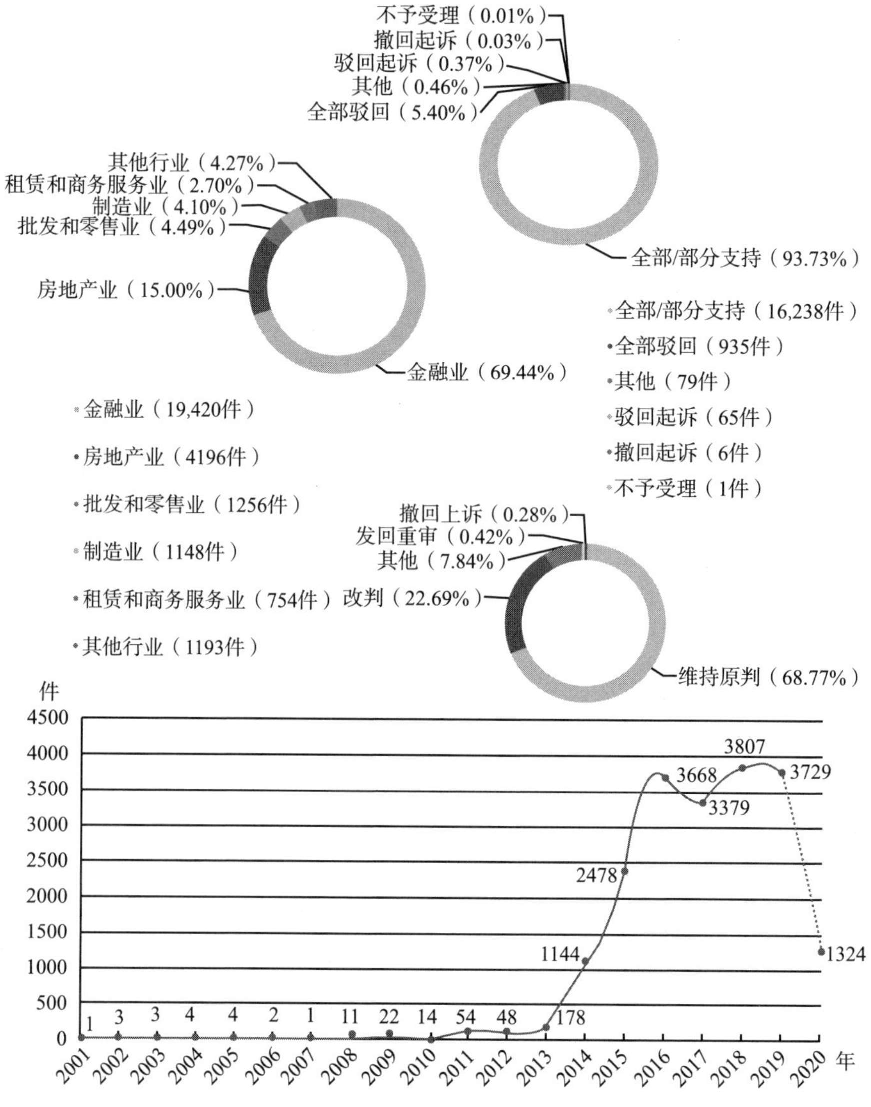

图 7-2 金融借款合同“情势变更/不可抗力”纠纷可视化示意

法院就指出，众所周知，“非典”疫情暴发于2003年上半年，本案贷款发放时“非典”疫情已经暴发，故对本案当事人而言，“非典”疫情不具备不可抗力“不可预见”的条件；同时，无论是“非典”、禽流感疫情还是市政施工，可能影响的只是宏观的经营环境，对本案借款合同的履行并不产生任何直接、必然的影响，故不应认定为是导致三上诉人违约的原因，因此，三上诉人以不可抗力为由上诉主张减免民事责任,不符合《合同法》第 117 条的规定,法院不予支持。

再如韶关太保置业发展有限公司、中国长城资产管理股份有限公司广东省分公司金融借款合同纠纷①一案中,最高人民法院认为,在本案中,建行韶关分行与太保置业公司之间成立金融借款合同关系,建行韶关分行依约向太保置业公司发放了贷款。依据《贷款合同》第 2 条约定,本案贷款的还款来源并不局限于东莞大岭山(南雄)产业转移工业园扩园项目运营收入,还包括太保置业公司的其他收入和筹措资金。案涉项目是否被收回,并不会造成《贷款合同》的履行不能。在南雄市人民政府收购案涉项目时,太保置业公司也未向建行韶关分行提出解除或变更《贷款合同》。因此,太保置业公司主张本案应适用《合同法司法解释(二)》第 26 条关于情势变更的规定,没有依据。

根据既往司法判例,商业银行可能面临司法败诉的风险主要源于以下几个原因:

(一)情势变更的适用,应当由当事人提出请求,法院不能依职权直接适用

在刘某兰与府谷县瑞丰煤矿有限公司合同纠纷②一案中,最高人民法院明确指出,情势变更原则的适用,必须严格区分情势的重大变化与正常市场风险,并应由当事人提出请求。情势变更原则之所以存在,就是当当事人无法通过自身行为解决合同矛盾时而通过公权力的介入来对合同的内容进行更改或者撤销,这本身就给予了法官一定程度的自由裁量权,如果准许法院依职权直接适用情势变更原则,将在很大程度混淆了公权力与私权利之间的界限。因此,情势变更原则的适用,需要由当事人提出请求,给予私权利一定程度的保护。

(二)对重大变化是属于情势变更还是商业风险能否明确区分

判断重大变化是属于情势变更还是商业风险,需要参照合同约定,并从可预见性、归责性以及产生后果等方面进行分析。本书写作团队认为,特别要注意的是非异常的或可预见性的价格波动应该认定为从事商业活动的固有风险,继续履行合同导致一方当事人明显不公平,也不能适用情势变更原

① (2019)最高法民终 119 号。

② (2016)最高法民终 342 号。

则，如若商业银行在订立合同前不能够明确区分，再加之司法审判过程中情势变更适用的混乱，可能对商业银行产生相应的风险点。在三亚农村商业银行股份有限公司、万宁市农村信用合作联社等与海南中东集团有限公司、钟某某等金融借款合同纠纷①一案中，最高人民法院认为，中东集团主张本案适用情势变更，于法无据。《合同法司法解释（二）》第 26 条规定，合同成立后客观情况发生了当事人在订立合同时无法预见的、非不可抗力造成的不属于商业风险的重大变化，继续履行合同对于一方当事人明显不公平或者不能实现合同目的，当事人请求人民法院变更或者解除合同的，人民法院应当根据公平原则，并结合案件的实际情况确定是否变更或者解除。中东集团提出的房地产市场和地方经济萎缩、国家信贷与货币政策紧收等风险，未超出正常人的合理预见，属于正常商业风险，不适用情势变更原则。

但是，当事人如果能够举证证明涉案价格发生波动是市场因素之外的原因造成的，法院仍然可以根据案件情况适用情势变更原则。但从举证操作角度而言，存在较大难度。

（三）情势变更与商业风险同时存在时注意合理区分

在实践操作过程中，情势变更与商业风险并不一定是独立存在，当两者在一个事件中同时存在时，应该注意合理区分从而可以酌情减轻违约方责任。在上海同在国际贸易有限公司与远东电缆有限公司买卖合同纠纷②一案中，最高人民法院指出，2008 年全球性金融危机和国内宏观经济形势变化并非完全是一个令所有市场主体猝不及防的突变过程，而是一个逐步演变的过程。在演变过程中，市场主体应当对于市场风险存在一定程度的预见和判断。……该价格波动非为当事人在缔约时无法预见的非市场系统固有的风险，应当属于商业活动的固有风险。远东公司与同在公司约定参照上海期货交易所期货合约卖盘报价进行定价，双方均应当预见也有能力预见到有色金属这种市场属性活泼、长期以来价格波动较大的大宗商品存在投资风险。况且，在《谅解补充协议》签订之后，铜的价格开始上涨，如 2009 年 5 月 18 日~6 月 15 日期末结算价为 39,800 元/吨，同年 6 月 16 日~7 月 15 日为 41,170 元/吨，同年 7 月 16 日~8 月 17 日为 47,800 元/吨，该价格走势对买方远东公司明显有利。故本案要慎重适用情势变更原则，要将远东公

① （2016）最高法民终 219 号。

② （2011）民二终字第 55 号。

司对市场价格走势判断失误造成的损失与不可抗力因素相区分。同时，也正是基于对2008年有色金属价格波动较大情况的考量，法院参照《谅解补充协议》约定的违约金标准认定违约责任，兼顾了减轻违约方违约责任承担范围的考虑。

(四)不同的政策变动情形对于情势变更适用的影响

一般认为，政策的变动在实践过程中容易被认定为情势变更，在常州新东化工发展有限公司、江苏正通宏泰股份有限公司建设工程施工合同纠纷、技术委托开发合同纠纷①一案中，最高人民法院认为，政府政策导致客观情况发生了重大变化，合同履行已无意义，合同目的无法实现，区别于普通的商业风险，构成情势变更。

但是同时也有特殊情况，对于已有导向或者可预判性的政策变动不适用于情势变更。在首钢水城钢铁(集团)有限责任公司、贵州安凯达实业股份有限公司合同纠纷②一案中，最高人民法院认为，2010年下半年以来，由于国内外经济复苏和增长的不确定、不稳定性，行业运行水平逐步回落，钢铁工业全年运行呈前高后低态势。而案涉《BOT合同》及《BOT条款》是在2010年12月7日签订的，水钢公司作为钢铁行业的专业经济实体，应当知晓合同签订前钢铁行业产能过剩等情况，也有能力对合同签订后的钢铁行业发展趋势作出合理预测，合同签订后出现的钢铁行业不景气的情况只能归属于商业风险，且本案有证据证明《BOT合同》及《BOT条款》签订后水钢公司存在向安凯达公司以外的市场主体采购活性石灰等石灰产品的行为。故水钢公司提出的该案应适用情势变更原则的辩解理由不能成立。

(五)在实践操作过程中，商业银行举证不力的法律风险

认定情势变更的证据保留和举证对于当事人尤为重要，许多案件中由于当事人虽然主张情势变更但是却没有证据证明案件中存在情势变更的适用情况，因此，法院认定案件不存在情势变更原则的法定适用情形。这对于商业银行而言是一个易于忽视的风险点，如若在具体实践过程中不注重证据保留，商业银行可能会自食其果。在中国工商银行股份有限公司上海市分行营业部、上海农村商业银行股份有限公司宝山支行与上海智富茂城置

① (2015)民提字第39号。

② (2020)最高法民申445号。

业有限公司等金融借款合同纠纷一案①中，上海市高级人民法院认为，四被告抗辩政府政策变化影响了被告按期还款，本案应依据情势变更原则，公平地变更合同约定的还款期限，驳回两原告诉请。当事人对自己提出的诉讼请求所依据的事实或者反驳对方诉讼请求所依据的事实有责任提供证据加以证明。没有证据或者证据不足以证明当事人的事实主张的，由负有举证责任的当事人承担不利后果。本案中，四被告并未提交充分有效的证据来证明其主张，故法院不予采信。

（六）法院虽然没有认定情势变更，但是通过调解的形式解决纠纷

在中国农业银行股份有限公司浮梁县支行诉景德镇康源农业发展有限公司金融借款合同纠纷②一案中，法院认为，康源农业公司生产经营出现困难，主要是受非洲猪瘟及新冠肺炎疫情双重影响，以致无力还款。为保障生猪生产企业正常经营和维护金融债权，法院积极奔走各方，耐心辨法析理，反复做双方当事人的协调工作。最终，双方本着互谅互让原则达成调解协议，康源农业公司同意增加贷款担保，农行恢复企业征信和电子交易平台使用，贷款合同继续履行。该案于 2 月 17 日调解结案。相似案件还包括苏州资产管理有限公司诉苏州德威系关联企业金融借款纠纷，福建晋江农村商业银行股份有限公司诉福建晋江市越峰鞋塑有限公司等金融借款合同纠纷。在这些案件中，人民法院普遍遵从金融审判工作在疫情防控期间应当坚持维护金融债权安全和保障企业生存发展并重的审判理念。对于具有良好发展前景但暂时资金受困的企业所涉金融融资纠纷，应当切实加大案件调解力度，充分协调各方利益；在维护金融安全同时，有效降低民营企业因疫情引发的逾期还款的违约成本，真正帮助企业纾难解困，为企业复工复产提供有力支撑。

四、商业银行现有条款的比对点评

（一）多家银行的现有条款比对

本书写作团队考察了多家银行《固定资产借款》合同中对“合同变更”的安排，比对检讨如下：

---

① （2018）沪民初 3 号。

② 上述案件均入选最高人民法院 2020 年 3 月 24 日发布的《全国法院服务保障疫情防控期间复工复产民商事典型案例》。

【A 银行】

20.6　合同变更

本合同项下的任何变更或修改都必须以书面方式作出并经贷款人和借款人正式签署或盖章方能生效。

【B 银行】

第 2 条　贷款额度

……

(二)贷款额度的调整

1. 贷款额度的追加

(1)由于国家政策调整或设计变更等因素造成本项目投资增加的,甲方可向乙方书面申请追加贷款,并说明追加贷款的金额、担保方式和追加投资的情况等……

第 26 条　不可抗力

(一)本合同所称不可抗力是指致使本合同任何一方无法正常履行本合同的不能预见、不能避免并且不能克服的客观情况,包括战争、罢工、戒严、严重火灾、水灾、风灾、地震以及经乙方与甲方协商属于不可抗力的事故,但不包括本合同任何一方及其工作人员的疏忽或故意行为引起的事件。

(二)不可抗力事故发生后,受不可抗力事故影响的一方应尽快通知另一方,并于不可抗力事故发生之日起 10 个工作日内向另一方提供经当地公证机关公证的关于不可抗力事故的证明文件。

(三)因不可抗力事故致使本合同无法正常履行的,根据不可抗力事故的影响情况,经本合同各方协商一致,可以部分或者全部免除受不可抗力事故影响方的责任或采取其他措施。

(四)不可抗力事故的影响结束后,本合同各方应继续履行本合同。

【C 银行】

第 11 条　乙方的权利及义务

11.11.3.2　对于因不可抗力(包括但不限于战争、自然灾害、电力供应中断、火灾、地震等)、意外事件或乙方无法控制的其他情况,导致乙方无法履行本协议项下义务给甲方造成的损失,甲方根据不可抗力的影响,按照法律法规的规定不承担或承担部分责任。

【D 银行】

第 9 条　乙方的权利和义务

……

二、按照本合同的约定发放贷款，但因甲方原因或其他不可归咎于乙方的原因造成的迟延除外；

【E银行】

第16条　合同的生效、变更与解除

……

16.2　本合同经双方协商一致，可以书面形式进行变更或修改，任何变更或修改均构成本合同不可分割的组成部分。

第20条　其他约定

20.14　本合同签订后，如贷款人因国家法律法规、监管规定及相关政策变化或者监管部门要求，不能按约定发放借款或履行本合同其他约定的，贷款人有权终止或变更履行本合同。贷款人因此而终止或变更履行本合同不构成违约，借款人不得据此向贷款人主张任何民事权利。如需借款人配合完成相关合同的终止或变更的，借款人应在贷款人指定的合理期限内予以配合。

【F银行】

第14条　合同的变更和解除

本合同生效后，甲、乙双方中的任何一方不得擅自变更或提前解除本合同。如需变更或解除本合同，应经双方协商一致，并达成书面协议。

【G银行】

第14条　合同的生效、变更、解除和终止

……

14.3　本合同生效后，除本合同已有之约定外，甲、乙任何一方都不得擅自变更或提前解除本合同，如确需变更或解除本合同，应经甲、乙双方协商一致，并达成书面协议。书面协议生效之前，本合同持续有效。

【H银行】

6.6　在本合同有效期内，如果任何法律法规、国家政策或监管规定的颁布或修改，导致贷款人无法继续履行本合同或本合同部分条款的，贷款人有权取消尚未发放的借款，并根据上述相关规定采取贷款人认为必要的其他措施。

（二）多家银行的现有条款之检讨

根据上述合同和司法实践，本书写作团队认为存在的四个问题需要细化与调整：

第一，除了B、C银行，多家银行都没有明确规定情势变更（不可抗力）条款，而是采取两种做法，一种是要求变更合同必须双方书面同意（A、F、G银行）；另一种是单方面对银行的放款义务条约定适用情势变更（不可抗力），如D、E、H银行。

第二，由于《民法典》第533条取消了“不可抗力”，《民法典》生效后，商业银行合同中应当尽量避免使用“不可抗力”这一概念。

第三，多家银行并未将情势变更在合同的条款中进行约定或者约定不明。未对相关条款进行约定或者约定不明，就使得银行在面对此类事件发生时丧失了主动权，由此承担了一定程度的风险，此种做法殊不可取。例如，B银行在不可抗力条款中说明，本合同履行期间，甲方如遇不可抗力情形，或本合同债务之担保人遇不可抗力情形，乙方有权停止发放贷款，宣布所有已提贷款提前到期，要求甲方立即偿还所有已提贷款、应付利息及其他费用。该条款中B银行仅仅规定要求甲方立即偿还所有已提贷款、应付利息及其他费用，但是未明确规定具体时间，合同应该如何履行以及如若不根据条款所规定继续履行该承担何种责任？在华夏银行股份有限公司温州分行与温州致富国际贸易有限公司、温州致富皮业有限公司等金融借款合同纠纷①一案中，浙江省高级人民法院指出，因不可抗力造成合同不能履行或不能完全履行，一般指债务人所有的特定标的物因不可抗力毁损灭失而无法履行合同给付义务，或是具有特定人身属性的债务因不可抗力导致无法履行，在此情况下，可以给予债务人免责的法律效力。本案属于金融借款合同纠纷，债务人应履行的合同义务为按期返还借款及利息的金钱债务，根据《合同法》第109条规定，当事人一方未支付价款或者报酬的，对方可以要求其支付价款或者报酬，故依据该条规定，即使发生不可抗力，也不能免除本案债务人对债权人的给付义务。根据上述案件，本书写作团队建议，针对不可抗力或者情势变更事件发生，商业银行应该将借款人给付义务不能免除的具体规定写入合同条款之中，来约束借款人的行为，从而降低借款人不还款的风险。

第四，所有银行均未针对合同相对人设计对应条款，即均未明确指出相应行业所面临的商业风险情况并对此进行约定，特别是对于已经有导向性

---

① （2015）浙商终字第79号。

的政策变动和行业变动也没有具体条款说明,在实践操作过程中,一直存在对于情势变更以及不可抗力适用混乱的情况,提前在合同中对相关内容进行约定,表明双方已经预见此类情况的产生以及愿意承担相应风险,这样就可以降低商业银行的风险,使未来合同的履行有了更多的可控性。

五、商业银行风控操作要点

基于以上分析,为更好地防范金融风险,维护金融债权,建议商业银行针对情势变更问题加强以下风险防控措施:

(一)进一步加强合同中有关情势变更条款的修订工作,避免在合同基础条款出现法律风险

尽管《民法典》及相关的司法解释对于情势变更规则已经规定得较为明晰,但是由于司法实践过程中对于情势变更原则认定以及适用的混乱,商业银行在自身的合同中对相关基础条款进行约定,能够进一步避免相应风险,预防相关合同不能有效履行的问题。尤其是要注意,在合同中明确约定以下内容:借款人在借款合同中的主要义务是金钱给付义务即偿还贷款本息,一般认为不存在履行上的客观不能,因此,不适用情势变更免责的规定。如中国银行股份有限公司瑞安市支行与温州致富国际贸易有限公司、温州致富皮业有限公司等金融借款合同纠纷①一案中,温州市中级人民法院指出,因台风影响可能会给企业带来损失,但即使有损失也不必然导致不能履行合同约定的还款或担保义务,这与《合同法》第117条规定的"因不可抗力不能履行合同的,根据不可抗力的影响,部分或者全部免除责任,但法律另有规定的除外。……"的情形有所不同,因此,该条款不适用于本案。

(二)订立合同前,充分了解相关市场的经济动向,针对特定相对人在合同中制定相应条款

对于符合市场规律的价格波动,并不属于无法事先预见的范畴,在实际操作过程中普遍被认定为商业风险,因此商业银行在订立合同时应该对相关内容在合同中进行明确规定,尽量避免日后相关事件发生时导致不必要的矛盾,降低自身所面临的风险程度。例如,在兴业银行股份有限公司包头分行与广东益通融资租赁有限公司、量通租赁有限公司合同纠纷②一案

① (2015)浙温商终字第74号。
② (2016)内02民初85号。

中，包头市中级人民法院认为，汇率波动既不属于不可抗力也不属于情势变更，而是属于商业风险。《合作协议书》《融资租赁合同》《海外直贷协议》《保证金协议》中与汇率变化有关的约定内容能够充分证明，双方当事人在签订合同时已经预见到了汇率可能变化并对此作出专门约定。广东益通公司、量通公司作为经营跨境融资业务的市场经营主体，对此亦应明知。广东益通公司、量通公司提出的汇率调整事件属于国家行为属于不可抗力的主张不能成立。

本书写作团队认为通过双方事前充分的约定，能够尽量避免商业银行在面对情势变更及不可抗力事件中处于相对劣势地位。

（三）订立合同前，充分解读国家和地方的相关政策，针对特定相对人在合同中制定相应条款

由于政策变动的情形较易于适用情势变更，并且在实践过程中的认定也缺乏统一标准，因此，商业银行应该充分解读现有政策，明确当前的政策导向，进一步避免风险敞口。例如，在2020年新冠肺炎疫情期间，在中央层面，中国人民银行、财政部、中国银保监会、中国证监会、国家外汇管理局5部门联合发布《关于进一步强化金融支持防控新型冠状病毒感染肺炎疫情的通知》、中国银保监会了发布《关于加强银行业保险业金融服务配合做好新型冠状病毒感染的肺炎疫情防控工作的通知》①等。这些政策有可能会被金融贷款债务人作为情势变更的抗辩理由，商业银行应当在诉讼中准备好应对。如浙江苍南农村商业银行股份有限公司巴曹支行与陈某某、林某某金融借款合同纠纷②一案中，被告就主张抗辩，根据《关于加强银行业保险业金

① 银发〔2020〕29号、银保监办发〔2020〕10号。已经有法院将新冠疫情认定为“不可抗力”，如河南协广置业有限公司、焦南房屋买卖合同纠纷［（2020）豫01民终2832号］一案中，郑州市中级人民法院认为，关于新冠肺炎疫情是否减少协广公司逾期交房违约金问题。新冠肺炎疫情属于全国突发公共卫生事件，不可预见、不能避免、不能克服，系不可抗力。执行政府文件停工是当事人的义务。协广公司为响应政府停工停产的号召，在复工之前基本处于停工的状态，在复工之前无法完成涉案工程竣工验收备案。

② （2020）浙0383民初1119号。该案中浙江省龙港市人民法院对此抗辩并未予以支持。相似案件还有兰州农村商业银行股份有限公司东岗支行与甘肃创新航通摩托车汇展有限公司、甘肃创新商贸集团有限公司金融借款合同纠纷［（2020）甘01民初39号］。该案中兰州市中级人民法院认为，《关于加强银行业保险业金融服务配合做好新型冠状病毒感染的肺炎疫情防控工作的通知》下调贷款利率。对此，被告创新航通摩托车公司既未提交证据证明其系受疫情影响严重地区或受疫情影响较大的行业或有发展前景但暂时受困的企业，又未与原告农商行东岗支行就下调贷款利率事宜达成一致意见。因此，法院对此抗辩理由不予支持。

融服务配合做好新型冠状病毒感染的肺炎疫情防控工作的通知》规定，对受疫情影响暂时失去收入来源的人群，在信贷政策上应予以适当倾斜，合理延后还款期限。在疫情期间，原告不给予宽限期，直接向法院起诉，致被告无法通过银行贷款进行正常的经营活动。

但在南充农村商业银行股份有限公司顺庆支行与张涛金融借款合同纠纷①一案中，被告的抗辩得到了法院的部分支持。南充市顺庆区人民法院认为，根据中国人民银行、财政部、中国银保监会、中国证监会、国家外汇管理局等五部委联合出台的《关于进一步强化金融支持防控新型冠状病毒感染肺炎疫情的通知》精神规定要求，法院酌定被告张某在本地疫情防控期间（2020年1月24日至3月26日）按月利率8.70‰支付利息不承担逾期罚息，是否合理延后还款期限由原被告另行协商确定，法院在不能指导双方达成调解协议时不作硬性调整。

与此相似，在天津农村商业银行股份有限公司津南咸水沽支行与刘某某金融借款合同纠纷②一案中，天津市津南区人民法院认为，刘某某承认农商银行在本案中主张的事实，故对农商银行主张的事实予以确认。结合新冠肺炎疫情影响，依据《最高人民法院关于依法妥善审理涉新冠肺炎疫情民事案件若干问题的指导意见（二）》："10.……对因感染新冠肺炎住院治疗或者隔离人员、疫情防控需要隔离观察人员、参加疫情防控工作人员以及受疫情或者疫情防控措施影响暂时失去收入来源的人员所涉住房按揭、信用卡等个人还贷纠纷，人民法院应当结合案件的实际情况，根据公平原则变更还款期限。"参照《关于进一步强化金融支持防控新型冠状病毒感染肺炎疫情的通知》："（四）完善受疫情影响的社会民生领域的金融服务。对因感染新型肺炎住院治疗或隔离人员、疫情防控需要隔离观察人员、参加疫情防控工作人员以及受疫情影响暂时失去收入来源的人群，金融机构要在信贷政策上予以适当倾斜，灵活调整住房按揭、信用卡等个人信贷还款安排，合理延后还款期限。……"法院酌情给予刘某某90天的给付时间。

另外，对于涉及有导向型政策变动的条款应该在合同中明确约定如若

---

① （2020）川1302民初366号。该案中南充市顺庆区人民法院同时认定，根据南充市应对新型冠状病毒感染肺炎疫情应急指挥部发布的《关于全面恢复全市正常生产生活秩序的公告》（第17号）可知，自2020年3月27日起本地新冠肺炎疫情已得到有效控制，全市已恢复正常生产生活秩序，故被告应自2020年3月27日起继续按合同约定承担支付逾期罚息的违约责任。

② （2020）津0112民初3228号。

预期情况出现双方的权利义务该如何分配，这就表明了当事人对于合同履行中的相关变化以及由此带来的影响已经有了预判，愿意承担相关的风险，避免日后矛盾的产生。

（四）注意主动将对商业银行不利的情势变更明确约定成合同中的重大不利影响条款，从而掌握主动权

商业银行应当在合同中注意约定，贷款人根据重大不利影响条款（Material Adverse Effect）主张提前收贷。如江苏大丰农村商业银行股份有限公司沈灶支行与刘某某、王某某等金融借款合同纠纷[①]一案中，盐城市大丰区人民法院认定，原、被告之间签订的农商个借字（2017）第 261 号《最高额个人担保借款合同》、配偶承诺函均系当事人的真实意思表示，不违反法律、行政法规的强制性规定，合法有效。合同第 7 条第 5 款约定，"出现足以影响借款安全的重大不利情形时，应立即书面通知贷款人，并落实贷款人认可的债权保全措施"，被告刘某某养殖猪场发生重大疫情，出现足以影响借款安全的重大不利情形，又未能按约落实贷款人认可的债权保全措施，原告依据合同第 8 条第 2 项约定："借款人出现足以影响借款安全的重大不利情形，贷款人可以停止发放借款、提前收回已发放借款或采取其他资产保全措施，并提前行使担保权"，要求提前收回已发放借款，并提前行使担保权，符合双方合同约定。对原告要求被告刘某某、王某某共同偿还原告贷款本金 100 万元及利息的诉讼请求，法院予以支持。

（五）要注意诉讼策略，从人性化角度出发，避免提出过激的诉讼主张，尽量通过变更合同维护商业银行自身权益

如前所述，司法实践对情势变更的后果有"变更合同优先于解除合同"的倾向。2020 年 2 月，南京市中级人民法院针对金融审判领域与疫情防控密切相关的重点问题制定的《十二条审判指南》指出，适用情势变更规则并非简单地豁免债务人的义务而使债权人承受不利后果，而是要充分注意利益均衡，公平合理地调整双方利益关系。在诉讼过程中，应当鼓励、引导当事人以变更履行方式、调整履行时间等方式维持合同关系、继续完成交易，避免"一刀切"地判决解除合同。

如兰州银行股份有限公司彭家坪支行与甘肃省平凉城建开发集团有限

---

① （2019）苏 0982 民初 2287 号。

责任公司、平凉市高科农林绿化工程有限责任公司金融借款合同[①]一案中，兰州市中级人民法院指出，关于被告平凉城建公司主张其一直积极履行合同义务，截至2020年3月31日的借款利息都予以清偿，2020年在新冠肺炎疫情的影响下，企业经营发生严重困难，导致无力按约还款，应属于不可抗力，应当部分或全部免除责任的抗辩理由，符合《最高人民法院关于依法妥善审理涉新冠肺炎疫情民事案件若干问题的指导意见（二）》的相关规定，本案中，被告平凉城建公司是当地大型国有企业，案涉借款主要用于其开发的房地产项目，由于其房地产项目主要是商铺，在遭遇新冠肺炎疫情情况下，商铺销售遇到困难，资金无法回笼导致贷款逾期。因此，虽然被告平凉城建公司逾期还款及其他违约行为符合《借款合同》中约定的宣布合同项下尚未偿还的借款本息全部提前到期的条件，但根据本案实际情况，对原告彭家坪支行要求借款提前到期的诉讼请求不予支持。因此，商业银行的诉讼请求应当尽量符合"变更合同优先于解除合同"的思维，尽量通过变更合同维护自身权益，避免过激的诉讼请求（如"抽贷""断贷"行为、收取高利息等）被法院驳回。[②]

① （2019）甘01民初782号。相似判决如中国建设银行股份有限公司衡阳市分行与段某辉、谢某梅金融借款合同纠纷[（2020）湘0481民初4466号]。该案中耒阳市人民法院认定，被告并未构成根本性违约。且被告的违约行为主要发生在疫情期间，参照《最高人民法院关于依法妥善审理涉新冠肺炎疫情民事案件若干问题的指导意见（二）》有关规定，根据本案的实际情况，法院对原告违反金融支持政策提出的借款提前到期、单方解除合同不予支持。

② 如四川省高级人民法院出台《为依法防控疫情提供有力司法保障》第10条提到，妥善审理涉疫情融资借贷纠纷。准确把握疫情对金融借贷、民间借贷、融资租赁等合同的影响，依法严格审查金融机构"抽贷""断贷"行为，以及小额贷款公司等以不合理费用变相收取高利息的行为，有效减轻中小微企业融资负担。上海市高级人民法院《关于涉新冠肺炎疫情案件法律适用问题的系列问答》（四）中也有提出，如疫情确对个人或企业收入造成较大影响的，法院可在相关案件中组织当事人协商，促进金融机构按照金融监管机构关于疫情防控的相关要求，适度调整信贷还款安排，合理延后还款期限，尽量避免贷款加速到期或提前解除合同等"抽贷""断贷"行为，有效防范金融市场风险。

第二编　借款合同

第八章　违约责任、合同解除新规与贷款加速到期条款设计

【《民法典》变化的影响】风险增加

【风险等级】★★★★

【提要】中国人民银行制定的《贷款通则》第22条第2款、第70条第2款、第71条和第72条规定了借款人违反了贷款合同中应尽的义务时，银行提出提前收回贷款的权利，业界称之为“贷款加速到期条款”。关于此类条款，历来有“附条件宣布贷款提前到期说”与“附条件解除合同说”两种司法解决思路。《民法典》通过后，由于解除合同不影响违约责任、担保责任及清算条款，这两种思路的差异已经不大，商业银行需要根据相关规定，及时修改合同条款，同时防止因操作不当所引起的法律风险。

一、民法典及配套新规

▶《民法典》

【合同约定解除】

第562条　当事人协商一致，可以解除合同。

当事人可以约定一方解除合同的事由。解除合同的事由发生时，解除权人可以解除合同。

【解除权行使期限】

第564条　法律规定或者当事人约定解除权行使期限，期限届满当事人不行使的，该权利消灭。法律没有规定或者当事人没有约定解除权行使期限，自解除权人知道或者应当知道解除事由之日起一年内不行使，或者经对方催告后在合理期限内不行使的，该权利消灭。

【合同解除程序】

第565条　当事人一方依法主张解除合同的，应当通知对方。合同自通知到达对方时解除；通知载明债务人在一定期限内不履行债务则合同自动解除，债务人在该期限内未履行债务的，合同自通知载明的期限届满时解

除。对方对解除合同有异议的,任何一方当事人均可以请求人民法院或者仲裁机构确认解除行为的效力。

当事人一方未通知对方,直接以提起诉讼或者申请仲裁的方式依法主张解除合同,人民法院或者仲裁机构确认该主张的,合同自起诉状副本或者仲裁申请书副本送达对方时解除。

【合同解除的效力】

第566条 ……合同因违约解除的,解除权人可以请求违约方承担违约责任,但是当事人另有约定的除外。

主合同解除后,担保人对债务人应当承担的民事责任仍应当承担担保责任,但是担保合同另有约定的除外。

【合同终止后有关结算和清理条款效力】

第567条 合同的权利义务关系终止,不影响合同中结算和清理条款的效力。

▶《贷款通则》

第22条第5款 借款人未能履行借款合同规定义务的,贷款人有权依合同约定要求借款人提前归还贷款或停止支付借款人尚未使用的贷款。

▶上海市高级人民法院《关于审理金融借款合同纠纷案件若干问题的解答》

第5条 借款合同关于贷款人提前收贷有约定的,该约定只要不违反法律法规的强制性规定,应认定有效。在贷款人主张借款人提前还款的条件成就时,贷款人据此诉请要求借款人提前还款的,法院应予支持。该诉请不以解除合同为前提,故贷款人无须主张解除合同诉请。

▶《最高人民法院关于当前形势下审理民商事合同纠纷案件若干问题的指导意见》(法发〔2009〕40号)

第6条 合理适用不安抗辩权规则,维护权利人合法权益:在当前情势下,为敦促诚信的合同一方当事人及时保全证据、有效保护权利人的正当合法权益,对于一方当事人已经履行全部交付义务,虽然约定的价款期限尚未到期,但其诉请付款方支付未到期价款的,如果有确切证据证明付款方明确表示不履行给付价款义务,或者付款方被吊销营业执照、被注销、被有关部门撤销、处于歇业状态,或者付款方转移财产、抽逃资金以逃避债务,或者付款方丧失商业信誉,以及付款方以自己的行为表明不履行给付价款义务的其他情形的,除非付款方已经提供适当的担保,人民法院可以根据合同法第六十八条第一款、第六十九条、第九十四条第(二)项、第一百零八条、第一百六十七条等规定精神，判令付款期限已到期或者加速到期。①

二、立法考辨

加速到期条款，是指借款人的信用等级、盈利水平、资产负债率、经营活动现金净流量不符合贷款人信用贷款条件，或者其生产经营和财务状况发生重大变化或当债务人触发合同约定的违约事件时，商业银行有权宣布贷款提前到期，停止发放尚未发放的贷款，并要求借款人提前偿还已发放的部分或全部贷款。② 中国人民银行制定的《贷款通则》第 22 条第 2 款、第 70 条第 2 款、第 71 条和第 72 条规定了借款人违反了贷款合同中应尽的义务时，银行提出提前收回贷款的权利。但是，《贷款通则》仅为部门规章，其效力偏低。《中国银行信用贷款合同》第 12 条、《中国农业银行个人购房担保借款合同》第 16 条、《中国工商银行流动资金借贷合同》第 8 条、《中国建设银行人民币资金借款合同》第 13 条均有提到“加速到期条款”的相关内容。③

学界一般认为，所谓“贷款人有权终止合同”，在理论上主要有“附条件宣布贷款提前到期说”与“附条件解除合同说”两种学说加以解释，前者是宣布贷款提前到期，以便使贷款期限提前届满，加速到期条款规定了一种独立的违约责任承担形式。在出现加速到期条款所约定的条件的时候，银行主

① 该意见以不安抗辩权理论为基础、采用不完全列举的方式，规定在经济危机形势下合同义务人出现不履行给付价款义务行为的情况下，法院裁判时可以依据不安抗辩权来判令付款期限已到期或者加速到期。从文义上看，该意见应适用于买卖合同类案件，但鉴于借贷行为亦是民商事法律行为之一，且其在权利义务属性及法益保护方面与买卖合同有共通之处。

② 《中国人民银行关于在部分省（自治区、直辖市）试行“借款合同文本”的通知》（1994 年 5 月 1 日试行，1995 年 4 月 30 日结束）《人民币资金借款合同》文本：第九条　违约责任（8）甲方（借款人）向乙方（贷款人）提供的情况、报表及其他资料不真实，乙方可责令对方限期纠正，甲方拒不纠正时，乙方可停止发放贷款，提前收回已发放的部分或全部贷款。（9）在本合同有效期内，甲方（借款人）或保证人因经营管理不善，发生亏损或虚盈实亏，或与第三者发生债务纠纷，或者抵押财产发生损毁、灭失，危及贷款安全时，乙方可停止发放贷款，并可提前收回已发放的贷款本息。1994 年试行的《中国人民银行关于在部分省（自治区、直辖市）试行“借款合同文本”的通知》中，关于加速到期条款的适用条件共有三项，具有较强的代表性。第一项是借款人拒不履行合同；第二项是借款人抗拒监督检查；第三项是存在其他危及贷款安全的情形。第一项的直接拒付，主观恶性最强；第二项则导致银行对贷款风险失去监查可能，主观恶性其次；第三项则主要是在借贷关系之外危及贷款安全的客观情形，大多数情况下并非借款人所能把控。可见，这些条款主要是按照借款人的主观恶性强弱进行分类，对危及贷款安全的情形做出规范。

③ 一类是明确指出以危及贷款安全为条件的。以《中国工商银行流动资金借贷合同》为例，其中约定当危及贷款安全时，加速到期条款生效。另一类是虽未明确提及，但以危及贷款安全为内在标准的。

张提前收回贷款,但合同尚未消灭,借款人仍需要依据合同履行还款义务;后者则是商业银行有权以借款人违约导致合同目的不能实现等为由单方解除合同①。

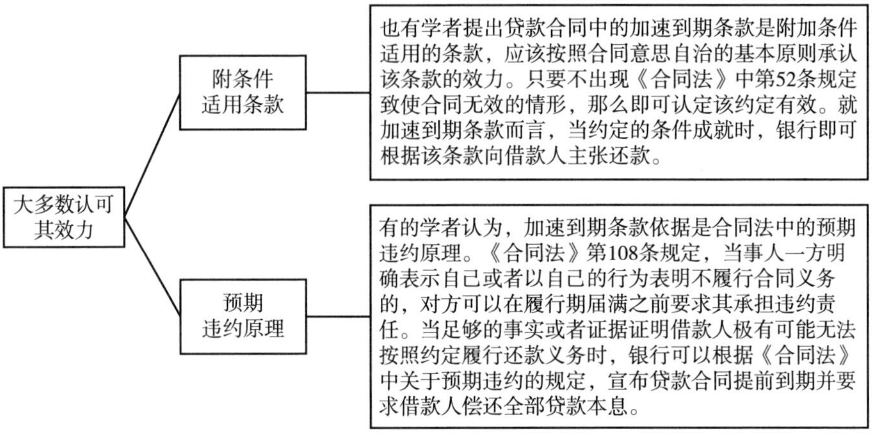

图 8-1　司法实务中对贷款加速到期条款的两种认识路径示意

在司法判决中,最高人民法院对"附条件宣布贷款提前到期说"与"附条件解除合同说"均有相关案例支持。

就"附条件宣布贷款提前到期说"而言,在盛京银行股份有限公司沈阳市民主支行与天津钢管公司东油销售处、沈阳中油天宝(集团)物资装备有限公司等金融借款合同纠纷②一案中,最高人民法院指出,《授信合同》约

---

① 还有学者认为,第三种观点认为加速到期条款兼具附解除和附生效条件,即加速到期事由具有对原合同约定的借款期限附解除条件与对加速到期附生效条件的双重性质。参见余文唐:《提前收贷案件若干实体问题探讨》,载《法律适用》2016 年第 2 期。

② (2016)最高法民终 146 号。相似案件还包括广州鸿业集团有限公司、交通银行股份有限公司广州番禺支行金融借款合同纠纷[(2016)粤民终 1464 号]。该案中广东省高级人民法院在判决中认为,交通银行番禺支行宣布提前收回借款是按照合同约定的情形进行,其本质是对债权的加速到期,即只是对合同约定的借款到期期限的变更,并非解除借款合同。鸿业公司上诉认为交通银行番禺支行宣布借款提前到期属单方解除合同的行为,该理由不能成立,法院不予采纳。(2017)渝民终 110 号[重庆诗仙太白酒业(集团)有限公司、两江融资租赁股份有限公司融资租赁合同纠纷]。该案中重庆市高级人民法院认为,关于双方融资租赁合同关系是否已解除的问题。虽然两江公司于 2014 年 11 月 25 日发出的两江租赁函(2014)006 号《提前终止合同通知函》中通知诗仙太白公司提前终止双方融资租赁合同关系,但结合双方《融资租赁合同》的相关约定和该通知函件对提前终止合同后果的表述,应当认定两江公司在《提前终止合同通知函》中提及的"提前终止合同",其实质是两江公司行使加速到期权,宣布双方合同项下全部债权债务提前到期,而非解除双方融资租赁合同关系的意思表示。

定,天津钢管公司或担保人单位及其法定代表人涉及诉讼即视为天津钢管公司违约或丧失信用,盛京银行民主支行有权宣布源于本合同的一切债务提前到期,并要求天津钢管公司立即清偿,未能清偿的部分视为逾期,盛京银行民主支行有权计收逾期利息并加收罚息,并采取维护其在本合同项下权益的符合法律规定的其他措施。《14 号借款合同》及《15 号借款合同》约定的借款期限均为 2014 年 7 月 25 日至 2015 年 7 月 2 日。现上述贷款虽未到期,但(2014)沪一中民六(商)初字第 108-1 号民事裁定书能够证明本案借款合同的担保人上海中油公司、沈阳中油公司涉诉事实,符合合同约定的贷款提前到期的条件,故盛京银行民主支行提起诉讼要求天津钢管公司偿还已发放贷款本金 37,000 万元及借款利息,予以支持。

就“附条件解除合同说”而言,在田某某、邢某某、山西楼俊矿业集团有限公司、柳林联盛能源投资有限公司、李某某与平安银行股份有限公司青岛分行保证合同纠纷[①]一案中,最高人民法院认为,本案中,借贷双方签订的《综合授信额度合同》、《贷款合同》第 7.2 条约定:如有违约事件发生,青岛平安银行有权宣布授信提前到期,要求借款人立即偿还部分或全部本金、利息及费用,并自违约事件发生之日,对已发放的授信本金按罚息利率计收罚息。上述约定系借贷双方为防范贷款风险而自愿达成的一致意见,对双方均具有法律约束力,以确保债权人在出现借款人经营困难、缺乏清偿能力的初期,能及时采取救济措施,避免或减少债权损失。……因此,按照贷款合同相关约定,青岛平安银行宣布解除合同、提前收回贷款,其事实及法律依据充分,应予支持。

之前观点认为,“附条件宣布贷款提前到期说”优于“附条件解除合同说”,即解释为违约责任的加速到期比解释为解除合同更有利于保护商业银行的利益。其理由有两个:一是“宣布提前到期”不影响合同中有关利息、罚息、支付结算方式等条款的效力,银行完全可以根据借款合同约定的利率标准计收罚息,以解除合同的方式导致借款合同提前终止的,借款合同解除之后的利息,按照审判惯例,则只能按照中国人民银行规定的同期贷款的基准利率计算,而不能基于“逾期”而按照借款合同约定的标准计收罚息。但按照《民法典》第 566 条第 2 款的规定,合同因违约解除的,解除权人可以请求违约方承担违约责任。因此,在《民法典》出台之后,这一区别已经不存在。

① (2014)民二终字第 139 号。

二是认为宣布贷款提前到期后，担保人应当承担相应的担保责任，而以解除合同的方式导致借款合同提前终止的，因为不存在“提前到期或者到期”的情况，所以除了在借款合同、担保合同中约定借款合同解除后，担保人对借款人所欠银行的贷款本息承担连带清偿责任外，银行将会因无合同依据及法律依据而使担保落空。但《民法典》第566条第3款规定，主合同解除后，担保人对债务人应当承担的民事责任仍应当承担担保责任，但是担保合同另有约定的除外。因此，这一区别同样也不再存在。

三、司法裁判可视化梳理

本书写作团队使用Alpha案例库对“金融借贷中加速到期条款纠纷”进行了检索，①检索关键词为“当事人：银行”及“全文：提前到期”为关键词进行检索，得到案件数量22件，其中21件为借款纠纷（95%）。在此21个案件中，金融机构的诉请全部得到了支持，如图8-2所示。

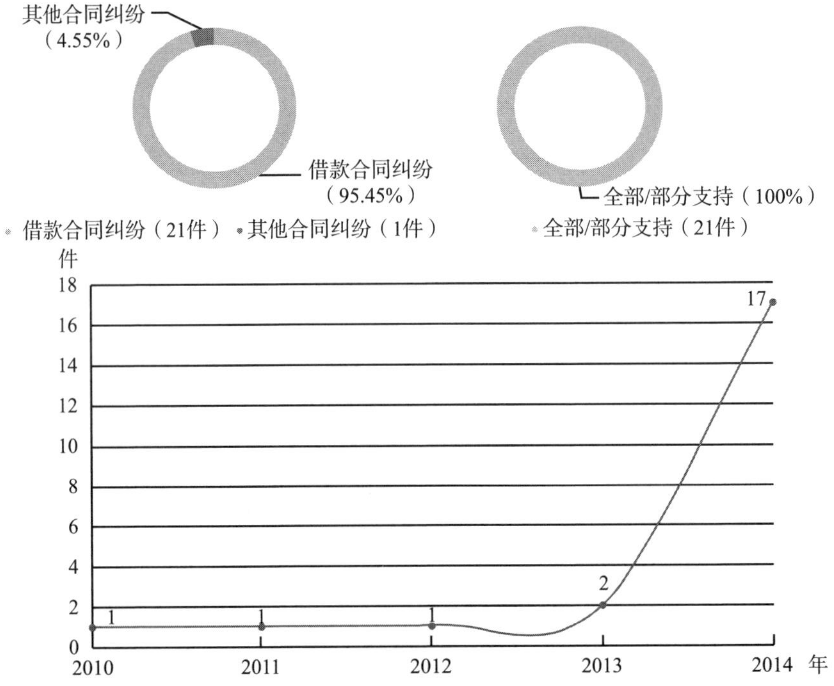

图8-2　金融借贷合同“加速到期条款”纠纷可视化示意

① 最后检索日期：2020年12月31日。

但在一些细节问题上，商业银行对“加速到期条款”的使用仍然会面临司法认定的差异甚至败诉的风险，主要原因有以下几个：

(一)加速到期条款属于格式条款，需要特别提示

在上诉人兰州鑫宇诚商贸有限公司与被上诉人兴业银行股份有限公司兰州分行及原审被告甘肃敦盛农业科技有限公司、原审被告李庆借款合同纠纷二审一案中，①甘肃省高级人民法院特别指出：本案中，双方当事人签订的《流动资金借款合同》中关于“提前收贷”、“本金和利息加速到期”的条款虽然属于格式条款，但在合同“签约重要提示”部分，银行对免除或限制其责任的条款提请对方认真阅读并充分理解合同条款，并对其中有关责任承担、免除或限制银行责任以及加黑字体部分内容予以了明确提示和说明。同时，合同中约定的提前收贷是以借款人违约为前提条件，并非银行可以随意提前收贷，如无借款人违约情形出现，该条款不得适用。故《流动资金借款合同》中提前收贷条款并非银行免除或限制其责任的条款，银行对格式条款以合理方式提请了借款人注意，该条款合法有效。

(二)在个别案件中，商业银行无法证明借款人违约情形严重，法院在判决中认为达不到“根本性违约损害金融债权安全”的程度，因此不能触发“加速到期条款”

如浙江舟山定海农村信用合作银行城东支行与帅马公司破产撤销权纠纷上诉②一案中，浙江省舟山市中级人民法院认为，合作银行城东支行在2009年1月15日向定海法院提起诉讼和本案诉辩中，均未提供帅马公司究竟违反《保证借款合同》中哪些约定的情形故其可以因此而收贷的相关证据；也未提供帅马公司出现合同约定的提前收贷的情形后，其已向帅马公司宣示而帅马公司拒绝还款的证据；在合作银行城东支行未提供可以行使提前收贷权利证据的情况下，其上诉所称“上诉人依约提前收贷是行使权利，不是帅马公司的清偿行为”不符法律规定和合同约定。

(三)起诉贷款提前到期，对“贷款到期日”如没有明确约定，司法判决的认定不一致

如农行成都经开区支行与四川得阳化学公司等间金融借款合同纠纷③

① (2016)甘民终295号。

② (2009)浙舟商终字第133号。

③ (2014)川民初字第34号。

一案中,四川省高级人民法院认为,农行成都经开区支行宣布借款提前到期,虽向四川得阳化学公司发出了书面通知,但该通知并未按得阳化学公司的法定住所地送达,不能证明该公司知晓成都经开区农行已行使该项权利,其应履行提前还款的合同义务。结合本案实际情况,法院认为,以成都经开区农行起诉后,得阳化学公司收到应诉通知书的时间,即 2014 年 6 月 16 日作为借款合同的到期日,较为公允。但在彭城农商行贾汪支行与鼎业管桩公司等间金融借款合同纠纷一案[①]中,江苏省高级人民法院认为,根据涉案合同的约定,贷款到期日为 2014 年 9 月 10 日,彭城农商行贾汪支行未提供证据证明贷款于起诉前已宣布提前到期,所以,涉案借款到期日应为彭城农商行贾汪支行向法院起诉之日即 2014 年 2 月 27 日。提前到期认定的不一致可能导致违约责任计算的差异。

(四)贷款加速到期的条件成就,且债权人已合理告知债务人,明确向债务人发出债务提前到期的《催款函》或类似函件,是债权人主张适用债务提前到期条款获得法院支持的必要前提条件

如天津中车投资租赁有限公司(原天津南车投资租赁有限公司)与重庆金九建材集团有限公司、重庆金九控股集团有限公司融资租赁合同纠纷[②]一案中,判决书指出,法院认为:……中车公司(原告:天津中车投资租赁有限公司)在提起本案诉讼之前,未向金九建材公司(被告:重庆金九建材集团有限公司)明确主张加速债务到期,故中车公司就未到期租金要求金九建材给付违约金,缺乏事实依据,法院不予支持。截止本案审结前,第六期租金已到期,金九建材公司应就第 1—6 期到期未付租金依照合同的约定给付违约金。

反之,如德意志银行(中国)有限公司天津分行与天津宝迪农业科技股份有限公司、毕国祥金融借款合同纠纷[③]一案中,最高人民法院指出,本案二审的争议焦点在于德意志银行天津分行对于第二笔贷款 73,000,000 元加速到期是否已履行告知义务,贷款加速到期的条件是否成就。……2015 年 10 月 20 日、28 日,德意志银行天津分行两次函告宝迪公司履行《信贷协议》及《承诺函》的约定,如未能在 2015 年 11 月 1 日前全额偿还第一笔贷款,则

① (2014)苏商终字第 00534 号。

② (2016)津民初 98 号。

③ (2016)最高法民终 439 号。

《信贷协议》将于2015年11月2日立即终止，但宝迪公司始终未能履行《信贷协议》、《承诺函》的约定。2015年11月3日，德意志银行天津分行通过公证送达方式，函告宝迪公司和毕某某，认为宝迪公司的违约行为已致《信贷协议》于2015年11月2日终止，要求宝迪公司、毕某某偿还全部未付款项以及承担相应损失等。据此，德意志银行天津分行已就第二笔贷款73,000,000元加速到期履行了告知义务，贷款加速到期的条件已经成就。

（五）有判决认为加速到期条款与破产法撤销权的潜在冲突，使破产企业依据“加速到期条款”的还贷行为为《企业破产法》所禁止，这可能使银行的诉请得不到支持

如工商银行与三鹿集团金融借款合同纠纷①一案，石家庄市人民法院经审理认为，桥西支行与三鹿集团签订的借款合同虽有约定“贷款期内出现生产经营和财务状况发生重大变化，对贷款安全造成重大不利影响，贷款银行有权宣布贷款提前到期，停止发放尚未发放的贷款，并要求借款人提前偿还已发放的部分或全部贷款”，但依据特别法优于普通法的原则，应当优先适用《企业破产法》的相关规定，借款合同中的约定不能对抗《企业破产法》的相关规定。石家庄市中级人民法院年月一审判决，撤销三鹿集团的提前还款行为，桥西支行立即返还划收的款项亿元。桥西支行向河北省高级人民法院提起上诉，法院认为，借款合同中约定的加速到期条款违反我国《企业破产法》第31条禁止在一定期限内个别清偿债务、提前清偿债务的规定。据此，法院驳回了桥西支行的上诉请求。

四、商业银行现有条款的比对点评

（一）多家银行的现有条款比对

本书写作团队考察了多家银行对“加速到期条款”的安排，比对检讨如下：

---

① 有学者也指出，在实务中不仅银行债权人在主张债权加速到期后实施的抵销行为应受我国《企业破产法》第40条的拘束，而且发生在破产临界期内的抵销也应受到适当限制，以免当事人通过诸如增加账户内余额等方式使抵销权人获得破产法外的优待。参见韩长印、张玉海：《借贷合同加速到期条款的破产法审视》，载《法学》2015年第11期。还有学者认为，银行贷款合同中的加速到期条款应当认定为有效，但是银行据此扣划借款人账户资金的清偿行为，原则上可依据《企业破产法》第32条规定予以撤销。参见王欣新：《银行贷款合同加速到期清偿在破产程序中的效力研究》，载《法治研究》2015年第6期。

【A 银行】

第 16 条　违约事件

16.1　任何下列事件或情形均构成违约事件：

(1)借款人未能按时足额支付本合同项下任何到期款项；

(2)借款人在本合同项下所作出的任何声明或保证，或借款人根据本合同向贷款人提供的任何文件、资料或信息被证明在作出时在实质性方面是不正确的或不准确的；

(3)借款人在本合同中所做的陈述与保证不真实或违反其在本合同项下的任何承诺；

(4)借款人发生解散、清算、破产、丧失偿债能力或类似情况；

(5)借款人的财务状况已经存在或可能存在对其履行本合同项下义务有重大不利影响的变化；

(6)项目进度落后于资金使用进度；

(7)未按照本合同规定使用贷款资金；

(8)违反本合同约定，以化整为零方式规避贷款人受托支付；

(9)借款人履行本合同项下的义务成为非法；

(10)借款人在本合同项下有任何其他违约行为；

(11)具体担保合同/文件(如有)项下发生任何违约事件；

(12)借款人在与贷款人之间的其他合同或协议项下发生违约；

(13)发生任何潜在违约事件。

16.2　一旦发生任何以上事件或情形，贷款人可以立即通知借款人并有权采取以下任何一项或多项措施：

(1)宣布所有已提用的贷款和应计利息以及本合同项下产生或未付的全部其他款项(包括但不限于罚息、违约金、费用等)立即到期；

……

【B 银行】

第 10 条　违约责任及发生危及乙方债权情形的补救措施

……

(二)甲方违约情形

1. 甲方违反本合同任一约定或违反任何法定义务；

2. 甲方明确表示或以其行为表明将不履行本合同项下的任一义务。

(三)可能危及乙方债权的情形

1. 发生下列情形之一,乙方认为可能危及本合同项下债权安全的:甲方发生承包、托管(接管)、租赁、股份制改造、减少注册资本金、投资、联营、合并、兼并、收购重组、分立、合资、(被)申请停业整顿、申请解散、被撤销、(被)申请破产、控股股东/实际控制人变更或重大资产转让、停产、歇业、被有权机关施以高额罚款、被注销登记、被吊销营业执照、涉及重大法律纠纷、生产经营出现严重困难或财务状况恶化、法定代表人或主要负责人无法正常履行职责。

2. 发生下列情形之一,乙方认为可能危及本合同项下债权安全的:甲方没有履行其他到期债务,低价、无偿转让财产,减免第三方债务,怠于行使债权或其他权利,或为第三方提供担保,转移资产,抽逃资金。

3. 甲方的股东滥用公司法人独立地位或股东有限责任,逃避债务,乙方认为可能危及本合同项下债权安全的。

4. 本合同约定的发放借款的任一前提条件没有持续满足。

5. 保证人出现以下情形之一,乙方认为可能危及本合同项下债权安全的:

(1)违反保证合同任一约定或陈述与保证的事项存在任何虚假、错误、遗漏;

(2)发生承包、托管(接管)、租赁、股份制改造、减少注册资本金、投资、联营、合并、兼并、收购重组、分立、合资、(被)申请停业整顿、申请解散、被撤销、(被)申请破产、控股股东/实际控制人变更或重大资产转让、停产、歇业、被有权机关施以高额罚款、被注销登记、被吊销营业执照、涉及重大法律纠纷、生产经营出现严重困难或财务状况恶化,或者法定代表人或主要负责人无法正常履行职责,可能影响保证人承担保证的能力;

(3)丧失或可能丧失保证能力的其他情形。

6. 抵押、质押出现以下情形之一,乙方认为可能危及本合同项下债权安全的:

(1)因第三人行为、国家征收、没收、征用、无偿收回、拆迁、市场行情变化或任何其他原因导致抵押财产或质押财产毁损、灭失、价值减少;

(2)抵押财产或质押财产被查封、扣押、冻结、扣划、留置、拍卖、行政机关监管,或者权属发生争议;

(3)抵押人或出质人违反抵押合同或质押合同的任一约定或陈述与保证的事项存在任何虚假、错误、遗漏;

(4)可能危及乙方抵押权或质权实现的其他情形。

7. 担保不成立、未生效、无效、被撤销、被解除,担保人违约或者明确表示或以其行为表明将不履行其担保责任,或担保人部分或全部丧失担保能力、担保物价值减少等其他情形,乙方认为可能危及本合同项下债权安全的。

8. 发生下列情形之一,乙方认为可能危及本合同项下债权安全的:

(1)未按约定用途使用贷款的;

(2)未按约定方式进行贷款资金支付的;

(3)未遵守承诺事项的。

9. 乙方认为可能危及本合同项下债权安全的其他情形。

(四)乙方救济措施

出现本条第二款或第三款约定的任一情形,乙方有权行使下述一项或几项权利:

1. 停止发放和支付贷款;

2. 宣布贷款立即到期,要求甲方立即偿还本合同项下所有到期及未到期债务的本金、利息和费用,并从宣布贷款提前到期之日次日起开始计收贷款逾期罚息。

【C银行】

5.8 甲方未按约定用途使用借款资金的,就其违约使用的贷款金额自违约日起(含该日)直至该等违约结束之日止(含该日),按人民币罚息利率或外币罚息利率计收罚息,对甲方不能按时支付的罚息,按人民币罚息利率或外币罚息利率按月在结息日或结息日的对应日计收复利,按实际挪用天数计算,逐月累算。乙方并可追究甲方的其他违约责任且有权随时单方无需经甲方同意宣布全部或部分未到期贷款立即到期。

第12条 违约责任

12.1 发生如下任一违约事件,甲方均应按照本合同约定承担违约责任:

12.1.1 因甲方或担保人的原因,未依约办理完毕本合同和相关担保合同约定的担保(含担保变更)手续,逾期时间达到或超过本合同约定的提款日30日(含法定节假日、休息日)的,乙方有权依本合同项下借款总额的30%收取违约金,且乙方有权解除本合同。

12.1.2　甲方未按本合同约定的时间到乙方处办理提款手续,逾期时间达到或超过本合同约定的提款日30日(含法定节假日、休息日)的,乙方有权依应提未提款金额及实际逾期天数按本合同约定的逾期利率计收违约金,且乙方有权解除本合同。

12.1.3　甲方不按本合同约定的还款期限偿还到期应付款项。

12.1.4　甲方向乙方提供虚假的或隐瞒重要事实的资产负债表、损益表的,或者拒绝接受乙方对其使用借款情况和有关生产、经营、财务活动进行监督的,或甲方在做出本合同中任何一项事实陈述时,在该事实陈述的任何重大方面存在着不真实、不准确或误导。

12.1.5　甲方明确表示或者以自己的行为表明不履行本合同或其他承诺中的任何一项义务或担保人违反担保合同中为其设定的任何一项义务。

12.1.6　甲方违反其在本合同做出的任何一项承诺、保证与陈述,或违反其与乙方签署的其他协议,或其作为一方当事人与他人签署的合同或协议或单方做出的承诺或保证,对其他债务构成违约行为或其他债务已被其他债权人宣告加速到期或可能被宣告加速到期。

12.1.7　甲方未按本合同约定的用途使用贷款资金,或未按本合同约定提取和支付贷款资金的。

12.1.8　本合同项下的担保发生了不利于乙方债权的变化,包括但不限于担保合同或其他担保方式未生效、无效、被宣布撤销,或担保人出现部分或全部丧失担保能力或明确表示不履行担保义务,或担保人违反担保合同或其他承诺中约定的任一义务或承诺,或抵押财产、质押财产毁损、灭失、价值减少,而甲方未能按乙方要求另行提供所需新的担保的。

12.1.9　甲方财务状况发生重大变化,甲方的财务指标无法达到乙方要求的。

12.1.10　项目建设或完成的进度落后于本合同项下贷款的使用进度。

12.1.11　甲方采用化整为零等方式规避提款应采用受托支付的要求。

12.1.12　本合同项下甲方的人民币贷款专用账户、用于自主支付的指定账户、还款准备金账户或还款账户被有关机关冻结或支付的,或者甲方涉及诉讼、仲裁、执行、行政处罚及其他司法行政程序，可能对甲方履行本合同产生不利影响的。

12.1.13　发生其他重大不利变化，甲方不能在乙方要求的时间内做出补救的。

12.1.14　甲方发生本合同附件五约定的任一违约事件的。

12.1.15　甲方发生其他违反本合同或其修改/补充协议约定且对其偿债能力造成重大影响或严重侵害乙方权益的。

12.2　甲方发生上述违约事件时，乙方除有权按照本合同约定行使相应的权利外，有权要求甲方追加担保；有权宣布本合同项下全部或部分贷款立即到期，提前收回已发放的贷款，并停止继续发放贷款。

【D银行】

第14条　违约及处理

14.1　下列事项之一即构成或视为借款人在本合同项下违约：

14.1.1　借款人未按期归还借款本金、支付利息或清偿相关费用；

14.1.2　借款人未按本合同约定的方式支用借款资金或未将获得的借款资金用于本合同约定的用途；

14.1.3　借款人在本合同中所做的声明不真实，或违反其在本合同中所做的承诺；

14.1.4　发生本合同第十一、十二条约定的情况，贷款人认为可能影响借款人或担保人的财务状况和履约能力，而借款人不按贷款人要求提供新的担保、更换保证人；

14.1.5　借款人信用状况下降，或借款人的盈利能力、偿债能力、营运能力和现金流量等财务指标恶化，借款人不按贷款人要求提供新的担保或提前归还借款本息；

14.1.6　借款人在与贷款人、A银行所属其他机构及A银行控股的村镇银行之间的其他合同项下发生违约事件；

14.1.7　担保人违反担保合同的约定，或在与贷款人、A银行所属其他机构及A银行控股的村镇银行之间的其他合同项下发生违约事件；

14.1.8　借款人终止营业、被吊销营业执照或者发生解散、撤销或破产事件；

14.1.9　借款人涉及重大经济纠纷、诉讼、仲裁，或其资产被采取财产保全措施或被强制执行，或借款人被司法、税务、工商等机关依法立案查处或依法采取处罚措施，已经或可能影响到其在本合同项下义务的履行的；

14.1.10　借款人主要投资者个人、关键管理人员异常变动、失踪或被司法机关依法调查或限制人身自由，已经或可能影响到其在本合同项下义务的履行的；

14.1.11　贷款人每年（本合同生效之日起每满一年）对借款人及担保人的财务状况和履约能力进行审核时，发现存在可能影响借款人或担保人财务状况和履约能力的情况；

14.1.12　发生贷款人认为可能影响借款人或担保人的经济状况或履约能力的事件，要求借款人提供新的担保，借款人拒绝的；

14.1.13　指定资金回笼账户出现大额及异常资金流入流出情况且借款人不能提供贷款人认可的解释材料的；

14.1.14　未按贷款人的要求提供真实、完整、准确、有效的财务会计、生产经营状况及其他有关资料；

14.1.15　转移资产、抽逃资金，以逃避债务；

14.1.16　向贷款人提供虚假资料、文件、信息或隐瞒重要事实、资料、文件、信息；

14.1.17　出现以下情形之一，且借款人不按贷款人的要求恢复抵/质押物的价值也不提供其他担保的：

14.1.17.1　抵/质押物毁损或价值减少；

14.1.17.2　抵/质押物出现权属纠纷；

14.1.17.3　借款人未按贷款人要求为抵/质押物投保；

14.1.17.4　抵/质押物被担保人自行处置；

14.1.17.5　抵/质押物被司法、行政机关查封、冻结、扣押；

14.1.18　借款人未按约定定期向贷款人报告或告知借款资金支付情况，或拒绝接受并配合贷款人对包括借款支付及用途等情况的信贷检查和监督；

14.1.19　担保合同出现无效、被撤销、被解除；

14.1.20　未经贷款人的书面同意，担保人擅自以转让、交换、出租、出借、实物出资、合作、拆改等方式处置担保财产；

14.1.21　利用与关联方之间的虚假合同，以无真实贸易背景的应收票据、应收账款等债权到银行贴现或质押，套取银行资金或授信的；

14.1.22　据贷款人合理的判断，可能发生危及、损害贷款人权益的其他事件；

14.1.23　借款人未履行合同义务条款；

14.1.24　如有涉及国家能效、环保或社会风险相关要求的，借款人节能工程施工严重滞后，节能技术和设备出现严重缺陷，主体设施或设备停减产导致用能负荷大幅下降，实际节能量明显低于预测量，节能收益不能及时回流指定账户的；

14.1.25　借款人违反本合同中约定的其他情形。

14.2　出现前款规定的违约事项时，贷款人有权视具体情形分别或同时采取下列措施：

……

14.2.6　宣布本合同、借款人与贷款人之间的其他合同项下尚未偿还的借款本息和其他应付款项全部或部分立即到期。

【E 银行】

第 13 条　违约责任

13.1　本合同生效后，甲、乙双方均应履行本合同所约定的义务。任何一方不履行或不完全履行本合同所约定义务的，应当依法承担违约责任。

13.3　乙方到期不偿还本合同项下借款本金及利息的，甲方有权要求乙方限期清偿。乙方授权甲方可直接扣收其开立在×××××商业银行所有账户中的资金以清偿本合同项下的债务，而无需事先征得乙方同意，乙方对此放弃抗辩。需要乙方配合的，乙方无条件配合。

13.4　甲方有权对乙方到期（本合同所称“到期”包括甲方宣布贷款提前到期的情形）应付未付的借款本金，自逾期之日起，按本合同约定的逾期罚息利率按实际逾期天数计收逾期罚息，直至乙方清偿本息为止。

【F 银行】

第 10 条　违约责任及发生危及乙方债权情形的补救措施

一、乙方违约情形及违约责任

（一）如乙方无正当理由不按本合同约定发放贷款，甲方可要求乙方继

续按本合同约定发放贷款;

(二)如乙方违反国家法律、法规的禁止性规定向甲方收取了不应收取的利息、费用,甲方有权要求乙方退还。

二、甲方违约情形

(一)甲方违反本合同任一约定或违反任何法定义务;

(二)甲方明确表示或以其行为表明将不履行本合同项下的任一义务。

三、可能危及乙方债权的情形

(一)发生下列情形之一,乙方认为可能危及本合同项下债权安全的:甲方发生承包、托管(接管)、租赁、股份制改造、减少注册资本金、投资、联营、合并、兼并、收购重组、分立、合资、股权转让、实质性增加债务融资、(被)申请停业整顿、申请解散、被撤销、(被)申请破产、控股股东/实际控制人变更或重大资产转让、停产、歇业、被有权机关施以高额罚款、被注销登记、被吊销营业执照、涉及重大法律纠纷、生产经营出现严重困难或财务状况恶化、信用状况下降、法定代表人或主要负责人无法正常履行职责;

(二)发生下列情形之一,乙方认为可能危及本合同项下债权安全的:甲方没有履行其他到期债务(包括对中国建设银行各级机构或其他第三方的到期债务),低价、无偿转让财产,减免第三方债务,怠于行使债权或其他权利,或为第三方提供担保;甲方财务指标未能持续符合附件2“财务指标约束条款”的要求;甲方未按本合同约定支付贷款资金,或以化整为零等方式规避乙方受托支付;项目进度落后于资金使用进度;甲方任一账户(包括但不限于还款准备金账户、项目收入账户等乙方监控账户)内资金出现异常波动;

(三)甲方的股东滥用公司法人独立地位或股东有限责任,逃避债务,乙方认为可能危及本合同项下债权安全的;

(四)本合同约定的发放借款的任一前提条件没有持续满足;

(五)保证人出现以下情形之一,乙方认为可能危及本合同项下债权安全的:

1. 违反保证合同任一约定或陈述与保证的事项存在任何虚假、错误、遗漏;

2. 发生承包、托管(接管)、租赁、股份制改造、减少注册资本金、投资、联营、合并、兼并、收购重组、分立、合资、股权转让、实质性增加债务融资、(被)

申请停业整顿、申请解散、被撤销、(被)申请破产、控股股东/实际控制人变更或重大资产转让、停产、歇业、被有权机关施以高额罚款、被注销登记、被吊销营业执照、涉及重大法律纠纷、生产经营出现严重困难或财务状况恶化、信用状况下降,或者法定代表人或主要负责人无法正常履行职责,可能影响保证人承担保证的能力;

3. 丧失或可能丧失保证能力的其他情形。

(六)抵押、质押出现以下情形之一,乙方认为可能危及本合同项下债权安全的:

1. 因第三人行为、国家征收、没收、征用、无偿收回、拆迁、市场行情变化或任何其他原因导致抵押财产或质押财产毁损、灭失、价值减少;2. 抵押财产或质押财产被查封、扣押、冻结、扣划、留置、拍卖、行政机关监管,或者权属发生争议;3. 抵押人或出质人违反抵押合同或质押合同的任一约定或陈述与保证的事项存在任何虚假、错误、遗漏;4. 可能危及乙方抵押权或质权实现的其他情形;

(七)担保不成立、未生效、无效、被撤销、被解除,担保人违约或者明确表示或以其行为表明将不履行其担保责任,或担保人部分或全部丧失担保能力、担保物价值减少等其他情形,乙方认为可能危及本合同项下债权安全的;或者

(八)乙方认为可能危及本合同项下债权安全的其他情形。

四、乙方救济措施

出现本条第二款或第三款约定的任一情形,乙方有权行使下述一项或几项权利:

(一)停止发放贷款;(二)宣布贷款立即到期,要求甲方立即偿还本合同项下所有到期及未到期债务的本金、利息和费用;(三)甲方未按合同约定支用借款的,则乙方有权要求甲方支付相当于未按定支用金额______%的违约金,并有权拒绝甲方支用本合同项下未提款项;(四)甲方未按本合同约定用途使用贷款的,对甲方挪用的部分,自未按合约定用途使用贷款之日起至本息全部清偿之日止按罚息利率和本合同约定的告息方式计收利息和复利;(五)借款逾期的,对甲方未按时还清的借款本金和利息(包括被乙方宣布全部或部分提前到期的借款本金和利息),自逾期之日起至本息全部清偿之日止按罚息利率和本合同约定的结息方式计收利息和复利。借款逾期是指甲

方未按期清偿或超过本合同约定的分次还本计划期限归还借款的行为。借款到期前,对甲方未按时还清的利息按本合同约定的贷款利率和结息方式计收复利;(六)其他救济措施,包括但不限于:1. 从甲方在中国建设银行系统开立的账户上划收人民币或其他币种的相应款项,且无须提前通知;2. 行使担保权利;3. 要求甲方对本合同项下所有债务提供符合乙方要求的新的担保;4. 解除本合同。

(二)多家银行的现有条款之比对

1994 年试行的《中国人民银行关于在部分省(区、市)试行"借款合同文本"的通知》中,关于加速到期条款的适用条件共有三项,具有较强的代表性。第一项是借款人拒不履行合同;第二项是借款人抗拒监督检查;第三项是存在其他危及贷款安全的情形。第一项的直接拒付,主观恶性最强;第二项则导致银行对贷款风险失去监查可能,主观恶性其次;第三项则主要是在借贷关系之外危及贷款安全的客观情形,大多数情况下并非借款人所能把控。由此可见,这些条款主要是按照借款人的主观恶性强弱进行分类,对危及贷款安全的情形做出规范。但是,本书写作团队所考察的多家商业银行的"加速到期条款",又被细化类分为"还款/提款""承诺/陈述真实性保证""借款方本身主体资质或主要经营人员发生问题""项目进度与资金使用进度不匹配""用款方式/用途不符""规避法律规定""违法条款""交叉违约"①"借款人财务状况不良""担保人/物情况失控""兜底条款"在内的 11 类条件,均可以产生"贷款本息提前到期"的法律后果,如表 8-1 所示。

① 交叉违约是指如果合同项下的债务人(可扩展到其关联主体或第三方)在其他合同或类似交易项下出现违约,那么此种违约也将被视为对本合同的违约,本合同的债权人可以对该债务人采取相应的合同救济措施。交叉违约并非法律术语,在我国法律中,与交叉违约联系最密切的属《合同法》第 68 条、第 69 条规定的不安抗辩权。

表 8-1 多家商业银行“贷款提前到期”条款的比对

单位	还款提款	承诺陈述	借款方发生变化	项目进度	方式用途	规避业务	非法条款	交叉违约	财务状况	担保状况	兜底条款	法律后果
A银行	未能按时足额交付本合同项下任何到期款项。	陈述与保证不真实或。	解散、清算、破产、丧失偿债能力。	项目进度落后于资金使用进度。	未按照本合同规定使用贷款资金。	以化整为零方式规避贷款人受托支付。	借款人履行本合同项下的义务为非法。		财务状况重大不利影响。		发生任何潜在违约事件或有任何其他违约行为。	宣布所有已提用的贷款和应计利息以及本合同项下产生或未付的全部其他款项（包括但不限于罚息、违约金、费用等）立即到期。
B银行	甲方违反本合同任一约定或违反任何法定义务。	未遵守承诺事项的。	甲方发生承包、托管（接管）、租赁、股份制改造、减少注册资本金、投资、联营、合并、兼并、收购重组、分立、合资、（被）申请停业整顿、申请解散、被撤销、（被）申请破产、控股股东/实际控制人变更或重大资产转让、停产、歇业、被有权机关施以高额罚款、被注销登记、被吊销营业执照、涉及重大法律纠纷、生产经营出现严重困难或财务状况恶化、法定代表人或主要负责人无法正常履行职责。		未按约定用途使用贷款的； 未按约定方式进行贷款资金支付。				甲方的股东滥用公司法人独立地位或股东有限责任，逃避债务； 甲方没有履行其他到期债务，低价、无偿转让财产，减免第三方债务，怠于行使债权或其他权利，或为第三方提供担保，转移资产，抽逃资金。	抵押、质押出现乙方认为可能危及本合同项下债权安全的； 保证人出现乙方认为可能危及本合同项下债权安全的。	乙方认为可能危及本合同项下债权安全的其他情形。	宣布贷款立即到期，要求甲方立即偿还本合同项下所有到期及未到期债务的本金、利息和费用，并从宣布贷款提前到期之日次日起开始计收贷款逾期罚息。

续表

单位	还款提款	承诺陈述	借款方发生变化	项目进度	方式用途	规避业务	非法条款	交叉违约	财务状况	担保状况	兜底条款	法律后果
C银行	甲方不按本合同约定的还款期限偿还到期应付款项；甲方未按本合同约定的时间到乙方处办理提款手续。	提供虚假的或隐瞒重要事实。		项目建设或完成的进度落后于本合同项下贷款的使用进度。	未按约定用途使用借款资金【单列】。	甲方采用化整为零等方式规避提款应采用受托支付的要求。	账户被有关机关冻结或支付的；或者甲方涉及诉讼等，可能对甲方履行本合同产生不利影响的。	对其他债务构成违约行为或其他债务已被其他债权人宣告加速到期或可能被宣告加速到期。	甲方财务状况发生重大变化，甲方的财务指标无法达到乙方要求的；甲方明确表示或者以自己的行为表明不履行本合同或其他承诺中的任何一项义务或担保人违反担保合同中为其设定的任何一项义务。	因甲方或担保人的原因，未依约办理完毕本合同和相关担保合同约定的担保（含担保变更）手续；担保人出现部分或全部丧失担保能力或明确表示不履行担保义务；或抵押财产、质押财产毁损、灭失、价值减少，而甲方未能按乙方要求另行提供所需新的担保的。	甲方发生其他违反本合同或其修改/补充协议约定且对其偿债能力造成重大影响或严重侵害乙方权益的发生其他重大不利变化，甲方不能在乙方要求的时间内做出补救的。	甲方发生上述违约事件时，乙方除有权按照本合同约定行使相应的权利外，有权要求甲方追加担保；有权宣布本合同项下全部或部分贷款立即到期，提前收回已发放的贷款，并停止继续发放贷款。

续表

单位	还款提款	承诺陈述	借款方发生变化	项目进度	方式用途	规避业务	非法条款	交叉违约	财务状况	担保状况	兜底条款	法律后果
D银行	借款人未按期归还借款本金、支付利息或清偿相关费用。	借款人在本合同中所做的声明不真实，或违反其在本合同中所做的承诺。	借款人终止营业、被吊销营业执照或者发生解散、撤销或破产事件； 借款人涉及重大经济纠纷、诉讼、仲裁，或其资产被采取财产保全措施或被强制执行，或借款人被司法、税务、工商等机关依法立案查处或依法采取处罚措施，已经或可能影响到其在本合同项下义务的履行的； 借款人主要投资者个人、关键管理人员异常变动、失踪或被司法机关依法调查或限制人身自由，已经或可能影响到其在本合同项下义务的履行的。		借款人未按本合同约定的方式支用借款资金或未将获得的借款资金用于本合同约定的用途。	指定资金回笼账户出现大额及异常资金流入流出情况且借款人不能提供贷款人认可的解释材料的。		借款人在与贷款人、A银行所属其他机构及A银行控股的村镇银行之间的其他合同项下发生违约事件； 【交叉违约】	借款人信用状况下降，或借款人的盈利能力、偿债能力、营运能力和现金流量等财务指标恶化，借款人不按贷款人要求提供新的担保或提前归还借款本息； 贷款人每年（即本合同生效之日起每满一年）对借款人及担保人的财务状况和履约能力进行审核时，发现存在可能影响借款人或担保人财务状况和履约能力的情况； 转移资产、抽逃资金，以逃避债务。	担保人违反担保合同的约定，或在与贷款人、A银行所属其他机构及A银行控股的村镇银行之间的其他合同项下发生违约事件； 【交叉违约】 抵/质押物毁损或价值减少、出现权属纠纷、未按贷款人要求为抵/质押物投保，被担保人自行处置，被司法、行政机关查封、冻结、扣押，且借款人不按贷款人的要求恢复抵/质押物的价值也不提供其他担保的；担保合同出现无效、被撤销、被解除；未经贷款人的书面同意，担保人擅自以转让、交换、出租、出借、实物出资、合作、拆改等方式处置担保财产。	发生贷款人认为可能影响借款人或担保人的经济状况或履约能力的事件，要求借款人提供新的担保，借款人拒绝的； 据贷款人合理的判断，可能发生危及、损害贷款人权益的其他事件。	宣布本合同、借款人与贷款人之间的其他合同项下尚未偿还的借款本息和其他应付款项全部或部分立即到期。

续表

单位	还款提款	承诺陈述	借款方发生变化	项目进度	方式用途	规避业务	非法条款	交叉违约	财务状况	担保状况	兜底条款	法律后果
E银行											合同生效后,甲、乙双方均应履行本合同所约定的义务。任何一方不履行或不完全履行本合同所约定义务的,应当依法承担违约责任。	乙方到期不偿还本合同项下借款本金及利息的,甲方有权要求乙方限期清偿。乙方授权甲方可直接扣收其开立在×××××商业银行所有账户中的资金以清偿本合同项下的债务,而无需事先征得乙方同意,乙方对此放弃抗辩。需要乙方配合的,乙方无条件配合。 13.4　甲方有权对乙方到期(本合同所称"到期"包括甲方宣布贷款提前到期的情形)应付未付的借款本金,自逾期之日起,按本合同约定的逾期罚息利率按实际逾期天数计收逾期罚息,直至乙方清偿本息为止。

续表

单位	还款提款	承诺陈述	借款方发生变化	项目进度	方式用途	规避业务	非法条款	交叉违约	财务状况	担保状况	兜底条款	法律后果
F银行	(一)甲方违反本合同任一约定或违反任何法定义务;(二)甲方明确表示或以其行为表明将不履行本合同项下的任一义务。	违反保证合同、抵押合同或质押合同任一约定或陈述与保证的事项存在任何虚假、错误、遗漏。	发生下列情形之一,乙方认为可能危及本合同项下债权安全的:甲方发生承包、托管(接管)、租赁、股份制改造、减少注册资本金、投资、联营、合并、兼并、收购重组、分立、合资、股权转让、实质性增加债务融资、(被)申请停业整顿、申请解散、被撤销、(被)申请破产、控股股东/实际控制人变更或重大资产转让、停产、歇业、被有权机关施以高额罚款、被注销登记、被吊销营业执照、涉及重大法律纠纷、生产经营出现严重困难或财务状况恶化、信用状况下降、法定代表人或主要负责人无法正常履行职责。	项目进度落后于资金使用进度。		甲方未按本合同约定支付贷款资金,或以化整为零等方式规避乙方受托支付。		甲方没有履行其他到期债务(包括对F银行各级机构或其他第三方的到期债务)。	低价、无偿转让财产,减免第三方债务,怠于行使债权或其他权利,或为第三方提供担保;甲方财务指标未能持续符合附件2“财务指标约束条款”的要求;甲方任一账户(包括但不限于还款准备金账户、项目收入账户等乙方监控账户)内资金出现异常波动。甲方的股东滥用公司法人独立地位或股东有限责任,逃避债务,乙方认为可能危及本合同项下债权安全的。	(五)保证人出现以下情形之一,乙方认为可能危及本合同项下债权安全的;(六)抵押、质押出现以下情形之一,乙方认为可能危及本合同项下债权安全的:1.任何其他原因导致抵押财产或质押财产毁损、灭失、价值减少;2.抵押财产或质押财产被查封、扣押、冻结、扣划、留置、拍卖、行政机关监管,或者权属发生争议;3.可能危及乙方抵押权或质权实现的其他情形;(七)担保不成立、未生效、无效、被撤销、被解除,担保人违约或者明确表示或以其行为表明将不	七、不得有丕诚信、损害甲方合法利益的行为。(四)本合同约定的发放借款的任一前提条件没有持续满足;(八)乙方认为可能危及本合同项下债权安全的其他情形。	(一)停止发放贷款;(二)宣布贷款立即到期,要求甲方立即偿还本合同项下所有到期及未到期债务的本金、利息和费用;(三)1.从甲方在中国建设银行系统开立的账户上划收人民币或其他币种的相应款项,且无须提前通知;2.行使担保权利;3.要求甲方对本合同项下所有债务提供符合乙方要求的新的担保;4.解除本合同。

续表

单位	还款提款	承诺陈述	借款方发生变化	项目进度	方式用途	规避业务	非法条款	交叉违约	财务状况	担保状况	兜底条款	法律后果
										履行其担保责任，或担保人部分或全部丧失担保能力、担保物价值减少等其他情形，乙方认为可能危及本合同项下债权安全的。		

(三)多家银行的现有条款之检讨

第一,多家银行均将“贷款加速到期”置于“违约责任”一章,但银行与银行之间对于“贷款加速到期”的11项条件区别甚大,各有侧重和遗漏。

其中A银行对于“交叉违约”与“担保情况”未有提及;B银行对“项目进度”“规避业务”“非法条款”“交叉违约”未有提及,但是对“借款方本身主体资质或主要经营人员发生问题”的规定非常详细;C银行的条件覆盖范围最全,尤其对“借款人财务状况不良”的规定非常详细,仅遗漏了“借款方本身主体资质或主要经营人员发生问题”一项;D银行对“项目进度”和“非法条款”没有提及,但是对“借款方本身主体资质或主要经营人员发生问题”“借款人财务状况不良”“担保人/物情况失控”规定得非常详细,值得借鉴。相比之下,E银行对“贷款加速到期”的前提条件约定最为粗陋,仅仅规定“合同生效后,甲、乙双方均应履行本合同所约定的义务。任何一方不履行或不完全履行本合同所约定义务的,应当依法承担违约责任”,并无具体之分类,很容易引起债务人的抗辩。F银行未提及“违法条款”,在罗列时也未提及“贷款用途”,但在后面违约责任中又规定:“(四)甲方未按本合同约定用途使用贷款的,对甲方挪用的部分,自未按合约定用途使用贷款之日起至本息全部清偿之日止按罚息利率和本合同约定的告息方式计收利息和复利”,似乎不够严谨。

第二,部分银行的某些条款过于笼统,不够细化,可能被借款人以没有约定为由提出抗辩。

以“借款人财务状况不良”这一条件为例,A银行仅仅概括为客观标准上的“财务状况重大不利影响”;B银行则加上了“甲方的股东滥用公司法人独立地位或股东有限责任,逃避债务”以及“转移资产,抽逃资金”等更加细化的客观标准;C银行以“甲方财务状况发生重大变化,甲方的财务指标无法达到乙方要求”作为主要客观标准,辅之以“甲方(借款人)明确表示或者以自己的行为表明不履行本合同或其他承诺中的任何一项义务或担保人违反担保合同中为其设定的任何一项义务;D银行采取主、客观标准相结合,一方面认为“借款人信用状况下降,或借款人的盈利能力、偿债能力、营运能力和现金流量等财务指标恶化,借款人不按贷款人要求提供新的担保或提前归还借款本息”以及“转移资产、抽逃资金,以逃避债务”的客观标准,同时也坚持“贷款人每年(本合同生效之日起每满一年)对借款人及担保人的财务状况和履约能力进行审核时,发现存在可能影响借款人或担保人财务状况和履约能力的情况”的主观标准。E 银行的相关标准规定最不明确。F 银行则最为全面地采取了四种标准:“1. 低价、无偿转让财产,减免第三方债务,怠于行使债权或其他权利,或为第三方提供担保;2. 甲方财务指标未能持续符合附件 2“财务指标约束条款”的要求;3. 甲方任一账户(包括但不限于还款准备金账户、项目收入账户等乙方监控账户)内资金出现异常波动。4. 甲方的股东滥用公司法人独立地位或股东有限责任,逃避债务,乙方认为可能危及本合同项下债权安全的。”

其中 B、F 银行“甲方股东滥用法人独立地位”的做法、C 银行对“借款方预期违约”的规定、D 银行对“债务人财务状况逐年审核”的做法都值得其他商业银行借鉴。

第三,部分银行的某些条款过于严苛,容易被认定为不合理的格式条款。

例如 C 银行规定,“甲方未按本合同约定的时间到乙方处办理提款手续”则构成带贷款加速到期的条件,这一条款似乎过于严苛。再如 B 银行所规定的“法定代表人或主要负责人无法正常履行职责”,这属于公司内部事务,并不当然影响债务人的偿债能力;同时“被有权机关施以高额罚款”对“高额”缺乏界定,而且罚款也不必然构成债务人偿债能力缺失的表象,以上构成“贷款加速到期”的条件对于债务人过于苛刻。F 银行所提到的“甲方任一账户(包括但不限于还款准备金账户、项目收入账户等乙方监控账户)内资金出现异常波动”的“异常”如何界定完全掌握在银行单方面主观认定,似乎也略显苛刻。

但值得称道的是,对于单纯的“借款人涉及重大诉讼”和“借款人的财产在其他情形被采取了保全措施”这两个条款,①各大银行已经不再将其纳入“贷款加速到期”的条件之列。

---

① 上述两项都是他人的诉讼权利行为,因而无论借款人有没有涉及重大诉讼或者有没有被财产保全,都不足以说明借款人是否经营恶化。但是,如果上述两个事项达到了“足以影响银行贷款安全”的程度,司法部门仍然会支持。如在平安银行股份有限公司深圳分行与深圳市保千里电子有限公司、江苏保千里视像科技集团股份有限公司金融借款合同纠纷[(2017)粤 03 民初 2041 号]一案中,深圳市中级人民法院认为,原告平安银行深圳分行与被告深圳保千里公司所签订的《综合授信额度合同》《贷款合同》明确约定了贷款人及或保证人,如在贷款期限内出现重大法律纠纷,或足以影响平安银行深圳分行贷款安全的事件时,平安银行深圳分行可以宣布贷款提前到期,平安银行深圳分行应及时归还贷款,而本案中因为案外人汇丰银行深圳分行起诉深圳保千里公司、江苏保千里公司,且起诉的金额巨大,足以影响平安银行深圳分行的贷款安全。

第四,部分银行的某些条件设置不够科学。

例如,D 银行规定,“未经贷款人的书面同意,担保人擅自以转让、交换、出租、出借、实物出资、合作、拆改等方式处置担保财产”,构成贷款加速到期的条件。但从现实来说,出租、出借、改造并不会影响抵押权人的利益,相反,出租行为更有利于增强抵押人的经济实力。改造行为和出借行为都是正常使用抵押物的行为,是日常经营行为。显然这个条款不利于日常生产生活经营,因此合同最好不将“出租、出借”包含其中,“改造”只要不损害抵押物价值则可斟酌。

第五,各个银行在“交叉违约”方面实行“贷款加速到期”区别甚大,部分银行有泛化交叉违约的趋势。

一般情况下,所谓交叉违约是指当事人跟某个商业银行的多个支行签订借款合同,只在一个支行项下借款不还,达到一定数额、期限,可推定在另一个支行的借款也构成了根本违约,导致银行解除合同。但是合同具有相对性,一个合同违约为何会对另一个贷款合同产生不利影响?纵使考虑到对“一个支行的合同违约,表明其履行能力可能有问题”,这个必须由银行充分举证,而不能推断当事人没有资金,可能当事人就是对特定支行的违约而已。

实践中各个银行差别很大,A、B、E 银行未有提及,C 银行规定“对其他债务构成违约行为或其他债务已被其他债权人宣告加速到期或可能被宣告加速到期”,这一表述似乎将交叉违约的可能性扩大到本行的其他支行之外,属于严重泛化;D 银行“借款人在与贷款人、A 银行所属其他机构及 A 银行控股的村镇银行之间的其他合同项下发生违约事件”的表述属于典型的交叉违约,但是也扩大到“A 银行控股的村镇银行”,F 银行将交叉违约界定为:“甲方没有履行其他到期债务(包括对 F 银行各级机构或其他第三方的到期债务)”,其中“其他第三方”也过于泛化,不属于交叉违约的应有之义。

第六、部分银行倾向于在兜底条款的表述中将最终判断权控制在商业银行自身主观判断范围之中。

鉴于列举式条款的局限性,各个银行都约定了“贷款加速到期”的兜底性条款。但其中又分为两种情况,一种是以客观标准作为兜底条款,如 A 银行规定,“发生任何潜在违约事件或有任何其他违约行为”时,商业银行均可使用“贷款加速到期”。更多的银行则坚持结合主、客观标准,尤其是将最终判断权控制在商业银行自身主观判断范围之中。如 B 银行则以“乙方认为可能危及本合同项下债权安全的其他情形”将判断权限定于商业银行主观认定;C 银行规定了两种情况,一是“甲方发生其他违反本合同或其修改/补充协议约定且对其偿债能力造成重大影响或严重侵害乙方权益的”；二是“发生其他重大不利变化，甲方不能在乙方要求的时间内做出补救的”；D 银行规定，客观上以“发生贷款人认为可能影响借款人或担保人的经济状况或履约能力的事件，要求借款人提供新的担保，借款人拒绝的”为兜底条款，主观上以“据贷款人合理的判断，可能发生危及、损害贷款人权益的其他事件”为兜底条款。F 银行更是采取“（四）本合同约定的发放借款的任一前提条件没有持续满足；”“（八）乙方认为可能危及本合同项下债权安全的其他情形”“七、不得有不诚信、损害甲方合法利益的行为”这样可能重复的表述，不厌其烦地强调自身的单方认定权。

第七，对于“贷款加速到期”的法律后果，各个商业银行趋向一致，对罚息、直接扣划以及解除合同等问题的约定有所区别。

A 银行认为，“宣布所有已提用的贷款和应计利息以及本合同项下产生或未付的全部其他款项（包括但不限于罚息、违约金、费用等）立即到期”；B 银行认为，“宣布贷款立即到期，要求甲方立即偿还本合同项下所有到期及未到期债务的本金、利息和费用，并从宣布贷款提前到期之日次日起开始计收贷款逾期罚息”；E 银行认为，“甲方有权对乙方到期（本合同所称“到期”包括甲方宣布贷款提前到期的情形）应付未付的借款本金，自逾期之日起，按本合同约定的逾期罚息利率按实际逾期天数计收逾期罚息，直至乙方清偿本息为止”。以上三家商业银行均吸收司法实务中“依加速到期约定诉请提前收贷，不以主张解除合同为前提”的观点，①同时也都认为“贷款加速到期”不影响违约责任，尤其是罚息的收取。

但是，C、D 银行的相关条款并未提及罚息。C 银行认为，“乙方有权宣布本合同项下全部或部分贷款立即到期，提前收回已发放的贷款，并停止继续发放贷款”；D 银行认为，“乙方有权宣布本合同、借款人与贷款人之间的其他合同项下尚未偿还的借款本息和其他应付款项全部或部分立即到期”。

只有 F 银行提到“4. 解除本合同”，同时规定“（三）甲方未按合同约定支用借款的，则乙方有权要求甲方支付相当于未按定支用金额____%的违约金，并有权拒绝甲方支用本合同项下未提款项；”以及“（五）借款逾期的，对甲方未按时还清的借款本金和利息（包括被乙方宣布全部或部分提前到期

① 盛京银行股份有限公司沈阳市民主支行与天津钢管公司东油销售处、沈阳中油天宝（集团）物资装备有限公司等金融借款合同纠纷[（2016）最高法民终 146 号]。上海市高级人民法院借贷纠纷解答中更是明确表明“提前收贷的诉请不以解除合同为前提，贷款人无须主张解除合同诉请”。

的借款本金和利息），自逾期之日起至本息全部清偿之日止按罚息利率和本合同约定的结息方式计收利息和复利。借款逾期，是指甲方未按期清偿或超过本合同约定的分次还本计划期限归还借款的行为。借款到期前，对甲方未按时还清的利息按本合同约定的贷款利率和结息方式计收复利。"

对于"直接扣划"，E、F两家银行有明确约定。其中E银行约定，"乙方授权甲方可直接扣收其开立在×××××商业银行所有账户中的资金以清偿本合同项下的债务，而无需事先征得乙方同意，乙方对此放弃抗辩。需要乙方配合的，乙方无条件配合。"F银行规定"1.从甲方在某银行系统开立的账户上划收人民币或其他币种的相应款项，且无须提前通知"。

五、商业银行风控操作要点

2019年2月中共中央办公厅、国务院办公厅印发的《关于加强金融服务民营企业的若干意见》强调，在有效缓解当前融资痛点、堵点的同时，精准分析民营企业融资难融资贵背后的制度性、结构性原因，注重优化结构性制度安排，建立健全长效机制，持续提升金融服务民营企业质效。考虑到无论金融机构诉讼提前收贷是否最终得到支持，一旦提起诉讼，借款人即要承受各种因此出现的负面连锁反应，企业生产经营出现困境，最终经济困难。因此，本书写作团队倾向于认为司法部门会按照《民法典》，平衡债权人与债务人之间的权利，以后对"贷款加速到期条款"认定将趋严。为更好地防范金融风险，维护金融债权，本书写作团队建议商业银行加强以下风险防控措施：

（一）商业银行在合同设计中应对"贷款加速到期条款"的触发条件尽量全面规定，尽可能覆盖所有潜在风险

鉴于商业银行诉讼提前收贷的事由首先是基于金融借款合同对于提前收贷有约定，商业银行需要事前约定"贷款加速到期"的条件，而上述条件在实践中非常复杂多变，因此，商业银行之间应当互相参考其他兄弟单位的文本以及司法实践中对债务人、担保人预期违约、信用降级、偿债能力丧失的种种情况，尽可能全面地列举"还款/提款""承诺/陈述真实性保证""借款方本身主体资质或主要经营人员发生问题""项目进度与资金使用进度不匹配""用款方式/用途不符""规避法律规定""违法条款""交叉违约""借款人财务状况不良""担保人/物情况失控""兜底条款"等多方面的前提条件。E银行对"贷款加速到期"的前提条件不予列举，仅仅以"合同生效后，甲、乙双方均应履行本合同所约定的义务。任何一方不履行或不完全履行本合同所约定义务的，应当依法承担违约责任"作为概括性描述，过于粗陋，使法官在

写判决时无法直接引用合同条款,容易出现法律认定上的风险。

(二)"贷款加速到期"条款的内容应尽量客观,以危害金融安全结果为最终认定条件,避免客户轻微违约导致严重后果损害实体经济

正如乌尔比安所说,法律乃良善允正之术。"贷款加速到期"对借款人乃至整个市场而言是一种会产生严重连锁后果的责任方式,不能一味以金融机构债权的绝对安全为标准,"还须充分考量其中关涉的社会利益,秉持整体和发展的视角,合理强化其与国家经济政策之间的联动关系",①从这一角度来看,"贷款加速到期"的优点和缺点都同样鲜明。

《提前到期通知书》等相关法律文书(而不是《解除合同通知书》),在其中应该载明基于此,需要明确"贷款加速到期"的行权事由是借款人出现了情节严重的违约情形。在借款人轻微违约的情况下,金融机构不应采用诉讼提"贷款加速到期"的方式。因此,商业银行应当对"贷款加速到期"条款的约定内容应尽量客观公平,不能约定过于宽泛的认定标准,或者完全由商业银行主观判断的标准,应当以债务人严重违约或严重危及金融债权安全的情形作为触发"贷款加速到期"的约定条款,同时,对于所有列举的情形,商业银行都应当负有举证达到严重违约或严重危及金融债权安全的义务,如表8-3所示。

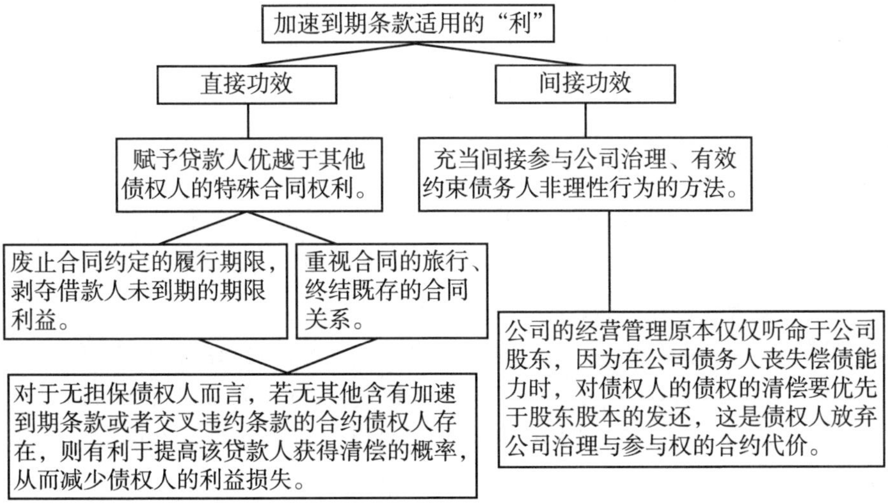

(a)

① 丁锐:《银行贷款加速到期条款的法律性质及司法规制》,载《人民司法》2015年第15期。

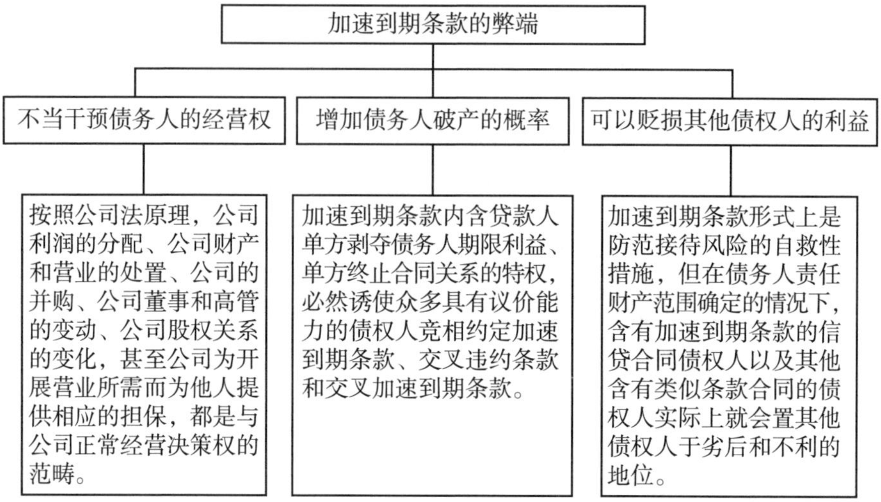

（b）

图 8-3　加速到期条款利弊示意

（三）在《民法典》生效后，商业银行可以在合同条款中明确约定“贷款加速到期”条款同时兼具“解除合同”和“违约责任”的法律后果

“贷款人有权终止合同”或者“贷款人有权宣布贷款立即到期”虽然是银行的习惯性表述，仅仅约定“贷款人有权终止合同或贷款立即到期”是非常笼统的，这非常容易造成金融机构在选择终止合同的方式上产生混乱，进而影响到终止合同行为的合法性、有效性及相关证据的收集等，甚至严重威胁到金融机构金融债权的安全。

为了使借款人更加信服、认可银行所采用的维权手段，使法院能够充分支持银行提出的诉讼主张。应当使用更加中性客观、具体可操作的表述。尤其是《民法典》出台后，解除合同已经不影响违约责任（第 566 条第 2 款，如罚息）、担保责任（第 566 条第 3 款）及结算和清理条款（第 567 条），因此可以采取如“借款人连续三个月不偿清利息，贷款人有权以宣布贷款立即到期的方式使本合同履行期限提前届满，或者以单方解除本合同的方式终止本合同的履行。”或者“借款方违反承诺、陈述或保证或者违反本合同约定义务，或者在合同履行情况下发生下列情形之一的，视为发生违约事件，贷款方有权宣布本合同项下的借款提前到期”的表述。

(四)注意“贷款加速到期”条款很可能被认定为格式条款,按照《民法典》最新规定,如果商业银行作为提供格式条款的一方未履行提示或者说明义务,致使对方(债务人)没有注意或者理解与其有重大利害关系的条款的,对方(债务人)可以主张该条款不成为合同的内容

从目前商业银行“贷款加速到期”表述各异来看,金融借款合同的规范性还需进一步完善。[①] 这次《民法典》特别规定,商业银行未能尽到充分提示对金融消费者不利的格式条款,金融消费者可以主张不是合同的内容,不再需要行使撤销权。[②] 由于“贷款加速到期”条款中相当多内容都属于“并免除或者减轻其责任等与对方(债务人)有重大利害关系的条款”,商业银行依法应当采取合理的方式提示对方(债务人)注意,如果没有采取相应的措施,有可能导致债务人主张该条款不是合同的内容,从而产生操作性法律风险。

(五)商业银行要注意“贷款加速到期”本质上属于形成权,在行使的过程中应当注意通过法定有效的途径及程序送达借款人,并保留相关证据

借贷双方在借款合同中约定了,在借款人处于某种情况下,贷款人可以宣布贷款提前到期。但是应当注意该权利属于形成权的一种,形成权自意思到达对方时生效。商业银行在宣布贷款提前到期时,应该告知借款人宣布提前到期贷款的理由和依据,提示提前到期的具体截止日,并催告借款人在收到本通知书后立即按合同约定清偿债务。同时,基于最高人民法院已经有明确的判例,认为邮局的 EMS 特快专递才是正规的债权催告渠道,[③]因此,建议商业银行只能采用 EMS 邮寄送达《宣布贷款提前到期通知书》,同时通过电话、短信等方式告知借款人。在此过程中,应当注意留存送达存根等相关证据,保证程序无瑕疵。

---

① 《关于进一步规范金融机构存、贷款业务防范金融风险的建议》(银发〔1999〕第 200 号)第 1 条即指出,“金融机构制定的格式合同存在缺陷”。

② 《民法典》第 496 条规定,格式条款是当事人为了重复使用而预先拟定,并在订立合同时未与对方协商的条款。采用格式条款订立合同的,提供格式条款的一方应当遵循公平原则确定当事人之间的权利和义务,并采取合理的方式提示对方注意免除或者减轻其责任等与对方有重大利害关系的条款,按照对方的要求,对该条款予以说明。提供格式条款的一方未履行提示或者说明义务,致使对方没有注意或者理解与其有重大利害关系的条款的,对方可以主张该条款不成为合同的内容。

③ 中国农业银行股份有限公司丹阳市支行与丹阳珍品八宝酒有限公司金融借款合同纠纷一案[(2015)二民申字第 134 号]。该案中最高人民法院认为,原告提交的证据为顺丰公司的寄件存根。该证据能够证明丹阳农行已将邮件交邮,但是不能证明邮件到达或者应当到达八宝酒公司。(2003)民二他字第 6 号规定的邮寄方式是特定的,即通过邮局的特快专递。顺丰公司并非邮局,仅是一般快递公司。原告的举证不能达到要求。

(六)保证借款合同与担保合同的条文形成紧密逻辑关联,避免商业银行自身文本出现内容冲突

根据《民法典》第566条第3款规定,主合同解除后,担保人对债务人应当承担的民事责任仍应当承担担保责任,但是担保合同另有约定的除外。银行还应在借款合同、担保合同中就借款合同提前到期或者解除后,就担保人如何承担担保责任或连带清偿责任做出明确具体的约定,尤其要避免商业银行自身文本出现内容冲突,避免后续担保方抗辩带来的风险。

(七)由于债务人进入破产清算后,"贷款加速到期"受到破产法的限制所产生的法律风险,商业银行应当提前行使"贷款加速到期"

一般认为,商业银行债权人在主张债权加速到期后实施的抵销行为应受我国《企业破产法》第40条的拘束,而且发生在破产临界期内的抵销也应受到适当限制,以免当事人通过诸如增加账户内余额等方式使抵销权人获得破产法外的优待。① 同时,商业银行基于贷款合同中的加速到期条款扣划借款人账户资金的清偿行为,可能被法院依据《企业破产法》第32条规定予以撤销。因此,商业银行应当提前及时行使"贷款加速到期",以防止相关风险,如表8-4所示。

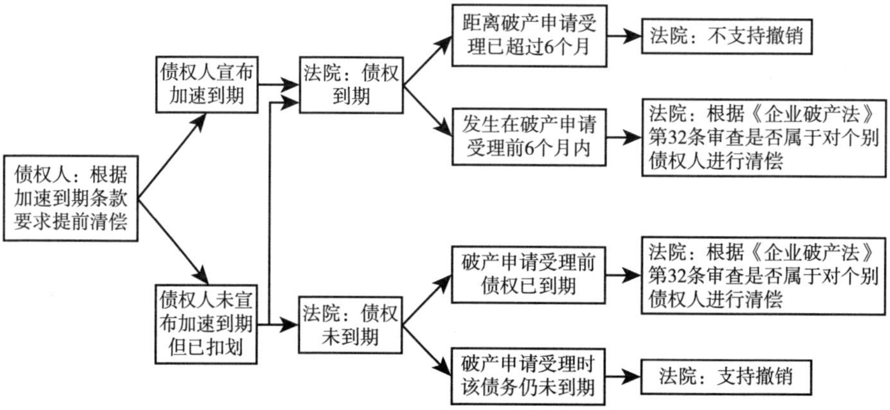

图8-4　债务人破产清算时债权人加速到期权利实现示意

---

① 参见韩长印、张玉海:《借贷合同加速到期条款的破产法审视》,载《法学》2015年第11期;王欣新:《银行贷款合同加速到期清偿在破产程序中的效力研究》,载《法治研究》2015年第6期。

第九章　反高利贷新规与商业银行“逾期罚息之复利计算”条款设计

【《民法典》变化的影响】风险增加

【风险等级】★★★★★

【提要】计收复利、罚息是专属于金融机构的权利。但《民法典》第680条规定，禁止高利放贷，借款的利率不得违反国家有关规定。现实中，以贷款到期日为分界，可分为贷款期内的复利和贷款逾期后的复利。对于“逾期罚息之复利计算”既往司法判决呈现明显的“同案不同判”的现象。为此，商业银行应考虑如何在合同中设置公平合理的计算方式，并在合同中约定清晰的期限与明确的逾期罚息复利，以利于对格式条款的解释。

一、民法典及配套新规

▶《民法典》

【借款利息不得预先扣除】

第670条　借款的利息不得预先在本金中扣除。利息预先在本金中扣除的，应当按照实际借款数额返还借款并计算利息。

【借款人逾期返还借款的责任】

第676条　借款人未按照约定的期限返还借款的，应当按照约定或者国家有关规定支付逾期利息。

【借款人提前返还借款】

第677条　借款人提前返还借款的，除当事人另有约定外，应当按照实际借款的期间计算利息。

【禁止高利放贷以及对借款利息的确定】

第680条　禁止高利放贷，借款的利率不得违反国家有关规定。

借款合同对支付利息没有约定的，视为没有利息。

借款合同对支付利息约定不明确，当事人不能达成补充协议的，按照当地或者当事人的交易方式、交易习惯、市场利率等因素确定利息；自然人之间借款的，视为没有利息。

▶《人民币利率管理规定》(银发〔1999〕77号)

第21条 ……对贷款期内不能按期支付的利息按合同利率按季计收复利，贷款逾期后改按罚息利率计收复利。

▶《中国人民银行关于人民币贷款利率有关问题的通知》(银发〔2003〕251号)

三、关于罚息利率问题。逾期贷款(借款人未按合同约定日期还款的借款)罚息利率由现行按日万分之二点一计收利息，改为在借款合同载明的贷款利率水平上加收30%~50%；借款人未按合同约定用途使用借款的罚息利率，由现行按日万分之五计收利息，改为在借款合同载明的贷款利率水平上加收50%~100%。

对逾期或未按合同约定用途使用借款的贷款，从逾期或未按合同约定用途使用贷款之日起，按罚息利率计收利息，直至清偿本息为止。对不能按时支付的利息，按罚息利率计收复利。

▶最高人民法院《关于进一步加强金融审判工作的若干意见》的通知(法发〔2017〕22号)

第2条第2款 严格依法规制高利贷，有效降低实体经济的融资成本。金融借款合同的借款人以贷款人同时主张的利息、复利、罚息、违约金和其他费用过高，显著背离实际损失为由，请求对总计超过年利率24%的部分予以调减的，应予支持，以有效降低实体经济的融资成本。

▶《最高人民法院关于审理民间借贷案件适用法律若干问题的规定》(法释〔2015〕18号)

第25条 出借人请求借款人按照合同约定利率支付利息的，人民法院应予支持，但是双方约定的利率超过合同成立时一年期贷款市场报价利率四倍的除外。

前款所称“一年期贷款市场报价利率”，是指中国人民银行授权全国银行间同业拆借中心自2019年8月20日起每月发布的一年期贷款市场报价利率。

第26条 借据、收据、欠条等债权凭证载明的借款金额，一般认定为本金。预先在本金中扣除利息的，人民法院应当将实际出借的金额认定为本金。

第 27 条　借贷双方对前期借款本息结算后将利息计入后期借款本金并重新出具债权凭证，如果前期利率没有超过合同成立时一年期贷款市场报价利率四倍，重新出具的债权凭证载明的金额可认定为后期借款本金。超过部分的利息，不应认定为后期借款本金。

按前款计算，借款人在借款期间届满后应当支付的本息之和，超过以最初借款本金与以最初借款本金为基数、以合同成立时一年期贷款市场报价利率四倍计算的整个借款期间的利息之和的，人民法院不予支持。

第 28 条　借贷双方对逾期利率有约定的，从其约定，但是以不超过合同成立时一年期贷款市场报价利率四倍为限。

未约定逾期利率或者约定不明的，人民法院可以区分不同情况处理：

（一）既未约定借期内利率，也未约定逾期利率，出借人主张借款人自逾期还款之日起承担逾期还款违约责任的，人民法院应予支持；

（二）约定了借期内利率但是未约定逾期利率，出借人主张借款人自逾期还款之日起按照借期内利率支付资金占用期间利息的，人民法院应予支持。

第 29 条　出借人与借款人既约定了逾期利率，又约定了违约金或者其他费用，出借人可以选择主张逾期利息、违约金或者其他费用，也可以一并主张，但是总计超过合同成立时一年期贷款市场报价利率四倍的部分，人民法院不予支持。

二、立法考辨

所谓复利，是指银行等金融机构将借款人到期不能支付的利息作为本金，再计收利息，俗称“利滚利”。从我国现行法律来看，计收复利、罚息是专属于金融机构的权利。首先，《人民币利率管理规定》（银发〔1999〕77 号）第 2 条显示，其是一部规范金融机构行为、赋予其权利的部门规章。该部门规章第 20 条第 2 款以及第 21 条赋予了金融机构对贷款期内不能按期支付的利息计收复利的权利。其次，我国金融机构收取罚息的权利，主要来自部门规章《贷款通则》（中国人民银行令〔1996〕第 2 号），其中第 2 条规定，本通则所称贷款人，系指在中国境内依法设立的经营贷款业务的中资金融机构。第 14 条则规定，贷款人和借款人应当按借款合同和中国人民银行有关计息规定按期计收或交付利息……逾期贷款按规定计收罚息。因此，我国金融机构依据上述部门规章获得收取贷款复利、罚息的权利，是一种专属权利,一般法人单位等非金融机构在无我国相关法律法规明文规定的情况下,无权收取借款复利、罚息。①

民间借贷中将利息计入本金后再往复计算复利,随时间的增加,本息之和将呈现指数级增长。为保护借款人,最高人民法院《关于贯彻执行〈中华人民共和国民法通则〉若干问题的意见》第125条明确规定在民间借贷中不允许采取此类计息方式。金融借款业务中,金融机构仅针对欠付的"利息"计收复利,并不包含所欠本金,两者在计算基数上存在本质差异。根据《中国人民银行关于人民币贷款利率有关问题的通知》(银发〔2003〕251号),复利可分为贷款期内复利与贷款逾期或挤占挪用的复利,前者系针对贷款期内不能支付的"利息",按贷款利率计收的复利;而后者系对贷款逾期或挤占挪用后不能支付的"利息",按罚息利率计收的复利,如图9-1所示。

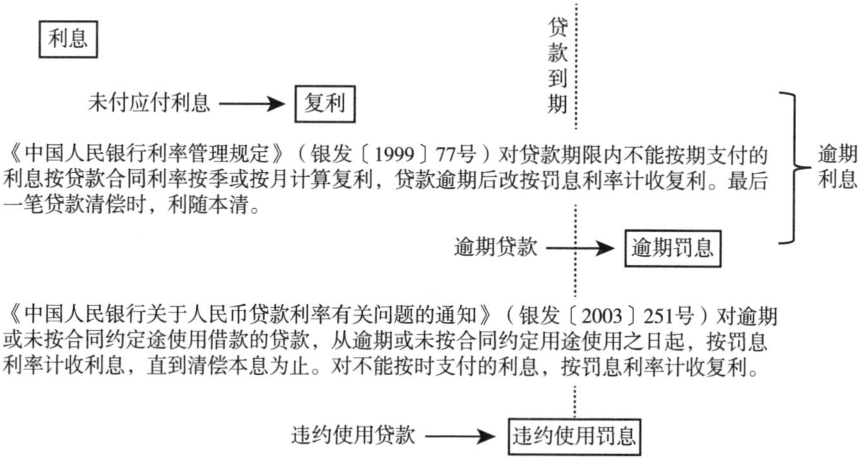

图9-1　未付应付利息、逾期罚息、违约使用罚息、逾期利息概念关系示意

换言之,以贷款到期日为分界,可分为贷款期内的复利和贷款逾期后的复利。中国人民银行根据上述分类,规定了不同的复利计算利率。对此,最高人民法院有三种观点。第一种观点认为,②中国人民银行发布的行政规章及规范性文件均明确规定金融机构对于借款人不能按时支付的利息可以计

① 该观点的代表性案例可参见广州市泰和房地产开发有限公司、广州市金宇投资有限公司借款合同纠纷[(2018)粤执复351号]。

② 该观点的代表性案例可参见兴业银行股份有限公司天津分行与天津市万特商贸有限公司金融借款合同纠纷[(2015)民二终字第179号]。

收复利，复利属于法律规定的利率计算形式之一。本案中，双方当事人在《委托贷款借款合同》第 5 条中亦明确约定了复利，该条约定：合同期内借款利率执行固定利率年 9.3%，借款期间不因国家基准利率的调整而调整；未按期还款的，罚息利率为借款利率上浮 50%；对未按时支付的利息，按合同约定的借款逾期罚息利率计收复利。上述约定是双方当事人的真实意思表示，亦符合中国人民银行颁布的《人民币利率管理规定》以及《中国人民银行关于人民币贷款利率有关问题的通知》关于复利的相关规定，并不违反公平原则，应当予以保护。第二种观点认为，①关于银行贷款产生的逾期罚息是否应当计收复利的问题，现行法律、行政法规并无明确规定，需要商业银行合同作出约定。具体而言，中国人民银行《人民币利率管理规定》第 20 条第 2 款规定，短期贷款按季结息的，每季度末月的 20 日为结息日；按月结息的，每月的 20 日为结息日。具体结息方式由借贷双方协商确定。对贷款期内不能按期支付的利息按贷款合同利率按季或按月计收复利，贷款逾期后改按罚息利率计收复利。最后一笔贷款清偿时，利随本清。该规定仅对贷款期内不能按期支付的利息计收复利以及贷款逾期后计收复利的利率标准作出规定，并未对逾期罚息是否计收复利作出规定。第三种观点认为，②《人民币利率管理规定》第 21 条规定应当计算复利的利息指的是贷款期内不能按期支付的利息，而并非对贷款逾期后的逾期利息计算复利。而《关于人民币贷款利率有关问题的通知》第 3 条规定，“对逾期或未按合同约定用途使用借款的贷款，从逾期或未按合同约定用途使用贷款之日起，按罚息利率计收利息，直至清偿本息为止。对不能按时支付的利息，按罚息利率计收复利”，只是规定了逾期利息和复利的计算标准，同样不能得出对于逾期利息应当计算复利的结论。

同时，逾期利息收取复利的问题又与利率上限管制相关。学术界对利率上限的研究曾在 2012 年与 2015 年出现两个研究高峰。

朱大旗、沈小旭（2004）③指出，“贷款利率应由市场来决定……这也是对

---

① 该观点的代表性案例可参见重庆市耀威经贸有限公司、招商银行股份有限公司重庆高新区支行金融借款合同纠纷[（2016）最高法民终 495 号]。

② 该观点的代表性案例可参见中国农业银行股份有限公司沈阳和平支行与沈阳假日大厦有限公司金融借款合同纠纷[（2016）最高法民终 340 号]。

③ 参见朱大旗、沈小旭：《论利率市场化的法律意蕴》，载《法学家》2004 年第 2 期。

企业更进一步地优胜劣汰和对资源的有效配置”。但岳彩申(2011)[①]认为,防止高利贷主要目的在于防止社会财富分配出现马太效应;强力(2012)[②]指出,反高利贷法旨在防范金融系统风险。对此,最高人民法院认为,反高利贷的基础一是“金融秩序”,二是“资金在金融市场内的优化配置”。[③] 但也有部分法官认为,“若完全实行利率自由化,会导致放贷者为获得自身最大利益不断提高民间借贷之利率,从而不利于资金在金融市场内的优化配置和民间借贷市场的长远发展”。[④]

2012 年前后,许多学者在研究中提出了未来利率管制上限的制度设计。许德风(2010)[⑤]指出,立法应当区分消费型与生产型借贷的利率上限,前者遵从商事意思自治;后者则以公法保护弱势为圭臬。但最高人民法院内部认为,我国现有市场发展水平并不健全,消费型借贷与生产型借贷在司法实践中难以判断……(区分)会对利率管制政策的执行和事后司法审查带来困扰。[⑥] 王青林、于蒙(2012)[⑦]指出,《人民币利率管理规定》本身就参考了《合同法司法解释(二)》第 29 条关于违约金不得超过损失 30%的相关规定,部分赋予法官对个案判决中对利率上限调整的自由裁量权是必要的。廖振中、高晋康(2012)[⑧]指出,民间借贷利率管制法治进路应当主动摆脱对利息的道德偏见,构建以《放贷人条例》为核心的监管制度。高圣平、申晨(2013)[⑨]认为,以利息计复利本是当事人基于自主意思的约定,对其加以禁止没有法律依据。

---

① 参见岳彩申:《民间借贷规制的重点及立法建议》,载《中国法学》2011 年第 5 期。

② 参见强力:《我国民间融资利率规制的法律问题》,载《中国政法大学学报》2012 年第 5 期。

③ 2015 年《关于审理民间借贷案件适用法律若干问题的规定》出台时,最高人民法院通过答记者问的方式指出,利率市场化绝不意味着利率无限化,更不意味着利率无序化。参见最高人民法院负责人就《关于审理民间借贷案件适用法律若干问题的规定》答记者问,载华律网,http://www.66law.cn/laws/128035.aspx,2020 年 12 月 31 日访问。

④ 参见杨心忠:《金融纠纷裁判思路与裁判规则》,法律出版社 2015 年版,第 116 页。

⑤ 参见许德风:《论利息的法律管制》,载北大法律评论编委会编:《北大法律评论》(2010 年第 1 卷),北京大学出版社 2010 年版。

⑥ 参见杜万华、谢勇:《民间借贷利率的规制》,载《人民司法》2013 年第 19 期。

⑦ 王青林、于蒙:《管控到疏导:我国民间借贷利率规制的路径选择与司法应对》,载《法律适用》2012 年第 5 期,第 64 页。

⑧ 参见廖振中、高晋康:《我国民间借贷利率管制法治进路的检讨与选择》,载《现代法学》2012 年第 2 期。

⑨ 参见高圣平、申晨:《民间借贷中利率上限规定的司法适用》,载《政治与法律》2013 年第 12 期。

2015年之后，很多学者进行了更加深入的实证研究和比较法研究。程金华（2015）[①]通过实证分析指出，人民银行与最高人民法院之间的双轨制理论规则冲突引发了各地人民法院司法裁判的多种指向与不协调。赵海程、宋洋（2020）[②]借鉴英美法系利率上限管制演变的历史，指出我国需要重塑以金融消费者保护为核心的利率上限制度，以“切实维护国家金融市场秩序与社会和谐稳定”。

三、司法裁判可视化梳理

本书写作团队使用Alpha案例库对“金融借贷中逾期利息复利计算纠纷”进行了检索，[③]检索关键词为“案由：金融借款合同纠纷”+“全文：同句‘逾期利息应当计算复利’”+“攻方当事人包含：银行”，总共得到判决85件，可视化分析如图9-2所示。

实务中，商业银行的格式合同可能并没有严格区分开“未付应付利息”和“逾期罚息”，可能使用一个包含两者的概念——“逾期利息”。在此情况下，司法机关的一般思路是应该先探求当事人的本意，究竟是“未付应付利息”还是“逾期罚息”。同时，鉴于中国人民银行对“未付应付利息”的规定明确，而对“逾期罚息”的规定相对宽泛，因此，合同中常常出现法条没有规定但也没有禁止的约定，此时应该核实合同约定是否合法有效。此类案例是否合法有效一般又有两种情况：一是法定利率限度，即利息、复利、罚息、罚息复利总计年利率是否超过24%。二是法院是否认同商业银行逾期罚息以复利计算。由此思路展开，各地法院甚至最高人民法院不同法官的判决思路都有明显差异，给商业银行带来操作（法律）风险，如图9-3所示。

---

① 参见程金华：《四倍利率规则的司法实践与重构——利用实证研究解决规范问题的学术尝试》，载《中外法学》2015年第3期。

② 参见赵海程、宋洋：《我国借贷利率上限管制研究：以普通法的历史变迁为视角》，载《中国法学（英文版）》2020年第2期。

③ 最后检索日期：2020年12月31日。

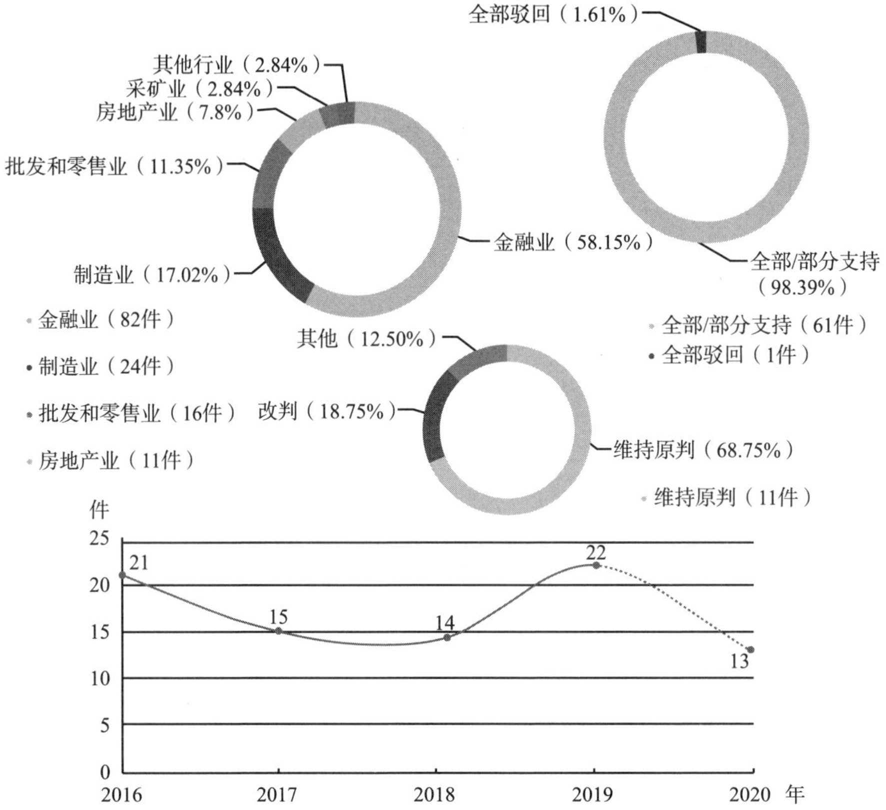

图 9-2　金融借款合同逾期利息计算复利纠纷可视化示意

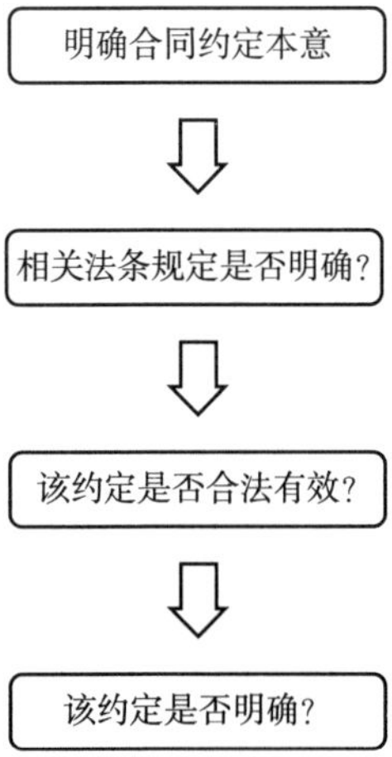

支持	不支持
最高人民法院：（2014）民申字第1563号	最高人民法院：（2016）最高法民终340号
最高人民法院：（2013）民二终字第46号	最高人民法院：（2015）民二终字第110号
最高人民法院：（2009）民二终字第12号	北京市高级人民法院：（2015）高民（商）终字第3613号
—	广东省高级人民法院：（2008）粤高法民二初字第3号
	《广东省高级人民法院关于审理金融机构借贷纠纷案件的指导意见》（粤高法发〔2005〕30号）第21条
	《北京市高级人民法院审理民商事案件若干问题的解答之四》第4条

图 9-3　逾期利息的复利计算的司法裁判思路示意

(一)对于“未付应付利息的复利”,法院一般会在合同约定明确的情况下对商业银行的诉讼请求加以支持

在中国农业银行股份有限公司深圳市分行与深圳市中技实业(集团)有限公司、深圳市中技科技发展有限公司金融借款合同纠纷一案[1]中,最高人民法院认为,《借款合同》约定对应付未付的利息依据中国人民银行的规定计收复利,所以农行深圳分行要求中技科技公司支付相应复利,具有事实依据。农行深圳分行提前收回借款的情形下《借款合同》并未排除其收取相应复利的权利。所以,中技实业公司主张农行深圳分行因提前收回借款故不能收取复利,难以成立,对其主张本院不予支持。在复利收取方面,因《借款合同》约定该合同项下借款按月结息,结息日为每月的 20 日,中技科技公司须于每一结息日当日付息。据此,应当认为《借款合同》就复利收取问题进行了约定。中技实业公司主张《借款合同》中的复利标准无法适用,缺乏事实基础,对其主张法院不予支持。因广东省高级人民法院制定的有关解答意见与本案无关,故中技实业公司以该解答意见来否定《借款合同》中复利的适用,法院不予考虑。

同样,在上海豫园大酒店有限公司、中建投信托有限责任公司金融借款合同纠纷[2]一案中,最高人民法院同样认为,案涉《信托资金贷款合同》第 12 条第 5 项约定,对豫园公司在贷款期内不能按期支付的利息,中建投公司有权按 18.4%的年利率计收复利。案涉《信托资金贷款合同》第 4 条第 1 项约定,贷款利息“根据实际贷款天数计算,每个季度末月的 20 日结息,结息日为付息日”。“复利”指在每经过一个计息期后将所生利息加入本金,以计算下期的利息;在每一个计息期,上一计息期的利息都将成为生息的本金。由此可见,中建投公司按季结息、并将之前计息期所生的利息计入下期利息的

① (2014)民二终字第 125 号。类似判决还包括中国农业银行股份有限公司深圳市分行与深圳市中技实业(集团)有限公司、深圳市中技科技发展有限公司金融借款合同纠纷上诉案[最高人民法院(2014)民二终字第 125 号]。在该案中,最高人民法院认为,《借款合同》约定对应付未付的利息依据中国人民银行的规定计收复利,所以农行深圳分行要求中技科技公司支付相应复利,具有事实依据。农行深圳分行提前收回借款的情形下《借款合同》并未排除其收取相应复利的权利。所以,中技实业公司主张农行深圳分行因提前收回借款故不能收取复利,难以成立,对其主张法院不予支持。在复利收取方面,因《借款合同》约定该合同项下借款按月结息,结息日为每月的 20 日,中技科技公司须于每一结息日当日付息。据此,应当认为《借款合同》就复利收取问题进行了约定。中技实业公司主张《借款合同》中的复利标准无法适用,缺乏事实基础,对其主张法院不予支持。

② (2016)最高法民终 708 号。

计算基数,符合"复利"应有的计收方式,亦符合双方约定。

（二）对于"逾期罚息的复利",法院有可能基于意思自治加以支持

对于"逾期罚息的复利",法院则有可能基于意思自治加以支持。典型案例如中国农业银行股份有限公司昆明潘家湾支行与云南天素实业有限公司等金融借款合同纠纷[①]一案中,最高人民法院认为,2012 年 9 月 28 日,中行石河子分行与新疆江海三泰公司签订了一份《流动资金借款合同》(编号:JD2012044),约定借款金额为 5000 万元,借款期限为 12 个月,自实际提款日起算,借款利率为浮动利率,对逾期或未按合同约定用途使用借款的,从逾期或挪用之日起,就逾期或挪用部分,按该款约定的罚息利率计收罚息,直至清偿本息为止……对借款人不能按期支付的利息以及罚息,以该条第 3 款约定的结息方式,按该款约定的罚息利率计收复利……新疆兵团分院审理后认为,中行石河子分行与新疆江海三泰公司关于该案借款计收罚息(罚息利率为浮动利率水平上加收 50%)、复利的合同约定并不违反国家关于金融机构借款利息的相关规定,保证人经济建设总公司对以上债务承担连带责任保证。……法院予以认可。同样,在兴业银行股份有限公司天津分行与天津市万特商贸有限公司金融借款合同纠纷[②]一案中,最高人民法院也认为,中国人民银行发布的行政规章及规范性文件均明确规定金融机构对于借款人不能按时支付的利息可以计收复利,复利属于法律规定的利率计算形式之一。在本案中,双方当事人在《委托贷款借款合同》第 5 条中亦明确约定了复利,该条约定:合同期内借款利率执行固定利率年 9.3%,借款期间不因国家基准利率的调整而调整;未按期还款的,罚息利率为借款利率上浮 50%;对未按时支付的利息,按合同约定的借款逾期罚息利率计收复利。上述约定是双方当事人的真实意思表示,亦符合中国人民银行颁布的《人民币利率管理规定》以及《中国人民银行关于人民币贷款利率有关问题的通知》关于复利的相关规定,并不违反公平原则,应当予以保护。

（三）对于"逾期罚息的复利",法院认为逾期罚息本质上是一种违约责任的承担方式,已具有对借款人逾期还款行为的惩罚性,其若再对逾期利息计收复利,有违公平和补偿原则,惩罚过度,显失公平从而不予支持

早在 2005 年,《广东省高级人民法院关于审理金融机构借贷纠纷案件

① (2015)民一终字第 425 号。

② (2015)民二终字第 179 号。

的指导意见》[①]第 21 条规定,借款合同约定计算复息,金融机构请求借款人支付复息的,应予支持,但约定的复息超出中国人民银行规定的部分除外。借款合同没有约定计算复息,金融机构请求借款人支付复息的,不予支持,但借款人明确同意的除外。借款到期后,借款人没有归还应付本金和利息,对逾期本金部分按同期贷款的罚息标准计收逾期罚息;对逾期罚息不再计收复息。随后,基于最高人民法院《关于进一步加强金融审判工作的若干意见》第 2 条第 2 款关于“严格依法规制高利贷,有效降低实体经济的融资成本。金融借款合同的借款人以贷款人同时主张的利息、复利、罚息、违约金和其他费用过高,显著背离实际损失为由,请求对总计超过年利率 24%的部分予以调减的,应予支持,以有效降低实体经济的融资成本”的精神,很多法院将“逾期罚息的复利”认定为过度惩罚、显失公平。

如在上海龙德资源股份有限公司诉上海农村商业银行股份有限公司浦东分行金融借款合同纠纷[②]一案中,上海市第一中级人民法院认为,罚息利率本身已具惩罚性质,而《汇票承兑合同》就罚息再行计算复利的约定无异给予出借人双重损失补偿,故法院对于被上诉人罚息再行计收复利的主张不予支持。再如中国工商银行股份有限公司富阳支行与宏丰实业集团有限公司、王某某等金融借款合同纠纷[③]一案中,杭州中级人民法院认为,对于逾期归还的本金和利息,按照罚息利率分别计收逾期罚息和复利,已弥补了出借人的实际损失并在利率上浮范围内适度体现了对借款人的惩罚,如再行以逾期罚息和复利为基数计算复利,相当于对借款人实施了双重惩罚,违约金过分高于实际损失,不符合《合同法》的规定。

---

① 粤高法发[2005]30 号。这一规定的代表性案例参见深圳市科特科技股份有限公司与东莞银行股份有限公司深圳分行金融借款合同纠纷[(2008)粤高法民二初字第 3 号]。该判决中广东省高级人民法院认为,由于对逾期贷款计收罚息,已含有惩罚性质,根据最高人民法院法复(1996)18 号《关于长城万事达信用卡透支利息不应计算复利的批复》精神,对发展银行提出的对逾期罚息计收复利的诉讼请求,法院不予支持。

② (2016)沪 01 民终 9938 号。在该案中,上海农商银行与龙德公司签订了编号为 31299144130054 的《汇票承兑合同》,约定:上海农商银行垫付到期银行承兑汇票款项之日起,对应款项自动转为龙德公司逾期贷款,上海农商银行自垫付之日起按日万分之五对垫付的金额计收罚息,直至本息清偿为止。对于龙德公司转为逾期贷款后的应付未付罚息,上海农商银行按日万分之五计收复利……截至 2016 年 2 月 16 日,龙德公司尚欠上海农商银行逾期利息 1,217,756.56 元。

③ (2015)浙杭商外初字第 46 号。

（四）对于"逾期罚息的复利"，部分法院认定合同约定明确，但认为法律没有规定逾期罚息可以计收复利，从而不予支持

在天津银行股份有限公司天马支行与中能滨海电力燃料天津有限公司、天津市佳泰投资担保有限公司等金融借款合同纠纷[①]一案中，最高人民法院认为，天津中能公司应支付给天马支行截至2013年7月25日的利息为8,570,988.33元，该数额系由贷款本金的正常利息2,858,704元、逾期罚息5,611,944元以及复利100,340.33元构成。其中复利的计算是以正常利息加上逾期罚息为基础，乘以借款合同约定的逾期利率及逾期天数得出。但是，按照中国人民银行《人民币利率管理规定》及中国人民银行《关于人民币贷款利率有关问题的通知》的相关规定，复利的计算基数应仅为正常利息即合同期内的应付利息，不包括逾期罚息。故原审判决确认的上述复利计算方法缺乏法律与合同依据，法院予以纠正。

（五）对于"逾期罚息的复利"，法院认定商业合同使用的术语不明确，从而不予支持

在中国农业银行股份有限公司沈阳和平支行与沈阳假日大厦有限公司金融借款合同纠纷[②]一案中，最高人民法院指出，从双方合同争议条款及相关条款的文义角度分析。一般而言，逾期利息也应该视为利息的一种，但是，在本案《借款合同》中约定的利息与逾期利息还是不同的，合同第3条第2项"贷款人权利义务"中，明确约定"贷款人有权按照合同的约定直接从借款人任何账户中划收贷款本金、利息、罚息、逾期利息、复利和其他借款人应付费用"，这里的利息与罚息、逾期利息、复利等是并列表述的。与罚息、逾期利息、复利等不同，此处约定的利息应当是指贷款人按照约定利率或者法定利率，在借款合同期限内应得的利息，而逾期利息和复利的计收均是在合同第5条"违约责任"中约定的，其中第3项明确约定，"借款人不按本合同约定的期限归还贷款本金的，贷款人有权对逾期贷款根据逾期天数按日利率万分之贰点一计收逾期利息"；第5项约定，"对应付未付利息，按中国人民银行规定计收复利"。根据上述约定，应当计收复利的"应付未付利息"显然不应包括逾期利息。

---

① （2006）民二终字第7号民事判决。

② （2016）最高法民终340号。

（六）法院认定商业合同对“逾期罚息的复利”计算方式、期限不明确的，视为未约定

就“逾期罚息的复利”借款期限而言，在中国农业银行股份有限公司沈阳和平支行与沈阳假日大厦有限公司金融借款合同纠纷①一案中，最高人民法院认为，案涉借款合同并未约定农行和平支行有权对逾期利息计收复利，并且逾期利息的复利计算，首先应确定逾期利息支付的期限，对此双方在合同中并未约定，故无法计算逾期利息的复利，因此对于农行和平支行主张应对逾期利息计算复利的主张不予支持。

就“逾期罚息的复利”的计算方式而言，在中信银行股份有限公司成都分行与成都多优多商贸有限公司、周某某、尹某某、成都高兴投资管理有限责任公司金融借款合同纠纷②一案中，成都高新技术产业开发区人民法院认为，第 13.4 款内容为，未能按约定偿还本金，根据实际逾期天数按照贷款利率加收 50%作为罚息计收利息。一方面，该条款不能作为确定的情形；另一方面，该条款也不能明确计算方式。首先，理解该条款，其本金为未支付的利息，利息随着时间的不断增长，本金也处在不断变化之中；其次，利息作为本金其结算周期如何确定，是否每一天所生利息均在第二天计入本金；同时，罚息利息是否计算利息本金。前述文字表达无异天书。2015 年 11 月 4 日，国务院办公厅颁行《关于加强金融消费者权益保护工作的指导意见》其工作要求第 4 条尤其指出保障金融消费者知情权。金融机构通过复利约定来规制经营风险，具有正当性，也能得到中国人民银行及银监会规则的支持，但其内容应当具体明确。③

---

① (2016)最高法民终 340 号。

② (2015)高新民初字第 6046 号。

③ 在(2015)高新民初字第 6730 号判决中，周寓先法官指出，既然国家法律已经确定利率具有上限，无法想象国家法律执行者中国人民银行可以容忍或者放纵商业银行无上限的利率计算方式，当然反对意见可以认为利率高也是高得有章可循的。在判决第一部分，已经表明了原告的利息主张并非呈算术增长，而呈比例数增长，滞纳金每月计算更是增长惊人。面对这样的增长，仍然判断利息存在上限，这种判断显然脱离社会的一般常识和常理。……从反向角度，如果认可信用借款超高额利率将导致为法律及社会民众不可容忍之悖论。《中华人民共和国宪法》第三十二条第二款昭示：“中华人民共和国公民在法律面前一律平等。”(此处引用宪法并非作为裁判依据而仅用于判决说理论证)平等，也是社会主义核心价值理念的基本内容与内涵。平等意味着对等待遇，除非存在差别对待的理由和依据。一方面，国家以贷款政策限制民间借款形成高利；另一方面，在信用卡借贷领域又形成超越民间借贷限制一倍或者几倍的利息。这显然极可能形成一种“只准州官放火，不许百姓点灯”的外在不良观感。

（七）法院根据格式条款的解释规则，认为借款合同中银行和借款人就逾期利息是否应计收复利的格式条款的解释发生争议时，应作出不利于银行一方的解释

在中国农业银行股份有限公司沈阳和平支行与沈阳假日大厦有限公司金融借款合同纠纷①一案中，最高人民法院认为，《合同法》第 41 条规定，对于格式合同中"格式条款的理解发生争议的，应当按照通常理解予以解释。对格式条款有两种以上解释的，应当作出不利于提供格式条款一方的解释。本案中的《借款合同》是银行一方提供的格式合同，在法律、法规和相关金融管理规章并没有就逾期利息应否计算复利作出明确规定的情况下，双方当事人亦没有约定逾期利息应当计算复利，按照对于格式合同或者格式条款的理解发生争议的解释原则，本案应当作出对上诉人农行和平支行一方不利的解释，即《借款合同》第 5 条第 5 项约定的应当计收复利的"应付未付利息"不包括逾期利息。

在重庆市耀威经贸有限公司、招商银行股份有限公司重庆高新区支行金融借款合同纠纷②一案中，最高人民法院遵循了相同的判决思路，认为，本案所涉借款逾期罚息是否计收复利，应当根据《借款合同》的内容确定。案涉《借款合同》第 5. 3 条约定，乙方须于每一计息日当日付息，甲方可以从乙方存款账户直接扣收。乙方未按时付息，甲方有权按同期贷款利率就未付利息加收复息。就逾期罚息是否应当计收复利的问题，双方当事人对该条款的理解产生争议。耀威经贸公司认为，根据该条约定，招商银行重庆高新区支行仅有权对合同期内未付利息计收复利，无权对逾期罚息计收复利。而招商银行重庆高新区支行则主张根据该条约定其有权就期内利息及逾期罚息加收复利。案涉《借款合同》第 5. 3 条系债权人招商银行重庆高新区支行提供的格式条款，应当适用格式条款的解释规则。根据《合同法》第 41 条关于"对格式条款有两种以上解释的，应当作出不利于提供格式条款一方的解释"的规定，就《借款合同》第 5. 3 条的理解应当作出对条款提供方招商银行重庆高新区支行不利的解释，认定该条约定中的"未付利息"不包括逾期罚息，招商银行重庆高新区支行无权就逾期罚息计收复利。耀威经贸公司关于案涉借款复利的计算基数应仅为合同期内未按期支付利息的上诉理由

① （2016）最高法民终 340 号。

② （2016）最高法民终 495 号。

成立，法院予以支持。

在地方法院层面亦有类似案例。在中国工商银行股份有限公司中山张家边支行与富安（中山）工业园有限公司、陈某某金融借款合同纠纷[①]一案中，案涉借款合同约定，借款到期（含被宣布立即到期）借款人未按约定偿还的，贷款人有权自逾期之日起按本合同约定的逾期罚息利率计收罚息，对借款人未按时支付的利息，按逾期罚息利率计收复利。中山市第一人民法院认为，按照对于格式条款或者格式条款的理解发生争议的解释原则，本案应当作出对工行张家边支行一方不利的解释，案涉借款合同中约定的逾期利息不应再计收复利。从借款合同约定的逾期利息的计算方法来看，本案逾期利息是从逾期之日起按合同约定的原借款利率基础上加收50%确定的标准计算，该标准已经高于借款合同约定的正常利率标准，由于逾期利息本质上是一种违约责任的承担方式，已经体现了对富安公司逾期还款行为的惩罚性，若再对逾期利息计收复利，有违公平和补偿原则。由此，法院认定，对工行张家边支行所主张的逾期利息不能再收取复利，计算复利的基数为富安公司应付未付的正常利息，借款到期前未按期支付利息的，按合同约定的借款利率计收复利，借款到期之日后，按合同约定的逾期罚息利率计收复利。

四、商业银行现有条款的比对点评

（一）多家商业银行的现有条款比对

本书写作团队以“固定资产贷款合同”为例，考察了多家银行合同逾期罚息之复利条款的安排，比对点评如下：

【A银行】

7.5　……如果借款人未能按期偿还贷款，则自逾期之日起直至清偿贷款本息之日止，按照逾期贷款计收罚息，罚息为在原贷款利率基础上加收［50%］。如发生贷款逾期并且借款人挤占挪用同一笔贷款，贷款人有权决定收取由该笔款项产生的罚息中的较高者。对于贷款项下不能按时支付的利息，按逾期罚息利率计收复利。

---

① （2017）粤2071民初3905号。

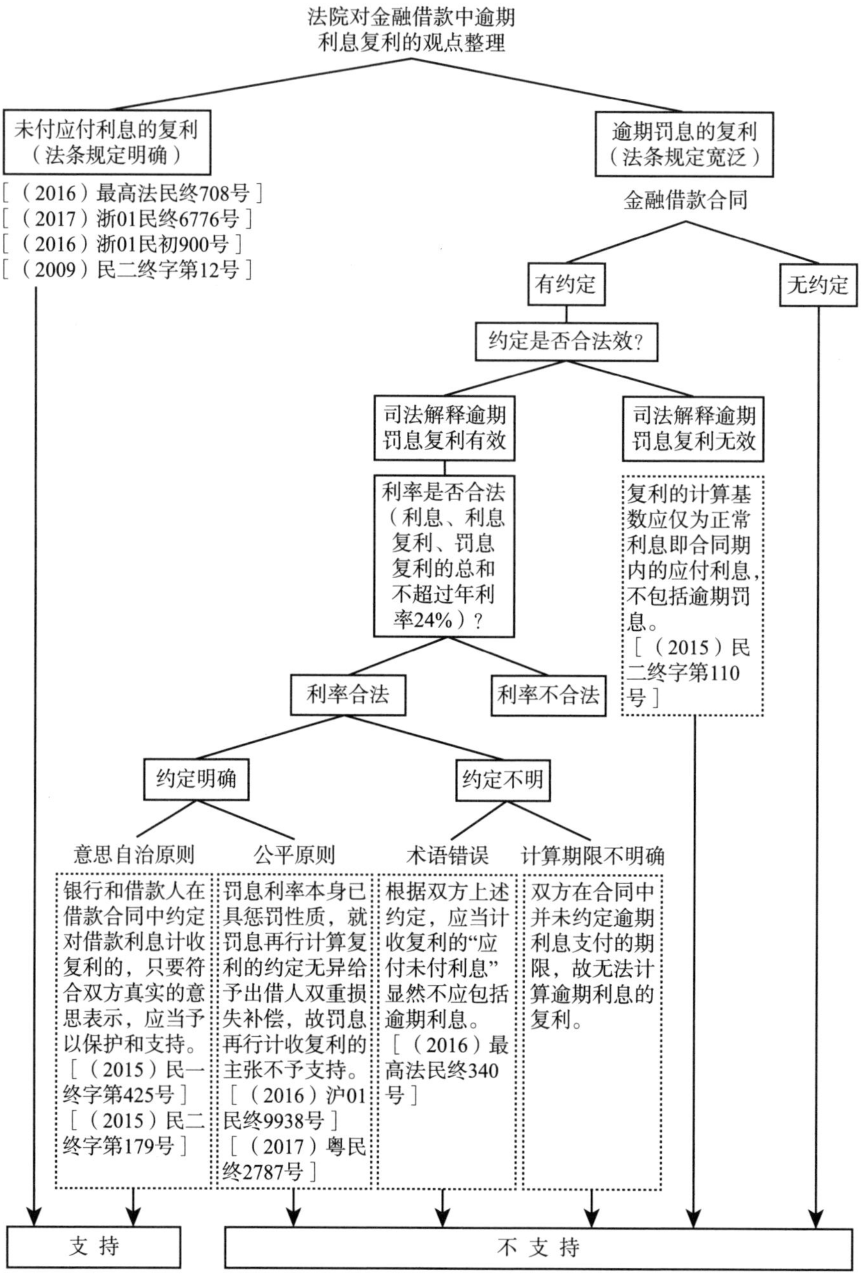

图 9-4　对金融借款中逾期利息之复利计算司法观点整理示意

【B银行】

对逾期或未按合同约定用途使用借款的贷款,从逾期或未按合同约定用途使用贷款之日起,按罚息利率计收利息,直至清偿本息为止。对不能按时支付的利息(含正常利息、罚息和复利),按罚息利率计收复利。同时出现逾期或未按合同约定用途使用借款情形的贷款,罚息利率应择其重。

……

结息期内产生的未付利息(含正常利息、罚息和复利),从下一个结息期起按照罚息标准计收复利至付清之日。比如结息期为一个季度,每个季度产生的利息且未按时支付的,将加入本金,从下一个结息周期起开始计算复利。

【C银行】

第4条　贷款利率、罚息利率、计息、复利和结息

(五)复利

甲方未按期支付的利息及罚息,乙方自未按期支付之次日起,按拖欠天数计收复利。复利利率分别为:

1. 借款到期之日前未按期支付利息的,按合同约定的贷款利率计收复利;如借款到期之日后,仍未按期支付利息的,按合同约定的逾期罚息利率分段计收复利。

……

5. 借款逾期的,对甲方未按时还清的借款本金和利息(包括被乙方宣布全部或部分提前到期的借款本金和利息),自逾期之日起至本息全部清偿之日止按罚息利率和本合同约定的结息方式计收利息和复利。借款逾期是指甲方未按期清偿或超过本合同约定的分次还本计划期限归还借款的行为。

借款到期前,对甲方未按时还清的利息按本合同约定的贷款利率和结息方式计收复利。

【D银行】

(五)借款逾期的,对甲方未按时还清的借款本金和利息(包括被乙方宣布全部或部分提前到期的借款本金和利息),自逾期之日起至本息全部清偿之日止按罚息利率和本合同约定的结息方式计收利息和复利。借款逾期是指甲方未按期清偿或超过本合同约定的分次还本计划期限归还借款的行为。

借款到期前,对甲方未按时还清的利息按本合同约定的贷款利率和结息方式计收复利。

【E银行】

4.9 复利

4.9.1 贷款人对借款人未按约定支付的利息(逾期利息)及罚息计收复利,直至清偿完未按约定支付的逾期利息和罚息为止。

4.9.2 复利年利率与逾期罚息年利率相同。

4.9.3 计算方式:

4.9.3.1 逾期利息复利:复利以逾期利息为基数,按日计算并入账,该基数按月累积,从借款人未按约定支付利息之日起按复利年利率计算。每日复利=逾期利息金额×复利日利率(复利日利率=复利年利率/360)。

4.9.3.2 罚息复利:罚息复利以罚息为基数按日计算并入账,该基数按月累积,从借款人未按约定支付罚息之日起按复利年利率计算。计算方式为:ⅰ.逾期借款罚息复利:每日复利=应付未付的逾期借款罚息×逾期借款复利日利率(复利日利率=复利年利率/360);ⅱ.挪用借款罚息复利:每日复利=应付未付的挪用借款罚息×挪用借款复利日利率(复利日利率=复利年利率/360)。

【F银行】

5.7 乙方对甲方到期(除另有约定外,也包括提前到期、延期后到期)应付而未付的借款本金,自逾期之日起(含该日)按人民币逾期利率或外币逾期利率计收逾期罚息,对甲方不能按时支付的利息和逾期罚息,按人民币逾期利率或外币逾期利率按月在结息日或结息日的对应日计收复利,按实际逾期天数计算,逐月累算。

5.8 甲方未按约定用途使用借款资金的,就其违约使用的贷款金额自违约日起(含该日)直至该等违约结束之日止(含该日),按人民币罚息利率或外币罚息利率计收罚息,对甲方不能按时支付的罚息,按人民币罚息利率或外币罚息利率按月在结息日或结息日的对应日计收复利,按实际挪用天数计算,逐月累算。乙方并可追究甲方的其他违约责任且有权随时单方无需经甲方同意宣布全部或部分未到期贷款立即到期。

【G银行】

5.6.2 若乙方不能按照本合同约定的结息日付息,则自次日起计收复利。

13.4 甲方有权对乙方到期(本合同所称“到期”包括甲方宣布贷款提前到期的情形)应付未付的借款本金,自逾期之日起,按本合同约定的逾期罚息利率按实际逾期天数计收逾期罚息，直至乙方清偿本息为止。

乙方未按约定用途使用借款资金的，甲方有权就其违约使用的借款金额，自违约之日起，按本合同约定的挪用罚息利率按实际违约天数计收挪用罚息，直至乙方清偿本息为止。

……

13.4.1　甲方有权对乙方逾期的贷款本金根据实际逾期天数按合同约定利率上浮 50%计收逾期罚息，直至乙方清偿本息为止。

逾期罚息计算公式为：

逾期罚息=逾期贷款本金×合同约定年利率/360×(1+50%)×计息天数

……

13.4.3　甲方有权对乙方逾期未支付利息按合同约定利率上浮 50%计收复利，计算公式为：逾期未支付利息×合同约定年利率/360×(1+50%)×计息天数。

13.4.4　甲方有权对乙方挪用贷款逾期未支付利息按合同约定利率上浮 100%计收复利，计算公式为：逾期未支付利息×合同约定年利率/360×(1+100%)×计息天数。

13.4.5　甲方有权对乙方不能按时支付的复利，自逾期之日起，按本合同约定的逾期或挪用罚息利率及结息周期按实际逾期天数计收利息。

13.5　乙方在使用借款中如同时出现即逾期又挪用贷款情形的，甲方应择其重而处罚，不能并处。

【H 银行】

3.2.4　复利

借款人未按期支付利息的，贷款人从未按期支付之日起按______(季/月)计收复利。借款到期之日前未按期支付利息的，按合同约定的借款利率计收复利；借款到期之日后，按合同约定的逾期罚息利率计收复利。

3.2.5　本合同项下借款利率、罚息利率均为年利率。

5.3　借款人发生第 5.1 条、第 5.2 条所述情形的，贷款人可以采取以下救济措施：

……

(2)对借款人未按约定使用、归还贷款或未按约定支付应付利息的，按合同约定计收罚息和复利，直至本息清偿为止。

(二)多家银行的现有条款之点评

基于上述合同条款,有以下几点值得借鉴或者需要细化、调整:

第一,对于收取复利的对象,A 银行针对“对于贷款项下不能按时支付的利息”;B 银行针对“不能按时支付的利息(含正常利息、罚息和复利);C、D 两家银行针对“如借款到期之日后,仍未按期支付利息的,按合同约定的逾期罚息利率分段计收复利”;E 银行针对“贷款人对借款人未按约定支付的利息(逾期利息)及罚息计收复利”;F 银行“对甲方不能按时支付的利息和逾期罚息……计收复利”;G 银行针对“乙方逾期的贷款本金”及“乙方逾期未支付利息”;H 银行针对的“未按期支付利息”。可以看出,各银行基本均是针对逾期利息和罚息收取复利,这样的条款设计符合相关法律法规的规定,风险较小,值得借鉴。

第二,所有银行均约定了“同时出现逾期或未按合同约定用途使用借款情形的贷款,罚息利率应择其重”的类似条款。这样的条款设计能够更好地保护银行等金融机构的利益,具有借鉴之处。

第三,只有 E、G 两家银行对逾期利息复利的“计算方式”予以明确、细化,法院可事后回溯的计算公式,其他银行的计算方式都显得模糊不清,很难让司法机构有一个直观的计算依据。其中,E 银行在计算方式上区别了“逾期利息复利”和“罚息复利”,认为后者“逾期罚息=逾期贷款本金×合同约定年利率/360×(1+50%)×计息天数”;G 银行条款为“甲方有权对乙方挪用贷款逾期未支付利息按合同约定利率上浮 100%计收复利,计算公式为:逾期未支付利息×合同约定年利率/360×(1+100%)×计息天数”。由此可见,在合同中明确逾期复利的计算方式利于准确计算复利利息的金额,减少双方的争议,故部分银行在该部分条款设计上有待改进和细化。

第四,只有 B、E、G 三家银行对逾期利息复利“计算期限”约定较为明确,其他银行对此约定均不清晰。三家银行均采取了相似做法,即结息期内产生的未付利息(含正常利息、罚息和复利),从下一个结息期起按照罚息标准计收复利至付清之日。比如结息期为一个季度,每个季度产生的利息且未按时支付的,将加入本金,从下一个结息周期起开始计算复利。同明确计算方式的优点一样,对逾期利息复利的计算期限加以明确约定利于减少双方争议,降低银行自身风险,故部分银行在该部分条款设计上也有待改进和细化。

五、商业银行风控操作要点

为维护金融债权，促进金融借贷业务健康发展，从源头上防范和化解金融风险，本书写作团队建议商业银行在“逾期罚息之复利计算”条款设计中应当加强以下风险防控措施：

（一）对利息、罚息、复利以及借款人逾期还款应承担的违约责任在合同条款中应当进行精准定义，尤其是将利息与罚息进行区别，尽量避免在合同中出现混用、误用的现象

对于借款人逾期还款应承担的违约责任，法院在裁判文书中往往存在多种表述，如支付“逾期利息”“逾期罚息”“违约利息”“迟延利息”“逾期还款的违约金”等，不够规范。如在李某某与渤海银行股份有限公司北京分行金融借款合同纠纷①案中，北京市第二中级人民法院指出，渤海银行对逾期利息计收的复利，称为利息罚息。罚息、复利内涵不同，不应混淆，罚息是对逾期本金按照罚息利率计算的“利息”，复利是指在一定条件下，将所生利息加入本金后再计算的“利息”，渤海银行所称的利息罚息实质上是对利息计收的复利，对于渤海银行的表述一审法院予以纠正。上海市高级人民法院对此建议，②借款人未按照约定的期限返还借款的，应当按照约定或者国家有关规定支付逾期利息。因此，法院在裁判文书中，应按照该条规定，统一表述为“支付逾期利息”。故商业银行合同条款的表述应当注意对应司法认知，尽量避免在合同中出现混用、误用相似概念的现象。

（二）对于逾期罚息之复利计算，目前法律规定过于模糊，商业银行合同条款应当明确规定，作为司法判决的前提

鉴于“逾期利息”本身能否按照复利方式计算司法实践中存在争议，同时考虑到《关于人民币贷款利率有关问题的通知》第3条规定“对逾期或未按合同约定用途使用借款的贷款，从逾期或未按合同约定用途使用贷款之日起，按罚息利率计收利息，直至清偿本息为止。对不能按时支付的利息，按罚息利率计收复利”存在模糊之处。《人民币利率管理规定》第20条

① （2018）京02民终3646号。

② 参见上海市高级人民法院《关于审理借款合同纠纷案件若干问题的解答》（沪高法民二〔2006〕12号）“一、借款人逾期还款应承担的违约责任，在裁判文书中应如何规范表述的问题”。

第2款规定以及《人民币利率管理规定》第21条规定，也不能明确认定应当计算复利的利息指的是贷款期内不能按期支付的利息，抑或是对贷款逾期后的逾期利息计算复利。因此，司法机关支持商业银行的诉请必须是以“合同明确约定”为前提。“根据《中国人民银行关于进一步推进利率市场化改革的通知》，目前我国已经全面放开金融机构贷款利率管制，金融机构可以与借款人对逾期利息是否计收复利作出约定，因此对于逾期利息是否计收复利，合同主体应当在合同中予以明确。”[①]

（三）对于逾期罚息之复利计算，商业银行合同条款应当做到公平合理，避免司法机关认定为惩罚过度、显失公平

逾期利息按照中国人民银行发布的标准，可在合同约定的正常利率水平之上加收30%～50%的参考标准。但根据前述判决，“逾期利息按复利计取”带有明显的惩罚性质，与民事违约救济“填补性”规则存在一定冲突。同时，2020年8月20日，最高人民法院公布了《关于审理民间借贷案件适用法律若干问题的规定》。此次修订确定民间借贷利率的司法保护上限以中国人民银行授权全国银行间同业拆借中心每月20日发布的一年期贷款市场报价利率（LPR）的四倍为标准。这一新规虽然主要针对民间借贷，[②]但是对商业银行等持牌金融机构不可避免地将产生锚定效应。这一效应体现在最近的案例是在陕西省汉中市中级人民法院关于邬某某与中银消费金融有限公司借款合同纠纷[③]案中，法院认为，中银消费金融的借款合同约定了相应的贷款利率，还约定了逾期还款的违约金，双方在合约中所约定的逾期还款费用还包括为实现债权而支出的其他费用，以上合计利率过高。中银消费金融放弃主张超过年利率24%的部分，请求按年利率24%计付违约损失，法院予以支持。考虑到这一背景，商业银行合同条款对于逾期罚息之复利计算，更应当做到公平合理，避免司法机关认定为惩罚过度、显失公平。

---

① 济南农村商业银行股份有限公司历下支行与徐棐等金融借款合同纠纷［（2019）鲁0102民初346号］。

② 《关于审理民间借贷案件适用法律若干问题的规定》第1条对“民间借贷”划定了范围：本规定所称的民间借贷，是指自然人、法人和非法人组织之间进行资金融通的行为。这一规定取代了“以24%和36%为基准的两线三区”的规定，根据2020年8月20日发布的数据3.85%，其四倍为15.4%，大幅度降低了民间借贷利率的司法保护上限。

③ （2020）陕07民终616号。

（四）即使是支持逾期利息收取复利的司法判决，其前提也是双方明确约定。实务中相当多的银行和借款人都只是模糊地的约定对未付利息计收复利，没有达到明确性（标准、计算方式、计算期间）的要求，如果银行据此主张对逾期利息计收复利将不会得到支持。因此，建议商业银行对于逾期罚息之复利计算期间、计算标准予以明确，形成细致、可操作、可显示的约定

四川省成都市中级人民法院曾在2019年向四川省银行协会发出《司法建议书》，①指明在金融借款中，复利对于督促借款人积极履行还款付息义务，确保金融债权人合法权益具有重要作用。然而，在审判实践中，我们发现，现有的部分金融借款合同对于复利的约定不太明确，造成金融债权人诉讼请求难以说清的情形，也影响了人民法院判决对复利的明确。

依照《民事诉讼法》第119条的规定，原告诉讼请求应当明确具体。人民法院的判决内容也应当具体、明确。具体的金钱诉讼请求有两种表现形式：一种是固定的数额；另一种是具体的计算方法。复利一般采用第二种具体方式。第二种计算方式应当明确复利本金、利率标准和起始时间。以目前常见的金融借款合同关于复利的约定为参照：其内容虽然有利率标准，计算时间也相对明确，但是，由于复利本金处于变动之中，现有约定往往比较粗糙。

因此，成都市中级人民法院建议，在金融借款合同中对照前述《民事诉讼法》要求细化复利计算方式，特别完善复利关于本金的约定。可以约定复利计算方式为：结息期内产生的未付利息（如含罚息，注明含罚息），从下一个结息期起按照罚息标准计收复利至付清之日。比如结息期为一个季度，就能清楚显示每个季度产生的利息加入本金，同时从下一个结息周期起开始计算复利。

（五）司法机关倾向于将“逾期罚息之复利计算”条款作为格式条款对待。因此，作为格式合同提供一方的商业银行负有说明解释的法定义务，需要针对复利约定专门完善当事人知情的书面手续，且合同条款不能出现歧义，如果出现两种解释，司法部门倾向于按不利于银行的解释处理

从既往判例来看，如果“逾期罚息之复利计算”的合同表述出现歧义，司

① （2019）川01第1号。该建议书进一步指出，通过细化复利本金的产生方式和标准，可以方便金融机构在维护自身权益时提出具体的复利诉讼请求，同时便于人民法院判断金融机构主张的诉讼请求是否符合合同约定、是否应当得到支持，也可以更好地保护金融消费者的知情权。

法机关倾向于依照格式条款解释规则作出对商业银行不利的解释。因此,商业银行必须避免这一情况的出现。例如,对于借款合同应当计收复利不能简单地约定为"应付未付利息""未付利息"等模糊概念,而应当明确说明该"应付未付利息"的组成,是否包括逾期利息。同时完善当事人知情的书面手续,积极履行说明解释的法定义务。司法先例显示,如果商业银行采取了必要的说明流程,则"逾期罚息之复利计算"格式条款也有可能得到法律支持。

例如,在长沙柳空机械有限公司、杨长胜金融借款合同纠纷[①]案中,湖南省高级人民法院认为,被告以涉案《借款合同》约定的罚息、复利系格式条款,兴业银行长沙分行以未采取合理方式对格式条款中免除或者限制其责任的内容予以提示和说明为由认为不应当承担罚息和复利的理由不能成立。理由如下:(1)从涉案《借款合同》的文本形式看,虽然合同中记载内容系兴业银行长沙分行预先拟定,但涉案《借款合同》首页上"签约重要提示"提示签约人在签订合同之前应仔细阅读,检查并确认相关事项。第二条以及第三条表明柳空公司已经认真阅读并充分理解合同条款,并特别注意了其中有关责任承担、免除或限制兴业银行长沙分行责任,以及加黑字体部分的内容,已经充分理解合同条款的含义及相应的法律后果,并愿意接受这些条款约定。从本案查明的事实看,兴业银行长沙分行在两份《借款合同》中对于罚息和复利的约定在文字上进行了加粗加黑处理,对于罚息和复利计付标准均为留白条款并手写填上具体数额。柳空公司在《借款合同》最后一页上签字并加盖公章应视为其已充分阅读并理解上述合同条款的内容及含义,对于罚息和复利条款已经充分知悉和理解,故兴业银行长沙分行亦已尽到了合理的提示义务。(2)兴业银行长沙分行于2018年3月21日就两笔借款尚欠借款本息分别向柳空公司、杨某某、熊某某发出了《贷款欠息催收通知书》《担保人履行担保责任通知书》,在两份通知书上均记载了截至2018年3月20日柳空公司所欠借款本金及利息(利息系按借款合同约定计算),柳空公司、杨某某、熊某某在通知上盖章和签名,对所欠借款本息没有异议,表明对于合同约定的罚息和复利亦是知情并认可的。综上,案涉借款合同的罚息和复利条款系双方真实意思表示,罚息和复利利率未违反相关法律强制性规定且兴业银行长沙分行已经尽到了相应的提示义务,该条款

① (2020)湘民终910号。

合法有效，对柳空公司具有法律效力。

再如在成都崇光电力有限责任公司、中国信达资产管理股份有限公司四川省分公司金融借款合同纠纷[①]一案中，四川省高级人民法院指出，案涉《流动资金借款合同》虽然是贷款人提供的，但借款人崇光公司在合同中明确确认，在签署本合同时，双方已就全部条款进行了详细地说明和讨论，双方对合同的全部条款均无疑义，并对当事人有关权利义务和责任限制或免除条款的法律含义有准确无误的理解。由此可见，合同中关于计收复利的条款应是双方协商一致的结果。同时，该合同条款对逾期罚息按合同约定的逾期罚息利率计收复利的意思表示明确，作为商事交易主体，不会对该条款的理解产生任何歧义。而且，本案中，崇光公司也未举证证明《流动资金借款合同》约定的罚息及复利之和超过了法定利率的保护上限，因此，该合同有关罚息及逾期罚息计收复利的约定，并不违反法律规定，也不存在加重崇光公司责任的情形，应属合法有效。

① （2020）川民终194号。

第十章　贷款用途条款设计：套取金融机构贷款转贷及脱保风险的防范

【《民法典》变化的影响】风险增加

【风险等级】★★★★★

【提要】贷款用途条款是商业银行《借款合同》中的重要条款，该条款主要面临两大法律风险：一方面，《民法典》第669条、第680条则从立法层面上明确了出借人提供其真实情况的义务以及高利放贷的禁止性规定。2019年《九民纪要》明确了民间借贷中，出借人的资金必须是自有资金。根据2020年民间借贷司法解释新规第14条第1项的规定，套取金融机构贷款转贷，应当认定此类民间借贷行为无效。这一新规可能对商业银行造成新的操作性风险来源。在另一方面，相关案例显示，债务人擅自改变贷款用途且债权人知情默许的，担保人可以主张免除担保责任的抗辩。因此，如何设计《借款合同》及《担保合同》的条款，使之相互关联，防范相关风险对商业银行业务的开展尤为重要。

一、民法典及配套新规

▶《民法典》

【借款人提供其真实情况的义务】

第669条　订立借款合同，借款人应当按照贷款人的要求提供与借款有关的业务活动和财务状况的真实情况。

【禁止高利放贷及借款利率的确定】

第680条　禁止高利放贷，借款的利率不得违反国家有关规定。

借款合同对支付利息没有约定的，视为没有利息。

借款合同对支付利息约定不明确，当事人不能达成补充协议的，按照当地或者当事人的交易方式、交易习惯、市场利率等因素确定利息；自然人之间借款的，视为没有利息。

▶《九民纪要》

【高利转贷认定标准】

第 52 条　民间借贷中,出借人的资金必须是自有资金。出借人套取金融机构信贷资金又高利转贷给借款人的民间借贷行为,既增加了融资成本,又扰乱了信贷秩序,按《民间借贷司法解释》第 14 条第 1 项的规定:"套取金融机构信贷资金又高利转贷给借款人,且借款人事先知道或者应当知道的,民间借贷合同无效。"

▶《最高人民法院关于审理民间借贷案件适用法律若干问题的规定》(2020 年 12 月 31 日)

第 13 条第 1 款　套取金融机构贷款转贷的,民间借贷合同无效。

▶《人民银行信贷资金管理办法》

第 2 条　本办法适用于:中国人民银行、商业银行(含合作银行,下同)、政策性银行、信托投资公司、企业集团财务公司、金融租赁公司、保险公司、信用合作社、融资中介机构以及邮政储蓄机构等。

第 3 条　本办法中的信贷资金系指上述机构人民币下列项目的全部或部分。

▶《贷款通则》(1996 年 6 月 28 日,2020 年修订)

第 71 条　借款人有下列情形之一,由贷款人对其部分或全部贷款加收利息;情节特别严重的,由贷款人停止支付借款人尚未使用的贷款,并提前收回部分或全部贷款:

(一)不按借款合同规定用途使用贷款的。……(六)套取贷款相互借贷牟取非法收入的。

▶《刑法》

【高利转贷罪的刑事责任认定】

第 175 条　以转贷牟利为目的,套取金融机构信贷资金高利转贷他人,违法所得数额较大的,处三年以下有期徒刑或者拘役,并处违法所得一倍以上五倍以下罚金;数额巨大的,处三年以上七年以下有期徒刑,并处违法所得一倍以上五倍以下罚金。

二、立法考辨

在《民法典》出台之前,我国关于高利转贷的规定在民事责任方面认定上主要依据《民间借贷司法解释》第 14 条第 1 项规定,套取金融机构信贷资金又高利转贷给借款人，且借款人事先知道或者应当知道的，民间借贷合同无效。“该法律条文的立法目的是维护国家对信贷发放及利率的管理，防范高利贷转贷行为给金融市场带来的风险。”①《刑法》第175条规定，以转贷牟利为目的，套取金融机构信贷资金高利转贷他人，违法所得数额较大的，处3年以下有期徒刑或者拘役，并处违法所得1倍以上5倍以下罚金；数额巨大的，处3年以上7年以下有期徒刑，并处违法所得1倍以上5倍以下罚金。

关于借款利率的规定，《民法典》则沿袭了此前《合同法》的一些规定，同时新增条款明确了禁止高利放贷。《合同法》第199条规定，订立借款合同，借款人应当按照贷款人的要求提供与借款有关的业务活动和财务状况的真实情况。该条内容与《民法典》第669条规定完全吻合，无一字之差。该条规定了借款人提供其真实情况的义务。借款人所提供的真实情况主要包括两方面：一是与借款人资格有关的基本情况，是法人、自然人还是金融机构，不同的主体有不同的审核条件，而根据借款的主体，贷款人可以去判断借款人能否做到不挪用资金等；二是借款人财务状况的真实情况，贷款人借此判断借款人偿还借款的能力，保障资金安全。《合同法》第211条规定，自然人之间的借款合同对支付利息没有约定或者约定不明确的，视为不支付利息。自然人之间的借款合同约定支付利息的，借款的利率不得违反国家有关限制借款利率的规定。《合同法》第211条只规定了自然人之间借款合同的利率，《民法典》第680条在该条的基础上新增了“禁止高利放贷”“借款合同对支付利息约定不明确，当事人不能达成补充协议的，按照当地或者当事人的交易方式、交易习惯、市场利率等因素确定利息”，提出自然人之外借款利息约定不明确的情况，按照一些方式来补充确认利息。《九民纪要》第54条明确提出禁止高利转贷，着力强调民间借贷中债权人出借的资金必须是自有资金。而在2020年8月20日，最高人民法院修订了2015年《最高人民法院关于审理民间借贷案件适用法律若干问题的规定》（以下简称《民间借贷司法解释》），增加了合同无效的情形，明确非自有资金的转贷行为一律无效。②

① 辛某某、内蒙古阿尔泰药业有限公司与安润兰民间借贷纠纷[（2018）内01民终47号]。

② 2020年《最高人民法院关于审理民间借贷案件适用法律若干问题的规定》所规定的“转贷”包括套取金融机构贷款转贷和以其他方式取得的资金转贷两种情形。对于后者，该规定第14条第2款：…… 2. 以向其他营利法人借贷、向本单位职工集资，或者以向公众非法吸收存款等方式取得的资金转贷的。新规定也同时取消“牟利”和“借款人知情”这两个限制条件。

第一,高利转贷中的“高利”该如何认定?这个问题一直是众说纷纭。学界对于“高利”提出过很多认定标准:第一种标准是,“高利”是指以高出金融机构贷款利率的较大比例转贷给他人;第二种标准是,“高利”应参照民间借款合同中所约定的最高不得超过银行同类贷款利率的四倍;第三种标准是,“高利”是高于“金融机构依据中国人民银行的利率规定而确定的同期同种贷款的利率幅度”;第四种标准是,“高利”是指将银行信贷资金以高于行为人从银行贷款时的利率转贷给他人。具体高出银行贷款利率多少,不影响本罪的成立。结合立法目的和其他构成要件来看,显然第四种标准最为合理,弥补了前三种标准存在的漏洞,将行为人低于银行同期利率转贷的情况也纳入其中。即只要行为人以高于自己从金融机构获取贷款时的利率进行转贷,只要行为人转贷时有利可图,具有牟利性质,都应当认定为“高利”,可构成该罪。[①] 2020 年《民间借贷司法解释》第 14 条第 1 款套取金融机构贷款情形则取消了“高利”的限制。只要套取金融机构贷款转贷的,民间借贷合同即无效,至于转贷行为是否牟利在所不问。

第二,“套取金融机构信贷资金”该如何认定?根据《中国人民银行信贷资金管理暂行办法》第 2 条的规定,信贷资金是指金融机构人民币下列项目的全部或部分:资本、负债和资产,资产包括贷款、投资、其他金融资产及表外资产。《贷款通则》第二章规定:贷款包括信用贷款、担保贷款和票据贴现。可见,信用贷款与信贷资金不是一个概念,信用贷款只是贷款的一种形式,是信贷资金的子概念。考虑到实务中对于“信贷资金”各个金融机构的理解差异甚大,有很多案件中当事人认为信贷资金与信用贷款系同一概念,因此,其使用从金融机构获得的抵押贷款等资金再转贷的,不属于“信贷资金”,并以此抗辩转贷无效。[②] 2020 年《民间借贷司法解释》由此将“信贷资金”改为“贷款”,其依据在于,贷款系信贷资金的二级子概念,信用贷款又是贷款其中的一种形式。换言之,信贷资金覆盖了所有各种贷款。将“信贷

---

① 肖梦涵:《高利转贷罪的认定及适用问题——兼论小额贷款公司能否成为该罪被贷款方和犯罪主体》,载《金融法苑》2019 年第 1 期。

② 根据 2015 年最高人民法院的观点,所谓信用资金即指信用贷款。该种贷款的性质是以借款人的信誉发放的贷款,借款人不需要提供担保即可取得贷款并以自己的信用程度作为还款保证。虽然银行在实际操作上为防范呆坏账已极少向个人发放信用贷款,但根据《贷款通则》等规定,银行并不绝对禁止向个人发放信用贷款,而且部分银行为发展业务对小额的个人借款趋向于采取信用贷款的方式,因此,个人并不排除在本条款的适用范围之外。参见杜万华主编、最高人民法院民事审判庭编:《最高人民法院民间借贷司法解释理解与适用》,最高人民法院出版社 2016 年版,第 263 页。

资金”改为“贷款”,避免上述概念的理解不一致,明确只要是利用贷款,无论贷款种类如何,都属于转贷无效的情形。

第三,借款人对高利转贷行为事先知道或者应当知道该如何认定?在之前的司法实践中对这个证明标准,不能要求太高。实践中,只要借款人举证证明出借人在签订借款合同时存在尚欠银行贷款未还事实的,一般可以认为满足了该要件。2020年《民间借贷司法解释》则干脆取消了“借款人事先知道或应当知道”这一限制。因此,只要套取金融机构贷款转贷的,民间借贷合同即无效,至于转贷行为借款人是否知情则在所不问。

第四,转贷合同无效的法律后果。转贷人与借款人之间签订的转贷合同无效,不导致银行与转贷人之间的金融借款合同无效,转贷人仍然要履行其与银行之间签订的金融借款合同。但是,由于借款人将资金在转贷给他人,会在一定程度上加大了出借人不能依约还款的风险,商业银行可以要求其承担违约责任,或触发提前到期条款,甚至以受欺诈为由请求撤销合同。

第五,套取信贷资金转贷无效,不要求转贷行为是营业性、经常性,偶发行为也应认定无效。

近五年来的学术成果中,很多学者都赞成限制、缩小甚至废除高利转贷罪。姚万勤(2018)①通过实证数据的统计,1997年增加的高利转贷属于对金融业的高压管控,转贷行为本身有利于提高信贷资金的利用效率,应当考虑废除该罪名,转而采取限制转贷的利率标准以及对转贷资金进行登记的监管手段。同时,陈薇薇(2019)②指出,在实务中,保证人越来越多地基于“商业银行贷款实际用途与约定用途不符”提出抗辩理由,从而请求法院免除其保证责任,由此增加了商业银行的风险。谷超(2020)③认为,基于刑法谦抑性原则,如果抵押物于抵押贷款具有安全保障时,应当审慎适用高利转贷罪,并在量刑时充分考虑这一情节,从而对高利转贷罪适用进行实质上的限缩。刘晓春(2020)④指出,2020年新《民间借贷司法解释》限制利用金融贷款做转贷业务即明确要求民间借贷的资金一般应该是出借人的自有资金。

---

① 参见姚万勤:《高利转贷除罪化实证研究》,载《政治与法律》2018年第3期。

② 参见陈薇薇:《贷款实际用途与约定不符的法律风险及防范》,载《银行家》2019年第6期。

③ 参见谷超:《高利转贷罪适用现状之批判及其匡正》,载《甘肃社会科学》2020年第3期。

④ 参见刘晓春:《民间借贷适用法律的逻辑》,载《中国金融》2020年第9期。

三、司法裁判可视化梳理

本书写作团队使用 Alpha 案例库“金融借贷中贷款用途纠纷”进行了检索①，检索条件为“案由：未设置案由”+“全文：同句‘贷款用途’”+“全文：‘担保责任’”+“守方当事人包含：银行”，总共得到案件数量 32，675 件。

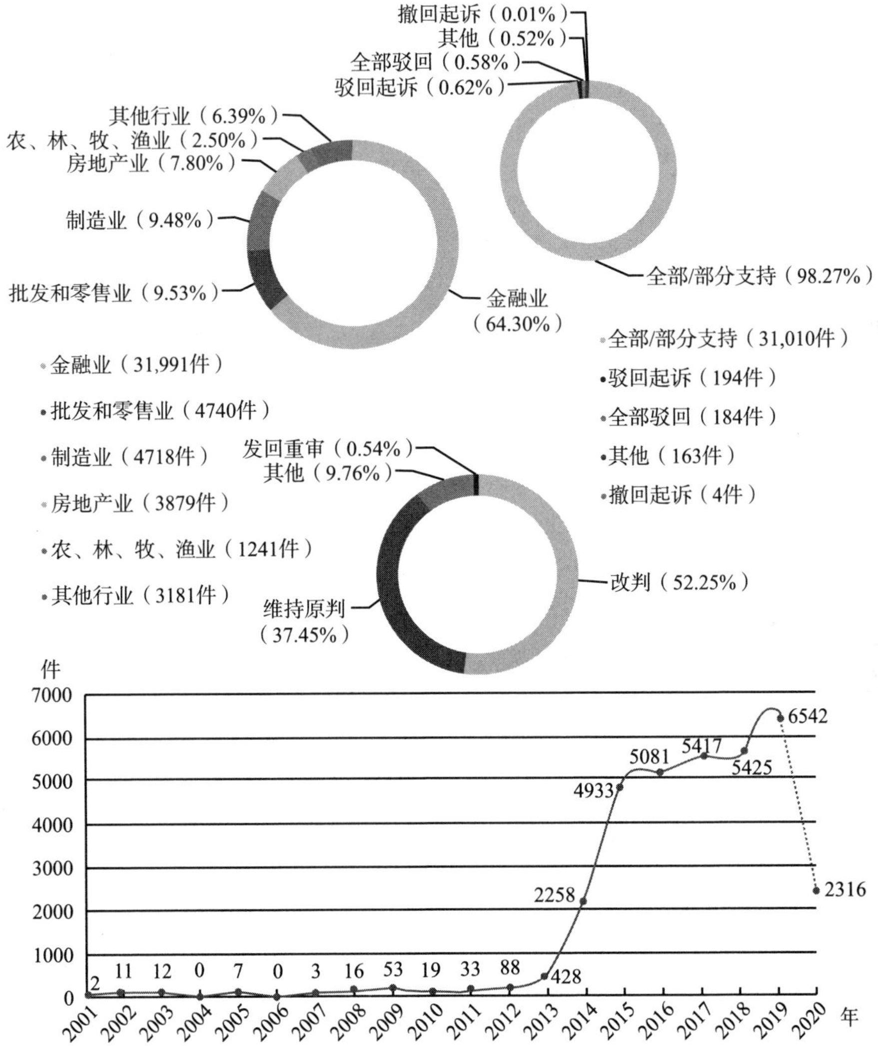

图 10-1　金融借款合同“贷款用途”纠纷可视化示意

---

① 最后检索日期：2020 年 12 月 31 日。

就司法判例来看，司法部门对“高利转贷”类案件的审理思路主要分为以下两步，第一步界定是否有“套取金融机构资金”的行为；第二步判断借款人是否从转贷的过程中牟取了利益；根据既往司法判例，商业银行可能面临司法败诉的风险主要源于以下几个原因：

（一）是否构成高利转贷罪是以“获利结果论”判断，而非利率的高低

在定西市中级人民法院审理临洮县人民检察院指控原审被告人裴某犯挪用公款、利转贷罪①一案中，裴某及辩护人辩称：“裴某高利转贷达不到追诉标准，利息计算方式不合理。”而定西市中级人民法院认为，高利转贷罪是以转贷牟利为目的，套取金融机构信贷资金高利转贷他人，违法所得数额较大的行为，是以获利结果论是否构成犯罪，裴某实际获利金额，数额较大，构成高利转贷罪，故对该辩护辩解意见不予采纳。从该案法院判决来看，高利转贷中利率的高低并不能成为是否构成高利转贷的标准，最终的判断标准应该是是否从转贷中获利。

（二）在获得金融机构信贷资金时，借款人有无主观上的故意

在苍南县人民检察院指控被告人郑某某犯挪用公款罪、高利转贷罪，被告单位苍南县盐业公司（以下简称县盐业公司）犯高利转贷罪②一案中，被告人郑某某的辩护人提出：“关于高利转贷罪，被告人及县盐业公司不构成该罪。理由是成立该罪，被告人需要先产生牟利的动机，套取银行或其他金融机构的资金进行转贷牟利，但县盐业公司没有产生牟利的动机……县盐业公司获取贷款时不存在骗、套取的行为，不构成高利转贷罪。”而苍南县人民检察院认为：“经查，1000万元的授信额度的使用、贷款与否决定权在于苍南县盐业公司，因为本案被告人郑恩合在班子会议上提出其弟可以向公司借款支付高额利息之后，领导班子才同意将这1000万元贷出……该1000万元在进行贷款后已经改变了贷款用途，经过领导班子决定后用于高利转贷，利息高于正常贷款利息，其行为符合套取信贷资金的性质，可以认定其主观上有高利转贷牟利的故意，构成高利转贷罪。”从该判例可以看出，法院在判断是否构成高利转贷罪的时候，需要认定借款人在套取金融机构信贷资金时有无主观上的故意，当有主观上牟利的故意时，才认定为高利转贷罪。

---

① （2020）甘11刑终19号。

② （2019）浙0327刑初425号。

(三)判断贷款人是否是职业放贷人

在原告苏某某与被告史某某、王某某、蒋某某民间借贷纠纷[①]一案中，被告蒋某某辩称："本案所涉出借资金并非原告合法收入的自有资金，涉嫌套取金融机构信贷资金进行高利转贷，因此，该借款合同无效。主合同无效，从合同亦无效。本案所涉出借资金系小额贷公司的资金(见转账凭证)，而并非出借人苏某某合法收入的自有资金且利息约定明显高于金融机构的利率限值，因而，涉嫌套取金融机构信贷资金进行高利转贷。"而石家庄市裕华区人民法院认为，关于资金来源，从原告提交的证据来看，原告仅是委托家庄市裕华区安汇小额贷款有限公司支付借款，并未从金融机构套取贷款，也未向社会不特定人群吸收存款，因此，苏某某不构成职业放贷人。从该判例可以看出，委托小额贷款有限公司支付借款也并不意味着就相当于从金融机构套取贷款，而是否构成职业放贷人也有一定的判断标准，《关于办理非法放贷刑事案件若干问题的意见》明确规定，"经常性地向社会不特定对象发放贷款"，是指2年内向不特定多人(包括单位和个人)以借款或其他名义出借资金10次以上。根据本条规定，民间借贷比较活跃的地方的高级人民法院或者经其授权的中级人民法院，可以根据本地区的实际情况制定具体的认定标准。从而可以看出，如果一旦被认定为职业放贷人，那么在法院在判决时会受到极大的影响。

(四)由于"商业银行作为贷款人明知借款人改变了贷款用途而发放贷款"而导致担保合同无效

商业银行作为债权人出借人是否有义务监督借款人对款项的使用？如果商业银行怠于行使这一义务是否影响担保责任？从司法实践来看，法院认为合同约定专款专用的，且出借人有权进行监督，如商业银行怠于行使监督义务，可能导致担保人免责。

现实中已经出现了多起"商业银行明知借款人改变了贷款用途而发放贷款"而导致担保合同无效的先例。如早在1997年石狮市建明染织厂有限公司与福建怡华企业有限公司、福建省石狮市帝都制衣有限公司、福建省新

① (2019)冀0108民初2972号。

雅联合手袋公司、福建省石狮市新德顺电子公司借款担保合同纠纷①一案,最高人民法院就认定,1992年12月7日的借款250万元的合同中约定借款用途为扩建服装车间,怡华企业公司在收到该笔250万元贷款后随即归还了厦门国际银行的贷款。因怡华企业公司在贷款前,其存款账户内的款项余额仅为21,189.74元,应认定怡华企业公司用于偿还厦门国际银行的贷款本息是从本案借款中支付的。石狮工商行明知建明染织公司为怡华企业公司担保的贷款用途是扩建服装车间,其作为债权人和怡华企业公司的开户银行放任怡华企业公司改变贷款用途,违背了建明染织公司担保的初衷,且无证据证明怡华企业公司在厦门国际银行的贷款是建明染织公司所担保,增加了担保人建明染织公司担保风险,建明染织公司的担保责任应当免除。建明染织公司的上诉理由成立,法院予以支持。

再如,中国建设银行股份有限公司朝阳站前支行与建平县春风蔬菜种植有限公司、朝阳金河粉末冶金材料有限公司等金融借款合同纠纷②一案中,朝阳市双塔区人民法院认定,原中国建设银行股份有限公司朝阳市分行副行长许某某的承诺及其证人证言已证明建平县春风蔬菜有限公司贷款700万元的实际用途并不是合同约定的购进原材料,而是胡某某用于购买了建行拍卖的商业网点及倒贷,且是中国建设银行股份有限公司朝阳市分行

① (1997)经终字第191号。类似案例如中国光大(集团)总公司与北京京华信托投资公司清算组、北京高登企业有限公司借款合同纠纷[(2010)民提字第87号]。该案中最高人民法院认为,保证人在其出具的《不可撤销的担保书》中明确表示,其根据贷款合同的规定而同意提供担保,故贷款合同中关于"贷款用途"的约定亦属于保证合同的内容,对贷款人均具有法律约束力。……京华公司本应秉承诚实信用原则和按合同约定履行尽职调查,进而知道或应当知道高登公司改变了贷款用途,但其并没有停止发放上述贷款,事后亦未向高登公司提出异议。对上述改变贷款用途的行为,京华公司亦没有告知保证人光大公司并征得其同意,其市场风险明显超出了保证人的预先设定,亦违背了光大公司提供保证时的真实意思,对光大公司构成了欺诈。法院依据1994年4月15日颁布实施的《关于审理经济合同纠纷案件有关保证的若干问题的规定》第19条的规定,应认定光大公司为上述五份《外汇贷款合同》提供的担保无效。申请人光大公司关于其不应对该部分贷款资金的清偿承担保证责任的诉讼请求,理由充分,法院予以支持。该案例参见最高人民法院民事审判第二庭编:《最高人民法院商事审判指导案例(6):合同与借贷担保卷》,中国法制出版社2013年版,第300~310页。

② (2018)辽1302民初1032号。在此情况下,抗辩人是否能够提供贷款银行参与、知晓债务人改变借款用途的相关证据非常重要。如启东市嘉鸿农村小额贷款有限公司与江苏源友远洋渔业有限公司、蒋某某等借款合同纠纷[(2015)通中商终字第00600号]一案中,南通市中级人民法院认为,关于上诉人所称的借款人未按借款用途使用借款,法院认为,贷款人一旦将贷款发放到借款人账户中,借款人即有权自行支配;借款人单方改变贷款用途,因贷款人未参与协商,故不构成主合同当事人协商变更主合同的内容,保证人仍应承担保证责任。

通过开中小企业贷款预审会决定的,可以推定原告中国建设银行股份有限公司朝阳站前支行是知道建平县春风蔬菜种植有限公司贷款700万元的实际用途并不是用于合同约定的购进原材料等。贷款人明知借款人改变了贷款用途而发放贷款,故中国建设银行股份有限公司朝阳站前支行与建平县春风蔬菜种植有限公司签订的《人民币流动资金贷款合同》因恶意串通,损害国家、集体或者第三人利益亦应确认无效。根据我国担保法规定,借款合同与担保合同为主、从合同关系,主合同无效,担保合同亦无效。

四、商业银行现有条款的比对点评

(一)多家商业银行的现有条款比对

本书写作团队考察了多家银行对“高利转贷”及相应“银行合同贷款用途的细化”的安排,比对检讨如下:

【A银行】

第三条　借款用途

3.1　借款用途:______________________________。

3.2　未经贷款人书面同意,借款人不得改变借款用途,包括但不限于借款人不得将借款用于固定资产、证券交易、股权等投资,不得将借款用于任何法律、法规、部门规章、规范性文件和国家政策禁止生产、经营的领域或未经依法批准的领域,以及不得将借款用于禁止以银行贷款投入的项目、用途。

第十一条　声明和承诺

11.1.4　借款人向贷款人申请办理业务的交易背景真实、合法,未用于洗钱等非法目的;借款用途及还款来源明确、合法。

11.2.3　借款人应接受并配合贷款人以账户分析、凭证查验及现场调查等方式对包括借款用途在内的借款资金使用情况的检查和监督,按照贷款人要求定期汇总报告借款资金支付、使用情况,具体汇总报告时间为:每3个月汇总报告一次。

【B银行】

第三条　贷款用途

本合同项下贷款的用途仅于____________________。贷款人有权但不应有义务对本合同项下任何贷款的使用进行监控或核查。

第十一条　账户及资金监管

11.4　贷款人有权要求借款人定期汇总报告贷款资金自主支付情况,并通过账户分析,凭证查验、现场调查等方式核查贷款自主支付是否符合本合同规定的用途。

第十四条　陈述与保证

(11)贷款项目及其借款事项符合法律法规的要求,项目资金来源明确并有保证,借款用途及还款来源明确、合法,并符合本合同规定。

第十五条　承诺

15.1(1)确保所有贷款仅被用于本合同所列明的用途。

【C银行】

第三条　贷款用途

3.1　本合同项下贷款用于________,未经乙方书面同意,甲方不得改变贷款用途,包括但不限于甲方不得将贷款用于股票及其他证券投资,不得将贷款用于生产、经营或投资任何法律、法规、监管规定、国家政策禁止的领域和用途。

第六条　贷款资金支付

6.5　甲方自主支付的,甲方应当在乙方发放贷款之日起每______(月/季)向乙方定期汇报贷款资金支付情况。

6.6　甲方应按本合同约定的用途使用支付贷款资金,不得挤占、挪用。

第十条　甲方陈述与保证

10.4　本合同项下的借款用途等事项符合所在国家(地区)、借款事项所适用的法律法规的要求以及乙方的要求。甲方的外币借款用途等应符合中国相关外汇管理政策的规定。

【D银行】

第三条　借款用途

本合同项下的借款用途见合同要素表的约定。未经乙方书面同意,甲方不得改变借款用途。

第十条　甲方陈述与保证

甲方保证按本合同和法律法规规定的用途以及甲方提交乙方的项目进度、计划使用本合同项下贷款资金,且甲方每次支用借款应与当次《支付申请书》中载明的内容一致。

第十二条　违约责任

12.1.7　甲方未按本合同约定的用途使用贷款资金,或未按本合同约定提取和支付贷款资金的。

(二)多家银行的现有条款之检讨

根据上述合同和司法实践,本书写作团队认为存在的四个问题需要细化与调整:

第一,对比发现,几家银行关于借款人贷款用途都是采用填写的方式确定,这就要求企业在填写贷款合同时,对贷款目的及贷款用途填写极其谨慎。如果一旦不正确填写,将会使企业处于随时被要求还贷的可能。此外,企业法定代表人及经办人还存在因此触犯骗取贷款罪的法律风险。依据《立案追诉标准(二)》第27条规定,凡以欺骗手段取得贷款等数额在一百万元以上的,或者以欺骗手段取得贷款等给银行或其他金融机构造成直接经济损失数额在二十万元以上的,或者虽未达到上述数额标准,但多次以欺骗手段取得贷款的,以及其他给金融机构造成重大损失或者有其他严重情节的情形,应予立案追诉。所以,建议企业严格审核贷款合同,对合同中的非格式部分审慎对待。

第二,关于银行监督贷款发放之后使用情况的权利。A银行在合同中写明“贷款人有权监督借款的使用”。B银行规定“贷款人有权但不应有义务对本合同项下任何贷款的使用进行监控或核查”。A、B银行都明确规定贷款人有监督借款使用是否符合贷款用途的权利。相比之下,B银行规定,监督借款使用是银行的权利而非银行的义务,将银行自身义务进一步减轻,相对来说更加完善,对银行来说更加有利。而C银行和D银行的贷款用途条款后面则并未注明银行对于借款使用用途的监督权利,应该加以完善。

第三,关于借款人定期向银行汇报资金支付,使用情况。A银行规定“借款人应当每三个月定期汇报一次资金的支付,使用情况”;B银行规定“贷款人有权要求借款人定期汇总报告贷款资金自主支付情况,并有权核查贷款自主支付是否符合本合同规定的用途”。C银行规定“甲方自主支付的,甲方应当在乙方发放贷款之日起每(月/季)向乙方定期汇报贷款资金支付情况”。D银行没有上述事宜。上述条款规定了借款人需要定期向贷款人汇报资金的支付,使用情况,但是不同的是,A银行在合同中直接规定了每三个月汇报一次,而B银行只写了“定期”,而并没有写明多久汇报一次,C银行是也未作具体规定,需要在签署合同时填写,需要注意的是,C银行只规定需要汇报资金的支付情况，并未明确规定需要定期汇报资金使用用途。相对来说，A 银行的规定更加的合理，有一个明确的期限，银行能够定期的核查资金的用途，更容易降低资金被挪用的风险。

第四，上述“贷款用途”条款都与担保人责任条款之间的关联。应当考虑在担保合同中约定，(1)担保人已经清楚地知悉债务人的借款用途，并对借款用途不持任何异议。甲方已阅读主合同，并对主合同有关条款不持任何异议；(2)债权人与债务人协议变更主合同，除展期、增加主债权金额、提高贷款利率或变更币种外，无须经保证人同意，保证人仍在原保证担保范围内承担连带保证责任。① 从而锁定担保人的保证或物保责任。

五、商业银行风控操作要点

为维护金融债权，促进金融借贷业务健康发展，从源头上防范和化解金融风险，本书写作团队建议商业银行对“贷款用途条款”应当加强以下风险防控措施：

(一)进一步细化借款合同中的贷款用途

鉴于目前商业银行借款合同中关于贷款用途的规定方式都是填写，要更加严格的规定填写的规范和细化程度，将贷款的用途细化到具体的项目。尽管《民法典》及相关的司法解释对于“套取金融机构贷款转贷”已经规定的较为明晰，最高人民法院修订了 2015 年《最高人民法院关于审理民间借贷案件适用法律若干问题的规定》明确区分了“信贷资金”“贷款”“信用贷款”三个概念，认为所有贷款，无论是信用贷款还是抵押担保贷款，均应当受到禁止套取金融机构贷款转贷规则的约束。但在实践过程中，由于合同中贷款用途不够精细化分类，也容易被人套取贷款转借牟利。所以商业银行在自身的合同中对借款用途进行精细化分类能够进一步避免相应风险。

---

① 如在湖北咸宁金桥信用担保有限公司、中国农业发展银行随州市分行金融借款合同纠纷[(2018)鄂13民终422号]一案中，随州市中级人民法院认为，保证合同第6.10条约定了“债权人与债务人协议变更主合同，除展期、增加主债权金额、提高贷款利率或变更币种外，无须经保证人同意，保证人仍在原保证担保范围内承担连带保证责任”，表明保证人金桥担保公司明确放弃了对借款用途知悉的权利，即使弘大畜牧公司将借款用于偿还续贷周转金，偿还旧贷，均不影响金桥担保公司承担保证责任。

(二)增加定期和不定期检查资金的用途的条款,将贷款用途纳入商业银行贷前审查和贷后审查权利范围①

商业银行在贷款合同中增加约定,商业银行有权利对于贷出的资金使用情况进行定期的和不定期的检查。通过定期和不定期的检查,可以尽量减少借款人挪用资金的风险,保证贷出资金按照贷款用途使用。在武汉市将军路忠良食品厂与交通银行股份有限公司武汉硚口支行及武汉市将军山磁业有限公司借款合同纠纷②案中,武汉市中级人民法院将商业银行对借款用途的审查分为贷前审查和贷后审查权。武汉市中级人民法院在判决中指出,《商业银行法》第35条规定,商业银行贷款,应当对借款人的借款用途、偿还能力、还款方式等情况进行严格审查。商业银行贷款,应当实行审贷分离、分级审批的制度。第36条规定,商业银行贷款,借款人应当提供担保。商业银行应当对保证人的偿还能力,抵押物、质物的权属和价值以及实现抵押权、质权的可行性进行严格审查。经商业银行审查、评估,确认借款人资信良好,确能偿还贷款的,可以不提供担保。《合同法》第199条规定,订立借款合同,借款人应当按照贷款人的要求提供与借款有关的业务活动和财务状况的真实情况。上述法律要求商业银行在签订借款合同前进行贷前审查。《合同法》第202条规定,贷款人按照约定可以检查、监督借款的使用情况。借款人应当按照约定向贷款人定期提供有关财务会计报表等资料。第203条规定,借款人未按照约定的借款用途使用借款的,贷款人可以停止发放借款、提前收回借款或者解除合同。以上条款是贷款人在贷款发放后对借款人的检查、监督和对借款使用限制进行的规定,赋予商业银行一定的贷后审查权,与贷前审查一起,共同确保贷款人资金的交易安全。

(三)对于借款人填写的贷款用途,要求其出具完整详实的证明文件

根据《民事诉讼法》第64条第1款的规定,当事人对自己提出的主

① 司法实践一般认为,商业银行未履行贷前、贷后审查权利不构成担保人责任免除的条件。如在邵某某与江苏常熟农村商业银行股份有限公司盐城分行、凌某某金融借款合同纠纷[(2020)苏09民终849号]一案中,盐城市中级人民法院指出,因此,检查、监督借款使用情况是贷款人的权利,也是贷款人可以停止发放借款、提前收回借款或者解除合同的条件,但贷款人未对借款人的借款使用情况进行检查和监督的,也并非相关法律、司法解释等规定的或者合同约定的可以免除保证人保证责任的条件。

② (2014)鄂武汉中民商终字第00409号。

张,有责任提供证据。在签订贷款合同的时候,商业银行需要对借款人填写的贷款用途进行实质核查,有权利要求借款人提供相应完整的证明文件,以保证其用途的真实性,合法性以及可行性,预估贷款资金被挪用的风险,做好防控措施。同时,商业银行需要将借款人提供的证明材料归置存档,做好资料的保存,一旦发现资金被挪用,证明文件可以作为证据提交。

(四)明确约定"借款人私自改变贷款用途及挪用贷款资金"的违约责任条款,并且约定罚息处罚

商业银行应当在违约条款中明确单列约定违约责任和处罚条款,如借款人私自改变贷款用途,挪用贷款资金,应承担违约责任且按照被挪用的资金一定的比例进行罚息的处罚。一般认为,这一责任形态基于诚信原则。对于"改变借款用途"与"套取金融机构贷款转贷",均可在合同中设计为触发贷款提前到期,但对于两者的违约责任可以不同,前者违约性质和恶意程度低于后者,因此,"套取金融机构贷款转贷"的违约责任可以参照执行已发放贷款30%的标准加以约定。

(五)商业银行在相关《借款合同》、《担保合同》中应当设计相互勾连的条款,锁定担保责任

如在李某阳、文某某借款合同纠纷①案中,江西省高级人民法院认定,关于欧国民对案涉贷款的实际用途是否影响李某阳、文某某、李某某、兰某某承担抵押担保责任的问题。本案中,欧某某与会昌农商银行签订的《个人借款合同》第12条还约定:借款人承诺按本合同约定提取、支付和使用借款,不擅自改变借款用途或将借款挪作他用。第13条约定:当借款人向贷款人提供虚假资料、文件、信息或隐瞒重要事实、资料、文件、信息,可能或已经造成损失,未按约定使用贷款时,贷款人有权行使担保物权。李某阳、文某某、李某某、兰某某(甲方)与会昌农商银行(乙方)签订的《最高额抵押合同》第18条约定:甲方清楚地知悉债务人的借款用途,并对借款用途不持任何异议。甲方已阅读主合同,并对主合同有关条款不持任何异议。根据上述约定可知,即使欧国民未按约定使用贷款时,会昌农商银行仍有权利行使担保物权。故李某阳、文某某、李某某、兰某某关于欧国民向会昌农商银行贷款并不是用于经营,其不应承担抵押担保责任的主张,不能成立。

---

① (2018)赣民申744号。

(六)对于确实发生了贷款用途变化的案件,商业银行应当积极举证这一变化没有增加担保人负担。从司法实践来看,这一抗辩可能会得到法院的支持

如在刘某某、杨某与中国邮政储蓄银行股份有限公司益阳市分行、谢某、邓某某借款合同纠纷①案中,益阳市中级人民法院指出,关于刘某某、杨某上诉所提谢某、邓某某贷款后改变贷款用途,加重了保证人的保证责任,刘某某、杨某保证责任应予免除的主张。本案中,邮储银行益阳分行根据谢某的指示将贷款资金交付至谢某指定的账户后,邓某某将贷款用于偿还其以他人名义办理的信用卡欠款,改变了合同约定的贷款用途。但"贷款用途"这一主合同内容的变更,未加重谢某、邓某某对邮储银行益阳分行所负的债务,未改变保证债务的数额、期限,亦未加重保证人的保证责任,不影响保证合同的效力。

再如大竹县农村信用合作联社与西藏华西药业集团有限公司保证合同纠纷②案中,最高人民法院认为,上述证据与华西药业在诉讼中的自认行为相印证,可以认定陈某某系阜康公司持有50%股份的股东及阜康公司的监事,本案中阜康公司工商登记材料里陈某某的签名是否真实不影响其对外的公示公信效力。故即使本案存在以贷还贷的情况,根据陈某某系华西药业法定代表人、阜康公司监事及两名股东之一的特殊身份以及华西药业及其关联公司代阜康公司偿还贷款利息的行为,华西药业亦应当知晓贷款的实际用途,则依据《担保法解释》第39条的规定,华西药业仍应当承担本案担保责任。

再如在深圳广田集团股份有限公司与平安银行股份有限公司成都分行金融借款合同纠纷③案中,最高人民法院认为,中金建设公司作为建筑企业,其经营范围是工业与民用建筑工程施工、水电工程安装等建设施工,深圳广田公司在签订保证合同时应当对此明知。《综合授信额度合同》约定贷

---

① (2020)湘09民终873号。

② (2011)民申字第429号,载《最高人民法院公报》2012年第4期(总第186期)。该判决中最高人民法院认为,判断是否属于"保证人知道或者应当知道"的情形,应当根据案情全面分析。保证人与借款人具有关联关系。在保证合同中承诺对借款人转移贷款用途等违反合同的行为承担连带责任,并实际履行了部分主债务的,可以认定保证人知道或者应当知道主债务系以新贷偿还旧贷。在此情形下,保证人以上述规定为由,主张不承担民事责任的,人民法院不予支持。

③ (2019)最高法民终761号。

款资金用于“流动资金周转”,《贷款合同》约定的“购买建筑材料及支付劳务费用等经营性支出”属于中金建设公司正常的资金周转范围。虽然《综合授信额度合同》亦约定信贷资金不得用于房地产开发,但房地产开发与建设施工并非同一概念,涵盖范围也不一致。深圳广田公司并未提供充分证据证明《贷款合同》违反了《综合授信额度合同》关于资金用途的约定,也未证明贷款合同具有法定无效事由,其关于合同无效的主张亦不能成立。

第十一章　还款条款设计：债务清偿抵充顺序新规则的风险防范

【《民法典》变化的影响】风险增加

【风险等级】★★★

【提要】《民法典》第560条虽然坚持在法定多项债务清偿抵充规则下有利于债权人的清偿抵充顺序，但是也首次明确了债务人选择多笔债务清偿的抵充顺序优先于法定多项债务清偿抵充顺序的原则。当债务人对同一个债权人负有多项债务种类相同的债务，并且债务人的财产又不足以全部清偿的情况下，债务人仅有的财产到底优先充抵哪笔债务，由债务人自行决定。这就意味着，在无特别约定的情况下，若债务人在清偿时优先偿还了有担保的债务，无担保的债务将无法得到清偿，这必将增加债权人对于剩余债权的追讨难度。为了让银行等金融机构更加清晰地了解民法典关于多项债务清偿的新规，本章将就多项债务清偿的司法处理、司法实践中存在的问题及银行风险防控等方面对多项债务清偿进行解读。

一、民法典及配套新规

▶《民法典》

第560条　债务人对同一债权人负担的数项债务种类相同，债务人的给付不足以清偿全部债务的，除当事人另有约定外，由债务人在清偿时指定其履行的债务。债务人未作指定的，应当优先履行已经到期的债务；数项债务均到期的，优先履行对债权人缺乏担保或者担保最少的债务；均无担保或者担保相等的，优先履行债务人负担较重的债务；负担相同的，按照债务到期的先后顺序履行；到期时间相同的，按照债务比例履行。

第561条　债务人在履行主债务外还应当支付利息和实现债权的有关费用，其给付不足以清偿全部债务的，除当事人另有约定外，应当按照下列顺序履行：

（一）实现债权的有关费用；

（二）利息；

（三）主债务。

▶《合同法司法解释（二）》（法释〔2009〕5号）

第20条　债务人的给付不足以清偿其对同一债权人所负的数笔相同种类的全部债务，应当优先抵充已到期的债务；几项债务均到期的，优先抵充对债权人缺乏担保或者担保数额最少的债务；担保数额相同的，优先抵充债务负担较重的债务；负担相同的，按照债务到期的先后顺序抵充；到期时间相同的，按比例抵充。但是，债权人与债务人对清偿的债务或者清偿抵充顺序有约定的除外。

第21条　债务人除主债务之外还应当支付利息和费用，当其给付不足以清偿全部债务时，并且当事人没有约定的，人民法院应当按照下列顺序抵充：

（一）实现债权的有关费用；

（二）利息；

（三）主债务。

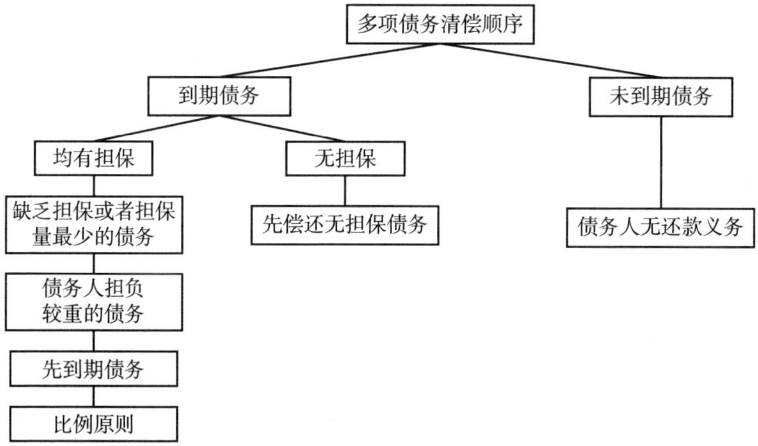

图11-1　《民法典》对于多项债务的清偿顺序规定示意①

① 需要注意的是，债的清偿抵充顺序不同于人民法院执行清偿顺序。《最高人民法院关于在执行工作中如何计算迟延履行期间的债务利息等问题的批复》中确定的本金与迟延履行期间的债务利息与最高人民法院《合同法司法解释（二）》第21条对清偿抵充的规定针对的对象不一样，该批复针对的是罚息，具有一定的惩罚性，从而督促当事人尽快履行判决义务，维护法院执行的权威；而［《合同法司法解释（二）》］第21条所针对的是普通债权，更侧重于对债权人的利益保护。参见吴兆祥、黄年、李予霞：《〈关于在执行工作中如何计算迟延履行期间的债务利息等问题的批复〉的理解与适用》，载《人民司法·应用》2009年第17期（总第580期）。

二、立法考辨

“债的清偿抵充顺序规则”源于罗马法。罗马法没有规定约定抵充规则，只规定了指定和法定抵充规则。根据罗马法对指定抵充规则的规定，债务人有权指定要抵销的债务。“当债务人同时拥有多笔债务而仅履行其中一项债务时，债务人将决定他愿意还清的债务。一旦债务人决定还清哪笔债务，便将清偿该债务。”①上述罗马法中关于债务人的指定抵充规则显然倾向于债务人的利益。

在现代民法中，罗马法在债的清偿抵充顺序方面的基本类型和法律结构在很大程度上得以保留，《德国民法典》第366条规定，如果债务人有两个或两个以上的债务关系，并且有义务向债权人进行同样的付款，而债务人的给付不足以偿还所有债务，应予以偿还其履行时确定的债务。②《法国民法典》第1253条规定，承担数笔债务的债务人有权在其还清债务时直接指明他要偿还的债务。《日本民法典》第488条规定，当债务人对同一债权人承担若干具有相同标的物的债务时，如果所提供的给付不能消除所承担的所有债务，则作为清算人的债务人有权指定某一债务。域外民法典基本均在民法典中明确规定了利于债权人的抵充顺序原则，即如果债权人和债务人之间在还款顺序上存在利益冲突，则债务人应以对债权人有利的顺序还清债务。

值得注意的是，《民法典》新规相比修订前的《合同法司法解释(二)》做出了一定变化，《民法典》第560条最主要的变化是坚持“在法定情况下有利于债权人清偿抵充原则”的同时，增加了债务人指定抵充规则，明确了债务人优先于债权人选择清偿抵充的顺序。换言之，按照《民法典》第560条的规定，第一顺序是先约定抵充(有约定从约定)，第二顺序是债务人指定抵充(无约定则由债务人指定)，第三顺序才是法定抵充(无约定，债务人亦不指定则依法定)。这一做法有利于尊重当事人意思自治，是我国司法实践中长期经验总结的结果。如在宁波北仑东叶模具有限公司与宁波恒威数控机床有限公司合同纠纷③一案中，宁波市江北区人民法院就认为，债的清偿抵

---

① [意]彼德罗·彭梵得：《罗马法教科书》，黄风译，中国政法大学出版社2005年版，第245页。

② 参见《德国民法典》，陈卫佐译注，法律出版社2004年版，第115页。

③ (2008)甬北民二初字第422号。

充,是指债务人对于同一债权人负担数宗同种债务,而债务人的履行不足以清偿全部债务时,决定该履行抵充某宗或某几宗债务的制度。清偿抵充的方法为:首先,要充分体现契约自由。当事人之间就债务人的给付系抵充何宗债务有约定时,从其约定。其次,应尊重债务人指定抵充的权利。在债权人与债务人双方未达成抵充合意的情况下,各国民法无例外地规定债务人有权以其单方面的意思表示,决定其给付系清偿何宗债务,这无疑符合私法自治的本义。因为清偿的给付行为,由债务人为之,自然应当尊重其意思。但是,债务人的指定应在偿还债务时即做出明确表示。在本案中,原告、被告和立业公司签订的三方协议已明确约定,被告通过立业公司就 MV1580 机床已向原告付款 240,000 元,对此约定,原告、被告双方都是予以认可的,法院尊重当事人双方的意思。

需要明确的是,债务清偿抵充规则适用的前提。一是“债务人同一且债权人同一”。在宁夏银行股份有限公司利民支行、宁夏为民实业有限公司金融借款合同纠纷①案中,最高人民法院认为,(第 21 条)②适用的前提系债务人同一且债权人同一,而本案涉及的前述两笔借款,债权人与债务人均不同,不应适用该条规定。二是债权人与债务人之间数笔债务共存,而非一笔债务的分期偿还。在湖北继超石业有限公司、湖北竹山农村商业银行股份有限公司金融借款合同纠纷③案中,十堰市中级人民法院专门指出,本案《流动资金借款合同》项下仅发生一笔 7,500,000 元借款行为,双方虽约定分期还款,但并非拆分为数笔债务。上诉人继超公司所援引《合同法司法解释(二)》第 20 条之规定,不适用于确定本案借款的清偿顺序。

同时,需要注意法定抵充顺位中,“优先履行已经到期的债务”>“缺乏担保或者担保最少的债务”>“债务人负担较重的债务”>“债务到期的先后顺序”>“按照债务比例履行”。

如在王某某、吉林森工融信投资集团有限公司金融借款合同纠纷④案中,最高人民法院认为,郡兴公司 2015 年 2 月 10 日偿还森工融信公司 2000

---

① (2016)最高法民申 1215 号。

② 此处所指的第 21 条《合同法司法解释(二)》第 21 条。

③ (2019)鄂 03 民终 3302 号。

④ (2017)最高法民申 4503 号。

万元时，双方当事人对债务的清偿顺序没有作出约定，而本案与（2016）吉 01 民初 170 号案件所涉债务均为已到期债务，两笔借款均存在全额保证担保，属于担保数额相同的两笔债务，但（2016）吉 01 民初 170 号案件的债务总额为 2200 万元本金及相应利息，远高于本案 550 万元本金及相应利息的债务总额，且本案所涉债务上既有保证担保，还约定有抵押担保或者在抵押权因抵押人过错未设立时由抵押人承担连带偿还责任，故（2016）吉 01 民初 170 号案件的债务相较于本案债务而言负担较重。

在宁波东海银行股份有限公司石浦支行与蒋某、向某金融借款合同纠纷①案中，象山县人民法院明确指出，本案借款与（2017）浙 0225 民初 677 号所涉的借款相比，在其他担保均相同的情况下，本案借款另外多了一份被告章某某提供的连带责任保证担保，故相对而言，本案所涉借款担保相对充分，虽本案所涉借款约定利率确比（2017）浙 0225 民初 677 号所涉借款的利率高，而被告蒋某亦提出应当抵充利率高的借款，但根据上述司法解释规定，只有在担保数额相同的前提下，才考虑抵充债务负担较重的债务，故法院对被告蒋某的该部分抗辩主张不予采纳。同样，在章某某、宁波东海银行股份有限公司石浦支行金融借款合同纠纷②一案中，宁波市中级人民法院遵从了相同的裁判逻辑。

在近五年学术界对"债务清偿抵充"的研究中，曲佳、翟云岭（2014）、③黄文煌（2015）④均认为，我国《合同法司法解释（二）》缺乏对"债务人指定抵充"的规定是一种立法政策上的失误，应当在《民法典》制定过程中参照《德国民法典》的相关条款予以补充规定。王利明（2017）⑤认为，应当尽快消除清偿抵充规则的价值取向的矛盾，明细该规则究竟采取债权人优位主义立法还是债务人优位主义立法，从而对《民法典》制定提供法理基础。史秀永、

① （2017）浙 0225 民初 656 号。

② （2017）浙 02 民终 3298 号。宁波市中级人民法院亦认为，涉案借款与（2017）浙 0225 民初 677 号所涉的借款相比，在其他担保均相同的情况下，涉案借款另外多了一份章剑威提供的连带责任保证担保，故相对而言，涉案借款担保相对充分，虽涉案借款约定利率确比（2017）浙 0225 民初 677 号所涉借款的利率高，而蒋行亦提出应当抵充利率高的借款，但根据上述司法解释规定，只有在担保数额相同的前提下，才考虑抵充债务负担较重的债务，故对蒋行的该部分抗辩主张不予采纳。

③ 参见曲佳、翟云岭：《论清偿抵充》，载《法律科学》2014 年第 3 期。

④ 参见黄文煌：《清偿抵充探微——法释〔2009〕5 号第 20 条和第 21 条评析》，载《中外法学》2015 年第 4 期。

⑤ 参见王利明：《关于民法典合同编中若干问题的思考》，载《人民法院报》2017 年 11 月 7 日。

武大喜(2018)[①]认为,按照借款到期的先后顺序抵充不会加重借款人利息负担的,应当根据双方约定的基础上,按照借款到期的先后顺序,同时按照先抵充利息后抵充本金的顺序进行清偿抵充。

三、司法判例可视化分析

本书写作团队使用Alpha案例库对涉及"金融借贷中多项债务清偿抵充纠纷"进行了检索,[②]检索关键词为"案由:未设置案由"+"攻方当事人包含:银行"+"全文:债务人的给付不足以清偿其对同一债权人所负的数笔相同种类的全部债务",总共得到判决104件,可视化分析如图11-2所示。

就清偿抵充顺序问题,根据既往司法判例,商业银行可能面临司法败诉的风险主要源于以下几个原因:

(一)对是否在合同中明确"约定"清偿抵充顺序,商业银行举证不能导致的败诉风险

按照《民法典》第560条规定,双方当事人对债务清偿抵充顺序的约定有效且具有优先性。但是如果商业银行未能举证证明这一约定,则不能得到法院的支持。如在中国民生银行股份有限公司苏州分行与苏州市宝思达化纤有限公司、常熟市明鹿无纺织有限公司等金融借款合同纠纷[③]一案中,苏州市中级人民法院认为,一审判决仅凭民生银行苏州分行陈述确定清偿顺序不妥,除债权人与债务人对清偿的债务或者清偿抵充顺序有约定的情形以外,债务人的给付不足以清偿其对同一债权人所负的数笔相同种类的全部债务,应当优先抵充已到期的债务;几项债务均到期的,优先抵充对债权人缺乏担保或者担保数额最少的债务;担保数额相同的,优先抵充债务负担较重的债务;负担相同的,按照债务到期的先后顺序抵充;到期时间相同的,按比例抵充。民生银行苏州分行未能提供与明鹿公司就清偿顺序有明确约定的证据,本案应当按照到期债务依次按照担保数额、债务负担、到期先后等情形来确定顺序清偿。综上所述,上诉人的上诉请求成立,法院予以支持。再如中国工商银行股份有限公司阳江分行、张某信用卡纠纷[④]一案

---

① 参见史秀永、武大喜:《多笔借款的清偿抵充顺序》,载《人民司法(案例)》2018年第17期。

② 最后检索日期:2020年12月31日。

③ (2017)苏05民终6626号。

④ (2017)粤17民终113号。

中,阳江市中级人民法院二审认为,本案在没有证据证明工商银行阳江分行与张某约定清偿顺序的情况下,应予认定该20,000元先清偿发生在先的该笔500元透支消费款项。因此,工商银行阳江分行认为上述三笔透支消费属于本案透支欠款而主张张某、陈某某承担支付责任,缺乏依据,法院不予支持。

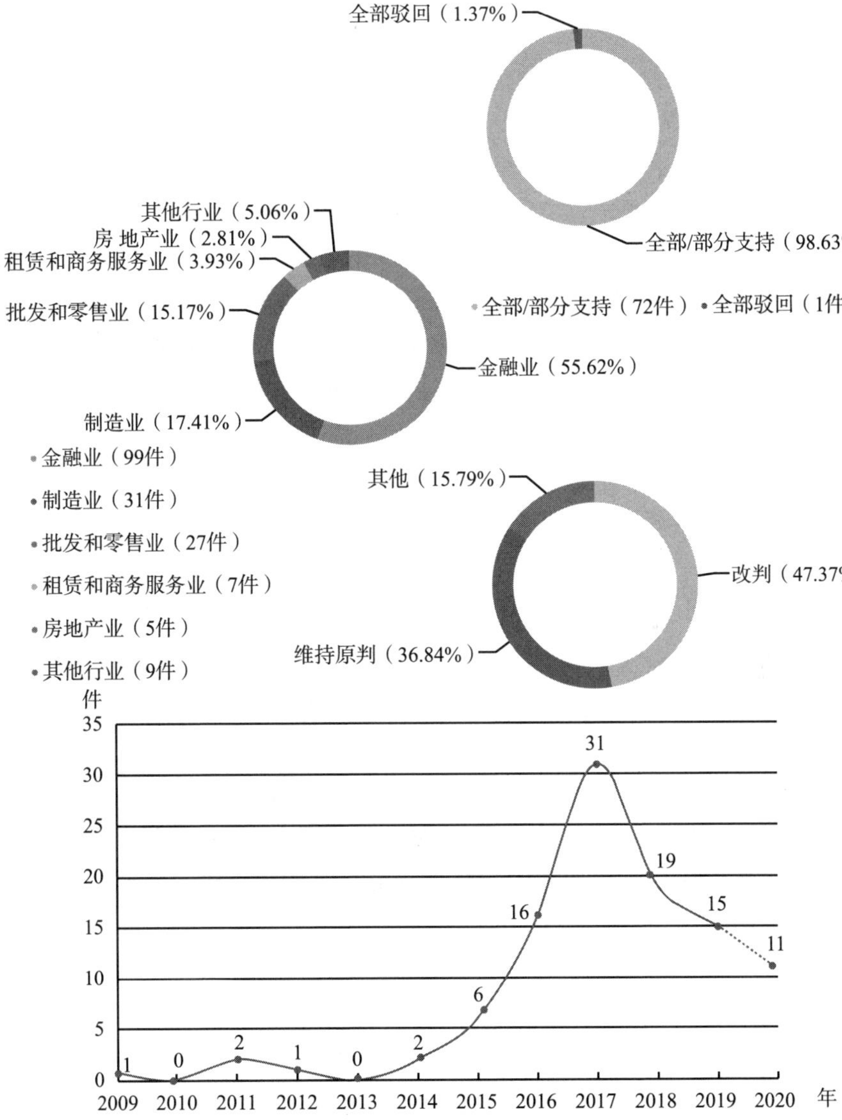

图 11-2　多项债务清偿抵充纠纷可视化示意

（二）在“没有约定”的前提下，法院通过交易惯例及自由裁量确定还款性质，导致诉讼结果对商业银行一方不利

如在中国民生银行股份有限公司无锡分行与江阴华电新材料有限公司、江阴华中国际贸易有限公司等金融借款合同纠纷①案中，无锡市中级人民法院认为，关于华电公司所还款项中是否有10,364,806.28元是用来归还华电公司担保的三鑫公司在民生银行江阴支行借款的问题。……在民生银行无锡分行与华电公司对该笔还款所还款项未有约定的情况下，应当认定华电公司所还款项均是用来归还华电公司自身在民生银行无锡分行的借款，理由如下：第一，民生银行无锡分行在2015年2月26日起诉时就认为华电公司所还款项中有10,364,806.28元用来归还三鑫公司的借款，但在其起诉时，本案所涉华电公司的借款均已到期，而三鑫公司的借款却尚未到期（到期日为2015年3月28日）；第二，华电公司向民生银行无锡分行的借款是华电公司必然要归还的债务，而华电公司对三鑫公司的借款仅负有保证义务，在华电公司向民生银行江阴支行履行保证义务后，华电公司可以向三鑫公司或其他保证人追偿。

（三）在“没有约定”的前提下，法院认定应当优先履行“到期债务”，导致诉讼结果对商业银行一方不利

如在平安银行股份有限公司金华永康支行与浙江景阳龙门业有限公司、杨某某等金融借款合同纠纷②案中，金华市中级人民法院认为，本案的二审争议焦点系杨某某于2016年3月7日向平安银行股份有限公司金华永康支行归还的4,664,492.19元款项系归还何笔借款的认定问题。根据现有证据，双方对杨某某的还款抵充顺序并无明确约定……本案中，杨某某归还上述款项时，2014年3月20日的两笔借款均已到期，而2015年5月29日的借款尚未到期，故原审认定还款应先抵充2014年3月20日两笔借款中的未归还部分，并无不当。综上，平安银行股份有限公司金华永康支行的上诉请求

① （2015）锡商初字第00067号。该案的争议焦点在于，对于20,726,660.32元，民生银行无锡分行认为其中10,364,806.28元系归还华电公司履行对三鑫公司在民生银行江阴支行借款的保证责任，华电公司认为均是归还华电公司在民生银行无锡分行的借款。法院引用了《合同法司法解释（二）》第21条的规定，但最终没有支持民生银行的观点。

② （2016）浙07民终3883号。在本案中，平安银行上诉认为，一审法院认为杨晓龙、程外乔于2016年3月7日归还的款项应优先抵充2014年3月20日的两笔借款，这将直接导致其的诉讼请求第一项债权消灭，诉讼请求第三项、第四项无法实现。

不能成立，应予驳回。

（四）在“没有约定且债权均未到期”的前提下，法院认定应当优先履行“负担较重”的债务，导致诉讼结果对商业银行一方不利

如在东莞银行股份有限公司合肥分行与安徽省外经建设（集团）有限公司、蒋某某金融借款合同纠纷[①]案中，合肥市中级人民法院认定，外经集团公司认为该款应当从2019年1月东莞银行合肥分行与外经集团公司签署的《流动资金贷款合同》项下本金中予以扣除的辩解意见，法院认为，至2019年6月24日本案立案时，案涉两笔借款均未到期，2018年12月3日签署的东银（9350）2018年对公流贷字第023305号《流动资金贷款合同》贷款利率为年利率5.655%，2019年1月签署的东银（9350）2019年对公流贷字第001802号《流动资金贷款合同》贷款利率为年利率6.525%。根据《合同法司法解释（二）》第20条“……担保数额相同的，优先抵充债务负担较重的债务……”因此，该款项应当冲抵尾号为1802号《流动资金贷款合同》项下的借款本金，外经集团公司的辩解理由成立，法院予以支持。

同时优先抵充到期债务与负担较重的债务规则也可能被法院并用。如在中国信达资产管理股份有限公司浙江省分公司与浙江格林电气有限公司、洪某某等保证合同纠纷[②]案中，法院生效裁判认为：关于案涉六笔借款的抵充顺序……诉争六份借款合同及协议项下债权均由金山虎公司所有的同一土地及房产提供抵押担保，上述抵押财产处置后所得和其他破产分配款并不能清偿全部债务，金山虎公司对中行江山支行所负债务在破产申请受理时均已到期，中行江山支行与金山虎公司并未对清偿的债务或者清偿抵充顺序存在约定，亦无其他费用产生，故应优先抵充到期利息168.1171万

---

① （2019）皖01民初1494号。两个贷款合同第二十三条均约定：1. 外经集团公司未按期归还借款或履行还款协议的，逾期贷款在逾期期间按照届时适用的贷款利率水平上加收50%的罚息；2. 本合同项下贷款按日计息，按月结息，对于外经集团公司未按时支付的利息（包括被东莞银行合肥分行宣布全部或部分提前到期本金对应的利息）和罚息，自逾期之日起至全部清偿之日止，按照合同约定的逾期贷款罚息利率和合同约定的结息方式计收复息；3. 外经集团公司保证按时偿还贷款本息，包括但不限于公证费、评估费、律师费及东莞银行合肥分行实现债权的诉讼费、执行费、律师代理费等由外经集团公司承担。由此，外经集团主张，东银（9350）2019年对公流贷字第001802号《流动资金贷款合同》约定的利率比东银（9350）2018年对公流贷字第023305号《流动资金贷款合同》约定的利率更高，对外经集团公司来说负担更重，故外经集团公司认为，东莞银行合肥分行划扣的款项，应优先偿还东银（9350）2019年对公流贷字第001802号《流动资金贷款合同》的本金。

② （2017）浙08民终1507号。

元，余款抵充主债务。而诉争六笔借款均提供了足额的保证担保，故应优先抵充债务负担较重的第一笔债务 2400 万元，余款按比例抵充债务负担次重的两个 1500 万元。

（五）还款顺序约定不合理加重债务人负担，法院不予支持

如在浙江萧山农村商业银行股份有限公司银发支行与杭州建瑞羽绒制品有限公司、浙江建达羽绒制品有限公司金融借款合同纠纷①案中，杭州市萧山区人民法院认定，案涉《流动资金保证借款合同》是按月结息，逾期则计收复利，故已支付利息应先归还先结息的利息。农商行银发支行主张支付的利息均是用于归还期内利息，未加重被告的责任，亦未违反法律规定，法院予以支持，但其主张非优先归还先结息的利息的清偿顺序，导致借期内的复息数额额外增加，加重了债务人的负担，法院不予以支持。

四、商业银行现有条款的比对点评

（一）多家商业银行的现有条款比对

本书写作团队以“固定资产贷款合同”为例，考察了多家银行合同中对“清偿抵充”条款的安排，比对点评如下：

【A 银行】

8.5　除双方另有约定外，在借款人同时拖欠借款本金及利息（含罚息、复利）的情况下，贷款人有权决定偿还本金或偿还利息的顺序；若本合同项下存在多笔到期借款、逾期借款的，贷款人有权决定借款人某笔还款的清偿顺序；若借款人与贷款人之间存在多笔已到期借款合同的，贷款人有权决定借款人每笔还款所履行的合同顺序。

11.2.8　借款人对贷款人债务的清偿顺序优先于借款人股东对其的借款，并且不亚于借款人对其他债权人所负的同类债务；自本合同生效至本合同项下借款本息及相关费用清偿完毕之前，借款人不得归还借款人股东对其的借款。

【B 银行】

第八条　还款

（七）甲方所偿还或支付的款项不足以偿还或支付该期所应偿还或支付的下列款项总额的，乙方有权自行确定还款顺序。

---

① （2017）浙 0109 民初 10102 号。

1. 应付费用、赔偿金、违约金。

2. 应付罚息、复利。

3. 应付利息。

4. 应付本金。

【C 银行】

未提及

【D 银行】

第七条　还款

一、还款原则

本合同项下甲方的还款按照下列原则偿还：乙方有权将甲方的还款首先用于偿还本合同约定的应由甲方承担而由乙方颠覆的各种费用以及乙方实现债权的费用，剩余款项按照先还息后还本、利随本清的原则偿还。

【E 银行】

第六条　还款

（一）还款原则本合同项下甲方的还款按照下列原则偿还：

乙方有权将甲方的还款首先用于偿还本合同约定的应由甲方承担而由乙方垫付的各项费用以及乙方实现债权的费用，剩余款项按照先还息后还本、利随本清的原则偿还。

【F 银行】

11.5　甲方支付的款项（包含乙方依本合同取得的任何款项）按下列顺序清偿债权：（1）实现债权和担保权利的费用；（2）损害赔偿金；（3）违约金；（4）复利；（5）罚息；（6）利息；（7）本金。乙方有权变更上述顺序。

【G 银行】

9.5　本合同项下乙方归还款项（包括乙方主动还款和甲方依本合同约定扣划所得款项）不能足额清偿乙方全部债务时：除双方另有约定外，甲方有权决定本金、利息和费用的清偿顺序，本条款所述费用包含实现债权的费用和应由乙方承担而由甲方垫付的各项费用。

【H 银行】

3.4.4　还款顺序

3.4.4.1　借款人的还款，除双方另有约定外，按以下顺序清偿：

（1）借款人明确指定用于偿还某笔借款的，还款用于清偿该笔借款；

（2）借款人未明确指定用于偿还某笔借款，借款人与贷款人之间存在数笔到期债务，且借款人的还款不足以清偿全部到期债务的，借款人的给付所清偿的债务及抵充顺序，由贷款人确定；

(3)贷款人依照法律规定或者合同约定，对借款人行使抵销权的，所抵销的债务及抵充顺序，由贷款人确定；贷款人依法行使代位权时，次债务人向贷款人的给付所清偿的债务及抵充顺序，由贷款人确定。

3.4.4.2 借款人的还款不足以清偿应付借款的，贷款人可以选择将还款用于清偿本金、利息、罚息、复利或实现债权的费用。

(二)多家银行的现有条款之检讨

上述合同所存在四个问题需要进行细化与调整：

第一，除A、H银行以外，其他银行都没有对"借款人与贷款人之间存在多笔已到期借款合同的"情况下如何确定"清偿抵充顺序"进行明确约定。根据《民法典》第560条的规定，在合同双方当事人对清偿顺序没有明确约定时，由债务人选择偿还顺序，如果债务人选择先偿还具有担保的费用，就会在不利于银行对于上述债务追讨的同时也将增加产生纠纷时的费用。这一合同空白需进行填补。

第二，A、H银行在对"借款人与贷款人之间存在多笔已到期借款合同"情况下如何确定"清偿抵充顺序"进行约定时，采取了"贷款人有权决定借款人每笔还款所履行的合同顺序"的表述。这一表述虽然在《民法典》出台之前的先例中得到司法机关的认可。但在《民法典》出台后则存有非常大的变数。该条款可能会因为其被司法机关认定为加重债务人负担的格式条款而导致无效，因此，需要商业银行进行明确、说明和字体加粗。

第三，B、D、E、F、G银行仅仅规定了对本金、利息和费用的清偿顺序，未涉及"借款人与贷款人之间存在多笔已到期借款合同"情形下的规定，对此不再赘述。仅就"本金、利息和费用的清偿顺序"而言，D银行规定了明确的归还顺序，而B、F银行则约定"甲方有权决定本金、利息和费用的清偿顺序"，E银行在明确顺序的前提下，进一步约定"乙方(银行)有权变更上述顺序"，相较而言，E银行的做法更为可取。

第四，C银行对于到期借款、逾期借款、本金、利息清偿顺序，以及"多笔已到期借款合同的清偿抵充顺序"都没有进行任何约定，存在很大的风险。

综上所述，除A、H银行外，其他银行合同中都未能及时意识到存在多项债务清偿顺序的法律风险。由于这些银行条款的设计存在缺陷，在《民法典》生效后都可能对银行产生较为严重的不利后果。另外，银行也应该转变思路，为提前还款设计条件宽松的通道。提前还款虽然会增加银行资金管理的难度，但提前还款可以减少多项债务清偿情形的出现，减少银行因多项债务清偿导致的经济损失，所以上述银行苛刻地约定提前还款条款并非明智之举。

五、商业银行风控操作要点

为维护金融债权，促进金融借贷业务健康发展，从源头上防范和化解金融风险，本书写作团队建议商业银行在合同设计上，应当对"金融借贷中债权清偿抵充顺位"采取如下安排，以加强风险防控。

（一）结合《民法典》新增"债务人指定抵充"优于"法定抵充"的规定，商业银行应当有意识地主动在合同中约定"清偿抵充顺位"

《民法典》新增条款赋予了"债务人指定抵充"优于"法定抵充"的地位。"一般来说，债务人会指定先清偿有担保或者担保最多的债务"，[①]剩下没有担保的债务，就自然会增加商业银行追讨债权的风险和难度。而从债权银行的角度，先充费用、利息，有利于债权最大化，因此，两者之间存在天然的冲突。为了避免出现上述风险，商业银行在与同一债务人签署每一份债权合同时，应充分评估债务人的现存债务情况及其偿还能力，在合同条款中明确约定该笔债权的偿还顺序。

商业银行在合同中主动约定"清偿抵充顺位"一方面排除了"债务人任意指定清偿抵充顺位"的风险；另一方面有利于消除合同履行或者诉讼中，法官自由裁量带来的不确定性。如在乌审旗包商村镇银行有限责任公司与乌审旗隆泰商贸有限公司、苏某等金融借款合同纠纷[②]一案中，乌审旗人民法院曾依照"交易习惯"认定清偿顺序。指出在没有约定的情况下，法院认为"同时原告主张的在借款的当日又偿还了当日的借款的行为亦不符合日常交易习惯"，这一认定虽然在该案中有利于商业银行，但是，该案中乌审旗包商村镇银行缺乏约定而将清偿抵充顺位决定权让与事后法官主观认

---

① 陈福录：《浅谈〈民法典〉新规定对银行信贷业务的影响》，载《中国信用卡》2020年第7期。

② （2017）内0626民初656号。本案中，原告、被告对2012年11月8日和2014年2月27日两笔借款清偿抵充顺序没有约定，被告向原告所负的两笔借款系同种类债务，故被告于2014年2月27日偿还的1,800,000元应当优先抵充已经到期的被告于2012年11月8日借原告的1,800,000元，同时原告主张的在借款的当日又偿还了当日的借款的行为亦不符合日常交易习惯，故被告乌审旗隆泰商贸有限公司称其欠原告该争议的1,800,000元借款已还清的抗辩理由不成立。

定的做法殊不可取。

(二)在合同中笼统地规定“借款人同意贷款人有权决定具体扣收顺序”或者“如果还款账户中的款项不足以支付借款人全部到期未付款项,贷款人有权决定清偿顺序”,从而剥夺相关债务人指定还款顺位的权利。商业银行在合同中进行上述约定,有可能与《民法典》第560条向债务人权利倾斜的立法精神不符,同时可能会受到格式条款排除规则的限制,需要特别谨慎对待

在“如何约定清偿抵充顺序”的问题上,很多银行在合同中笼统地规定“借款人同意贷款人有权决定具体扣收顺序”或者“如果还款账户中的款项不足以支付借款人全部到期未付款项,贷款人有权决定清偿顺序”。这一做法在《民法典》出台之前曾得到了司法机关的认可。如在兴业银行股份有限公司江门分行与贵州宇丰熔料有限公司、广东慧信环保有限公司金融借款合同纠纷①案中,江门市中级人民法院认定,因本案两份借据记载的借款到期日均为2016年5月7日,且兴业银行未提供其已依合同约定决定全部或部分借款提前到期的证据,故两笔借款均于2016年5月7日到期。兴业银行江门分行分别于2016年8月17日、12月19日在宇丰公司银行账户内扣划50元和738,467.19元,共计738,517.19元,兴业银行江门分行主张该款项用于偿还借款本金,该主张有借款合同中“借款人同意贷款人有权决定具体扣收顺序”作为依据,法院予以采纳,由此计算出宇丰公司尚欠兴业银行江门分行贷款本金237,661,482.81元。

但是,在《民法典》第560条已经考虑到兼顾债务人权益的情况之下,这样的笼统约定在将来会给商业银行带来很大隐患。银行作为专业的金融机构,具有比债务人更高的判断能力,如果只简单地将各项权利收归己用而没有进行详细的敲定,会有格式条款之嫌,如果因此发生争议,根据《民法典》合同编的相关规定银行将因此承担不利后果,所以,银行应该根据自身情况对于债务逐项确定以免在纠纷中产生不利影响。

如在中国工商银行股份有限公司重庆南岸支行与重庆金江印染有限公

---

① (2017)粤07民初5号。相似案例还包括中国银行股份有限公司浙江省分行与浙江玻璃股份有限公司、冯光成等金融借款合同纠纷[(2010)浙绍商初字第53号]。该案中绍兴市中级人民法院认为,根据原告与被告玻璃公司签订的借款合同第七条第2款规定,“借款人与贷款人之间存在多笔已到期借款合同的,贷款人有权决定借款人每笔还款所履行的合同顺序”。据此,原告主张归还部分的本金针对的系最后一份借款合同,符合借款合同的约定,应予支持。

司金融借款合同纠纷[①]案中，关于原告于2015年2月21日扣划的8751.36元的清偿顺序问题。由于双方没有明确约定利息、复利、罚息的清偿顺序，对于该笔划款8751.36元的还款性质问题，原告主张，根据案涉《流动资金借款合同》第二部分"具体条款"第三条约定，如果还款账户中的款项不足以支付借款人全部到期未付款项，贷款人有权决定清偿顺序，按照惯例，原告决定8751.36元先清偿2015年2月的罚息；被告则辩称，虽然合同约定贷款人有权决定清偿顺序，但这是格式条款和不公平条款，按照常规处理应该是先抵扣之前利息、复利，再抵扣之后的罚息。因此，本书写作团队建议：即使要在合同中做出此类约定，银行在内容表述上需要更明确的同时也要通过加粗、下划线和"知情和承诺条款"等方式予以标识。

（三）商业银行在合同中采取明确的约定顺位，法院会予以支持

如在四川天府银行股份有限公司南充清源支行与四川天乾建设集团有限公司、刘某、周某某、柏某某、李某某金融借款合同[②]案中，南充市中级人民法院认定，因南商银（清源支行）流借字（2014）年第（0010）号《（人民币资金）流动资金借款合同》、南商银（清源支行）流借字（2014）年第（0011）号《（人民币资金）流动资金借款合同》、南商银（清源支行）流借字（2015）年第（0004）号《（人民币资金）流动资金借款合同》均约定，商业银行清源支行有权将天乾公司的还款首先用于偿还本合同约定的应由天乾公司承担而由商业银行垫付的各项费用以及商业银行实现债权的费用，剩余款项按照先还息后还本、利随本清的原则偿还，但对于本金逾期超过90天仍未收回的贷款、利息逾期超过90天仍未收回的贷款或者法律、法规或规章另有规定的贷款，天乾公司的还款在偿还上述费用后应按照先还本后还息的原则偿还。

如果约定不能完全解决案件情况的，法院也会倾向于结合"约定"与"规

---

① （2015）渝五中法民初字第00782号。虽然重庆市第五中级人民法院认为，首先，双方在该款项支付时并未明确还款性质，对此双方存在争议。其次，借款合同系双方当事人的真实意思表示，既然在借款合同中明确约定了贷款人有权决定被告的到期债务的清偿顺序，那么原告有权在起诉时主张本案中的8751.36元优先抵充罚息。原告关于2015年2月21日扣划的8751.36元优先抵充罚息的主张，符合法律规定和合同约定，法院予以支持；被告关于应当先抵充利息以及关于贷款人有权决定清偿顺序的合同约定系格式条款的反驳意见，没有合同和法律依据，法院不予采信。但这一案件中债务人提出的抗辩理论仍然值得商业银行加以重视。

② （2016）川13民初90号。法院由此认定，故天乾公司的还款应先偿还商业银行实现本案债权的费用即律师费456,000.00元，再偿还下欠的利息3,353,896.16元及逾期90日内（含90日）的罚息，然后偿还三笔贷款本金，最后偿还三笔贷款逾期90日后的罚息。

定”确定清偿顺位。

如在中建投信托股份有限公司与银亿股份有限公司、熊某某金融借款合同纠纷①案中，宁波市中级人民法院指出，双方《信托贷款合同》第6.6条约定，“若原告中建投公司收到被告银亿股份公司的任何款项少于截至该款项支付日被告银亿股份公司按本合同约定所应支付的任何款项，则原告中建投公司有权按照：①实现债权的费用和损失赔偿、违约金；②应付罚息、复利；③应付利息；④贷款本金的顺序进行划付，不足部分被告银亿股份公司应予以补足”。《合同法司法解释（二）》第20条规定，“债务人的给付不足以清偿其对同一债权人所负的数笔相同种类的全部债务，应当优先抵充已到期的债务；几项债务均到期的，优先抵充对债权人缺乏担保或者担保数额最少的债务；担保数额相同的，优先抵充债务负担较重的债务；负担相同的，按照债务到期的先后顺序抵充；到期时间相同的，按比例抵充”。根据上述抵充约定及抵充规定，2019年2月12日还款人民币3,138,783.37元，应当先用于支付2018年2月9日所发放的人民币62,400,000元和期内利息人民币949,797.33元在2019年2月9日至12日（不含）期间所产生的逾期罚息、复利人民币77,484.72元，该次抵充后的结余部分人民币3,061,298.65元用于支付2018年2月9日所发放的人民币62,400,000元信托贷款项下应付期内利息人民币949,797.33元，该次抵充后的结余部分人民币2,111,501.32元用于支付2018年2月12日发放的人民币136,500,000元项下应付期内利息人民币2,188,986.04元，但不能足额抵充。

（四）注意约定“债务人清偿抵充顺序”时，应当避免加重担保人责任，防止担保人以此作为抗辩理由

如在中国建设银行股份有限公司杭州萧山支行与杭州华成聚合纤有限公司、浙江华欣新材料股份有限公司金融借款合同纠纷②案中，杭州市萧山区人民法院指出，根据《合同法司法解释（二）》第20条规定，鉴于出借人和借款人对债务清偿顺序存在约定，且该约定亦未加重保证人的责任承担，故法院对此予以确认。

---

① （2019）浙02民初519号。法院认为，经过上述一系列抵充，人民币62,400,000元信托贷款项下，被告银亿股份公司已经结清期内利息，人民币136,500,000元信托贷款项下，被告银亿股份公司尚欠期内利息人民币77,484.72元。

② （2016）浙0109民初13618号。

（五）商业银行应当考虑，对《民法典》法定清偿抵充顺位中的抽象概念（如“担保最少”“负担较重”），根据先例类案在合同约定中进行细化，从而提高约定合理性的同时减少司法裁判的不确定性

如《民法典》第560条第2款规定，数项债务均到期的，优先履行对债权人缺乏担保或者担保最少的债务。对于“缺乏担保”司法上容易认定，如在中国建设银行股份有限公司广州市绿色金融改革创新试验区花都分行与王某、张某某融借款合同纠纷①案中，广州市花都区人民法院认定，因王某于2017年6月28日向建行花都分行另借的30万元贷款（以简称“另案债务”）没有显示有提供担保，而本案债务已提供房产作担保，且本案没有证据显示原、被告双方对抵充债务的顺序有约定，现另案债务已到期，建行花都分行对王刚2018年9月9日后的还款优先抵充另案债务，没有违反上述规定，应予支持。但是，怎么理解“担保最少”呢？从司法实践来看，法院对抵充债务负担似乎并不以担保方式的数量或者性质区分“担保最少”，如在邵武市铁诚小额贷款股份有限公司、邱某某、彭某等民间借贷②一案中，邵武市人民法院认为，本案中，邱某某对铁贷公司有三笔同类债务，本案的借款有抵押和保证担保，案外的两笔借款只有保证担保，邱某某归还上述款项时，邱晓红的三笔借款均未到期，但均有部分利息到期，可优先归还案外借款的到期利息再归还本案借款的到期利息。多余部分可按照一般常理考虑抵充更快要到期的借款即本案的借款本金。因此，本书写作团队建议，商业银行可以在合同中约定所谓“担保最少”的具体含义，从法理与逻辑上来看，所谓“担保最少”应当是指“担保范围”最小。

同时，《民法典》第560条第2款还规定，均无担保或者担保相等的，优先履行债务人负担较重的债务。从司法先例类案来看，法院一般将“年利率高低”作为认定“负担较重”的主要依据。如在福建海峡银行股份有限公司泉州科技支行与福建省南安市丰庆石材有限公司、王某某金融借款合同纠纷③案中，泉州市中级人民法院认为，本案中，2016年12月25日海峡银行科技支行受偿2813万元时，编号044019000020140031、044019000020140032《流动资金贷款额度使用合同》均已到期且担保相同，但编号044019000020140031《流动资

① （2019）粤0114民初2158号。
② （2018）闽0781民初21号。
③ （2016）闽05民初1612号。

金贷款额度使用合同》约定借款年利率为 8.4%、编号 044019000020140032《流动资金贷款额度使用合同》约定借款年利率为 7.84%、前者债务年利率高，债务人负担重，根据前述规定 2813 万元应优先抵偿编号 044019000020140031《流动资金贷款额度使用合同》项下 3500 万元的借款本金。

本书写作团队建议，商业银行可以在合同中约定所谓"负担较重"的具体含义，从法理与逻辑上来看，所谓"负担较重"应当是指"债务的利息、罚息、违约金等较高"。

（六）商业银行应当注意操作流程，分清本金与利息的清偿顺序，明确指明自身划扣的标的对象是针对于某一具体债权，防止形成对自身不利的证据

在贵阳永固化工有限公司、李某某金融借款合同纠纷[①]案中，贵州省高级人民法院认为，对一审法院审理后永固公司偿还的 154,159.77 元、15.01 元两笔款项和工行贵州分行营业部自认的永固公司偿还 848,849.07 元，总计 1,003,023.85 元，永固公司称是本金，工行贵州分行营业部称其中 1,003,008.84 元是利息，15.01 元是本金。法院查明，永固公司向工行贵州分行营业部归还贷款 308 万元是在合同到期以后，工行贵州分行营业部是作为本金来扣除的，并没有认定为利息。且一审期审理后永固公司偿还的 154,159.77 元和 15.01 元的两笔入账，中国工商银行股份有限公司贵阳甲秀支行提供的对账单在"摘要"一栏写明的是"受托处置本金收回"。按照逻辑一贯性要求并考虑到前述"摘要"等因素，对一审期审理后永固公司偿还的 1,003,023.85 元应该认定为偿还本金，并应从 2014 年 1 月 22 日工行贵州分行营业部第一笔贷款金额 500 万元中扣除。……在权利人未放弃期限利益的情况下，不按分期给付规则，采取"一刀切"并按还清借款本金日止的方法支付利息必然会增加永固公司的负担，对永回公司这一方面的上诉理由，法院予以采纳，对一审法院的不当之处，法院给予纠正，即永固公司应按照 2014 年 1 月 22 日、2014 年 1 月 28 日、2014 年 2 月 8 日三个时间段，满一年后的第二天起支付所欠本金的利息。

相反，在中国工商银行股份有限公司福鼎支行与福鼎市鼎航通讯设备

---

① （2016）黔民终 711 号。

有限公司、肖某某金融借款合同纠纷[①]案中，福鼎市人民法院指出，福鼎市鼎航通讯设备有限公司及肖某某主张900,000元款项是用于偿还本案借款，但未提供相应证据证明其向中国工商银行股份有限公司福鼎支行明确要求偿还的是本案借款，法院不予支持。换言之，如果债务人有明确证据证明商业银行指定偿还标的，则法院可以不依照法定顺位。

① (2019)闽0982民初2164号。该案中法院认为，在没有证据证明指定标的的前提下，根据《合同法司法解释(二)》第20条的规定，债务人的给付不足以清偿其对同一债权人所负的数笔相同种类的全部债务，应当优先抵充已到期的债务。故中国工商银行股份有限公司福鼎支行优先用于偿还0140700004—2017年(福鼎)字00128号《小企业借款合同》所涉及的借款并无不当。

第三编　担保一般规则

第十二章　担保合同“从属性”新规与商业银行担保合同条款之设计

【《民法典》变化的影响】风险增加

【风险等级】★★★

【提要】担保合同的从属性，又称附随性、伴随性，是指担保合同的成立和存在必须以一定的合同关系的存在为前提。被担保的合同关系是一种主法律关系，为之而设立的担保关系是一种从法律关系。在社会实践中，银行等金融机构出具的独立保函、当事人之间约定的排除从属性独立担保条款等皆对担保合同的“从属性”有所突破。《民法典》非法定情形外不得突破担保从属性的规定，对商业银行的担保独立条款形成了威胁。

一、民法典及配套新规

▶《民法典》

【担保合同】

第388条　设立担保物权，应当依照本法和其他法律的规定订立担保合同。担保合同包括抵押合同、质押合同和其他具有担保功能的合同。担保合同是主债权债务合同的从合同。主债权债务合同无效的，担保合同无效，但是法律另有规定的除外。

担保合同被确认无效后，债务人、担保人、债权人有过错的，应当根据其过错各自承担相应的民事责任。

【保证合同的从属性及保证合同无效的法律后果】

第682条　保证合同是主债权债务合同的从合同。主债权债务合同无效的，保证合同无效，但是法律另有规定的除外。

保证合同被确认无效后，债务人、保证人、债权人有过错的，应当根据其过错各自承担相应的民事责任。

【债权转让时从权利一并变动】

第547条　债权人转让债权的,受让人取得与债权有关的从权利,但是该从权利专属于债权人自身的除外。

受让人取得从权利不因该从权利未办理转移登记手续或者未转移占有而受到影响。

【合同解除的效力】

第566条　主合同解除后,担保人对债务人应当承担的民事责任仍应当承担担保责任,但是担保合同另有约定的除外。

【保证人抗辩权】

第701条　保证人可以主张债务人对债权人的抗辩。债务人放弃抗辩的,保证人仍有权向债权人主张抗辩。

▶2019年《全国法院民商事审判工作会议纪要》(以下简称《九民纪要》)

【独立担保】

第54条　从属性是担保的基本属性,但由银行或者非银行金融机构开立的独立保函除外。独立保函纠纷案件依据《最高人民法院关于审理独立保函纠纷案件若干问题的规定》处理。需要进一步明确的是:凡是由银行或者非银行金融机构开立的符合该司法解释第1条、第3条规定情形的保函,无论是用于国际商事交易还是用于国内商事交易,均不影响保函的效力。银行或者非银行金融机构之外的当事人开立的独立保函,以及当事人有关排除担保从属性的约定,应当认定无效。但是,根据“无效法律行为的转换”原理,在否定其独立担保效力的同时,应当将其认定为从属性担保。此时,如果主合同有效,则担保合同有效,担保人与主债务人承担连带保证责任。主合同无效,则该所谓的独立担保也随之无效,担保人无过错的,不承担责任;担保人有过错的,其承担民事责任的部分,不应超过债务人不能清偿部分的三分之一。

【担保责任的范围】

第55条　担保人承担的担保责任范围不应当大于主债务,是担保从属性的必然要求。当事人约定的担保责任的范围大于主债务的,如针对担保责任约定专门的违约责任、担保责任的数额高于主债务、担保责任约定的利息高于主债务利息、担保责任的履行期先于主债务履行期届满,等等,均应当认定大于主债务部分的约定无效,从而使担保责任缩减至主债务的范围。

▶最高人民法院《关于适用〈中华人民共和国民法典〉有关担保制度的解释》(法释〔2020〕28号,2020年12月25日)

【担保合同效力的从属性】

第2条　当事人在担保合同中约定担保合同的效力独立于主合同,或者约定担保人对主合同无效的法律后果承担担保责任,该有关担保独立性的约定无效。主合同有效的,有关担保独立性的约定无效不影响担保合同的效力;主合同无效的,人民法院应当认定担保合同无效,但是法律另有规定的除外。

因金融机构开立的独立保函发生的纠纷,适用《最高人民法院关于审理独立保函纠纷案件若干问题的规定》。

【担保范围的从属性】

第3条　当事人对担保责任的承担约定专门的违约责任,或者约定的担保责任范围超出债务人应当承担的责任范围,担保人主张仅在债务人应当承担的责任范围内承担责任的,人民法院应予支持。

担保人承担的责任超出债务人应当承担的责任范围,担保人向债务人追偿,债务人主张仅在其应当承担的责任范围内承担责任的,人民法院应予支持;担保人请求债权人返还超出部分的,人民法院依法予以支持。

【反担保合同从属性的限制】

第19条　担保合同无效,承担了赔偿责任的担保人按照反担保合同的约定,在其承担赔偿责任的范围内请求反担保人承担担保责任的,人民法院应予支持。

反担保合同无效的,依照本解释第十七条的有关规定处理。当事人仅以担保合同无效为由主张反担保合同无效的,人民法院不予支持。

【担保管辖】

第21条第2款　债权人一并起诉债务人和担保人的,应当根据主合同确定管辖法院。

第21条第3款　债权人依法可以单独起诉担保人且仅起诉担保人的,应当根据担保合同确定管辖法院。

【债务人破产时担保债务停止计息】

第22条　人民法院受理债务人破产案件后,债权人请求担保人承担担保责任,担保人主张担保债务自人民法院受理破产申请之日起停止计息的,人民法院对担保人的主张应予支持。

二、立法考辨

担保行为的基本特性是从属性与附随性。[①] “从属性规则堪称担保法律制度的奠基性规则,若没有从属性规则的支撑,担保法律体系将会严重动摇甚至崩塌”。[②] 由此可见,1995年《担保法》第5条明确规定了担保合同的从属性。但由于加入WTO的需要,为促进国际贸易,部分学者提出应当承认独立保函的法律地位,由此引发了2001年《担保法司法解释》制定中巨大的争议。就此问题,人大常委会法工委和最高人民法院曾一度明确表示:独立担保内外有别,只能在国际商事交易中使用,“独立担保存在欺诈和滥用权利的弊病,易引起更多的纠纷”。[③]

《民法典》第388条、第682条就保证合同、担保物权合同的“从属性”进行了明确表述。在上述条款中,《民法典》删除了1995年《担保法》关于“担保合同另有约定的,按照约定”这一当事人意思自治排除担保合同“从属性”的规定,改为“但是法律另有规定的除外”。从这一条的立法精神来看,除了法律规定排除担保合同“从属性”情形以外,担保合同“从属性”的适用是强制性、法定性的,“从属性是担保的基本属性,要慎重认定独立担保行为的效力,将其严格限定在法律或者司法解释明确规定的情形”。[④] 换言之,《民法典》第388条、第682条统一表述,从立法层面明确否定了当事人关于排除担保效力从属性约定的效力,理论界一直以来对当事人通过意思自治意定担保条款独立性效力的争议最终形成定论。

将《民法典》规定结合《九民纪要》、最高人民法院《关于适用〈中华人民共和国民法典〉有关担保制度的解释》的相关规定来看,担保合同“从属性”

---

① 参见司伟、肖峰:《担保法实务札记:担保纠纷裁判思路精解》,中国法制出版社2019年版,第22页。

② 杜万华主编:《担保案件审判指导(增订版)》,法律出版社2018年版,第5页。

③ 李国光等:《关于适用〈中华人民共和国担保法若干问题的解释〉理解与适用》,吉林人民出版社2000年版,第29页。

④ 2019年11月8日《全国法院民商事审判工作会议纪要》(《九民纪要》),四、关于担保纠纷案件的审理。

规则覆盖内容包括六个方面：[①]

第一，成立生效上的从属性，即担保合同的成立生效应以相应的主合同关系的发生和存在为前提，主合同无效，担保合同原则上无效。《民法典》第388条、第682条、《九民纪要》第54条【独立担保】、《最高人民法院关于适用〈中华人民共和国民法典〉有关担保制度的解释》第2条均规定了担保合同成立生效的从属性。

第二，担保范围及强度的从属性。《九民纪要》第55条【担保责任的范围】、最高人民法院《关于适用〈中华人民共和国民法典〉有关担保制度的解释》第3条均规定，担保人承担的担保责任范围不应当大于主债务，是担保从属性的必然要求。

第三，担保处分（移转）的从属性。《民法典》第547条【债权转让时从权利一并变动】及《九民纪要》第62条【抵押权随主债权转让】规定了债权人转让债权的，受让人取得与债权有关的从权利。

第四，担保合同消灭从属性。《九民纪要》第57条【借新还旧的担保物权】规定主合同关系消灭，为其所设定的担保合同关系也随之消灭。[②] 但需要注意的是，《民法典》第566条【合同解除的效力】中规定，除“担保合同另有约定的”，主合同解除后，担保人对债务人应当承担的民事责任仍应当承担担保责任，这一规定并未完全遵循从属性规则。

第五，抗辩权上的从属性。《民法典》第701条【保证人抗辩权】规定，保证人可以主张债务人对债权人的抗辩。债务人放弃抗辩的，保证人仍有权向债权人主张抗辩。

第六，管辖上的从属性。最高人民法院《关于适用〈中华人民共和国民法典〉有关担保制度的解释》第21条第2款规定，债权人一并起诉债务人和担保人的，应当根据主合同确定管辖法院。但是该条条第3款又体现了一定程度上的担保合同相对独立性，即在“债权人依法可以单独起诉担保人且仅

① 有学者概括为成立的从属性、移转的从属性和消灭的从属性，参见谢在全：《民法物权论》（下册），中国政法大学出版社1999年版，第538页。有学者亦概括为：发生上的从属性、处分上的从属性及消灭上的从属性。参见刘德宽：《民法诸问题及新展望》，中亨有限公司1980年版，第353页。也有学者概括为：发生上的从属、消灭上的从属、抗辩权上的从属，特定性上的从属，参见曹士兵：《中国担保制度与担保方法》（第四版），中国法制出版社2017年版，第39页。

② 对于债权转让与借新还旧担保的从属性问题，由于涉及篇幅较大，因此，单独放在本书第24章加以讨论，在此不再赘述。

起诉担保人的"前提下,应当根据担保合同确定管辖法院。

就现阶段而言,《民法典》对从属性规定的所谓"但是法律另有规定的除外"暂时是不存在的。唯一例外的情形应当仅限于最高人民法院于2016年发布《最高人民法院关于审理独立保函纠纷案件若干问题的规定》(以下简称《独立保函司法解释》)。但考虑该司法解释并非《民法典》所称的"法律",因此,最高人民法院《关于适用〈中华人民共和国民法典〉有关担保制度的解释》第2条第3款补充规定,因金融机构开立的独立保函发生的纠纷,适用《最高人民法院关于审理独立保函纠纷案件若干问题的规定》。这一司法解释回避了先前征求意见稿中对于独立担保是否适用于国内交易的争议,并未明文对此做出规定,并认为担保人只能是银行或非银行金融机构,自然人不能提供独立担保,认为独立担保不是一种人的保证。这一做法明显是考虑到了经济、贸易、金融领域商事交易的便利性。

需要特别提醒的是,2020年最高人民法院《关于适用〈中华人民共和国民法典〉有关担保制度的解释》第19条第2款规定,反担保合同无效的,依照本解释第17条的有关规定处理。当事人仅以担保合同无效为由主张反担保合同无效的,人民法院不予支持。这意味着在最高人民法院看来,反担保合同效力独立于担保合同,不受从属性效力限制。

学术界近五年对"担保从属性"与"独立担保"的研究成果颇丰。刘斌(2015)、①刘斌(2016)②认为,司法应当基于个案判断认定从属性,从而打破从属性推定的桎梏。就立法而言,应当使用统一的"独立担保"之概念;高圣平(2016)③指出,基于意思自治与交易需要的独立保证已经超出了传统保证合同范畴;谢在全(2019)、④高圣平(2020)⑤均指出,担保立法在过去几年发生了担保物权的"从属性"从绝对法定走向缓和的趋势;邹海林(2019)⑥指出,《民法典草案》避免规定类型化担保物权的独立性是一种理性且合适的

① 参见刘斌:《独立担保的司法判断:困难与路径》,载《法学杂志》2015年第10期。

② 参见刘斌:《独立担保:一个概念的界定》,载《清华法学》2016年第1期。

③ 参见高圣平:《论独立保证的典型化与类型化》,载《武汉大学学报(哲学社会科学版》)2016年第1期。

④ 参见谢在全:《担保物权制度的成长与蜕变》,载《法学家》2019年第1期。

⑤ 参见高圣平:《民法典担保从属性规则的适用及其限度》,载《法学》2020年第7期。

⑥ 参见邹海林:《论〈民法典各分编(草案)〉"担保物权"的制度完善——以〈民法典各分编(草案)〉第一编物权为分析对象》,载《比较法研究》2019年第2期。

选择;何潇(2019)[①]则认为,独立担保本质上是商事交易担保,其特有效力特征使立法理应将这一概念作为人保的下位阶概念加以明确;石冠彬(2019)[②]提出,应当统一物保与人保共通的从属性规范。刘保玉(2020)[③]认为,《民法典》以优化营商环境为目的,以实质功能主义为进路,重塑了担保的从属性规则;李运杨(2020)[④]基于中国与德国的比较法分析指出,担保从属性具有简化法技术、创设担保目的和担保人保护三个主要功能,我国立法应进一步缓和担保从属性的刚性,进而形成一个允许例外的开放性理论体系。

三、司法裁判可视化梳理

本书写作团队使用 Alpha 案例库对"金融借贷中担保从属性纠纷"进行了检索[⑤],检索关键词为"案由:未设置案由"+"全文:同句'从属性'"+"全文:同句'担保'"+"攻方当事人包含:银行",总共得到判决 1600 件,(见图 12-1)可视化分析如下:

就担保从属性的问题,根据既往司法判例,商业银行司法败诉的风险主要源于以下几个方面:

(一)《借款合同》中"担保独立性条款"被认定为无效

从既往司法判决来看,对"担保独立性条款"的司法认定极不统一。如在重庆升华融资担保有限公司与重庆江润实业有限公司马某等借款合同纠纷案[⑥]中,重庆市第一中级人民法院认为,《借款合同》第 7 条"保证担保条款"第 5 款约定,本条的效力独立于本合同其他条款,本合同其他条款无效并不影响本条的效力。如本合同其他条款被确认为无效,则保证人仍应对乙方因返还财产或赔偿损失而形成的债务承担担保责任。该条款实际约定了马某和江润公司的独立担保责任。……担保合同最明显的法律特征是其从属性,即担保合同是以担保主合同债权为目的的,如果主合同债权因主合同无效而不存在,则担保合同也就失去了担保的对象,因而担保合同应随主

① 参见何潇:《独立担保之商事法理品格辨析——以担保法体系型构为视域》,载《法学杂志》2019 年第 9 期。

② 参见石冠彬:《论民法典担保物权制度的体系化构建》,载《法学评论》2019 年第 6 期。

③ 参见刘保玉:《民法典担保物权制度新规释评》,载《法商研究》2020 年第 5 期。

④ 参见李运杨:《担保的移转从属性及其例外——以中德比较为视角》,载《中国海商法研究》2020 年第 2 期;李运杨:《担保从属性:本质、功能及发展》,载《澳门法学》2020 年第 2 期。

⑤ 最后检索日期:2020 年 12 月 31 日。

⑥ (2016)渝 01 民终 5936 号。

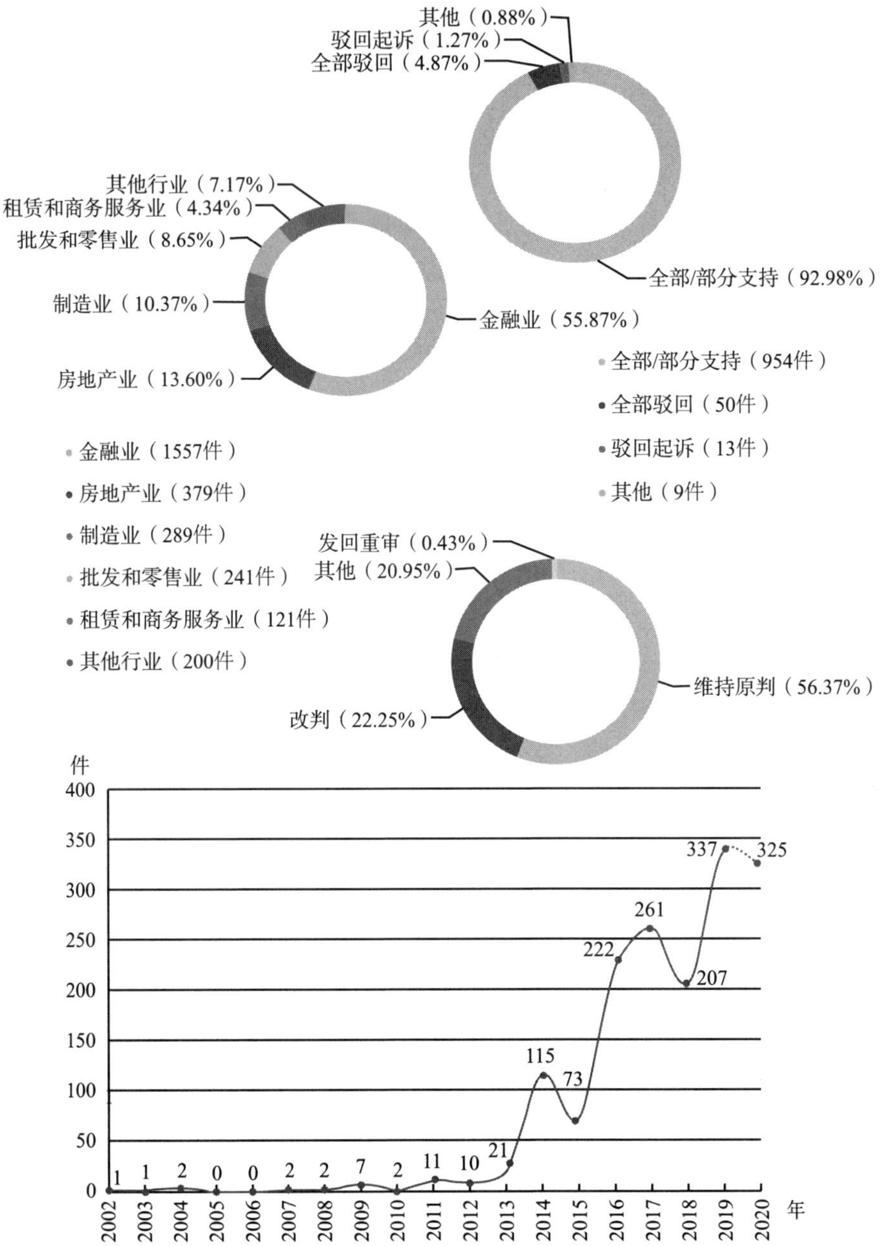

图 12-1　金融借款合同纠纷担保从属性纠纷可视化示意

合同无效而无效。独立担保条款的适用，可能产生欺诈和滥用权利的弊端，进而影响我国担保法律制度体系的基础，因此，在国内的商事交易活动当中,不宜确认独立担保条款的效力。本案中,《借款合同》被确认为无效,合同中的独立担保条款也应无效,二审法院依据《最高人民法院关于适用若干问题的解释》第 8 条的规定判决保证人马某和江润公司承担远林公司债务不能清偿部分的三分之一的责任,符合法律规定。

但是在刘某某、中国工商银行股份有限公司鹰潭分行保证合同纠纷[①]一案中。最高人民法院又指出,……从银行保函的发展趋势看,随着金融业的发展,本案所涉银行保函具有独立担保性质,不仅不为法律和行政法规的强制性规定所禁止,而且已逐渐得到法律及司法解释的认可和支持,也成为商业银行扩展业务的领域之一。据此,本案所涉银行保函依法有效。

(二)主合同(借款合同)由于欺诈、胁迫、虚伪通谋等原因无效的,担保合同无效

如在吴某某、熊某某金融借款合同纠纷[②]一案中,江西省高级人民法院指出,本案现有证据证实,在合同的实际履行过程中,刘某作为民生银行南昌分行时任副行长,并未全面履行合同约定以及法律、法规赋予的金融监管主体责任,在 2011 年 10 月至 11 月,在已得知有关资金被挪作高额放贷无法及时清偿的情况下,还多次组织安排过桥资金归还旧贷,采取发放新贷获取银行资金的方式清偿过桥资金。也就是说案涉 2013 年 9 月 17 日的《联保体授信合同》并非借贷双方之间真实的意思表示,借贷双方当事人真实的意思即隐匿行为是将合同所涉借贷款项用以清偿归还上笔借贷的过桥资金,故该合同构成通谋虚伪表示。根据《民法总则》第 146 条第 1 款“行为人与相对人以虚假的意思表示实施的民事法律行为无效”之规定,案涉 2013 年 9 月 17 日的《联保体授信合同》应当认定为无效。另外,依据《合同法》第 52 条第 3 项“有下列情形之一的,合同无效:……(三)以合法形式掩盖非法目的……”之规定,本案借贷双方以经营周转为由,虚构交易,以期达到获取信贷借款用于清偿归还上笔借贷的过桥资金,最终达到掩盖金融信贷资金流转用于高利放贷的违法事实这一非法目的,故案涉 2013 年 9 月 17 日的《联保体授信合同》应认定为无效合同。主合同无效,《担保合同》作为从合同亦应认定为无效。

再如长春发展农村商业银行股份有限公司与长春市圣鑫轨道客车配件

---

① (2016)最高法民终 221 号。

② (2018)赣民终 640 号。

有限公司及长春市金达机械设备有限公司金融借款合同纠纷[①]案中，吉林省高级人民法院认为，杨某违反国家规定，违法发放贷款4000万元，数额特别巨大，构成违法发放贷款罪。如杨某不构成违法发放贷款之犯罪，则金达公司“骗取银行贷款”之非法目的难以实现，由此可以认定，杨某的行为属于发展农村银行的职务行为，在杨某已经构成违法发放贷款罪的情况下，足可认定发展农村银行在涉案贷款合同签订和履行过程中存在明显过错，并因此导致金达公司在采取多种违法行为之后以“签订《借款合同》”之合法形式进而掩盖“骗取银行贷款”的非法目的得以实现，因此，本案《借款合同》明显构成《合同法》第52条第3项关于“以合法形式掩盖非法目的”的合同无效情形，故金达公司和发展农村银行签订的《借款合同》应当被认定为无效合同。……因此，涉案《借款合同》应当认定为无效，根据《担保法》第5条“担保合同是主合同的从合同，主合同无效，担保合同无效”的规定，涉案《保证合同》和《抵押合同》为从合同，亦应认定为无效。

（三）从债权的产生、效力、范围与强度都不能超出主债权。如担保合同中约定的担保债权范围、违约责任、履行期间等，均应严格按照主债务范围进行界定，超出主债务的任何约定都是无效的

在中国农业银行股份有限公司白城分行与陈某某、被告白城东佳谷物综合开发有限公司等金融借款合同纠纷、担保合同纠纷[②]案中，吉林省高级人民法院认定，如担保人已先行承担违约责任，则在确定其担保责任时，应将已承担的违约责任予以扣减。主要理由如下：首先，《担保法》第5条规定，担保合同是主合同的从合同，主合同无效，担保合同无效。担保合同是主合同的从合同，其宗旨系为担保主债务的履行，担保责任的实质是对债务人义务的替代履行，承担主债务的最终责任主体是债务人。因此，没有债务

---

① (2017)吉民终20号。该判决还认为，环城信用社的信贷人员杨某，系本案涉案贷款的具体经办人，其在办理金达公司贷款过程中，没有审核金达公司和河南防腐保温开发有限公司的原材料采购合同真伪；没有仔细审核金达公司提供的与其他公司的经济合同真伪和实际业务量；没有仔细核实圣鑫公司出具的收取股权转让款收据的真伪；在办理涉案贷款担保时，未对抵押人圣鑫公司是否盖章进行核实，也未对圣鑫公司人员不在场的情况下，抵押人圣鑫公司委托债务人金达公司的人员作为公证事项的代理人进行公证提出合理怀疑。

② (2016)吉民终527号。在赵某某、江门市科恒实业股份有限公司买卖合同纠纷[(2018)粤07民终2806号]一案中，上诉人曾指出，参考(2016)吉民终527号案等类似案例，法院认为在债权人与担保人既约定了担保责任又约定了违约责任的场合，在主债务履行期间届满、担保责任产生后，担保人最终承担的责任应以约定的担保责任范围为限。

人的责任,担保责任也就无从谈起。如担保人已经对主债务承担了担保责任,则已完全保障了债权人的利益,亦已实现了担保制度的目的。因此,担保人在担保责任之外另行承担违约责任,根本上悖离了我国担保制度的本质及法律价值。其次,《担保法》第 21 条规定,保证担保的范围包括主债权及利息、违约金、损害赔偿金和实现债权的费用。保证合同另有约定的,按照约定。当事人对保证担保的范围没有约定或者约定不明确的,保证人应当对全部债务承担责任。《担保法》第 46 条规定,抵押担保的范围包括主债权及利息、违约金、损害赔偿金和实现抵押权的费用。抵押合同另有约定的,按照约定。前述条款是对担保人承担担保责任范围的规定,应理解为担保人的最大责任范围为主债务的全部债务,在当事人另有约定的情况下,担保责任可小于主债务范围。故担保人以各种形式承担的责任范围不应超过主债务范围。本案中,东佳谷物公司与陈坤兵已经对案涉主债务承担了完全的担保责任,故其不应再行承担违约责任。再次,《担保法》第 57 条规定,为债务人抵押担保的第三人,在抵押权人实现抵押权后,有权向债务人追偿。《担保法司法解释》第 43 条规定,保证人自行履行保证责任时,其实际清偿额大于主债权范围的,保证人只能在主债权范围内对债务人行使追偿权。依据上述法律规定,如保证人最终承担的责任超过主债务范围,超过部分不能向主债务人追索,有失公允。

在新疆中新资源有限公司、国家开发银行金融借款合同纠纷①案中,关于 60 万美元的违约金问题。国家开发银行主张依据《国家开发银行股份有限公司风险分担协议》的约定,中信国安集团有限公司、新光控股集团有限公司未按约支付或足额支付风险准备金,要求二被告各支付 60 万美元的违约金。对此,浙江省金华市中级人民法院认为,中信国安集团有限公司、新光控股集团有限公司系案涉债务的担保人,当事人针对担保责任所约定的违约责任,将导致担保责任的范围大于主债务,有悖担保从属性,故该违约条款无效,法院对国家开发银行主张中信国安集团有限公司、新光控股集团有限公司各支付 60 万美元违约金的诉讼请求,不予支持。同样,在中建投信

① (2019)浙 07 民初 98 号,浙江省高级人民法院在二审中驳回了国家开发银行的上诉,维持原判,参见(2020)浙民终 209 号判决书。

托股份有限公司与银亿股份有限公司、熊某某金融借款合同纠纷[①]案中，原告基于《保证合同》第10.1条的约定，诉请被告熊某某支付违约金人民币27,500,000元。宁波市中级人民法院基于同样的理由认为，担保人承担的担保责任范围不能大于主债务，是担保从属性的必然要求。本案中当事人针对担保责任约定专门的违约责任，致使担保责任的范围大于主债务，故该违约金条款约定无效，担保责任应缩减至主债务的范围。故原告要求被告熊某某承担违约金人民币27,500,000元的诉请，法院不予支持。

(四)主债务人进入破产程序后，保证债务是否根据"担保从属性原则"停止计息，司法实践中存在重大分歧，容易导致商业银行败诉

在中国光大银行股份有限公司嘉兴分行、上海华辰能源有限公司保证合同纠纷[②]案中，最高人民法院认为，担保债务具有从属性。根据《担保法》第5条第1款规定，担保合同是主合同的从合同。担保人承担的担保责任范围不应当大于主债务是担保从属性的必然要求。《企业破产法》第46条第2款规定，人民法院裁定受理主债务人破产申请后，主债务停止计息。根据担保从属性的原则，担保人的担保责任应以主债务为限，故担保债务亦应停止计息。其次，从担保制度体系来看，其不仅规定了保证人的代偿义务、保障债权人的合法权益，同时也规定了保证人的追偿权，兼顾保证人的合法权益。破产案件受理后对主债权停止计息，债权人受损的仅是利息损失。如果对保证债务不停止计息，将影响保证人的追偿权，对保证人较为不公。

同样，在国家开发银行与新疆中新资源有限公司、新天国际经济技术合作(集团)有限公司金融借款合同纠纷[③]案中，金华市中级人民法院认定，因法院分别于2019年4月25日受理新光控股集团有限公司的破产重整申请，于2019年10月21日受理新天国际经济技术合作(集团)有限公司的重整申请，故依据《企业破产法》第46条第2款"附利息的债权自破产申请受

① (2019)浙02民初519号。相似的案例还包括贵州银行股份有限公司贵阳遵义路支行、贵州杰晟和贸易有限公司金融借款合同纠纷[(2019)黔01民终8718号]。该案中贵阳市中级人民法院认为，虽然在《贵州银行股份有限公司个人借款合同》第16.8条约定"担保人违反本合同约定的，应按担保金额的百分之十向贷款人支付违约金"，但担保人承担的担保责任不应当大于主债务，是担保从属性的必然要求。上述借款合同中关于担保人承担违约责任的约定大于主债务，加重了担保人的责任，故原判对贵州银行遵义路支行主张的违约金未予以支持，并无不当，法院予以维持。

② (2019)最高法民申6453号。

③ (2019)浙07民初98号。

理时起停止计息”之规定，新光控股集团有限公司就本案债务承担保证责任的利息应计算至2019年4月24日止，新天国际经济技术合作（集团）有限公司就本案债务承担连带清偿责任的利息应计算至2019年10月20日止。

但在江西天人生态股份有限公司、江西天祥通用航空股份有限公司金融借款合同纠纷[①]案中，最高人民法院认为，首先，《企业破产法》第46条规定旨在尽快确定债务人破产债权总额以推进破产程序的顺利进行，实现破产程序概括式集体清偿立法目的，故规定附利息的债权自破产申请受理时停止计息。本条立法目的并非免除保证人的保证债务。其次，债务因清偿、抵销、提存、免除、混同而消灭，主债务人破产并非保证债务消灭的原因。债务人破产申请受理后，付利息的债权停止计息系基于法律的特别规定，并非债权人自愿免除该部分利息。故天祥通用公司关于在人民法院受理对主债务人的破产申请后对保证债务继续计息将会使保证债务大于主债务的主张，缺乏法律依据。第三，虽然从属性系担保的基本属性，担保人承担的担保责任范围不应当大于主债务。但是，承前所述，平安银行深圳分行对天人生态公司的债权基于法律的特别规定予以停息，但是，该债权并未实质消灭，故自天人生态公司停止计息后的期间内所产生的利息，天祥通用公司仍应承担保证责任并未违背担保债务从属性的基本原则。第四，保证人签订保证合同的目的在于承担债务人不能清偿债务时替代债务人向债权人履行清偿责任的义务，本质在于保障债权人的债权能够全部得到有效清偿，此系合同当事人订立保证合同的本意。本案中，平安银行深圳分行请求天祥通用公司就其因天人生态公司已进入破产程序而未能受偿部分的债权承担保证责任符合双方签订《保证担保合同》的真意，亦未超出天祥通用公司签订《保证担保合同》时的预期。虽然保证人承担保证责任后将因主债务人已破产丧失清偿能力而无法进行有效追偿，但该风险理应由保证人自行承担。

---

① (2020)最高法民申1054号。“主债务人进入破产程序后，保证债务不因为从属性规则而停止计息”的观点得到相当多省级高级人民法院的支持，如浙江省高级人民法院民五庭2020年1月10日《关于主债务人破产后保证人是否停止计息问题的解答》指出，本省各级人民法院破产审判业务庭：关于主债务人破产后保证人是否停止计息问题，审判实践中存有较大争议，经充分调研，现将该问题解答印发给你们，供审判实践参考。按照《企业破产法》第46条规定，针对债务人的破产申请被人民法院裁定受理时，破产程序中针对债务人申报的附利息的债权自破产申请受理时停止计息。但该停止计息的效力不及于保证人。相似观点也见于《四川省高级人民法院关于审理破产案件若干问题的解答》、《广东高级人民法院执行局关于执行程序法律适用若干问题的参考意见》、《云南省高级人民法院破产案件审判指引（试行）》等。

总体来看,支持"主债务人进入破产程序后,保证债务不因为担保从属性规则而停止计息"的司法判决理由主要有两方面:一是"《中华人民共和国企业破产法》规定了破产债权在破产申请受理后停止计息,但该利息并非消灭,而只是无法在破产程序中得到保护。因此,担保人的担保责任并不因主债务人破产而停止计算利息和违约金"。[①] 二是"《企业破产法》第46条的规定并非为减轻主债务人的责任,而是出于维护全体债权人公平受偿的目的考虑,保护的对象是全体债权人,而非保证人;保证人承担破产程序受理之后的利息,属于保证人应当预见及承担的正常的商业风险,且主债务停止计息并未损害保证人原有权益或不当加重其责任"。[②]

但值得注意的是,2021年最高人民法院《关于适用〈中华人民共和国民法典〉有关担保制度的解释》第22条明确规定,人民法院受理债务人破产案件后,债权人请求担保人承担担保责任,担保人主张担保责任从人民法院受理破产申请之日起停止计息的,人民法院应予支持。从这一规定来看,最高人民法院对此问题的态度在《民法典》出台后有明显的转变,更加强调担保的从属性而选择性忽略破产程序的特殊性。

(五)商业银行划拨保证金违反担保从属性,从而败诉

在中国银行股份有限公司福州五一广场支行与余某某、卓某某等金融借款合同纠纷[③]案中,福州市中级人民法院指出,从担保的从属性角度分析。保证金质押性质为动产质押,应订立书面合同,且具备资金特定化、转移占有等要件,质权才依法设立。……基于担保之从属性特征,本案讼争29万元"保证金"应当用于担保本案讼争的余钦全的借款债务,不得挪作他用。原告中行五一支行仅划扣210,454.31元用于清偿余钦全的借款债务,而将剩余的"保证金"款项挪作他用,有违担保从属性特征,亦损害到借款人余钦全之利益。故原告关于其可自行决定划扣"保证金"的相关辩解不能成立。由此可见,司法机关认为保证金划拨必须首先从属于主债务的清偿,以保证债务人的利益。

---

① 胡某某、朱砂金融借款合同纠纷一案[(2019)粤民申3118号]。

② 山东省企业融资担保有限公司与天津银行股份有限公司济南分行等金融借款合同纠纷[(2020)鲁01民终3166号]。该案中济南市中级人民法院认为,因此,本案中冠军公司虽进入破产程序,天津银行仍有权就破产后主债务产生的利息向担保人主张。故融资公司称其对冠军公司破产后的借款利息不应当继续承担责任的主张不能成立,法院不予支持。

③ (2014)榕民初字第535号。

四、商业银行现有条款的比对点评

(一)多家商业银行的现有条款比对

本书写作团队以《固定资产贷款合同》与《保证合同》为例,考察了多家银行担保从属性的合同条款安排,比对点评如下:

【A 银行】

《借款合同》

16.2　一旦发生任何以上事件或情形,贷款人可以立即通知借款人并有权采取以下任何一项或多项措施:……(4)立即行使本合同及担保合同/文件项下贷款人享有的全部其他权利和救济措施,贷款人因实现债权所发生的各项费用(包括但不限于诉讼费、差旅费、律师费等),均应由借款人承担;

《保证合同》第4条　保证的性质和效力

4.1　本协议是独立于主合同的合同。主合同因任何原因而成为无效或被撤销均不影响本协议的效力,不影响保证人在本协议项下的义务和责任。保证人在本协议项下的连带保证责任延及债务人在主合同无效后的法律责任(包括但不限于返还及赔偿损失)。

4.2　本协议所设立的担保独立于债权人就被担保债务所取得的任何其他担保。债权人行使本协议项下的权利前无需首先执行其持有的任何其他担保(无论是物的担保还是人的担保),也无需首先向债务人或其他任何第三人采取任何其他救济措施。

9.2　在发生第9.1条项下的违约事件时,债权人有权采取以下一项或多项救济措施:

……

(2)要求保证人赔偿因其违约而给债权人造成的一切直接或间接损失(包括但不限于债权人在主合同项下遭受的损失)。

【B 银行】

《借款合同》第13条　甲方授权

甲方在此不可撤销地授权:乙方可按本合同的约定从甲方在乙方开立的贷款发放(还款)专用账户及甲方在乙方所在系统任何账户中直接扣收应由甲方偿付的贷款本金、利息、保险费、违约金、赔偿金等款项而无需事先获得甲方同意;即使甲方已在此做出不可撤销的授权,但如乙方有要求,甲方仍需协助办理划款的一切相关手续。

《保证合同》第 9 条　违约责任

9.1　本合同生效后，甲乙双方均应履行本合同约定的义务，任何一方不履行或不完全履行本合同约定的义务的，应当承担相应的违约责任，并赔偿由此给对方造成的损失。

甲方未履行或未完全履行本合同的约定即构成违约，甲方应按本合同约定担保之主债权本金的百分之十向乙方支付违约金，并赔偿乙方因此所受损失，违约金应在违约事实发生之日起十个银行工作日内向乙方支付，逾期支付按逾期金额每日万分之五收取滞纳金。乙方有权停止继续发放信贷，宣布所有已发放信贷提前到期，甲方应就该等债务提前承担保证担保责任。

第 16 条　本合同的效力及独立性

……

16.2　本合同的效力独立于主合同，主合同无效并不影响本合同的效力。如主合同被确认为无效，本合同担保之主债务为债务人因主合同无效而对乙方发生的全部债务。

【C 银行】

《保证合同》第 5 条　保证合同的独立性

本合同的效力独立于主合同，主合同不成立、不生效、无效、部分无效或被撤销、被解除并不影响本合同的效力。

如主合同被确认为不成立、不生效、无效、部分无效或被撤销、被解除，则甲方对于债务人因返还财产或赔偿损失而形成的债务也承担连带责任。

【D 银行】

《借款合同》第 10 条　违约责任即发生危及乙方债权情形的补救措施

四、乙方救济措施

……

（二）宣布贷款立即到期，要求甲方立即偿还本合同项下所有到期及未到期债务的本金、利息和费用；

《保证合同》第 6 条　合同效力的独立性

本合同的效力独立于主合同，主合同不成立、不生效、无效、部分无效或被撤销、被解除并不影响本合同的效力。

如主合同被确认为不成立、不生效、无效、部分无效或被撤销、被解除,则甲方对于债务人因返还财产或赔偿损失而形成的债务也承担连带责任。

【E 银行】

《借款合同》第 9 条　担保

……

9.2　本合同项下债务(包含借款本息、罚息、复利、违约金及贷款人实现债权的费用)所涉相关担保事宜由贷款人与担保人另行签订担保合同予以约定。

《保证合同》第 7 条　本合同与主合同的关系

……

7.4　本合同的效力独立于主合同,主合同不成立、不生效、无效、部分无效或被撤销、被解除并不影响本合同的效力,本合同依然有效。

如主合同被确认为不成立、不生效、无效、部分无效或被撤销、被解除的,则保证人对于债务人因返还财产或赔偿损失而形成的债务在本合同约定的担保范围内承担连带责任保证担保责任。

第 10 条　违约及处理

……

10.2　出现前款约定的违约事项时,债权人有权视具体情形分别或同时采取下列措施:

10.2.8　在保证人迟延履行本合同约定的相关义务时,债权人有权要求保证人按照本合同所担保主债权本金金额每日千分之壹的标准支付迟延履行违约金。

10.2.9　要求保证人赔偿因其违约而给债权人造成的损失。

【F 银行】

《借款合同》第 8 条　借款的偿还

8.6　甲方还款账户中资金不足清偿借款本息时,乙方有权直接从甲方在××银行系统内所有营业机构开立的账户中扣收依本合同约定甲方应偿付的借款本金、利息、罚息、复利、违约金、损害赔偿金及实现债权和担保权利的费用,因此造成的利息损失及其他任何损失,乙方不承担责任。

《保证合同》

第 7 条　乙方的权利和义务

……

7.2　甲方在此授权,乙方依据本合同约定要求甲方承担担保责任时,可直接从甲方在××银行任何营业机构开立的任何账户中扣收相应的款项用于清偿/支付到期未还的本金、利息、罚息、复利、违约金、损害赔偿金及实现债权和担保权利的费用。

第 14 条　附则

……

14.2　本合同的效力独立于主合同,不因主合同无效而无效。

【G 银行】

《借款合同》

14.1　本合同自甲、乙双方法定代表人(负责人)或授权代理人签字(或盖章),并加盖公章之日起生效,至本合同项下借款本金、利息、复利、罚息、违约金及所有其他应付费用全部偿清之日终止。

《保证合同》第 6 条　本合同的独立性

6.1　本合同的效力独立于主合同,主合同不成立、不生效、无效、部分无效或被撤销、被解除并不影响本合同的效力。

如主合同被确认为不成立、不生效、无效、部分无效或被撤销、被解除,则乙方对于债务人因返还财产或赔偿损失而形成的债务也承担连带责任。

(二)多家银行的现有条款之点评

上述合同所存在三方面的问题值得对比检讨:

第一,受原《担保法》第 5 条“担保合同另有约定的,按照约定”可以排斥“担保从属性”的路径依赖,所有银行《保证合同》都有“本合同的效力独立于主合同,主合同不成立、不生效、无效、部分无效或被撤销、被解除并不影响本合同的效力”类似表述,其中 A 银行放在“保证效力”条款中,B、C、D、G 银行单列担保合同的“独立性”条款,F 银行放在“附则”条款中,E 银行则列为“本合同与主合同的关系”条款。但上述担保合同独立性条款在《民法典》生效之后都不再发生独立效力,应当考虑删除。

第二,有三家银行(A、B、E)在担保合同中,对担保人约定了主合同之外的违约责任。其中 A 银行专门说明担保人的违约责任“包括但不限于债权人在主合同项下遭受的损失”;B 银行则规定,“甲方未履行或未完全履行本合同的约定即构成违约，甲方应按本合同约定担保之主债权本金的百分之十向乙方支付违约金，并赔偿乙方因此所受损失”；E 银行规定，“在保证人迟延履行本合同约定的相关义务时，债权人有权要求保证人按照本合同所担保主债权本金金额每日千分之壹的标准支付迟延履行违约金”。上述约定有可能导致担保从债权的产生、效力、范围与强度超出主债权，从而被司法机构认定为无效。

第三，《借款合同》与《保证合同》之间对违约责任都没有做到对应关联，对律师费等常见的实现债权费用都没有明确提及，很难得到司法的支持。

五、商业银行风控操作要点

为维护金融债权，促进金融借贷业务健康发展，从源头上防范和化解金融风险，本书写作团队建议商业银行在“担保从属性”这一问题上，应当从以下几方面对《借款合同》及《担保合同》进行设计，加强风险防控措施：

（一）明确独立担保合同（保函）是《民法典》之外的一种非典型的担保形态，应当按照其他法律、法规进行规制

根据《民法典》的规定，普通的担保合同具有明确的从属性，当主合同无效时担保合同随即失效。同时，《民法典》从法律层面明确否定了“当事人意思自治排除担保效力从属性约定的效力”的做法，但明确规定了“法律另有规定除外”。因此，独立保函是《民法典》之外的一种非典型的担保形态，应当按照其他法律、法规进行规制。但目前我国除了 2016 年发布《最高人民法院关于审理独立保函纠纷案件若干问题的规定》①以外，并未有其他法律法规规定。从长远来看，独立担保合同具有广泛的应用前景，商业银行需要注意这一趋势。②

（二）考虑到《民法典》对一般担保合同独立性的否定，商业银行在特殊情况下可以考虑通过“第三方增信”、“差额补充义务”等非典型担保手段，从而避开担保从属性原则，保证增信的独立性

《民法典》第 388 条承认了“其他具有担保功能的合同”，即非典型担保

① 《最高人民法院关于审理独立保函纠纷案件若干问题的规定》（法释〔2016〕24 号）第 1 条规定，本规定所称的独立保函，是指银行或非银行金融机构作为开立人，以书面形式向受益人出具的，同意在受益人请求付款并提交符合保函要求的单据时，向其支付特定款项或在保函最高金额内付款的承诺。

② 蒋琪主编：《中国独立保函法律实务精要与判例详解》，法律出版社 2020 年版。

合同的效力。[①] 这些合同在司法实践中不一定需要遵守从属性原则。如在安通控股股份有限公司、安某营业信托纠纷[②]一案中，最高人民法院认为，安某与郭某某签订的《差补和受让协议》既具有信托受益权转让的债权转让法律关系，又具有增信担保作用的差额补充法律关系，系无名合同。其中郭某某对安某承担的安某从吉林信托获取的信托净收益不足信托本金年化13%部分的差额补充义务，属于郭某某做出的支付承诺，相对于被补充之债权具有独立性。此与通常具有从属性、补充性的保证担保不同，虽然客观上具有增信担保的保障作用，有别于担保法意义上的保证担保行为。综上，郭某某主张《差补和受让协议》实为担保合同，因主合同不存在，故《差补和受让协议》作为从合同亦应无效的理由不能成立，不予支持。

同样，在江苏省国际信托有限责任公司、中国农业银行股份有限公司昆明分行合同纠纷[③]案中，最高人民法院认定，江苏信托公司与农行昆明分行签订的《转让协议》系混合合同，双方各自承诺负担的给付义务分别构成不同的合同关系，其一是转让特定资产收益权及其回购债权和相应抵押权的债权转让法律关系，其二是具有增信担保作用的差额补充法律关系。江苏信托公司和农行昆明分行基于《转让协议》约定各自负担不同类型的主给付义务，以对价关系而结合且不可分离，共同形成相互依赖的权利义务关系。因双方各自负担的给付义务不属于同一合同类型，故《转让协议》并非法律规定的有名合同。鉴于当事人讼争的法律关系是复合的且不具有典型性，本案案由应当确定为合同纠纷。一审判决将案涉《转让协议》认定为单一的债权转让，进而将案由确定为债权转让合同纠纷不当，法院予以纠正。

需要指出的是，《转让协议》约定由农行昆明分行承担的是特定资产收益权回购到期日之前的差额补充义务。上述义务属农行昆明分行做出的支付承诺，相对于被补充之债权具有独立性，农行昆明分行届期即应如数支付相应款项。此与通常具有从属性、补充性的保证担保不同，并不是在绿园置

---

① 《民法典》第388条规定，设立担保物权，应当依照本法和其他法律的规定订立担保合同。担保合同包括抵押合同、质押合同和其他具有担保功能的合同。

② （2019）最高法民终1524号。

③ （2017）最高法民终478号，该判决还指出，对于当事人讼争合同性质的认定，要基于合同条款的字面含义，从合同约定的具体权利义务关系出发，揭示当事人的真实意思，依照法律规定予以综合判断。在对本案诉争的《转让协议》这类商事合同进行解释时，更应观照蕴含于当事人缔约目的之中的商业考量与经济逻辑，反映商事合同不同于民事消费合同的风险分担和治理机制等特点，以维护交易秩序，促进商业活动发展。

业公司不履行其回购义务时才由农行昆明分行向江苏信托公司依约履行债务或者承担责任。故其虽然具有增信担保的作用，但并非担保法意义上的保证担保行为。

（三）商业银行应当尽量避免单独针对“担保责任约定专门的违约责任”的做法，这一做法会使得担保责任的数额高于主债务，容易被司法机关否认

一些商业银行习惯于在《担保合同》中专门规定担保人的违约形态，同时要求对方在此情形下承担“包括但不限于债权人在主合同项下遭受的损失”的违约责任，或者单独规定独立于主债权的迟延履行违约金或者相当于主债权本金的一定比例的违约金。最高人民法院《关于适用〈中华人民共和国民法典〉有关担保制度的解释》第3条规定，当事人对担保责任的承担约定专门的违约责任，或者约定的担保责任范围超出债务人应当承担的责任范围，担保人主张仅在债务人应当承担的责任范围内承担责任的，人民法院应予支持。因此，上述合同约定违反“担保从属性原则”将在2021年之后被司法机关认定为无效。如在中国农业银行股份有限公司重庆南岸支行与刘达平等金融借款合同纠纷①案中，农业银行一方提供的《保证合同》有如下条款：

保证合同均约定保证人发生重大诉讼、仲裁案件未立即书面通知债权人的或保证人为第三人债务提供保证担保或者以其资产为自身或者第三人债务设定抵押、质押担保，可能影响其履行本合同项下保证责任，未提前15日书面通知债权人并取得债权人书面同意的，应当按所担保主债权本金数额的10%向债权人支付违约金。

但重庆市第五中级人民法院认为，按照合同法关于违约金的约定，应该以对方实际损失为基础进行承担，且原告并不能证明其实际损失。担保人承担的担保责任范围不应当大于主债务，是担保从属性的必然要求。本案约定保证人发生经营严重困难、重大诉讼、仲裁事件、财务状况恶化的情况时，立即书面通知债权人，如保证人违反合同约定应按合同所担保债权本金数额的10%向债权人支付违约金。本案中原告在宣布贷款提前到期的情况下起诉，要求担保在承担主债务人不能履行范围之外承担违约责任，经审查认为当事人约定的担保责任范围大于主债务的，大于主债务部分的约定无效，担保责任应当缩减至主债务的范围，故法院对本案当事人约定主债务范

---

① （2019）渝05民初1325号。

围以外的违约责任不予支持。

（四）“主合同无效导致担保合同无效”时，商业银行应当在担保合同中事先界定担保人过错形态，并对担保人“明知”主合同无效收集证据，从而主张过错责任

《担保法司法解释》第8条规定，主合同无效而导致担保合同无效……担保人有过错的，担保人承担民事责任的部分，不应超过债务人不能清偿部分的三分之一。对于“担保人有过错”的认定，《最高人民法院一巡法官会议纪要》曾有“过错推定与转化责任形态说”①与“债权人负有证明担保人明知主合同无效过错的举证责任说”两种看法之争。最终最高人民法院内部会议纪要采取第二种观点，即“担保人的责任是过错责任。所谓担保人的过错，通常指担保人明知主合同无效仍为之提供担保，或者明知主合同无效仍促使主合同成立或者为主合同的签订提供中介服务等。在没有证据证明担保人存在明知主合同无效而为之提供担保促使主合同成立或为合同签订做中介或其他显见的过错的，担保人不承担过错责任”。鉴于此，商业银行必须事前界定担保人过错之形态，对担保人“明知主合同无效的过错”承担相应的举证责任。如在王某某、俞某某金融借款合同纠纷②案中，浙江省高级人民法院认为，《担保法司法解释》第8条中的担保人过错指担保人明知主合同无效仍为担保行为，或担保人明知主合同无效仍促使主合同成立或为主合同的签订做中介等。本案中，王某某作为隆汇公司的法定代表人，对案涉借款合同的真实目的和借款用途明知（明知借款并非隆汇公司所使用），仍为该笔贷款的取得办理相关手续，却仍然为该笔借款提供担保，应认定其对借款主合同无效而导致保证合同无效具有过错。根据法律规定，应对债务人不能清偿部分的三分之一承担清偿责任。

---

① 该说认为，主合同无效导致担保合同无效，担保人的过错是推定的。……首先，从以往司法实践看，通常推定担保人有过错，即担保人作为商事主体，在明知主合同无效而仍为之提供担保且不能自证无过错的情形下，即推定为有过错。其次，根据法律行为效力转换理论，原有行为如果具备替代行为的要件，且可以判断当事人如果知道原有行为不生效或无效，其希望替代行为生效的，可以将原有行为转换为替代行为而生效。用一种适当的行为去替换当事人所选择的不适当的行为，以平衡当事人之间的利益。本案所涉未履行登记手续的抵押合同，为救济其法律效力的瑕疵，除可以通过补办登记手续这种方式加以补正使其发生法律效力外，还可以通过解释上的转换这一方式，将其转换为有效的担保行为，以节约交易成本，促进交易发展。从此角度而言，担保人也应当承担民事责任。最高人民法院第一巡回法庭：《最高院一巡法官会议纪要：13个典型民商事法律问题及观点采纳》，载腾讯网，https://new.qq.com/rain/a/20201013A040W100，2020年12月31日访问。

② （2019）浙民申4257号。

（五）商业银行在约定违约金、律师费时，最好在保证《借款合同》与《担保合同》的条款之间的关联，保持两者对违约金约定的一致性，有助于得到法院的认可

在宁波镇海农村商业银行股份有限公司骆驼支行与贺某、杜某某金融借款合同纠纷[①]案中，宁波市镇海区人民法院指出，担保人承担的担保责任范围不应当大于主债务，是担保从属性的必然要求。当事人约定的担保责任的范围大于主债务的，均应当认定大于主债务部分的约定无效。本案《借款合同》中并未约定律师代理费的承担事项，杜某某出具的《保证函》关于保证范围包括律师费的约定应为无效。因此，原告有关律师代理费的诉讼请求，法院不予支持。因此，无论是违约金还是律师费，商业银行必须在主合同（《借款合同》）与从合同（《担保合同》）之间形成一致性，相互关联，才能保证该条款的适用。

---

① （2020）浙0211民初108号。类似案件见重庆银行股份有限公司万盛支行与许中红重庆市世亚房地产开发有限公司金融借款合同纠纷[（2020）渝0110民初1633号]。该案中重庆市綦江区人民法院同样认为，《重庆银行股份有限公司个人按揭贷款合同》并无许中红逾期未偿还贷款应承担实现债权费用的约定，仅约定抵押、保证范围为本合同项下贷款本金、利息（包括法定利息、约定利息、复利及罚息）、损害赔偿金、甲方实现抵押权的费用和乙方所有其他依法应付款项。因保证责任是主债务的从债务，基于担保从属性的必然要求，保证责任的范围不能大于主债务的范围。当事人约定的保证责任的范围大于主债务的，应当缩减至主债务的范围。故法院对重庆银行万盛支行要求支付实现债权的费用（律师服务费）5000元的诉讼请求不予支持。

第十三章　担保人主体资格负面清单的调整与商业银行合同条款设计

【《民法典》变化的影响】风险降低

【风险等级】★★★★★

【提要】《民法典》第683条与最高人民法院《关于适用〈中华人民共和国民法典〉有关担保制度的解释》第5条修改了《担保法》对保证人主体资格的限制，并将对保证人的主体限制扩张到包括物权担保人在内。机关法人、以公益为目的的非营利法人、非法人组织不得为担保人。而实务中分歧较多的民办学校、医院的保证是否有效？其设施用于抵押、担保的效力认定是否不同？而与企业相区别的金融机构的分支机构的保证是否有效？本章将探讨这些问题。

一、民法典及配套新规

▶《民法典》

【不得担任保证人的主体范围】

第683条　机关法人不得为保证人，但是经国务院批准为使用外国政府或者国际经济组织贷款进行转贷的除外。

以公益为目的的非营利法人、非法人组织不得为保证人。

▶最高人民法院《关于适用〈中华人民共和国民法典〉有关担保制度的解释》（法释〔2020〕28号）

【学校、幼儿园等提供担保的效力】

第6条　以公益为目的的非营利性学校、幼儿园、医疗机构、养老机构等提供担保的，人民法院应当认定担保合同无效，但是有下列情形之一的除外：

（一）在购入或者以融资租赁方式承租教育设施、医疗卫生设施、养老服务设施和其他公益设施时，出卖人、出租人为担保价款或者租金实现而在该公益设施上保留所有权；

（二）以教育设施、医疗卫生设施、养老服务设施和其他公益设施以外的不动产、动产或者财产权利设立担保物权。

登记为营利法人的学校、幼儿园、医疗机构、养老机构等提供担保，当事人以其不具有担保资格为由主张担保合同无效的，人民法院不予支持。

【公司的分支机构提供担保的效力】

第11条　公司的分支机构未经公司股东（大）会或者董事会决议以自己的名义对外提供担保，相对人请求公司或者其分支机构承担担保责任的，人民法院不予支持，但是相对人不知道且不应当知道分支机构对外提供担保未经公司决议程序的除外。

金融机构的分支机构在其营业执照记载的经营范围内开立保函，或者经有权从事担保业务的上级机构授权开立保函，金融机构或者其分支机构以违反公司法关于公司对外担保决议程序的规定为由主张不承担担保责任的，人民法院不予支持。金融机构的分支机构未经金融机构授权提供保函之外的担保，金融机构或者其分支机构主张不承担担保责任的，人民法院应予支持，但是相对人不知道且不应当知道分支机构对外提供担保未经金融机构授权的除外。

担保公司的分支机构未经担保公司授权对外提供担保，担保公司或者其分支机构主张不承担担保责任的，人民法院应予支持，但是相对人不知道且不应当知道分支机构对外提供担保未经担保公司授权的除外。

公司的分支机构对外提供担保，相对人非善意，请求公司承担赔偿责任的，参照本解释第十七条的有关规定处理。

►《民办教育促进法》[①]

第19条　民办学校的举办者可以自主选择设立非营利性或者营利性民办学校。但是，不得设立实施义务教育的营利性民办学校。

---

① 新《民办教育促进法》（2016年修正）规定民办学校建立分类管理制度。《民办教育促进法》第19条规定，除不得设立实施义务教育的营利性民办学校外，民办学校的举办者可以自主选择设立非营利性或者营利性民办学校。其中，非营利性民办学校的举办者不得取得办学收益，学校的办学结余全部用于办学。营利性民办学校的举办者可以取得办学收益，学校的办学结余依照公司法等有关法律、行政法规的规定处理。因此，尽管该法第3条强调“民办教育事业属于公益性事业”，但民办学校既可以是营利性的，也可以是非营利性的。

▶卫生部、国家中医药管理局、财政部、国家计委《关于城镇医疗机构分类管理的实施意见》（卫医发〔2000〕233 号）①

第 1 条　非营利性和营利性医疗机构按机构整体划分。划分的主要依据是医疗机构的经营目的、服务任务，以及执行不同的财政、税收、价格政策和财务会计制度。

二、立法考辨

保证人主体资格有效性是保证合同及保证责任的前提。《民法典》第 683 条的担保人负面清单条款合并修改了《担保法》第 8 条、第 9 条及第 10 条的规定，也没有采取最高人民法院《关于贯彻执行〈中华人民共和国民法通则〉若干问题的意见（试行）》（以下简称《民通意见》）中“保证人必须有清偿能力”的提示性规定，取消了企业法人分支机构、职能部门作为保证人的禁止规则，不得把作为保证人的主体限制为“机关法人和以公益为目的的非营利法人、非法人组织”。尤其需要注意的是，最高人民法院《关于适用〈中华人民共和国民法典〉有关担保制度的解释》将《民法典》对保证人的主体限制扩张到包括物权担保人在内。②

第一，就自然人而言，需要具备完全民事行为能力自不必言，但是否需要其他资格要件？《民通意见》第 106 条第 1 款曾规定，保证人应当是具有代偿能力的公民、企业法人以及其他经济组织。这一规定采取法国、日本立法先例，似乎要求保证人具有一定的清偿能力。③ 但 2001 年《担保法司法解释》第 14 条规定，不具有完全代偿能力的法人、其他组织或者自然人，以保证人身份订立保证合同后，又以自己没有代偿能力要求免除保证责任的，人民法院不予支持。换言之，保证人是否具有代偿能力与保证合同效力无关，仅仅是一种“提示性规定”。④ 从日、法的规定来看，“代偿能力”也仅为

① 非营利性医疗机构是指为社会公众利益服务而设立和运营的医疗机构，不以营利为目的，其收入用于弥补医疗服务成本，实际运营中的收支结余只能用于自身的发展，如改善医疗条件、引进技术、开展新的医疗服务项目等。营利性医疗机构是指医疗服务所得收益可用于投资者经济回报的医疗机构。政府不举办营利性医疗机构。民营医院是营利性还是非营利性的，要看其执业登记信息如何记载。

② 为保持与之前案例的一致，本章仍然以讨论保证为主。

③ 参见《法国民法典》（下册），罗结珍译，北京大学出版社 2010 年版；《日本民法典》，刘士国、牟宪魁、杨瑞贺译，中国法制出版社 2018 年版。

④ 参见程啸：《保证合同研究》，法律出版社 2006 年版，第 101 页。

保证人资格，而非决定保证合同效力之要件。[①] 为防止司法上的混淆，《民法典》从《担保法司法解释》之规定，没有提及“代偿能力”。[②]

第二，法人担任保证人的资格是《民法典》规制的重点。从《民法典》的分类来看，原《民法通则》中营利法人与非营利法人或者企业法人与非企业法人基本分类模式无法满足我国社会生活中的多样性需求。因此，根据不同法人的社会功能、建构功能及规范功能实现法人分类是《民法典》的不二选择，以便形成“功能性分类主导下兼容结构性分类的法人复合分类体系”，从而“充分发挥不同类型法人的功能并进行公共管理”。《民法典》改变了原来《民法通则》的分类标准，将法人分为“营利性法人”、“非营利法人”和“特别法人”三类。

在此框架下，机关法人代替了原有“国家机关”的表示，“具备独立的预算经费和为履行职能需要进行民事活动者，才能成为机关法人”，[③]屈茂辉（2017）指出，机关法人只能担任“特定情形下的保证人”。究其根本原因，在于机关法人系民事责任和财政责任的统一体，受预算法等公法约束，并非独立的民事责任主体。1993 年 2 月 23 日，国务院办公厅《关于严禁行政机关为经济活动提供担保的通知》重申：今后各级行政机关一律不得为国内企事业单位间的经济活动提供担保，以往提供担保的，要立即采取有效措施加以纠正。[④]《民法典》延续了《担保法》之规定，以“经国务院批准为使用外国政

---

① 参见[日]於保不二雄：《日本民法债权总论》，庄胜荣校订，台北，台湾五南图书出版股份有限公司 1998 年版，第 248 页。

② 但需要注意的是，《商业银行法》第 36 条规定，商业银行贷款，借款人应当提供担保。商业银行应当对保证人的偿还能力，抵押物、质物的权属和价值以及实现抵押权、质权的可行性进行严格审查。经商业银行审查、评估，确认借款人资信良好，确能偿还贷款的，可以不提供担保。

③ 屈茂辉：《机关法人制度解释论》，载《清华法学》2017 年第 5 期。该学者认为，机关法人从事的民事活动包括代表国家成为经营性国有资产的出资人、对其直接支配的不动产和动产的依法处分、在合乎财政制度下的购买及修造、代表国家承担赔偿责任及国有不动产的管理者侵权责任、特定情形下的保证人、雇用正式编制之外的员工而与被聘用者签订劳动合同或雇佣合同以及司法形式的公行政等七类。

④ 参见张成松：《机关法人责任独立性：一个财政法的观测视角》，载《河北法学》2020 年第 10 期。早在 1984 年，财政部《关于财政部门不得为经济合同提供担保的通知》规定，今后各级财政、税务部门不得以财政、税务机关的名义为企事业单位（包括个体经济）之间的经济合同进行担保，不得对经济合同发生的债务承担连带责任。

府或者国际经济组织贷款进行转贷"①作为机关法人不得担任保证人之例外情形。

表 13-1 《民法典》对法人的分类示意

法人性质	组织形式	《民法典》法条摘录
营利法人	有限责任公司 股份有限公司 其他企业法人等	第 76 条:以取得利润并分配给股东等出资人为目的成立的法人,为营利法人。 营利法人包括有限责任公司、股份有限公司和其他企业法人等。
非营利法人	事业单位 社会团体 基金会 社会服务机构等	第 87 条:为公益目的或者其他非营利目的成立,不向出资人、设立人或者会员分配所取得利润的法人,为非营利法人。 非营利法人包括事业单位、社会团体、基金会、社会服务机构等。
特别法人	机关法人 农村集体经济组织法人 城镇农村合作经济组织法人 基层群众性自治组织法人	第 96 条:本节规定的机关法人、农村集体经济组织法人、城镇农村的合作经济组织法人、基层群众性自治组织法人,为特别法人。

第三,除机关法人外,《民法典》第 683 条将保证主体资格反面清单限制在"以公益为目的的非营利法人、非法人组织",取代了原先《担保法》第 9 条关于"学校、幼儿园、医院等以公益为目的的事业单位、社会团体不得为保证人"之规定。营利法人与非营利法人是《民法典》的关键分类。宋亚辉(2020)②指出,营利法人的核心在于"一是以追逐利润为目的;二是将利润分配给出资人",《民法典》第 683 条将表述改为"对于以公益为目的的非营利法人、非法人组织",并且删除了"学校、幼儿园、医院等"列举项。其中细微差别之处在于,2016 年 11 月 7 日,全国人民代表大会常务委员会通过了《全国人民代表大会常务委员会关于修改〈中华人民共和国民办教育促进法〉的决定》,对民办学校实行非营利性和营利性分类管理。因此,现有民办学校

① 参见中国光大银行沈阳分行与沈阳市经济贸易委员会等单位借款担保合同纠纷一案,最高人民法院认为,本案属涉及适用我国《担保法》第 8 条"但书"规定的典型案件。在判定此类"国家机关"为"外国政府或者国际经济组织贷款"提供担保的效力时,应注意援引相关法律法规的特别规定,以区别通常担保纠纷案件中"国家机关不得为保证人"规定的一般适用。参见杜万华主编:《担保案件审判指导(增订版)》,法律出版社 2018 年版,第 76 页。

② 参见宋亚辉:《营利概念与中国法人法的体系效应》,载《中国社会科学》2020 年第 6 期。

有权选择登记为营利性或者非营利性机构。《担保法》沿用了《民法通则》法人分类体系，而民办非企业法人是在上述立法之后创设的新类型法人单位，故《担保法》第9条事业单位及社会团体的范围客观上无法涵盖民办非企业单位。民办非企业单位与事业单位的举办资金来源不同，但均有可能是以公益为目的的。①

因此，《民法典》采用"以公益为目的的非营利法人、非法人组织"强调非营利性与公益性并重，对非营利性法人进行进一步区分，更为准确。金锦萍(2018)②指出，非营利法人的概念的提出是社会公共服务由政府一元供给模式向社会化多元供给模式转变的必然结果。张新宝、汪榆淼(2018)③认为，"非营利法人"又可以细分为三类，第一类是以高度利他性非经济福利为追求的公益类非营利法人；第二类是经济类公共交易平台在内的互益类非营利法人；第三类是宗教活动场所为代表的自益类非营利法人。但值得注意的是，最高人民法院对此问题的观点与立法机构有所差异。最高人民法院《关于适用〈中华人民共和国民法典〉有关担保制度的解释》第6条规定了两种"以公益为目的的非营利性学校、幼儿园、医疗机构等不得为担保人"的例外情况，④一定程度上显示出最高人民法院对担保功能性思路的肯定。

第四，《民法典》第74条规定，法人可以依法设立分支机构。法律、行政法规规定分支机构应当登记的，依照其规定。张燕、仲伟珩(2017)⑤指出，分支机构已经具备完全性规范的组织、行为和责任规范三方面的特征。对于原《担保法》第10条所提及的"企业法人的分支机构、职能部门不得为保证人"，《民法典》却没有再提及。《最高人民法院关于审理经济合同纠纷案件有关保证的若干问题的规定》第17条第2款规定，金融部门的分支机构提供保证的，如无其他导致保证合同无效的因素，保证人应当承担保证责任。最

① 马鞍山中加双语学校、新时代信托股份有限公司金融借款合同纠纷[(2017)最高法民终297号]。

② 参见金锦萍：《论基本公共服务提供的组织形式选择——兼论营利法人与非营利法人分类的规范意义》，载《当代法学》2018年第4期。

③ 参见张新宝、汪榆淼：《论"为其他非营利目的"成立的法人》，载《法学评论》2018年第4期。

④ 这两种情况分别为：(一)在购入或者以融资租赁方式承租教育设施、医疗卫生设施、养老服务设施和其他公益设施时，出卖人、出租人为担保价款或者租金实现而在该公益设施上保留所有权；(二)以教育设施、医疗卫生设施、养老服务设施和其他公益设施以外的不动产、动产或者财产权利设立担保物权。

⑤ 参见张燕、仲伟珩：《法人分支机构的权限和责任》，载《人民司法(应用)》2017年第28期。

高人民法院《关于适用〈中华人民共和国民法典〉有关担保制度的解释》承继了这一思路,该司法解释第 11 条将公司分支机构分为“普通公司、担保公司分支机构”与“金融机构分支机构”两种情况,前者取消了原先《担保法》第 10 条禁止法人分支机构提供担保的规定,但原则上以“总公司特别授权”为担保成立之前提,同时保护善意相对人;后者又分两种情况,一是将“其营业执照记载的经营范围内开立保函”原则上认为属于金融机构的分支机构本身之常规业务,采取概括授权,可不需要总公司特别授权;二是提供保函业务之外的担保属于非常规业务,需要上级机构授权,同时仍保护“善意相对人”。

第五,最高人民法院《关于适用〈中华人民共和国民法典〉有关担保制度的解释》第 5 条增加了一条规定,即原则上禁止“居民委员会、村民委员会对外提供担保”“居民委员会、村民委员会提供担保的,人民法院应当认定担保合同无效”,其依据应当是《民法典》第 101 条①所规定“基层群众性自治组织法人”只能从事为履行职能所需要的民事活动,对外担保明显不在“为履行职能所需要”的范围之内。但考虑到我国农村未设立村集体经济组织的实际情况,根据《民法典》第 101 条“未设立村集体经济组织的,村民委员会可以依法代行村集体经济组织的职能”之规定,最高人民法院《关于适用〈中华人民共和国民法典〉有关担保制度的解释》第 5 条又补充规定,“但是依法代行村集体经济组织职能的村民委员会,依照村民委员会组织法规定的讨论决定程序对外提供担保的除外”。

三、司法裁判可视化梳理

本书写作团队使用 Alpha 案例库“金融借贷中保证人主体资格纠纷”进行了检索,②检索关键词为“案由:未设置案由”+“同句‘学校、幼儿园、医院等以公益为目的的事业单位’”+“攻/守方当事人包含:银行”,总共得到判决 429 件,可视化分析如图 13-1 所示。

---

① 《民法典》第 101 条规定,居民委员会、村民委员会具有基层群众性自治组织法人资格,可以从事为履行职能所需要的民事活动。未设立村集体经济组织的,村民委员会可以依法代行村集体经济组织的职能。

② 最后检索日期:2020 年 12 月 31 日。

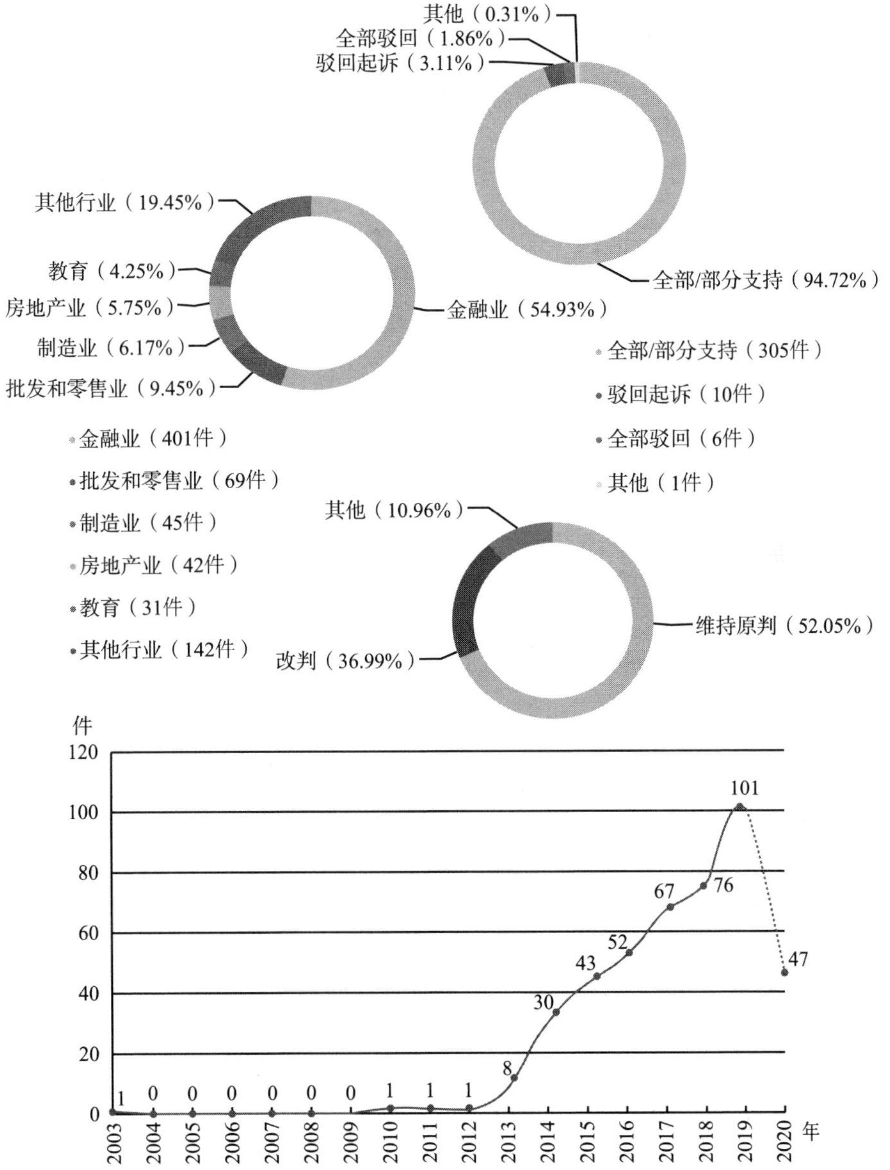

图 13-1　保证人主体资格纠纷可视化示意

就司法判例来看，本书写作团队认为，法院进行商业银行在保证人主体资格是否适格所造成的担保合同效力风险认定，以及相关案件中过错责任承担的判断时，需要特别关注以下情形：

（一）国家机关对外提供保证的法律风险

《民法典》第683条延续了《担保法》第8条的思路，规定机关法人原则上不得为保证人。[①] 在国家机关对外提供保证及相关过错责任认定的司法判例中，法院的裁判思路通常为：先认定机关法人（国家机关）提供的担保无效，再认定商业银行作为债权人和担保人对合同无效均具有明显过错，需承担民事责任。银行败诉案例判决书中常出现这样的表述：银行作为专业从事金融业务的机构，对国家相关重要法律法规应熟悉了解，在此情形下，仍与国家机关订立保证合同，对保证合同的无效具有明显的过错。机关法人明知自己不具有保证人的资格，对于保证合同的无效，亦具有明显的过错。

在伟龙置业有限公司、罗定市人民政府、罗定市财政局因担保合同纠纷[②]案中，最高人民法院认为，罗定市政府和罗定市财政局的保证合同违反法律的禁止性规定而无效。伟龙公司应当知晓中国法律禁止国家机关担任保证人，仍然接受罗定市政府和罗定市财政局的担保，其主观上也存在过错，亦应当承担保证合同无效的缔约过失责任。对于主合同导致保证合同无效以及保证合同自身同时存在无效原因的特殊情形下，应当如何认定保证人赔偿责任的范围……本案中，罗定市政府、罗定市财政局和伟龙公司对保证合同的无效均具有过错且过错程度相当，根据三方当事人的过错程度与保证合同无效所致经济损失之间的因果关系，法院酌情确定罗定市政府和罗定市财政局应当各自对屏风山水泥厂三份主合同项下不能清偿债务的部分向伟龙公司承担三分之一的赔偿责任。

在石河子经济技术开发区财政局、中国信达资产管理股份有限公司新疆维吾尔自治区分公司保证合同纠纷[③]案中，最高人民法院认为，本案中，开发区财政局作为国家行政机关，对于自己能否作为保证人应当明知，其与接

---

① 但是，对国家机关不得担任保证人的规定具有时间限制，即1988年《最高人民法院关于“国家机关不能担任保证人”的时效问题的答复》规定，凡《最高人民法院公报》公布《最高人民法院关于贯彻执行〈中华人民共和国民法通则〉若干问题的意见（试行）》以前，即1988年6月20日以前，国家机关担任保证人，向债权人保证债务人履行债务的，一旦发生纠纷诉至人民法院，人民法院将不仅仅根据该意见而确认保证无效。在中信银行股份有限公司总行营业部与西南国际租赁有限公司、重庆轻纺控股（集团）公司追偿权纠纷［（2015）民二终字第145号］一案中，最高人民法院引用上述答复，判决中信银行营业部关于案涉反担保合同有效的上诉主张成立，法院予以支持。一审判决未适用有关答复规定，而适用最高人民法院《关于贯彻执行〈中华人民共和国民法通则〉若干问题的意见（试行）》认定案涉保证合同无效，属于适用法律错误，法院予以纠正。

② （2011）民四终字第40号。

③ （2017）最高法民终84号。

受担保的债权人建行石河子分行对双方之间形成的保证合同无效负有同等的过错责任。

(二)民办学校保证人主体资格的法律风险

新出台的《民法典》明确规定,以公益为目的的非营利法人、非法人组织不得为保证人。实践中,民办学校、民办幼儿园、民办医疗机构对外提供担保和抵押的情形并不少见,其有效性在司法裁决层面争议较大。

在上述马鞍山中加双语学校、新时代信托股份有限公司等金融借款合同纠纷[①]案中,最高人民法院指出,判断中加双语学校是否具备保证人的主体资格,应以其是否以公益为目的为要件,对此应综合审查其登记情况和实际运行情况。中加双语学校的章程第24条第2款约定,学校接受的捐献、收取的学杂费的收支结余,归学校集体所有。第25条规定本校出资人暂不要求合理回报。第28条规定学校解散,剩余财产按三方投入方式并由审批机关统筹安排返还。新时代信托公司并不否认该份章程的真实性。故根据该份章程约定,中加双语学校出资人不享有学校财产所有权,对学校的盈余未约定个人分配规则,对学校解散之后的剩余财产约定了明确的处置规则,具有非营利性,符合公益性事业的界定。依据《民办教育促进法》(2003年9月1日起实施)第37条第2款规定,民办学校收取的费用应当主要用于教育教学活动和改善办学条件。第51条规定,出资人可以从办学结余中取得合理回报。取得合理回报的具体办法由国务院规定。故中加双语学校从事办学活动,依法有权向接受教育者收取费用,收取费用是其维持教育教学活动的经济基础,并不能因收取费用而认定其从事营利活动。营利性法人区别于非营利性法人的重要特征,不是“取得利润”而是“对学校解散之后的剩余财产分配”。中加双语学校章程明确了出资人暂不收取回报,新时代信托公司也未举证证明中加双语学校通过修改章程,报审批机关批准后收取回报。新时代信托公司以民办学校收取费用和合理回报认为中加双语学校具有营利性,法院不予支持。

在遂宁众泰房地产开发有限公司、遂宁银行股份有限公司金龙支行金

① (2017)最高法民终297号。

融借款合同纠纷①案中,四川省高级人民法院更是直接引用《民办教育促进法》第3条认为民办学校属于公益性学校,不得作为保证人,而不审查该民办学校是营利性还是非营利性。法院认为,《民办教育促进法》第3条第1款同时规定:民办教育事业属于公益性事业,是社会主义教育事业的组成部分。《担保法》第9条规定,学校、幼儿园、医院等以公益为目的的事业单位、社会团体不得为保证人。其中事业单位及社会团体的范围尽管客观上无法涵盖民办非企业单位,但该条的规范的是以公益为目的直接为社会公众服务的主体,如果将其作为保证人而最终承担保证责任,势必直接影响社会公众利益。故认定其满足《担保法》第9条规定的主体资格的法律要件,符合该条规范的立法目的。

---

① (2019)川民终103号。该案对学校公益目的最直接的认定是南山学校取得的《民办非企业单位登记证书》上记载的业务主管单位为遂宁市教育局,业务范围为小学、初中、高中,其招生范围包括义务教育阶段的学生,南山学校面向社会招生(包括义务教育招生),服务于全体社会成员的利益,是以公益为目的的民办非企业法人。相似解决思路的案例还包括:(1)在重庆市聚英技工学校与何某、刘某等金融借款合同纠纷[(2016)渝05民终5168号]一案中,重庆市第五中级人民法院认为,本案中,聚英学校领取的是民办非企业登记证书,系民办非企业单位,并且拥有民办学校办学许可证。学校本身负有提高国民素质和维护教职工、学生切身利益的社会责任。结合聚英学校的性质及上述法律规定,聚英学校不具备承担保证责任的主体资格,其与润通小贷公司签订的保证担保合同应属无效。合同无效后,应当按照法律规定,根据各自的过错责任承担相应的责任。(2)在陈某与余某某、上饶市广丰县一中合同纠纷[(2015)赣民四终字第19号]案中,江西省高级人民法院认为,因广丰县一中系民办学校,根据《民办教育促进法》第三条的规定,民办教育事业属于公益性事业,是社会主义教育事业的组成部分。《担保法》第9条规定,学校、幼儿园、医院等以公益为目的的事业单位、社会团体不得为保证人。最高人民法院《关于适用〈中华人民共和国担保法〉若干问题的解释》第3条规定,国家机关和以公益为目的的事业单位、社会团体违反法律规定提供担保的,担保合同无效。因此该担保合同因违反法律强制性规定而无效。(3)在樊某某、刘某某等与安徽省天源投资有限公司股权转让纠纷[(2015)皖民二终字第00025号]案中,安徽省高级人民法院认为,本案中,文达学院作为民办高等院校,其办学具有社会公益性,依法不得作为保证人,其担保行为无效。对此,债权人樊某某、刘某某、葛某某和担保人文达学院均应明知,故双方均有过错。……文达学院应在天源公司不能清偿债务部分的二分之一范围内向樊某某、刘某某、葛某某承担赔偿责任。(4)在垦利县万得福小额贷款股份有限公司与薛某某等金融借款合同纠纷[(2012)垦胜商初字第82号]一案中,垦利县人民法院认为,虽然被告东营英华园学校与原告万得福小贷公司签订万得福企保字(2011)第(022)号《企业保证合同》为涉案借款提供了保证担保,但被告东营英华园学校系经东营市教育局批准成立,并经东营市民政局登记备案的民办非企业单位,《民办非企业单位登记管理暂行条例》将民办非企业单位界定为"企业事业单位、社会团体和其他社会力量以及公民个人利用非国有资产举办的,从事非营利性社会服务活动的社会组织",该条例明确了民办非企业单位的非营利性质;《民办教育促进法》第3条第1款规定,"民办教育事业属于公益性事业,是社会主义教育事业的组成部分",该规定明确了民办学校的公益性,同时该法第5条规定民办学校与公办学校具有同等的法律地位。因此,被告东营英华园学校作为公益性单位,为涉案借款提供的担保无效。

（三）民办医院对外提供保证的风险

在盱眙县中医院与夏建平、江苏鹏胜集团有限公司等民间借贷纠纷[①]案中，江苏省高级人民法院认为，本案中，在2005年模拟改制过程中，中医院已经变更为由盱眙县卫生局、鑫磊公司、鹏胜采石公司三方投资入股的事业单位，并对收益分配明确约定“新主体实行独立核算，收支相抵后的结余部分，在提足各项基金后按投资比例结算”，因此改制后的中医院已经属于《关于城镇医疗机构分类管理的实施意见》中的营利性医疗机构……结合《合作协议书》中关于收益分配的内容、中医院改制方案及股权转让协议内容，不能否认中医院已实际变更为股份制营利性医疗机构的客观事实。故中医院在担保时属于营利性医疗机构，而非《担保法》第9条所规定的以公益为目的的事业单位，其担保行为应认定为有效。

但在青海湘亚医院与金某某、青海兴华医院建设工程施工合同纠纷[②]案中，青海省高级人民法院认为，青海湘亚医院是否具备保证人的主体资格，应以其是否以公益为目的为要件，对此应综合审查判断。第一，青海湘亚医院所持有的《中华人民共和国医疗机构执业许可证》标注其为“非营利性医疗机构”，其应系为社会公众利益服务而设立和运营的医疗机构，不以

---

① （2017）苏民申3209号。该案判决中，法院引用了2000年7月1日卫生部、国家中医药管理局、财政部、国家发展计划委员会《关于城镇医疗机构分类管理的实施意见》将医疗机构分为非营利性医疗机构和营利性医疗机构。非营利性医疗机构是指为社会公众利益服务而设立和运营的医疗机构，不以营利为目的，其收入用于弥补医疗服务成本，实际运营中的收支结余只能用于自身的发展，如改善医疗条件、引进技术、开展新的医疗服务项目等；营利性医疗机构是指医疗服务所得收益可用于投资者经济回报的医疗机构。因此，以公益为目的的医疗机构应指为社会公众利益服务而设立和运营的不以营利为目的的医疗机构，仅医疗机构所具有的为社会公众提供医疗服务的公益职能本身，并不能界定为系以公益为目的。

② （2019）青民终55号。该案判决同样引用了2000年7月1日卫生部、国家中医药管理局、财政部、国家发展计划委员会《关于城镇医疗机构分类管理的实施意见》。类似案件还包括：（1）在眉山骨科医院与张露群、眉山消化病医院、眉山市东坡区泛美小额贷款有限责任公司金融借款合同纠纷[（2017）川14民终440号]案中，眉山市中级人民法院认为，本案担保法律关系是否合法有效，应当确定眉山骨科医院和眉山消化病医院是否具有社会公益性。经查明：眉山骨科医院和眉山消化病医院经过卫生部门批准从事医疗活动的机构，是民办非企业、非经营性的医院，是从事非营利性社会服务的卫生事业性质的社会组织。具有社会公益性，不具备担保法规定的担保主体资格。因此，本案的担保法律关系无效，眉山骨科医院和眉山消化病医院依法不承担担保责任。（2）在河南辉县农村商业银行股份有限公司与范幸根等金融借款合同纠纷[（2014）辉民金初字第33号]案中，辉县市人民法院认为，因我国《担保法》第9条对医院等公益法人不能作为保证人有明确的强制性规定，该保证合同无效。因无效合同自始没有法律约束力，故共济医院以保证合同无效为由不承担保证责任的辩解意见，符合法律规定，法院予以采纳。

营利为目的。第二,青海湘亚医院经西宁市民政局核准登记为民办非企业单位,根据《民办非企业单位登记管理暂行条例》第2条"本条例所称民办非企业单位,是指企业事业单位、社会团体和其他社会力量以及公民个人利用非国有资产举办的,从事非营利性社会服务活动的社会组织"的规定,青海湘亚医院应系从事非营利性社会服务活动的社会组织。第三,2016年6月23日西宁市卫生和计划生育委员会批复青海湘亚医院按照二级综合医院登记标准建设,根据《医疗机构管理条例》第3条"医疗机构以救死扶伤,防病治病,为公民的健康服务为宗旨"的规定,青海湘亚医院作为医疗机构,服务于全体社会成员利益,具有公益性质。由上,可认定青海湘亚医院是以公益为目的的民办非企业法人……具有公益目的,其不得作为保证人,案涉担保条款无效。

(四)民办幼儿园对外提供保证的风险

在兴义市白云尚城伟才幼儿园、贵州兴义农村商业银行股份有限公司金融借款合同纠纷①案中,黔西南布依族苗族自治州中级人民法院认为,伟才幼儿园虽然为民办机构,但仍具备公益目的……《民办教育促进法》第3条"民办教育事业属于公益事业,是社会主义教育事业的组成部分"的规定,伟才幼儿园与兴义农商行的约定应属无效。刘某某、伟才幼儿园明知不能担任保证人,仍签订《保证合同》确认为刘某某的案涉借款提供保证,兴义农商行作为金融机构,明知幼儿园不得为保证人而为之,导致担保合同无效,双方均有过错。一审判决伟才幼儿园在刘某某不能清偿部分的二分之一的范围内承担赔偿责任,并无不当,法院予以维持。

(五)一般企业分支机构对外提供保证的风险

民法典对担保人负面清单的规定删除了担保法对企业法人分支机构和职能部门的禁止。然而在实务中,企业或金融机构分支机构企业法人的分

---

① (2018)黔23民终2221号。类似判决还包括:(1)佛山农村商业银行股份有限公司与黎某某、佛山市南海区狮山明日之星幼儿园金融借款合同纠纷[(2016)粤0604民初7059号]。该案中佛山市禅城区人民法院指出,依据《民办教育促进法》第3条第1款规定,民办教育事业属于公益性事业,是社会主义教育事业的组成部分。最高额保证合同中,约定由明日之星幼儿园为被告黎某某提供连带责任保证担保,因违反法律强制性规定而归于无效。该部分保证担保无效。(2)中国民生银行股份有限公司宁波奉化支行与孔某某、宁波市江北区求知幼儿园等金融借款合同纠纷[(2014)甬奉商初字第1413号]。该案中奉化市人民法院认为,被告宁波市江北区某某幼儿园作为民办教育幼儿园,根据《民办教育促进法》第3条规定,民办教育事业属于公益性事业,是社会主义教育事业的组成部分。因此,其不得作为保证人,与原告所签订的保证合同无效,双方均有过错。

支机构未经法人书面授权提供保证的情形并不少见，银行仍需对该类业务谨慎处理。

当担保人为未经授权的一般企业法人分支机构时，合同认定无效。债权人和企业法人均有过错时，根据其过错各自承担相应的民事责任，而债权人知道或应当知道保证人为企业法人的职能部门时，造成的损失由自己承担。在广宏建设集团有限公司、金钦法民间借贷纠纷[①]案中，最高人民法院法院认定广宏西安分公司签署的保证合同无效。对于本案担保条款的无效，金钦法未尽到审慎的注意义务，存在一定过错；广宏建设集团西安分公司管理不善，未经广宏建设集团书面授权提供担保，亦存在一定过错。最后法院认定广宏建设集团西安分公司应承担不超过借款人不能清偿部分的二分之一的赔偿责任。

（六）商业银行自身作为金融机构下属分支机构对外提供保证的风险

实务中往往会出现一种特殊情形，即担保主体是金融部门分支机构而非企业分支机构或职能部门。在司法实务中，法院对银行支行等金融分支机构对外担保是否有效的裁判规则未形成统一意见，此类情况下对合同有效性和相关过错责任的承担的裁定结果主要分为以下两种：

第一种审判思路为：金融部门的分支机构提供保证的，如无其他导致保证合同无效的因素，保证人应当承担保证责任。

---

① （2020）最高法民申117号。类似判决还包括青海宏信混凝土有限公司、海天建设集团有限公司青海分公司民间借贷纠纷[（2019）最高法民终1535号]。该案中最高人民法院认为，本案中，首先，在法律和司法解释对于企业法人分支机构担保条件有明确规定的情况下，青海宏信公司未审查海天青海分公司是否得到海天集团公司书面授权便接受海天青海分公司提供担保，未尽合理注意义务，其自身对于担保合同无效具有一定过错。其次，海天青海分公司在明知未获得海天集团公司书面授权的情况下，对外提供担保，对于担保合同的无效明显具有过错。最后，海天集团公司作为法人，对其设立的分支机构海天青海分公司及选任的负责人崔某某负有管理义务。但从查明的事实来看，海天集团公司因公司名称变更收回海天青海分公司备案印章后，未及时对外公示，在崔某某持与海天青海分公司备案印章不一致的印章进行日常经营活动时未予制止。故海天集团公司对于海天青海分公司及其时任负责人崔某某的行为未能尽到一般善良管理人的审慎注意义务，对于案涉担保合同的无效亦具有过错。因此，根据上述法律及司法解释以及《民法总则》第74条第2款“分支机构以自己的名义从事民事活动，产生的民事责任由法人承担；也可以先以该分支机构管理的财产承担，不足以承担的，由法人承担”的规定，结合各方当事人的过错程度，法院酌定由海天青海分公司以其经营管理的财产对于青海宏信公司案涉债权不能清偿部分的50%承担赔偿责任，海天青海分公司经营管理的财产不足以承担前述赔偿责任的，由海天集团公司承担。

在刘某某、中国工商银行股份有限公司鹰潭分行保证合同纠纷①案中，最高人民法院认为，第一，从担保授权类型看，工行鹰潭分行的担保业务在工商总行的授权范围内，二审中工行鹰潭分行也未举证其每笔保函业务均需取得工商总行的具体授权，应认为工行鹰潭分行已取得工商总行的概括授权。第二，从担保授权性质看，商业银行因相关业务需要进行的上级银行书面批准和内部授权，属于银行上下级之间的业务监督和内部授权，本质上是银行内部管理和风险防控，并不影响其对外民事行为的法律效力。第三，从法律及司法解释规定看，《担保法》第29条规定，“企业法人的分支机构未经法人书面授权或者超出授权范围与债权人订立保证合同的，该合同无效”。该规定的所谓授权应包括具体授权和概括授权，一审法院认为仅包括具体授权，并据此认定工行鹰潭分行出具的银行保函无效，属适用法律错误。这一判决中，最高人民法院采取扩张解释“法人书面授权”包括一般性概括授权，金融分支机构对外担保只需要概括授权，不需具体授权，其对外担保效力认定不适用《担保法》第10条的规定。

在江苏银行股份有限公司徐州彭城支行、济南铁路煤炭运贸集团有限公司买卖合同纠纷②案中，最高人民法院认为，《担保法》及其《担保法司法解释》虽然规定企业法人的分支机构未经法人书面授权提供保证的，保证合同无效，但该条规定针对的主体是“企业法人”的分支机构，有别于金融机构的分支机构。现行有效的《最高人民法院关于审理经济合同纠纷案件有关保

---

① (2016)最高法民终221号。类似案件还包括：(1)中国建设银行股份有限公司林口支行、牡丹江市东安区江达小额贷款股份有限公司与中国建设银行股份有限公司林口支行、牡丹江市东安区江达小额贷款股份有限公司等借款合同纠纷[(2015)民申字第262号]。该案中最高人民法院认为，林口建行的营业执照载明：其经营范围为“经营中国银行业监督管理委员会依照有关法律、行政法规和其他规定批准的业务，经营范围以批准文件为准”；林口建行的金融许可证载明：许可该机构经营中国银行业监督管理委员会依照有关法律、行政法规和其他规定批准的业务，经营范围以批准文件所列为准”；林口建行向工商机关提交并存档的《中国建设银行股份有限公司章程》第14条显示，经国务院银行业监督管理机构和国家外汇管理机构批准，并经公司登记机关核准，中国建设银行的经营范围包括从事担保等业务。上述公开、公示的证照、章程并未将担保业务排除在林口建行的经营范围之外，故二审判决认定林口建行具备从事担保业务的经营范围和经营资格有事实依据。二审判决据此认定中国建设银行股份有限公司对林口建行的经营范围授权系概括授权，不适用《担保法》第10条有关“企业法人的分支机构、职能部门不得为保证人。企业法人的分支机构有法人书面授权的，可以在授权范围内提供保证”的规定并无不当。(2)[(2017)最高法民终647号]大连高金投资有限公司、中国工商银行股份有限公司大连星海支行企业借贷纠纷、金融借款合同纠纷。该案中最高人民法院基于同一理由认为，案涉两份《银行保函》自身无效的原因为本案存在主合同无效导致从合同无效的情形，而非工行星海支行未经法人书面授权提供保证。

② (2018)最高法民申5993号。

证的若干问题的规定》第17条第2款规定,金融部门的分支机构提供保证的,如无其他导致保证合同无效的因素,保证人应当承担保证责任。据此,金融部门的分支机构提供保证的,并不当然导致保证合同无效,原审认定《担保书》有效并无不当。这一判决思路源于直接将金融机构分支机构从根本上区别于一般企业的分支机构,而不考虑授权与否。

第二种判决思路为:先认定金融机构分支机构未经具体授权而对外提供的担保无效,再认定金融分支机构对合同无效具有明显过错,需承担民事责任。

在中国农业发展银行根河市支行、湖北银行股份有限公司合同纠纷[①]案中,最高人民法院认为,关于农发行根河支行所提供的担保是否有效及其应否就满洲里实业公司债务不能清偿部分向湖北银行承担责任的问题。依据《担保法》第29条和《担保法司法解释》第17条的规定,企业法人的分支机构未经法人书面授权提供保证的,保证合同无效。农发行根河支行的营业执照中明确记载其类型为国有经营单位(非法人),故其未经中国农业发展银行法人书面授权而与债权人湖北银行订立保证合同,为无效合同。

在中国农业发展银行大荔县支行、简萍保证合同纠纷[②]案中,最高人民

---

① (2018)最高法民申3698号。该案判决进一步认为,关于湖北银行是否具有过错的判定是认定本案民事责任主体和责任范围的关键。……湖北银行在接受和审核保证的环节中,曾派两人在工作日赴农发行根河支行营业地进行面签面核,并查看了该行行长王某出示的中国农业发展银行内蒙古自治区分行下发的《业务授权书》原件,后《业务授权书》虽经刑事判决认定系王某某伪造,但该《业务授权书》由农发行根河支行行长出示,按常理应具有较高的可信度,且格式上以他行授权书为蓝本,红色文头和公章均源于王某提供的中国农业发展银行内部文件,并载明根据中国农业发展银行法人授权制度,授权各分行、营业部、支行办理授信额度在5000万元以内的担保类中间业务。案涉担保业务标的为4000万元,符合上述《业务授权书》的授权范围,即使由银行专业人员审核,亦难以发现其中有瑕疵或可疑的地方。故湖北银行在接受担保的过程中不存在明显违反应尽注意义务之处,农发行根河支行关于湖北银行对保证合同无效存在重大过错的申请理由不能成立。

② (2017)最高法民申4155号。类似案件包括内蒙古银行股份有限公司呼和浩特市联信支行、李某某与包头市跃隆煤炭购销有限责任公司借款合同纠纷[(2018)内01民终746号]。该案中呼和浩特市中级人民法院认为,内蒙古银行联信支行作为法人下属的分支机构,在为跃隆公司提供保证担保时,未取得总行内蒙古银行股份有限公司的相关授权,故该担保合同因违反法律强制性规定而无效。关于保证合同无效的责任承担问题,内蒙古银行联信支行作为金融机构,具备专业的金融法律知识,其由于公章使用管理存在漏洞及工作人员法律责任意识缺乏等内部原因,在明知自身不具备保证人资格的情况下,为他人提供保证担保,显然对造成保证合同无效的后果存在过错。李某某作为自然人,基于对金融机构的合理信赖,不可能也无必要知悉内蒙古银行联信支行是否经过法人授权或其本身不具备担保资格,其在缔约过程中并无过错。依据《担保法》第5条及最高人民法院《关于适用〈中华人民共和国担保法〉若干问题的解释》第7条之规定,保证人内蒙古银行联信支行应当对借款人跃隆公司未偿还李月英的全部借款本金及利息承担连带赔偿责任。

法院认为，农行大荔支行作为中国农业发展银行的分支机构，法律规定其不能作保证人，本案中亦没有证据证明其提供的保证行为经过中国农业发展银行的授权，故该保证无效，农行大荔支行应承担保证无效的过错赔偿责任。农行大荔支行作为专业金融机构，应当知晓其对外担保是无效的，为了确保金紫阳公司的贷款能够及时偿还，其时任行长刘仲翔仍在《借款合同》担保人处签字，农行大荔支行的过错是显而易见的。简萍作为债权人并无过错。……简萍虽起诉要求农行大荔支行承担保证责任，但由于农行大荔支行的保证无效，原判决认定农行大荔支行在本案中应承担过错赔偿责任，亦不存在原判决超出诉讼请求的问题。

由此可见，以上两种判决思路最终都会导致商业银行承担民事责任，区别在于商业银行按照第一种判决思路承担的是保证合同有效前提下的保证责任；按照第二种判决思路承担的是保证合同无效前提下过错赔偿责任。

四、商业银行现有条款的比对点评

（一）多家商业银行的现有条款比对

本书写作团队以“保证合同”为例，考察了多家银行合同保证人主体资格的安排，比对点评如下：

【A银行】

第6条　保证人的陈述与保证

6.1　保证人向债权人陈述并保证：

（1）保证人系依照中国法律成立并有效存续，具有独立的民事行为能力，并享有充分的权力、授权及权利以其全部资产承担民事责任并从事经营活动。

（2）保证人为签署本协议和履行本协议项下的义务所需的全部必要的内部授权程序均已完成，保证人为签署本协议和设定本协议项下的担保所需的一切必要的政府部门以及任何其他方的批准、许可、同意、公证、登记、备案均已适当取得和完成并且充分合法有效，本协议由保证人合法有效签署，其签署及履行本协议不违反保证人的法人组成文件/批准文件（如有）及其作为一方当事人的任何其他合同或协议，也不违反适用于保证人的任何法律和法规。

第9条　违约责任

9.1　以下情形构成保证人在本协议项下的违约事件：

(4)保证人在本协议中所做的陈述和保证不真实;

【B银行】

第6条　甲方声明与保证

6.1　甲方是根据中华人民共和国法律依法成立的中国法人或其他组织,或者是根据中华人民共和国法律拥有中国国籍的自然人,具有签订和履行本合同所必需的民事权利能力和行为能力,能独立承担民事责任,并且甲方已经获得签署本协议的所有必要和合法的内部和外部的批准和授权。

第9条　违约责任

……

9.2　甲方在本合同第六条中所作声明与保证不真实、不准确、不完整或故意使人误解,给乙方造成损失的,应予赔偿。

【C银行】

第12条　甲方声明条款

(一)甲方具备保证人的合法资格,甲方在本合同项下的担保行为符合法律、行政法规、规章和甲方章程或内部组织文件的规定,且已获得公司内部有权机构及/或国家有权机关的批准。因甲方无权签署本合同而产生的一切责任均由甲方承担,包括但不限于全额赔偿乙方因此遭受的损失。

(二)甲方确认自己对债务人的资产、债务、经营、信用、信誉等情况、是否具备签订主合同的主体资格和权限以及主合同的所有内容已经充分了解。

(三)有足够的能力承担保证责任,并不因任何指令、财力状况的改变、与任何单位签订的任何协议而减轻或免除所承担的保证责任。

【D银行】

第8条　声明与承诺

8.1　保证人声明如下:

8.1.1　保证人依法注册并合法存续,具备签订和履行本合同所需的完全民事权利能力和行为能力,不属于《中华人民共和国担保法》规定的禁止担任保证人的类型;

第10条　违约及处理

10.1　以下事项之一即构成或视为保证人在本合同项下违约

……

10.1.2　在本合同中所做的声明不真实或违反其在本合同中所做的承诺;

【E银行】

第6条　甲方的权利和义务

6.1　甲方保证其是具有完全民事权利能力与完全民事行为能力的自然人;或依法成立并有效存续的法人或其他组织,拥有充分的民事权利能力和民事行为能力订立并履行本合同。

6.2　甲方自愿签署本合同,保证其已取得了签署本合同所需的一切必要的许可、批准、登记及备案等,保证其为签署本合同所需的全部内部授权手续均已办理完毕并充分有效。甲方保证其签署本合同、履行其在本合同项下的义务,均不会:(1)违反其现行章程和内部规章;(2)违反对其有约束力的任何承诺、协议或合同或其他文件的约定;(3)违反对其有约束力的任何判决、裁决、裁定或其他政府机构的决定或要求;(4)违反法律法规、政策的规定。

6.3　甲方保证向乙方提供的证明其合法身份以及有履行本合同担保责任能力的文件,及其向乙方提供的有关其资信情况说明、财务报表或其他资料真实、合法、有效。

第8条　违约责任

8.1　本合同生效后,甲、乙双方均应履行本合同约定的义务,任何一方不履行或不完全履行本合同所约定义务的,应当承担相应的违约责任,并赔偿由此给对方造成的损失。

【F银行】

第1条　乙方的陈述与保证

……

1.2　乙方具备作为担保人的资格。乙方在本合同项下的担保行为符合法律、行政法规和乙方章程或内部组织文件的规定,且已获得其内部组织机构或国家有权机关的批准,乙方签署本合同或履行其在本合同项下的义务不违反其订立的其他协议。因乙方无权签署本合同而产生的一切责任均由乙方承担,包括但不限于全额赔偿甲方因此遭受的损失。

【G银行】

第8条　声明与承诺

保证人声明与承诺如下:

1.保证人依法注册并合法存续,具备签订和履行本合同所需的完全民事权利能力和行为能力;

2. 保证人完全了解主合同的内容，签署和履行本合同系基于保证人的真实意思表示，已经按照其章程或者其他内部管理文件的要求取得合法、有效的授权。代表保证人签署本合同的法定代表人或授权签字人的签字经过合法、有效的公司授权；签署和履行本合同不会违反对保证人有约束力的任何合同、协议或其他法律文件。

第 9 条　违约事件及处理

以下情况之一即构成保证人在本合同项下违约：

2. 保证人在本合同中所做的声明不真实或违反其在本合同中所做的承诺：

【H 银行】

第 5 条　保证人承诺

1. 已按有关规定和程序取得本合同担保所需要的授权。

第 7 条　违约责任

2. 保证人有下列行为之一的，应按本合同所担保主债权本金数额的＿%向债权人支付违约金；造成债权人损失的，应同时给予全额赔偿：

(1)未取得本合同担保所需的合法有效授权；

(二)多家银行的现有条款之点评

上述合同所存在六个问题值得比对分析：①

第一，从“合同架构”来看，“保证人的陈述与保证”(A、B、F、G 银行)，“声明与承诺”(C、D、G 银行)、“甲方的权利和义务”(E 银行)，应该明确的是保证人主体资格是一种签约前提，作为“陈述与保证”更为适宜。

第二，主体资格条款，各家银行分为两种情况：

第一种表述仅仅明确了保证人具有一般民事主体资格，A 银行约定“具有独立的民事行为能力”，B 银行约定“能独立承担民事责任的中国法人或其他组织”，E 银行约定“依法成立并有效存续的法人或其他组织”；G 银行约定“保证人依法注册并合法存续，具备签订和履行本合同所需的完全民事权利能力和行为能力”，《民法典》生效后应当使用“具有独立民事行为能力的营利法人与非法人组织”这一概念。

第二种是在民事主体资格基础上，要求保证人单独对保证人主体资格

① 另外，个别银行使用的词语不够规范。如 A 银行使用的“并享有充分的权力”应当为“权利”，且与后面的“授权与权利”重复。

做出承诺,其中又分为两种情况:一种是正面约定具有保证人的合法资格,如F银行约定“具备作为担保人的资格”如C银行约定“甲方具备保证人的合法资格”;另一种是反面规定不属于禁止性类型,D银行“不属于《中华人民共和国担保法》规定的禁止担任保证人的类型”。

本书写作团队认为,考虑到保证无效之后所存在的过错责任划分问题,建议采取建议在保证人声明中添加“保证人(法人与非法人组织)不属于《民法典》第683条规定的禁止担任保证人的类型”的表述,利于后续过错责任的划分。

第三,分支机构授权。

为排除分支机构非授权对外担保的情况。A银行约定“全部必要的内部授权程序均已完成”,B银行约定“所有必要和合法的内部和外部的批准和授权”,C银行约定“且已获得公司内部有权机构及/或国家有权机关的批准”,D、G银行没有规定,E银行约定“保证其已取得了签署本合同所需的一切必要的许可、批准、登记及备案等,保证其为签署本合同所需的全部内部授权手续均已办理完毕并充分有效”,F银行约定“已获得其内部组织机构或国家有权机关的批准”;H银行概括性地约定“已按有关规定和程序取得本合同担保所需要的授权”。

本书写作团队认为,鉴于《民法典》没有明确规定分支机构及职能部门的担保资格,应当将获得授权作为重要的承诺加以明确,并直接规定其缔约过失责任。建议银行在条款中添加“机构要求每笔保函业务均需取得总机构的具体授权的,已经通过授权委托书等方式获得了合法有效的授权”。

第四,违约惩罚责任。多家商业银行采取了两种路径:

一种路径是将“承诺不实”纳入违约责任,A银行以“陈述和保证不真实”,B银行以“声明与保证不真实、不准确、不完整或故意使人误解……应予赔偿”,D银行以“声明不真实或违反其在本合同中所做的承诺”,G银行以“保证人在本合同中所做的声明不真实或违反其在本合同中所做的承诺”;H银行以“未取得本合同担保所需的合法有效授权”而要求违约责任。

另一种路径是单独对“声明条款”的不真实约定特别责任条款,如C银行约定“因甲方无权签署本合同而产生的一切责任均由甲方承担,包括但不限于全额赔偿乙方因此遭受的损失”,F银行约定“因乙方无权签署本合同而产生的一切责任均由乙方承担,包括但不限于全额赔偿甲方因此遭受的损失”。

本书写作团队认为,考虑到《民法典》第682条规定,保证合同被确认无效后，债务人、保证人、债权人有过错的，应当根据其过错各自承担相应的民事责任，此处的责任应当是缔约过失责任，只使用“任何一方不履行或不完全履行本合同所约定义务的，应当承担相应的违约责任”这一兜底性条款，可能导致法院判决存在依据不足的法律风险。因此，第二种做法更为妥当，同时应当明确突出保证人在此情况下的“过错”。

第五，在所有银行都没有针对“以公益为目的的非营利法人、非法人组织”，例如针对民营学校的情况下，对相关问题应根据司法先例做出特殊条款约定。

本书写作团队建议商业银行应当对“以公益为目的的非营利法人、非法人组织”设定“合同特殊条款”及“操作指引”，供分行、支行在办理相关业务时采用。

第六，部分银行受最高人民法院《关于贯彻执行〈中华人民共和国民法通则〉若干问题的意见》第106条的路径依赖，按惯性思维约定“有足够的能力承担保证责任”（C银行）或“向乙方提供……有履行本合同担保责任能力的文件”（E银行）。本书写作团队建议这一条款在《民法典》生效后可以删除。

五、商业银行风控操作要点

为维护金融债权，促进金融借贷业务健康发展，从源头上防范和化解金融风险，本书写作团队建议商业银行在“保证人主体资格”环节应当加强以下风险防控措施：

（一）商业银行应当对“以公益为目的的非营利法人、非法人组织”设定“合同特殊条款”及“操作指引”，供分行、支行在办理相关业务时采用

本书写作团队通过梳理相关案件及《公司法》、《民办教育促进法》、《民办非企业单位登记管理暂行条例》、《事业单位登记管理暂行条例》、《国务院关于鼓励社会力量兴办教育促进民办教育健康发展的若干意见》（国发〔2016〕81号）等相关规定，总结出公益性民办学校和非公益性民办学校在登记标准、权利范围、优惠政策等方面都存在诸多差异，下列差异在法院对民办学校等机构是否以公益为目的的认定中起到决定性作用。

银行信贷部门在审查民办学校、医院能否作为担保主体时，其核心是区分营利性和非营利性，要综合考对其登记情况和实际运行情况，从形式和实质两方面综合考察。从形式上，审查民办学校的登记机关、登记内容和学校

章程中有关出资来源、业务范围、办学收益的分配、[1]政策待遇、[2]监管方式[3]等相关事项。从实质上，审查民办学校实际经营情况，如是否超出业务范围、是否违反章程约定将学校盈余分配给出资人等。审慎审查后确定学校是否可以作为保证人。

表 13-2　银行对学校、幼儿园、医院担任保证人时事前应当审查的文件一览

序　号	文　件	审查重点
1	《学校、幼儿园、医院章程》及相关协议	出资人是否要求利润回报； 对阻止解散之后的剩余财产的处置规则
2	《医疗机构执业许可证》《民办学校办学许可证》	是否标注“非营利性医疗机构”； 是否标注“非营利性教育机构”
3	民政局登记材料	是否登记“民办非企业单位”
4	税务机关材料	纳税情况
5	其他资料	其他能证明是否属于非公益的证明材料

如在中国银行股份有限公司新乡分行与新乡冠英高级中学、新乡县冠

① 《民办教育促进法》第 19 条规定，营利性民办学校的举办者可以取得办学收益，学校的办学结余依照公司法等有关法律、行政法规的规定处理。不同于非营利性学校的举办者不能取得办学收益，营利性民办学校的举办者可以适用与公司同样的收益分配方式，按照出资的比例或者其他约定的方式取得办学收益。

② 2017 年 1 月 18 日发布《国务院关于鼓励社会力量兴办教育促进民办教育健康发展的若干意见》（国发〔2016〕81 号）（以下简称《国务院意见》），规定营利性与非营利性学校实施差别化扶持政策。根据相关法规的规定，我们认为这种“差别”主要体现在以下几个方面：（1）税收政策。新《民办教育促进法》第 47 条规定，非营利性民办学校享受与公办学校同等的税收优惠政策。《企业所得税法实施条例》第 84 条规定了符合要求的非营利组织享受免税的优惠。根据上述规定，我们认为营利性民办学校与非营利民办学校在税收政策上存在较大差异，营利性民办学校所享受税收优惠较少。（2）供地政策。新《民办教育促进法》第 51 条规定，新建、扩建非营利性民办学校，人民政府应当按照与公办学校同等原则，以划拨等方式给予用地优惠。新建、扩建营利性民办学校，人民政府应当按照国家规定供给土地。从该条规定看来，非营利性民办学校可以享受与公办学校同等的供地政策，而营利性民办学校则不存在任何“特殊待遇”，因此在供地政策上两者也是存在较大的反差。（3）政府扶持政策。新《民办教育促进法》第 46 条规定，对非营利性民办学校还可以采取政府补贴、基金奖励、捐资激励等扶持措施。但是对营利性民办学校的其他扶持措施只见于《国务院意见》中的规定：“各级人民政府可根据经济社会发展需要和公共服务需求，通过政府购买服务及税收优惠等方式对营利性民办学校给予支持。”

③ 2016 年 12 月 30 日教育部、人力资源社会保障部、工商总局《关于印发〈营利性民办学校监督管理实施细则〉的通知》（教发〔2016〕20 号）第 34 条规定，营利性民办学校应当按照《企业信息公示暂行条例》规定，通过国家企业信用信息公示系统，公示年度报告信息、行政许可信息以及行政处罚信息等信用信息。可见，在信息披露方面，政府也是按照企业的标准对营利性民办学校进行监管。

英初级中学金融借款合同纠纷[①]案中，新乡市牧野区人民法院认为，是否具有保证人资格应以其是否以公益为目的为要件，虽冠英初级中学章程中载明其“不以营利为目的”，但营利性法人区别于非营利性法人的重要特征，是所得利润是否分配给出资人，被告冠英初级中学章程中明确约定董事会可以决定出资人取得合理回报的比例，学校在扣除办学成本、预留发展基金及按照国家有关规定扣除其他的必要费用外，出资人可以从办学结余中取得合理回报。回报比例按盈利的25%。故应认定其不属于《担保法》第9条中所列的以公益为目的的事业单位和社会团体。

再如，永兴沪农商村镇银行股份有限公司与永兴县绿洲木业有限公司、盘某伟、永兴县童星学校、刘某峰、王某君、廖某英、曾某禄、廖某凤、曾某园、刘某艳金融借款合同纠纷[②]案中，永兴县人民法院认为，永兴县童星学校作为民办私立学校，其办学经费并非出自国家财政而来自个人，从其应依法纳税的情况来看，其经营的主要目的还是营利。此外，私立学校对其合法所得的财产拥有全部的权利，所得收益可用于投资者经济回报，故其能够独立承担民事责任，并具有代偿能力。根据《担保法司法解释》第16条规定，从事经营活动的事业单位、社会团体为保证人的，如无其他导致保证合同无效的情况，其所签订的保证合同应当认定为有效。被告永兴县童星学校作为民办私立学校有别于《担保法》第9条规定的民事主体，不应简单地套用担保人系学校、担保无效的法律规定，被告永兴县童星学校具有一定的营利性、具备代偿能力，可以作为保证人并承担保证责任。

（二）商业银行应当尽量避免要求国家单位提供保证担保以及债务加入[③]

鉴于《民法典》第683条坚持延续了“机关法人原则上不得为保证人”的规定，商业银行在政信业务、政府与社会资本合作（PPP）、资管业务中应当尽量避免要求承担公权力、使用政府财政预算的机关法人（国家单位）担任保证人。

但是需要注意的是，一些比较冷僻的机关法人或事业单位，如开发区管

---

① （2019）豫0711民初2076号。

② （2016）湘1023民初527号。

③ 关于债务加入内容，请参考本书第二十五章，在此不加赘述。

委会、[①]烟草专卖局、[②]人民防空办公室、[③]街道办事处,[④]供销社[⑤]等机构是否能够提供担保?从现有司法先例来看,存在较大的不确定性,商业银行应当谨慎从事。如在中国建设银行股份有限公司定西分行、陇西县中小企业助

---

① 在江苏扬州广陵经济开发区管理委员会与扬州市广陵区华建农村小额贷款股份有限公司、江苏远景装饰工程有限公司等借款合同纠纷[(2017)苏10民终3513号]案中,扬州市中级人民法院认为,广陵开发区管委会作为国家机关违反法律规定对外提供担保,导致担保合同无效,显然具有过错,广陵开发区管委会认为其没有过错,与事实不符。同时,华建小贷公司作为专业的贷款机构,应当明知广陵开发区管委会不能对外担保却仍然要求其担保的,也具有严重过错,一审法院根据双方各自过错,判决广陵开发区管委会对远景公司不能清偿的债务承担30%的赔偿责任,并无不当。

② 在内蒙古自治区赤峰市烟草专卖局、内蒙古自治区赤峰市红山区烟草专卖局与李某某、王某某借款合同纠纷[(2018)内民申2500号]案中,内蒙古自治区高级人民法院认为,关于红山区烟草专卖局是否具有法人资格的问题,赤峰市烟草专卖局所举的赤峰市红山区人民政府的文件和《证明》以及赤峰市烟草专卖局的文件仅能证明红山区烟草专卖局具有行政执法主体资格,且红山区烟草专卖局隶属于且受赤峰市烟草专卖局垂直管理,并不能证明红山区烟草专卖局具有独立法人资格。因行政执法主体资格与法律规定的机关法人资格不属于同一概念,红山区烟草专卖局并未提供其有独立经费的证据,故二审法院根据《民法总则》第97条的规定,认定红山区烟草专卖局虽为行政执法机构,但不具有机关法人资格,不能承担案涉借款的还款责任,而应由赤峰市烟草专卖局承担还款责任亦无不当。

③ 在李某军与李某选、濮阳县人民防空办公室民间借贷纠纷[(2015)豫法民一终字第209号]案中,河南省高级人民法院,濮阳县人防办属于国家机关,对外提供担保违反法律强制性规定,担保无效。李洪军对担保人未尽谨慎审查义务,对担保无效造成的损失应承担相应的责任,濮阳县人防办作为国家机关,明知对外担保违反法律强制性规定,仍提供担保,对担保无效存在过错,应承担相应的过错责任。

④ 在沈阳市沈北新区财落街道办事处,辽宁紫郡房地产有限公司,沈阳市沈北新区财政局借款合同纠纷[(2017)辽民终1206号]案中,辽宁省高级人民法院认为,财落街道办上诉主张《预算法》第35条规定:"地方各级预算按照量入为出、收支平衡的原则编制,除本法另有规定外,不列赤字。除前款规定(经人大批准的以地方政府债权为形式的建设投资)外,地方政府及其所属部门不得以任何方式举借债务。"依照2014年国务院发布第43号文《国务院关于加强地方政府性债务管理的意见》,进一步加强和细化了对地方政府举债行为的管理和监督,严格限制了借款的程序、用途。财落管委会属于沈北新区政府的派出机构,其借款行为就是政府的行为,该借款未经合法程序审批的债务,违法了强制性法律规定,应当是无效的。对此,法院认为,《公司法司法解释(二)》第14条规定:《合同法》第52条第(5)项规定的强制性规定,是指效力性强制性规定,《预算法》第35条的规定,并不属于《合同法》第52条第(5)项规定的效力性强制性规定。因此,紫郡公司与财落管委会签订借款合同系当事人的真实意思表示,当事人主体资格具备,合同内容不违反法律法规的效力性强制性规定,且无《合同法》第52条规定的导致合同无效的情形,一审法院认定合法有效正确,法院予以确认。故对财落街道办该上诉主张,法院不予支持。

⑤ 重庆供销控股(集团)有限公司、天津市供销合作总社合同纠纷[(2019)最高法民终875号]。最高人民法院认为,天津供销社自改革后成为参照公务员法管理的事业单位财政预算单位,不从事生产经营活动,经费只来自财政拨款,其不具备代为清偿债务的能力,故天津供销社不应承担担保责任,但应承担过错赔偿责任。

保金管理中心金融借款合同纠纷①案中，最高人民法院认为，陇西县中小企业助保金管理中心为陇西县工业和信息化局管理的股级事业单位，取得事业单位法人证书，宗旨和业务范围是协助建行陇西县支行组织实施该县中小企业助保金贷款，负责该县"助保贷"的组织指导及与政府相关部门的协调沟通以及"企业助保金""政府风险补偿金"的使用与管理，经费来源为县财政全额拨款。原审判决对助保金管理中心事业单位的性质认定不缺乏证据证明。建行定西分行与地方政府签订的合作协议对助保金管理中心的职责仅约定为"协助"，建行定西分行作为金融机构，应当预见到保证合同无效的法律风险。

但需要注意的是，承担公共服务职责的企业法人，虽然可能与政府机关有上下级行政指导或指令关系，但不影响其保证人主体资格。如在长乐自来水公司与工行五四支行借款担保纠纷②案中，最高人民法院就指出，保证合同不应仅因保证人的保证系因地方政府指令而确认无效。自来水公司领取的是企业法人执照，属于以营利为目的的企业法人，其经营活动虽具有一定的公共服务性质，但不属于以公益为目的的事业单位。

（三）商业银行应当对一般公司、担保公司分支机构及职能部门的保证授权要求进行书面承诺与声明，同时就该承诺与声明规定专门的缔约过失责任

最高人民法院《关于适用〈中华人民共和国民法典〉有关担保制度的解释》第 11 条第 1 款和第 3 款分别规定，一般公司和担保公司的分支机构未经公司原则上不能对外提供担保，除非相对人获得专门的书面授权，即相对人不知道且不应当知道分支机构对外提供担保未经公司决议程序的除外。因此，对于一般公司与担保公分支机构，商业银行应当明确要求保证人"已经按照其章程或者其他内部管理文件的要求取得合法、有效的授权；保证人为第三人且为公司的，保证人提供该担保，已经按照公司章程的规定由董事会

---

① (2018)最高法民申 5668 号。该案中，商业银行认为，陇西县中小企业助保金管理中心系依法设立的融资担保机构，经费来源为县财政全额拨款，但其经费来源实质是财政拨付给其用于担保使用的融资保证金，因此其对外签订的担保合同依法有效。但最高人民法院并未认可这一主张。

② (2004)民二终字第 262 号，载《最高人民法院公报》2005 年第 9 期(总第 107 期)。早在 1998 年，最高人民法院《关于正确确认企业借款合同纠纷案件中有关保证合同效力问题的通知》(法〔1998〕85 号)的规定，除确系因违反担保法及有关司法解释的规定等应当依法确认为无效的情况外，不应仅以保证人的保证系因地方政府指令而违背了保证人的意志，或该保证人已无财产承担保证责任等原因，而确认保证合同无效，并以此免除保证责任。

或者股东会、股东大会决议通过”,明确其已获得总公司的书面授权。同时,建议银行在条款中添加“机构要求每笔保函业务均需取得总机构的具体授权的,已经通过授权委托书等方式获得了合法有效的授权”等表达。

(四)商业银行对自身分支机构是否能对外提供担保进行明确的内部规定,同时在支行一级的营业执照上尽量避免出现“提供保函或对外担保”的字样

关于商业银行的分支机构未经总行授权对外提供担保是否有效以及商业银行对分支机构对外提供担保仅需总行概括授权还是需要特别授权的问题,之前案例中存在很大争议。在三门峡湖滨农村商业银行股份有限公司磁钟支行与李某某保证合同纠纷①案中,最高人民法院给出了一个标准,即“可根据商业银行分支机构提供的担保业务是经常性业务还是特别业务而作出不同处理”。

对于商业银行分支机构依据总行概括授权、按业务流程开展、向资信良好的金融机构等企业出具银行保函等符合交易习惯、支付了合理对价或者提供了可信反担保的经常性业务,相对人基于交易发生时的基础事实,相信商业银行分支机构有权对外提供担保的,从维护交易效率和交易安全的角度考虑,原则上不应否定商业银行分支机构对外提供担保的效力。

对于商业银行分支机构未按业务流程办理、单独与个别自然人签订保证合同等不符合交易习惯、相对人未支付合理对价或者提供可信反担保的担保,相对人应尽更高的义务,除非有证据证明商业银行总行规定此类业务无须特别授权、同一银行开展其他同类业务时均未特别授权或者有其他事实足以让相对人相信此类行为无需总行特别授权,原则上不应认定商业银行分支机构未经授权对外提供担保有效,而应当根据各方当事人的过错确定各自的民事责任。

可见,对外担保这一行为,商业银行的分支机构应当按照越权代理与表见代理规则处理。如中国邮政储蓄银行股份有限公司邳州市八路镇支行与

① (2019)最高法民再3号。最高人民法院认为,既要考虑保护善意相对人利益、维护交易安全,原则上不应当以商业银行内部规定对抗善意相对人,又要考虑保护商业银行以及广大储户的利益,赋予相对人一定的注意义务,兼顾交易效率和交易公平,根据个案案情,结合担保权人是否善意、是否尽到了合理注意义务,商业银行的分支机构对外提供担保的行为是否符合交易习惯,对外担保数额的大小等因素作出认定。

范某某保证合同纠纷[1]案中，江苏省高级人民法院认为，邮储银行八路支行本身系银行分支机构，无权对外担保；业务专用章属临柜业务用章，亦有别于可以对外签订合同使用的印章。张某在案涉借条担保单位处加盖邮储银行八路支行的临柜业务专用章，并非行使职权，而是利用职务之便私自用章，为个人借取过桥资金提供所谓担保，显然不能代表邮储银行八路支行的意志，范某某对此明知，不属于善意第三人。

值得注意的是，最高人民法院《关于适用〈中华人民共和国民法典〉有关担保制度的解释》第11条第2款将越权行为原则上缩小限定在“金融机构的分支机构提供保函业务”。[2] 换言之，该司法解释认为，金融机构的分支机构可能存在“其营业执照记载的经营范围内”或“特别受授权”从而出具保函两种情况，其他担保则原则上均为无效。这一解释排除了以前案例中出现的“金融机构的分支机构其他符合交易习惯、支付了合理对价或者提供了可信反担保的经常性业务”，值得关注。

（五）商业银行对自身内部业务职能部门是否能对外提供担保进行明确的内部规定，同时规范内部业务职能部门业务章或其他印章的合规使用

在于某某、中国农业发展银行河南省分行营业部民间借贷纠纷[3]案中，当事人再审申诉认为，中国农业发展银行是金融机构、是独立法人，河南省分行是其分支机构，农发行营业部是河南省分行的分支机构，客户一部是农发行营业部的业务部门，代表农发行营业部开展发放贷款的具体工作。其不同于其他具有行政管理职能的“办公室、保卫部、工会、人力资源部”等……客户一部作为企业法人分支机构的内设机构，明知其不能对外提供担保，仍在《借款合同》上的担保处加盖印章，主观上存在过错。虽然最高人民法院认为，一审、二审判决关于农发行营业部承担责任认定不一致，是因对于淑英在签订《借款合同》时是否知道或应当知道农发行营业部“客户一部”为农发行营业部职能部门的认定不同。借款合同担保人处印章是“客户

---

① （2019）苏民再9号。

② 最高人民法院《关于适用〈中华人民共和国民法典〉有关担保制度的解释》第11条第2款规定，金融机构的分支机构在其营业执照记载的经营范围内开立保函，或者经有权从事担保业务的上级机构授权开立保函，金融机构或者其分支机构以违反公司法关于公司对外担保决议程序的规定为由主张不承担担保责任的，人民法院不予支持。金融机构的分支机构未经金融机构授权提供保函之外的担保，金融机构或者其分支机构主张不承担担保责任的，人民法院应予支持，但是相对人不知道且不应当知道分支机构对外提供担保未经金融机构授权的除外。

③ （2018）最高法民申1224号。

一部”的印章并非农发行营业部公章，普通人也应能够分辨客户一部为部门，且申请人于淑英在签订借款合同时全权委托代理人渠国新系专业律师，应当能够明确区分分支机构与职能部门。从本案来看，银行内部的客户部门虽然是职能部门，但其对外使用印章的行为尚有可能构成“表见代理”，因此，商业银行应当对业务职能部门的公章予以规范管理，避免风险。

第十四章　外观主义的“善意”与公司担保商业银行合理审查风险控制

【《民法典》变化的影响】风险增加

【风险等级】★★★★

【提要】多年来，对于违反《公司法》第16条规定的公司对外担保效力问题，司法实务中法院的裁判尺度各异。根据《九民纪要》、最高人民法院审判委员会刘贵祥专委于2019年7月3日在全国法院民商事审判工作会议上关于公司对外担保相关问题的讲话中对此问题的阐述与论证，最高人民法院将裁判尺度统一为通过判断行为人是否构成表见代表、表见代理，要求银行作为第三人需要具有善意，改变了多年来此类案件“同案不同判”的情况。最新2020年最高人民法院《关于适用〈中华人民共和国民法典〉有关担保制度的解释》又区分一般公司与上市公司对“善意第三人”制定了合理审查标准。

一、民法典及配套新规

▶《公司法》(2018年修订)

第16条[1]　公司向其他企业投资或者为他人提供担保，依照公司章程的规定，由董事会或者股东会、股东大会决议；[2]公司章程对投资或者担保的总额及单项投资或者担保的数额有限额规定的，不得超过规定的限额。

公司为公司股东或者实际控制人提供担保的，必须经股东会或者股东

① 一般学术界认为，该条规定参考我国台湾地区所谓“公司法”第16条规定，公司除依其他法律或公司章程规定得为保证者外，不得为任何人担保。公司负责人违反前款规定时，应自负保证责任，如公司受有损害时，亦应负赔偿责任。

② 《法国商事公司法》第98条第4款规定，非从事金融事业的公司提供担保和保证的行为必须经过董事会的批准。《法国商事公司法》第106条规定，除公司经营金融事业外，禁止公司为董事、总经理、法人董事的常任代理人及他们的亲属向第三人承担的义务提供我的担保或保证。

大会决议。

前款规定的股东或者受前款规定的实际控制人支配的股东，不得参加前款规定事项的表决。该项表决由出席会议的其他股东所持表决权的过半数通过。

▶《民法典》

【法定代表人越权行为】

第504条　法人的法定代表人或者非法人组织的负责人超越权限订立的合同，除相对人知道或者应当知道其超越权限外，该代表行为有效，订立的合同对法人或者非法人组织发生效力。

【表见代理】

第172条　行为人没有代理权、超越代理权或者代理权终止后，仍然实施代理行为，相对人有理由相信行为人有代理权的，代理行为有效。

▶《九民纪要》

（六）关于公司为他人提供担保

关于公司为他人提供担保的合同效力问题，审判实践中裁判尺度不统一，严重影响了司法公信力，有必要予以规范。对此，应当把握以下几点：

17.【违反《公司法》第16条构成越权代表】为防止法定代表人随意代表公司为他人提供担保给公司造成损失，损害中小股东利益，《公司法》第16条对法定代表人的代表权进行了限制。根据该条规定，担保行为不是法定代表人所能单独决定的事项，而必须以公司股东（大）会、董事会等公司机关的决议作为授权的基础和来源。法定代表人未经授权擅自为他人提供担保的，构成越权代表，人民法院应当根据《合同法》第50条关于法定代表人越权代表的规定，区分订立合同时债权人是否善意分别认定合同效力：债权人善意的，合同有效；反之，合同无效。

18.【善意的认定】前条所称的善意，是指债权人不知道或者不应当知道法定代表人超越权限订立担保合同。《公司法》第16条对关联担保和非关联担保的决议机关作出了区别规定，相应地，在善意的判断标准上也应当有所区别。一种情形是，为公司股东或者实际控制人提供关联担保，《公司法》第16条明确规定必须由股东（大）会决议，未经股东（大）会决议，构成越权代表。在此情况下，债权人主张担保合同有效，应当提供证据证明其在订立合同时对股东（大）会决议进行了审查，决议的表决程序符合《公司法》第16条的规定，即在排除被担保股东表决权的情况下，该项表决由出席会议的其他股东所持表决权的过半数通过，签字人员也符合公司章程的规定。另一种情形是，公司为公司股东或者实际控制人以外的人提供非关联担保，根据《公司法》第16条的规定，此时由公司章程规定是由董事会决议还是股东（大）会决议。无论章程是否对决议机关作出规定，也无论章程规定决议机关为董事会还是股东（大）会，根据《民法总则》第61条第3款关于“法人章程或者法人权力机构对法定代表人代表权的限制，不得对抗善意相对人”的规定，只要债权人能够证明其在订立担保合同时对董事会决议或者股东（大）会决议进行了审查，同意决议的人数及签字人员符合公司章程的规定，就应当认定其构成善意，但公司能够证明债权人明知公司章程对决议机关有明确规定的除外。

债权人对公司机关决议内容的审查一般限于形式审查，只要求尽到必要的注意义务即可，标准不宜太过严苛。公司以机关决议系法定代表人伪造或者变造、决议程序违法、签章（名）不实、担保金额超过法定限额等事由抗辩债权人非善意的，人民法院一般不予支持。但是，公司有证据证明债权人明知决议系伪造或者变造的除外。

19.【无须机关决议的例外情况】存在下列情形的，即便债权人知道或者应当知道没有公司机关决议，也应当认定担保合同符合公司的真实意思表示，合同有效：

（1）公司是以为他人提供担保为主营业务的担保公司，或者是开展保函业务的银行或者非银行金融机构；

（2）公司为其直接或者间接控制的公司开展经营活动向债权人提供担保；

（3）公司与主债务人之间存在相互担保等商业合作关系；

（4）担保合同系由单独或者共同持有公司三分之二以上有表决权的股东签字同意。

20.【越权担保的民事责任】依据前述3条规定，担保合同有效，债权人请求公司承担担保责任的，人民法院依法予以支持；担保合同无效，债权人请求公司承担担保责任的，人民法院不予支持，但可以按照担保法及有关司法解释关于担保无效的规定处理。公司举证证明债权人明知法定代表人超越权限或者机关决议系伪造或者变造，债权人请求公司承担合同无效后的民事责任的，人民法院不予支持。

21.【权利救济】法定代表人的越权担保行为给公司造成损失，公司请求法定代表人承担赔偿责任的,人民法院依法予以支持。公司没有提起诉讼,股东依据《公司法》第151条的规定请求法定代表人承担赔偿责任的,人民法院依法予以支持。

22.【上市公司为他人提供担保】债权人根据上市公司公开披露的关于担保事项已经董事会或者股东大会决议通过的信息订立的担保合同,人民法院应当认定有效。

▶刘贵祥大法官在全国法院民商事审判工作会议上的讲话(2019年7月3日)

关于公司为他人提供担保的合同效力问题,实践中裁判尺度不统一,严重影响了司法公信力,有必要予以统一。对此,要把握以下几点:

一是关于《公司法》第16条的规范性质。该条是对法定代表人代表权进行限制的强制性规范。这意味着担保行为不是法定代表人所能单独决定的事项,而必须以公司股东会或者股东大会、董事会等公司机关决议作为授权的基础和来源。因此,法定代表人未经股东会或者股东大会、董事会等公司机关决议对外签订的担保合同,原则上属于无权代表合同,未经公司追认的,依法应当认定无效。根据《公司法》第16条的规定,要区分两种情况:一是为公司股东或者实际控制人提供担保的,必须经股东会或者股东大会决议。未经股东会或者股东大会决议,或仅经董事会决议的,对外签署的担保合同仍构成无权代表。二是为他人提供担保的,是由股东会或股东大会决议还是董事会决议,由公司章程规定;章程未作规定的,董事会或者股东会、股东大会决议都可以;章程规定由股东会或股东大会决议,公司董事会决议同意提供担保构成无权代表。但鉴于章程规定不得对抗善意相对人,此时善意相对人可基于表见代表规则主张担保有效。但该规则并非绝对,存在以下情形的,即便没有公司决议,也应当认定该担保符合公司的真实意思,从而认定担保有效:一是公司是以为他人提供担保为主营业务的担保公司,或者是开展独立保函业务的银行和非银行金融机构;二是公司与主债务人之间存在相互担保等商业合作关系;三是公司为其直接或间接控制的公司开展经营活动向债权人提供担保;四是为他人(不包括股东或实际控制人)提供担保的行为,由持有公司50%以上表决权的股东单独或共同实施。

二是关于相对人的审查义务。行为人未经公司决议对外提供担保,相对人能够证明其在订立担保合同时已经对公司章程、决议等与担保相关的文件进行了审查，文件所记载的内容符合《公司法》第16条、第104条、第121条等法律规定的，应当认定构成表见代表或表见代理，由公司承担相应的责任。公司以相关决议系行为人伪造或变造、决议形成程序违法、签章不实、担保金额实际超过法定担保限额等理由提出抗辩的，人民法院不予支持。但存在以下情形之一的，表明相对人未尽审查义务，不适用表见代表规则：同意担保的决议是由公司无权决议机构作出，担保决议未经法定或章程规定的多数通过，参与决议的股东或董事违反了《公司法》第16条第3款或者第124条关于回避表决的规定，参与决议的人员不符合公司章程、营业执照的记载，等等。

三是关于公司担保无效的法律后果。行为人越权提供担保未经公司追认且不构成表见代表或者表见代理，相对人主张由行为人承担相应责任的，应当根据《民法总则》第171条的规定，确定行为人的责任。相对人在订立担保合同时明知该担保行为未经公司决议的，或者能够认定相对人和行为人利用担保合同向公司转嫁商业风险的，可以由相对人自行承担相应的损失。相对人不能举证证明与其订立担保合同的行为人的，应当判决驳回其诉讼请求。

▶最高人民法院《关于适用〈中华人民共和国民法典〉有关担保制度的解释》（法释〔2020〕28号）

【相对人善意时越权担保有效】

第7条　公司的法定代表人违反公司法关于公司对外担保决议程序的规定，超越权限代表公司与相对人订立担保合同，人民法院应当依照民法典第六十一条和第五百零四条等规定处理：

（一）相对人善意的，担保合同对公司发生效力；相对人请求公司承担担保责任的，人民法院应予支持。（二）相对人非善意的，担保合同对公司不发生效力；相对人请求公司承担赔偿责任的，参照适用本解释第十七条的有关规定。

法定代表人超越权限提供担保造成公司损失，公司请求法定代表人承担赔偿责任的，人民法院应予支持。

第一款所称善意，是指相对人在订立担保合同时不知道且不应当知道法定代表人超越权限。相对人有证据证明已对公司决议进行了合理审查，人民法院应当认定其构成善意，但是公司有证据证明相对人知道或者应当知道决议系伪造、变造的除外。

【无须机关决议的例外情形】

第8条　有下列情形之一，公司以其未依照公司法关于公司对外担保的规定作出决议为由主张不承担担保责任的，人民法院不予支持：

（一）金融机构开立保函或者担保公司提供担保；（二）公司为其全资子公司开展经营活动提供担保；（三）担保合同系由单独或者共同持有公司三分之二以上对担保事项有表决权的股东签字同意。

上市公司对外提供担保，不适用前款第二项、第三项的规定。

【上市公司提供担保】

第9条　相对人根据上市公司公开披露的关于担保事项已经董事会或者股东大会决议通过的信息，与上市公司订立担保合同，相对人主张担保合同对上市公司发生效力，并由上市公司承担担保责任的，人民法院应予支持。

相对人未根据上市公司公开披露的关于担保事项已经董事会或者股东大会决议通过的信息，与上市公司订立担保合同，上市公司主张担保合同对其不发生效力，且不承担担保责任或者赔偿责任的，人民法院应予支持。

相对人与上市公司已公开披露的控股子公司订立的担保合同，或者相对人与股票在国务院批准的其他全国性证券交易场所交易的公司订立的担保合同，适用前两款规定。

【一人公司为其股东提供担保的效力】

第10条　一人有限责任公司为其股东提供担保，公司以违反公司法关于公司对外担保决议程序的规定为由主张不承担担保责任的，人民法院不予支持。公司因承担担保责任导致无法清偿其他债务，提供担保时的股东不能证明公司财产独立于自己的财产，其他债权人请求该股东承担连带责任的，人民法院应予支持。

二、立法考辨

从《公司法》第16条的规定来看，公司为他人提供担保时，内部的决议机构由公司章程自主决定，而对于公司为实际控制人或公司股东提供担保时则必须由股东大会或股东会决定。实践中，如何认定公司对外担保未经内部程序决议的效力以及当公司为其股东或实际控制人提供担保时，未经公司股东会或股东大会决议的效力如何认定均存在不同的裁判意见。

从司法判例来看，在2019年《九民纪要》出台之前，公司担保案件是民商事领域出现“同案不同判”问题最为严重的案件类型之一，严重影响了司法公信力。最高人民法院曾经选取了2006年到2015年全国法院审结的455件公司未经法定程序对外担保的商事案件进行统计分析，发现49.8%的判决认定担保合同有效，50.2%认定担保合同无效。而在担保合同被认定无效的案件中，又出现了判令公司对担保相对人承担部分责任、承担连带责任和不承担责任三种法律后果。[①] 总体而言，司法实践中存在“债权人绝对保护主义”“债权人推定保护主义”“无效合同但应承担部分担保责任”“债权人相对不保护主义”“债权人绝对不保护主义”六种司法判决模式，对债权人的保护力度依次降低。

第一，“债权人绝对保护主义”又可以称“内部关系说”。这一观点认为，根据《民法总则》第61条，法定代表人签订合同的行为代表公司，法律后果由公司承担，公司担保亦如此。法定代表人有越权行为的，在公司承担担保责任后，由法定代表人对公司承担赔偿责任。因此，公司担保违反《公司法》第16条不影响担保的效力。[②] 此类观点的典型案例包括安徽省投资集团控股有限公司、中原银行股份有限公司濮阳开州路支行金融借款合同纠纷[③]案，杨某、曾某金融借款合同纠纷[④]案（在本案中，法院进一步认为，如果有公章，则无需法定代表人与股东签字，担保均可成立）。这一观点完全无视《公司法》第16条的规定，直接假定担保人不应当知道明文颁布的法

---

① 参见刘贵祥主编：《〈全国法院民商事审判工作会议纪要〉理解与适用》，人民法院出版社2019年版，第179页。

② 参见贺小荣主编：《最高人民法院民事审判第二庭法官会议纪要》，人民法院出版社2018年版，第190页。

③ （2017）最高法民申370号。该案中最高人民法院认为，《公司法》第16条第1款规定：“公司向其他企业投资或者为他人提供担保，依照公司章程的规定，由董事会或者股东会、股东大会决议……”该款规定的立法本意在于限制公司主体行为，防止公司的实际控制人或者高级管理人员损害公司、小股东或其他债权人的利益，不属于效力性强制性规范，不能仅以违反该规定为由否定担保承诺的效力。虽然中原银行开州路支行未提交证据证明安投集团公司提供担保的承诺经过了董事会决议，但安投集团公司并不否认其在承诺为安控公司债务承担连带保证责任的股东会决议上加盖印章的真实性，不否认法定代表人签字的真实性，因此原判决认定该承诺对安投集团公司有效，安投集团公司应当对案涉债务承担连带保证责任，并无不当。

④ （2017）最高法民申4771号。该案中最高人民法院认为，案涉《最高额保证合同》上加盖有世纪天中公司和浩诚佳扬公司印章，为案涉债务提供担保是该两公司的真实意思表示，是否有公司法定代表人及其股东签字不影响合同的效力。世纪天中公司与浩诚佳扬公司所担保的系航源公司债务而非梅义斌个人债务，航源公司并非世纪天中公司与浩诚佳扬公司的股东，杨某、曾某和吴某某再审亦未提交证据证明航源公司为世纪天中公司与浩诚佳扬公司的实际控制人，本案无适用《公司法》第16条之余地。

律,殊不可取。

第二,"债权人推定保护主义"又称"非强制规范说"。这一观点认为《公司法》第 16 条属管理性强制性规范,非效力性强制性规范,违反该条不会导致公司担保合同无效,因此,公司担保违反《公司法》第 16 条不影响担保的效力。此类观点典型案例包括招商银行股份有限公司大连东港支行与大连振邦氟涂料股份有限公司、大连振邦集团有限公司借款合同纠纷[①]案(本案中,最高人民法院专门指出,如以违反股东决议程序而判令合同无效,必将降低交易效率,同时也给公司动辄以违反股东决议主张合同无效的不诚信行为留下了制度缺口,最终危害交易安全,不仅有违商事行为的诚信规则,更有违公平正义),江某与南华投资公司借款合同纠纷、[②]重庆赞立置业有限公司、何某某买卖合同纠纷[③]等。

也有部分观点认为,应区分《公司法》第 16 条规定的两种情形:第 1 款是关于公司为股东或实际控制人以外的其他人提供担保的规定,立法原意是保护交易安全,约束董事和高级管理人员,性质为管理性强制性规范,不能据此认定担保合同无效;第 2 款是关于公司为股东或者实际控制人提供的关联担保,性质为效力性强制性规定,未经股东会同意,担保合同无效。[④]

第三,"无效合同但应承担部分担保责任"又可以称"过错责任说"。在该类判决中,人民法院的论证逻辑为:当事方违反《公司法》第 16 条之规定进行的对外担保,构成《合同法》第 52 条规定的无效情形,属于无效合同。而担保方在提供对外担保时至少存在公章管理不严、内控有失等问题,因此亦有过错,故可适用《担保法司法解释》第 7 条之规定,即主合同有效而担保合同无效,债权人、担保人有过错的,担保人承担民事责任的部分,不应超过债务人不能清偿部分的二分之一。据此可以要求担保方公司承担二分之一

---

① (2012)民提字第 156 号,载《最高人民法院公报》2015 年第 2 期。在该案中,最高人民法院认为,《公司法》第 16 条第 2 款规定,公司为公司股东或者实际控制人提供担保的,必须经股东会或者股东大会决议。该条款是关于公司内部控制管理的规定,不应以此作为评价合同效力的依据。

② (2016)最高法民申 1692 号。在该案中,最高人民法院认为,《公司法》第 16 条第 2 款并未明确其法律后果为担保行为无效,故该规定不是《合同法司法解释二》所指的效力性强制性规定。

③ (2017)最高法民申 1696 号。在该案中,最高人民法院认为,《公司法》第 16 条对公司及股东等的相关行为进行规范,属于公司内部控制程序,不能以此约束交易相对人,相对人是否审查公司章程及相关股东会记录,均不应影响公司应当依法承担的民事责任。赞立公司关于许立力未经股东会同意以公司名义对外担保无效的主张,依法不能成立。

④ 周伦军:《公司对外提供担保的合同效力判断规则》,载《法律适用》2014 年第 8 期。

的责任。此类观点的典型案例包括通联资本管理有限公司、成都新方向科技发展有限公司与公司有关的纠纷，[①]北京优选稳盈投资管理中心、广厦湖北第六建设工程有限责任公司企业借贷纠纷。[②] 同时也有判决认为“担保人未尽到对其法定代表人、公章的管理和注意义务，对于保证合同无效所造成的损失，应当承担次要(低于二分之一)责任。”如深圳市联泰投资集团有限公司、深圳航空有限责任公司保证合同纠纷[③]案中，最高人民法院认为，联泰公司作为债权人，明知深航公司系为其控股股东提供担保，且知道或应当知道深航公司没有相关股东会决议及其法定代表人越权代表，仍然与深航公司订立保证合同，对于保证合同无效具有重大过错，对于保证合同无效所造成的损失，应当承担主要责任。深航公司未尽到对其法定代表人、公章的管理和注意义务，对于保证合同无效所造成的损失，应当承担次要责任。因此，法院综合实际情况及双方当事人过错程度，依法酌定深航公司就汇润公司不能清偿的债务承担三分之一的赔偿责任。

第四，“债权人相对不保护主义”又可以称“善意债权人保护说”。持这

---

① (2017)最高法民再258号。在该案中，最高人民法院认为，通联公司在签订《增资扩股协议》时，因《久远公司章程》中并无公司对外担保议事程序规定，通联公司有合理理由相信向生建有权代表公司对外签订有担保意思表示内容的《增资扩股协议》，但其未能尽到要求目标公司提交股东会决议的合理注意义务，导致担保条款无效，对协议中约定的担保条款无效自身存在过错。而久远公司在公司章程(2009年6月9日之前)中未规定公司对外担保及对公司股东、实际控制人提供担保议事规则，导致公司法定代表人使用公章的权限不明，法定代表人向生建，未经股东会决议授权，越权代表公司承认对新方向公司的股权回购义务承担履约连带责任，其对该担保条款无效也应承担相应的过错责任。最高人民法院《关于适用〈中华人民共和国担保法〉若干问题的解释》第7条规定，主合同有效而担保合同无效，担保人无过错的，担保人不承担民事责任；担保人有过错的，担保人承担民事责任的部分，不应超过债务人不能清偿部分的二分之一。根据该条规定，通联公司、久远公司对《增资扩股协议》中约定的“连带责任”条款无效，双方均存在过错，久远公司对新方向公司承担的股权回购款及利息，就不能清偿部分承担二分之一的赔偿责任。

② (2017)最高法民申450号。在该案中，最高人民法院认为，关于广厦六建的赔偿责任问题。《担保法》第10条规定，企业法人的分支机构、职能部门不得为保证人。企业法人的分支机构有法人书面授权的，可以在授权范围内提供保证。第29条规定，企业法人的分支机构未经法人书面授权或者超出授权范围与债权人订立保证合同的，该合同无效或者超出授权范围的部分无效，债权人和企业法人有过错的，应当根据其过错各自承担相应的民事责任；债权人无过错的，由企业法人承担民事责任。本案中，广厦六建对广厦六建十堰分公司擅自对外提供担保有管理不善的过错；稳盈投资中心作为债权人，明知广厦六建十堰分公司系不具有法人资格的分支机构，在接受担保时未核实其是否已获企业法人的书面授权，也存在疏于审查的过错。原判决认定广厦六建和稳盈投资中心对保证合同的无效均有过错，据此判令广厦六建对翱达公司债务不能清偿部分的二分之一承担民事责任，适用法律正确。稳赢投资中心主张原判决适用法律确有错误的申请再审理由不能成立。

③ (2019)最高法民终267号。

一观点的法官往往使用代表人对外职权主义，但又在一定程度上将“债权人的善意”作为担保成立的前提条件，倾向于推定认为“第三人对公司章程不负有审查义务。”即第三人的善意是由法律所推定的，第三人无须举证自己善意；如果公司主张第三人恶意，应对此负举证责任。因此，不能仅凭公司章程的记载和备案就认定第三人应当知道公司的法定代表人超越权限，进而断定第三人恶意。但是，如果第三人有严重过错，尤其是未尽到合理形式审查义务，担保也可能无效。此类观点的典型案例包括刘某与湘潭高新区兆基复合材料有限责任公司、赵某某等民间借贷纠纷①（该案法官明确指出，应体现保护善意债权人的价值取向），河北敬业担保有限公司与永年县圣帝隆房地产有限公司、邯郸市兆亿贸易有限公司等追偿权纠纷（该案中，法官认为敬业担保公司作为专门从事担保业务的专业机构，本应对谢利明是否越权尽到更为谨慎的审查义务，但其并未进行形式上的审查，因此，不构成善意）。②

① (2015)民申字第3011号。在该案中，最高人民法院认为，《公司法》第16条第2款规定，公司为公司股东或者实际控制人提供担保的，必须经过股东会或者股东大会决议。该规定旨在规范公司担保内部表决程序，但并未明确规定违反该条的担保行为无效，兆基公司据此主张《借款担保协议》无效，无充分法律依据。即使依据兆基公司申请再审引用的《担保法解释》第4条认定担保合同无效，该条亦同时规定，除债权人知道或者应当知道的外，债务人、担保人应当对债权人的损失承担连带赔偿责任，体现了保护善意债权人的价值取向。兆基公司主张刘奕未取得股东会决议无权要求兆基公司承担担保责任，无充分法律依据，本案判决认定是否有股东会决议，不影响公司对外合同的效力，未予支持兆基公司提出的《借款担保协议》无效的主张，并无不当。另外，兆基公司主张刘某与赵某某恶意串通欺骗兆基公司提供担保，但未能提交充分证据予以证明，二审判决未予支持兆基公司该项主张，亦并无不当。

② (2016)最高法民申2633号。最高人民法院认为，关于公司对外担保问题，《公司法》第16条第1款规定，公司向其他企业投资或者为他人提供担保，依照公司章程的规定，由董事会或者股东会、股东大会决议……该规定在公司对外担保事项上对法定代表人的代表权进行了法定限制，因此在判断公司法定代表人违反该规定越权签订担保合同是否对公司有效时，还应考察该行为是否构成《合同法》第50条规定的表见代表，相对人是否尽到了合理的审查义务，是否为善意。具体到本案，谢某某在代表圣帝隆房地产公司向敬业担保公司出具《反担保保证书》时未提供《公司法》第16条第1款规定的圣帝隆房地产公司董事会或者股东会决议等相关文件，而敬业担保公司作为专门从事担保业务的专业机构，本应对谢某某是否越权尽到更为谨慎的审查义务，但其并未进行形式上的审查，因此不构成善意。与此相应，谢某某越权出具《反担保保证书》的行为不构成表见代表，该保证书对圣帝隆房地产公司不发生法律效力。

第五，“债权人绝对不保护主义”又可以称“无权代理说”。[①] 持这一观点的法官认为，既然《公司法》第16条已经规定公司在进行对外担保时需要进行“特别授权”，那么，当这一“特别授权”缺位时，就应当视为签署行为不能代表担保方的真实意思表示，构成《民法总则》第171条关于无权代理的规定，若签署行为不能得到担保方的追认（后补决议文件），则应当对担保方“不发生效力”。此类观点的典型案例包括河北华晨光伏科技有限公司与王某某、豆某与李某某、穆某某、河北兆伦服饰有限公司、河北启华商贸有限责任公司、辛集市隆邦服饰制衣有限公司、河北华晨生态农业科技有限公司借款合同纠纷。[②] 这一裁判与已有的裁判思路转弯过大，目前多数案件判决，公司要承担一定的责任。司法实务中要保持裁判思路的相对稳定，如果参照无权代理来处理越权代表，理论上似不成立。

与司法实践的莫衷一是相对应，学术界对公司担保的观点也大相径庭。如罗培新（2012）[③]认为，法院应当倒逼担保权人仔细审查公司章程和相关决议。一方面可以减少争端、降低讼累，另一方面则可渐次形成诚实守信与醇厚善良的商业文化，久而久之将降低社会交易成本，增进社会福祉。高圣平

---

① “无权代理说”与我国台湾地区所谓“公司法”第16条一致，该条规定，公司除依其他法律或公司章程规定得为保证者外，不得为任何人担保。公司负责人违反前款规定时，应自负保证责任，如公司受有损害时，亦应负赔偿责任。2018年8月9日，《最高人民法院关于审理公司为他人提供担保纠纷案件适用法律问题的解释（征求意见稿）》中也曾体现了上述裁判思路。如第1条规定：公司的法定代表人未按《公司法》第16条第1款、第2款的规定以公司名义为他人提供担保，公司依照《合同法》第50条等规定，主张担保合同对其不发生效力的，人民法院应予支持。

② （2016）最高法民申607号。在该案中，最高人民法院认为，关于二审判决认定华晨光伏公司承担担保责任是否有误的问题。案涉《借款协议》签订时，李某某为华晨光伏公司的法定代表人，其在《借款协议》担保方落款处签署“河北华晨光伏科技有限公司法人李某某”，系代表公司对外担保的职务行为。二审判决根据《民法通则》第43条、最高人民法院《关于贯彻执行〈中华人民共和国民法通则〉若干问题的意见（试行）》第58条的规定，认定华晨光伏公司应对李某某的行为承担法律责任，适用法律并无不当。华晨光伏公司尽管主张李某某代表公司对外提供担保属于超越职权，且作为出借人的豆某、王某某对此是明知的，但并无相应的事实依据、亦未提供相应的证据支持。至于《公司法》第16条关于“公司向其他企业投资或者为他人提供担保，依照公司章程的规定，由董事会或者股东会、股东大会决议。公司为公司股东或者实际控制人提供担保的，必须经股东会或者股东大会决议”的规定，并未明确规定公司违反上述规定对外担保即导致担保合同无效，上述规定应属于管理性强制性规定，公司股东会或股东大会是否据此形成决议作为内部决策程序并不当然约束第三人。华晨光伏公司依据上述规定，主张李某某代表公司对外担保违反上述规定，所签协议对其没有约束力，理由不能成立。

③ 参见罗培新：《公司担保法律规则的价值冲突与司法考量》，载《中外法学》2012年第6期。

(2013)、高圣平(2019)、范佳慧(2019)[①]则指出,《公司法》第16条在规范性质上属于强制性规定,但即使将其认定为管理性强制性规定,违之亦不当然认定担保合同有效,而应视具体情形认定担保合同的效力。相对人未尽审查义务,知道或者应当知道法定代表人超越权限,其法律后果应当类推无权代理的规定予以处理,即对公司而言属于效力待定的行为。梁上上(2013)[②]指出,公司担保合同的相对人审查义务中关于"应知不知"的过失是否属于善意有所争论。岳冰(2019)[③]认为,我国《公司法》第16条未臻明确,形成一项法律漏洞,需要借助法律解释方法予以填补。施天涛(2019)[④]认为,作为交易法的合同法的方法不能用来直接来决定作为管理法的公司法的规范效果。即便违反了公司法上的强制性规范,首先也应发生公司法(商法)上的法律效果,而不是合同法、担保法(民法)上的法律效果。邹海林(2019)[⑤]认为,理解和适用公司代表越权担保的私法效果,应以其制度逻辑为基础,无论有无违反《公司法》第16条第1款的情形,依照《民法总则》第61条的规定,公司代表以公司名义为相对人担保的,均产生归属于公司的私法效果;相对人请求公司承担责任时,公司得以相对人知道或者应当知道公司代表违反《公司法》第16条第1款为由拒绝承担责任。石冠彬(2020)[⑥]指出,《公司法》第16条关于公司对外提供担保的一般性规则宜认定为管理性强制性规定,其目的在于防止公司经营层侵犯公司及股东(尤其是中小股东)的利益,这从根源上决定公司担保相对人对与担保相关的文件负有形式审查义务。

但在2019年《九民纪要》之后,最高人民法院对公司担保的裁判思路进行了统一。对于《公司法》第16条的规范性质,刘贵祥专委指出,该条是对法定代表人代表权进行限制的强制性规范。这意味着担保行为不是法定代

① 参见高圣平:《公司担保相关法律问题研究》,载《中国法学》2013年第2期;高圣平、范佳慧:《公司法定代表人越权担保效力判断的解释基础——基于最高人民法院裁判分歧的分析和展开》,载《比较法研究》2019年第1期。

② 参见梁上上:《公司担保合同的相对人审查义务》,载《法学》2013年第3期。

③ 参见岳冰:《解释论视角下公司担保行为效力的规范立场》,载《法学杂志》2019年第1期。

④ 参见施天涛:《〈公司法〉第16条的规范目的:如何解读,如何适用?》,载《现代法学》2019年第3期。

⑤ 参见邹海林:《公司代表越权担保的制度逻辑解析——以公司法第16条第1款为中心》,载《法学研究》2019年第5期。

⑥ 参见石冠彬:《论公司越权担保的认定标准及法律效果》,载《法商研究》2020年第2期。

表人所能单独决定的事项，而必须以公司股东会或者股东大会、董事会等公司机关决议作为授权的基础和来源。因此，法定代表人未经股东会或者股东大会、董事会等公司机关决议对外签订的担保合同，原则上属于无权代表合同，未经公司追认的，依法应当认定无效。那么，公司对外担保分为两类：一是为公司股东或者实际控制人提供担保的，必须经股东会或者股东大会决议。未经股东会或者股东大会决议，或仅经董事会决议的，对外签署的担保合同仍构成无权代表。二是为他人提供担保的，是由股东会或股东大会决议还是董事会决议，由公司章程规定；章程未作规定的，董事会或者股东会、股东大会决议都可以；章程规定由股东会或股东大会决议，公司董事会决议同意提供担保构成无权代表。但鉴于章程规定不得对抗善意相对人，此时善意相对人可基于表见代表规则主张担保有效。① 同时，“代理与代表的法律性质虽异，功能则相类似，故民法关于代理之规定得类推适用之”。②

最高人民法院《关于适用〈中华人民共和国民法典〉有关担保制度的解释》延续了《九民纪要》的思路，彻底将公司担保效力的司法思路从“基于《合同法》153 条的合同效力认定”转变为“基于《民法典》第 61 条、第 504 条法定代表人越权代表下的第三人善意与否”，做出了如下重大调整：

第一，《九民纪要》第 17 条指出，“人民法院应当根据《合同法》第 50 条关于法定代表人越权代表的规定，区分订立合同时债权人是否善意分别认定合同效力：债权人善意的，合同有效；反之，合同无效”。但根据《民法典》第 504 条系效果归属性规范而非效力性规范。换言之，法人的法定代表人或者非法人组织的负责人超越权限订立的合同，效力上并非产生绝对无效之效果，而是订立的合同不能对法人或者非法人组织发生效力。最高人民法院《关于适用〈中华人民共和国民法典〉有关担保制度的解释》第 7 条第 2 款遵照《民法典》第 504 条的精神，重新确定“相对人非善意的，担保合同对公司不发生效力”。需要注意的是，从这一规定来看，越权代表或代理所签订

---

① 这一思路早在（2017）最高法民再 209 号判决中就有所体现。最高人民法院指出：在公司为他人提供担保这一可能影响股东利益的场合，立法规定了公司机关决议前置程序以限制法定代表人的代表权限，其规范意旨在于确保该担保行为符合公司的意思，不损害公司、股东的利益。在该案中，在“担保方”拒绝追认行为人以“担保方”名义与第三方签订担保合同的前提下，最高院从行为人是否构成表见代理来认定“担保方”是否需要承担担保责任。

② 王泽鉴：《民法总则》，中国政法大学出版社 2001 年版，第 444 页。

的担保合同存在被追认的空间。

第二,对于“相对人善意”的认定标准。最高人民法院《关于适用〈中华人民共和国民法典〉有关担保制度的解释》第 7 条与《九民纪要》第 18 条保持了一致,即“善意,是指债权人不知道或者不应当知道法定代表人超越权限订立担保合同”。但不同之处在于,《九民纪要》第 18 条明确指出,“债权人对公司机关决议内容的审查一般限于形式审查,只要求尽到必要的注意义务即可,标准不宜太过严苛”,但是,最高人民法院《关于适用〈中华人民共和国民法典〉有关担保制度的解释》第 7 条则将“形式审查”改为“合理审查”,规定“相对人有证据证明已对公司决议进行了合理审查,人民法院应当认定其构成善意,但是,公司有证据证明相对人知道或者应当知道决议系伪造、变造的除外”。由此可推知,《担保法司法解释》认为,考虑到第三人身份不同,因此,对于金融机构、担保公司等主体审查标准要求不能仅仅限于“形式审查”,而是以“合理”为准。

表 14-1 最高人民法院对公司违规担保最新裁判思路示意

<table>
<tr><td rowspan="4">公司决议</td><td rowspan="2">有</td><td>关联担保</td><td>股东会或股东大会决议</td><td rowspan="2">适格决议</td></tr>
<tr><td>非关联担保</td><td>董事会决议或股东(大)会决议</td></tr>
<tr><td rowspan="2">无</td><td rowspan="2">越权代表</td><td>相对人未尽到审查义务</td><td>推定相对人为非善意相对人,公司不承担担保责任。</td></tr>
<tr><td colspan="2">若决议为伪造或变造的情况下,已经尽到了必要形式审查义务的善意相对人,可根据表见代理规则请求公司承担担保责任。</td></tr>
</table>

最高人民法院做出这一选择的理由有四个:其一,法律一旦公开即具有公示效力;其二,公司担保并非正常的交易事项,不能简单适用公章或法定代表人签字规则确定合同之效力;其三,从风险控制角度上看,商业银行等债权人作为相对人,事前较容易做到要求公司提供决议文件,并审查相关的程序合法性;其四,从法经济学的交易成本上看,商业银行等债权人(相对人)获得担保系纯获益行为,有必要承担较重的审查义务。[①] 在宁波绣丰彩

① 另外,最高人民法院谢爱梅法官在《民事审判指导与参考》(2016 年第 1 辑)中曾提出区分被担保人和担保人身份而设立不同审查标准的思路,但《九民纪要》最终并未采纳这一思路。

印实业有限公司、浙江杭州湾汽配机电市场经营服务有限公司、慈溪道新投资咨询有限公司、慈溪道新汽配贸易有限公司、慈溪市一得工贸有限公司、孙某某合同纠纷①案中，最高人民法院详细阐述了法律对外担保行为要求强于其他公司对外行为的原因：

本案孙某某私刻公章，以机电公司财产偿还其个人及个人控制的一得公司的债务，属于违反法定忠实义务的无权代表行为。关于孙某某无权代表行为的对外效力。我国《合同法》第50条规定，法人或者其他组织的法定代表人、负责人超越权限订立的合同，除相对人知道或者应当知道其超越权限的以外，该代表行为有效。相对人是否知道或者应当知道法定代表人越权，应当结合法律规定、交易的性质和金额以及具体交易情境予以综合判定。假定孙某某作为法定代表人以机电公司名义转让房产，绣丰公司向机电公司支付相应转让款，此属于公司正常的经营活动，即使机电公司内部章程对孙跃生代表权有限制性规定，也不具有对抗外部相对人的效力。本案所涉的协议条款使机电公司只承担巨额债务而不能获得任何对价，不属于公司正常的经营活动，且孙跃生同时代表公司和个人签约，行为后果是将公司利益转移给个人，具有明显地超越代表权的外观。《公司法》第16条第2款规定，公司为公司股东或者实际控制人提供担保的，必须经股东会或者股东大会决议。该条款说明公司法对关联担保这种无对价的特殊交易，对代表权做了限制性规定，必须经股东会同意。为股东及法定代表人清偿债务的性质较关联担保更为严重，公司直接对外承担债务而不能取得经营利益，如未经股东会同意，将构成侵占公司财产的行为。绣丰公司知晓机电公司由几名股东组成，并专门聘请律师草拟协议，在孙某某不能提供股东会同意证明的情形下，绣丰公司根据协议内容理应知道孙跃生的行为不是为机电公司经营活动所从事的职务行为，而是违反公司法强制性规定的侵占公司财产行为。绣丰公司以协议和委托书加盖了机电公司公章为由主张善意信赖孙某某代表权的理由不能成立。综合考虑本案的交易过程和事实，绣丰公司应当知道孙某某的签约超越代表权限，绣丰公司不属于合同法第五十条保护的善意相对人。

第三，对于担保决议豁免的情形。最高人民法院《关于适用〈中华人民共和国民法典〉有关担保制度的解释》保留了“金融机构开立保函或者担保

① （2012）民提字第208号。

公司提供担保”和“担保合同系由单独或者共同持有公司三分之二以上对担保事项有表决权的股东签字同意”两种决议豁免情形。

同时，最高人民法院《关于适用〈中华人民共和国民法典〉有关担保制度的解释》删除了《九民纪要》“公司与主债务人之间存在相互担保等商业合作关系”这一决议豁免情形。① 同时，将对关联公司的豁免情形缩限在“全资子公司”，删除了《九民纪要》“直接或者间接控制的公司开展经营活动”的提法。这一做法实际上更加强调了公司决议的重要性。

第四，最高人民法院《关于适用〈中华人民共和国民法典〉有关担保制度的解释》排除了一人有限责任公司为其股东提供担保的例外规则。由于一人公司股东只有一人，为股东提供担保如果严格按照《公司法》第 16 条股东回避规则，会导致无法表决的情况。因此，该司法解释认为，一人公司以违反公司法关于公司对外担保决议程序的规定为由主张不承担担保责任的，人民法院不予支持。需要注意的是，证监会、国资委《关于规范上市公司与关联方资金往来及上市公司对外担保若干问题的通知》第 2 条第 2 款第 1 项规定“上市公司不得为控股股东及本公司持股 50%以下的其他关联方、任何非法人单位或个人提供担保”。

第五，债务加入准用公司担保的相关规则。考虑到债务加入的法律后果本质上重于保证担保或担保物权，因此，最高人民法院《关于适用〈中华人民共和国民法典〉有关担保制度的解释》第 12 条规定，法定代表人依照《民法典》第 552 条的规定以公司名义加入债务的，人民法院在认定该行为的效力时，可以参照本解释关于公司为他人提供担保的有关规则处理。

第六，对于相对于非善意导致担保合同对公司不发生效力的后果。最高人民法院《关于适用〈中华人民共和国民法典〉有关担保制度的解释》区分上市公司于一般公司，对于上市公司，该司法解释第 9 条规定，相对人未根据上市公司公开披露的关于担保事项已经董事会或者股东大会决议通过的信息，与上市公司订立担保合同，上市公司主张担保合同对其不发生效力，且不承担担保责任或者赔偿责任的，人民法院应予支持；对于非上市公司，该

① 上海市高级人民法院就曾指出机械适用商业互保免除担保决议存在问题，“担保人与债权人虽然存在相互担保，但是否能够适用相互担保的例外情形，还需判断相互担保是否有效及金额因素，如当事人之间长期存在有效的相互担保，担保金额基本相近，则此后某次欠缺决议的担保，有可能被法院仍认定为有效。但如果此前的相互担保就是无效的，就不能因为违法违规行为的不断累积，导致此后的担保行为有效”，参见(2020)沪民终 285 号。

司法解释第7条规定……“(二)相对人非善意的,担保合同对公司不发生效力;相对人请求公司承担赔偿责任的,参照适用本解释第17条①的有关规定。”

第七,对于上市公司对外担保。为呼应2020年10月发布的《国务院关于进一步提高上市公司质量的意见》(国发〔2020〕14号)关于防止上市公司的法定代表人越权代表公司提供担保掏空上市公司资产,严重损害中小投资者利益情况,最高人民法院《关于适用〈中华人民共和国民法典〉有关担保制度的解释》规定了四个上市公司对外担保与非上市公司不同之处:

(1)信息披露优先。即“相对人未根据上市公司公开披露的关于担保事项已经董事会或者股东大会决议通过的信息,与上市公司订立担保合同”,则担保合同对上市公司不发生效力。(2)与非上市公司不同,如果没有披露信息,上市公司不仅不承担“担保责任”,同时不承担“赔偿责任”。(3)上市公司提供担保,不适用“公司为其全资子公司开展经营活动提供担保”和“担保合同系由单独或者共同持有公司三分之二以上对担保事项有表决权的股东签字同意”两个决议豁免情形。(4)将债权人在接受担保时应当审查的对象扩展到上市公司已公开披露的控股子公司及股票在国务院批准的其他全国性证券交易场所交易的公司(新三板)。

在号称“《九民纪要》后担保审查第一案”的中财招商投资集团有限公司、浙江金盾风机股份有限公司民间借贷纠纷②一案中,浙江省高级人民法院的判决已经部分体现出上述精神。法院认为,关于上市公司未经股东大会决议对外担保的效力及上市公司民事责任问题。根据《公司法》第16条之规定,金盾风机公司对股东、实际控制人提供的担保须经股东大会审议通过。现无证据证明金盾风机公司为其实际控制人周某某和关联企业金盾压力公司的债务向中财公司提供担保的事项已经公司股东大会决议通过,故本案金盾风机公司实际控制人未经授权擅自对外提供担保,构成越权代表。同时,金盾风机公司作为上市公司,其公司章程、对外担保决议等内容均属

---

① 最高人民法院《关于适用〈中华人民共和国民法典〉有关担保制度的解释》第17条规定,主合同有效而第三人提供的担保合同无效,人民法院应当区分不同情形确定担保人的赔偿责任:(1)债权人与担保人均有过错的,担保人承担的赔偿责任不应超过债务人不能清偿部分的二分之一;(2)担保人有过错而债权人无过错的,担保人对债务人不能清偿的部分承担赔偿责任;(3)债权人有过错而担保人无过错的,担保人不承担赔偿责任。主合同无效导致第三人提供的担保合同无效,担保人无过错的,不承担赔偿责任;担保人有过错的,其承担的赔偿责任不应超过债务人不能清偿部分的三分之一。

② (2020)浙民终145号。

于公开披露事项，中财公司未提供充分证据证明其已对金盾风机公司股东大会决议进行了审查和履行了审慎的注意义务，故中财公司在订立案涉《连带保证承诺函》时非善意。根据《合同法》第50条及参照《全国法院民商事审判工作会议纪要》第17条之规定，金盾风机公司实际控制人超越权限订立保证合同，中财公司应当知道其超越权限，案涉保证合同无效。

三、司法裁判可视化梳理

本书写作团队使用Alpha案例库对《九民纪要》实施之后“金融借贷中公司担保纠纷”进行了检索。① 限定的检索条件为“引用法条：中华人民共和国公司法（2018修订）第16条；攻方当事人包含：银行；全文包括：表见”，获取了2020年8月18日前共14篇裁判文书，其中，银行作为原告只有一个案例败诉，②但二审改判率达到了33.33%，如图14-1所示。

但是，考虑到《九民纪要》实施时间不长，《民法典》及担保司法解释也刚刚颁布，所以，银行对公司担保的相关潜在风险应当并未得到充分释放，本书写作团队认为，从既往司法先例来看，存在以下五个风险点：

（一）银行是否作为相对人是否尽到了合理审查义务决定了其“是否能够因为善意”③而受到表见代理制度对第三人的保护

关于相对人的审查义务，刘贵祥专委的讲话指出：行为人未经公司决议对外提供担保，相对人能够证明其在订立担保合同时已经对公司章程、决议等与担保相关的文件进行了审查，文件所记载的内容符合《公司法》第16条、第104条、第121条等法律规定的，应当认定构成表见代表或表见代理，由公司承担相应的责任。公司以相关决议系行为人伪造或变造、决议形成程序违法、签章不实、担保金额实际超过法定担保限额等理由提出抗辩的，人民法院不予支持。例如，在江西宏安房地产开发有限责任公司、南昌县兆丰小额贷款股份有限公司企业借贷纠纷④案中，最高人民法院认为，能

① 最后检索日期：2020年12月31日。

② 重庆银行股份有限公司成都分行、四川富乐天能能源技术有限公司保证合同纠纷［（2019）川民终1146号］。

③ 正如曾世雄先生指出，“善意恶意恐为罗马法借体还魂所致，善意恶意本属道德领域之事项，不适于充当法律规定的内容。如内在的意识状态有足以影响法律关系变动结果的必要者，仅可回归法理，以已知、应知或不知的标准规范之”。参见曾世雄：《民法总则之现在与未来》，中国政法大学出版社2001年版，第229页。

④ （2017）最高法民再209号。

够证明无权代理人享有以公司名义为他人提供担保的代理权外观表象的证据，只限于公司的股东会决议或者董事会（执行董事）的授权，或者是能够证明案涉担保行为确系公司真实意思的其他相关证据。无论是无权代理人与公司之间的挂靠关系，还是其持有相关印章、文件的事实，均不足以表彰其代理权限的存在。相对人应当知道公司对外担保应当提供股东会或董事会决议，未进行审查义务，仅以无权代理人持有公章或存在挂靠关系，主张其“有理由相信”无权代理人拥有代理权的，不予支持。

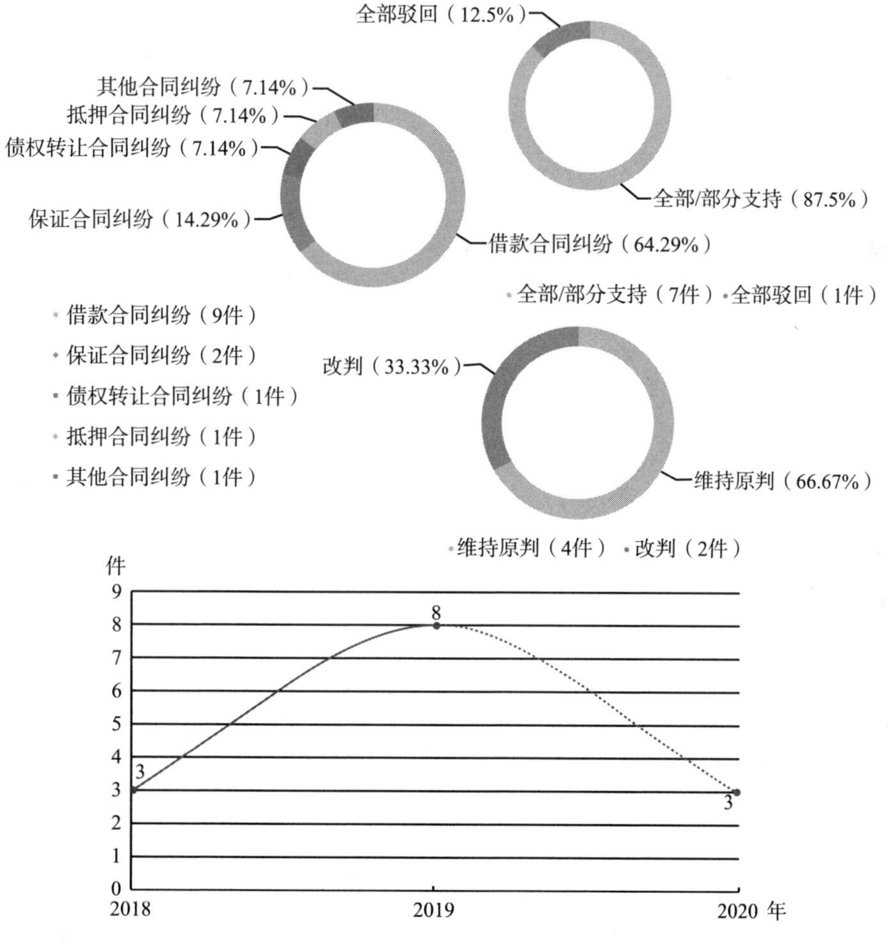

图 14-1　金融借贷合同“越权违规担保”纠纷可视化示意

在亿阳信通股份有限公司、交银国际信托有限公司金融借款合同纠纷[①]案中，最高人民法院指出，第一，代表亿阳信通签约的经办人辛某某并非该公司法定代表人，其在《保证合同1》上加盖公司公章和法定代表人私章时，是否出示足以令交银信托相信其有权代表亿阳信通签字的证明材料，需要进一步查明。一般而言，只有法定代表人可以对外代表公司签订合同。而其他人代表公司对外签订合同均需公司授权。本案中，交银信托自认其是与亿阳信通董事长助理辛世哲签订《保证合同1》并由后者加盖法人公章以及法定代表人私章。可见，交银信托签约时明知代表亿阳信通签约的并非其法定代表人，但一审判决就辛世哲在《保证合同1》上加盖公司公章以及法定代表人私章时是否提供亿阳信通及其法定代表人的相应授权证据则语焉不详。尽管在法院庭审中，交银信托以签订该合同时的时间、地点、辛某某的职务身份等与亿阳信通有关作为其信赖产生的依据，但当时有无其他直接证据足以让交银信托产生上述信赖则需要进一步核实。

在宁波厚道信知投资合伙企业、浙江大东南股份有限公司保证合同纠纷[②]案中，浙江省绍兴市中级人民法院认为，根据《公司法》第16条规定，担保行为不是法定代表人所能单独决定的事项，公司为公司股东或者实际控制人提供担保的，必须经股东会或者股东大会决议，且实际控制人支配的股东，不得参加表决。该项表决由出席会议的其他股东所持表决权的过半数通过。简言之，股东会或者股东大会的决议作为授权公司为公司股东或者实际控制人提供担保的基础和来源，未经股东会或者股东大会的决议，构成越权代表。在此情况下，债权人主张担保有效，应举证证明其在订立担保时是否为善意，即应当提供证据证明其在订立保证合同时对股东会或者股东大会的决议进行了审查。本案中，大东南股份公司为上市公司，现厚道合伙企业未提供相应证据证明其在订立保证合同时对大东南股份公司的股东会或者股东大会的决议进行了审查，故难以认定厚道合伙企业在订立保证合同时为善意。

在中国长城资产管理股份有限公司贵州省分公司、贵州勇能能源开发有限公司金融不良债权追偿纠纷[③]案中，最高人民法院指出，案涉贷款债权

---

① (2019)最高法民终111号。

② (2020)浙06民终670号。

③ (2020)最高法民终594号。

人浦发银行作为专业金融机构在与罗某某签订案涉系争《最高额保证合同》时应当依法依规对营业执照等申请贷款资料尽到严格审慎的审查义务。经查明，长城公司提交了签订案涉系争《最高额保证合同》时提供的后寨煤矿营业执照复印件及组织机构代码证复印件，登记投资人姓名均为罗仕湘；采矿许可证复印件登记的采矿权人为勇能公司。后寨煤矿营业执照最后的年检日期为2013年6月6日至2015年9月20日浦发银行与后寨煤矿签订案涉系争《最高额保证合同》时已经过期，且该营业执照缺少2013年度及2014年度的年检记录。此外，后寨煤矿系个人独资企业。后寨煤矿投资人工商变更登记的时间是2014年1月8日。浦发银行只要通过工商公示信息网或者常用查询软件等稍加核实，便可以轻易知晓后寨煤矿的投资人已经发生变更。浦发银行作为案涉系争《最高额保证合同》相对人，相信罗仕湘对后寨煤矿具有代理权，存在过失。长城公司作为浦发银行债权受让人主张罗某某签订案涉系争《最高额保证合同》的行为构成表见代理，理由不成立。

（二）根据金融机构的特殊性质和地位，加重商业银行的审查责任

从之前的司法判例来看，如果债权人属于专业机构，法院所认定的审查义务超出一般人。专业的法律工作者①、担保公司②等专业商事公司若有意识、有能力审查而未审查担保决议程序的一般而言就会被认定为不构成善意，进而导致担保行为无效。同时担保人作为上市公司，③涉及众多股东利益，也应尽到更多的审查义务。因此，根据民法“举轻以明重”的法理，无论是资产规模、人员素质还是责任能力，商业银行作为专业机构的审查义务只会更加重于专业的法律工作者、担保公司以及上市公司，其审慎合理形式审

---

① (2013)鲁民一终字第414号。法院认为，吴某某的代理人作为专业的法律工作者，对公司担保的有关法律规定应当熟知，在亲身经历担保人公司曾拒绝担保的情况下，未认真审核担保人公司关于担保的两会决议的情况下签订担保协议，对损害担保人公司的行为采取放任的态度，并不构成善意，担保行为无效。

② (2015)浙民申字第2988号。法院认为，担保人公司未在担保协议中加盖公章，债权人亦未要求其加盖公章，且债权人未审查担保人公司的关于担保的两会决议，故债权人未尽到应尽的注意义务，涉案担保行为无效。同样在(2016)最高民申2633号判决中，法院认为，某某担保公司作为专门从事担保业务的专业机构，本应对担保业务执行人是否越权尽到更为谨慎的审查义务，但其未进行形式上的审查，不构成善意，担保业务执行人的行为不构成表见代理。该担保行为无效。

③ (2013)粤高民二终字第35号。法院认为，因担保人ZZ公司是上市公司，债务人为担保人公司的股东，此为公开信息，某某投资有限公司应当知悉上述事实。某某投资有限公司作为债权人，在签订担保合同时，ZZ上市公司未向某某公司股东大会同意提供担保的证明文件，某某投资有限公司亦未依据《公司法》第16条第2款的规定审查股东会决议，该担保合同应当无效。

查义务只会更高。

在亿阳信通股份有限公司、交银国际信托有限公司金融借款合同纠纷①案中，最高人民法院认为，就交银信托关于担保范围的文字为笔误所以要求亿阳信通托修改这一陈述而言，与其专业金融机构的认知水平不一致。一般而言，担保范围条款是担保合同最主要的条款之一，担保人在此条款上出现笔误的概率很低，更何况本案如此大金额的担保，各方当事人更应会认真谨慎对待。现交银信托作为专业金融机构仅以笔误来解释其要求亿阳信通修改股东大会决议内容的合理性，欠缺其他补强证据。进一步而言，交银信托作为专业金融机构，相信上市公司的员工马上就可以修改已经股东大会开会决议的主要内容条款，而不需要再召开董事会、股东大会重新讨论决议，也与常理有异。作为专业金融机构的交银信托应当清楚，股东大会决议表决通过后，不能随意修改内容。但是，交银信托在应当知道亿阳信通所提交的股东大会决议存在瑕疵的情况下，还相信亿阳信通在签订《担保合同1》的当天就能采取补救措施，消除瑕疵的事实依据，也需要核实。

在重庆银行股份有限公司成都分行、四川富乐天能能源技术有限公司保证合同纠纷②案中，四川省高级人民法院认为，具体到本案，无论是就富乐天能公司为公司股东提供的关联担保，还是富乐投资公司提供的非关联担保，重庆银行成都分行作为债权人均未尽到一般的形式审查义务，在曹某某向其提供案涉《还款计划承诺书》时，其并未要求对方提供相关股东会决议或是董事会决议，甚至未要求公司法定代表人在承诺书上进行签字确认。且本案中，根据重庆银行成都分行经办人员在一审中的陈述，案涉《还款计划承诺书》系由曹某某现场拿去盖章完毕即提交给重庆银行成都分行，其应系明知该担保行为未经富乐天能公司与富乐投资公司的股东会或董事会决议，属于越权行为，因此，其不属于善意的相对人，不符合表见代表或是表见代理的构成要件，上述担保行为对富乐天能公司与富乐投资公司不发生效力。

在山东文登农村商业银行股份有限公司宋村支行与郑某某、威海天澜皮草股份有限公司保证合同纠纷③案中，威海市文登区人民法院认为，依照

① （2019）最高法民终111号。

② （2019）川民终1146号。

③ （2020）鲁1003民初711号，（2020）鲁1003民初712号。

公司法有关规定，公司为他人提供担保，依照公司章程的规定，由董事会或者股东会、股东大会决议。本案中，原告银行未对该保证是否经被告威海天澜皮草股份有限公司董事会决议或者股东会决议进行审查，且从保证合同签订过程看，威海天澜皮草股份有限公司的公章和法定代表人冀某某印章均由另一保证人郑某某加盖，郑某某和冀某某均表示未通知冀某某和公司其他股东及董事会，无法证明原告与威海天澜皮草股份有限公司的保证合同有效成立。故法院认定原告与威海天澜皮草股份有限公司的保证合同无效，原告要求威海天澜皮草股份有限公司承担保证责任，法院不予支持。

但是，法院一般不会对商业银行加以过分的实质审查义务。在陕西龙门钢铁有限责任公司等与温德拉（天津）实业有限公司等金融借款合同纠纷①案中，北京市高级人民法院认为，作为客观贷款方的进出口银行，虽然是专业性金融机构，其在签订《借款合同》和《保证合同》时，已追溯了实业公司和龙钢公司的两层持股关系并进行了审查，均不存在实业公司是龙钢公司的实际控制人或者是龙钢公司的实际控制人控制的公司的情况。因此，进出口银行按照《保证合同》的约定要求龙钢公司出具相应的董事会决议；龙钢公司董事会亦根据公司章程规定的职责，向进出口银行出具了董事会决议。进出口银行不可能也没有必要对上述通过七层持股结构的八个公司之间的持股结构或者实际控制关系进行审查。即使进出口银行知道禹某胜与禹某岩之间存在父子关系，亦不表明公司法人人格之间存在实际控制关系。如果要求金融机构在贷款和签订担保合同时，必须对公司内部持股结构或者实际控制关系进行全面审查，则于法无据，于理过苛；既严重违背了公司法律制度法人人格独立的基本原则，又严重干扰了金融机构正常的操作规程。因此，本案进出口银行已经尽到了其应有的注意义务和审查职责，属于善意相对人。

（三）担保人是上市公司时，《九民纪要》认为担保事项的公告重于（相当于）董事会或者股东大会的决议，同时对商业银行审慎义务的要求也更高

基于《关于规范上市公司对外担保行为的通知》（证监发〔2005〕120 号）的相关规定，需确保上市公司担保决议符合章程及监管规定，并已履行对外担保信息披露义务。《九民纪要》进一步规定，“债权人根据上市公司公开披露的关于担保事项已经董事会或者股东大会决议通过的信息订立的担保合

① （2018）京民终 127 号。

同，人民法院应当认定有效”，即上市公司披露的关于担保事项已经董事会或者股东大会决议通过的公告的效力重(大)于董事会或者股东大会的决议。最高人民法院上述规定的理由在于，上市公司机关决议必须公开披露。一般情况下是在决议的当天就公开(最迟第二天)。凡是公开披露的，就应当认定为是公司的真实意思表示，都是合规合法的。反之，凡是没有公开披露的，肯定是违规担保。同时，虚假陈述、操纵市场和上市公司违规担保问题是资本市场的“顽疾”和“毒瘤”，多年来屡禁不止、影响恶劣。因此，倡导债权人看到上市公司公开披露的信息才与上市公司签订担保合同，对上市公司违规担保明确持否定态度，为资本市场持续健康发展提供巨大支持和制度保障。

在被称为“《九民纪要》后担保审查第一案”的中财招商投资集团有限公司、浙江金盾风机股份有限公司民间借贷纠纷①案中，法院认为，金盾风机公司作为一家上市公司对外担保的决策程序及决策结果属于应当公开披露的事项，中财公司完全可以通过查询上市公司公告发现并无相关信息并进一步与金盾风机公司核实，但显然中财公司在订立合同时并未对金盾风机公司的公司章程、董事会及股东大会决议等与担保相关的文件进行审查，而直接接受周某某代表上市公司作出意思表示。其并未尽到合理审查义务，并无合理理由相信周建灿有代理权，不属于善意相对人。但是，司法实践中尚未出现“有决议+无公告”的司法判例，所以这一潜在风险尚未得到排除。

(四)表见代理的认定存在很大的不确定性所带来的风险。在审判实务中，表见代理成立很大程度上取决于法官的内心确认，即便最高人民法院的不同法官对公司担保是否构成表见代理的判断差异也非常之大

在亿达信煤焦化能源有限公司、刘乙小额借款合同纠纷、民间借贷纠纷②案中，最高人民法院认为，案涉《保证合同》加盖了亿达信公司的公章、法定代表人刘甲的名章，公司总经理刘乙亦在该合同上签字确认，案涉《保证合同》为亿达信公司的真实意思表示。亿达信公司向天行贷款公司出具《授权书》，授权刘乙“全权办理”亿达信公司向天行贷款公司的贷款事宜，但该《授权书》并未禁止亿达信公司为刘乙个人借款提供担保。在亿达信公司与天行贷款公司未能就借款一事达成合意的情况下，《授权书》关于刘乙的授

---

① (2018)浙01民初4553号、(2020)浙民终145号。

② (2017)最高法民申524号。

权内容不足以否定《保证合同》的真实性。即便刘乙存在超越代理权限的行为，在亿达信公司股东及总经理刘乙持有亿达信公司公章及法定代表人刘甲的名章的情况下，天行贷款公司亦有足够的理由相信刘乙有权代理亿达信公司签署《保证合同》。因此，表见代理成立。但在谢某、泗洪县容大房地产开发有限公司保证合同纠纷[①]案中，最高人民法院又认为，谢某再审申请中虽提供容大公司在其他材料上使用印章的情况，但上述印章是否与谢某所持担保协议上的印章一致，其并未提供进一步的证明。同时，朱某在对外借款上多次使用其私刻印章并不能证明容大公司知道并承认该印章的真实性。二审法院根据有关单位的鉴定意见认定谢某所持担保协议上的印章与容大公司比对印章不一致的事实，认定担保合同非属容大公司真实意思表示，并无不当。关于朱某使用容大公司假印章是否能够构成表见代表的问题，法院认为亦难以成立。主要理由如下：第一，朱某虽然是容大公司股东、副总经理和销售负责人，但其并不是容大公司的法定代表人，在没有法定代表人授权的情况下，依法不能代表公司对外签订协议。谢某与容大公司所订保证合同及谢某、朱某、容大公司三方所订协议，虽加盖容大公司公章，但均无法定代表人签字或签章，谢某亦未举证朱某加盖公章获得容大公司法定代表人授权。对此，无论容大公司在保证协议上加盖的印章是否属于该公司曾使用印章或属朱某擅自私刻使用，谢某轻信朱某具有代表权，均存在过错。第二，《公司法》第 16 条第 2 款规定，“公司为公司股东或者实际控制人提供担保的，必须经股东会或股东大会决议”。该规定虽属管理性规定，但有规范公司事务的公开宣示效力，谢某作为被担保人应当知道此规范，其以容大公司的公司章程对此没有规定认为已尽到审慎注意义务，法律根据不足。第三，再审申请中，谢某虽提供朱某曾多次使用案涉印章用于民间借贷活动的材料，但依法亦难以证明案涉借款担保属容大公司的真实意思表示，其主张容大公司担保是该公司真实意思表示的证据不足，法院不予采信。因此，朱某的表见代表行为无效。

（五）《九民纪要》所规定的无需提供决议的情况会暗藏风险

其一，《九民纪要》认为担保合同系由单独或者共同持有公司三分之二以上有表决权的股东签字同意，无需公司决议。但实际上这与《公司法》第 37 条关于“股东会职权股东会行使下列职权……对前款所列事项股东以书

---

① （2016）最高法民申 2374 号。

面形式一致表示同意的，可以不召开股东会会议直接做出决定，并由全体股东在决定文件上签名、盖章”的规定直接冲突。在最近的司法判决中，虽然有法院支持了《九民纪要》的观点①，但潜在风险隐患仍然很大。

其二，对于“担保人与债务人互相担保行为商业合作关系的信任”理解可能存在司法认知差异。在亿阳信通股份有限公司、交银国际信托有限公司金融借款合同纠纷②案中，最高人民法院指出，亿阳信通与亿阳集团之间存在互相担保的商业合作关系是否影响裁判结果，需要进一步查明。在法院最后一次庭审中，交银信托提供的第一组新证据“裁判文书和亿阳信通年报”。拟证明对象为亿阳信通与亿阳集团之间存在互相担保的商业合作关系，进而符合《九民会纪要》（法〔2019〕254 号）第 19 条的规定，该担保行为不需要股东大会决议即为有效。对此，亿阳信通质证后认为，《九民会纪要》规定互相担保可以免除股东大会决议要求的前提是，债权人在签订担保协议时是基于对担保人与债务人互相担保行为商业合作关系的信任，才无需审查股东大会决议。从交银信托在该次庭审中的自认可知，其之所以最后才提出互相担保，无需股东大会决议合同就有效的主张，并不是基于签订合同时的认知，而是因为刚出台的九民会纪要的规定。故亿阳信通与债务人之间是否存在互保商业合作关系，以及是否会因此影响到《保证合同 1》效力，都有待进一步查明。

值得注意的是，最高人民法院《关于适用〈中华人民共和国民法典〉有关担保制度的解释》第 8 条【无须机关决议的例外情形】取消了《九民纪要》的

---

① 如在（2019）京 0105 民初 87796 号判决中，法院认为，最高人民法院印发《关于全国法院民商事审判工作会议纪要》的通知中载明，存在下列情形的，即便债权人知道或者应当知道没有公司机关决议，也应当认定担保合同符合公司的真实意思表示，合同有效：担保合同系由单独或者共同持有公司三分之二以上有表决权的股东签字同意。《增资扩股协议》中约定自然风土公司对葡萄酒公司支付收购款义务承担连带保证责任，此时自然风土公司的股东葡萄酒公司、王某某均在《增资扩股协议》中签字，已经满足三分之二以上有表决权的股东签字同意的条件，故虽自然风土公司未作出公司决议，但仍然应该认定自然风土公司在《增资扩股协议》中的连带保证责任条款有效。在（2020）皖 0302 民初 331 号判决中，法院认为，最高人民法院印发《关于全国法院民商事审判工作会议纪要》第 19 条第（4）项规定：存在下列情形的，即便债权人知道或者应当知道没有公司机关决议，也应当认定担保合同符合公司的真实意思表示，合同有效：（4）担保合同系由单独或者共同持有公司三分之二以上有表决权的股东签字同意。因蚌埠海鑫机械设备制造有限公司仅有两名股东即周某某（80%）和吴某某（20%），故周某某和吴某某在债权转让通知上签名同意即视为蚌埠海鑫机械设备制造有限公司书面同意了该债权转让，因此赵某要求蚌埠海鑫机械设备制造有限公司承担保证责任的诉讼请求，法院予以支持。

② （2019）最高法民终 111 号。

这一规定。

其三，对于全资子公司为母公司提供担保的情况，《九民纪要》并没有作为例外情况进行排除。而根据《公司法》第16条以及《九民纪要》第18条的规定，全资子公司为母公司提供担保属于关联担保的情形，如果排除被担保股东的表决权，则没有股东有权进行表决，但由于其属于关联担保，董事会也无权进行表决，因此，形成了法律漏洞。最高人民法院《关于适用〈中华人民共和国民法典〉有关担保制度的解释》第10条由此规定，一人有限责任公司为其股东提供担保后，以违反法律关于公司对外担保的相关规定为由主张不承担担保责任的，人民法院不予支持。

四、知名上市公司章程对公司对外担保的安排

【绿地控股】

第41条　公司下列对外担保行为，须经股东大会审议通过。

（一）本公司及本公司控股子公司的对外担保总额，达到或超过最近一期经审计净资产的50%以后提供的任何担保；

（二）公司的对外担保总额，达到或超过最近一期经审计总资产的30%以后提供的任何担保；

（三）为资产负债率超过70%的担保对象提供的担保；

（四）单笔担保额超过最近一期经审计净资产10%的担保；

（五）对股东、实际控制人及其关联方提供的担保。

第75条　股东大会决议分为普通决议和特别决议。股东大会作出普通决议，应当由出席股东大会的股东（包括股东代理人）所持表决权的二分之一以上通过。股东大会作出特别决议，应当由出席股东大会的股东（包括股东代理人）所持表决权的三分之二以上通过。

第77条　下列事项由股东大会以特别决议通过：（一）公司增加或者减少注册资本；（二）公司的分立、合并、解散和清算；（三）本章程的修改；（四）公司在一年内购买、出售重大资产或者担保金额超过公司最近一期经审计总资产30%的；（五）股权激励计划。

【苏宁易购】

第46条　公司对外担保应当取得出席董事会会议的三分之二以上董事同意并经全体独立董事三分之二以上同意，或者经股东大会批准；未经董事会或股东大会批准，公司不得对外提供担保。公司下列对外担保行为，须经

股东大会审议通过。

(一)本公司及本公司控股子公司的对外担保总额,达到或超过最近一期经审计净资产的50%以后提供的任何担保;

(二)公司的对外担保总额,达到或超过最近一期经审计总资产的30%以后提供的任何担保;

(三)为资产负债率超过70%的担保对象提供的担保;

(四)单笔担保额超过最近一期经审计净资产10%的担保;

(五)对股东、实际控制人及其关联方提供的担保。

【中兴通讯】

第107条　下列事项由股东大会以特别决议通过:

……(四)公司在一年内购买、出售重大资产或者担保金额超过公司最近一期经审计资产总额百分之三十的事项;

第160条　董事会对股东大会负责,行使下列职权:

……(十七)批准金额不满公司最近经审计的净资产百分之十的对外担保事项(包括但不限于保证、抵押、质押、留置、定金等担保方式);

公司决定第一款第(十七)项规定的对外担保事项时,应遵循以下规定:

(一)董事会审议的对外担保事项,应取得董事会全体成员三分之二以上同意;股东大会审议的对外担保事项,应由董事会提出预案,报股东大会批准。

公司为公司股东或实际控制人提供担保的,必须经股东大会批准。

(二)公司不得为任何非法人单位或个人提供担保;公司为全资子公司以外的被担保对象提供的单次对外担保的最高限额不得超过最近一个会计年度合并会计报表净资产的百分之五,为全资子公司以外的单一被担保对象提供担保的累计最高限额不得超过最近一个会计年度合并会计报表净资产的百分之十。

下列担保事项应由股东大会决定,但必须经董事会审议通过后,方可提交股东大会审批:

1. 公司及其控股子公司的对外担保总额,超过最近一期经审计净资产百分之五十以后提供的任何担保;

2. 为资产负债率超过百分之七十的担保对象提供的担保;

3. 对股东、实际控制人及其关联方提供的担保;及

4. 法律、法规或本章程规定应当由股东大会审批的其他担保事项。

股东大会在审议为股东、实际控制人及其关联方提供的担保议案时，该股东或受该实际控制人支配的股东，不得参与该项表决，该项表决由出席股东大会的其他股东所持表决权的半数以上通过。

【北斗星通】

第42条　下述担保事项应当在董事会审议通过后提交股东大会审议：

（一）单笔担保额超过公司最近一期经审计净资产10%的担保；

（二）本公司及本公司的控股子公司的对外担保总额，达到或超过本公司最近一期经审计净资产50%以后提供的任何担保；

（三）为资产负债率超过70%的担保对象提供的担保；

（四）连续十二个月内担保金额超过公司最近一期经审计总资产的30%以后提供的任何担保；

（五）对股东、实际控制人及其关联方提供的担保。

董事会审议担保事项时，应经出席董事会会议的2/3以上董事审议同意并经全体独立董事三分之二以上审议同意。股东大会审议前款担保事项时，应经出席会议的股东所持有效表决权的2/3以上通过。

【比亚迪】

第59条　公司的任何对外担保事项均须经董事会或股东大会审议通过；未经董事会或股东大会批准，公司不得对外提供担保。下列担保事项经董事会审议后，须提交股东大会审批：

（一）公司及公司控股子公司的对外担保总额，达到或超过最近一期经审计净资产的50%以后提供的任何担保；

（二）公司的对外担保总额，达到或超过最近一期经审计总资产的30%以后提供的任何担保；

（三）为资产负债率超过70%的担保对象提供的担保；

（四）单笔担保额超过最近一期经审计净资产10%的担保；

（五）对股东、实际控制人及其关联方提供的担保。

股东大会在审议为股东、实际控制人及其关联方提供的担保议案时，该股东或受该实际控制人支配的股东，不得参与该项表决，该项表决由出席股东大会的其他股东所持表决权的半数以上通过。前款第（二）项须经出席股东大会的股东（包括股东代理人）所持表决权的三分之二以上通过。由董事会审议的对外担保应当取得出席董事会会议的三分之二以上董事同意并经全体独立董事三分之二以上同意。

董事、总裁和其他高级管理人员有违反法律、行政法规或者公司章程中关于对外担保事项的审批权限、审议程序的规定的行为，给公司造成损失的，应当承担赔偿责任，公司可以依法对其提起诉讼。

如果国务院证券监督管理机构和公司股票上市的证券交易所对于公司的对外担保事项有另外的规定，公司章程的上述规定不再执行，而适用国务院证券监督管理机构和公司股票上市的证券交易所有关规定中较严格的规定。

五、商业银行风控操作要点

基于以上分析，《九民纪要》厘清了法定代表人擅自以公司名义为他人提供担保的基础法律关系系越权代表，并提出应对之策。考虑到公司担保业务是保障金融债权安全的重要手段，直接关系到商业银行担保的有效性，因此，本书写作团队建议商业银行针对公司担保业务，从以下七个方面加强风险防控：

（一）审查公司对外担保是否满足法律的底线

例如，《公司法》第16条规定，公司为公司股东或实际控制人提供担保的，必须经股东会或股东大会决议，且前述利益相关人应回避该表决事项，表决应由出席会议的其他股东持表决权过半数通过。因此，当债权人接受公司为其股东提供担保时，应优先适用《公司法》的规定进行合规审查。对于上市公司担保尤其应当小心，不仅要注意到《公司法》第121条规定，上市公司在一年内担保金额超过公司资产总额30%的，应当由股东大会做出决议。在该情况下，债权人只能接受股东大会做出的决议。同时，还应当注意到证监会、证券交易所等机构对上市公司对外担保的规定。例如，中国证监会、中国银监会《关于规范上市公司对外担保行为的通知》（以下简称《上市公司担保通知》）第1条第6款规定“上市公司在办理贷款担保业务时，应向银行业金融机构提交《公司章程》、有关该担保事项董事会决议或股东大会决议原件、刊登该担保事项信息的指定报刊等材料”；第2条第2款规定“各银行业金融机构必须依据本《通知》、上市公司《公司章程》及其他有关规定，认真审核以下事项：1. 由上市公司提供担保的贷款申请的材料齐备性及合法合规性；2. 上市公司对外担保履行董事会或股东大会审批程序的情况；3. 上市公司对外担保履行信息披露义务的情况；4. 上市公司的担保能力；5. 贷款人的资信、偿还能力等其他事项。”

需要提示商业银行注意的是，最高人民法院《关于适用〈中华人民共和国民法典〉有关担保制度的解释》第 9 条事实上否定了法定代表人之外的其他人对外担保的空间。换言之，如果总经理根据职务代理（《民法典》第 170 条）签字提供担保，第三人肯定不能构成善意。

（二）商业银行采用“合理审查标准”应当积极对担保人的内部决策机制、章程、决议、签章等履行形式上的审慎审查义务

2019 年《九民纪要》对商业银行的审查义务采取“形式审查标准”，认为“只要求尽到必要的注意义务即可，标准不宜太过严苛。公司以机关决议系法定代表人伪造或者变造、决议程序违法、签章（名）不实、担保金额超过法定限额等事由抗辩债权人非善意的，人民法院一般不予支持”。但是，2020 年末的最高人民法院《关于适用〈中华人民共和国民法典〉有关担保制度的解释》第 9 条转而采取了“合理审查标准”，认为“第一款所称善意，是指相对人在订立担保合同时不知道且不应当知道法定代表人超越权限。相对人有证据证明已对公司决议进行了合理审查，人民法院应当认定其构成善意，但是，公司有证据证明相对人知道或者应当知道决议系伪造、变造的除外”。这一转变意义重大，商业银行对此中含义不可不察。

商业银行谨慎的审查义务包括：

第一，调查担保方公司的决策机制。通过调取担保人工商档案或要求担保人提供盖章的最新章程、董事名单、股东名单的方式，了解担保方的内部决策机制。尤其是公司章程是否有特别规定。在现行《公司法》框架下，公司可以实行章程自治，对某些特殊事项做特别规定，例如公司章程可以规定某一股东或董事在公司对外担保问题上享有一票否决权。此时，银行债权人审查决议时应特别关注该否决权人是否已签署同意。

第二，审查公司是否提交了股东会决议或董事会决议，还应进一步审查决议中签章的股东是否对应于公司章程的记载，检查股东签章或签字的一致性，按照理性人的标准在表面上核对一致性即可，而无需鉴别签章的真实性。

第三，计算签章股东所持表决权是否达到《公司法》或公司章程规定的表决权比例。当公司章程未规定公司担保应由股东会还是董事会决议时，不代表不需要经过公司决议，按照法律、司法解释的要求审查任意一个即可。

（三）相关证据必须提前收集，避免程序性瑕疵，同时扩展担保人范围

商业银行应当要求在主合同及担保合同中设置陈述与保证条款，要求

债务人及担保方承诺已就担保行为通过有效决议。在初期接洽收集业务资料时，应要求公司对提供的公司章程进行盖章，并承诺为最新的章程版本，同时收集股东签字盖章样本、董事签字样本，以便用于后期公司决议上签字盖章的比对。对于在银行有开立账户的公司股东，有条件通过会计柜面验印的方式确认客户签章是否真实的，建议验印进行比对，以防范实践中客户恶意举证签章为虚假印章的法律风险。同时要求担保人出具决议正本，并与担保方决策机制核对，确保担保方已就担保事项通过有效决议并授权。

（四）除全资子公司外，其他控制企业必须提供公司对外担保决议①

最高人民法院《关于适用〈中华人民共和国民法典〉有关担保制度的解释》第8条第2款删除了《九民纪要》无需提供决议第二项“公司为其直接或间接控制的公司开展经营活动向债权人提供担保”的规定，把不需要提供决议范围缩小到“公司为其全资子公司开展经营活动提供担保”。这实际上否定了《九民纪要》的规定。因此，建议在这种情况下，商业银行仍然需要要求提供公司决议。

另外，由于全资子公司向母公司提供担保存在表决回避的悖论，即如果按照《公司法》第16条规定，持股100%的母公司回避表决，则无法形成决议。因此，最高人民法院《关于适用〈中华人民共和国民法典〉有关担保制度的解释》第10条规定，一人有限责任公司为其股东提供担保，公司以违反公司法关于公司对外担保决议程序的规定为由主张不承担担保责任的，人民法院不予支持。商业银行应当注意这一规定增加了债权人行为的操作性。

（五）对于“他人（不包括股东或实际控制人）提供担保的行为，由持有公司50%以上表决权的股东单独或共同实施”的例外情形，由于与上位法《公司法》存在冲突，建议尽量避免适用

《九民纪要》及最高人民法院《关于适用〈中华人民共和国民法典〉有关担保制度的解释》认为担保合同由单独或者共同持有公司三分之二以上有表决权的股东签字同意的，不一定要在一张纸上签，只要债权人有证据证明股东签字同意即可，并且这种规则也适用于为股东担保的情形。但实际上这与《公司法》第37条“股东会职权股东会行使下列职权……对前款所列事

① 需要特别注意的是，《九民纪要》上述无需提供决议的例外情形并没有区分关联担保与非关联担保。

项股东以书面形式一致表示同意的,可以不召开股东会会议,直接作出决定,并由全体股东在决定文件上签名、盖章"的规定直接冲突,完全可能被法院认定违反上位法而直接导致担保合同无效,风险极大。因此,建议商业银行尽量避免适用这一条款,同时仍要求公司出具股东大会决议。①

（六）注意上市公司担保区别于非上市公司的审查标准及豁免标准,对上市公司的担保行为进行更为严格的审查

第一,最高人民法院《关于适用〈中华人民共和国民法典〉有关担保制度的解释》第9条规定,对于上市公司,金融机构审查其"关于担保事项的公开披露信息义务"重于"谨慎合理审查担保文件义务"。换言之,如果商业银行作为相对人未根据上市公司公开披露的关于担保事项已经董事会或者股东大会决议通过的信息,与上市公司订立担保合同,上市公司不仅可以主张担保合同对其不发生效力,而且不承担担保责任或者赔偿责任。在亿阳信通股份有限公司、交银国际信托有限公司金融借款合同纠纷②案中,最高人民法院指出,交银信托在签订《保证合同1》时对亿阳信通提供的案涉保证是否尽到对上市公司对外担保的形式审查义务,需要进一步查明:首先,交银信

① 《九民纪要》征求意见稿该款原来的表述是,"为他人(不包括股东或实际控制人)提供担保的行为,由持有公司50%以上表决权的股东单独或共同实施",正式稿虽然修改为"担保合同系由单独或者共同持有公司三分之二以上有表决权的股东签字同意",删除了"为他人(不包括股东或实际控制人)"的表述,但不意味着《九民纪要》在此问题上的倒退,恰恰相反,表决权比例由"50%以上"变为"三分之二以上",正印证了条件的进一步提高。

② (2019)最高法民终111号。该判决同时指出,交银信托是否当时已知案涉股东大会决议程序违法之处,需要核实。依照《公司法》第101条第1款规定,"股东大会会议由董事会召集,董事长主持;董事长不能履行职务或者不履行职务的,由副董事长主持;副董事长不能履行职务或者不履行职务的,由半数以上董事共同推举一名董事主持"。而关于董事会召集股东大会的问题,则依据《公司法》第108条第4款和第46条第1项规定,属于董事会职权范畴。故董事会通过召集股东大会的决议,是股东大会合法召开的前提。从已查明事实可知,亿阳信通未对案涉董事会决议、案涉股东大会决议进行过公告。交银信托向一审法院提交了落款时间为2016年11月11日的亿阳信通第四次临时股东大会决议和落款时间为2016年11月7日的亿阳信通董事会决议。内容显示亿阳信通第四次临时股东大会和董事会决议同意对案涉借款提供担保并签署《保证合同1》等。但上交所网站上的亿阳信通的同期公告中,未显示2016年11月11日亿阳信通第四次临时股东大会的公告信息。《董事会决议》的时间为2016年11月7日,《股东大会决议》的时间为2016年11月11日。从董事会决议召集到股东大会决议通过,两者相隔4天。根据《公司法》第102条规定,临时股东大会应当于会议召开15日前通知各股东。也即从董事会决议通过召开临时股东大会到临时股东大会召开至少应间隔15日以上。交银信托作为专业的金融机构,应对公司法及证监会对上市公司对外提供担保的相关规定非常清楚。具体到本案中,交银信托在确定亿阳信通是否依法同意担保的问题上应更为谨慎、周全。交银信托当时除了对案涉股东大会决议文件进行审查之外,是否已将董事会决议和临时股东大会决议结合起来进行审查以及是否发现记载开会时间之间的异常之处需要进一步查明。

托是否对案涉股东大会召开及其决议事项是否公告进行核实。……交银信托作为专业金融机构,应对公司法及证监会关于上市公司对外提供担保的相关规定非常清楚。鉴于案涉金额巨大,亿阳信通作为上市公司有将其临时股东大会召开及决议事项予以公告的法定义务以及上市公司公告查询免费方便等因素,交银信托在确定亿阳信通是否依法同意担保的问题上应更为谨慎、周全。

第二,根据最高人民法院《关于适用〈中华人民共和国民法典〉有关担保制度的解释》第8条规定,上市公司对外提供担保,不适用"公司为其全资子公司开展经营活动提供担保""担保合同系由单独或者共同持有公司三分之二以上对担保事项有表决权的股东签字同意"两种情形,仍然必须依照公司法关于公司对外担保的规定作出决议。

第十五章 债权转让与借新还旧的担保风险防范

【《民法典》变化的影响】风险减少

【风险等级】★★★★

【提要】《民法典》第547条明确规定了债权转让时从权利一并变动的规则,债权受让人取得的抵押权系基于法律的明确规定,并非基于新的抵押合同重新设定抵押权,故不因受让人未及时办理抵押权变更登记手续而消灭。最高人民法院《关于适用〈中华人民共和国民法典〉有关担保制度的解释》第16条统一了"借新还旧"的担保规则,这对于商业银行是利好消息,应当利用好"旧贷的物的担保人在登记尚未注销的情形下同意继续为新贷提供担保"这一新规定。

一、民法典及配套新规

▶《民法典》

【债权转让时从权利一并变动】

第547条 债权人转让债权的,受让人取得与债权有关的从权利,但是该从权利专属于债权人自身的除外。

受让人取得从权利不因该从权利未办理转移登记手续或者未转移占有而受到影响。

▶《最高人民法院关于审理涉及金融资产管理公司收购、管理、处置国有银行不良贷款形成的资产的案件适用法律若干问题的规定》

第9条 金融资产管理公司受让有抵押担保的债权后,可以依法取得对债权的抵押权,原抵押权登记继续有效。

▶《九民纪要》

第57条 贷款到期后,借款人与贷款人订立新的借款合同,将新贷用于归还旧贷,旧贷因清偿而消灭,为旧贷设立的担保物权也随之消灭。贷款人以旧贷上的担保物权尚未进行涂销登记为由,主张对新贷行使担保物权的，人民法院不予支持，但当事人约定继续为新贷提供担保的除外。”

▶最高人民法院《关于适用〈中华人民共和国民法典〉有关担保制度的解释》（法释〔2020〕28号）

【借新还旧】

第16条　主合同当事人协议以新贷偿还旧贷，债权人请求旧贷的担保人承担担保责任的，人民法院不予支持；债权人请求新贷的担保人承担担保责任的，按照下列情形处理：

（一）新贷与旧贷的担保人相同的，人民法院应予支持；

（二）新贷与旧贷的担保人不同，或者旧贷无担保新贷有担保的，人民法院不予支持，但是债权人有证据证明新贷的担保人提供担保时对以新贷偿还旧贷的事实知道或者应当知道的除外。

主合同当事人协议以新贷偿还旧贷，旧贷的物的担保人在登记尚未注销的情形下同意继续为新贷提供担保，在订立新的贷款合同前又以该担保财产为其他债权人设立担保物权，其他债权人主张其担保物权顺位优先于新贷债权人的，人民法院不予支持。

二、立法考辨

主债权转让时，从属于主债权的保证、抵押、质押等担保权利应一并转让，但实践中经常出现担保权利虽然应当转让，但并不办理担保权利过户登记的情况，例如抵押权还登记在原债权人名下，并未办理变更登记到新债权人名下。此时，新债权人是否享有抵押权，就容易产生争议。根据司法实践中的通说，不办理变更登记，不影响新债权人享有抵押权。在湖南绿兴源糖业有限公司、丁某某等与湖南绿兴源糖业有限公司、丁兴耀等借款合同纠纷[①]案中，最高人民法院指出，《物权法》第192条规定，抵押权不得与债权分离而单独转让或者作为其他债权的担保。债权转让的，担保该债权的抵押权一并转让，但法律另有规定或者当事人另有约定的除外。本条系关于抵押权处分从属性的规定，抵押权作为从权利应随债权的转让而转让。债权受让人取得的抵押权系基于法律的明确规定，并非基于新的抵押合同重新设定抵押权，故不因受让人未及时办理抵押权变更登记手续而消灭。本案中城建投公司受让农发行怀化分行对绿兴源公司享有的债权，依据法律规

① （2015）民申字第2040号。

定有权受让与案涉债权相关的抵押权。但学术界对此也有反对意见，程啸(2016)[①]认为，从贯彻落实物权公示与公信原则的角度出发，应当认为抵押权的转移登记是抵押权转移的生效要件，即不登记的，抵押权不应随同债权转移。

《民法典》承继并部分修改《物权法》的相关规定：一是删除了《物权法》第192条关于“但法律另有规定或者当事人另有约定的除外”的规定，明确肯定了债权转让中担保法定转移的绝对性规则。二是《民法典》特别强调了“受让人取得从权利不因该从权利未办理转移登记手续或者未转移占有而受到影响。”

与之相对应的是，借新还旧，即“以贷还贷”，一般是指贷款到期后借款人不能按时偿还贷款，贷款人与借款人再签订新的借款合同重新发放一笔贷款用于归还部分或全部原贷款的行为，是商业银行等金融机构常用的贷款重组手段之一。

关于借新还旧的合同效力问题。《中国人民银行关于借款合同有关法律问题的复函》(银办函〔1997〕320号)亦规定，“以贷还贷(或借新还旧)”是指借款人向银行贷款以清偿先前所欠同一银行贷款的行为，新的借款合同只是对原借款合同中贷款期限等合同条款的变更，不能视为新借款合同虚构借款用途、双方意思表示不真实。该行为并未违反《商业银行法》及《贷款通则》等有关金融法律、行政法规和规章的规定，因此，“以贷还贷”的借款合同应属有效。

对于“主合同债权人采取欺诈手段，使保证人在违背真实意思的情况下提供保证的”，应当按照《民法典》第148条规定，一方以欺诈手段，使对方在违背真实意思的情况下实施的民事法律行为，受欺诈方(保证人)有权请求人民法院或者仲裁机构予以撤销。值得注意的是，原《担保法司法解释》第39条所规定的“主合同当事人双方协议以新贷偿还旧贷”情形，也可以看作欺诈(或者重大误解)[②]。理由在于，在正常的贷款中保证人对债务人是否能

---

① 参见程啸：《主债权的转让与不动产抵押权转移登记——“湖南绿兴源糖业有限公司、丁兴耀等借款合同纠纷申请再审案”评释》，载《财经法学》2016年第5期。

② 杨立新指出，《担保法司法解释》制定时，对于借新还旧的保证效力有两种观点。一是主张旧债的保证继续有效，二是主张旧债清偿之日，从债务(保证)即可消灭，新债务须另外设置保证。参见杨立新：《广义合同变更规则研究——〈合同变更案件法律适用指引〉的内容及依据》，载《法治研究》2019年第3期。

够到期偿还贷款本息享有正常预期,而在债务人借新还旧的情况下,保证人在债务已经不能偿还贷款本息的情况下错误地认为债务人有可能到期还本付息,也是陷入了错误认识。但最高人民法院判决和冉克平(2017)[①]都指出,“以合法形式掩盖非法目的”不以双方通谋为必要,因此,认定银行明知借新还旧,但不能证明是虚伪通谋的情况下,可以以“以合法形式掩盖非法目的”宣告合同无效。考虑到《民法典》已经删除了“以合法形式掩盖非法目的”这一法律行为无效的理由,在《民法典》生效后,保证人仍然需要以欺诈或重大误解为理由,根据《民法典》请求人民法院或者仲裁机构予以撤销。换言之,原《担保法司法解释》第39条规定的保证人不知情为债权人借新还旧提供担保的,行为效力从“保证人不承担民事责任”变为可撤销。但需要注意的一点是,原《担保法司法解释》认为,前后两份贷款合同均有同一保证人担保,主合同当事人改变贷款用途,实质上并没有加重保证人风险,[②]因此仍需承担保证责任。最高人民法院《关于适用〈中华人民共和国民法典〉有关担保制度的解释》第16条延续了这一规定。[③]

对于借新还旧是否需要再次办理抵押登记的问题,在《九民纪要》出台之前,存在两种司法判决观点:一种观点认为,新债偿还旧债后,旧债的主债权消灭,“借新还旧”交易模式下将导致原债权债务关系消灭,产生新的借贷关系。[④] 另一种观点认为,“借新还旧”的本质是对旧贷款的一种特殊形式的

---

① 参见冉克平:《“恶意串通”与“合法形式掩盖非法目的”在民法典总则中的构造——兼评〈民法总则〉之规定》,载《现代法学》2017年第4期。在中国长城资产管理公司大连办事处与被申请人营口市老边区交电公司、营口光金服装有限公司、营口市向阳化工总厂,一审第三人中国工商银行股份有限公司营口分行借款合同纠纷[(2013)民申字第235号]一案中,最高人民法院认为,工行营口分行分两笔将450万元款项从交电公司存款账户转到该公司承兑账户的行为表明,该行对该笔借款为借新还旧是明知的。尽管不能据此认定该行对李某某掩盖犯罪行为的目的是明知的或者与李某某通谋,但因《合同法》第52条第(3)项所规定的“以合法形式掩盖非法目的”的构成并不以合同当事人通谋为必要,法学理论界有不少学者认为单方虚假行为也可构成以合法形式掩盖非法目的,且司法实践中也有相当数量的判例援引《合同法》第52条第(3)项的规定来认定涉及刑事诈骗犯罪的合同无效,故二审判决认定450万元借款合同构成以合法形式掩盖非法目的的无效合同并无不当。

② 参见李国光等:《最高人民法院关于适用〈中华人民共和国担保法〉若干问题的解释理解与适用》,吉林人民出版社2000年版,第166~167页。

③ 参见2012年《最高人民法院关于适用〈中华人民共和国民法典〉有关担保制度的解释》第16条。

④ 中国工商银行股份有限公司三门峡车站支行与三门峡天元铝业股份有限公司、三门峡天元铝业集团有限公司借款担保合同纠纷[(2008)民二终字第81号],载《最高人民法院公报案例》2008年第11期(总第145期)。

展期,原债权债务关系继续存续,客观上只是以新贷的形式延长了旧贷的还款期限。[①]《九民纪要》出台之后,第一种观点成为主流观点,第二种观点的判决将渐渐消失。

在《全国法院民商事审判工作会议纪要理解与适用》一书中,最高人民法院民二庭认为,签订借新还旧合同,多数情况下是因为债务人不能按时清偿债务,就此而言,对新贷提供担保的风险远比一般借款合同要大。因此,在旧贷没有物的担保而新贷设定了物的担保,或者旧贷的担保方式与新贷担保方式不一致的情况下,为保障担保人的合法权益,债务人应当承担告知义务,即告知新的担保人借新还旧的事实。当然,如果为旧贷提供物的担保的担保人同意继续为新贷提供担保的,即新旧贷系同一物的担保人的,则无论担保人知道或者应当知道,均应对新贷承担担保责任。因为旧贷因借新还旧合同而消灭,为旧贷提供的担保也随之消灭,其仅须对新贷承担担保责任,对其并无不公。因此,在新旧贷系同一担保的情况下,不适用前述有关规则,原担保继续有效,并作为新贷的担保。[②]

由此可知,第一,借新还旧实际上是存在两笔完全不同的借贷法律关系,旧贷款归还后,旧贷款的主债权因为得到清偿而消灭,新贷法律关系成立,第二,根据担保的从属性,旧贷款的法律关系(主债权)消灭的,为旧贷主债权设立的担保物权也随之消灭。第三,为旧贷款设立的担保物权因旧贷得到清偿而消灭,贷款人原则上应注销担保物权登记,如未将为旧贷设立的担保物权进行注销登记,贷款人以旧贷上的担保物权尚未进行涂销登记为由,主张对新贷行使担保物权的,人民法院不予支持。第四,在借新还旧情形下,当事人约定为旧贷设立的担保物权继续为新贷提供担保,双方必须有明确的意思表示,即在相关协议中予以明确约定的前提下,旧贷上未涂销登记的担保物权仍然可以担保新贷。对于借新还旧的情况,如果债权银行与担保人之间没有就"继续为新贷提供担保"达成清晰约定,或者新的抵押权没有及时办理新的登记手续,会出现一个极大的"风险敞口期",租赁、其他抵押权等权利将对商业银行债权造成极大威胁。

---

① 青岛利群投资有限公司等申请监督一案[(2013)执监字第67号]。最高人民法院认为,贷新还旧是在旧贷款尚未清偿的情况下,借贷双方再次签订贷款合同,以新贷出的款项清偿旧的贷款。对这种安排下的法律后果,应当认为原贷款合同已经履行完毕。

② 参见最高人民法院民事审判第二庭编:《全国法院民商事审判工作会议纪要理解与适用》,人民法院出版社2019年版。

但值得注意的是，最高人民法院在最高人民法院《关于适用〈中华人民共和国民法典〉有关担保制度的解释》采取公示外观主义，认为在“主合同当事人协议以新贷偿还旧贷，旧贷的物的担保人在登记尚未注销的情形下同意继续为新贷提供担保”的前提下，虽然旧抵押权已经根据从属性原则丧失，但没有注销的就登记权利外观尚在，其他债权人应当可以知道，所以，债务人在订立新的贷款合同前又以该担保财产为其他债权人设立担保物权，其他债权人主张其担保物权顺位优先于新贷债权人的，人民法院不予支持。

三、司法裁判可视化梳理

本书写作团队使用 Alpha 案例库对“金融借贷中借新还旧纠纷”进行了检索，[①]检索关键词为“全文：借新还旧”+“攻/守方当事人包含：银行”，总共得到判决 54 件，可视化分析如图 15-1 所示。

（一）债权转让中担保法定转移的司法认定

目前，司法界对债权转让中担保法定转移认定较为统一。江西省高级人民法院《关于审理金融债权纠纷案件的若干意见》第 20 条明确规定，商业银行将债权转让给资产管理公司后，未办理抵押权变更登记手续的，不影响抵押权效力，资产管理公司依法可以行使抵押权。相关典型案例如下：

在武汉市亚洲贸易广场股份有限公司与中国东方资产管理公司武汉办事处借款担保合同纠纷[②]案中，最高人民法院认为，依据《担保法》第 50 条关于‘抵押权不得与债权分离而单独转让或者作为其他债权的担保’的规定，让与债权时，抵押权应随同债权一并转移予受让人，除非当事人就抵押权的设定有特殊约定。前述两份债权转让协议均明确约定自债权转移之日起与转让标的有关的全部从权利（包括但不限于保证债权、抵押权、质押权）也同时由转让人转移至受让人。依此约定，本案所涉抵押权已随同债权一并转移给了债权的最终受让人东方公司武汉办事处，东方公司武汉办事处已依法取得了本案所涉抵押权。抵押权证书原件是否移交，对抵押权的转移和取得均不产生影响。

---

① 最后检索日期：2020 年 12 月 31 日。

② （2006）民二终字第 31 号。

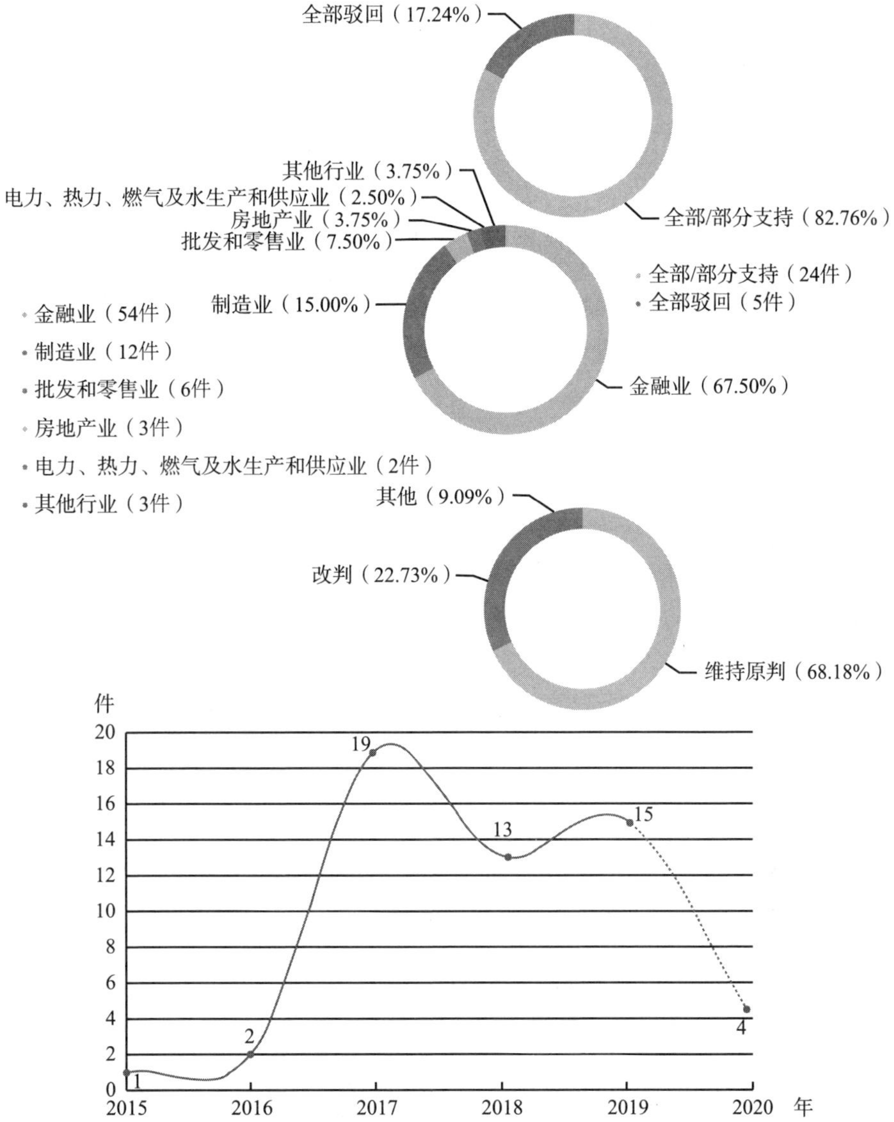

图 15-1　金融借贷涉及“借新还旧”纠纷可视化示意

在重庆渝亚房地产开发建设有限公司与李某徐某等金融借款合同纠纷[①]案中，重庆市高级人民法院认为，《合同法》第 81 条规定，债权人转让权

① （2017）渝民终 201 号。

利的,受让人取得与债权有关的从权利,但该从权利专属于债权人自身的除外。《物权法》第192条规定,抵押权不得与债权分离而单独转让或者作为其他债权的担保。债权转让的,担保该债权的抵押权一并转让,但法律另有规定或者当事人另有约定的除外。在该案中,恒丰银行投行业务管理部将其享有的对鸿谷粮油公司的主债权转让给宏迈物资公司后,作为从权利的担保权利也一并转让。渝亚房地产公司上诉认为本案主债权的转让并不能引起担保权利转让的理由不能成立。

在江苏丰海物贸有限公司与江苏冠诚置业发展有限公司、江苏新联建筑公司等金融借款合同纠纷[①]案中,江苏省高级人民法院认为,关于本案最高额抵押权转让后未办理变更登记,是否生效的问题。根据《物权法》第192条规定,抵押权不得与债权分离而单独转让或者作为其他债权的担保。债权转让的,担保该债权的抵押权一并转让。在该案中,案涉最高额抵押权已经办理抵押登记手续,其转让是在抵押权已经成立并生效的前提下发生的转移,并非重设一个新的抵押权。故在案涉主债权转让的情况下,作为其从属性债权的最高额抵押权也应随之转移。且我国现行法律法规对于债权和抵押权转让后,抵押权人发生变化是否必须办理变更登记亦无强制性规定。因此,案涉抵押权的转让无需重新办理抵押登记手续或抵押权人变更登记手续。[②]

但需要注意的是,也有法院认为债权转让未办理抵押变更登记,抵押权有效,但不能直接实现抵押权。在谢某某诉王某某等民间借贷纠纷[③]一案中,上海一中院认为,根据《物权法》规定,债权转让的,担保该债权的抵押权一并转让,但法律另有规定或者当事人另有约定的除外,即若无除外情形,抵押权随主债权一并转让无需合同当事人另行约定。不动产物权的设立、变更、转让和消灭,经依法登记,发生效力;未经登记,不发生效力,但法律另有规定的除外。上诉人应在受让债权后依法办理不动产抵押权转移登记,原债权人有义务配合办理相关登记手续,现上诉人主张抵押权因主债权转让而转让的,无需办理抵押权转移登记即可直接实现抵押权,于法无据。

---

① (2014)苏商终字第00509号。

② 类似判决还包括(2014)桂民二初字第2号、(2018)苏民再70号等。

③ (2013)金民三(民)初字第3535号,类似案件还包括(2014)金婺商特字第2号,在该案中,金华市婺城区人民法院将"从合同(抵押担保合同)的抵押权变更登记"确认为影响担保物权实现的事实。

(二)商业银行故意借新还旧或者放贷操作不当,被认定加重了担保人责任,从而导致担保无效

"以贷还贷"与"借新还旧"都是"以新贷偿还旧贷"的简称,"系借款人向银行贷款以清偿先前所欠同一银行贷款的行为"一般被看作有效合同。①但是汪世荣(2005)②指出,"以贷还贷(借新还旧)"纠纷中的保证人责任承担司法裁判差异极大,如图15-2所示。③

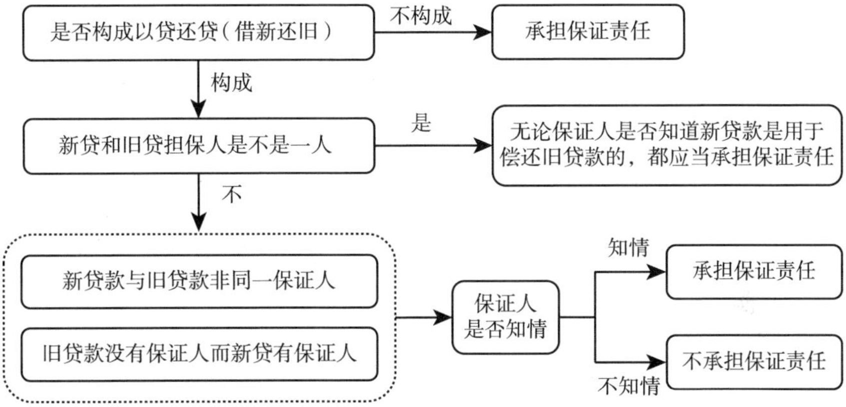

图15-2　以贷还贷(借新还旧)担保责任司法裁判思路示意

---

① 《中国人民银行关于借款合同有关法律问题的复函》(银办函〔1997〕320号)规定,"以贷还贷"指借款人向银行贷款以清偿先前所欠同一银行贷款的行为,新的借款合同只是对原借款合同中贷款期限等合同条款的变更,不能视为新借款合同虚构借款用途、双方意思表示不真实。该行为并未违反《商业银行法》及《贷款通则》等有关金融法律、行政法规和规章的规定。因此,"以贷还贷"的借款合同应属有效。也有判决认定,"借新还旧"指债权人与债务人在旧的贷款尚未清偿的情况下,再次签订贷款合同,以新贷出的款项清偿部分或者全部旧的贷款。参见中国工商银行股份有限公司富阳支行与杭州富兴纺织有限公司、汪玉林等金融借款合同纠纷[(2015)浙杭商外初字第78号]。

② 参见汪世荣:《"以贷还贷"纠纷中的保证人责任——以最高人民法院公布判决书为对象》,载《法律科学》2005年第6期。

③ 另外值得注意的是,在中国农业银行股份有限公司博尔塔拉分行与新疆新诚基饮服培训商贸有限责任公司、阿拉山口天任贸易有限公司金融借款合同纠纷[(2014)民提字第136号]一案中,最高人民法院指出,《担保法司法解释》第39条规定:"主合同当事人双方协议以新贷偿还旧贷,除保证人知道或者应当知道的外,保证人不承担民事责任。"单纯从文义上看,该条规定是对保证担保所设,但在以第三人财产设定抵押的情形下,抵押担保法律关系在主体、内容、目的、效果等方面与保证担保的特征相近似,在司法解释未对借新还旧中抵押人的责任问题作出明确规定的情形下,《担保法解释》关于保证的相关规定可比照适用于抵押。浙江省杭州市中级人民法院(2015)浙杭商终字第915号民事判决书持相同态度。

商业银行需要特别注意的是，最高人民法院《关于适用〈中华人民共和国民法典〉有关担保制度的解释》第16条将以上"借新还旧"中保证人责任免除的规定拓展到了"所有担保人"。第16条第1款规定，主合同当事人协议以新贷偿还旧贷，债权人请求旧贷的担保人承担担保责任的，人民法院不予支持；债权人请求新贷的担保人承担担保责任的，按照下列情形处理：(1)新贷与旧贷的担保人相同的，人民法院应予支持；(2)新贷与旧贷的担保人不同，或者旧贷无担保新贷有担保的，人民法院不予支持，但是债权人有证据证明新贷的担保人提供担保时对以新贷偿还旧贷的事实知道或者应当知道的除外。

在河北辛集化工集团有限责任公司、浙江亚商投资管理有限公司与河北辛集化工集团有限责任公司保证合同纠纷①案中，最高人民法院认为，债权人与债务人签订借款合同并约定借款用途为购买原材料、商业周转等，但

① (2014)民提字第220号。该案判决书认为，本案中，辛集化工公司为主债权人辛集支行与主债务人汽缸盖厂的七份借款合同(1997年22号、1998年19号——23号、1999年7号借款合同)项下的1536万元债务承担保证责任。上述七笔借款合同中写明的借款用途分别为购原材料、原材料或生产周转。根据工商银行分户账、归还贷款付款凭证以及汽缸盖厂财务凭证等证据载明的事实，上述七笔贷款，除1998年22号借款合同项下的250万元归还辛集市财政局外，其余均归还了汽缸盖厂对辛集工行的旧贷。在借新还旧的情形下，亚商公司主张保证人承担保证责任，需依据《担保法解释》第39条的规定，证明保证人辛集化工公司知道或者应当知道借新还旧的事实或者新贷与旧贷的保证人均系辛集化工公司。在再审审理过程中，亚商公司据以主张辛集化工公司知道或者应当知道借新还旧的事实的理由主要是在1998年4月，辛集化工公司为原债务人提供连带保证时，辛集化工公司已经知道或应当知道原债务人在原债权人处有逾期贷款未还；本案所涉借款自借款当时到债权人起诉的七八年中，辛集化工公司作为保证人多次为同一债务人向不同的债权人提供保证，从未进行过关于保证责任问题的质疑或抗辩，反而在汽缸盖厂破产后仍积极与新债权人协商保证责任承担问题；保证人与主债务人共同隶属于辛集市经济贸易局等。法院认为，2004年辛集化工公司给华融公司回函协商保证责任承担问题，是其在不知晓借新还旧事实情况下对保证责任承担问题的态度，不表明其知道或者应当知道借新还旧的事实。至于在提供担保之时，主债务人存在未还旧贷、保证人多年提供担保以及保证人与主债务人均隶属于一个主管部门等事实，均不能推定保证人知道或者应当知道借新还旧事实。亚商公司亦无证据证明案涉债务之外的旧贷的保证人为辛集化工公司。因此，对于1998年22号借款合同之外的六份借款合同项下的主债务，辛集化工公司可以根据《担保法解释》第39条的规定免责。1998年22号借款合同约定的借款用途为"原材料"，但主债务人用上述贷款归还了其欠财政局的借款。《担保法解释》第30条规定："保证期间，债权人与债务人对主合同数量、价款、币种、利率等内容作了变动，未经保证人同意的，如果减轻债务人的债务的，保证人仍应当对变更后的合同承担保证责任；如果加重债务人的债务的，保证人对加重的部分不承担保证责任。"该条规定确定了"主债务变更，未经保证人同意的，保证人对加重部分免除保证责任"的原则。根据上述规定，由于主债务人改变借款用途，加重了保证人的保证责任，且未经保证人同意，故保证人辛集化工公司对该笔债务免除保证责任。综上，辛集化工公司可依据上述理由免除本案所涉全部债务的保证责任。

保证人有证据证明实际用途为借新还旧的，债权人若不能举证证明保证人提供担保时知道涉案借款用于借新还旧的，则保证人不予承担还款责任。

在浙江民泰商业银行股份有限公司成都武侯支行、贺某金融借款合同纠纷[①]案中，四川省高级人民法院认为，民泰银行武侯支行主张某袈应当知晓案涉借款系以新还旧。以普通人的认知能力和范围来说，借款保证合同第一条中关于“发放个人短期经营性贷款”与借款用途为“还贷”在用途上存在矛盾，在不了解李某某、杨某第一次贷款背景，也没有专业人员特别提示和说明的情况下，很难将其理解为同一含义，作为担保人的贺某也不例外。在借款关系中，以新贷偿还旧贷，明显加重新保证人的责任和义务，此时作为借款人的李某某、杨某及作为出借人的专业金融机构民泰银行武侯支行，负有向担保人贺某对借款用途予以详细说明和告知义务，并对其可能承担的担保责任予以强调。……因现有证据不能证明贺某知晓李某某、杨某借款用途为偿还旧贷，且贺某并非旧贷的保证人，民泰银行武侯支行应当承担举证不力的法律后果。

在徐州铜山农村商业银行股份有限公司汉王支行、徐州市竞和工程机械厂等与吴某、江苏力福特随车起重机股份有限公司等金融借款合同纠纷[②]案中，江苏省高级人民法院认为，案涉贷款中的 500 万元实际是借新还旧。根据力福特公司法定代表人李某某在公安机关讯问笔录中的陈述，吴某投资力福特公司后并不参与公司的管理和经营，力福特公司都是李某某管理和经营的；李某某和铜山农商行汉王支行均没有告知吴某其所签订的案涉保证合同所涉贷款的真实用途是为了借新还旧，而且李某某和铜山农商行汉王支行的杜某某都告诉吴某让其签订的贷款资料是用于力福特公司扩大再生产，向其他公司购买设备，吴某对案涉贷款用于借新还旧的用途根本不知情。故二审法院在铜山农商行汉王支行未提交相应证据的情况下，认定吴某不知道案涉贷款用于借新还旧，判决吴某不应当就案涉 800 万元贷款中的 500 万元及利息承担保证责任，合法有据。

---

① (2018)川民申 2727 号。四川省高级人民法院着重指出，民泰银行武侯支行提交的借款保证合同及借款申请书中关于借款用途的内容本身存在矛盾，从杨某与贺某的微信记录及双方的一致陈述来看，杨某并未向贺某告知其借款系为了偿还旧贷，贺某对本案借款以新贷偿还旧贷的情况并不知情。现有证据不能证明杨某与贺某的微信记录系双方恶意串通制造虚假内容的情形。

② (2018)苏民申 871 号。

(三)借新还旧办理抵押登记的司法认定

在辽宁盛嘉钢构彩板工程有限公司、沈阳恒信担保有限公司追偿权纠纷①案中,辽宁省沈阳市中级人民法院认为,尽管本次反担保并未重新办理抵押登记,但根据申请人提供的本次750万元贷款的《借款合同》、借款收据上均载明的借款用途即支付贷款,可以确认申请人本次借款属于借新还旧,通常贷款到期后,借款人与贷款人订立新的借款合同,将新贷用于归还旧贷,旧贷因清偿而消灭,为旧贷设立的担保物权也随之消灭,贷款人以旧贷上的担保物权尚未进行涂销登记为由,主张对新贷行使担保物权的,一般不予支持,但当事人约定继续为新贷提供担保的除外。此案由于申请人与被申请人约定了继续用案涉土地使用权为750万元新贷担保提供反担保,故一审法院对被申请人要求行使反担保物权的主张予以支持并无不当。

在中元国信信用融资担保有限公司、安徽红阳新材料科技股份有限公司管理人合同纠纷②案中,滁州市中级人民法院认为,《全国法院民商事审判工作会议纪要》(法〔2019〕254号)第57条规定,贷款到期后,借款人与贷款人订立新的借款合同,将新贷用于归还旧贷,旧贷因清偿而消灭,为旧贷设立的担保物权也随之消灭。贷款人以旧贷上的担保物权尚未进行涂销登记为由,主张对新贷行使担保物权的,人民法院不予支持,但当事人约定继续为新贷提供担保的除外。红阳公司通过安徽盐业金融信息服务有限责任公司向实际投资人借款后,未能偿还,又通过安徽盐业金融信息服务有限责任公司向其他实际投资人借款偿还了上述借款。属于以新贷偿还旧贷的行为。本案中,红阳公司借新还旧的行为符合上述解释的规定,根据上述解释的规定,因〔2015〕022号《借款协议》项下的借款因清偿而消灭,故为该借款设立的反担保抵押物权亦消灭。中元公司上诉认为涉案抵押物权未消灭的理由,与上述解释规定不符,法院不予采纳。

在青岛利群投资有限公司等申请监督③案中,最高人民法院认为,贷新还旧是在旧贷款尚未清偿的情况下,借贷双方再次签订贷款合同,以新贷出的款项清偿旧的贷款。对这种安排下的法律后果,应当认为原贷款合同已经履行完毕,即7000万元新贷款合同签订并履行后,其所涵盖的先期四份贷

---

① (2019)辽01民申852号。

② (2019)皖11民终3524号。

③ 最高人民法院(2013)执监字第67号。

款合同已经履行完毕。根据《担保法》第52条的规定"抵押权与其担保的债权同时存在,债权消灭的,抵押权也消灭"。故随着原四份贷款合同的主债务履行完毕,相应的抵押权也一并消灭。此时,齐商银行对涉案房屋的抵押权,应当视为自2005年11月28日起重新成立,晚于利群担保公司租赁权的设立时间,即租赁在先,抵押在后。在这一案件中,由于没有约定和及时办理新的抵押登记,租赁权压倒了抵押权造成脱保。

在中国农业发展银行咸阳市分行与咸阳瑞雪面粉有限公司、侯某某、边某某、咸阳秦文融资担保有限公司借款合同纠纷[1]案中,陕西省高级人民法院认为,农信社对案涉设备的抵押登记在农发行之前。农信社对设备的抵押登记时间是2011年10月28日,这不仅有咸阳市工商行政管理局出具的咸工商财抵登字〔2011〕第027号动产抵押登记书为证,也被渭城区法院(2015)渭城民初字第00946号民事判决书所确认。而农发行与主债务人瑞雪面粉公司从2010年6月10日至2013年10月10日签订的四次借款合同和抵押合同,前三次的借款均被随后的贷款所清偿,只有2013年10月10日的贷款未偿还,因而农发行才以此贷款合同、抵押合同为据提起诉讼,咸阳中院作出了(2015)咸中初字第00174号民事调解书。依据《物权法》第177条规定,主债权消灭,担保物权也随之消灭。瑞雪面粉公司用新贷款偿还了农发行的旧贷款,旧的贷款消灭,相对应的抵押权也随之消灭,所以,2010年6月10日的抵押权已消灭。农发行有效的抵押权应依据咸阳市工商行政管理局向农发行出具的咸工商财抵登字〔2013〕第40号动产抵押登记书载明的抵押登记时间为2013年10月10日。综上,农信社的抵押登记在农发行之前。在这一案件中,由于没有约定和及时办理新的抵押登记,后面的抵押权压倒了农信社之前的抵押权造成债权人脱保。

四、商业银行风控操作要点

本书写作团队考察了多家银行的《抵押合同》,发现在"抵押人承诺"一章,均未对"旧借款上的抵押物继续为新借款提供抵押担保"进行特别约定,造成以上情况可能有两个原因:一是《九民纪要》刚刚实施,商业银行的法务部门尚未来得及对此进行修订,同时不排除商业银行认为《会议纪要》毕竟不是法律和司法解释,不能作为裁判依据进行援引,其仅是针对某些争

① (2017)陕执复79号。

议问题统一裁判思路的规定，希望等待立法的正式规定。二是商业银行传统上一般是在“借新还旧”发生之后，再让抵押人签订新的抵押合同，并没有意识到需要让抵押人单独承诺“旧借款上的抵押物继续为新借款提供抵押担保”。

基于以上分析，对于“债权转让中担保法定转移”，商业银行受法律绝对的保护；对于“借新还旧物权担保”则需要商业银行提前做出自我保护。具体而言，商业银行有两个选择：第一，将为旧贷设立的担保物权注销，再就新贷签订新的物保协议，并办理新的登记手续。第二，不将为旧贷设立的担保物权注销，贷款人与担保人协商一致，达成协议，约定为旧贷设立的担保物权继续为新贷提供担保。表面看来，显然第二种选择操作起来更简单，成本低，但是，由于《九民纪要》刚刚实施，且“继续为新贷提供担保”特别约定的形式及约定形成的时间、抵押物原有第二顺位的抵押权与借新还旧所对应新的抵押权谁优先等问题仍未明确，不排除司法实践中可能存在不利于债权人的意见。

为了更好地维护金融债权，稳妥起见，本书写作团队建议商业银行采取双保险的做法：一是在借新还旧时仍应优先选择为新借款重新办理抵押登记。二是在合同中特别约定“旧借款上的抵押物继续为新借款提供抵押担保”。

1. 注意“新贷还旧贷”的构成要件，在实际操作中尽量规范放款流程，避免被法院认定为“新贷还旧贷”从而导致保证无效

从目前占主流的司法观点来看，新贷与旧贷的债权债务人主体同一，不发生变化是构成“借新还旧”的根本要件。

如在屈某某、马某某金融借款合同纠纷[①]案中，最高人民法院认为，屈某某再审申请主张，鄂尔多斯农商行不是善意债权人，案涉《个人借款合同》是各方通谋虚伪签订，以新贷还旧贷的合同，合同目的是将贷款用于归还泰兴公司寻找的垫付资金。根据原审查明的事实，泰兴公司于 2014 年 5 月 1 日偿还鄂尔多斯农商行借款本金及利息共计 31,001,498.06 元，对此事实有银行流水明细证明。而本案中《个人借款合同》的签订时间和鄂尔多斯农商行向李某某个人账户实际发放 3100 万元贷款的时间均为 2014 年 5 月 16 日。因此，虽然泰兴公司还款的数额与鄂尔多斯农商行向李某某发放的贷款数额接近，但还款时间在前，签订《个人借款合同》和发放贷款时间在后，不能认定为新贷还旧贷。且屈某某对其再审申请主张的事实并未提供相关证据

① (2018)最高法民申 3044 号。

加以证明,应承担举证不能的法律后果。

在福州开发区福燃煤炭运销有限公司、中国建设银行股份有限公司福州城南支行金融借款合同纠纷①案中,最高人民法院认为,根据建行城南支行二审提交的化建公司银行交易流水可知,银行将案涉保理预付款汇入案外人账户,并未用于偿还旧贷……由于福燃公司并未举证证明化建公司偿还到期保理款的资金直接来源建行城南支行发放的案涉保理预付款,仅以时间存在交叉、金额相近为由主张借新还旧事实的存在,事实依据不充分,不予采信。

2. 商业银行负有证明保证人知道或者应当知道“借新还旧”的举证责任。因此,在借新还旧的业务操作中,商业银行应在保证合同中明确“保证人已经声明完全了解借款合同的具体内容和借款用途为借新还旧”,借款合同、借款凭证、保证合同等书面文件不能出现“借款用途”的不一致,防止保证人事后不知情的抗辩或者证据不足

首先,商业银行负有证明保证人知道或者应当知道“借新还旧”的举证责任。

在广元市包商贵民村镇银行有限责任公司、四川省金汤融资担保有限公司金融借款合同纠纷②案中,四川省高级人民法院指出,本案冯某某贷款800万元,其中有600万元用于了偿还其在申请人处的旧贷款,经一审、二审审理查证属实。而被申请人金汤公司是为冯某某煤矿技改投入提供担保,在案证据并不能证明被申请人金汤公司知道或应当知道冯某某在贷款前还有旧贷款尚未偿还,即使知道,也无证据证明金汤公司知道或应当知道新贷款系用于偿还旧贷款,故金汤公司不应就偿还了旧贷款的新贷款部分承担保证责任。申请人称二审判决适用法律错误的再审理由不能成立。因此,商业银行新的借款合同借据用途必须填写“借新还旧”绝不能随意在合同中约定“日常经营”、“补充流动资金”、“资金周转”或“购买原材料”等其他约定。

其次,应当明确要求保证人书面声明完全了解借款合同的具体内容和借款用途是借新还旧。

如在中国银行股份有限公司潞城支行、山西省黎城县金元钢铁有限公

---

① (2017)最高法民申3796号。

② (2017)川民申606号。

司金融借款合同纠纷[①]案中，最高人民法院认定，金元钢铁公司再审申请称对案涉借款系“借新还旧”并不知情。经查明，案涉借款合同签订在前，保证合同签订在后，金元钢铁公司在签订保证合同时，作为保证人已经声明完全了解借款合同的具体内容和借款用途，而借款合同中明确是借新还旧。金元钢铁公司同意为超越钢铁公司“流动资金”借款提供担保，超越钢铁公司将借款用于支付到期债务，并未超出金元钢铁公司担保范围……金元钢铁公司是超越钢铁公司与中行潞城支行之间签订的2003年和2004年新旧借款合同的保证人，且2004年借款合同并未超出金元钢铁公司的担保范围，并未加重其责任。

再次，商业银行应当积极收集旁证，通过保证人与借款人的关联关系，保证人签名的相关会议纪要、备忘录、内部决策文件等其他旁证以及保证人部分履行的行为明确了保证人知晓“借新还旧”。

在大竹县农村信用合作联社与西藏华西药业集团有限公司保证合同纠纷[②]案中，最高人民法院认为，保证人与借款人具有关联关系。在保证合同中承诺对借款人转移贷款用途等违反合同的行为承担连带责任，并实际履行了部分主债务的，可以认定保证人知道或者应当知道主债务系以新贷偿还旧贷。

最后，商业银行借款合同、借款凭证、保证合同等书面文件不能出现“借款用途”的不一致。

在石某、曲某某与辽宁葫芦岛连山农村商业银行股份有限公司虹螺岘支行、王某某、郭某某金融借款合同纠纷[③]案中，辽宁省高级人民法院认为，虽然王某某、郭某某、石某、曲某某在签字确认的《借款申请》中有：“将合伙人贷款转移至我名下，特向贵行申请贷款重组1490万元”的内容，但贷款人葫芦岛农商行与借款人王某某、郭某某、保证人石某、曲某某在签订的《保证担保借款合同》中并未有关于本次贷款系贷款重组或是借新还旧的约定，相反在该《保证担保借款合同》中却明确约定借款用途是“购材料”，在相应的《借款凭证》上也注明借款用途是“购材料”。最终的借款用途仍应以贷款人葫芦岛农商行与借款人王某某、郭某某，保证人石某、曲某某三方最终

① （2019）最高法民申2274号。

② （2011）民申字第429号，载《最高人民法院公报》2012年第4期（总第186期）。

③ （2014）辽民二终字第00144号。

确认的《保证担保借款合同》为准。而该《保证担保借款合同》中约定的借款用途是“购材料”，但葫芦岛农商行却在该《保证担保借款合同》生效当日即将所涉贷款 1490 万元划走，偿还了旧贷款，而未用于“购材料”，改变了《保证担保借款合同》中约定的借款用途……葫芦岛农商行与借款人王某某系私自改变借款用途，违反了三方在《保证担保借款合同》中的约定，同时违背了保证人的真实意思。

3. 准确界定“借新还旧”，并在抵押合同中明确约定“当发生‘借新还旧’时，旧借款上的抵押物继续为新借款提供抵押担保”

首先，需要准确界定“借新还旧”。借新还旧的本质在于通过消灭旧债设立新债的方式实现贷款展期，性质上属于债务更新，旧贷及其上的担保随之消灭，而不仅仅是履行期限的变更（贷款展期）。其次，借新还旧也不属于借款人从他人处借来资金，用以偿还旧贷，再以新贷来偿还从他人处借来的款项即所谓的“过桥贷”。在对借新还旧界定清晰的基础上，商业银行应当在抵押合同中“抵押人承诺”一章明确增加一种承诺事项：“如果我公司/本人知悉该笔×元贷款/授信额度中，有×元之用途为×公司之前期债务转化（借新还旧），在此情况下，我公司/本人仍然愿意依照编号为×的《抵押合同》之条款规定，以×××抵押物，×××抵押登记的抵押权为该笔贷款/授信承担抵押担保责任。”

同时，在办理新贷手续时，应在借款合同的贷款用途栏填写“债务转化（借新还旧）”，不宜再填写为“流动资金贷款”或“资金周转”等。

4. 借款人务必将“借新还旧”事实书面告知抵押人并在《抵押合同》中予以明确，同时注意留存相关证据，以防抵押人在纠纷出现时以不知情为由进行抗辩

5. 采取办理新抵押登记的，在抵押物价值能够覆盖第二顺位抵押的情况下，优先选择在签署抵押合同后先办理第二顺位抵押，偿还原贷款后，第一顺位抵押解除，第二顺位升为第一顺位

借新还旧业务中，在抵押物价值能够覆盖第二顺位抵押的情况下，可以直接在原抵押登记基础上办理第二顺位抵押登记，借新还旧后，原授信主债权清偿，第一顺位抵押权随之消灭。第二顺位抵押权自然递进为第一顺位。此种操作方法不适用于前期已存在抵押权人非原授信债权人的顺位抵押的情况。但是，如果抵押登记机构不受理抵押物所担保主债权合计金额已超过抵押物评估价值的登记，或者抵押登记机构直接规定不受理顺位抵押登

记，则这一操作无法实现。但依据《物权法》第 13 条和《担保法司法解释》第 51 条之规定，[①]我国法律事实上已不再禁止超额抵押。本书写作团队建议商业银行在办理第二顺位抵押时，对抵押物的剩余价值进行评估或者以有效期内评估报告的评估价值作为依据，[②]避免第二顺位抵押只办理了部分债权的抵押登记，同时与本地不动产登记机构积极进行沟通。

6. 抵押物价值不能覆盖第二顺位抵押的情况下，建议与登记部门沟通同时递交解押和抵押手续，以最大程度上避免抵押落空的风险

在新贷授信下办理借新还旧，用以偿还旧贷授信，此时存在一个风险敞口期间。因此，先行解除原综合授信项下的抵押登记，再重新办理对应新综合授信项下主债权的抵押登记。此种操作方式应当特别注意解除抵押与重新办理新抵押权的衔接问题，至少应做到同时向抵押登记机关递交解除抵押与重新办理新抵押的手续，以避免原抵押登记解除后抵押人拒绝配合办理重新抵押登记或者原抵押登记解除后抵押物被第三方债权人查封的情形出现。

7. 禁止不办理新抵押权登记，使用“变更原有登记”的形式“打擦边球”

本书写作团队发现，实践中有商业银行及地方不动产登记机关，采用变更登记——变更抵押权期限的办法取代办理新的抵押权登记，这一做法非常危险。原因在于《不动产登记暂行条例实施细则》第 26 条[③]对于抵押权变更登记有着明确、严格的限制，核心在于“抵押权变更登记”不能产生新的抵押权，仅仅是对原有抵押权范围、主债权数额、债务履行期限、抵押权顺位的变更，因此，原有抵押权仍然会随着旧贷消灭而灭失，同时新贷也缺乏新抵押权之保护。

---

① 《担保法》第 35 条规定，抵押人所担保的债权不得超出其抵押物的价值。财产抵押后，该财产的价值大于所担保债权的余额部分，可以再次抵押，但不得超出其余额部分。《担保法司法解释》第 51 条规定，抵押人所担保的债权超出其抵押物价值的，超出的部分不具有优先受偿的效力。

② 此处还需要考虑商业银行接受抵押物一般会打七折的现实因素。

③ 《不动产登记暂行条例实施细则》第 26 条规定，下列情形之一的，不动产权利人可以向不动产登记机构申请变更登记：（一）权利人的姓名、名称、身份证明类型或者身份证明号码发生变更的；（二）不动产的坐落、界址、用途、面积等状况变更的；（三）不动产权利期限、来源等状况发生变化的；（四）同一权利人分割或者合并不动产的；（五）抵押担保的范围、主债权数额、债务履行期限、抵押权顺位发生变化的；（六）最高额抵押担保的债权范围、最高债权额、债权确定期间等发生变化的；（七）地役权的利用目的、方法等发生变化的；（八）共有性质发生变更的；（九）法律、行政法规规定的其他不涉及不动产权利转移的变更情形。

第四编　保证合同

第十六章　保证合同成立新规及商业银行合同条款设计

【《民法典》变化的影响】风险增加/减少均存在

【风险等级】★★★★

【提要】《民法典》第681条将“保证合同”作为一种合同形式加以确定，同时将“发生当事人约定的情形”作为当事人通过意思自治意定保证责任启动条件。《民法典》第684条简化了《保证合同》的法定条款内容，《民法典》第685条延续《担保法》对保证要式合同的要求。就保证合同的效力而言，应当适用《民法典》第148条、第149条、第154条等规定。更为重要的是，《民法典》规定，当事人在保证合同中对保证方式没有约定或者约定不明确的，按照一般保证承担保证责任。以上改变使得商业银行必须从保证合同内容、形式、保证方式等方面上必须重新进行安排和约定，从而尽可能避免和化解法律变化带来的风险，确保保证合同的成立。

一、民法典及配套新规

▶《民法典》

【保证合同定义】

第681条　保证合同是为保障债权的实现，保证人和债权人约定，当债务人不履行到期债务或者发生当事人约定的情形时，保证人履行债务或者承担责任的合同。

【保证合同内容】

第684条　保证合同的内容一般包括被保证的主债权的种类、数额，债务人履行债务的期限，保证的方式、范围和期间等条款。

【保证合同形式】

第685条　保证合同可以是单独订立的书面合同，也可以是主债权债务合同中的保证条款。

第三人单方以书面形式向债权人作出保证，债权人接收且未提出异议的，保证合同成立。

【保证方式】

第686条　保证的方式包括一般保证和连带责任保证。

当事人在保证合同中对保证方式没有约定或者约定不明确的，按照一般保证承担保证责任。

▶最高人民法院《关于适用〈中华人民共和国民法典〉有关担保制度的解释》（法释〔2020〕28号）

【保证类型的认定】

第25条　当事人在保证合同中约定了保证人在债务人不能履行债务或者无力偿还债务时才承担保证责任等类似内容，具有债务人应当先承担责任的意思表示的，人民法院应当将其认定为一般保证。

当事人在保证合同中约定了保证人在债务人不履行债务或者未偿还债务时即承担保证责任、无条件承担保证责任等类似内容，不具有债务人应当先承担责任的意思表示的，人民法院应当将其认定为连带责任保证。

▶《担保法》

第15条　保证合同的内容

保证合同应当包括以下内容：

（一）被保证的主债权种类、数额；

（二）债务人履行债务的期限；

（三）保证的方式；

（四）保证担保的范围；

（五）保证的期间；

（六）双方认为需要约定的其他事项。

▶《担保法司法解释》

第22条　第三人单方以书面形式向债权人出具担保书，债权人接受且未提出异议的，保证合同成立。

主合同中虽然没有保证条款，但是，保证人在主合同上以保证人的身份签字或者盖章的，保证合同成立。

二、立法考辨

保证作为一种民事法律行为，其成立应当遵循一般法律行为成立所需要的基本要件,即当事人、标的以及意思表示。[①] 相对比于《担保法》及其司法解释,《民法典》在保证订立及成立环节有以下五个重大变化:

第一,保证的定性。《民法典》第 681 条明确界定保证是一种"为保障债权的实现的合同",缩小了原《担保法》第 6 条对保证是一种"民法法律行为"的界定。《民法典》第 681 条对保证性质的界定确定了保证合同原则上是单务合同[②],"只要保证人承诺承担保证责任,保证合同成立",[③]同时也明确了保证成立需要适用《民法典》合同编关于合同成立的普遍规则。[④]《民法典》将保证界定为"合同"有利于将其列为有名合同并重归于合同法分则,从而完成民法典体系化构建。李昊、邓辉(2017)[⑤]建议将保证合同纳入合同编分则的典型合同中。陈洁蕾(2019)[⑥]指出,保证合同作为有名合同,可以明确合同法总则与保证合同之间的关系。因此,《民法典》在合同分则中专设《保证合同》一章,用 22 个条款对保证合同进行了规定。但在学界亦有学者主张合同编总则部分专设"合同的担保"一章(或节),反对将保证合同作为有名合同纳入合同法分则。[⑦]

第二,保证责任的意定启动。《民法典》第 681 条规定,保证人和债权人约定,当债务人不履行到期债务或者发生当事人约定的情形时,保证人履行债务或者承担责任。这就在《担保法》第 6 条"债务人不履行到期债务"的法定保证责任启动条件之外,赋予了商业银行与保证人之间通过意思自治,意

---

① 参见王泽鉴:《民法总则》(增订版),中国政法大学出版社 2001 年版,第 251 页。

② 单务合同是指一方只享有权利而不尽义务,另一方只尽义务而不享有权利的合同,其当事人的权利义务不存在对应关系。保证是一种担保债权实现的合同,本质上不追求经济利益,唯以担保为目的,因而是一种较为典型的单务合同。

③ 最高人民法院在多个判决中明确了保证合同是单务合同。如在郑晓晨与达州银行股份有限公司万源市支行金融借款合同纠纷[(2019)最高法民申 3071 号]一案中,最高人民法院认为,首先,担保合同作为单务合同,债权人在合同中不承担义务,在郑晓晨等人作为担保人在《担保合同》上签字,达州银行万源支行实际履行《委托借款合同》并持有《担保合同》的情况下,达州银行是否在《担保合同》上签章,不影响《担保合同》的效力。再如在江门市中环广场投资管理有限公司、江门市益丞集团有限公司金融借款合同纠纷[(2018)最高法民终 501 号]一案中,最高人民法院认为担保合同是一种以保障债权人实现债权为目的的单务合同,在债务人未能按期履行债务的情形下,保证人行使抗辩权应基于法律的明确规定或合同的特别约定。

④ 传统民法认为,合同成立需要两方面要件:一是双方或多方当事人;二是对合同主要条款的合意。参见崔建远主编:《合同法》,法律出版社 2003 年版,第 35 页。

⑤ 参见李昊、邓辉:《论保证合同入典及其立法完善》,载《法治研究》2017 年第 6 期。

⑥ 参见陈洁蕾:《保证的罗马法基础与法典化构建》,载《比较法研究》2019 年第 4 期。

⑦ 参见刘斌:《论民法典分则中人的担保之体系重构》,载《当代法学》2018 年第 5 期。

定保证责任启动条件的权利,有利于银行事先对保证责任的加速到期条款做出安排。

第三,保证合同的内容。《民法典》第684条规定,保证合同的内容一般包括被保证的主债权的种类、数额、债务人履行债务的期限、保证的方式、范围和期间等条款。相比原《担保法》第15条,《民法典》以“一般包括”取代了“应当包括”,即认为第684条所规定的不是保证合同的必备条款,[①]但《民法典》第684条同时取消了原《担保法》第15条“双方认为需要约定的其他事项,保证合同不完全具备前款规定内容的可以补正”的规定,显示出法律希望当事人事前使用上述倡导性提示条款的倾向。

第四,保证合同的形式。在《民法典》颁布以前,保证合同从立法上来看主要包括以下五种形式:[②]

(1)主从合同的形式,即订立单独的保证合同作为主合同的从合同(《担保法》第13条)。(2)主从条款形式,即在主合同中约定有专门的保证条款(《担保法》第13条)。在梁某某、甘肃明旺信用担保有限公司金融借款合同纠纷[③]案中,最高人民法院认为,本案双方虽未签订单独的保证合同,但在《房地产抵押估价协议书》中记载,该协议为贷款合同的补充协议……并承担连带责任保证。在《担保抵押承诺书》中刘某某亦承诺自愿承担连带清偿责任,故各保证人应当按照约定承担相应的保证担保责任。(3)以保证人身份在主合同上签字或者盖章承保的形式(《担保法司法解释》第22条)。[④]在中国信达资产管理股份有限公司辽宁省分公司、贾永德金融借款合同纠纷[⑤]案中,最高人民法院认为,《股东承诺书》《担保证明》《担保承诺》三份材

---

① 多数学者赞同这一观点。有学者认为“被保证的主债权的种类、数额”属于保证合同必备条款,参见程啸:《保证合同研究》,法律出版社2006年版,第68页。

② 有学者认为,特殊《安慰函》(Console Letter)也属于保证合同的一种形式。参见曹士兵:《中国担保制度与担保方法》(第四版),中国法制出版社2017年版,第137页。

③ (2019)最高法民申1360号。

④ 需要注意的是,在西安市第三奶牛场与咸阳市中陆城市信用社、西安新业工贸有限责任公司抵押借款合同纠纷案中[(2001)民监他字第22号]一案中,最高人民法院原则同意陕西省高级人民法院请示报告中的第二种意见,认为《担保法司法解释》第22条规定,第三人单方以书面形式向债权人出具担保书,债权人接受且未提出异议的,保证合同成立。该条规定虽系针对保证合同,但其精神同样适用于抵押合同。参见刘国华:《关于西安市第三奶牛场与咸阳市中陆城市信用社、西安新业工贸有限责任公司抵押借款合同纠纷一案的请示与答复——对于不规范的抵押行为,应如何正确判定其效力》,载《审判监督指导与研究·请示与答复》2001年第1期。

⑤ (2019)最高法民终332号。

料中,贾某某分别作为乾亿装备公司股东、自然人身份对乾亿装备公司本案债务提供连带保证担保,根据上述司法解释的规定,该担保合法成立,并不受是否签订独立的保证合同的约束,贾某某应承担保证担保责任。(4)保证人单方面出具保证承诺书形式,债权人接受的(《担保法司法解释》第22条)。如中国工商银行股份有限公司淮南分行、安徽君安房地产开发有限责任公司金融借款合同纠纷①案中,最高人民法院认为,本案中君安公司出具的《承诺》是其承诺履行长城公司1600万元贷款的担保责任并直至清偿为止的真实意思表示,虽未明确表示承担保证责任,但已具有承担保证责任的意思表示且工行淮南分行亦未提出异议,故该《承诺》应具有保证合同的效力。再如在中国农业银行股份有限公司无棣县支行与山东省友发水产有限公司、滨州亚泰有限责任公司金融借款合同纠纷②案中,山东省高级人民法院认为,友发公司出具承诺函,承诺为亚泰公司借款提供保证的内容明确、具体,农行无棣支行接受该承诺函且未提出异议,故农行无棣支行与友发公司间的保证合同成立。……虽然按照中国农业银行的内部规定,上级银行审批批准贷款后,不仅要签订借款合同,还要签订保证合同。农行无棣支行与亚泰公司签订的借款合同中也约定"担保合同由贷款人与借款人、担保人另行签订"。同时约定"借款人确保担保人为签署担保合同或履行其在担保合同项下的义务"。上述内部规定及合同约定的"另行签订保证合同"只是银行防控风险的一种措施,无论是承诺函内容还是银行的内部规定及本案借款合同的约定,均没有如果未另行签订保证合同,则保证人不承担保证责任的意思表示。(5)口头且当事人自愿履行的保证合同。

《民法典》生效后,对于保证合同成立的方式有以下几个变化:

其一,《民法典》第685条规定,保证合同可以是单独订立的书面合同,也可以是主债权债务合同中的保证条款。这一规定延续了《担保法》第13条,"考虑到保证单务性、利他性、无偿性以及风险极高",③认为保证合同必须为书面要式行为,发挥书面要式性的警告预防功能④的同时,排除了默

① (2019)最高法民申976号。

② (2013)鲁商终字第269号。

③ 程啸:《保证合同研究》,法律出版社2006年版,第69页。

④ 传统民法理论认为书面形式是效力性方式,书面形式发展到现代演变为保护性方式,即书面形式具有证据功能、警告功能、保护弱势当事人的功能。参见王洪:《合同形式欠缺与履行治愈论——兼评〈合同法〉第36条之规定》,载《现代法学》2005年第3期。

示行为成立保证的可能性。

其二,基于保证合同的单务合同特征,《民法典》第 685 条第 2 款规定,第三人单方以书面形式向债权人做出保证,债权人接收且未提出异议的,保证合同成立。需要注意的是两点变化:一是《民法典》将《担保法司法解释》中第三方需出具“担保书”修改为“做出保证”。这意味着单方保证不再强调形式要件而着重第三方愿意承担保证的意思表示实质。二是将债权人“接受”修改为“接收”。“接受”一词内在逻辑包含“同意”的内心确认,而此情形下债权人是该行为的受益人,法律只需要求债权人有“接收”担保之客观行为,对于其内心动机在所不问。因此,《民法典》将债权人的“接受”改为“接收”,避免了原规定中内在逻辑矛盾。

其三,对于口头形式保证的可能性,司法上存在自由裁量认定的空间。在王某某、常某某委托理财合同纠纷①案中,衡水市中级人民法院认为,保证合同是合同的一种,如果保证人自愿履行口头保证合同所约定的保证义务的,口头保证合同成立,保证人不能反悔。本案中,虽然上诉人与被上诉人之间未签订书面保证合同,但因一方已经履行主要义务,且对方已接受,故该口头保证合同成立,保证人应按新保证合同承担责任。同样,金融借贷纠纷中,法院也承认“当事人应当采用书面形式而未采用书面形式的,在符合法定例外情形下合同成立……此法定例外情形即指一方已经履行主要义务,对方接受的情形”。②

其四,《民法典》没有采纳原《担保法司法解释》第 22 条规定的“保证人

① (2019)冀 11 民终 582 号。《民法典》第 490 条第 2 款也规定,法律、行政法规规定或者当事人约定合同应当采用书面形式订立,当事人未采用书面形式但是一方已经履行主要义务,对方接受时,该合同成立。类似案件在民间借贷中非常常见,如马某艳与马某全、马某涛民间借贷纠纷[(2016)云 0602 民初 1561 号]一案中,昭通市昭阳区人民法院认为,保证合同属于合同的一种,本案被告马某涛自愿履行口头保证合同所约定的保证义务,向原告马某艳还款 115,000.00 元,口头保证合同成立。再如张某军与袁某诚、李某坤民间借贷纠纷[(2016)苏 0382 民初 1736 号]一案,邳州市人民法院认为:对于袁某诚向张某军所借款项,李某坤只是提供口头保证,并未签订书面合同,原告张某军也无证据证明李某坤已履行了主要担保义务,故保证合同不成立,李某坤不应承担保证责任。

② 青铜峡市农村信用合作联社与张某志、张某军等金融借款合同纠纷[(2019)宁 0381 民初 4601 号]。在该案中,青铜峡市人民法院认为,《担保法》第 13 条规定,保证人与债权人应当以书面形式订立保证合同。由此可见,法律规定采用书面形式的合同,该书面形式是合同成立的要件和标志。当事人应当采用书面形式而未采用书面形式的,在符合法定例外情形下合同成立,不符合法定例外情形的,合同不成立。此法定例外情形即指一方已经履行主要义务,对方接受的情形。本案中,被告魏某新仅在股东会决议上签名,双方再无订立保证合同,被告魏某新在法庭辩论终结前亦未履行主要的担保义务,原告与被告魏某新之间保证合同并未依法成立。

在主合同上以保证人的身份签字或者盖章的,保证合同成立”的表述,这一情形是否还导致担保成立不无疑问。根据原《担保法司法解释》制定者的解释,“保证人如在合同的‘保证人’栏下签名或者盖章,其承担保证义务的意思表示是十分明显的”。① 但相当多学者也表示了反对意见。②

第五,保证方式。《民法典》第686条颠覆性地修改了原《担保法》第16条,规定“当事人在保证合同中对保证方式没有约定或者约定不明确的,按照一般保证承担保证责任”。以此回应了学术界关于“以一般保证为原则、连带责任保证为例外,连带责任保证以当事人之间存在特别约定为必要”③的普遍看法。最高人民法院《关于适用〈中华人民共和国民法典〉有关担保制度的解释》第25条进一步明确,并不要求当事人明确约定为一般保证还是连带责任保证,而是探究当事人之间的意思表示,以是否具有应当先承担责任的内容来区分。

原《担保法》规定的立场在于“从保障债权实现的目的出发……有助于加强保证人的责任意识,使保证人明确保证方式不约定或者约定不明的法律后果,从而对保证方式能做出适当的选择”。④《民法典》这一改变原因有三个:一是考虑到合同公平,“如何在坚守合同形式正义的同时,兼顾合同的实质正义,是现代合同立法需要思考的问题,也是国际合同立法的发展趋势”,⑤原《担保法》赤裸裸地偏颇保护债权人利益有违合同实质公平。⑥ 二

① 李国光等:《最高人民法院关于适用〈中华人民共和国担保法〉若干问题的解释理解与适用》,吉林人民出版社2000年版,第119页。

② 崔建远(2018)指出,不宜无条件地断言合同书上盖章的意义在于确认当事人通过书面形式作出的意思表示的真实性。参见崔建远:《合同解释语境中的印章及其意义》,载《清华法学》2018年第4期。

③ 李昊、邓辉:《论保证合同入典及其立法完善》,载《法治研究》2017年第6期。

④ 全国人大常委会法制工作委员会民法室编著:《中华人民共和国担保法释义》,法律出版社1995年版,第25页。

⑤ 石宏:《合同编的重大发展和创新》,载《中国法学》2020年第4期。

⑥ 全国人大常委会法制工作委员会主任顾昂然在介绍《担保法》立法目的时用语是“保护当事人的合法权益”,说明偏袒保护债权人并非当初立法者的本意。参见1995年2月21日在第八届全国人民代表大会常务委员会第十二次会议上《关于〈中华人民共和国担保法(草案)〉的说明》,原文表述为:“为了进一步完善担保制度,促进资金融通和商品流通,维护银行贷款和商品交易的安全,保护当事人的合法权益,维护经济秩序,促进社会主义市场经济的健康发展,制定担保法是十分必要的。”

是张良(2016)、[1]朱奕奕(2016)、[2]刘斌(2018)[3]均认为这是建立在一般“民事保证”与“商事保证”之间未作区分之情形下的产物,存在“过度商化”之嫌。比较域外立法经验,法、德等国均清晰区分民商事保证的推定规则:商事保证默认为连带责任保证,民事保证恰相反。三是当事人在保证合同中对保证方式没有约定或者约定不明确的直接推定为一般保证,有利于防止债务风险的扩散,维护经济社会稳定。[4]

三、司法裁判可视化梳理

本书写作团队使用 Alpha 案例库对“金融借贷中保证合同成立纠纷”进行了检索,[5]检索关键词为“案由:未设置案由”+“同句‘保证合同不成立’”+“攻/守方当事人包含:银行”,总共得到判决 219 件,可视化分析如图 16-1 所示。

在“保证合同成立”环节,根据既往司法判例,商业银行可能面临司法败诉的风险主要源于以下几个原因:

(一)商业银行在保证合同的订立阶段违反发放贷款的操作规程设定以及程序性合规要求,被法院认定保证合同不成立

由于保证合同具有单务性、利他性、无偿性,同时对保证人风险极高。因此法院在认定保证合同成立时对合同订立的程序合规性要求很高。如在华夏银行股份有限公司常州分行与常州市申利模具有限公司、常州亚泰纺织染整有限公司等金融借款合同纠纷[6]案中,认为,双方对合同主要内容未形成合意,最高额保证合同未成立。理由在于:华夏银行常州分行确认就上述三份最高额保证合同,其并未直接向保证人申利公司明确担保金额,还确认申利公司均是在其提供的空白的最高额保证合同上加盖公章并由其法定代表人签名,合同所涉编号、保证人名称、债权人名称、主合同名称及编号、担保的最高债权额、担保的主债权发生期间、合同落款时间等均是由华夏银

① 参见张良:《民法典编纂背景下我国〈合同法〉分则之完善——以民事合同与商事合同的区分为视角》,载《法学杂志》2016 年第 9 期。

② 参见朱奕奕:《并存的债务承担之认定——以其与保证之区分为讨论核心》,载《东方法学》2016 年第 3 期。

③ 参见刘斌:《民法典编纂中商事担保的立法定位》,载《华东政法大学学报》2018 年第 4 期。

④ 参见石宏:《合同编的重大发展和创新》,载《中国法学》2020 年第 4 期。

⑤ 最后检索日期:2020 年 12 月 31 日。

⑥ (2013)苏商终字第 0078 号。

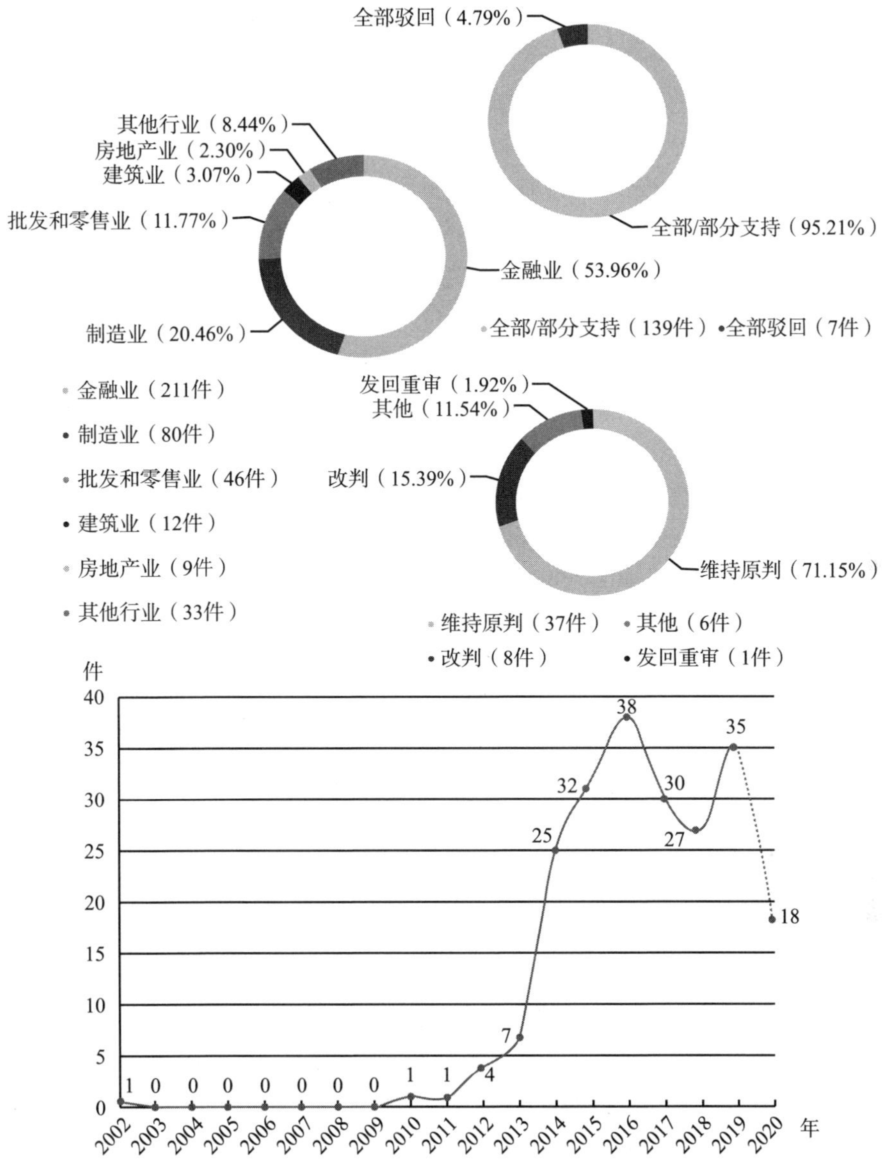

图 16-1　金融借贷保证合同成立纠纷可视化示意

行常州分行事后自行填写，且并未将填写好内容的最高额保证合同交申利公司留存。……同时，申利公司股东会决议亦均是由华夏银行常州分行工作人员先将空白的股东会决议交由申利公司加盖公章并由其股东签署，后由华夏银行常州分行工作人员填写借款人名称、借款金额、借款日期、保证责任方式、股东会时间等。华夏银行常州分行未举证证明其工作人员事后填写的内容系与申利公司协商的结果，其自行填写的内容未得到申利公司的确认，并非申利公司的真实意思表示。

在常州方圆制药有限公司与江阴红星集团进出口有限公司、江阴汇纶纺织有限公司、江阴澄邦毛纺有限公司、周筱晔信用证融资纠纷[①]案中，江苏省高级人民法院指出，华夏银行无锡支行作为金融机构应对金融借款合同及保证合同等的订立遵循严格的格式和程序要求，而本案中，其签订合同的过程和方式存在严重不规范行为，不仅是最高额保证合同、信贷担保承诺书、信贷担保核保书，甚至方圆公司的董事会决议也由该行工作人员填写，上述行为不符合商业银行发放贷款的操作规程。故华夏银行无锡分行不能证明其与方圆公司就合同的必备条款达成了合意。

在广西北部湾银行股份有限公司玉林分行与李甲金融借款合同纠纷[②]案中，居然出现了银行工作人员代保证人签字的情况。广西壮族自治区高级人民法院认为，案涉《最高额保证合同》的封面及首页"李甲、李乙"不是本人签名，而是北部湾银行玉林分行的工作人员填写，而合同最后一页保证人签字栏处只有东旺公司的盖章，李甲、李乙没有在该处签字盖章，仅在保证人下方第二栏的"法定代表人(或授权代理人)"处签字。根据合同相对性原理，北部湾银行玉林分行仅能要求合同的相对人履行义务，因李甲、李乙没有在《最高额保证合同》上签字，不是本案债务的保证人，亦非合同相对人。

(二)商业银行因为保证合同不符合法律规定的书面要式而败诉

在司法实践中，存在因不符合"书面方式订立"的要求导致保证人无需承担保证责任或是债务成为无保之债的情形，并且证明符合这一条件的举证责任大多都在银行，且还需注意形式要件。

如在西昌金信村镇银行有限责任公司与四川香泸山矿业有限公司四川恒信融资担保有限责任公司、江西省中东投资有限公司、管某东、管某峰、张某珍、阮某虹金融借款合同纠纷[③]案中，西昌市人民法院认为，根据《担保法》第13条"保证人与债权人应当以书面方式订立保证合同"的规定，原告提供的《股东会决议》不符合保证合同的形式要件，故原告不能证明原告与被告中东公司对案涉借款的担保事宜达成了一致意见，原告与被告中东公司并

① (2010)苏商外终字第0038号。

② (2019)桂民申87号。

③ (2017)川3401民初1577号。

未形成担保法律关系，对原告依据《香泸山矿业有限公司股东会决议》要求被告中东公司对被告香泸山公司的债务承担连带清偿责任的请求，法院不予支持。

一般而言，法院对保证成立时商业银行所付义务仅仅限于“形式审查义务”，同时在自身善意的前提下受到表见代理制度的保护。如在福建华源纤维有限公司、交通银行股份有限公司温州分行与福建华源纤维有限公司、交通银行股份有限公司温州分行等金融借款合同纠纷①案中，最高人民法院认为，根据一审、二审法院查明的事实，张某杰在签订案涉保证合同时，是华源公司的法定代表人，而且保证合同上有张某杰的签字，并加盖有华源公司公章。首先，从合同形式上，保证合同具备了该合同所要求的法定代表人签字并加盖公章的形式要件。其次，虽然该公章事后证明与华源公司在工商登记机关备案的公司公章不符，但华源公司并未提供充分证据证明该公章是他人伪造。在有法定代表人签字并加盖公章的情况下，不能要求善意相对人对公章的真实性承担形式审查之外的审查义务。最后，公章通常由法定代表人掌握，法定代表人以公司名义从事的行为属于职务行为，对善意相对人构成表见代表。张某杰作为华源公司法定代表人提供的加盖华源公司公章的合同，交通银行温州分行作为善意相对人有理由相信华源公司公章的真实性，也有理由相信签订保证合同是华源公司的真实意思表示。

（三）保证合同缺乏合同成立邀约关于“内容具体确定”的要求，被法院认为缺乏合同成立基本要件，导致保证合同不成立

《民法典》将保证界定为“合同”并纳入合同编分则，这意味着商业银行的保证合同需要符合合同编总则关于“合同订立”要约和承诺的一般性规定。

在苏州资产管理有限公司、黑龙江农垦北大荒商贸集团有限责任公司金融借款合同纠纷②案中，最高人民法院认为，根据《合同法》的规定，当事人订立合同采取要约、承诺方式；要约是希望和他人订立合同的意思表示，该

---

① （2015）民申字第1043号。

② （2020）最高法民申1593号。该判决书认定的事实为，从14号函的整体内容看，北大荒集团在该函中先是介绍了其与孙某、王某某签署了拟收购孙某、王某某旗下控股的十家公司（含案涉高峰糖业）、各家公司生产经营以及希望获得银行信贷支持的情况后，明确：“我公司以及下属各家子公司希望与贵行建立长久的、稳定的、可持续的、互惠互利合作关系，在此过程中我公司愿意为下属各家子公司在与贵行的业务中提供无条件担保，并愿意积极配合贵行完成各项业务。”14号函发送对象位置为空白，手写有“中国农业银行股份有限公司吴江分行”字样，其他部分为打印的格式文本。

意思表示应当内容具体确定，表明经受要约人承诺，要约人即受该意思表示的约束；承诺则是受要约人同意要约的意思表示，承诺生效时合同成立。……就案涉14号函而言，尽管其名称或者标题中含有"为……银行借款提供担保"的表述，但农行吴江分行接受该函后是否即与北大荒集团产生保证合同法律关系，尚需进一步核查该函件的内容及相关事实。从14号函的核心内容看，该函系北大荒集团"愿意为下属各家子公司在与贵行的业务中提供无条件担保"，而被担保的主债权种类、数额以及担保的范围、方式、期限等事项均没有明确，不符合《合同法》第14条关于要约须"内容具体确定"的要求，难以认定14号函系北大荒集团就担保事宜向农行吴江分行发出的要约，农行吴江分行的接受行为也难以认定为对该"要约"的承诺。

同样，在中国葛洲坝集团房地产开发有限公司与海口恒天晟实业有限公司、海南葛洲坝实业有限公司借款合同纠纷案①中，最高人民法院认为：《合作开发协议》有关恒天晟公司"以其在项目公司的全部股权对项目融资承担连带担保责任"的约定，是以签约之时尚未成立、融资数额尚未确定、债权人债务人等基本要素均不特定的项目融资作为主债权，并缺少债务人履行债务的期限、保证担保的范围、保证的期间等基本要件，明显不符合保证合同的成立要件。

（四）意思表示不明确或出现多种解释，导致法院认定保证合同不成立

一般情况下，保证意图不明的表述，如"承诺函""负责解决""协助解决""保证质押账户资金不低于某金额"等，司法机构一般不会认定为保证合同成立。

早在2004年最高人民法院公报案例佛山市人民政府与交通银行香港分行担保纠纷②案中，最高人民法院指出，从市政府向香港银行出具的《承诺函》名称看，《承诺函》并非担保函，对于其是否能构成担保应根据其内容来认定。从该函内容看，"负责解决""不让贵行在经济上蒙受损失"并无明确的承担保证责任或代为还款的意思表示。在香港银行向实业公司出具的授信函中"抵押品及法律文件"项下，除市政府的《承诺函》外，还有不动产的抵押、保证及存单的质押等，且《承诺函》在这些授信函中均被列入区别于"保证"的"其他"文件项下，这说明香港银行明知《承诺函》并非担保函。

① （2016）最高法民终240号。

② （2004）民四终字第5号。

表 16-1　提供保证担保意思表示不明确的典型案例一览

序号	案号	合同表述	判决结果
1	(2008)民二终第44号①	证券公司对申请人或出质人的国债交易负责监控,保证申请人或出质人国债账户市值与资金账户余额之和在质押期间不低于1900万元。	本案承诺鉴证书真实含义应理解为:证券公司应保证监控出质人或出质人的国债交易过程,如出质人的操作可能导致国债账户市值与资金账户余额之和在质押期间低于1900万元,则证券公司应停止其交易行为,而非补足资金。
2	(2014)民四终字第37号②	如有任何原因德盛担保公司所借人民币柒佰万元整不能归还时,将由担保方负责归还。	省政府仅承诺"协助解决",未对实业公司债务作出代为清偿的意思表示。《承诺函》不符合《担保法》第6条有关"保证"的规定,不能构成法律意义上的保证。
3	(2016)辽民终627号③	黑垦商集函〔2014〕14号《关于同意为天津北大荒玉米加工产业有限公司下属子公司银行借款提供担保的函》:在此过程中我公司愿意为下属各家子公司在与贵行的业务中提供无条件担保,并愿意积极配合贵行完成各项任务。	《担保函》中既未对子公司主体予以明确,亦未对以何种方式进行担保予以确认,更没有担保的主债权、担保期限的约定,可见,单一的《担保函》尚不能认定辽阳银行沈阳分行主张的保证合同关系成立的事实。

① 中国光大银行郑州分行、河南省华润商贸有限公司、深圳市盛力实业发展有限公司、国泰君安证券股份有限公司借款担保合同纠纷[(2008)民二终字第44号]。参见最高人民法院民事审判第二庭编著:《最高人民法院商事审判指导案例·借款担保卷》(上、下卷),中国法制出版社2011年版,第423页。

② 中国银行(香港)有限公司与辽宁省人民政府、葫芦岛锌厂保证合同纠纷,载《中华人民共和国最高人民法院公报》2005年第11期(总第109期)。该判决还认为,为解决包括实业公司在内的市直属企业拖欠香港银行贷款事宜,市政府与香港银行之间有三次座谈会并形成会议纪要。从这三份纪要的记载来看,香港银行从未要求市政府承担保证责任或代实业公司还款,市政府亦未作出过承担保证责任或代企业还款的意思表示。因市政府向香港银行出具的书面文件,到其实际行动,从未有过承担保证责任或代所属企业还款的意思表示,故案涉《承诺函》不构成我国《担保法》意义上的保证。

③ 黑龙江农垦北大荒商贸集团有限责任公司与辽阳银行股份有限公司沈阳分行、通辽万顺达淀粉有限公司、宁城京都淀粉有限公司借款合同纠纷。

续表

序号	案号	合同表述	判决结果
4	(2018)青民初124号①	保证该贷款于贷款放款之日,根据贵公司与青海伊佳民族服饰有限公司签署的代购合同,安全支付至指定的贵公司银行账户内。	该承诺并不能证明进出口银行陕西分行有为案涉《借款协议》提供担保的意思表示,不符合担保法有关保证民事法律关系成立的构成要件。
5	(2017)最高法民终148号②	为保证新城区景观工程回购资金安排及时到位,区财政局受区政府委托承诺如下:一、从财政性资金中安排给丰南建投用于支付该项目回购款。二、回购款自在工程按期完成后,2010年12月31日前付工程决算总额的20%建设费用和建设期融资利息;于2011年至2014年的每年年底前付工程决算总额的20%建设费用和剩余工程建设费用融资利息;2010年以后每季度支付剩余工程建设费用的融资利息。	《承诺函》仅体现丰南区政府对案涉项目的支持,并不能认定丰南区政府自愿承担丰南建投的债务。

(五)对于保证方式的表述不清,引起司法纠纷

一般而言,商业银行在《保证合同》或保证条款中都应当明确写明第三人承担连带责任保证,但在特定情况下,某些金融机构对保证方式的表述不当,可能在事后引起争议。如在中国信达资产管理公司贵阳办事处与贵阳

---

① 青海生物产业园开发建设有限公司与青海伊佳民族服饰有限责任公司、中国进出口银行陕西省分行等借款合同纠纷。

② 攀枝花市金海实业有限公司、泸州市第七建筑工程公司与攀枝花宏基商品混凝土有限公司买卖合同纠纷。

开磷有限责任公司借款合同纠纷二审案①中,双方争议的焦点为,“贷款到期,借款方如不能按期偿还,由担保单位代为偿还”的模糊约定在法律上应被视为一般保证还是连带保证? 最高人民法院认为,上述借款合同中的第二种表述有“不能”字样,如单纯使用“不能”字样,则具有客观上债务人确无能力偿还借款的含义,此时保证人方承担保证责任可以认定为一般保证责任。但是,该“不能”字样是与“按期”结合在一起使用,则不能将其理解为确实无力偿还借款的客观能力的约定,仅是表明到期不能偿还即产生保证责任。因此,第二种表述亦应认定为连带保证责任。在黑石香港投资有限公司与翟某某、郭某某、巩义市恩威水泥有限公司、巩义市农村信用合作联社借款合同纠纷②案中,郑州市中级人民法院认为:“巩义农信社出具的贷款担保书承诺:“我单位积极督促该厂(借款人)到期自觉归还贷款,一旦到期不能偿还贷款,我单位自愿归还此笔贷款本息。”该约定明确说明在债务人“到期不能偿还贷款”时,巩义农信社才承担保证责任。“不能履行”和“不履行”虽为一字之差,但十分关键,“不能”履行是履行不能,没有履行能力;“不”履行既包含履行不能,也包含有能力履行而拒绝履行。原告认为“到期不能履行”等同于“不履行”,没有事实和法律依据。而“到期不能履行”与“不能履行”没有本质区别,只是对“不能履行”约定了成就的期限而已。故该约定符合上述批复第二条第二句规定之情形,应为一般保证责任。

(六)保证内容可能被法院认定为格式合同,采取对商业银行一方不利的解释,导致银行败诉

如在章某某、宁波东海银行股份有限公司石浦支行金融借款合同纠纷③案中,宁波市中级人民法院认为,至于章某某提出的其保证范围最高为500,000元的抗辩主张,因连带保证承诺书中明确载明“人民币伍拾万元整最高贷款或授信余额提供连带责任保证担保”,上述“余额”即可理解为贷款

---

① (2008)民二终字第106号,载《最高人民法院公报》2009年第10期(总第156期)。值得注意的是,本案的当事人虽然是中国信达资产管理公司贵阳办事处与贵阳开磷有限责任公司,看上去没有银行等金融机构的参与。但是,本案的最重要证据即借款合同的签订主体是贵阳开磷有限责任公司和中国建设银行某支行,在债权到期后,贵阳开磷公司未能偿还借款,中国建设银行某支行将此债权转让给了第三方,几经转手后最后属于中国信达资产管理公司贵阳办事处。因为贵阳开磷有限责任公司与中国建设银行某支行签订借款合同的时间是1989~1993年,此时《担保法》尚未颁布,所以,当时并没有保证约定不明该如何处理的最高法律依据。

② (2013)郑民三初字第29号。

③ (2017)浙02民终3298号。

本金余额,也可理解为贷款业务发生后包括贷款本息及其他一切费用在内的余额,同时,该承诺书应属于东海银行提供的格式合同,根据《合同法》第41条的规定,对格式条款有两种以上解释的,应当作出不利于提供格式条款一方的解释,故上述承诺书中的"余额"应理解为最高债权余额,该院采纳章剑威该部分抗辩主张。

四、商业银行现有条款的比对点评

(一)多家商业银行的现有条款比对

本书写作团队以"保证合同"为例,考察了多家银行保证成立、保证方式及保证责任的启动的安排,比对点评如下:

【A银行】

鉴于:

……

2. 保证人同意向债权人提供无条件不可撤销的连带责任保证,以担保债务人按时足额清偿其在主合同项下产生的全部债务。

第1条 保证

1.1 保证人同意向债权人提供不可撤销的连带责任保证,债权人同意接受此项保证,作为债务人清偿其在主合同项下全部债务的担保。债务人未偿还其在主合同项下的任何到期应付的债务(包括债务人申请提前偿还的债务以及被债权人宣布加速偿还的债务),债权人即有权行使其在本协议项下的担保权益,保证人应立即无条件地向债权人全额偿付相应款项。

【B银行】

为确保(下称债务人)与乙方于____年____月____日签订的编号为的《________》(以下简称"主合同")的履行,保障乙方债权的实现,甲方自愿为乙方与债务人依主合同所形成的债权提供保证担保。

第三条 保证方式

3.1 甲方提供连带责任保证。如主合同项下债务履行期限届满,债务人没有履行或者没有全部履行其债务,乙方均有权直接要求甲方承担保证责任。

7.7.4 本合同有效期内,出现下列情形之一的,甲方应告知乙方:

(1)甲方发现债务人有危及乙方债权安全的情况;

(2)甲方因其他债务而卷入或即将卷入诉讼、仲裁或其他法律纠纷;

(3)甲方名称、住所、法定代表人、经营范围、注册资本等工商登记事项和电话、传真等发生变更；

(4)甲方发生承包、租赁、股份制改造、兼并、合并、分立、联营、合资、合作、设立子公司等变更经营方式、企业组织形式或对外投资等情形；

(5)甲方发生停产、歇业、解散、关闭、被注销登记、被吊销执照、生产经营出现严重困难、财务状况恶化等情况；

(6)甲方法定代表人及主要负责人下落不明或从事违法活动或涉嫌经济案件等被公检法等机关依法处理等情形；

(7)甲方在主合同项下债权未完全受清偿前,向他人提供担保；

(8)甲方与关联企业进行关联交易,交易金额占甲方最近一期经审计净资产值5%以上；

(9)甲方转让其自有物业或其他财产使甲方财产价值明显减少；

(10)甲方发生亏损或所负债务到期未清偿；

(11)债务人拒绝接受甲方对其信贷使用情况、财务状况的监督检查；

(12)甲方因偷税、逃税被税务机关依法处理；

(13)其他足以影响甲方担保能力、危及乙方债权的情形。

若出现上述所列情形之一的,甲方应在作出有关决定之日或获知有关事实之日起五日内书面通知乙方。乙方根据具体情形,有权单方认定该情形是否影响甲方的担保能力。若乙方认为该情形可能危及其债权的,乙方有权要求甲方提供乙方认可的新的担保;乙方亦有权停止继续发放信贷,宣布所有已发放信贷提前到期,甲方应就该等债务提前承担保证担保责任。

【C银行】

为了确保____________________(以下称债务人)与乙方签订的编号为____________________号的《____________________》(以下称主合同)的履行,保障乙方债权的实现,甲方愿意为债务人在主合同项下的债务提供连带责任保证。

第1条　保证方式

本合同项下的保证方式为连带责任保证,有多个保证人的,各保证人承担连带共同保证。

第7条　保证责任

(一)如果主合同项下债务到期或者乙方根据主合同的约定或法律规定宣布债务提前到期,债务人未按时足额履行,或者债务人违反主合同的其他约定,甲方应在保证范围内立即承担保证责任。

第8条　甲方的其他义务

……

(二)发生承包、托管(接管)、租赁、股份制改造、减少注册资本金、投资、联营、合并、兼并、收购重组、分立、合资、(被)申请停业整顿、申请解散、被撤销、(被)申请破产、控股股东/实际控制人变更或重大资产转让、停产、歇业、被有权机关施以高额罚款、被注销登记、被吊销营业执照、涉及重大法律纠纷、生产经营出现严重困难或财务状况恶化、法定代表人或主要负责人无法正常履行职责,或者因任何原因丧失或可能丧失担保能力,甲方应立即书面通知乙方,并按照乙方要求落实本合同项下保证责任的承担、转移或承继,或者为主合同的履行提供乙方认可的新担保。

第9条　安全和环境保障

若甲方或债务人未遵守有关环境和社会风险管理的法律或规章,或者在建设、生产、经营活动中可能给环境和社会带来危害及相关风险(包括但不限于与耗能、污染、土地、健康、安全、移民安置、生态保护、节能减排、气候变化等有关的环境与社会问题),乙方有权提前行使本合同项下的担保权利并采取本合同约定或法律允许的其他救济措施。

【D银行】

为确保乙方与____签订的____号借款合同(以下简称借款合同)的履行,甲方愿意向乙方提供保证担保。

第2条　本合同的保证方式为连带责任保证,甲方对借款合同中的借款人的债务承担连带责任。如借款合同履行期限届满,借款人没有履行或者没有全部履行其债务,乙方有权直接要求甲方承担保证责任。

第10条　发生下列情况之一的,乙方有权要求甲方提前承担保证责任,甲方同意提前承担保证责任

1.甲方违反本合同第7条、第8条、第9条的约定或者发生其他严重违约行为;

2.《借款合同》履行期间借款人被宣告破产、被解散、擅自变更企业体制致使乙方贷款债权落空、未按借款合同的约定使用贷款、卷入或即将卷入重大的诉讼或仲裁程序及其他法律纠纷、发生其他足以影响其偿债能力或缺乏偿债诚意的行为等情况。

【E银行】

为了担保本合同第一条所述主合同项下债权的实现,依据《中华人民共和国担保法》及相关法律、法规的规定,保证人自愿向债权人提供保证担保。

第4条　保证方式

本合同保证方式为下列第______项[备注:据实填写,若未填写则视为选择第(1)]

(1)连带责任保证;

(2)一般保证。

第5条　保证责任的发生及承担

5.1　如果债务人在主合同项下的任何正常还款日或提前还款日未按约定向债权人进行支付及清偿,债权人有权要求保证人承担保证责任。正常还款日指主合同中所约定的本金偿还日、利息支付日或债务人依据该等合同约定应向债权人支付任何款项的日期。提前还款日指债务人提出的经债权人同意的提前还款日以及债权人依据主合同等约定向债务人要求提前收回债权本息及/或其他任何款项的日期。

9.1.1　保证人有下列情形之一时,应提前7个工作日书面通知债权人,保证人应取得债权人书面同意后方可进行:

9.1.1.1　改变经营方式,包括但不限于改制、合资、合作、合并、联营、分立、承包经营、租赁经营、重组、申请破产、减少注册资金;

9.1.1.2　以出售、赠与、出借、转移、抵(质)押及其他方式处分重要资产(包括但不限于房产、土地、股权、设备)等;

9.1.1.3　新增对外投资;

9.1.1.4　更改与其他银行的债务条款,提前清偿其他债务;

9.1.1.5　向其他银行申请授信,或向第三方提供担保,或减免第三方债务;

9.1.1.6　其他实质性增加保证人债务以及其他可能对债权人造成不利影响等重大事项。

9.1.2　保证人应在下列事项发生或可能发生之日起7个工作日内书面通知债权人:

9.1.2.1　保证人的公司章程、经营范围、注册资本、企业名称、企业住所、法定代表人、高级管理人员及财务人员、通讯地址、联系电话等变更;

9.1.2.2　保证人经营、财务状况恶化,发生重大财务亏损,产生资产损

失(包括但不限于因其对外提供担保及反担保而产生资产损失)或其他财务危机;

9.1.2.3 保证人发生违法违规经营行为被司法、税务、工商等机关依法立案查处或依法采取处罚措施,或涉及重大法律纠纷;

9.1.2.4 保证人、保证人的股东、保证人的法定代表人及主要管理人员或实际控制人涉及犯罪或主要资产被采取了财产保全措施、强制执行措施或受到行政处罚、刑事制裁,导致保证人无法履行保证义务、保证人的股东、保证人的法定代表人及主要管理人员或实际控制人无法正常履行职责的事件;

9.1.2.5 保证人向第三方提供担保,对其财务状况或履行本合同项下义务的能力产生重大不利影响;

9.1.2.6 保证人在其他合同项下发生违约事件;

9.1.2.7 保证人出现歇业、解散、清算、停业整顿、被撤销、被吊销营业执照、(被)申请破产、清算等;

9.1.2.8 产生其他足以影响保证人经营活动和债权人债权安全的重大事件或违约事件。

9.2.6 如保证人发生本合同第九条9.1.1、9.1.2款约定的相应事项,债权人有权根据事项具体情况决定是否要求保证人提前承担保证责任或提供新的担保。

【F银行】

为确保主合同项下债务的履行,甲方同意为主合同项下的全部/部分债务提供保证担保。

第3条 保证方式

3.1 甲方的保证方式为不可撤销连带责任保证。

6.5 在本合同有效期内,发生下列情形之一的,甲方应按照乙方通知无条件履行本合同项下的保证责任:

6.5.1 主债务人未依约清偿债务(包括主合同约定的提前到期、主债权分次或分期到期的情形)。

6.5.2 甲方违反本合同的约定,危及乙方的担保权利等。

6.5.3 甲方有诉讼、仲裁或重大行政案件,可能对乙方的担保权利有不利影响。

6.5.4 甲方破产、歇业、被申请破产重整、被撤销、被吊销营业执照。

6.5.5　甲方有本合同第8.2条约定行为的。

6.5.6　出现使乙方在主合同项下的债权或本合同项下担保权利难以实现或无法实现的其他情况。

6.5.7　法律法规规定或主合同、本合同约定甲方履行保证责任的其他情形。

8.2　甲方违反其作为一方当事人与他人签署的合同或协议或单方做出的承诺或保证，对其他债务构成违约行为或其他债务已被其他债权人宣告加速到期或可能被宣告加速到期的，视为违反本合同。乙方有权要求甲方承担本合同项下的担保责任。

【G银行】

为了确保甲方____年____月____日与债务人______签订的编号为____________的《________________》(以下简称主合同)项下债务人的义务得到切实履行，乙方自愿向甲方提供连带责任保证担保。

第7条　保证方式

7.1　乙方提供的保证为连带责任保证。如乙方为多人的，其相互之间承担连带共同保证责任。

8.4　在本合同有效期内，发生下列情形之一的，甲方均有权直接要求乙方承担保证责任：

8.4.1　任一主合同债务履行期限届满而甲方未受全部清偿的；

8.4.2　按主合同约定主合同提前到期的；

8.4.3　发生本合同9.6、9.7条款的情况，债务人未落实还款责任或乙方未落实保证责任的；

8.4.4　乙方发生危及、损害或可能危及、损害甲方权益的其他事件的。

9.6　乙方发生股权变动、改组、合并、分立、股份制改造、合资、合作、联营、承包、租赁、章程变更、经营范围和注册资本变更、出售、赠与、出租、出借、转移、抵押、质押或以其他方式处分重要资产、资产的全部或大部分等情形，应提前30日书面通知甲方。

9.7　乙方停业、歇业、拟申请破产或可能或已被债权人申请破产、解散、被吊销营业执照、被撤销、财务状况恶化或涉及重大经济纠纷、主要资产被采取了财产保全或其他强制措施、涉嫌单位犯罪、法定代表人或实际控制人涉嫌犯罪等情形时，应自发生之日起3日内书面通知甲方。

【H银行】

第1条　本合同项下的保证方式为连带责任保证。保证人确认,当债务人未按主合同约定履行其债务时,无论债权人对主合同项下的债权是否拥有其他担保权利(包括但不限于保证、抵押、质押等担保方式),债权人均有权先要求本合同项下任一保证人在本合同约定的保证范围内承担保证责任,而无须先要求其他担保人履行担保责任。

【I银行】

为担保本合同第一条所述"主合同"项下债务的履行,保证人愿意向债权人提供保证。双方经平等协商订立本合同。除本合同另有约定外,本合同中的词语解释依据主合同确定。

第3条　保证方式

本合同保证方式为下列第______项:(备注:据实填写,若未填写则视为选择第1项)

1.连带责任保证。2.一般保证。

第4条　保证责任的发生

如果债务人在任何正常还款日或提前还款日未按约定向权人进行清偿,债权人有权要求保证人履行保证责任。

(二)多家银行的现有条款之点评

上述合同所存在五个问题值得比对与分析:

第一,连带责任方式的约定。其中分为三种情况:

1.直接在"鉴于条款"与"保证方式"两个条款里面明确连带责任保证。如A、C、G银行在"鉴于"条款中就明确了"保证人同意向债权人提供无条件不可撤销的连带责任保证"、"保障乙方债权的实现,甲方愿意为债务人在主合同项下的债务提供连带责任保证"或"乙方自愿向甲方提供连带责任保证担保"。

2.仅仅在保证方式条款中明确为连带责任保证。如B银行约定,"第三条　保证方式3.1甲方提供连带责任保证",D银行约定,"第二条　本合同的保证方式为连带责任保证",F银行约定,"3.1　甲方的保证方式为不可撤销连带责任保证",G银行约定,"7.1　乙方提供的保证为连带责任保证",H银行约定,"本合同项下的保证方式为连带责任保证"。

3.允许债务人勾选。如E、I银行第四、三条约定,保证方式本合同保证方式为下列第____项:(1)连带责任保证;(2)一般保证。同时规定若未填写则视为选择第(1)。

考虑到《民法典》第686条规定,当事人在保证合同中对保证方式没有约定或者约定不明确的,按照一般保证承担保证责任。商业银行必须排除自身《保证合同》中出现一般保证的可能性,因此,本书写作团队建议参照A、C、G银行“鉴于条款”与“保证方式条款”双保险的做法,E、I银行勾选的做法应当停止。

第二,就保证责任的启动。在《担保法》没有规定的前提下,所有银行都在合同中约定了“提前要求保证人承担报责任”的条件或情况。区别在于:

A银行将其直接与主合同加速到期条款挂钩,约定“债务人未偿还其在主合同项下的任何到期应付的债务(包括债务人申请提前偿还的债务以及被债权人宣布加速偿还的债务)”。

B银行规定,“7.7.4 本合同有效期内,出现下列情形之一的,甲方应告知乙方……甲方应就该等债务提前承担保证担保责任”。

C银行的保证责任启动分为三类:一是与主合同挂钩,“主合同项下债务到期或者乙方根据主合同的约定或法律规定宣布债务提前到期,债务人未按时足额履行,或者债务人违反主合同的其他约定”;二是规定在出现“因任何原因丧失或可能丧失担保能力”时;三是甲方违反“第九条　安全和环境保障”义务时都可以乙方“要求落实本合同项下保证责任的承担”或者“有权提前行使本合同项下的担保权”。

D银行(第十条)、F银行(6.5),G银行(8.4),I银行(第四条)是在直接规定甲方提前承担保证责任的若干情形。

E银行专门列出了“第五条　保证责任的发生及承担”条款,将保证责任的启动分为三类,一是“债务人在主合同项下的任何正常还款日或提前还款日未按约定向债权人进行支付及清偿”;二是“保证人应取得债权人书面同意的事项发生时”;三是“必须在7个工作日内书面通知债权人的事件”,同时约定“债权人有权根据事项具体情况决定是否要求保证人提前承担保证责任”。

考虑到《民法典》第681条规定,保证人和债权人约定,当债务人不履行到期债务或者发生当事人约定的情形时,保证人履行债务或者承担责任。因此本书写作团队建议,商业银行应当参照D、F、E、G银行的做法,专门规定“保证责任发生及承担条款”,就相关情形分类进行明确约定,同时C银行的保证人违反“第九条安全和环境保障”启动保证责任承担的做法也值得借鉴。

第三,就保证责任的内容而言,各银行《保证合同》的主要条款如表 16-2 所示。

表 16-2　各家银行保证合同条款一览

单位	保证合同主要条款
A 银行	第 1 条　保证;第 2 条　保证范围;第 3 条　保证期间;第 4 条　保证的性质和效力;第 5 条　保证人应提交的文件;第 6 条　保证人的陈述与保证;第 7 条　保证人的承诺;第 8 条　费用及补偿;第 9 条　违约责任;第 10 条　通知;第 11 条　适用法律和争议解决;第 12 条　协议的生效、变更和解除;第 13 条　其他。
B 银行	第 1 条　保证担保的主债权种类及金额;第 2 条　债务人履行债务的期限;第 3 条　保证方式;第 4 条　保证范围;第 5 条　保证期间;第 6 条　甲方声明与保证;第 7 条　甲方的权利和义务;第 8 条　乙方的权利和义务;第 9 条　违约责任;第 10 条　其他约定事项;第 11 条　不可抗力;第 12 条　适用法律;第 13 条　争议的解决;第 14 条　权利的累加性;第 15 条　义务的连续性;第 16 条　本合同的效力及独立性;第 17 条　合同的公证;第 18 条　合同的生效、变更与解除;第 19 条　其他。
C 银行	第 1 条　保证方式;第 2 条　担保的本金数额;第 3 条　担保范围;第 4 条　保证期间;第 5 条　保证合同的独立性;第 6 条　主合同变更;第 7 条　保证责任;款应优先用于清偿乙方尚未获偿的债权;第 8 条　甲方的其他义务;第 9 条　安全和环境保障;第 10 条　通讯方式的约定;第 11 条　其他条款;第 12 条　甲方声明条款;第 13 条　特别提示。
D 银行	第 1 条　担保金额;第 2 条　担保方式;第 3 条　保证担保的范围;第 4 条　保证期间;第 5 条　保证合同的独立性;第 6 条　主合同变更;第 7 条　甲方义务;第 8 条　乙方权利;第 9 条　保证期间,甲方不得向第三方提供超出其自身负担能力的担保;第 10 条　保证责任提前启动条款;第 11 条　违约责任;第 12 条　双方约定的其他条款;第 13 条　争议解决;第 14 条　合同生效。
E 银行	第 1 条　主合同;第 2 条　主债权及其发生期间;第 3 条　担保范围; 第 4 条　保证方式;第 5 条　保证责任的发生及承担;第 6 条　保证期间;第 7 条　本合同与主合同的关系;第 8 条　声明与承诺;第 9 条　权利义务;第 10 条　违约及处理;第 11 条　权利保留;第 12 条　合同的生效、变更和解除;第 13 条　法律适用与争议解决;第 14 条　附件及附则;第 15 条　其他约定;第 16 条　通知与送达;第 17 条　保密与披露;第 18 条　其他;第 19 条　双方约定的其他事项。

续表

单位	保证合同主要条款
F 银行	第 1 条　被担保的主债权种类及数额；第 2 条　主债务人履行债务的期限；第 3 条　保证方式；第 4 条　保证范围；第 5 条　保证期间；第 6 条　甲方的权利和义务；第 7 条　乙方的权利和义务；第 8 条　违约责任；第 9 条　不可抗力；第 10 条　强制执行公证；第 11 条　通知和送达；第 12 条　法律的适用和争议的解决；第 13 条　合同的生效、变更和解除；第 14 条　附则。
G 银行	第 1 条　乙方的陈述与保证；第 2 条　被担保的主债权种类及数额；第 3 条　主合同债务人履行债务的期限；第 4 条　保证范围；第 5 条　保证期间；第 6 条　本合同的独立性；第 7 条　保证方式；第 8 条　甲方的权利和义务；第 9 条　乙方的权利和义务；第 10 条　违约责任；第 11 条　合同的生效、变更、解除和终止；第 12 条　送达；第 13 条　公证特别条款；第 14 条　争议的解决；第 15 条　双方约定的其他事项；第 16 条　附则；第 17 条　声明条款。
H 银行	第 1 条　被担保的主债权种类、本金数额；第 2 条　保证范围；第 3 条　保证方式；第 4 条　保证期间；第 5 条　保证人承诺；第 6 条　保证责任的承担；第 7 条　违约责任；第 8 条　抵销权、解除权异议期；第 9 条　争议的解决；第 10 条　其他事项；第 11 条　合同的生效。
I 银行	第 1 条　主合同；第 2 条　主债权；第 3 条　保证方式；第 4 条　保证责任的发生；第 5 条　保证期间；第 6 条　保证债务诉讼时效；第 7 条　本合同与主合同的关系；第 8 条　声明与承诺；第 9 条　违约事件及处理；第 10 条　权利保留；第 11 条　变更、修改与终止；第 12 条　法律适用与争议解决；第 13 条　附件；第 14 条　其他约定；第 15 条　合同生效。

由此可见，除《民法典》所规定的“保证的主债权的种类、数额，债务人履行债务的期限，保证的方式、范围和期间”等保证合同倡导性条款，及争议解决、合同生效等合同常规条款之外，很多银行还采取了对自身有利的特别条款，如 A 银行的“费用及补偿”，C 银行的“安全和环境保障”等。

第四，就保证责任的形式而言，所有银行均采取了单独的《保证合同》形式，但是考虑到一些规定对保证人明显不利，C 银行通过“第十三条特别提示”对于其中可能涉及格式条款的内容进行说明、解释及提示的做法值得借鉴。

第五，一些表述应当按照《民法典》重新修订，如 A 银行“1. 1 保证人同意向债权人提供不可撤销的连带责任保证，债权人同意接受此项保证”，其中"同意"二字多余,应当参照《民法典》第685条"债权人接收且未提出异议"的规定,将"接受"二字改为"接收"。

五、商业银行风控操作要点

为维护金融债权,促进金融借贷业务健康发展,从源头上防范和化解金融风险,本书写作团队建议商业银行在"保证合同成立环节"应当加强以下风险防控措施:

(一)银行在保证合同的订立阶段,设定相关流程需要遵守法律法规的规定,业务操作必须遵循严格的格式和程序要求,从而降低保证合同的成立风险

由于保证合同具有单务性、利他性、无偿性,同时对保证人风险极高。因此法院在认定保证合同成立时对合同订立的程序合规性要求很高。前述(2013)苏商终字第0078号、(2010)苏商外终字第0038号判决均显示了银行违反程序合规导致保证合同不成立的法律风险。因此,商业银行应当严格注意以下事项:

第一,商业银行必须直接向保证人明确担保金额;

第二,禁止信贷人员自行在空白保证合同上代替保证人填写合同所涉编号、保证人名称、债权人名称、主合同名称及编号、担保的最高债权额、担保的主债权发生期间、合同落款时间等内容;

第三,禁止信贷人员代替法人保证人填写股东会决议、董事会决议内容后交给保证人加盖公章;

第四,禁止信贷人员代填信贷担保承诺书、信贷担保核保书等保证合同的附属文件。

第五,查明代表、代理法人作为保证人签字的自然人的身份、民事行为能力、精神状态等情况。如在交通银行股份有限公司泰州分行与泰州市鸿宝消防器材有限公司、江苏省云腾燃料有限公司等金融借款合同纠纷①案中,江苏省高级人民法院认定,万某某在保证合同上签字盖章的行为不能代表鸿宝公司。……本案中,万某某经过司法鉴定,被认定在保证合同签订时

① (2016)苏民终1093号。该判决书还指出,虽然交行泰州分行提交照片,拟证明保证合同为面签且当时万永明精神状态并无异常,但从该照片展现的签字情形来看,该照片并非案涉保证合同签字时拍摄,且照片为静态,无法证明万永明当时精神状况,故交行泰州分行提交的证据不足以推翻鉴定意见。

属无民事行为能力人，以其当时精神状态和行为能力在保证合同上签名并加盖公司印章的行为不能代表鸿宝公司意思表示，即鸿宝公司并未作出为云腾公司提供担保的意思表示，故保证合同因欠缺鸿宝公司的意思表示而不成立。

（二）商业银行的保证合同应具备被保证的主债权的种类、数额，债务人履行债务的期限，保证的方式、范围和期间等基本条款，且保证合同与股东会、董事会决议等在上述内容上要保持一致关联

《民法典》第684条关于保证合同内容的规定，取消了原《担保法》第15条"双方认为需要约定的其他事项，保证合同不完全具备前款规定内容的可以补正"的条款。商业银行在签订保证合同时应具备上述基本内容条款，否则可能承担保证合同不成立的法律后果。商业银行在制定保证合同时，应严格进行合同条款内容的审查，确保被保证的主债权的种类、数额，债务人履行债务的期限，保证的方式、范围和期间等基本条款。

同时，商业银行要注意保证合同中的主债权的种类、数额，债务人履行债务的期限，保证的方式、范围和期间等基本条款内容要与股东会、董事会决议保持证据关联性上的闭环一致及相互关联。如在齐鲁银行股份有限公司聊城分行与山东聊城江北铁塔有限公司、蒋某某等保证合同纠纷[①]案中，山东省高级人民法院认为，2012年4月26日铁塔公司与聊城经开公司签订的保证合同，约定对聊城经开公司委托齐鲁银行聊城分行向高开集团发放的500万元贷款提供连带责任担保；铁塔公司股东会决议也载明"同意为高开集团向齐鲁银行聊城分行（聊城经开公司委托）申请的贷款500万元提供连带责任保证"。即使没有手填的"2012年齐鲁聊分委贷借字第0018号"字样，其担保的主债权也已明确表达，手填内容也与聊城经开公司和齐鲁银行聊城分行签订的《委托借款贷款合同》的编号相吻合，保证合同和铁塔公司股东会决议内容，充分证明铁塔公司为本案主债权提供了担保。

（三）保证人提供保证的意思表示必须明确清晰，不得使用模糊不清的表述，防止被法院认定不构成法律意义上的保证合同

从前述商业银行败诉的案例中可以看出，司法机构认为第三人仅承诺"协助解决还款资金""负责解决还款资金来源""监督还款资金支付""账户资金不低于某金额""给予财政支持"等仅具有安慰函性质，未对债务人债务

① （2014）鲁商终字第152号。

作出代为清偿的意思表示，一般不构成法律意义上的保证。商业银行应当尽量使用规范的表述，清晰表达保证代为清偿的意思表示。本书写作团队建议银行应立足于目前各个商业银行已有的保证合同条款，在此给出一个参考模板，供各银行参考使用：

保证方式：保证人同意并确认向债权人提供连带责任保证，且任何情况下不可撤销；债权人同意接受此项保证，作为债务人清偿其在主合同项下全部债务的担保。债务人有任何未偿还其在主合同项下的任何到期应付的债务的情况（包括债务人申请提前偿还的债务以及被债权人宣布加速偿还的债务），债权人即有权行使其担保权利，保证人应立即无条件地向债权人全额偿付相应款项。本协议项下有多个保证人的，各保证人共同对债权人承担连带责任，各保证人之间承担连带责任。

本书写作团队特别提示商业银行注意，“第三人提供差额补足、流动性支持等类似承诺文件作为增信措施”的性质认定在《民法典》生效后可能被认定为保证。最高人民法院《关于适用〈中华人民共和国民法典〉有关担保制度的解释》第36条规定，第三人提供差额补足、流动性支持等类似承诺文件作为增信措施，如其有提供保证的意思表示，债权人请求该第三人承担保证责任的，人民法院应当依照保证的有关规定处理。现实中，也确实存在司法先例。如华融国际信托有限责任公司、凯迪生态环境科技股份有限公司金融借款合同纠纷[①]案中，最高人民法院指出，由于双方约定的“差额补足合同”名称并非我国法律规定的有名合同，故判断《差额补足合同》的性质，应根据合同主要内容，尤其是对差额补足责任的界定予以综合分析认定。《差额补足合同》约定的差额补足责任是指“如主债务人无法按照《信托贷款合同》的约定履行支付贷款本金、利息、复利、罚息、违约金、赔偿金及其他任何应付款项的义务，则债权人有权不经任何前置程序要求差额补足义务人立即向债权人支付主债务人的应付未付债务。”从双方对差额补足的含义界定来看，显然与《合同法》第196条规定的借款合同含义即“借款人向贷款人借款，到期返还借款并支付利息的合同”不符，而是符合《担保法》第6条对保证的定义，即“保证人和债权人约定，当债务人不履行债务时，保证人按照约定履行债务或者承担责任的行为。”此外，《差额补足合同》也缺乏借款种类、用途、数额、利率、期限和还款方式等借款合同一般条款。相反，《差额补足

① (2019)最高法民终560号。

合同》约定主合同为《信托贷款合同》,主债务人为凯迪能源公司、凯迪电力公司,差额补足责任范围为主合同项下的全部债务等约定,均符合保证合同从属性的法律特征。由此可见,无论是从《差额补足合同》的核心条款进行文义解释来看,还是从合同体系解释来看,该合同的性质均符合保证合同的法律特征。

(四)《民法典》生效后,商业银行应当规范使用《保证合同》及主合同的保证条款,尽量避免使用口头合同以及"在主合同上以保证人的身份签字或者盖章的"的方式订立保证合同

《民法典》第685条中,明确规定了保证合同应以书面形式作出,从司法实践来看,口头保证合同仅仅适用于当事人自愿履行的情况,商业银行绝不可采用,自不待言。同时,鉴于《民法典》没有采纳原《担保法司法解释》第22条规定的"保证人在主合同上以保证人的身份签字或者盖章的,保证合同成立"的表述,这一保证订立形式在司法实践中是否还继续被认可存疑。同时对于这一情形的具体认定,司法判决中也存在非常大的不确定性。因此,商业银行作为正规金融机构应当尽量避免使用"保证人在主合同上以保证人的身份签字或者盖章"方式订立保证合同。

就自然人签字而言,如在焦某某、马某梅等与兰州农村商业银行股份有限公司四季青支行、甘肃鑫荣昌矿业有限公司等金融借款合同纠纷①案中,甘肃省高级人民法院认为,本案中何某某仅在承担连带责任承诺函中的承诺人配偶处签字,并非承诺人,承诺函中也未约定承诺人配偶的权利义务,只能反映出配偶知晓并同意承诺人为借款人担保并且同意以夫妻共同财产清偿债务,并无配偶个人对借款合同项下的本息同意承担连带责任或同意承诺人的债务为夫妻债务的意思表示。因此,一审有关何某某是保证

---

①　(2018)甘民终165号。类似案件还包括大连银行股份有限公司、大连佐源食品有限公司金融借款合同纠纷[(2019)辽民终874号]。在该案中,辽宁省高级人民法院认为,褚某红系在大连银行与保证人汪某钧签订的《保证合同》上签名,该情形与大连银行主张的"主合同中虽然没有保证条款,但是保证人在主合同上以保证人的身份签字或者盖章的,保证合同成立"并不一致。案涉《保证合同》首部列明的合同当事人为大连银行与汪某钧,褚某红虽在合同尾页签字处有签名,但对褚某红签名的性质,因该合同签订时汪某钧、褚某红为夫妻关系,应认定为系基于其与汪某钧之间的夫妻关系,对夫妻一方处置夫妻共同财产的确认。褚某红在《保证合同》上签名,也符合该合同中关于"向大连银行提供担保已征得配偶同意"的约定。褚某红在大连银行与汪义钧签订的《保证合同》中,并未承诺以其个人名义为合同义务提供连带责任保证,大连银行请求判令褚某红对大连佐源公司案涉债务承担连带保证责任没有事实和法律依据,法院不予支持。

人,应承担连带清偿责任的认定不当,法院予以纠正。至于何某某是否应在其与王某某夫妻共同财产范围内对涉案借款本息承担清偿责任的问题,属另一法律关系,应由四季青支行另行起诉。

就法人盖章而言,在徐州顺隆液压科技有限公司与徐州铜山农村商业银行股份有限公司、徐州宏建钢结构工程有限公司等金融借款合同纠纷①案中,江苏省高级人民法院认为,在铜山农商行无法说明《保证合同》上顺隆公司的印章如何加盖上去、且其关于马某昌、陈某某本人在《保证合同》及《股东决议》上签字的陈述虚假的情况下,铜山农商行仅依据《保证合同》上有顺隆公司的印章即主张顺隆公司为其向宏建公司发放的案涉贷款提供担保,双方之间存在保证合同关系,证据不足。……铜山农商行在案涉贷款发放过程中未尽到专业金融机构应有的审慎、合理的注意义务,其提交的证据不足以证明顺隆公司为案涉贷款提供了保证担保,应认定顺隆公司与铜山农商行之间未成立保证合同关系。

(五)在《民法典》实施后,若有担保人愿意承担连带保证责任的,商业银行务必要让担保人签“连带责任保证人”,一定不能出现“对保证方式没有约定或者约定不明确的”的情形,否则将被推定为一般保证

《民法典》对保证方式约定不明的具体规则进行了根本性变更,最高人民法院《关于适用〈中华人民共和国民法典〉有关担保制度的解释》第25条对保证方式的认定采用探究当事人之间的意思表示,以是否具有应当先承担责任的内容来区分的办法,认为“当事人在保证合同中约定了保证人在债务人不能履行债务或者无力偿还债务时才承担保证责任等类似内容,具有债务人应当先承担责任的意思表示的,人民法院应当将其认定为一般保证”,而“当事人在保证合同中约定了保证人在债务人不履行债务或者未偿还债务时即承担保证责任、无条件承担保证责任等类似内容,不具有债务人应当先承担责任的意思表示的,人民法院应当将其认定为连带责任保证”。由此可见,“不能履行债务”与“不履行债务”一字之差,就可能造成一般保证与连带保证的巨大区别。

从2021年《民法典》生效开始,商业银行对于保证方式最好直接明确写:保证人承担连带责任保证。在先前的司法案例中,商业银行及其他金融机构对保证方式没有约定或约定不明的情形时有发生。如在中国民生银行

① (2019)苏民再59号。

股份有限公司长春分行与吉林粮食集团有限公司、吉粮集团公主岭金玉收储有限责任公司等金融借款合同纠纷[①]案中,吉林省高级人民法院认定,吉粮集团为民生银行长春分行提供最高额保证担保,但未约定保证的方式和最高限额,属于保证方式约定不明。

在大安市物权融资农业发展有限公司与中国邮政储蓄银行股份有限公司大安市支行、李某某等金融借款合同纠纷[②]案中,保证人抗辩称,2016年12月13日被上诉人郭某某和李某某借款时上诉人向邮储银行大安市支行出具承诺函:“如果该农民不能按时还款,我单位与该农民共同偿还借款本息,特此承诺。”就此笔借款上诉人向贷款人邮储银行大安市支行承诺借款人按照借款合同约定的时限,不能按时还款,即借款到期时,借款人没有能力还款,担保人才承担担保责任(偿还借款),借款没有到期就是不成为债,所以,只有到期限时,才知道借款人是否有能力还款,不能就是没有能力还款。根据《担保法》第17条规定,当事人在保证合同中约定,债务人不能履行债务时,由保证人承担保证责任的,为一般保证。

(六)充分利用《民法典》赋予了商业银行与保证人之间通过意思自治,意定保证责任启动条件的规定,在合同中约定保证责任提前启动条款

就保证责任的启动而言,在《担保法》没有规定的情况下,所有银行都在合同中约定了“提前要求保证人承担保证责任”的条件或情况,而司法实践也对此表示支持。如在株洲丰叶融资担保有限责任公司与被上诉人株洲天康贸易有限公司、王某某、刘某某、肖某某、张某某、株洲新合作云天贸易有限公司、株洲承帛贸易有限公司、株洲吉云物流有限公司、株洲市桐木投资发展有限公司追偿权纠纷[③]案中,担保公司主张,无论何种原告导致《借款合同》项下的债权及《保证合同》项下的保证责任提前到期的,乙方有权提前处置质押股权,并就所得价款优先受偿。株洲市中级人民法院认为,原告要求对被告王某某持有的被告天康公司200万元股权拍卖、变卖所得价款享有优先受偿权的诉讼请求,该院予以支持。《民法典》明确规定了“意定保证责任启动条件”,商业银行应当积极使用这一规定,在《保证合同》中约定

---

① (2015)吉民二初字第6号。

② (2020)吉08民终495号。该案中白城市中级人民法院认为,不能按时还款,应理解为贷款还款期限届满未还即应视为不能按时还款,而不应考虑其是否具备还款能力,所以该情形不属于《担保法》第17条规定的一般保证中先诉抗辩权的情形。

③ (2020)湘02民终741号。

独立、专门的“保证责任发生及承担条款”,就相关情形分类进行保证责任提前启动情况的明确约定。尤其是注意交叉违约、保证人资信状况严重恶化等情况。

第十七章　保证合同生效新规及商业银行风险防范

【《民法典》变化的影响】风险增加

【风险等级】★★★★

【提要】《民法典》生效之后，就保证合同的效力而言应当适用总则编的相关规定。但就欺诈、胁迫或恶意串通而言，原《担保法司法解释》规定了两种情况：一是第40条“主合同债务人欺诈、胁迫保证人”及第39条主债权“以新贷偿还旧贷”的，按照保证人免责处理；二是第41条关于“债务人与保证人共同欺骗债权人”的规定赋予了债权人撤销权。《民法典》生效后，上述司法解释是否还继续适用？如何认定保证特有的合同效力问题？商业银行应当如何防范保证合同效力瑕疵风险？这是本章要讨论的问题。

一、民法典及配套新规

▶《民法典》

【虚假表示与隐藏行为的效力】

第146条　行为人与相对人以虚假的意思表示实施的民事法律行为无效。

以虚假的意思表示隐藏的民事法律行为的效力，依照有关法律规定处理。

【以欺诈手段实施的民事法律行为的效力】

第148条　一方以欺诈手段，使对方在违背真实意思的情况下实施的民事法律行为，受欺诈方有权请求人民法院或者仲裁机构予以撤销。

【受第三人欺诈的民事法律行为的效力】

第149条　第三人实施欺诈行为，使一方在违背真实意思的情况下实施的民事法律行为，对方知道或者应当知道该欺诈行为的，受欺诈方有权请求人民法院或者仲裁机构予以撤销。

【以胁迫手段实施的民事法律行为的效力】

第150条　一方或者第三人以胁迫手段，使对方在违背真实意思的情况下实施的民事法律行为，受胁迫方有权请求人民法院或者仲裁机构予以撤销。

【恶意串通的民事法律行为的效力】

第154条　行为人与相对人恶意串通，损害他人合法权益的民事法律行为无效。

【保证合同无效的法律后果】

第682条第2款　保证合同被确认无效后，债务人、保证人、债权人有过错的，应当根据其过错各自承担相应的民事责任。

▶最高人民法院《关于适用〈中华人民共和国民法典〉有关担保制度的解释》(法释〔2020〕28号)

【担保合同无效等情形下的法律后果】

第17条　主合同有效而第三人提供的担保合同无效，人民法院应当区分不同情形确定担保人的赔偿责任：

(一)债权人与担保人均有过错的，担保人承担的赔偿责任不应超过债务人不能清偿部分的二分之一；

(二)担保人有过错而债权人无过错的，担保人对债务人不能清偿的部分承担赔偿责任；

(三)债权人有过错而担保人无过错的，担保人不承担赔偿责任。

主合同无效导致第三人提供的担保合同无效，担保人无过错的，不承担赔偿责任；担保人有过错的，其承担的赔偿责任不应超过债务人不能清偿部分的三分之一。

【保证合同无效时的保证期间】

第33条　保证合同无效，债权人未在约定或者法定的保证期间内依法行使权利，保证人主张不承担赔偿责任的，人民法院应予支持。

二、立法考辨

在《民法典》出台之前，保证合同除了要满足一般民事法律行为生效要件之外，还需遵守《担保法》第30条及《担保法司法解释》第39条、第40条关于保证合同中恶意串通、欺诈、胁迫、借新还旧等情形下保证合同的效力问题的规定。《民法典》出台之后上述问题被系统化处理为七类，[①]不再作为保证合同本身的特殊问题。

第一，由于借款合同（主合同）无效或被撤销，基于《民法典》第388条及第682条之规定，保证合同作为从合同无效。[②]

第二，主合同债务人采取欺诈、胁迫等手段，使保证人在违背真实意思的情况下提供保证的，且债权人知道或者应当知道欺诈、胁迫事实的，属于《民法典》第149条所规定的"第三人欺诈"，受欺诈一方（保证人）可撤销合同。在此情况下，"债务人单独出面采取欺诈或者胁迫的手段，是否与债权人恶意串通，往往难以取得证据和具体认定……如果合同另一方当事人知道或者应当知道对方受欺诈的事实，而故意隐瞒事实真相，根据民法诚实信用的原则，该当事人故意隐瞒事实真相的不作为行为也构成欺诈"。[③] 原《担保法司法解释》第40条规定的法律后果为"保证人不承担民事责任"，明显混淆了保证人免责与保证合同被撤销导致无效，出现了概念体系混乱。《民法典》生效后，发生以上情形时，保证人可以通过诉讼、仲裁方式请求撤销担保行为。同时，在保证合同被撤销的情况下，债务人与保证人共同欺骗债权人，双方行为构成共同侵权，应当对债权人的损失承担连带赔偿责任。[④] 茅少伟（2017）[⑤]认为，在此情况下债务人与保证人"共同欺骗"债权人，也有恶意串通的嫌疑，但法律将其处理为欺诈（可撤销）。

第三，对于"主合同当事人双方串通，骗取保证人提供保证的"，应当按照《民法典》第154条之规定，认定为行为人（债权人）与相对人（债务人）恶意串通，损害他人（保证人）合法权益的民事法律行为而直接无效。此处原

---

① 借新还旧的问题已经在本书第十五章进行了详细探讨，在此不再赘述。

② 《物权法》第388条规定，设立担保物权，应当依照本法和其他法律的规定订立担保合同。担保合同包括抵押合同、质押合同和其他具有担保功能的合同。担保合同是主债权债务合同的从合同。主债权债务合同无效的，担保合同无效，但是法律另有规定的除外。担保合同被确认无效后，债务人、担保人、债权人有过错的，应当根据其过错各自承担相应的民事责任。第682条规定，保证合同是主债权债务合同的从合同。主债权债务合同无效的，保证合同无效，但是法律另有规定的除外。保证合同被确认无效后，债务人、保证人、债权人有过错的，应当根据其过错各自承担相应的民事责任。有关担保合同从属性问题请查阅本书第十二章，在此不再赘述。

③ 李国光等：《最高人民法院关于适用〈中华人民共和国担保法〉若干问题的解释理解与适用》，吉林人民出版社2000年版，第168页。

④ 李国光等：《最高人民法院关于适用〈中华人民共和国担保法〉若干问题的解释理解与适用》，吉林人民出版社2000年版，第170~171页。

⑤ 参见茅少伟：《论恶意串通》，载《中外法学》2017年第1期。

《担保法》第30条规定“保证人不承担民事责任”亦属于概念体系错误。茅少伟(2017)[1]认为,保证合同的当事人是债权人与保证人,串通的却是主合同双方,所以,这属于“不真正的恶意串通”。张谷(2019)[2]认为,诉讼时效中断的效力是否及于保证债务,也涉及恶意串通的问题。如果两个时效之间相关,则缺乏偿债能力的债务人和债权人就很有可能串通损害保证人。

第四,对于“主合同债权人采取胁迫手段,使保证人在违背真实意思的情况下提供保证的”,应当按照《民法典》第150条规定,一方或者第三人以胁迫手段,使对方在违背真实意思的情况下实施的民事法律行为,受胁迫方(保证人)有权请求人民法院或者仲裁机构予以撤销。[3]

第五,对于债务人与保证人之间可能的虚伪通谋,应当按照《民法典》第146条的规定处理。如天津农村商业银行股份有限公司宝坻霍各庄支行与吕某某、王某金融借款合同纠纷[4]案中,天津市宝坻区人民法院认为,原告农商行霍各庄支行主张被告吕某某签订涉案借款合同,被告王某提供连带保证,但被告吕某某对涉案借款手续并未签字、捺印,且否认借款事实,原告主张吕某玉借款不能成立,法院不予采信、支持;被告王某的保证人签名虽属实,但并非为吕某玉借款提供担保,实际上是其自身借款。原告、被告王某的行为,已构成虚伪通谋,签订的保证借款合同为无效合同。双方形式上的通谋,并不当然排除双方实际借款意思表示的效力。原告和被告王某之间的借款约定,为真实意思表示,不违反法律、行政法规的强制性规定,为有效

① 参见茅少伟:《论恶意串通》,载《中外法学》2017年第1期。

② 参见张谷:《民法典合同编若干问题漫谈》,载《法治研究》2019年第1期。

③ 以“胁迫”为由抗辩请求确定保证无效一般很难得到法院支持。如鹤壁市广厦房产置业有限公司与淇县农村信用合作联社金融借款合同纠纷[(2019)最高法民申4756号]一案中,最高人民法院认为,《担保法》第30条所规定的导致担保行为无效的胁迫行为,是指以给他人的人身或者财产造成损害为要挟,迫使对方做出不真实的意思表示的行为。广厦置业公司所称的自身贷款是否被收回或者不再被展期,有双方之间的合同以及法律予以调整,不构成广厦置业公司被胁迫作出担保行为的事由。在满足贷款偿还条件时,淇县农信社要求广厦置业公司偿还借款系其正当行使合同权利,广厦置业公司应当依法依约偿还借款,淇县农信社该权利主张不对广厦置业公司的人身或者财产造成非法损害;同时,在不具备合同约定或法定贷款偿还条件时,淇县农信社并不能随意对贷款予以收回,淇县农信社无法以此为由迫使广厦置业公司作出不真实意思表示。因此,广厦置业公司主张其被胁迫而签订《保证合同》,对威尔士商贸公司与淇县农信社之间的借款提供担保并非其真实意思表示,没有事实和法律依据。

④ (2018)津0115民初1600号。

合同。

第六，对于保证人无民事行为能力或限制民事行为能力的，应当按照《民法典》第144条、第145条认定保证无效。如夏津县农村信用合作联社与郭某荣、郭某山等八人金融借款合同纠纷[①]案中，夏津县人民法院认定，雷某苏作为二级精神病人，根据精神病的分类标准可知系无民事行为能力人，不具有签订保证合同的能力，故雷某苏为联保成员提供保证担保的民事行为无效。

第七，对于违反强制性规定及违背公序良俗的保证行为，应当按照《民法典》第153条之规定直接认定为无效，但需要考虑该强制性规定是否属于"效力性"强制规定。[②] 需要注意的是，在司法实践中，一般法院不会以《民法典》第153条否定保证合同效力。如在贵阳花溪建设村镇银行有限责任公司霞晖路支行与姚某某、徐某某金融借款合同纠纷[③]案中，贵阳市花溪区人民法院认为，《农民专业合作社法》第29条第1款第3项关于"农民专业合作社成员大会由全体成员组成，是本社的权力机构，行使下列职权：……（三）决定重大财产处置、对外投资、对外担保和生产经营活动中的其他重大事项"及第29条第1款第2项"农民专业合作社的理事长、理事和管理人员不得有下列行为：……（二）违反章程规定或者未经成员大会同意，将本社资金借贷给他人或者以本社资产为他人提供担保"的规定，虽为法律的强制性规定，但并非为效力性强制规范，应视为合作社内部管理并被法律所要求的

---

① （2014）夏商一初字第76号。类似案例还包括：（1）中国银行股份有限公司玉环支行与叶某某、林某某等金融借款合同纠纷[（2016）浙10民终1197号]。该案台州市中级人民法院认为，根据相关病历的记载，足以认定上诉人林某某长期患有"精神分裂症"，其于2014年1月12日在《同意函》上签名及于2014年10月11日授权叶某签订《最高额抵押合同》时处于精神病状态，属于无民事行为能力人，故其在《同意函》上签名及授权叶某代为签订《最高额抵押合同》的行为无效。（2）仙游县农村信用合作联社与陈某哥、陈某申、严某勇金融借款合同纠纷[（2014）仙民初字第2917号]。在该案中，福建省仙游县人民法院认定，2008年4月18日，原告与被告严某勇签订保证合同时，被告严某勇尚未年满18周岁，原告没有证据可以证实被告严某勇在签订保证合同时，其是以自己的劳动收入为主要生活来源的，故原告与被告严某勇签订保证合同时，被告严某勇为限制民事行为能力人，不具有签订保证合同的民事行为能力；同时，原告亦没有提供证据证实，被告严某勇在签订保证合同时，已征得其法定代理人的同意，故原告与被告严某勇于2008年4月18日所签订保证合同为无效合同。

② 关于合同效力问题具体参见本书第六章，在此不再赘述。

③ （2017）黔0111民初2056号。对于这一问题争议比较大的是《公司法》第16条是否属于效力性强制规定抑或管理性强制规定，从而会影响对外保证合同的效力，具体请参见本书第十四章，在此不再赘述。

管理性规范，这是因为成员大会是否同意属于合作社内部程序，而合作社为社员提供担保签订保证合同，必然涉及合作社之外的第三人，已经超出合作社法单独调整的范围……久安农绿合作社的担保行为有效，该合作社以未经成员大会讨论决定而否定担保行为效力的主张不能成立。①

三、司法裁判可视化梳理

本书写作团队使用 Alpha 案例库对“金融借贷中保证合同效力纠纷”进行了检索，②检索关键词为“案由：未设置案由”+“攻/守方当事人包含：银行”+“同句‘保证合同无效’”，总共得到判决 2150 件，可视化分析如图 17-1 所示。

考虑到以上八种情况出现的概率以及对商业银行的风控威胁程度，本章将主要讨论第二（主合同债务人采取欺诈，债权人知情）、第三（主合同当事人双方串通）、第四（主合同债权人欺诈）三种情形。就这三种情况而言，商业银行在担保无效的问题上受到四重保护，一般不容易导致脱保的风险。

第一，对于上述欺诈、胁迫、恶意串通的情形，保证人负有举证责任。最高人民法院《关于适用〈中华人民共和国民事诉讼法〉的解释》第 91 条第 2 项规定，主张法律关系变更、消灭或者权利受到妨害的当事人，应当对该法律关系变更、消灭或者权利受到妨害的基本事实承担举证证明责任。因此，“保证人保证责任免除的前提，是保证人有证据证明存在前述规定情形”。③

---

① 同样，违反《商业银行法》相关管理性规定一般也不能够作为保证合同无效的依据。如在南昌银行股份有限公司萍乡分行与萍乡太红洲矿业有限责任公司、曾某旺、萍乡市富立达煤炭有限公司、刘某军、李某连、曾某、林某金融借款合同纠纷[（2015）萍民二初字第 40 号]一案中，萍乡市中级人民法院认为，关于被告富立达公司提出原告南昌银行萍乡分行未对被告太红洲公司的资信予以严格审查，违反了《商业银行法》第 35 条关于商业银行应当对借款人的借款用途、偿还能力、还款方式等进行严格审查的规定，该违法行为符合保证合同第 13 条第 5 款中关于“除非乙方（原告南昌银行萍乡分行）的行为违反法律、法规禁止性规定足以导致免除甲方（被告富立达公司）担保责任……”的规定，故被告富立达公司不应承担保证责任的辩称意见。……《商业银行法》第 35 条属于对银行金融机构的行为管理性规定，并不是明确禁止某一行为的效力性规定。且被告富立达公司也未提供证据证明原告南昌银行萍乡分行在向被告太红洲公司放贷时未予严格审查，故对被告富立达公司的该辩称意见不予采纳。

② 最后检索日期：2020 年 12 月 31 日。

③ 白山市中小企业信用担保有限公司、白山浑江恒泰村镇银行股份有限公司与白山市中小企业信用担保有限公司、白山浑江恒泰村镇银行股份有限公司等金融借款合同纠纷[（2016）最高法民申 113 号]。

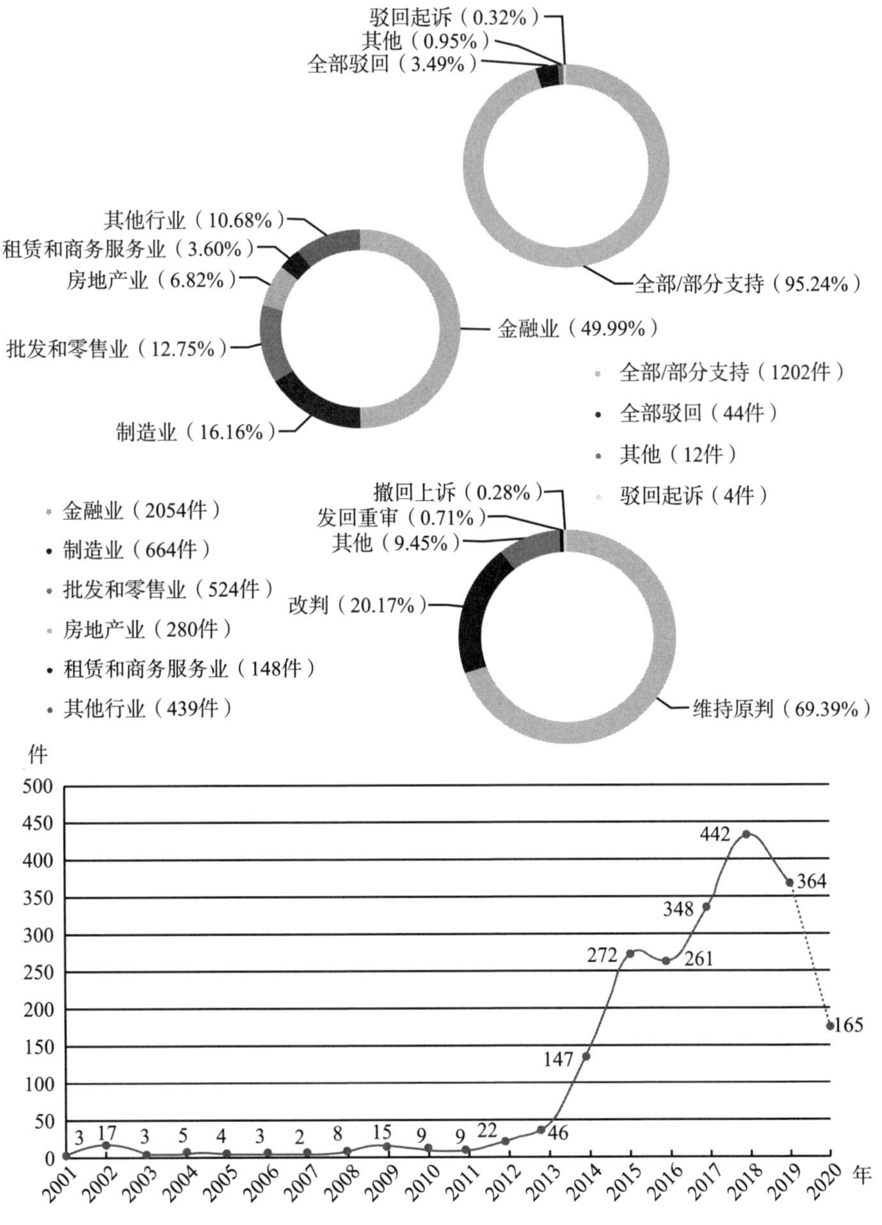

图 17-1　金融借贷保证合同效力纠纷可视化示意

第二，根据最高人民法院《关于适用〈中华人民共和国民事诉讼法〉的解释》第 109 条规定，当事人对欺诈、胁迫、恶意串通事实的证明……人民法院确信该待证事实存在的可能性能够排除合理怀疑的，应当认定该事实存在。

因此,保证人欺诈、胁迫与恶意串通的举证要求高于一般民事案件,不容易成立。①

第三,一般来说,司法机关会区分商业银行的客观过错与主观恶意串通。如长沙银行股份有限公司永州分行与樊某娟、陈某文、何某云、谢某远、罗某峰、杨某智、永州市馨园园艺有限责任公司金融借款合同纠纷②一案中,永州市中级人民法院认为,长沙银行永州分行对贷款资料疏于审查,但并不能据此认定长沙银行永州分行与樊某娟、陈某文恶意串通损害第三人(抵押人)的利益。因为"恶意"是指明知或应当知道而故意为之,"串通"是指当事人在主观上具有共同的意思联络与沟通,并希望通过签订合同损害第三人的利益。……虽然长沙银行永州分行疏于审查,在客观上影响抵押人的判断,使抵押人轻信债务人的偿还能力,但不能据此认定债权人与债务人存在恶意串通,不足以影响抵押合同的效力。

第四,司法机关一般认为,仅仅是商业银行贷前审查不当,不构成对保证人的欺诈或恶意串通。如在魏某宏与甘肃古浪农村商业银行股份有限公

① 天津统捷科技有限公司、南京银行股份有限公司杭州城东小微企业专营支行金融借款合同纠纷[(2020)浙民终231号]。该案中浙江省高级人民法院指出,最高人民法院《关于适用〈中华人民共和国民事诉讼法〉的解释》第109条规定,当事人对欺诈、胁迫、恶意串通事实的证明,以及对口头遗嘱或者赠与事实的证明,人民法院确信该待证事实存在的可能性能够排除合理怀疑的,应当认定该事实存在。因此,当事人主张存在恶意串通事实的证明标准应达到排除合理怀疑的程度。本案中,南京银行已经履行借款合同,将本案借款发放至统捷集团的银行账户,并根据借款用途和统捷集团的委托,将款项转汇他人账户,符合操作流程。天津统捷仅凭合同文本系南京银行提供、《最高债权额合同》《借款合同》《股东会决议》等形成于同一日,有违常理,推定南京银行与统捷集团等是有预谋的恶意欺诈,依据不足。再如李某合、高某须金融借款合同纠纷[(2019)豫04民终929号]。在该案中,平顶山市中级人民法院认定,李某合、高某须提供的《申请表》、《调查报告》系郏县信用社办理"个人征信信息"时例行的相关手续,属于郏县信用社内部管理审核的资料,其中《申请表》中客户经理"宋某燕"的签名系高某须书写,对此证据不能排除合理怀疑。与之相关联的《调查报告》所记载的内容亦不足以证明郏县信用社与李某军存在双方串通,骗取保证人提供保证的事实。

② (2019)湘11民终905号。

司金融借款合同纠纷[①]案中，最高人民法院认为，古浪农商银行的贷前审查是对贷款风险进行防范和控制的手段，如不进行贷前审查则导致贷款不能收回的风险加大，并不影响借款人李某元的利益，也不超出保证人魏某宏承担责任的预期。……魏某宏将其提供担保的基础归于其对古浪农商银行放贷应该规范操作的信任，而非对借款人李某元的履约能力的信任，有违担保的本意，其认为古浪农商银行未能有效履行法定职责和合同约定的义务，不应承担担保责任的主张不能成立。

但需要注意的是，也有个别案件中，法院认为，保证人提供保证系基于对“作为专业金融机构的商业银行”的信任，商业银行过于明显地审查不力，即“对借款的审批和使用始终持放任态度，缺乏正常情况下的警惕和对借款后续流向的高度关注”，构成商业银行与债务人恶意串通对保证人的欺

① (2019)最高法民申1933号。判决还指出，在担保法律关系中，保证人是基于对债务人利益的考虑及对债务人履约的信任而向债权人作出担保的承诺。债务人能否如约履行合同义务，是保证人是否承担保证责任的关键。类似判决观点还包括：(1)烟台金宇置业有限公司、中国建设银行股份有限公司建行蓬莱支行金融借款合同纠纷[(2020)鲁民终704号]。在该案中，山东省高级人民法院指出，建行蓬莱支行对贷款项目进行信贷审查是对自身放贷风险的主动控制，与涉案最高额保证合同的效力无关。而且，正是由于金宇置业为华兴科技提供了最高额保证，大大降低了华兴科技的信贷风险程度，才使建行蓬莱支行继续为华兴科技提供信贷支持。《固定资产贷款管理办法》《商业银行授信工作尽职指引》等规定均是从商业银行风险控制角度加以规范，并未规定商业银行违反贷款中严格审查义务的民事责任，属管理性规范。退一步讲，即使建行蓬莱支行违反相关规定，亦不影响建行蓬莱支行与华兴科技之间的信贷行为的效力和涉案《最高额保证合同》的效力。(2)济南市能源投资有限责任公司与莱商银行股份有限公司济南历下支行金融借款合同纠纷[(2019)最高法民申3126号]。该案中最高人民法院认为，莱商银行发放本案贷款时尽管存在未关注借款人富美公司涉及多起借款纠纷，并被多次列入失信人名单等违反监管规定的行为，但该等违规行为的存在，并不能得出莱商银行与富美公司恶意串通，骗取能源投资公司提供担保的结论，也不能免除能源投资公司依法应当承担的保证责任。(3)辽宁亿丰钢铁有限公司与吉林银行股份有限公司沈阳分行、沈阳达顺源贸易有限公司、沈阳市永惠钢材有限公司、沈阳市金鑫盛博商贸有限公司、王某彬、铁某颖金融借款合同纠纷[(2015)辽民二终字第00372号]。在该案中，辽宁省高级人民法院认为，虽然《商业银行法》第35条规定，商业银行贷款，应当对借款人的借款用途、偿还能力、还款方式等情况进行严格审查。但该条款并不是关于合同效力的强制性规范。《合同法》第199条规定：“订立借款合同，借款人应当按照贷款人的要求提供与借款有关的业务活动和财务状况的真实情况。”此条款也是规范借款人的义务，而不是贷款人的义务。银行是否存在违规贷款的情形及其发放贷款之后是否履行了按照规定对借款人执行借款合同的情况包括贷款资金的流向、用途等及借款人的经营及财务状况等进行跟踪调查和检查等，对于贷款人即银行而言，性质上属于风险控制条款，即使贷款人银行未进行相关的审查，没有尽到相关义务，对借款合同和保证合同的效力以及借款人的偿还责任不应产生影响。

诈行为。①

根据既往司法判例，商业银行仍然在某些情况下可能面临保证无效司法败诉的风险：

（一）主合同债务人采取欺诈，债权人（商业银行）被证明“知情（知道或应当知道）”，从而保证合同被确认无效

对于这一情况，应当认定两方面的事实，即欺诈与知情：“保证人免除保证责任，需证明存在欺诈的事实，具体到中国民生银行股份有限公司南昌分行、吴某某金融借款合同纠纷②案中，需证明两个事实：一是案涉联保体其他成员在与吴某某、熊某某、威敌公司订立《联保体授信合同》时存在欺诈。二是民生银行南昌分行对联保体其他成员的欺诈是知道或应当知道的”。换言之，仅仅是主合同发生欺诈事由，并不足以使得保证被确认无效，如在连云港东方农村商业银行股份有限公司连云区支行与连云港太极实业发展有限公司、冯某某等金融借款合同纠纷③案中，江苏省高级人民法院明确指出，在保证人无证据证明存在法律规定的免于承担保证责任的情况下，若仅因债务人构成骗取贷款罪而认定主合同、担保合同无效将不利于保护不知情的债权人的合法利益，担保人以此无效为由抗辩其不承担担保责任，相当于把自己的担保错误作为自己不承担责任的抗辩理由，此不利于诚信和公平原则的体现。

但是，如果有证据证明商业银行或其他金融机构存在“明知（知道或应当知道）债务人欺诈保证人之情形”，则另当别论。如在中国华融资产管理股份有限公司湖南省分公司、周某金融借款合同纠纷④案中，湖南省高级人民法院认为，首先从黄某、杨某、周某某的证人证言以及易某某、张某的陈述

① 中原银行股份有限公司长垣支行、新乡克瑞有限公司金融借款合同纠纷[（2019）豫07民终2976号]。该案中新乡市中级人民法院认定，2013年12月23日中原银行长垣支行将1500万元汇入的新乡市瑞天祥商贸有限公司之前，新乡市瑞天祥商贸有限公司的股东信息都不难查询，可以明显看出新乡市瑞天祥商贸有限公司是克瑞公司的关联企业，在正常情况下足以引起中原银行长垣支行的警惕和对借款后续流向的高度关注，中原银行长垣支行依737D2013074借款合同也有权了解克瑞公司的借款使用情况、纠正克瑞公司的违约行为并及时采取保全措施。银河公司、常某胜、范某栋、云某学基于对作为专业金融机构的中原银行长垣支行的信任，在阅读737D2013074借款合同后同意承担连带保证责任，而中原银行长垣支行对借款的审批和使用始终持放任态度，故银河公司、常某胜、范某栋、云某学认为受到克瑞公司及中原银行长垣支行的欺诈。

② （2017）赣民终48号。

③ （2014）苏商终字第00373号。

④ （2019）湘民再381号。

可以认定,黄某、杨某在带工行东塘支行员工去找易某某签订合同时,是以公司向工行东塘支行借款用酒店房产作抵押需要所有股东签字同意为由,周某某事先在电话中告知易某某的签字用途也是如此,而未如实告知易某某是要求其个人提供担保,而是故意隐瞒签字风险,称签字只是走程序,不会有任何风险。其次,黄某、杨某带工行东塘支行员工找易某某签字时,提供的是空白的散页合同,从该《保证合同》的签字页来看,末页为签字页,该页只有甲乙双方的签字,并无正文内容。工行东塘支行员工张某也承认其提供的是空白合同,故该签字页之前的合同内容具有被置换的可能。同时,工行东塘支行在签章后,并未将一式两份的合同正本留存给易某某持有,故易某某客观上无法知晓《保证合同》的内容。最后,本案当事人之一周某陈述,其在签订涉案《保证合同》时的情形与易某某的情形相同,也印证了黄某、杨某、周某某证人的真实性。……立达人公司在工行东塘支行与易某某签订《保证合同》时,立达人公司与工行东塘支行利用易某某的股东身份,以办理公司资产抵押贷款需全体股东签字为由,故意隐瞒签字的真实意图和法律风险,诱使易某某作出错误意思表示,构成欺诈。

再如中国农业银行股份有限公司百色右江支行、黄某某金融借款合同纠纷[①]案中,百色市中级人民法院认定,本案中,郑某以购买住房为由,骗取黄某某信任,为其在中国农业银行股份有限公司百色右江支行申请个人住房贷款提供担保,黄某某基于对同事的信任,同意担保。郑某向中国农业银行股份有限公司百色右江支行申请个人住房贷款时未提供相应的购房合同,也未提供购房的首期付款证明材料。证明中国农业银行股份有限公司百色右江支行明知郑某不具备个人住房贷款条件和所贷款项不是用于购买住房的情况下,仍向郑某个人发放8万元个人住房贷款。……一审法院不支持中国农业银行股份有限公司百色右江支行要求黄某某承担担保责任的请求有事实和法律依据,法院予以维持。

（二）商业银行作为主合同当事人被认定为与债务人双方恶意串通,从而导致保证合同无效

在济南农村商业银行股份有限公司与日照市华益建筑工程有限公司、

① （2020）桂10民终1008号。

林某法等金融借款合同纠纷[①]案中，山东省高级人民法院认为，根据本案一审查明的事实，在办理本案借款的过程中，济南农村银行贷款经办人陈某擎，在审查西迪艾公司贷款资料过程中，提示、默许西迪艾公司对企业资产负债表造假，授意、默许西迪艾公司提供伪造的委托加工反应釜合同，并通过了贷款的审批。济南农村银行与西迪艾公司通过上述行为，在西迪艾公司不具备贷款条件的情况下，完成了贷款的审批和发放……根据当时办理案涉贷款背景及济南农村银行与代丰协商情况及上述事实，可以认定在办理贷款过程中，济南农村银行与西迪艾公司进行了恶意串通，骗取了林某法、林某方、华益公司提供担保的事实。

在山西省蒲县永丰煤矿有限公司与被申诉人山西尧都农村商业银行股份有限公司、山西临汾博盛实业有限公司、陈某某借款合同纠纷[②]案中，山西省高级人民法院认为，商业银行在博盛公司申请贷款时，明知博盛公司环境污染不达标、企业关停、烟筒焦炉被炸，根本不具有借款还款能力，且明知博盛公司还有3000万元贷款未偿还的情形下，仍然为该企业发放1000万元贷款，严重违反了商业银行法和贷款通则的相关规定，存在重大过错，应承担相应的责任。陈某某和商业银行故意向保证人隐瞒前述借款人的重大事项和真实情况，双方已构成恶意串通，损害了保证人的利益。商业银行与保证人永丰煤矿的保证合同无效，保证人永丰煤矿不承担保证责任。

在江苏常熟农村商业银行股份有限公司盐城分行与盐城同人置业有限公司、邱某某等金融借款合同纠纷[③]案中，盐城市中级人民法院认定，常熟农商银行亭湖支行与新立工程公司于2013年11月26日签订的协议书第三条约定，常熟农商银行亭湖支行给予新立工程公司贷款利率优惠，新立工程公

---

① (2016)鲁民终1467号。本案一审法院认为，根据济南高新技术产业开发区人民法院(2011)高刑初字第49号刑事判决书认定的事实以及公安机关的调查情况，并没有将陈某擎(济南农村银行开发区支行信贷人员)列为该诈骗的同伙或者共犯，也没有证据证明在西迪艾公司诈骗银行贷款案件陈某擎与借款人串通诈骗银行贷款，也没有体陈某擎与西迪艾公司法定代表人代丰串通诈骗银行贷款的意思表示。因此，就借款合同而言，应当认为是借款人西迪艾公司的欺诈、骗贷行为……西迪艾公司与济南农村银行之间签订的借款合同，应当认定为可撤销合同，且应当将决定借款合同有效与否的权利赋予济南农村银行。本案中，在济南农村银行不行使撤销权的情况下，借款合同应视为有效合同。故，华益公司、林某法、林某方关于济南农村银行工作人员与西迪艾公司法定代表人代丰恶意串通、借款合同应当认定无效的抗辩主张不能成立，一审法院依法不予支持。但是，二审法院推翻了这一认定。

② (2011)晋民再字第40号。

③ (2020)苏09民终1379号。

司按时结息续贷,原发放的500万元流动资金贷款到期给予继续周转使用。该500万元流动资金贷款原并非同人置业公司和邱某某担保,同人置业公司和邱某某在不知晓上述为中美华公司代还借款、续贷优惠等协议内容的情况下,为该500万元贷款提供保证。综上,常熟农商银行亭湖支行和新立工程公司作为主合同当事人,在签订借款合同时存在串通的行为……因主合同当事人双方串通,使保证人同人置业公司和邱某某在不知情而违背真实意思的情况下提供保证,根据《担保法》第30条规定,被上诉人同人置业公司、邱某亮不承担保证责任。

（三）商业银行作为主合同债权人被认定单方欺诈保证人,导致保证合同无效

债权人对保证人的欺诈,既包括积极实施某一欺诈行为(如捏造事实),也包括消极的欺诈行为(如隐瞒真相、知情不报等),其中任何一种都可构成保证人主张免责的事由。[①] 如在中国工商银行股份有限公司鹤壁分行、河南东方建设集团发展有限公司金融借款合同纠纷[②]案中,河南省高级人民法院认为,作为工行鹤壁分行工作人员张某某的证人证言与时任工行鹤壁分行业务部总经理高某的证人证言相结合,并有2008年鹤源公司被评为A^{+}级企业的请示、批复等证据相印证,充分证明工行鹤壁分行在东方公司提供保证的时候采取了欺骗东方公司的手段,使东方公司未真实认知被担保债务,并误认为鹤源公司具有较强的偿债能力,进而在违背自己真实意思的情

① 参见杨荣宽、林奕言:《九种情形下保证责任可免除》,载《中国商报》2018年4月12日,第7版。

② (2018)豫民终406号。该判决认定的事实为,2012年10月24日15时公安机关对张某民的询问笔录载明,在被问到"你在知道鹤源公司在你行贷款的担保合同是虚假的以后都做了什么"的时候,张某民回答,其给张某忠汇报,二人商量后让王某要么归还全部贷款,要么变更有效担保,就这样,王某去寻找担保人,后来找到了东方公司,得到东方公司同意后,其和张某方在王某的陪同下到东方公司董事长郭某江办公室,当场办理了担保手续,但并未告知郭某江鹤源公司在工行鹤壁分行之前的贷款担保是虚假的这一事实。2012年10月21日公安机关对高某询问笔录载明,当其知道深圳年富公司的担保是虚假的以后即向杜行长汇报,杜行长说得赶紧找个有实力的担保单位,告诉鹤源公司抓紧找,我们也帮助找。2009年3月22日信贷员张某民、张某方送给高某一份调查报告称鹤源公司经过筛选想让东方公司担保,高某即给杜行长汇报,杜行长说东方公司有个投资项目正向工行鹤壁分行申请贷款5000万元,作为一个条件,给他们做做工作,告诉他们鹤源公司整体实力很强,担保不会有风险。于是,2009年4月初高某派信贷员张某民、张某方和鹤源公司王涛一起去找东方公司做工作为鹤源公司提供担保,还让信贷员带去了一份对鹤源公司2008年度信用等级评定材料。该材料显示鹤源公司2008年度在工行鹤壁分行信用等级被评为A^{+}级,即短期和长期偿债能力强,企业信用度高。

况下提供保证。根据《担保法》第30条的规定,东方公司不应承担民事责任。

再如李某某、山东东阿农村商业银行股份有限公司金融借款合同纠纷①案中,聊城市中级人民法院认定,东阿农商行在涉案借款中显示多个保证人和共同还款承诺人,而在让保证人和共同还款承诺人签字时仅让李某某一人签字,并伪造其他保证人和共同还款承诺人签字,该行为属于对李某某的欺诈行为。

(四)商业银行提供的合同中对欺诈有不同于法律规定的约定,司法机关按照该约定认定商业银行构成欺诈

在中国邮政储蓄银行股份有限公司克拉玛依市迎宾路支行与中华联合财产保险股份有限公司克拉玛依分公司、闫某某等金融借款合同纠纷②案中,《个人借款业务保证保险合作协议》第6条第2款之规定:"有下列情形之一的,无论任何原因导致投保人不能正常履行借款合同约定的到期还款责任,保险人均不负责赔偿……(二)当事人采用欺诈、串通等恶意手段订立的个人借款合同"。新疆维吾尔自治区高级人民法院认定,该约定与担保法所规定的内容存在差异,但本着当事人约定优于法定原则,法院优先适用双方约定。本案中,双方对合同概念及术语事先未作出约定,亦未事后达成约定,故法院采用国家通用文字文义及法律概念进行理解分析……关于"当事人"的概念及范围问题,因双方未对"当事人"概念及范围进行明确约定,故对"当事人"不能限定于担保法所规定的"主合同债权人",只能确定为任何一方当事人,且无论是共同或单方存在采用欺诈等恶意手段订立的合同,均属双方合作协议约定情形范围。故原审查明债务人闫某某承认存在提供虚假资料骗贷的情形,且邮储银行克市迎宾路支行在实地审查过程中,未能严格履行审查职能,存在重大过失。双方签订的《个人贷款业务保证保险合作协议》合法有效,但在履行过程中出现双方约定的免责条款,中华财险克分公司据此抗辩不承担保证责任的理由成立。

---

① (2020)鲁15民终1208号。该判决事实认定为,从东阿农商行提交的上述材料看,涉案借款的保证人应为三人,即李某峰、张某杰、刘某成,而东阿农商行仅让李某峰本人签字,未让张某杰、刘某成本人签字,并伪造张某杰、刘某成的签字,造成该借款保证手续形式上完整,进而发放借款。

② (2018)新民申1823号。

四、商业银行现有条款的比对点评

(一)多家商业银行的现有条款比对

本书写作团队以“保证合同”为例,考察了相关条款安排,比对如下:

【A银行】

6.2　甲方充分了解并同意主合同的全部条款,自愿为债务人提供担保,其在本合同项下的全部意思表示是真实的。

6.9　甲方承诺:甲方保证监督债务人按照约定的用途使用信贷。若债务人擅自改变信贷用途,甲方不对乙方行使本合同项下的担保权提出任何抗辩,并依本合同约定的保证方式及担保范围承担连带保证责任。

16.3　如因甲方过错造成本合同无效,甲方应在原保证担保范围内赔偿乙方的全部损失。

【B银行】

第6条　主合同变更

(二)甲方的保证责任不因出现下列任一情况而减免:

……

2. 乙方委托第三方履行其在主合同项下的义务;

3. 债务人改变借款用途或从事违法违规活动。

(三)主合同项下债权或债务的转移行为未生效、无效、被撤销、被解除,甲方仍按照本合同对乙方承担连带保证责任。

【C银行】

第6条

主合同项下债权或债务的转移行为未生效、无效、被撤销、被解除,甲方仍按照本合同对乙方承担连带保证责任。

【D银行】

7.4　……如主合同被确认为不成立、不生效、无效、部分无效或被撤销、被解除的,则保证人对于债务人因返还财产或赔偿损失而形成的债务在本合同约定的担保范围内承担连带责任保证担保责任。

8.1.2　保证人完全了解主合同的内容,签署和履行本合同系基于保证人的真实意思表示。

【E银行】

6.4　甲方知悉、理解并同意本合同的全部条款,本合同项下之担保责任不会受到任何限制，或造成不合法的情形，自愿为主债务人提供保证，其在本合同项下的全部意思表示真实。甲方保证其已经取得财产共有人的同意，与其财产共有人以共同/共有财产承担连带保证责任。

6.14 主合同项下借款可用于借新还旧，甲方仍自愿承担保证责任。

6.15 主债务人擅自变更贷款用途的，除非乙方与其恶意串通，否则甲方对主合同项下的债务以及因挪用贷款而产生的罚息、违约金等均承担担保责任。

【F银行】

1.3 完全了解主合同的内容，为主合同债务人提供保证担保完全出于自愿，在本合同项下的全部意思表示真实。

6.1 ……如主合同被确认为不成立、不生效、无效、部分无效或被撤销、被解除，则乙方对于债务人因返还财产或赔偿损失而形成的债务也承担连带责任。

【G银行】

第5条 保证人承诺

……

2.按要求向债权人提供真实、完整、有效的财务报表、公司章程或者其他相关资料、信息，并接受债权人对保证人生产经营和财务状况的监督检查。

【H银行】

第5条 保证人承诺

1.已按有关规定和程序取得本合同担保所需要的授权。

2.按要求向债权人提供真实、完整、有效的财务报表、公司章程或者其他相关资料、信息，并接受债权人对保证人生产经营和财务状况的监督检查。

3.债务人未按主合同约定履行债务的，保证人自愿履行保证责任。

【I银行】

第8条 声明与承诺

保证人声明与承诺如下：

……

3.保证人向债权人提供的所有文件和资料是准确、真实、完整和有效的。

4.保证人接受债权人对保证人生产经营状况、财务状况的监督和检查,并给予协助和配合。

5. 保证人未向债权人隐瞒截至本合同签订日已经承担的重大负债。

(二)多家银行的现有条款之点评

上述合同所存在五个问题值得比对与分析:

第一,对于是否构成欺诈或恶意串通,A 银行等多家银行要求保证人做出了象征性的承诺作为防御性条款,如“其在本合同项下的全部意思表示是真实的”(A 银行);“保证人完全了解主合同的内容,签署和履行本合同系基于保证人的真实意思表示”(D 银行);“保证人自愿为主债务人提供保证,其在本合同项下的全部意思表示真实”(E 银行);“为主合同债务人提供保证担保完全出于自愿,在本合同项下的全部意思表示真实”(F 银行)。本书写作团队认为,虽然欺诈或恶意串通是客观事实,最终基于司法机关的认定,但上述防御性约定有利于法官内心确定在保证合同订立当时的情况,还是值得保留。

第二,对于债务人擅自改变借款用途的,很容易构成债务人欺诈保证人。如果债权人商业银行知情,则保证合同无效。因此,多家银行对此进行了防御性条款设定。A 银行要求保证人“保证监督债务人按照约定的用途使用信贷”,“若债务人擅自改变信贷用途,甲方不对乙方行使本合同项下的担保权提出任何抗辩”;B 银行规定“债务人改变借款用途或从事违法违规活动……保证责任不变”;E 银行则规定“主债务人擅自变更贷款用途的,除非乙方与其恶意串通,否则甲方对主合同项下的债务以及因挪用贷款而产生的罚息、违约金等均承担担保责任”。对于以上三种做法何种可取,重在是否尽量排除了银行“知情(知道或应当知道)”的可能性,B、E 银行的做法仅仅重复了法律的规定,本质上无法解决这一问题。A 银行将保证人作为信贷用途的监督人,隐含着保证人与债务人关系更为亲密的意思,降低自身恶意串通或知情的表象,这一做法值得推广。

第三,对于借新还旧保证人的责任,只有 E 银行做出了特殊安排,即“主合同项下借款可用于借新还旧,甲方仍自愿承担保证责任”。这一做法单方面排除了保证人的主要权利,而且意味着债权人可以无限期地续期借新还旧,任意加重保证人负担。根据《民法典》第 497 条关于“提供格式条款一方不合理地免除或者减轻其责任、加重对方责任、限制对方主要权利有下列情形之一的,该格式条款无效”的规定,有可能被司法机关认定为无效。

第四,对于保证合同无效之后的过错责任分配,有三种做法:1. A 银行

"如因甲方(保证人)过错造成本合同无效,甲方应在原保证担保范围内赔偿乙方的全部损失";2. B、C 银行规定"主合同项下债权或债务的转移行为未生效、无效、被撤销、被解除,甲方仍按照本合同对乙方承担连带保证责任";3. D、F 银行规定"如主合同被确认为不成立、不生效、无效、部分无效或被撤销、被解除的,则保证人对于债务人因返还财产或赔偿损失而形成的债务在本合同约定的担保范围内承担连带保证责任。"

B、C 银行的做法违反了《民法典》第 682 条保证合同从属性的规定;D、F 银行的规定注意到了从属性要求,但规定为"连带保证责任"仍值得商榷。原因在于但此处约定的责任明显不是保证责任。根据《民法典》第 178 条,连带责任,由法律规定或者当事人约定,此处可以考虑结合 A 银行"赔偿责任"与 D、F 银行"连带责任"的做法,约定为"在原保证担保范围内对债务人因返还财产或赔偿损失而形成的债务承担连带违约赔偿责任"。[①]

五、商业银行风控操作要点

为维护金融债权,促进金融借贷业务健康发展,从源头上防范和化解金融风险,本书写作团队建议商业银行在"保证合同效力环节"应当加强以下风险防控措施:

(一)在"债务人对保证人欺诈"的前提下,保证人负有"债权人知情"的举证责任。商业银行应当合规经营,严格按照法定程序履行相关审慎义务,并在发现问题后及时采取整改措施,避免被认定为因"知情(知道或应当知道)"而构成欺诈行为

虽然在大多数案件中,最高人民法院坚持将主客观要件分开的原则,认为商业银行的违规操作不构成主观上的恶意串通[②],但也有部分基层法院持

① 此处可资参考的是,在抵押登记未设立的情况下,最高人民法院民二庭认为抵押人应当承担违约责任,同时在当事人有约定的前提下可以是连带责任(而非补充责任)。参见贺小荣主编:《最高人民法院民事审判第二庭法官会议纪要》,人民法院出版社 2018 年版,第 243~244 页。

② 山西昌盛化工设备制造有限公司、武汉晋江物资有限公司金融借款合同纠纷[(2019)最高法民申 3043 号]。该案保证人主张,中国银行业监督管理委员会、中国人民银行总行及汉口银行对应收账款质押均有明确的规定和严格的操作流程,本案只要有一个环节把关,晋江公司的诈骗目的都不会得逞,故汉口银行硚口支行知道或应当知道债务人欺诈。但最高人民法院认为,审核应收账款质押以及处置应收账款等,属于银行内控管理的范畴及其对商业风险的判断,并不能直接证明汉口银行硚口支行在签订《保证合同》时存在欺诈或存在与晋江公司恶意串通的主观故意,亦不能证明汉口银行硚口支行知道或者应当知道晋江公司存在欺诈而故意纵容的情形。

不同态度。如在永和县农村信用合作联社与冯某某、白某某等金融借款合同纠纷[①]案中，临汾市中级人民法院认为，《商业银行法》第35条第1款规定，商业银行贷款，应当对借款人的借款用途、偿还能力、还款方式等情况进行严格审查。但根据本案查明，上述房产证系伪造，原审被告白某某借款时所提供信息及房产证虚假，而上诉人作为出借人，未能尽到对借款人白某某偿债能力及所提供资料真实性必要的审查义务，却在审查报告中认为白某某有种植收入及固定资产作为还款来源，还款能力强，以致被上诉人冯某某基于对此的信任作出了违背其真实意思的表示。因此，上述保证合同不是当事人真实意思表示。

另外，商业银行整改是否及时得力也是影响法院判断的重要依据。在首钢长治钢铁有限公司、中国民生银行股份有限公司上海分行金融借款合同纠纷[②]案中，最高人民法院法认为，(1)关于民生银行上海分行是否知道或应当知道荣辉公司对首钢公司存在欺诈行为的问题。……根据本案查明的事实，民生银行上海分行在验印发现首钢公司合同专用章与预留印鉴不符时，即通知首钢公司进行整改，且经整改后的印章通过了验印系统。可见，民生银行上海分行已尽到应有的谨慎注意义务，首钢公司并无证据证明民生银行上海分行明知或参与荣辉公司的欺诈行为。

(二)资金流转情况、商业银行内部人员处理通知书等手续上的说明及签名等证据是证明商业银行与债务人恶意串通的主要证据，对这些材料对外的出具和出示需要非常慎重。同时，商业银行需要加强内部培训，防止信贷人员出于一己之私铤而走险

在巩义市飞龙塑胶有限公司、中国银行股份有限公司巩义支行与郑州天意铝业有限公司，原审被告邵某章、邵某根、闫某然、邵某举、何某焕、曹某云金融借款合同纠纷[③]案中，郑州市中级人民法院认为，飞龙公司为天意公司在中国银行巩义支行的贷款提供保证系基于对包括贷款金额、贷款用途、

① (2019)晋10民终697号。

② (2018)最高法民申320号。

③ (2019)豫01民终3604号。该案庭审中被告飞龙公司提交的中国银行巩义支行方的授信偿还结算通知单上情况说明载明："(机打字)河南隆腾铝业有限公司2015年5月28日在我行发放贷款1,000,000元，到期日2016年5月28日，现办理该笔贷款的还款业务，本次需偿还该笔贷款本息1,000,850元，需通过9991内部账户处理该笔还款。""(手写字)因河南隆腾铝业有限公司经营情况不正常，无法偿还我行贷款本息，现通过孙某某62×××03办理还款。"该通知单下有中国银行巩义支行方人员郇某霞、张某和签名并加盖有中国银行巩义支行方公司业务专用章。

天意公司的生产经营情况等因素综合考察后所做出的决定,其中任何一个因素的变动均会对飞龙公司的意思表示产生影响。结合当事人庭审陈述、2015 年 12 月 25 日中国银行放款当天的该 400 万元资金的流转情况、所涉流转账户人员出具的证明、天意公司实际控制人邵根章出具的书面情况说明、中国银行巩义支行客户经理郃某某和主任张某和等人在贷款处理通知书等手续上的说明及签名等证据,上述证据相互之间能够印证形成完整的证据锁链,足以证明中国银行巩义支行与天意公司为了各自目的存在双方串通并骗取保证人提供保证的事实。……另外,在借款发放当天,该贷款首先向郑州大运铜业有限公司转账 200 万元,随后向中国银行巩义支行回流的事实,亦可佐证中国银行巩义支行对天意公司改变贷款用途是明知的,但中国银行巩义支行和天意公司均未对飞龙公司进行告知,该行为亦应被认定为法律上的串通。

在杨某某、刘某某与陕西西乡农村商业银行股份有限公司沙河支行,陈某、魏某某融借款合同纠纷[①]案中,汉中市中级人民法院认定,付某系当时陕西西乡农村合作银行桐车分理处主任,同时也是案涉《借款合同》与《保证担保合同》的经办人,贷款发放后陈某将该款中的 5 万元划转入付某个人账户,付某与陈某明显存在恶意串通,变更借款用途,骗取保证担保的情形。综上,付某在履行职务行为的过程中,与借款人陈某恶意串通,误导杨某某、刘某某在《保证担保合同》上签字,违背了诚实信用的原则。

（三）商业银行自身作为债权人,明知债务人真实情况却故意告知保证人虚假情况或者故意隐瞒真实情况。在保证人与债务人不存在明显客观关联关系时,商业银行尤其应当注意在操作流程和合规手续上保证自身向保证人提供材料的客观性、中立性与真实性,以防止被认定为“对保证人实施欺诈行为”

在中国建设银行股份有限公司郑州金元支行与信阳万富油脂有限责任

① (2019)陕 07 民终 606 号。

公司金融借款合同纠纷①案中，保证人万富公司主张信阳分行采取欺诈手段，使万富公司在违背真实意思的情况下为海天公司提供担保。最高人民法院认为，本案审查信阳分行是否有欺诈行为，应当从现有证据分析信阳分行是否有明知海天公司真实情况却故意告知虚假情况或者故意隐瞒真实情况，以使万富公司违背真实意思为海天公司提供担保的主观目的和行为。在该案中，保证人万富公司抗辩提出信阳分行实施了欺诈行为，故意虚构海天公司出资人情况，故意隐瞒海天公司没有取得硫酸卷曲霉素等抗菌素原料药生产许可证的事实，故意夸大海天公司的投资规模等。

该案一审中，河南省信阳市中级人民法院曾认为，本案万富公司与海天公司素不相识，在向海天公司提供担保过程中，双方的法人代表始终没有见面。万富公司同意为海天公司提供担保，是基于相信信阳分行的不实介绍，并错误地认为海天公司的资金实力雄厚，是经信阳分行严格审查、完全符合借款人条件、其为海天公司提供担保没有风险的结果，该结果与信阳分行的不实介绍之间存在明显的因果关系。虽然最高人民法院再审中逐一回应上述事由，并指出"信阳分行对于海天公司的信用评价是否尽到审慎审查的注意义务，是否存在违规贷款的情形及贷后监管是否尽职等问题，对于贷

---

①　(2011)民提字第242号。最高人民法院再审认为，从查明的事实和证据看，关于海天公司的出资情况，工商档案资料显示的出资人是跃进服务海外有限公司(后将股权转让给香港龙盈企业有限公司)；海天公司财务经理李某军陈述，跃进服务海外有限公司由香港新世界集团和香港海天实业发展有限公司共同出资成立，跃进服务海外有限公司又出资成立新世界海天(信阳)豫南制药有限公司；信阳分行在给河南省建行呈报材料中对海天公司组织结构所作的说明与李某军陈述相一致，其认为海天公司的实际出资人是香港新世界集团和香港海天实业发展有限公司。鉴于上述，虽然信阳分行陈述的出资人情况与海天公司工商档案资料不完全相符，但尚不能得出信阳分行虚构海天公司出资人情况的结论。关于信阳分行是否故意隐瞒海天公司没有取得硫酸卷曲霉素等抗菌素原料药生产许可证的事实，根据本案查证的事实，信阳分行在《信贷客户评价报告》、《流动资金贷款申报书》中称："海天公司的主导产品是硫酸卷曲霉素、安痣注射液等，该公司已具备生产条件，并已投入生产，第一批产品已生产出来送检，待取得良好生产规范(Good Manufcturing Practice，GMP)证书及生产批件后，即可投入批量生产。"海天公司申请第一笔贷款是在2002年9月5日，担保合同签订于2002年9月6日，此时海天公司的确尚未取得主导产品的良好生产规范认证及生产许可证，但信阳分行在相关文件中也并未述称海天公司当时已经取得了上述许可，而万富公司也没有提交证实信阳分行虚构、隐瞒上述情况的相关证据，故不能得出信阳分行故意隐瞒海天公司没有取得抗菌素原料药生产许可证的结论。关于信阳分行是否故意隐瞒海天公司一期工程投资规模的事实，信阳分行在相关文件中的确述称海天公司已于2002年5月完成一期工程总投资1.2亿元。该陈述是否属实，卷中没有相关证据予以证实，但仅根据海天公司整体拍卖价格只有5050万元即认为信阳分行故意隐瞒海天公司投资规模，理由不充分。因此，万富公司抗辩所称信阳分行有欺诈行为的理由，缺乏事实依据，法院不予采纳。

款人而言,性质上属于内部风险控制,即使信阳分行没有尽到相关义务,其后果应为信阳分行相关人员的管理责任,对担保合同的效力并不产生影响”,但本书写作团队认为这一判决说理值得商榷。

该案二审与再审之间的结果差异显示,在保证人与债务人本身并无明显关联关系的情况下,商业银行对保证人提供的材料真实与否至关重要,隐含着债权人欺诈的风险。

(四)在法院认定保证合同无效的情况下,商业银行应当及时将诉请变更为合同无效后赔偿责任的诉请,如果法院未进行释明的,属于程序违法

如在葫芦岛银行股份有限公司兴盛支行、葫芦岛百大物流中心金融借款合同纠纷①案中,辽宁省高级人民法院认为,葫芦岛银行兴盛支行上诉提出,一审判决认定保证合同无效,应当向其释明是否将承担保证责任的诉请变更为合同无效后赔偿责任的诉请,以及是否追加法人葫芦岛市百货大楼作为当事人参加诉讼的理由,有事实根据和法律依据,一审判决认定基本事实不清,程序不当。

① (2020)辽民终712号。

第十八章　保证失权(保证责任免除)新规及商业银行合同设计

【《民法典》变化的影响】风险增加

【风险等级】★★★★

【提要】《民法典》开始侧重于保护保证人的合法权益,一个典型的例子是,《民法典》生效后,债权人面临的保证失权(保证人免除保证责任)的风险大大增加。那么,保证人承担保证责任的条件是什么?保证人不用承担保证责任的条件又有哪些?在此情况下如何最大限度地保护金融机构的合法利益?为此,银行在《保证合同》中应当如何设计相应条款呢?

一、民法典及配套新规

▶《民法典》

【人保和物保并存时担保权的实行规则】

第392条　被担保的债权既有物的担保又有人的担保的,债务人不履行到期债务或者发生当事人约定的实现担保物权的情形,债权人应当按照约定实现债权;没有约定或者约定不明确,债务人自己提供物的担保的,债权人应当先就该物的担保实现债权;第三人提供物的担保的,债权人可以就物的担保实现债权,也可以请求保证人承担保证责任。提供担保的第三人承担担保责任后,有权向债务人追偿。

【抵押权及其顺位的处分】

第409条第2款　债务人以自己的财产设定抵押,抵押权人放弃该抵押权、抵押权顺位或者变更抵押权的,其他担保人在抵押权人丧失优先受偿权益的范围内免除担保责任,但是其他担保人承诺仍然提供担保的除外。

【保证期间】

第692条　保证期间是确定保证人承担保证责任的期间,不发生中止、中断和延长。

债权人与保证人可以约定保证期间，但是约定的保证期间早于主债务履行期限或者与主债务履行期限同时届满的，视为没有约定；没有约定或者约定不明确的，保证期间为主债务履行期限届满之日起六个月。

债权人与债务人对主债务履行期限没有约定或者约定不明确的，保证期间自债权人请求债务人履行债务的宽限期届满之日起计算。

【保证责任免除】

第693条　一般保证的债权人未在保证期间对债务人提起诉讼或者申请仲裁的，保证人不再承担保证责任。

连带责任保证的债权人未在保证期间请求保证人承担保证责任的，保证人不再承担保证责任。

【主合同变更对保证责任影响】

第695条　债权人和债务人未经保证人书面同意，协商变更主债权债务合同内容，减轻债务的，保证人仍对变更后的债务承担保证责任；加重债务的，保证人对加重的部分不承担保证责任。

债权人和债务人变更主债权债务合同的履行期限，未经保证人书面同意的，保证期间不受影响。

【债权转让对保证责任影响】

第696条　债权人转让全部或者部分债权，未通知保证人的，该转让对保证人不发生效力。

保证人与债权人约定禁止债权转让，债权人未经保证人书面同意转让债权的，保证人对受让人不再承担保证责任。

【债务承担对保证责任影响】

第697条　债权人未经保证人书面同意，允许债务人转移全部或者部分债务，保证人对未经其同意转移的债务不再承担保证责任，但是债权人和保证人另有约定的除外。

第三人加入债务的，保证人的保证责任不受影响。

【保证人抗辩权】

第701条　保证人可以主张债务人对债权人的抗辩。债务人放弃抗辩的，保证人仍有权向债权人主张抗辩。

【保证人拒绝履行权】

第702条　债务人对债权人享有抵销权或者撤销权的，保证人可以在相应范围内拒绝承担保证责任。

【限定继承】

第1161条　继承人以所得遗产实际价值为限清偿被继承人依法应当缴纳的税款和债务。超过遗产实际价值部分,继承人自愿偿还的不在此限。

继承人放弃继承的,对被继承人依法应当缴纳的税款和债务可以不负清偿责任。

▶最高人民法院《关于适用〈中华人民共和国民法典〉有关担保制度的解释》(法释〔2020〕)28号)

【混合担保的追偿】

第13条　同一债务有两个以上第三人提供担保,担保人之间约定相互追偿及分担份额,承担了担保责任的担保人请求其他担保人按照约定分担份额的,人民法院应予支持;担保人之间约定承担连带共同担保,或者约定相互追偿但是未约定分担份额的,各担保人按照比例分担向债务人不能追偿的部分。

同一债务有两个以上第三人提供担保,担保人之间未对相互追偿作出约定且未约定承担连带共同担保,但是各担保人在同一份合同书上签字、盖章或者按指印,承担了担保责任的担保人请求其他担保人按照比例分担向债务人不能追偿部分的,人民法院应予支持。

除前两款规定的情形外,承担了担保责任的担保人请求其他担保人分担向债务人不能追偿部分的,人民法院不予支持。

【混合担保追偿的补充规则】

第14条　同一债务有两个以上第三人提供担保,担保人受让债权的,人民法院应当认定该行为系承担担保责任。受让债权的担保人作为债权人请求其他担保人承担担保责任的,人民法院不予支持;该担保人请求其他担保人分担相应份额的,依照本解释第十三条的规定处理。

【共同保证的追偿权】

第29条　同一债务有两个以上保证人,债权人以其已经在保证期间内依法向部分保证人行使权利为由,主张已经在保证期间内向其他保证人行使权利的,人民法院不予支持。

同一债务有两个以上保证人,保证人之间相互有追偿权,债权人未在保证期间内依法向部分保证人行使权利,导致其他保证人在承担保证责任后丧失追偿权,其他保证人主张在其不能追偿的范围内免除保证责任的,人民法院应予支持。

【撤诉是否影响保证期间】

第31条　一般保证的债权人在保证期间内对债务人提起诉讼或者申请仲裁后，又撤回起诉或者仲裁申请的，对保证期间不发生影响。

连带责任保证的债权人在保证期间内对保证人提起诉讼或者申请仲裁后，又撤回起诉或者仲裁申请，起诉书副本或者仲裁申请书副本已经送达保证人的，人民法院应当认定债权人已经在保证期间内向保证人主张了权利。

【保证期间约定不明的处理】

第32条　保证合同约定保证人承担保证责任直至主债务本息还清时为止等类似内容的，视为约定不明，保证期间为主债务履行期限届满之日起六个月。

【保证合同无效时保证期间的作用】

第33条　保证合同无效，债权人未在约定或者法定的保证期间内依法行使权利，保证人主张不承担赔偿责任的，人民法院应予支持。

【保证期间的主动审查】

第34条　人民法院在审理涉及保证合同的有关纠纷案件时，应当依职权审查保证期间是否已经届满的事实。

债权人在保证期间内未依法行使权利的，保证责任消灭。保证责任消灭后，债权人书面通知保证人要求承担保证责任，保证人在通知书上签字、盖章或者按指印，债权人请求保证人继续承担保证责任的，人民法院不予支持，但是债权人有证据证明成立了新的保证合同的除外。

第35条　保证人知道或者应当知道主债权诉讼时效期间届满仍然提供保证或者承担保证责任，又以诉讼时效期间届满为由拒绝承担保证责任或者请求返还财产的，人民法院不予支持；保证人承担保证责任后向债务人追偿的，人民法院不予支持，但是债务人放弃诉讼时效抗辩的除外。

【担保的通用规则】

第20条　人民法院在审理第三人提供的物的担保纠纷案件时，可以适用民法典第695条第1款、第696条第1款、第697条第2款、第699条、第700条、第701条、第702条等关于保证合同的规定。

二、立法考辨

“保证责任是保证法律关系的核心，而保证人是否享有抗辩权又直接影响到保证责任的成立。"[①]所谓"保证失权",是指由于各种原因造成保证人有理由抗辩,造成保证责任免除。《民法典》生效后,有以下 14 种情况可能导致保证失权(保证责任免除),如表 18-1 所示。

表 18-1　《民法典》生效后保证失权的 14 种情形一览

序号	保证失权(保证责任免除)情形	条文
1	债权人在保证期间未向保证人提起诉讼仲裁或者主张权利。	第 693 条
2	一般保证人的先诉抗辩权有权拒绝承担担保责任。	第 687 条
3	债权人转让全部或者部分债权,未通知保证人的,该转让对保证人不发生效力。	第 696 条
4	保证人与债权人约定禁止债权转让,债权人未经保证人书面同意转让债权的,保证人对受让人不再承担保证责任。	第 696 条
5	债权人未经保证人书面同意,允许债务人转移全部或者部分债务,保证人对未经其同意转移的债务不再承担保证责任,但是债权人和保证人另有约定的除外。	第 697 条
6	债权人与债务人变更主合同,加重保证人责任,加重部分免责。	第 695 条
7	一般保证的保证人在主债务履行期限届满后,向债权人提供债务人可供执行财产的真实情况,债权人放弃或者怠于行使权利致使该财产不能被执行的,保证人在其提供可供执行财产的价值范围内不再承担保证责任。	第 698 条
8	保证人可以主张债务人对债权人的抗辩。债务人放弃抗辩的,保证人仍有权向债权人主张抗辩。	第 701 条
9	债务人对债权人享有抵销权或者撤销权的,保证人可以在相应范围内拒绝承担保证责任。	第 702 条
10	混合担保中保证人可能在抵押权人丧失优先受偿权益的范围内免责。	第 406 条
11	保证期间经过后,保证人在债权人向债务人送达的《催款函》上单纯签收的行为,不构成新的保证。	第 693 条[②]

① 曹士兵:《中国担保制度与担保方法》(第四版),中国法制出版社 2017 年版,第 148 页。

② 《最高人民法院关于人民法院应当如何认定保证人在保证期间届满后又在催款通知书上签字问题的批复》规定,根据《担保法》的规定,保证期间届满债权人未依法向保证人主张保证责任的,保证责任消灭。保证责任消灭后,债权人书面通知保证人要求承担保证责任或者清偿债务,保证人在催款通知书上签字的,人民法院不得认定保证人继续承担保证责任。但是,该催款通知书内容符合合同法和担保法有关担保合同成立的规定,并经保证人签字认可,能够认定成立新的保证合同的,人民法院应当认定保证人按照新保证合同承担责任。

续表

序号	保证失权(保证责任免除)情形	条文
12	若债务到期前保证人死亡的,则保证责任随着其死亡自然消失。	第1161条
13	债务人破产开始后保证人保证期间届满前,债权人未依法诉讼、仲裁的,破产程序终结后也无权要求保证人承担责任。	《担保法司法解释》第44条①
14	同一债务有两个以上保证人,保证人之间相互有追偿权,债权人未在保证期间内依法向部分保证人行使权利,导致其他保证人在承担保证责任后丧失追偿权,其他保证人在其不能追偿的范围内免除保证责任。	《担保法司法解释》第29条

在以上14种情形中,《民法典》对《担保法》及其司法解释有实质性改动,并对商业银行构成具体风险隐患的有以下几处:②

第一,债权人在保证期间未向保证人提起诉讼仲裁或者主张权利。

"保证期间是保证责任的存续期间,连带保证责任也不例外。如果在保证期间内,债权人依法向连带责任保证人请求承担保证责任,保证人不得无故拒绝,此为保证期间效力的积极方面。如果在保证期间内债权人未要求保证人承担保证责任,则保证人免除保证责任,这是保证期间的消极效力。"③《民法典》及最高人民法院《关于适用〈中华人民共和国民法典〉有关担保制度的解释》对于保证期间制度进行了四个方面的调整:④

① 需要注意的是,最高人民法院关于对云南省高级人民法院就如何适用《关于适用〈中华人民共和国担保法〉若干问题的解释》第44条请示的答复:《关于适用〈中华人民共和国担保法〉若干问题的解释》(以下简称《担保法司法解释》)第44条第2款规定的债权人应在破产程序终结后六个月内要求保证人承担保证责任的规定,仅适用于债务人在破产程序开始时保证期间尚未届满,而在债权人申报债权参加清偿破产财产程序期间保证期间届满的情形。同时根据《民法典》第687条规定,当事人在保证合同中约定,债务人不能履行债务时,由保证人承担保证责任的,为一般保证。一般保证的保证人在主合同纠纷未经审判或者仲裁,并就债务人财产依法强制执行仍不能履行债务前,有权拒绝向债权人承担保证责任,但是,有下列情形之一的除外……(2)人民法院已经受理债务人破产案件。在债务人破产时,一般保证的保证人没有先诉抗辩权,债权人可以直接向其主张保证责任。

② 考虑到篇幅限制,本章仅讨论《民法典》有特别实质性变动的第1种、第3种、第4种、第5种、第10种、第12种六种情形。

③ 中国农业发展银行陇西县支行与宋某成、栾某香等金融借款合同纠纷[(2020)甘民申344号]。

④ 最高人民法院《关于适用〈中华人民共和国民法典〉有关担保制度的解释》第30条关于最高额保证期间的问题,本书放到第二十二章讨论,在此不再赘述。

其一,原2000年《担保法司法解释》将其视为对保证责任进行限定的除斥期间,[①]第32条规定,保证合同约定保证人承担保证责任直至主债务本息还清时为止等类似内容的,视为约定不明,保证期间为主债务履行期届满之日起二年。这一规定学界一致认为值得商榷。何志(2011)[②]将其视为"特殊时期的司法政策"。高圣平(2009)则曾指出该规定存在一定的内在逻辑矛盾,值得商榷。杨巍(2020)[③]指出,《民法典》生效后,商业银行在实践操作中广泛存在的"保证责任直至主债务本息还清时为止"条款应依据意思表示解释规则加以处理,如果该约定无法事后解释或者该约定属于自我矛盾、违法情形或无意义等情况,应当直接使用六个月的保证期间。

《民法典》第693条明确"一般保证的债权人"与"连带责任保证的债权人"未在保证期间行使自身权利的,保证人不再承担保证责任。值得注意之处在于,《民法典》对于保证期间约定不明情况下的保证期间进行了修改,由原来的两年变为六个月。[④] 这就表明原2000年《担保法司法解释》第32条已经被《民法典》否定。[⑤] 最高人民法院《关于适用〈中华人民共和国民法典〉有关担保制度的解释》第32条再次明确这一点,同时,该司法解释第34条规定,人民法院在审理保证合同纠纷案件时,应当将保证期间是否届满、债权人是否在保证期间内依法行使权利等事实作为案件基本事实予以查明。

其二,保证期间一旦经过,则保证责任在实体上发生消灭,即"债权人在保证期间内未依法行使权利的,保证责任消灭"。最高人民法院《关于适用〈中华人民共和国民法典〉有关担保制度的解释》第34条第2款规定,保证责任消灭后,债权人书面通知保证人要求承担保证责任,保证人在通知书上签字、盖章或者按指印,债权人请求保证人继续承担保证责任的,人民法院

① 李国光等:《最高人民法院关于适用〈中华人民共和国担保法〉若干问题的解释理解与适用》,吉林人民出版社2000年版,第140页。还有学者认为保证期间仅应视为是保证人承担保证责任或履行保证合同项下代偿义务的期限。参见姜朋:《保证期间的困扰——兼论法律与司法解释的关系》,载《北方法学》2017年第1期。也有学者认为保证期间是一种特殊的期间,既不是诉讼时效、也不是除斥期间或保证债务履行期,参见程啸:《保证合同研究》,法律出版社2006年版,第501页。

② 参见何志:《担保法疑难问题阐释》,中国法制出版社2011年版,第126页。

③ 参见杨巍:《〈民法典〉保证期间规则修改评释》,载《河北法学》2020年第9期。

④ 《民法典》第692条规定,债权人与保证人可以约定保证期间,但是约定的保证期间早于主债务履行期限或者与主债务履行期限同时届满的,视为没有约定;没有约定或者约定不明确的,保证期间为主债务履行期限届满之日起六个月。

⑤ 参见高圣平:《担保法论》,法律出版社2009年版,第113、119、124~125页。

不予支持，但是债权人有证据证明成立了新的保证合同的除外。这与诉讼时效经过形成了鲜明对比。《最高人民法院关于超过诉讼时效期间借款人在催款通知单上签字或者盖章的法律效力问题的批复》（法释〔1999〕7号）曾规定，根据《民法通则》第4条、第90条规定的精神，对于超过诉讼时效期间，信用社向借款人发出催收到期贷款通知单，债务人在该通知单上签字或者盖章的，应当视为对原债务的重新确认，该债权债务关系应受法律保护。

其三，最高人民法院《关于适用〈中华人民共和国民法典〉有关担保制度的解释》第31条对"起诉后又撤诉（含仲裁）对保证期间起算的影响"进行了新规定。该条区分了"一般保证"与"连带保证"，对于前者，该司法解释认为，"一般保证的债权人在保证期间内对债务人提起诉讼或者申请仲裁后，又撤回起诉或者仲裁申请，债权人在保证期间届满前未再行提起诉讼或者申请仲裁，保证人主张不再承担保证责任的，人民法院应予支持"；对于后者，则"连带责任保证的债权人在保证期间内对保证人提起诉讼或者申请仲裁后，又撤回起诉或者仲裁申请，起诉状副本或者仲裁申请书副本已经送达保证人的，人民法院应当认定债权人已经在保证期间内向保证人行使了权利"。

其四，最高人民法院《关于适用〈中华人民共和国民法典〉有关担保制度的解释》第33条基于"保证人在保证无效的情况下不应当承担比保证合同有效情况下更重的责任"这一思想，明确认为在保证合同无效的情况下，债权人追索赔偿责任仍然应当受到"约定或者法定的保证期间"的限制。

第二，债权转让需要通知保证人才对保证人有效，同时《民法典》认可禁止债权转让条款的效力。

主债权转让，按照《担保法》第22条之规定，债权转让并未要求通知保证人。[①] 但《民法典》第696条规定，债权人转让全部或者部分债权，未通知保证人的，该转让对保证人不发生效力。换言之，《民法典》第696条规定了

① 茵赛德（北京）科技发展有限公司与上海润海智洋广告有限公司、体育博览杂志社债权转让合同纠纷一案[（2009）东民初字第1842号]。在该案中，北京市东城区人民法院认为，根据法律规定，债权人可以将合同的权利全部或者部分转让给第三人。本案原告与被告体育博览杂志社签订债权转让协议，系当事人真实意思表示，且不违反法律、法规的规定，故该债权转让协议合法有效。被告体育博览杂志社将该债权转让通知被告润海公司后，被告润海公司理应向原告履行还款义务。因被告润海公司未履行还款义务，被告体育博览杂志社亦未履行连带保证责任，故原告向法院提起诉讼要求被告润海公司支付全部欠款及违约金，要求被告体育博览杂志社承担连带责任，理由正当，法院应予支持。

债权人具有通知义务,若是债权人没有通知,那么转让的部分对保证人不发生效力。同时,该条承认《保证合同》禁止债权转让条款,即如果债权人及保证人书面约定禁止转让债权,在未经保证人书面同意的情况下,债权人对外转让债权的,即使债权人通知了保证人,保证人对原债权人及债权受让人均不承担担保责任。①《民法典》这一规定体现了法律对保证人利益与债权流通价值保障之间衡平。徐涤宇(2019)②认为,保证人属于债之履行有利害关系的第三人,应根据具体法律关系的性质认定债权让与通知对其发生的效力。朱虎(2020)③则指出,债权转让的限制性可能“削弱债权流通的价值”。

但是,值得注意的是,最高人民法院《关于审理涉及金融不良债权转让案件工作座谈会纪要》(法发〔2009〕19 号)第 3 条规定,国有银行向金融资产管理公司转让不良债权,或者金融资产管理公司收购、处置不良债权的,担保债权同时转让,无须征得担保人的同意,担保人仍应在原担保范围内对受让人继续承担担保责任。担保合同中关于合同变更需经担保人同意或者禁止转让主债权的约定,对主债权和担保权利转让没有约束力。这一针对特定场合与价值考量的司法政策在《民法典》生效后,是否还继续存在,值得进一步关注。

第三,债权人可以就债务转移后保证责任承担另行做出约定。

《民法典》第 696 条规定,债权人未经保证人书面同意,允许债务人转移全部或者部分债务,保证人对未经其同意转移的债务不再承担保证责任,但是债权人和保证人另有约定的除外。此处需要注意的问题有三个:一是《民法典》承继了《担保法》第 23 条及《担保法司法解释》第 29 条的规定,债务人对外转让债务不仅需要经过债权人同意,也需要保证人同意;二是此处新增的“另有约定”,特指债务转移时,就债务转移后保证责任承担的问题做出的特别约定;三是《民法典》考虑到新增的债务加入条款,④认为第三人加入债务的,没有增加保证人负担,保证责任不受影响。

---

① 在此情形下,债权人与受让人的转让行为仍是有效的,只是保证人不再对受让人承担保证责任。

② 参见徐涤宇:《〈合同法〉第 80 条(债权让与通知)评注》,载《法学家》2019 年第 1 期。

③ 参见朱虎:《禁止转让债权的范围和效力研究:以〈民法典〉规则为中心》,载《法律科学》2020 年第 5 期。

④ 《民法典》第 552 条规定,第三人与债务人约定加入债务并通知债权人,或者第三人向债权人表示愿意加入债务,债权人未在合理期限内明确拒绝的,债权人可以请求第三人在其愿意承担的债务范围内和债务人承担连带债务。关于债务加入制度,参见本书第十四章,在此不再赘述。

值得特别指出的是，根据最高人民法院《关于适用〈中华人民共和国民法典〉有关担保制度的解释》第20条，《民法典》第696条关于保证免责的条件亦适用于“人民法院审理第三人提供的物的担保纠纷案件”。

第四，自然人作为保证人死亡之后，其继承人是否承担保证责任的问题。

被继承人的法定或意定继承人拒绝继承人遗产的，继承人放弃继承遗产的同时也放弃了继承合法债务。根据《民法典》第1161条的规定，对被继承人依法应当缴纳的税款和债务可以不负清偿责任，这里的表述为“可以”，是一个正向表述，意为我国法律鼓励清偿债务的行为，但若不进行清偿的，也将免于法律责任。选择不继承债务，在很大程度上就隔离了代际债务，免除了必要的清偿责任。但是，对于保证之债继承仍然没有明确约定。而保证之债相比于一般债务是具有其特殊性的，不能与一般债务一概而论。在我国司法实践中，对于继承人是否承担保证责任判决差异较大。曹士兵（2017）[①]指出，我国法院有三种观点：一是保证人遗产免于承担保证责任。二是保证人遗产仍应当承担保证责任。在唐某敏、国家开发银行保证合同纠纷[②]案中，最高人民法院认为，徐某应以其所有的全部个人财产对主债权承担连带保证责任。徐某死亡后，虽然其民事权利能力终止，但其生前个人所负有的债务并不因死亡而免除，其遗产仍将作为生前所负担债务的责任财产。三是参考我国台湾地区“职务保证”之说法，以保证责任产生之日（债务到期之日）先于保证人死亡之日作为保证人遗产承担保证责任的前提。

第五，混合担保中保证人可能在抵押权人丧失优先受偿权益的范围内免责。

在金融机构和担保机构中的经营业务较为常见。债权人为充分保障其债权的实现而设定混合担保，[③]由于同一债权并存人的担保和物的担保，法律关系极为复杂。本书写作团队比较了《担保法》第28条、《担保法司法解释》第38条、《物权法》第176条及《民法典》第392条、第409条相关规定的异同，如表18-2所示。

---

① 参见曹士兵：《中国担保制度与担保方法》（第四版），中国法制出版社2017年版，第174页。

② （2019）最高法民终395号。

③ 参见沈森宏：《混合共同担保的偿债顺序》，载《华东政法大学学报》2017年第4期。

表 18-2　混合担保《民法典》及之前法律法规规定异同点

法律规定		《担保法》	《担保法司法解释》	《物权法》	《民法典》
混合担保形式实现顺位	债务人提供物的担保	物的担保优先	未规定	物的担保优先	物的担保优先
	第三人提供物的担保	物的担保优先	平等	平等	平等
债权人放弃担保	债权人放弃的担保	保证人在放弃权利范围内免责	保证人在放弃权利范围内免责	未规定	未规定
	债权人放弃保证	未规定	未规定	未规定	未规定
担保承担债务后的追偿	向债务人追偿	未规定	全额追偿	全额追偿	全额追偿
	向其他担保人追偿	未规定	追偿其他担保人应当分担的份额	未规定	未规定
物的担保履行不能		未规定	保证人承担担保责任	未规定	未规定

邹海林(2020)[①]指出,《民法典》创设了债权人按照约定实现债权,自物担保物权实现在先,债权人自主决定实现债权的三大规则。关于《民法典》"但其他担保人承诺仍然提供担保的除外"这一约定的含义如何界定,在学术界和司法实践中存在较大争议。全国人大常委会法工委(2007)[②]认为是"物的担保和人的担保的关系";崔建远(2011)[③]表述为"担保人承担责任的顺序"、王利明(2013)[④]表述为"担保人承担责任的顺序、形式和承担担保责

① 参见邹海林:《我国〈民法典〉上的"混合担保规则"解释论》,载《比较法研究》2020 年第 4 期。

② 参见全国人大常委会法制工作委员会民法室编:《中华人民共和国物权法条文说明、立法理由及相关规定》,北京大学出版社 2007 年版,第 312 页。

③ 参见崔建远:《物权:规范与学说——以中国物权法的解释论为中心》,清华大学出版社 2011 年版,第 751 页。

④ 王利明:《物权法研究》,中国人民大学出版社 2013 年版,第 1120 页。

任的份额、范围”；曹士兵(2015)[①]表述为“权利行使的方式”。在最高人民法院的相关司法判例中则认为“约定”的内容为人的担保与物的担保之间的责任顺序和责任分担范围。[②]

最高人民法院《关于适用〈中华人民共和国民法典〉有关担保制度的解释》第13条对之前《民法典》及《九民纪要》的混合担保追偿规则进行了统一，采取了“原则上混合担保不允许追偿”的原则：

一是不再区分“共同保证”“担保物权混合”“人保与物保混合”三种情形，而是采取统一标准。

二是“共同保证”“担保物权混合”“人保与物保混合”三种情形原则上都不允许担保人相互追偿，即“承担了担保责任的担保人请求其他担保人分担向债务人不能追偿部分的，人民法院不予支持”。

三是对于三种情况允许例外：(1)担保人之间约定相互追偿及分担份额，承担了担保责任的担保人请求其他担保人按照约定分担份额的；(2)担保人之间约定承担连带共同担保，或者约定相互追偿但是未约定分担份额的；(3)同一债务有两个以上第三人提供担保，担保人之间未对相互追偿作出约定且未约定承担连带共同担保，但是，各担保人在同一份合同书上签字、盖章或者按指印。上述三种情况，“承担了担保责任的担保人请求其他担保人按照比例分担向债务人不能追偿部分的，人民法院应予支持”。

学界对于上述规则主要认为可能诱发道德风险，例如，“担保人之一与债权人串通进行‘债权受让’，将担保责任转移给其他担保人”或者“担保人争相‘贿赂’债权人，请求债权人去向其他担保人行使权利”。为此，最高人民法院《关于适用〈中华人民共和国民法典〉有关担保制度的解释》第14条规定，同一债务有两个以上第三人提供担保，担保人受让债权的，人民法院应当认定该行为系承担担保责任。

担保人追偿规则引发的一个衍生问题在于，根据原2000年《担保法司法解释》第12条的规定，在连带共同保证人中，只要其中的一人承担了保证责任，对超出其应承担份额的部分，就有权向其他保证人追偿，因此，无论债

---

① 曹士兵：《中国担保制度与担保方法》，中国法制出版社2015年版，第62页。

② 参见中国建设银行股份有限公司榆林新建南路支行、榆林聚能物流有限责任公司金融借款合同纠纷[(2017)最高法民终170号]。在该案中，最高人民法院认为，债权人应当按照约定实现债权中的“约定”的目的在于确定或者限制人的担保与物的担保并存时债权人的选择权，只要当事人之间的约定内容达到了这一程度，即应认定为当事人之间就债权人实现其债权有了明确约定。

权人有没有向其他保证人主张权利,其保证责任并不当然免除,否则,将会导致债权人怠于催收甚至恶意放弃其他保证人的保证责任,而损害已承担保证责任的保证人的权利,违背公平正义的法治精神。[①]

但由于追偿规则的变化,最高人民法院《关于适用〈中华人民共和国民法典〉有关担保制度的解释》第 29 条第 2 款规定,同一债务有两个以上保证人,保证人之间相互有追偿权,债权人未在保证期间内依法向部分保证人行使权利,导致其他保证人在承担保证责任后丧失追偿权,其他保证人主张在其不能追偿的范围内免除保证责任的,人民法院应予支持。这就要求商业银行作为债权人必须在保证期间内向所有的保证人行使权利,以免自身保证失权。

三、司法裁判可视化梳理

本书写作团队使用 Alpha 案例库对"金融借贷中保证失权(保证人免责)纠纷"进行了检索,[②]检索关键词为"案由:未设置案由"+"同句'不承担保证责任'"+"同句'免除保证责任'"+"攻/守方当事人包含:银行",总共得到判决 26,434 件,可视化分析如图 18-1 所示。

根据既往司法判例,商业银行在以下情况下可能面临保证失权(保证责任免除抗辩)的风险:

(一)商业银行未能在保证期间内主张权利或不能举证在保证期间内主张权利,导致保证失权

如兰州银行股份有限公司武威分行、民勤县明大矿业选炼厂金融借款合同纠纷[③]案中,最高人民法院认为,案涉贷款履行期届满之日为 2015 年 5 月 6 日,保证期间一年,即至 2016 年 5 月 6 日,锆钔冶金公司的保证期间届满。诉讼中,兰州银行武威分行提交公证的《贷款逾期催收通知书》一份,证明其于 2016 年 12 月 21 日向锆钔冶金公司催收债权的事实。因至 2016 年 5 月 6 日锆钔冶金公司的保证期间已经届满,其保证责任已经免除,兰州银行武威分行在 2016 年 12 月 21 日向锆钔冶金公司送达贷款逾期催缴通知,在锆钔冶金公司未确认,亦未同意延长保证期间的前提下,兰州银行武威分行

---

① (2018)最高法民终 1118 号。

② 最后检索日期:2020 年 12 月 31 日。

③ (2018)最高法民终 361 号。

要求锆钔冶金公司承担连带保证责任缺乏法律依据，一审判决据此未支持其该项诉讼请求并无不妥。

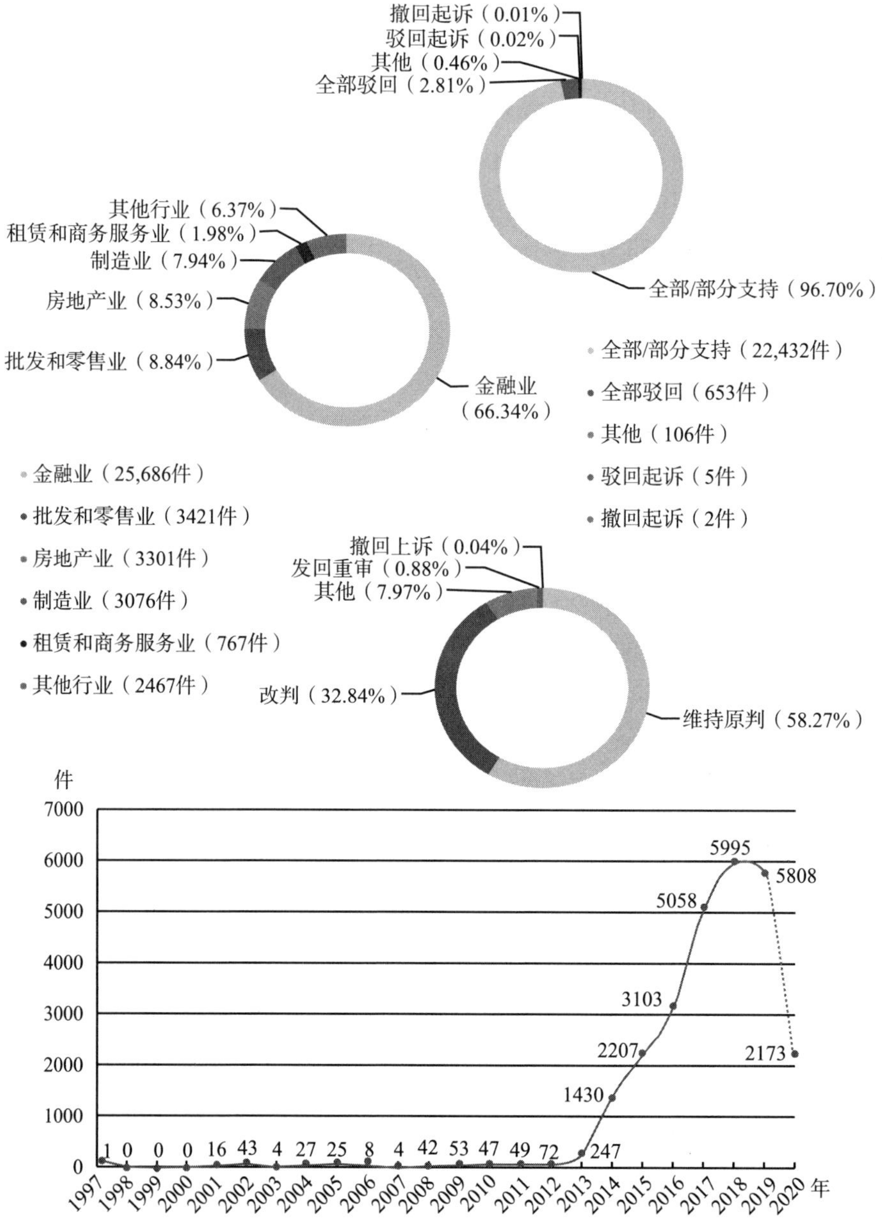

图 18-1　金融借贷保证合同保证失权纠纷可视化示意

(二)债权转让中由于商业银行工作人员失误,没有通知保证人,商业银行也没有证据证明通过其他方式通知了保证人,导致保证责任免除

虽然按照《担保法》第22条之规定,债权转让并未要求通知保证人。但已经有司法先例认为,不通知保证人可能导致保证期间经过。在中国长城资产管理股份有限公司江西省分公司、丰城市隆煜电力燃料有限公司金融借款合同纠纷[①]案中,江西省高级人民法院认为,2016年12月30日,江西银行与长城资产江西分公司在《新法制报》第10版刊登了债权转让通知暨债务催收联合公告,该公告有向债务人和保证人催收债务和主张权利的内容……但《新法制报》上刊登的"江西银行股份有限公司与中国长城资产管理公司南昌办事处债权转让通知暨债务催收联合公告"中的通知对象并未包括保证人熊某、朱某某和黄某某,且长城资产江西分公司没有提交证据证明通过其他方式通知了上述三人,故保证人熊某、朱某某、黄某某的保证期间在2018年3月14日即已届满,熊某、朱某某、黄某某的保证责任依法免除。《民法典》第696条第1款规定,债权人转让全部或者部分债权,未通知保证人的,该转让对保证人不发生效力。因此,《民法典》生效之后,商业银行转让债权必须通知保证人。

(三)保证合同事前约定债权不得转让,债权转让后保证人免责

在陈某某与黄某某、滁州市绿都房地产有限公司民间借贷纠纷[②]案中,最高人民法院认为,因滁州绿都公司已事先约定就本案借款本息仅对案外人顾某某承担保证责任,且陈某某未提供任何证据证实本案债权转让已通知该公司,该公司也未就本案借款保证作出其他意思表示,故滁州绿都公司就本案借款本息不再向陈某某承担保证责任,陈某某要求滁州绿都公司就上述借款本息承担连带保证责任,缺乏依据,不予支持。

再如李某某、山东东阿农村商业银行股份有限公司金融借款合同纠纷[③]案中,聊城市中级人民法院认定,东阿农商行在涉案借款中显示多个保证人和共同还款承诺人,而在让保证人和共同还款承诺人签字时仅让李某某一人签字,并伪造其他保证人和共同还款承诺人签字,其行为属于对李某峰的

---

① (2020)赣民终378号。

② (2019)最高法民申6129号。

③ (2020)鲁15民终1208号。该判决事实认定为,从东阿农商行提交的上述材料看,涉案借款的保证人应为三人,即李某峰、张某杰、刘某成,而东阿农商行仅让李某峰本人签字,未让张某杰、刘某成本人签字,并伪造张某杰、刘某成的签字,造成该借款保证手续形式上完整,进而发放借款。

欺诈行为。

（四）法院认为对于商业银行《保证合同》中关于主合同变更后保证人承诺继续提供保证的免责条款违反了法定规则

在安信信托股份有限公司与海南日升投资有限公司、北京中弘弘毅投资有限公司等金融借款合同纠纷[①]案中，上海市高级人民法院认为，《担保法司法解释》第30条规定，保证期间，债权人与债务人对主合同数量、价款、币种、利率等内容作了变动，未经保证人同意的，如果减轻债务人的债务的，保证人仍应当对变更后的合同承担保证责任；如果加重债务人的债务的，保证人对加重的部分不承担保证责任。上述规定属于保证人法定的免责情形。虽然系争《保证合同》对主合同条款变更对保证人责任的影响做了特殊约定，但该特殊约定不能对抗因主合同变更导致保证人法定免责的情形。本案中，安信信托与海南日升增加3000万元利息的约定，实际上加重了保证人的保证责任，且未经保证人明确同意。故保证人对《保证合同》签订后增加的3000万元利息不承担保证责任。

（五）大部分司法机关对保证人死亡的情形采取义务责任说，认为保证合同订立后，债务到期前，只产生保证义务，而不产生保证责任，保证债权在这个阶段的性质是期待权，在这一阶段，保证不能继承；而在债务到期后，债务人不能清偿，或债权人向保证人主张偿还时，产生保证责任，此时的担保债权转化为真正的债权，在这一阶段，保证可以继承

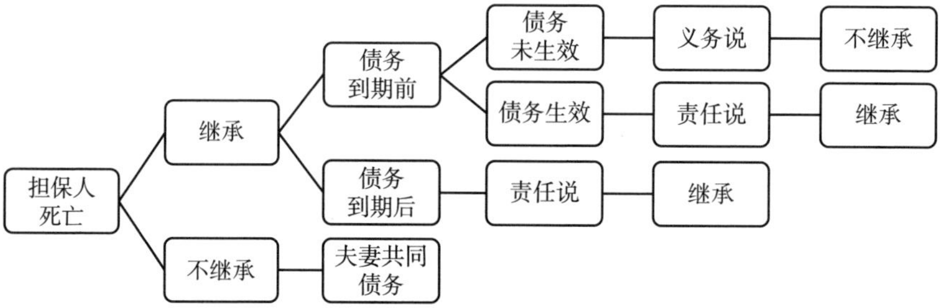

图 18-2　担保人死亡时义务责任说判定逻辑示意

在浙江民泰商业银行股份有限公司舟山分行、傅某某金融借款合同纠

① （2018）沪民初47号。

纷[①]案中,浙江省高级人民法院认定,在保证法律关系中,保证义务是债权人和保证人通过订立保证合同为保证人设置的民事义务,其内容是保证人可能的债务负担,保证责任则是债务人到期未清偿债务,依照约定或法律的规定,保证人所承担的民事责任。当保证义务转化为保证责任后,保证人才需要承担保证之债。故保证人的遗产是否应用来承担保证责任,关键在于保证人死亡之时,保证责任是否已经产生。在本案中,张某某系案涉借款的保证人,保证方式为连带责任保证,其死亡时,借款尚未到期,借款人大光明公司亦在正常付息过程中,债务是否能够得到清偿并不确定,其保证义务尚未转化为保证责任就因其死亡而消失,故原审法院认定张某某的遗产不应用于承担保证责任有相应依据。

但也有法院采取债务说,该说认为保证的本质是债,保证责任自合同设立起成立。保证人死亡后,虽然其权利义务消灭,但是,其债务和所欠税款不因死亡而免除,继承人继承的遗产中应当包含债务的部分,并且继承人应以继承遗产的实际价值为限进行清偿(《民法典》第 1195 条)。因此,保证人的遗产应当作为其生前保证责任的责任财产。如在江某俊、林某敏等与厦门农村商业银行股份有限公司马垅支行、陈某禾等金融借款合同纠纷[②]案中,福建省高级人民法院认为,农商行马垅支行在该《最高额保证合同》签订生效当日即已发放贷款 80 万元给予陈某财,至此,林某和陈某禾的连带保证责任即产生。虽然林某在讼争债务履行期未届满时去世,但根据《继承法》第 33 条第 1 款之规定,再审申请人江某俊、林某敏、林某琪、陈某团作为林某的继承人,依法也应在林某的遗产范围内承担相应连带保证责任,即应承担讼争债务的相应连带清偿责任。

(六)商业银行在人保与物保共存的情况下,对债权实现顺序没有约定或者约定不明确,债务人自己提供物的担保的,债权人应当先就该物的担保实现债权

在黑龙江北大荒投资担保股份有限公司与黑龙江省建三江农垦七星粮油工贸有限责任公司、黑龙江省建三江农垦宏达粮油工贸有限公司等担保

① (2017)浙民申 250 号。相似判决还包括(2018)粤 12 民终 1171 号,(2018)苏 06 民终 4854 号,(2018)浙 03 民终 5359 号,(2014)兵二民终字第 00083 号,(2020)川 03 民终 97 号。

② (2014)闽民申字第 1475 号。

合同[①]纠纷案中，最高人民法院指出，因本案当事人没有约定债权实现顺序，若债务人提供的担保物权正常设立，保证人只对物的担保以外的债权承担保证责任，故四位保证人对自己享有法定的顺位利益存在一种合理信赖，从保证人七星公司法定代表人刘某本、保证人宏达公司法定代表人刘某峰在得知三江缘公司处分质物后立即向公安部门报案的情况来看，也能证明保证人存在此种信赖，由此产生的信赖利益受法律保护。若令保证人在债务人提供的担保物权未设立时继续承担保证责任，则恶意违约的债务人与怠于行使权利的债权人利益不受损，保证人的信赖利益却遭受侵害，这无疑违反民法的公平原则和诚实信用原则。综上两方面分析，保证人合理的顺位信赖利益遭受债权人和债务人的侵害，保证人应当在质押物4560吨水稻的价值范围内免除保证责任。

在新疆奇台农村商业银行股份有限公司与新疆大成房地产开发有限公司、池某某金融借款合同纠纷[②]案中，新疆维吾尔自治区高级人民法院认为，本案中，池某某虽应当在借款本金57,140,000元、利息、罚息及复利合计15,396,045.57元的范围内承担连带责任，但因债务人大成公司以自有在建工程及土地提供了抵押担保，故债权人奇台农商行应当就《社团借款合同》项下的借款先以大成公司物的担保优先实现债权，不足部分由池仁管承担连带责任。同样在大连农村商业银行股份有限公司瓦房店支行与澳克美红木家具(大连)有限公司、大连铭殷国际贸易有限公司金融借款合同纠纷[③]案中，辽宁省高级人民法院亦认为，案涉债权既有物的担保又有保证，保证人依法对物的担保以外的债权承担保证责任。故相关被告的此项抗辩依法有据，予以支持。

四、商业银行现有条款的比对点评

(一)多家商业银行的现有条款比对

本书写作团队以“保证合同”为例，考察了相关条款安排，比对如下：

【A银行】

第3条　保证期间

本协议项下的保证期间为主合同项下债务人债务履行期限届满之日起

---

① (2017)最高法民申925号，载《最高人民法院公报》2018年第1期(总第255期)。

② (2018)新民初48号。

③ (2017)辽民初69号。

2年。如主合同项下债务有不同的到期日,则保证人的保证期间根据不同的到期日分别计算。

第4条　保证的性质和效力

4.2　本协议所设立的担保独立于债权人就被担保债务所取得的任何其他担保。债权人行使本协议项下的权利前无需首先执行其持有的任何其他担保(无论是物的担保还是人的担保),也无需首先向债务人或其他任何第三人采取任何其他救济措施。

第13条　其他

13.2　债权人有权将其在本协议项下的全部权利转让给第三方,而无需取得保证人的同意。保证人不得将其在本协议项下的任何权利或义务转让给任何第三方。

【B银行】

第2条　债务人履行债务的期限

2.1　债务人履行债务的期限见主合同的约定。如主合同约定债务人分期清偿债务,则每一笔债务到期之日均为该部分债务的履行期限届满之日;如发生法律、法规、规章规定或依主合同约定或主合同双方当事人协商一致债务提前到期,或主合同双方当事人协议延长债务履行期限,则提前到期日或延长到期日为债务的履行期限届满之日。

第5条　保证期间

5.1　甲方承担保证责任的保证期间为两年,即自主合同项下债务履行期限届满之日起二年。

5.2　如发生法律、法规规定或依主合同的约定或者主合同双方协议债务提前到期的,则保证期间为提前到期之日起二年。

5.3　主合同双方协议债务展期的,则保证期间为展期期限届满之日起二年。

5.4　如主合同项下业务为信用证、银行承兑汇票或开立保函,则保证期间为垫款之日起二年;分次垫款的,保证期间从每笔垫款之日分别计算。

第6条　甲方声明与保证

6.5　甲方承诺:当主合同债务人不履行到期债务或发生约定的承担保证责任的情形,无论乙方对主合同项下的债权是否拥有其他担保(包括但不限于主合同债务人自己提供物的担保、保证、抵押、质押等担保方式),乙方有权直接要求甲方在其担保范围内承担担保责任,无需行使其他权利(包括但不限于先行处置主合同债务人提供的物的担保)。

6.7　甲方承诺:无论债权人过去、现在或将来是否已经、将要或可能放弃(包括但不限于放弃抵、质押权或其他担保权利,放弃抵、质押权或其他担保权利的顺位)、变更(包括但不限于变更抵、质押权或其他担保权利的顺位、担保金额或范围)、减免债务人或任何第三方过去、现在或将来已经、将要或可能提供的任何抵押权、质权或保证或其他任何形式的担保,甲方的担保责任均不因此而减少或免除,甲方仍然在本合同约定担保范围内承担担保责任。

6.8　甲方承诺:如果甲方依据约定的限额只对主合同项下的部分债务提供保证,则甲方同意,即使因债务人清偿、债权人实现其他担保权利或任何其他原因导致主合同项下的债务部分消灭,甲方仍应按照本合同的约定在担保的主债权本金限额及相应利息和费用范围内对尚未消灭的债务承担保证责任。如果乙方的主债权还存在其他担保,乙方有权选择向甲方和其他担保人中的任一方或同时向甲方和其他担保人就全部剩余主债务主张履行担保责任,甲方承诺不以其承诺的担保限额为由要求对剩余债务承担份额担保责任。

第7条　甲方的权利和义务

7.4　债务人和乙方就主合同条款进行变更,无需事先征得甲方同意或通知甲方,甲方继续承担连带保证责任,并依本合同约定的保证方式及担保范围对变更后的主合同承担连带保证责任。

7.5　乙方将主债权转让给第三人或乙方许可债务人转让债务的,无须事先征得甲方同意,甲方继续承担连带保证责任,并依本合同约定的保证方式及担保范围对转让后的主合同承担连带保证责任。

第15条　义务的连续性

15.1　本合同项下甲方的一切义务均具有连续性,对其继承人、代理人、接管人、受让人及其合并、改组、更改名称等后的主体均具有完全的约束力,不受任何争议、索赔和法律程序及上级单位任何指令和主合同债务人与任何自然人或法人签订的任何合同、文件的影响,也不因主合同债务人破产、无力偿还债务、丧失企业资格、更改组织章程以及发生任何本质上的变更而有任何改变。

7.8.2　本合同有效期内,出现下列情形之一的,乙方有权单方认定该情形是否影响乙方的债权。若乙方认为该情形可能危及其债权的,乙方有权要求甲方或其监护人、继承人、财产代管人提供乙方认可的新的担保;乙方亦有权停止继续发放信贷,宣布所有已发放信贷提前到期,甲方应就该等债务提前承担保证担保责任:

(1)甲方因患疾病或遭遇事故等而昏迷不醒、身体残疾或严重影响生活;(2)甲方丧失或部分丧失民事行为能力;(3)甲方下落不明、失踪或被宣告失踪;(4)甲方死亡、被宣告死亡。

【C银行】

第4条　保证期间

本合同项下保证期间为主合同约定的债务履行期届满之日起三年。甲方同意债务展期的,保证期间为展期协议重新约定的债务履行期限届满之日起三年。若乙方根据法律法规规定或主合同约定,宣布债务提前到期的,保证期间为乙方向甲方或债务人通知确定的到期日起三年。如果主合同项下的债务分期履行,保证期间为最后一期债务履行期限届满之日起三年。

第6条　主合同变更

(一)如果乙方与债务人协议变更主合同条款(包括但不限于变更偿还币种、借款用途、还款方式、贷款账号、还款账号、用款计划、还款计划、起息日、结息日、在债务履行期限不延长的情况下债务履行期限的起始日或截止日变更),甲方同意对变更后的主合同项下债务承担连带保证责任。

但未经甲方事先同意,乙方与债务人协议延长债务履行期限或增加债权本金金额的,甲方仅依照本合同的约定对变更前的主合同项下债务承担连带保证责任。

第7条　保证责任

……

(二)无论乙方对主合同项下的债权是否拥有其他担保(包括但不限于保证、抵押、质押、保函、备用信用证等担保方式),不论上述其他担保何时成立、是否有效、乙方是否向其他担保人提出权利主张,也不论是否有第三方同意承担主合同项下的全部或部分债务,也不论其他担保是否由债务人自己所提供,甲方在本合同项下的保证责任均不因此减免,乙方均可直接要求甲方依照本合同约定在其保证范围内承担保证责任,甲方将不提出任何异议。

（三）如果甲方只对主合同项下的部分债务提供保证，则甲方同意，即使因债务人清偿、乙方实现其他担保权利或任何其他原因导致主合同项下的债务部分消灭，甲方仍应按照本合同的约定在保证范围内对尚未消灭的债务承担保证责任。

（四）如果甲方只为主合同项下的部分债务提供保证，在其承担保证责任后主合同项下的债务仍未获完全清偿，则甲方承诺，其向债务人或其他担保人主张（包括预先行使）代位权或追偿权，不应使乙方利益受到任何损害，并同意主合同项下债务的清偿优先于甲方代位权或追偿权的实现。

具体而言，在乙方债权未被全部清偿前：

1. 甲方同意不向债务人或其他担保人主张代位权或追偿权；如因任何原因，甲方实现了上述权利，则应将所获款项优先用于清偿乙方尚未获偿的债权。

2. 主合同项下的债务如有物的担保，甲方同意不以行使代位权为由或任何其他原因对该担保物或其处分后所得价款提出权利主张，上述担保物及所得价款应优先用于清偿乙方尚未获偿的债权。

【D银行】

第4条　保证期间

壹：每笔借款的债务履行期限届满之日后叁年止（如该笔借款项下的债务分期履行的，则每期债务的保证期间均至该笔借款最后一期债务履行期限届满之日后叁年止）。

乙方与债务就主合同项下债务履行期限达成期限变更协议的，保证期间至双方重新约定的债务履行期限届满之日后叁年止。该期限变更无限经保证人同意，保证人仍需承担保证责任。若发生法律规定或主合同约定的事项，乙方宣布债务提前到期的，保证期间至债务提前到期之日后叁年止。

第5条　主合同变更

一、甲方同意，乙方与债务人签订主合同或对主合同进行任何变更（包括但不限于延长债务履行期限或增加债权金额），均无需通知甲方，甲方仍应在本合同约定的担保范围内承担保证责任。

……

三、主合同项下债权转让的，本合同项下保证义务随之转让。

第7条　保证责任

……

二、无论乙方对主合同项下的债权是否拥有其他担保(包括但不限于保证、抵押、质押、保函、备用信用证等担保方式),不论上述其他担保何时成立、是否有效、乙方是否向其他担保人提出权利主张,也不论是否有第三方同意承担主合同项下的全部或部分债务,也不论其他担保是否由债务人自己所提供,甲方在本合同项下的保证责任均不因此减免,乙方均可直接要求甲方依照本合同约定在其保证范围内承担保证责任,甲方将不提出任何异议。

三、如果本合同约定的保证责任低于主合同项下实际发生的债权余额,且在甲方承担保证责任后主合同项下的债务仍未获完全清偿,则甲方承诺,其向债务人或其他担保人主张(包括预先行使)代位权或追偿权,不应使乙方利益受到任何损害,并同意主合同项下债务的清偿优先于甲方代位权或追偿权的实现。

具体而言,在乙方债权未被全部清偿前:

(一)甲方同意不向债务人或其他担保人主张代位权或追偿权;如因任何原因,甲方实现了上述权利,则应将所获款项优先用于清偿乙方尚未获偿的债权。

(二)主合同项下的债务如有物的担保,甲方同意不以行使代位权为由或任何其他原因对该担保物或其处分后所得价款提出权利主张,上述担保物及所得价款应优先用于清偿乙方尚未获偿的债权。

(三)若债务人或其他担保人为甲方提供了反担保,则甲方基于上述反担保而获得的款项应优先用于清偿乙方尚未获偿的债权。

【E银行】

第2条　主债权及其发生期间

2.1　主债权发生期间为自本合同第一条所指主合同生效之日至该合同及其修订或补充所约定的借款期限届满之日;

2.2　在本合同约定的主债权发生期间内主合同项下实际发生的债权,构成本合同之主债权。

第6条　保证期间

6.1　本合同项下的保证期间为本合同第二条约定的主债权发生期间届满之次日起叁年。若债权人根据主合同约定宣布债务提前到期,保证期间自债权人宣布债务提前到期日之次日起叁年。

6.2　在该保证期间内,债权人有权就主债权的全部或部分、多笔或单笔,一并或分别要求保证人承担保证责任。

第5条　保证责任的发生及承担

……

5.2　被担保债权在本合同之外同时存在其他权利担保、物的担保或保证的,无论这些其他担保何时成立、是否有效、是否由债务人自己所提供,是否有第三方同意承担主合同项下的全部或部分债务,均不影响债权人在本合同项下的任何权利及其行使,债权人有权决定各担保权利的行使顺序及金额,保证人应按照本合同的约定承担担保责任,不得以存在其他担保,要求债权人就其他担保先行受偿为由抗辩债权人。

5.3　无论债权人已经或将要放弃(包括但不限于放弃抵押权或其他担保权利、放弃抵押权或其他担保权利的顺位)、变更(包括但不限于变更抵押权或其他担保权利的顺位、担保金额或范围)、减免对债务人或任何第三方享有的权利,保证人的保证责任均不因此而减少或免除,保证人仍然应按照本合同的约定承担担保责任。

5.4　如果保证人只对主合同项下的部分债务提供保证,保证人同意,即使因债务人清偿、债权人实现其他担保权利或任何其他原因导致主合同项下的债务部分消灭,保证人仍应按照本合同的约定在保证范围内对尚未清偿的债务承担保证责任。

5.5　如果保证人只为主合同项下的部分债务提供保证,在其承担保证责任后主合同项下的债务仍未获完全清偿,则保证人承诺,其向债务人或其他担保人主张代位权或追偿权时,不应使债权人利益受到任何损害,并同意主合同项下债务的清偿优先于保证人代位权或追偿权的实现。具体而言,在债权人债权未被全部清偿前:

5.5.1　保证人同意不向债务人或其他担保人主张代位权或追偿权;如因任何原因,保证人实现了上述权利,则应将所获款项优先用于清偿债权人尚未获偿的债权;

5.5.2　主合同项下的债务如有物的担保,保证人同意不以行使追偿权、代位权为由或任何其他原因对该担保物或其处分后所得价款提出权利主张,上述担保物及所得价款应优先用于清偿债权人尚未获偿的债权。

5.6　若债务人或其他担保人为保证人提供了反担保,则保证人基于上述反担保而获得的款项应优先用于清偿债权人尚未获偿的债权。

第7条　本合同与主合同的关系

7.1　债权人及债务人对主合同约定的借款期限进行延展的,需征得保证人的书面同意。

7.2　未经保证人同意,债权人与债务人不得变更本合同第三条约定的被担保债权之(最高)本金数额,经债权人和保证人协商一致,可以书面形式变更本合同第三条约定的被担保债权之(最高)本金数额。

7.3　对主合同其他内容或事项的变更(包括但不限于利率调整等),无需征得保证人的同意,保证人仍在本合同第三条规定的担保范围内对变更后的主合同项下所生之债承担保证责任。

第8条　声明与承诺

8.2　保证人承诺如下:

……

3	主债务人 履行债务的期限	____年____月____日至____年____月____日(皆含本日)

8.2.13　保证期间内,债权人有权将主合同项下的主债权转让给第三人且无需征得保证人同意,保证人承诺继续承担保证责任。

第12条　合同的生效、变更和解除

12.3　如果债权人与债务人协议变更主合同条款(包括但不限于变更偿还币种、还款方式、贷款账号、还款账号、用款计划、还款计划、起息日、结息日、在债务履行期限不延长的情况下债务履行期限的起始日或截止日变更),保证人同意对变更后的主合同项下债务承担担保责任。

【F银行】

第2条　主债务人履行债务的期限

主债务人履行债务的期限见合同要素表的约定。若根据主合同的约定上述期限在履行中发生变化,则以借款凭证等债权凭证记载的日期为准。若根据主合同约定乙方宣布债务提前到期,其提前到期日即为债务履行期届满之日。

第5条　保证期间

甲方承担保证责任的保证期间为:自主合同约定的主债务人履行债务期限届满之日起三年。“主债务人履行债务期限届满之日”还包括主债务人分期清偿债务的情形下,每一笔债务到期日;以及根据主合同约定,债权人宣布债务提前到期之日。

第6条　甲方的权利和义务①

……

6.8　保证期间，若乙方将主合同项下债权全部或部分转让给第三人的，无需征得甲方同意，甲方应继续承担保证责任。

6.9　甲方在此确认，乙方与主债务人协议变更主合同，未加重主债务人的债务的，无需征得甲方同意，甲方应继续承担担保责任。

6.10　甲方在此确认，根据主合同的约定而进行的利率调整，无需通知甲方或征得其同意，甲方应继续承担担保责任。

6.11　甲方在此确认，如主债务人不能按期支付利息的，不收取延期期间的利息、罚息、复利、违约金的情况下，甲方不可撤销地授权乙方无需经甲方同意单方决定延长支付利息的期限。

【G银行】

第3条　主合同债务人履行债务的期限

3.1　主合同债务人履行债务的期限自____年____月____日起至____年____月____日止。如有变更，依主合同之约定。

第5条　保证期间

5.1　本合同项下的保证期间为：自主合同确定的债务到期之日起两年。

5.2　如主合同确定的债务分批到期的，则每笔债务的保证期间为每笔债务到期之日起两年。

5.3　如甲方根据主合同之约定提前行使债权或解除主合同的，则保证期间为自甲方向债务人通知的债务清偿之日起两年。

5.4　主合同项下债务展期的，保证期间自展期届满之日起计算。

第7条　保证方式

……

7.2　若主合同的担保既有保证担保，又有物的担保，无论甲方是否优先行使物的担保权利，乙方仍对物的担保范围承担连带清偿责任。

第8条　甲方的权利和义务

……

8.2　甲方有权将主合同项下债权转让给第三人，乙方应在本合同第四

---

①　F银行此三项条款作为格式条款进行加黑处理。

条约定的范围内继续承担保证责任。

8.7　无论甲方对主合同项下的债权是否拥有其他担保(包括但不限于保证、抵押、质押等担保方式),不论上述其他担保何时成立、是否有效,不论其他担保是否由债务人自己所提供、甲方是否向其他担保人提出权利主张,也不论是否有第三方同意承担主合同项下的全部或部分债务,乙方在本合同项下的担保责任均不因此减免,甲方均可直接要求乙方依照本合同约定在其担保范围内承担担保责任,乙方不得提出任何异议。

8.10　在本合同有效期内,如甲方允许主合同债务人转移全部或者部分债务的,应征得乙方书面同意。

第9条　乙方的权利和义务

9.11　如果乙方只对主合同项下的部分债务提供担保,即使因债务人清偿、甲方实现其他担保权利或任何其他原因导致主合同项下的债务部分消灭,乙方仍应按照本合同的约定在担保范围内对尚未消灭的债务承担担保责任。

9.12　如果乙方只对主合同项下的部分债务提供担保,且在其承担担保责任后主合同项下的债务仍未获完全清偿,其向债务人或其他担保人主张(包括预先行使)代位权或追偿权,不应使甲方利益受到任何损害,并同意主合同项下债务的清偿优先于乙方代位权或追偿权的实现。

9.15　主合同双方协议变更主合同的,涉及币种、利率、金额、期限或其他变更导致增加主债权金额或延展主合同履行期限的,应征得乙方的同意,否则乙方只在原担保范围内承担担保责任;不涉及增加主债权金额或延展主合同履行期限的,无需征得乙方的同意,乙方应对变更后的主合同承担保证责任。

……

9.17　在本合同有效期内甲方将主债权全部或部分转让给第三人的,甲方不必通知乙方,乙方仍在原保证范围内提供连带责任保证担保。

【H银行】

第4条　保证期间

1. 保证人的保证期间为主合同约定的债务履行期限届满之日起二年。

2. 商业汇票承兑、减免保证金开证和保函项下的保证期间为债权人垫付款项之日起二年。

3. 商业汇票贴现的保证期间为贴现票据到期之日起二年。

4. 债权人与债务人就主合同债务履行期限达成展期协议的，保证人继续承担保证责任，保证期间自展期协议约定的债务履行期限届满之日起二年。

5. 若发生法律法规规定或者主合同约定的事项，导致主合同项下债务被债权人宣布提前到期的，保证期间自债权人确定的主合同项下债务提前到期之日起二年。

第 6 条　保证责任的承担

……

2. 本合同所担保的债权同时存在物的担保（含债务人或第三人提供）和保证担保的，债权人可以就物的担保实现债权，也可以要求保证人承担保证责任。债权人已经选择某一担保来实现债权的，也可同时主张通过其他担保来实现全部或部分债权。

3. 债务人提供了物的担保的，债权人放弃该担保物权、担保物权顺位或者变更担保物权的，保证人同意继续按本合同约定为主合同项下债权提供连带责任保证。"该担保物权"是指债务人为主合同项下债权提供物的担保所形成的担保物权。

第 6 条　保证责任的承担

1. 发生下列情形之一的，债权人有权要求保证人履行保证责任：

……

（4）债务人、保证人死亡、被宣告失踪或者被宣告死亡；

……

【I 银行】

第 5 条　保证期间

本合同保证期间为主债权的清偿期届满之日起两年。

如主债权为分期清偿，则保证期间为自本合同生效之日起至最后一期债务履行期届满之日后两年。

第 7 条　本合同与主合同的关系

……

主合同双方协议变更主合同的，除涉及币种、利率、金额、期限或其他变更导致增加主债权金额或延展主合同履行期限的情形外，无需征得保证人的同意，保证人应对变更后的主合同承担保证责任。

在需征得保证人同意的情形下，若未征得保证人书面同意或保证人拒绝的,保证人对增加部分的主债权金额不承担保证责任,延展主合同履行期限的则保证期间仍为原定期间。

第 14 条　其他约定

……

3. 在不影响本合同其他约定的情形下,本合同对双方及各自依法产生的承继人和受让人均具有法律约束力。

(二)多家银行的现有条款之点评

上述合同所存在七个问题值得比对与点评:

各家银行对于“保证期间”、“债权转让”、“债务转让”、“主债权变更”、“混合担保”、“保证人代位权”及“保证人死亡”七种情形下涉及对“保证责任”的影响各自做了不同的安排。在表 18-3 中,“√”代表该银行《保证合同》中对上述七种情形予以安排。

表 18-3　多家银行涉及“保证责任”条款安排比对一览

	A	B	C	D	E	F	G	H	I
1. 保证期间	√	√	√	√	√	√	√	√	√
2. 债权转让	√	√		√	√	√	√		
3. 债务转让		√					√		
4. 主债权变更		√	√	√	√	√	√		√
5. 混合担保	√	√	√	√	√		√	√	
6. 保证人代位权			√	√	√		√		
7. 保证人死亡		√						√	√

第一,由表 18-3 统计可知,“保证期间”属于各个银行都予以明确规定的情况,但“保证人死亡”、“债务转让”多数银行都没有给与足够重视。其中,A、F、H、I 四家银行相应条款安排最少。

第二,对于“保证责任”,所有银行都注意到了“约定不明”与“没有约定”的风险,都明确约定为两年(A、B、G、H、I 银行)或三年(C、D、E、F 银行)。①

① D、E 银行对三年时间采取“叁年”大写方式,值得借鉴。

对于保证期间的起算有两种方式：

一是先在合同中明确约定“主债务到期期限”条款（B 银行为“债务人履行债务的期限”；E 银行为“主债权及其发生期间”；F 银行为“主债务人履行债务的期限”；G 银行为“主合同债务人履行债务的期限”；I 银行为“为主债权的清偿期届满”），然后根据这一期限延续规定保证期间的起算。

二是直接规定保证期间的起算为“主合同项下债务人债务履行期限届满之日起 3/2 年”（A、C、D、H 银行）。

本书写作团队推荐第一种做法，对于条款名称，参考《民法典》第 692 条的规定，应确定为“主债务履行期限”。同时，对于 F 银行采取表格直接明确主债务履行期限的办法，也值得借鉴。

本书写作团队推荐将“主合同到期”“分期履行”“提前到期”“展期（期限变更）”“信用证、银行承兑汇票或开立保函”“商业汇票贴现”六种情形的保证期间起算点均在合同中专门分别予以明确。值得注意的是，没有一家银行的合同条款完全涵盖了上述全部六种情况。

表 18-4　多家银行涉及“保证期间起算”条款安排比对一览

保证期间计算的不同情形	A	B	C	D	E	F	G	H	I
1. 主合同项下债务人债务履行期限届满之日	√	√	√	√	√	√	√	√	√
2. 主债务提前到期，提前到期之日		√	√	√	√		√	√	
3. 债务展期的，展期期限届满之日		√	√	√				√	
4. 信用证、银行承兑汇票或开立保函，垫款之日		√						√	
5. 分期履行	√		√	√	√	√	√		√
6. 商业汇票贴现，贴现票据到期之日								√	

第三，对于“债权转让”对保证责任的影响，C、H 银行没有进行专门的条款设置，从法律之规定。A 银行约定“无需取得保证人的同意”，B 银行约定“无须事先征得甲方同意”，D 银行约定“主合同项下债权转让的，本合同项下保证义务随之转让”，E 银行约定“无需征得保证人同意”，F 银行约定“无需征得甲方同意”，G 银行约定“乙方应在本合同第四条约定的范围内继续承担保证责任”。对于这一问题，需要注意：一是所有银行都没有明确自身作为债权人的债权转让通知义务。根据《民法典》第 696 条的规定，债权人

转让全部或者部分债权,未通知保证人的,该转让对保证人不发生效力。本书写作团队建议,《民法典》生效后,商业银行应当尽快补正相关通知义务。二是没有预留保证人协商禁止债权转让的余地。

对于具体措辞,本书写作团队建议采取以下表述:“债权人向第三方转让全部或者部分债权,需提前通知保证人。该通知经债权人按照本协议约定方式发出后,保证责任随之转移,无需保证人同意。保证人仍需在本协议约定的保证范围内继续承担连带保证责任”。

第四,对于“债务转移”对保证责任的影响,《民法典》第 697 条规定,债权人未经保证人书面同意,允许债务人转移全部或者部分债务,保证人对未经其同意转移的债务不再承担保证责任,但是债权人和保证人另有约定的除外。因此,《民法典》生效后,可以通过合同特别约定条款对此问题予以明确。但除 B、G 银行之外,其他银行合同中相关约定均缺位。B 银行约定“乙方许可债务人转让①债务的,无须事先征得甲方同意,甲方继续承担连带保证责任”;G 银行约定“在本合同有效期内,如甲方允许主合同债务人转移全部或者部分债务的,应征得乙方书面同意”,两者规定恰好相反。

本书写作团队建议采取以下表述:“双方特别约定:债权人允许主合同债务人转移全部或者部分债务,需提前通知保证人,但无需事先征得保证人同意。经债权人按照本协议约定方式发出通知后,保证人在本协议约定的保证范围内继续承连带担保证责任”。

第五,对于主债权变更,除 A、H、I 银行未作规定之外,其他银行合同均有所提及,具体又分为种情况:

一是直接约定债权人银行可以随意更改主合同约定。B 银行约定“债务人和乙方就主合同条款进行变更,无需事先征得甲方同意或通知甲方,甲方继续承担连带保证责任”,D 银行约定“乙方与债务人签订主合同或对主合同进行任何变更(包括但不限于延长债务履行期限或增加债权金额),均无需通知甲方”。

二是直接按照法律规定概括式重复约定,如 F 银行约定“乙方与主债务人协议变更主合同,未加重主债务人的债务的,无需征得甲方同意”。

三是采取列举式做法,明确列举数个“加重主债务人的债务(增加保证人负担)”的事由,说明这些事由需要保证人事前书面同意,然后排除式说明除此之外的所有事项属于非实质性变更,无需保证人同意。如 C 银行约定

① 《民法典》此处使用的是“转移”一词。

"乙方与债务人协议延长债务履行期限或增加债权本金金额的",E 银行约定"借款期限进行延展的/被担保债权之(最高)本金数额";G 银行约定"涉及币种、利率、金额、期限或其他变更导致增加主债权金额或延展主合同履行期限的"。

从做法来看,第一种做法涉及格式合同对保证人主要权利义务的剥夺,有可能被认定为无效(F 银行似乎注意到了这一问题,因此对此条款加黑标粗处理),第二种做法形同虚设毫无意义,第三种列举式做法实际上是对法律的进一步明确,更为可取,但各家银行将需要保证人书面同意的情况限制在"履行期限"与"主债权金额"两项,是否涵盖了所有"加重主债务人的债务",不无疑问。

第六,混合担保的问题,除了 F、I 银行之外,其他银行都给予了足够重视。

一是约定有多种担保的情况下,债权人银行可以任意选择保证人承担责任,无需先物后人,如 A 银行约定"债权人行使本协议项下的权利前无需首先执行其持有的任何其他担保(无论是物的担保还是人的担保)",B、C、D、F 银行约定"乙方有权直接要求甲方在其担保范围内承担担保责任,无需行使其他权利",E 银行约定"债权人有权决定各担保权利的行使顺序及金额",H 银行约定"债权人可以就物的担保实现债权,也可以要求保证人承担保证责任"。

本书写作团队认为,根据《民法典》第 392 条的规定,①被担保的债权既有物的担保又有人的担保的……债权人应当按照约定实现债权。因此上述条款做出的明确安排有效。从表述上来看,E 银行的表述更为准确。

二是明确约定,债权人银行对物保的放弃不能使得保证人全部或部分免责。如 B、C 银行约定"无论债权人过去、现在或将来是否已经、将要或可能放弃(包括但不限于放弃抵、质押权或其他担保权利,放弃抵、质押权或其他担保权利的顺位)、变更(包括但不限于变更抵、质押权或其他担保权利的顺位、担保金额或范围)、减免债务人或任何第三方过去、现在或将来已经、

① 《民法典》第 392 条规定,被担保的债权既有物的担保又有人的担保的,债务人不履行到期债务或者发生当事人约定的实现担保物权的情形,债权人应当按照约定实现债权;没有约定或者约定不明确,债务人自己提供物的担保的,债权人应当先就该物的担保实现债权;第三人提供物的担保的,债权人可以就物的担保实现债权,也可以请求保证人承担保证责任。提供担保的第三人承担担保责任后,有权向债务人追偿。

将要或可能提供的任何抵押权、质权或保证或其他任何形式的担保,甲方的担保责任均不因此而减少或免除,甲方仍然在本合同约定担保范围内承担担保责任”;E 银行约定“无论债权人已经或将要放弃(包括但不限于放弃抵押权或其他担保权利、放弃抵押权或其他担保权利的顺位)、变更(包括但不限于变更抵押权或其他担保权利的顺位、担保金额或范围)、减免对债务人或任何第三方享有的权利,保证人的保证责任均不因此而减少或免除,保证人仍然应按照本合同的约定承担担保责任”;H 银行约定“债权人放弃该担保物权、[1]担保物权顺位或者变更担保物权的,保证人同意继续按本合同约定为主合同项下债权提供连带责任保证”。

本书写作团队认为,根据《民法典》第 409 条第 2 款的规定,债务人以自己的财产设定抵押,抵押权人放弃该抵押权、抵押权顺位或者变更抵押权的,其他担保人在抵押权人丧失优先受偿权益的范围内免除担保责任,但是,其他担保人承诺仍然提供担保的除外。因此,上述条款做出的明确安排有效。[2] 从表述上来看,这一承诺需要保证人单方承诺形式作出为好,B、C 银行的表述较为适当。

第七,对于保证人对债务人的代位权。根据《民法典》第 700 条[3]的规定,保证人对债务人享有的是代位权而非追偿权,同时以“当事人另有约定”作为例外。C、D、E、G 四家银行都规定了保证人行使代位权不得损及债权人银行利益的条款,“甲方承诺,其向债务人或其他担保人主张(包括预先行使)代位权或追偿权,不应使乙方利益受到任何损害,并同意主合同项下债务的清偿优先于甲方代位权或追偿权的实现”,同时 C、D、E 三家银行还对这一条款进行了类型化明确,这一做法值得借鉴。但是,这一约定是否涉及格式条款不公平地剥夺了保证人主要权利仍需等待司法实践的明确。

---

① H 银行同时指明,“该担保物权”,是指债务人为主合同项下债权提供物的担保所形成的担保物权。

② 司法实践中对此类约定一般予以支持。中国工商银行股份有限公司永州零陵支行、永州康乃馨养老产业投资置业有限公司金融借款合同纠纷[(2020)湘民终 41 号]。在该案中,湖南省高级人民法院认为,因涉案《保证合同》已明确约定主债权存在物保的,无论该物保是债务人提供还是由第三人提供,债权人均有权要求保证人先承担保证责任,保证人承诺不因此而提出抗辩。债权人放弃、变更或者丧失其他担保权益的,保证人的保证责任仍持续有效,不因此而无效或减免。故即使本案存在工行零陵支行放弃物保的情形,康乃馨公司仍应按照合同约定承担连带保证责任。康乃馨公司提出的该辩解理由不能成立,法院不予采纳。

③ 《民法典》第 700 条规定,保证人承担保证责任后,除当事人另有约定外,有权在其承担保证责任的范围内向债务人追偿,享有债权人对债务人的权利,但是,不得损害债权人的利益。

第八,对于保证人死亡所带来的保证责任不确定。B 银行做出了特别约定,“第十五条　义务的连续性 15.1 本合同项下甲方的一切义务均具有连续性,对其继承人……等后的主体均具有完全的约束力”。然后将保证人“因患疾病或遭遇事故等而昏迷不醒、身体残疾或严重影响生活、丧失或部分丧失民事行为能力、甲方下落不明、失踪或被宣告失踪、甲方死亡、被宣告死亡”均作为保证人提前履行保证义务的条件;而 H 银行仅仅将“保证人死亡、被宣告失踪或者被宣告死亡”作为保证人提前履行保证义务的条件。I 银行则采取了“在不影响本合同其他约定的情形下,本合同对双方及各自依法产生的承继人和受让人均具有法律约束力”的表述。本书写作团队认为,B 银行的做法值得借鉴。

五、商业银行风控操作要点

为维护金融债权,促进金融借贷业务健康发展,从源头上防范和化解金融风险,本书写作团队建议商业银行在“落实保证责任环节”应当加强以下风险防控措施,以防止保证失权:

1. 商业银行在《民法典》生效后应当修改“保证期间约定不明”的条款,同时积极通过诉讼、催收通知、债权转让通知暨债务催收联合公告等手段主张权利,避免保证期间经过导致保证责任的免除。

如果商业银行保证合同中将保证期间约定为:“自主债务履行期限届满之日开始起算,一直到债务人将借款本息还清之日止。”按照原《担保法司法解释》,这种约定属于“约定不明”,保证期间应当按照主债务履行期限届满 2 年计算。在中国建设银行股份有限公司平凉分行、甘肃鑫山矿业有限责任公司金融借款合同纠纷①案中,最高人民法院认为,案中,孙某某、邢某出具的《个人无限连带保证责任承诺函》中“直至本承诺函项下全部债务履行完毕为止,孙某某、邢某保证对承诺函中所有债务不提任何抗辩”的表述,属于保证期间约定不明,保证期间应当按照主债务履行期限届满 2 年计算。建行平凉分行未提供证据证明曾在 2012 年 7 月 9 日主债务履行期满后 2 年内要求孙某某、邢某承担保证责任,建行平凉分行于 2016 年 10 月 13 日提起本案诉讼时,保证期间已过,孙某某、邢某免除保证责任。《民法典》生效之后,这一情况下保证期间将被缩短至六个月,潜藏着巨大的风险,商业银行应当杜

---

① (2019)最高法民终 579 号。

绝这一做法。

同时,商业银行应当积极通过诉讼、催收通知、《债权转让通知暨债务催收联合公告》[①]等手段主张权利。在山西商融融资担保股份有限公司、陕西博融中创科技有限公司金融借款合同纠纷[②]案中,最高人民法院认为商融担保公司的保证期间没有超过法律规定的期限。因本案中民生银行太原分行与商融担保公司签订的《最高额保证合同》约定保证期间为两年,保证期间自每笔债务的履行期限届满日起算。本案中六笔借款的保证期间届满日分别为 2018 年 1 月 20 日、2018 年 6 月 16 日、2018 年 6 月 17 日、2018 年 6 月 17 日、2018 年 6 月 18 日、2018 年 6 月 21 日,民生银行太原分行于 2018 年 6 月 13 日向法院提起本案诉讼,后五笔借款均在保证期间内。另民生银行太原分行亦于 2016 年 3 月至 12 月,分别向本案中的保证人山西国联钢管经销有限公司、晋中明乐农业生态庄园(有限公司)、晋中市恒大宇物贸有限公司、西安国联螺旋制管有限公司、山西国联管业集团有限公司、刘某某发出《贷款业务催收通知书》催收,上述保证人分别在催收回执上签字盖章,其中刘某子签收的回执日期为 2016 年 12 月 25 日。因案涉保证方式为连带保证,债权人在保证期间向保证人之一主张权利的效力及于其他连带责任保证人,构成诉讼时效中断,故至民生银行太原分行 2018 年 6 月 13 日提起本案诉讼时,商融担保公司的保证责任并未免除。

2. 保证期间的起诉以"债务履行届满之日"为准,商业银行《保证合同》与《借款合同》的关联,尤其是注意《借款合同》记载的还款日期与借款凭证记载不一致时,以后者作为保证期间的起算时间。

如在甘肃瓮福化工有限责任公司、债权受让人金融借款合同纠纷[③]案中,最高人民法院指出,关于保证期限是否已经超过的问题。根据《保证合

---

① 在中国信达资产管理股份有限公司云南省分公司、丽江定华蓝莓科技开发有限公司金融借款合同纠纷[(2020)云民终 470 号]一案中,云南省高级人民法院认为,本案保证责任期间为 2016 年 7 月 10 日至 2018 年 7 月 9 日,信达公司和工商银行于 2017 年 6 月 8 日在《云南日报》上发布《债权转让通知暨债务催收联合公告》,已明确向本案债务的连带责任保证担保人陈某杉、陈某民、陈某华、陈某恩发出债权转让通知及债务催收通知,应认定信达公司在保证责任期间内已向连带责任保证担保人陈某杉、陈某民、陈某华、陈某恩主张担保债权。相似观点的判决还包括北京市高级人民法院(2017)京民再 51 号、辽宁省高级人民法院(2017)辽民初 43 号、广州市中级人民法院(2018)粤 01 民终 20311 号、广东省高级人民法院(2013)粤高法民二申字第 111 号裁判文书等。

② (2019)最高法民终 1791 号。

③ (2018)最高法民终 350 号。

同》第4条关于“保证人的保证期间为主合同约定的债务履行期限届满之日起二年”之约定，结合案涉《借款合同》第3.5条“借款凭证为《借款合同》的组成部分，合同中记载的还款日期与借款凭证记载不一致时，以借款凭证的记载为准”的内容，本案借款九份借款凭证载明的到期日期均在2017年、2018年，以两年保证期计算，案涉《借款合同》项下的九笔款项均在保证期内。故瓮福公司关于本案已超过保证期限，其部分款项的保证责任应予免除的上诉理由不能成立。

3. 保证期间经过后，商业银行应当积极进行贷后管理，通过向保证人送达“内容符合《民法典》有关担保合同成立的规定”的催款通知书，并经保证人签字认可，成立新的保证合同。

保证期间经过后，保证人免责。但《最高人民法院关于人民法院应当如何认定保证人在保证期间届满后又在催款通知书上签字问题的批复》（法释〔2004〕4号）规定，保证责任消灭后，债权人书面通知保证人要求承担保证责任或者清偿债务，保证人在催款通知书上签字的，人民法院不得认定保证人继续承担保证责任。但是，该催款通知书内容符合合同法和担保法有关担保合同成立的规定，并经保证人签字认可，能够认定成立新的保证合同的，人民法院应当认定保证人按照新保证合同承担责任。因此，商业银行应当向保证人送达“内容符合合同法和担保法有关担保合同成立的规定”①的催款通知书，并经保证人签字认可成立新的保证合同。如河北融投担保集团有限公司、秦皇岛嘉隆玻璃有限公司金融借款合同纠纷②案中，河北省高级人民法院认定，本案保证期间至2016年7月23日届满，2016年8月30日嘉隆控股、爱新觉罗·英某分别在《履行连带责任保证通知书回执》签字，认可担保事实并同意履行代偿责任，构成新的保证。

4. 债权人在转让债权时，要积极履行通知义务并留存好相应的证据。

根据《民法典》第696条的规定，债权人转让全部或者部分债权，未通知保证人的，该转让对保证人不发生效力。建议债权人在转让债权时，要积极通知债务人和保证人，并留存好相应的证据。特别提醒，债权的出让人通知债务人的时间应当是在收到受让人对价之后，从而避免受让人与债务人恶意串通，损害债权让与人合法权益的情况出现。对于相关合同，《民法典》生

① 《民法典》生效后，此处应改为“内容符合《民法典》有关担保合同成立的规定”。

② （2020）冀民终301号。

效后应当补正相关通知义务,并且注意如果保证人提出协商禁止债权转让的,应当根据具体情况决定是否接受这一条件。

5. 应当充分利用《民法典》的除外规则,对债务转让事项进行排除。

《民法典》第697条规定:债权人未经保证人书面同意,允许债务人转移全部或者部分债务,保证人对未经其同意转移的债务不再承担保证责任,但是,债权人和保证人另有约定的除外。而大部分银行现有保证合同中都仅是对债权人转让债权的情况做出规定,没有对转移债务的情况做出约定。《民法典》生效后,债权人未经保证人书面同意允许债务人转移债务,保证人对这部分债务不再承担保证责任,这会让银行承担较大风险。但是,债权人与保证人可以利用"债权人与保证人另有约定的除外"这一规定,在贷款发放前就要求保证人同意"银行允许债务人转移全部或者部分债务,保证人对转移债务仍应承担保证责任"这一条款来规避相关风险。

6. 对于主合同实质条款变更的,如加重了保证人责任,尽量签订三方补充协议对保证进行重新落实。

如在青海四维信用融资担保有限公司、中国华融资产管理股份有限公司甘肃省分公司金融借款合同纠纷[①]案中,最高人民法院认定,2015年7月8日各方签订的《人民币资金借款合同变更协议》,经审理查明,在该变更协议的第2条担保人确认事项第1项表述为:"保证人同意借款合同进行上述变更后,继续就变更后的借款合同(主合同)项下全部本金、利息、罚息、复利、补偿金、违约金、赔偿金及实现债权的费用提供连带责任保证。"该条表述四维公司是就全部借款本息等承担连带保证责任,与该变更协议确认的四维公司在5000万元本息范围内承担保证责任矛盾,故在该变更协议的备注部分对该条进行了重新确认,即确认四维公司在5000万元本息范围内承担保证责任,该备注内容并不损害四维公司的权益,与四维公司主张的其在5000万元借款本息范围内承担保证责任一致,与查明的事实也不冲突。四维公司因该变更协议备注未经其签章确认,对该部分内容不认可为由主张四维公司不应就剩余借款本息承担保证责任,不能成立。

---

① (2019)最高法民终696号。该案中,保证人抗辩认为,2015年7月8日签订的《人民币资金借款合同变更协议》第6页备注内容并非与协议内容同时形成,系国开行后补,对该部分内容不认可;对于变更协议,四维公司认为变更协议仅就部分担保措施进行了变更,并未对借款数额、期限等作出变更,故四维公司仍然是就原保证合同约定的5000万元借款本金、利息等承担保证责任。截至2015年11月20日,青海天益公司已实际偿还借款本金6000万元,故四维公司的保证责任已经解除。

7. 对于保证人死亡的情形，商业银行应当主要防范司法机构采取“义务责任说”所带来的风险，在合同中特别约定对向债务人主张债权的条件、向保证人主张保证债权的条件和保证人在保证责任期间死亡的法律后果等事项。

本书写作团队在裁判文书网中以“保证人死亡”和“金融借款”为关键词进行搜索，2015 年至今共查找到 138 条结果，排除重复结果和放弃继承后，判决继承保证责任的有 22 个结果，约占有效检索总量的 31.9%，不继承保证责任的有 47 个结果，约占有效检索总量的 68.1%；采用财保说①的有 3 个结果，约占总量的 4.30%；采用人保说②的有 8 个结果，约占总量的 11.60%；采用债务说的有 12 个结果，约占总量的 17.40%；采用义务责任说的有 46 个结果，约占总量的 66.70%，如图 18-3 所示。

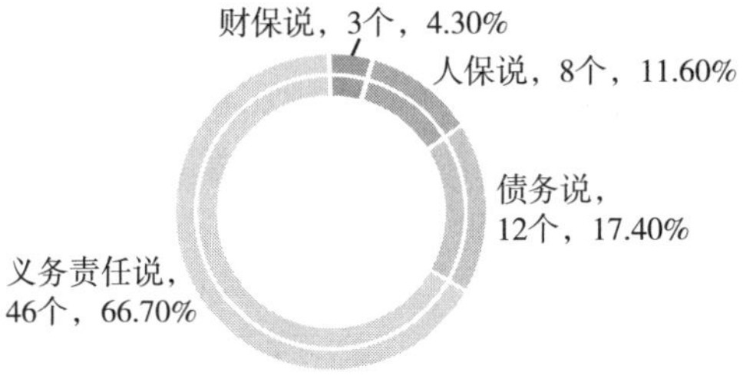

图 18-3　保证人死亡的司法裁判结果示意

① 财保说认为，保证虽然是信用保证，但是其核心依旧是财产保证，是以保证人的不特定财物进行担保。因此保证债权具有属物性，保证依赖于保证人的财产而存在，即便保证人死亡，只要其财产得到继承，其继承人就应当在其继承遗产的范围内继续提供担保或进行清偿。典型案例如陈某与中国农业银行股份有限公司怀远县支行、冯某某等金融借款合同纠纷[（2020）皖 03 民终 2249 号]。在该案中，蚌埠市中级人民法院认为，保证人刘某某以个人信用为债务人冯某某提供保证，此保证虽然在一定程度上跟保证人的个人信用及保证能力有关，但该保证责任归根到底是以金钱给付为对象的，如债务人不能履行责任，债权人与保证人间的债权债务关系是确定的，即给付金钱、清偿债务，此责任具有可转移和替代履行性。金钱给付之债是可以继承的非人身专属性之债，除具有人身专属性的财产外，原则上可以继承。根据《继承法》第 33 条规定，继承遗产应当清偿被继承人依法应当缴纳的税款和债务，缴纳税款和清偿债务以被继承人的遗产实际价值为限。保证人死亡，保证合同的权利义务并非随保证人的死亡而当然归于消灭。保证人的继承人继承已死亡保证人遗产的，应在继承遗产的范围内承担责任，同时享有保证人的抗辩权，即承担债务后享有向主债务人追偿的权利。

② 人保说认为，保证是以个人信用提供担保，保证人的信用只依附于保证人自身，因此保证人死亡后，其个人信用消失，保证责任灭失。典型案件如梁某、广西田阳农村商业银行股份有限公司金融借款合同纠纷[（2017）桂 10 民终 2198 号]，百色市中级人民法院认为，保证的实质是保证人用其个人信用为主债务提供担保。保证人的个人信用只附随于保证人自身，保证人的个人信用随保证人的死亡而消灭。因此，保证人死亡后，其保证责任消灭。在本案中，保证人黄伟已经死亡，其保证责任消灭。

可见司法实践中,义务责任说占据绝对的主流。而在采用义务责任说的案件中,仅有9个案件的判决结果是担保责任继承,仅占到义务责任说案件总量的19.6%,剩余37个案件的判决结果均为不继承,占到义务责任说案件总量的80.4%。可见在司法裁判过程中,法官一旦选择采用义务责任说,则会将死亡时间与保证期间进行严格比较,而比较出现对银行的金融机构不利的后果的概率是十分大的。

在案例检索过程中,本书写作团队也注意到,当双方当事人就向债务人主张债权的条件、向保证人主张保证债权的条件和保证人在保证责任期间死亡的法律后果等事项予以特别约定时,法官会优先按照合同约定进行判决。如贺某某、曹某某等与内蒙古呼和浩特金谷农村商业银行股份有限公司白塔支行金融借款合同纠纷①案中,呼和浩特市中级人民法院支持了案涉《内蒙古呼和浩特金谷农商银行股份有限公司最高额保证合同》第5条第4项的约定:"发生下列情形之一的,债权人有权要求保证人履行保证责任:……(4)债务人或保证人死亡、被宣告失踪或者被宣告死亡。"

因此,商业银行需要在合同中明确约定:保证合同对于保证人死亡、被宣告死亡、被宣告失踪、被宣告破产或被撤销的情况应增加明确约定,根据《民法典》第693条,在这些情况发生时,属于保证人预期违约,保证责任得以提前激活,保证义务将转化为保证责任。② 在该情形下,无论是财保说、债务说还是义务责任说,其均会判定保证之债得以继承,保证责任继承的可能性会大大提高。但需注意的是,继承人为配偶时,首先会分配夫妻共同财产,剩余部分作为遗产才能承担保证责任。如唐某某、国家开发银行保证合同纠纷③一案中,最高人民法院认为,徐某死亡后,其继承人提起继承、析产纠纷一案,该案作出的4339号民事判决已发生法律效力。4339号判决确定徐某的财产中50%归唐某某所有,其余作为遗产在继承人中进行分割。在徐某的遗产中,确定唐某某继承5%。而唐某某并未放弃继承,故其应当在所继承徐某遗产5%的范围内承担被继承人徐某依法应当偿还的债务。

8. 对于物保与人保并存的情况,商业银行可以通过《保证合同》中的特别约定,限制保证人的抗辩权。同时,这种情况下要特别注意《借款合同》、

---

① (2018)内01民终2731号。

② 参见陈福录:《保证责任并不因保证人的死亡而消灭》,载《中国信用卡》2019年第7期。

③ (2019)最高法民终395号。

《保证合同》、《抵押合同》之间的相互关联，条款之间应当相互呼应，形成交易闭合链条。

如在甘肃瓮福化工有限责任公司、债权受让人金融借款合同纠纷[①]案中，《保证合同》中约定："本合同所担保的债权同时存在物的担保（含债务人或第三人提供）和保证担保的，债权人可以就物的担保实现债权，也可以要求保证人承担保证责任。债权人已经选择某一担保来实现债权的也可同时主张通过其他担保来实现全部或部分债权。"最高人民法院认为，案涉《保证合同》及《连带责任保证担保协议》中明确约定，保证人自愿放弃要求先就物的担保实现债权的抗辩，同意债权人直接要求保证人承担连带责任保证担保的要求。由此可知，债权人并未放弃对抵押物优先受偿的权利；相反，瓮福公司自己承诺在债权人主张担保责任时，放弃先就物的担保实现债权的抗辩。故瓮福公司关于债权人放弃物的担保，继而其不承担保证责任的上诉理由不能成立，法院不予支持。

另外，需要特别注意人保与物保并存时，合同之间的关联。如在渤海国际信托股份有限公司、平安银行股份有限公司无锡分行金融借款合同纠纷[②]一案中，最高人民法院认为，涉案《保证担保合同》第 1.3 条的前半部分"无论是否有担保人（包括主合同债务人）提供物的担保或保证，甲方（平安银行）有权优先要求乙方（渤海信托）承担保证责任"已然对债权人实现债权的顺序做出了明确的约定，则依据法律规定和合同约定，平安银行有权优先要求渤海信托承担保证责任。……根据该条款的规定并结合渤海信托与平安银行间《保证担保合同》第 1.3 条后半部分的约定，若平安银行放弃了对本案抵押物或其他担保人的权利，则在其放弃范围内，渤海信托也不再承担保证担保责任。这赋予渤海信托在平安银行放弃其他抵押物或保证担保时免除相应保证责任的抗辩权，区别本案其他保证人，但并未赋予渤海信托要求平安银行必须先通过抵押权实现债权才能要求渤海信托承担保证责任的抗辩权。渤海信托与平安银行签订的《保证担保合同》第 1.3 条的约定前后并不冲突、矛盾，渤海信托以在平安银行放弃对抵押物和其他保证人主张权利的情况下其才享有的免责抗辩权要求平安银行先实现抵押权才能要求保证人承担保证责任，缺乏法律依据和合同依据。平安银行与渤海信托《保证担

① （2018）最高法民终 350 号。

② （2019）最高法民终 138 号。

保合同》第6.2条约定“鉴于乙方(渤海信托)对债务人(无锡世贸)另有债权,并以同一抵押物办理抵押登记手续,乙方承诺:无论甲方(平安银行)授信期间或到期,乙方通过处置该抵押物取得相关款项,均应将相应款项优先用于履行其对甲方的保证责任。”鉴于涉案抵押物上,渤海信托尚享有顺位优先于平安银行的抵押权并承诺若处置抵押物将优先履行对平安银行的保证责任,渤海信托上诉主平安银行应在先行处置抵押物后才能要求渤海信托承担保证责任,亦缺乏依据。

9. 在共同保证的情况下,司法实践一般认为,债权人在保证期间内向连带共同保证人中的任何一人主张权利的行为,其法律效力均应及于其他尚在保证期间内的连带共同保证人。但最高人民法院《关于适用〈中华人民共和国民法典〉有关担保制度的解释》第29条第2款规定,同一债务有两个以上保证人,保证人之间相互有追偿权,债权人未在保证期间内依法向部分保证人行使权利,导致其他保证人在承担保证责任后丧失追偿权,其他保证人主张在其不能追偿的范围内免除保证责任的,人民法院应予支持。这就要求商业银行作为债权人必须在保证期间内向所有的保证人行使权利,以免自身保证失权。

如在中国农业银行股份有限公司府谷县支行、陕西兴茂侏罗纪煤业镁电(集团)有限公司金融借款合同纠纷[①]案中,最高人民法院认为,在连带共同保证中,保证人是作为一个整体共同对债权人承担保证责任,债权人为实现其债权,无需向全部保证人逐一主张权利,可向任何一个保证人主张权利,而该保证人承担保证责任后,有权要求其他保证人清偿,其他保证人的保证责任不会因债权人未在保证期间内向其主张权利而免除。也就是说,债权人在保证期间内向连带共同保证人中的任何一人主张权利的行为,其法律效力均应及于其他尚在保证期间内的连带共同保证人。但是,《民法典》第700条并没有明确规定原《担保法司法解释》第20条“连带共同保证的保证人按其内部约定的比例分担保证责任。没有约定的,平均分担”的规定是否继续有效。[②]“没有约定保证份额的,债权人可以请求任何一个保证人在其保证范围内承担保证责任的不真正连带共同保证,债权人可以

① (2018)最高法民终1118号,类似案件还包括(2015)民申字第2064号,(2018)最高法民终1241号,(2017)京民再126号。

② 参见黄薇主编:《中华人民共和国民法典合同编解读》(上),中国法制出版社2020年版,第777~781页。

请求任何一个保证人承担全部保证责任,保证人承担保证责任之后可以向债务人追偿,但是多个保证人之间没有相互追偿权。”

因此,最高人民法院《关于适用〈中华人民共和国民法典〉有关担保制度的解释》第29条第2款规定,同一债务有两个以上保证人,保证人之间相互有追偿权,债权人未在保证期间内依法向部分保证人行使权利,导致其他保证人在承担保证责任后丧失追偿权,其他保证人主张在其不能追偿的范围内免除保证责任的,人民法院应予支持。① 因此,为防止保证人以债权人未主张权利抗辩而导致保证责任免除,出于谨慎起见,商业银行应当向全部保证人主张权利。

10. 对于保证无效的情况下,商业银行作为债权人仍应当在保证期间内及时对保证人主张赔偿责任,以免保证失权。

11. 商业银行对保证人主张权利,在连带保证的情况下应当至少达到“起诉状副本或者仲裁申请书副本已经送达保证人的”的程度,才能撤诉。

---

① 最高人民法院《关于适用〈中华人民共和国民法典〉有关担保制度的解释》第13条规定,同一债务有两个以上第三人提供担保,担保人之间约定相互追偿及分担份额,承担了担保责任的担保人请求其他担保人按照约定分担份额的,人民法院应予支持;担保人之间约定承担连带共同担保,或者约定相互追偿但是未约定分担份额的,各担保人按照比例分担向债务人不能追偿的部分。同一债务有两个以上第三人提供担保,担保人之间未对相互追偿作出约定且未约定承担连带共同担保,但是各担保人在同一份合同书上签字、盖章或者按指印,承担了担保责任的担保人请求其他担保人按照比例分担向债务人不能追偿部分的,人民法院应予支持。除前两款规定的情形外,承担了担保责任的担保人请求其他担保人分担向债务人不能追偿部分的,人民法院不予支持。

第五编 抵押权

第十九章　抵押权预告登记的风险防范及合同条款设计

【《民法典》变化的影响】风险减少

【风险等级】★★★★

【提要】《物权法》的出台为我国法律体系正式引入了预告登记制度，《民法典》第221条同样对预告登记做出明文规定。银行在办理按揭抵押贷款业务时，通常将抵押权预告登记视为银行按揭贷款中最重要的保障措施。但不可否认的是，现有法律规定中更多是关于预告登记的程序性规定，而对其性质及效力问题至今没有从立法方面进一步明确，如此也导致司法实践中不同法院在对待审理相关预告抵押登记效力问题上持有不同的观点。最高人民法院《关于适用〈中华人民共和国民法典〉有关担保制度的解释》第52条在一定条件下认可了抵押预告登记具有顺位上的优先性。商业银行应当抓住这一机会，降低自身风险。

一、民法典及配套新规

►《民法典》

【不动产物权登记】

第214条　不动产物权的设立、变更、转让和消灭，依照法律规定应当登记的，自记载于不动产登记簿时发生效力。

【预告登记】

第221条　当事人签订买卖房屋的协议或者签订其他不动产物权的协议，为保障将来实现物权，按照约定可以向登记机构申请预告登记。预告登记后，未经预告登记的权利人同意，处分该不动产的，不发生物权效力。

预告登记后，债权消灭或者自能够进行不动产登记之日起九十日内未申请登记的，预告登记失效。

【不动产抵押登记】

第402条　以本法第三百九十五条第一款第一项至第三项规定的财产

或者第五项规定的正在建造的建筑物抵押的,应当办理抵押登记。抵押权自登记时设立。

▶《不动产登记暂行条例实施细则》

第85条　有下列情形之一的,当事人可以按照约定申请不动产预告登记:(一)商品房等不动产预售的;(二)不动产买卖、抵押的;(三)以预购商品房设定抵押权的;(四)法律、行政法规规定的其他情形。

▶最高人民法院《关于适用〈中华人民共和国民法典〉有关担保制度的解释》(法释〔2020〕28号)

【抵押预告登记】

第52条　当事人办理抵押预告登记后,预告登记权利人请求就抵押财产优先受偿,经审查存在尚未办理建筑物所有权首次登记、预告登记的财产与办理建筑物所有权首次登记时的财产不一致、抵押预告登记已经失效等情形,导致不具备办理抵押登记条件的,人民法院不予支持;经审查已经办理建筑物所有权首次登记,且不存在预告登记失效等情形的,人民法院应予支持,并应当认定抵押权自预告登记之日起设立。

当事人办理了抵押预告登记,抵押人破产,经审查抵押财产属于破产财产,预告登记权利人主张就抵押财产优先受偿的,人民法院应当在受理破产申请时抵押财产的价值范围内予以支持,但是在人民法院受理破产申请前一年内,债务人对没有财产担保的债务设立抵押预告登记的除外。

二、立法考辨

《民法典》第221条对预告登记作出了明文规定,使预告登记制度更具有广泛的保障债权实现的意义。《民法典》对预告登记的规定与现行的《物权法》第20条相比没有实质变化,仅将预告登记时效期间由"三个月"修改为"90日",以及将原《物权法》规定的"签订买卖房屋或者其他不动产物权的协议"语序调整为"签订买卖房屋的协议或者签订其他不动产物权的协议",使预告登记的适用情形名实相符,避免出现误解。

《民法典》第221条与《物权法》对应条款大同小异,都规定了预告登记的适用条件、登记后的效力及失效条件。该制度设立后在交易实践中运用十分广泛,但法律规定却十分有限,因而该制度施行以来,各级法院适用该条规定处理按揭贷款预购商品房还款违约纠纷时产生较多争议,主要争议为银行作为按揭贷款债权人是否能够享有优先受偿权。

为探讨实务界该争议的现状，我们筛选、梳理了各级各地法院有关抵押权预告登记的生效裁判文书，整理出了各地法院面对这一争议时所持观点和裁判理由。共计筛选了有效样本 60 份，包括基层、中级、高级人民法院的生效裁判，这些裁判所涉案件皆为金融借款合同纠纷，绝大多数经历了二审甚至再审程序，少数为执行程序。其中，13 份法院裁判持肯定(包含部分肯定)意见，占案例样本数量的 21.7%；另外剩余 47 份裁判则持否定意见，占样本数的 78.3%。但在否定意见的裁判中，也有 4 份案件为二审或再审改判，这些案件的一审法院判决大多持肯定观点，后被上级法院改判为不支持，如湖北省高级人民法院(2017)鄂民再 243 号、云南省高级人民法院(2018)云民终 650 号、江西高院(2017)赣民终 152 号等案例。尽管就案件数量和比例来看，持否定观点的生效裁判更多，但司法判决有关某问题的争议大小不可仅就判决数量而定，并且从众多改判案件来看，基层法院仍有大量法院和法官持肯定的观点。

学术界对这一问题也存在较大争议，主要有两种观点，现有的大多数文献持否定观点。如赵培元、程洁(2014)①认为，从学理上看预告登记制度所登记的内容本质上并不是物权而是债权请求权，它仅在保全意义上具有一定的物权效果，银行的抵押权的设立应当以办理完结正式登记程序为依据。预告登记后，实际上抵押权并未能设立因而其并不存在。常鹏翱(2016)②认为，抵押物须得具有可交易性、流通性，抵押物能够自由地通过市场交易的形式变现。而根据现行法律规定，预售的商品房不能在市场中自由流通，因此，预售的房屋实质上不能满足成为抵押物的要求，因而银行一方也不存在可以优先受偿的基础。但程啸(2017)③认为，商品房预购有其特殊性，房屋从开始建造到可以进行抵押权正式登记，必然要经过相当长的一段期间。实践中在这一段漫长的时期内，借款人出现还款违约、毁约情形的概率较高，一旦作为债务人的商品房预购人还款违约出现断供情形，银行一方就需要直接通过对涉案房屋变现价款优先受偿来维护自己的合法利益。所以从公平地保护各方利益出发，在具体案件中满足抵押权正式登记实质条件的前提下，可以肯定银行的优先受偿权。

① 参见赵培元、程洁：《抵押预告登记与法院预查封登记在正式登记条件具备时的司法处理》，载《人民司法》2014 年第 4 期。

② 参见常鹏翱：《预购商品房抵押预告登记的法律效力》，载《法律科学》2016 年第 6 期。

③ 参见程啸：《论抵押权的预告登记》，载《中外法学》2017 年第 2 期。

2014 年最高人民法院院通过公报案例的形式提出了该院的观点。[①] 最高人民法院非常明确地指出，预告登记其性质和效力都不同于本登记，该登记不具有优先受偿效力。但是，从 2015 年以后的判例来看，司法实务中这一争议并没有随着最高人民法院的观点明晰而消弭。商业银行工作人员应梳理预告抵押登记不同于正式抵押登记的观念，认识到两者在性质和效力方面的区别。我国现有的法律同时规定“抵押权的预告登记制度”以及“抵押权登记制度”，虽然两种制度都有担保的效果，但这两种制度之间具有显著性区别。抵押权登记针对的是具备完全效力的物权，属于本登记，具备终局效力；而抵押权预告登记针对的并非物权，而仅仅是保障物权变动的请求权，属于临时性登记，具有不确定性，它有赖于今后完成所有权登记和抵押权登记的程序，而且具有时效性。

值得注意的是，最高人民法院《关于适用〈中华人民共和国民法典〉有关担保制度的解释》第 52 条确定了两种情况下，抵押预告登记具有顺位上的优先性，从而大大强化抵押预告登记的效力。

第一，如果当事人办理抵押预告登记后，“经审查已经办理建筑物所有权首次登记，且不存在预告登记失效等情形的”，则人民法院应予支持抵押权人对预告登记顺位优先性的要求。换言之，此处所称“已经办理建筑物所有权首次登记”实践中一般就是指开发商对开发楼盘办理大产权登记。同时，最高人民法院《关于适用〈中华人民共和国民法典〉有关担保制度的解释》第 52 条还明确，“应当认定抵押权自预告登记之日起设立”，这一规定实际上将预告登记的顺位优先性倒推到了预告登记之日。这对于作为债权人（抵押权人）的商业银行非常有利。

第二，如果当事人办理了抵押预告登记，但是“抵押人破产，经审查抵押财产属于破产财产，预告登记权利人主张就抵押财产优先受偿的，人民法院应当在受理破产申请时抵押财产的价值范围内予以支持”。因此，在抵押人（开发商）破产的情况下，债权人可以无条件取得预告登记顺位优先。只是由于需要与《企业破产法》第 31 条[②]衔接，因此，最高人民法院《关于适用

① 中国光大银行股份有限公司上海青浦支行诉上海东鹤房地产有限公司、陈某某保证合同纠纷案，载《最高人民法院公报》2014 年第 9 期。

② 《企业破产法》第 31 条规定，人民法院受理破产申请前一年内，涉及债务人财产的下列行为，管理人有权请求人民法院予以撤销：(1) 无偿转让财产的；(2) 以明显不合理的价格进行交易的；(3) 对没有财产担保的债务提供财产担保的；(4) 对未到期的债务提前清偿的；(5) 放弃债权的。

〈中华人民共和国民法典〉有关担保制度的解释》第 52 条又规定，“但是在人民法院受理破产申请前一年内，债务人对没有财产担保的债务设立抵押预告登记的除外”。

三、司法裁判可视化梳理

本书写作团队使用 Alpha 案例库对“金融借贷中抵押预告登记纠纷”进行了检索，①检索关键词为“案由：未设置案由”+“全文：同句‘抵押预告登记’”+“法院认为包含：抵押权不成立”+“攻/守方当事人包含：银行”，总共得到判决 89 件，可视化分析如图 19-1 所示。

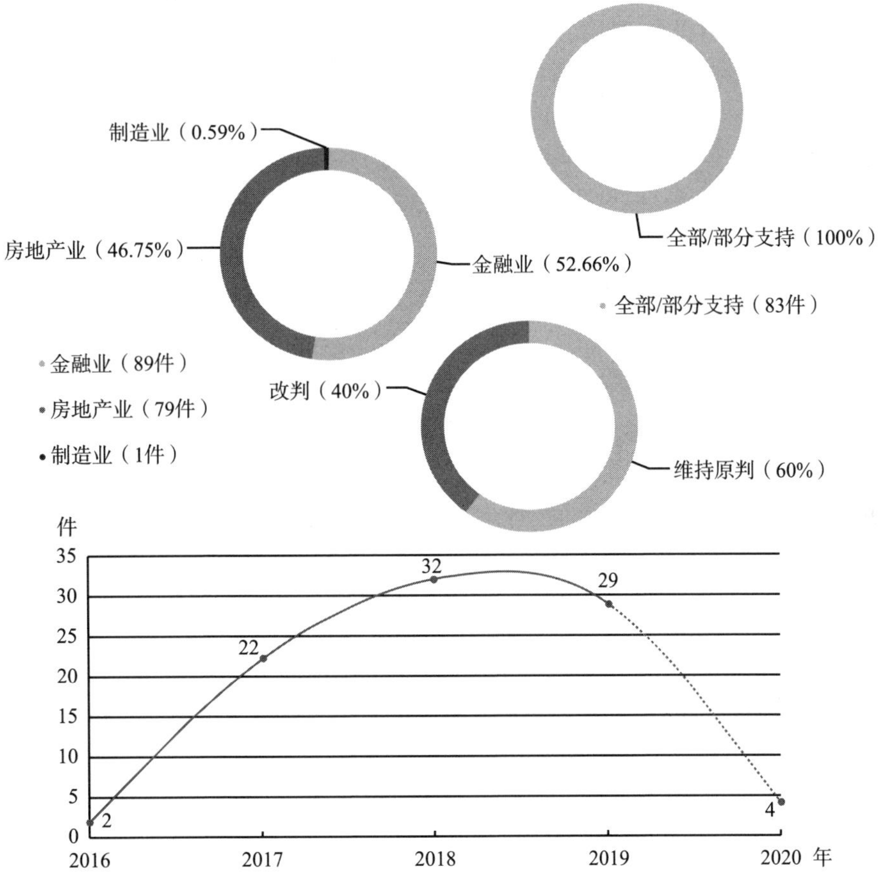

图 19-1　金融借贷抵押预告登记纠纷可视化示意

① 最后检索日期：2020 年 12 月 31 日。

从具体案件来看，对于抵押权预告登记是否具有优先受偿效力之争议，司法实践中总体上有两种观点，即肯定（包括部分肯定）和否定两种观点。

对于持肯定观点的判决，其理由主要有：

第一，如果完全否定银行的优先受偿权会违背双方签订借款抵押合同达成交易的本意。抵押合同双方签订合同的本意在于银行希望获得借款人所预购之房屋设定的抵押权担保自己的债权，借款人希望以房屋作为担保而向银行借得购房之资金。当房屋达到交付条件后，因诸如房屋买受人怠于验收、怠于办理所有权转移手续等原因导致抵押权不能如期设立，银行对不能顺利办理正式的物权登记没有过错，如出现还款违约或房屋被法院执行等情形，此时完全否定的观点不符合抵押借款合同中买受人和银行双方当初订立合同的本意。例如，在中国银行股份有限公司合肥南城支行与刘某发、刘某等借款合同纠纷二审①案中，安徽省高级人民法院认为，本案中买受人刘某发以所购买的尚未取得产权证的不动产进行抵押并办理了抵押预告登记，当债权届至而尚未办理产权登记及抵押登记时，如果要求抵押权人必须等待办理房屋产权证和正式抵押登记后才能行使抵押权，显然不符合立法本意及当事人签订《抵押担保合同》的本意。

第二，完全让银行和开发商承担交易不能顺利进行的风险，是显然不公平的，也不利于交易的安全和合同的稳定。此类观点的判决书认为，在不能顺利办理正式的物权登记银行没有过错这一前提下，如果完全持否定观点，要求银行来承担交易不能进行的不利后果，风险分担是不公平的，甚至可能刺激引诱借款人故意拖延、拒绝办理正式登记物权登记。② 在中国建设银行股份有限公司福州城北支行与周某某、高某某等金融借款合同纠纷③案中，福州市中级人民法院认为，商品房按揭贷款往往涉及贷款银行、开发商、购房人三方利益，商品房担保贷款合同与商品房买卖合同亦相互牵连，若在商品房已经具备抵押登记条件而因购房人原因未能完成正式登记，将导致银行对商品房的抵押权未能依登记而及时设立，开发商提供阶段性担保（通常约定保证期间至抵押权设立之时）的保证期间被不当延长，购房人亦将面

---

① （2014）皖民二终字第00780号。

② 最高人民法院中国应用法学研究所：《人民法院案例选》2017年第4辑（总第110辑），人民法院出版社2017年版，第10页。

③ （2015）榕民终字第5965号。

临开发商以购房人违约为由解除商品房买卖合同而导致其无法获取商品房溢价收益的不利局面，影响交易安全和合同稳定。

第三，个别的生效判决认为，抵押借款合同中关于条件成就时办理正式的物权登记之约定是该合同所附加的条件。当借款人违约并怠于或阻碍完成正式物权登记时可以适用《合同法》第45条规定的情形，即借款人为了自身的利益非正当地阻止抵押借款合同约定的登记事项，此时可以认定先前所约定的条件已经成就，进而认定银行一方因此能够享有抵押权应有的权利。但此观点认为预售房的借款抵押合同是附条件的合同，办理抵押权正式登记就是生效条件，本书写作团队认为这一观点值得商榷，应当认为办理抵押权正式登记的约定为合同的主要内容之一，清理阻碍、积极推动办理抵押权正式登记是借款人的合同义务而非合同附加的条件。

持否定观点的生效裁判文书的理由较为统一：预告和正式登记两者的性质和效力是完全不同的。前者所登记的只是将来设定抵押权的请求权而不是抵押权本身。即抵押权预告登记存在的意义在于保障以设立抵押权为内容的请求权得以顺利实现，并不会产生物权直接设立的后果，也不会产生所谓的优先受偿权。在中国光大银行股份有限公司上海青浦支行诉上海东鹤房地产有限公司、陈某绮保证合同纠纷案①中，上海市第二中级人民法院认为，在未办理房屋抵押权设立登记之前，其享有的是当抵押登记条件成就或约定期限届满对系争房屋办理抵押权登记的请求权，并可排他性地对抗他人针对系争房屋的处分，但并非对系争房屋享有现实抵押权。

现有法律规定中更多的是关于预告登记的程序性规定，而对抵押预告登记的性质及效力问题至今没有明确的立法规定，导致各主体对抵押预告登记制度的认识不一，如此多种因素导致商业银行在实际操作中除优先受偿争议外还主要存在以下几个方面风险：

（一）商业银行忽视预告登记制度时效带来的风险

预告登记制度具有时效性，依据《民法典》规定若未在已满足办理转为正式登记的既定条件之日起90日内提出办理申请的，预告登记将会失效。在实际市场交易中，银行面临预告登记的时效性风险，一是因为很多银行工作人员缺乏对预告登记制度深入认识了解；二是因为预告登记转为正式登

① 中国光大银行股份有限公司上海青浦支行诉上海东鹤房地产有限公司、陈某绮保证合同纠纷案，载《最高人民法院公报》2014年第9期（总第215期）。

记的既定条件满足的时间一般时间周期比较长，银行工作人员注意力会随时间衰减。这样容易出现预告登记转为正式登记的时间逾期的情形，从而导致预告登记失效，进而导致银行债权脱离物保，沦为一般债权的法律风险。在招商银行股份有限公司大连分行与大连一方地产有限公司保证合同纠纷①案中，最高人民法院认为，银行收到阶段性担保人迟延交付预告抵押登记手续后，不但没有提出异议，而且一年多时间不去办理预告抵押登记，且无合理解释，其怠于履行合同义务是显而易见的，对案涉房屋不能办理预告抵押登记后果的产生存在重大过错。应视为阶段性担保的保证责任免除条件成就，故阶段性担保人的保证责任免除。

（二）商业银行未及时提出执行异议阻却法院强制执行带来的风险

根据《民法典》第 221 条第 1 款之规定，预告登记明确具有保全效力。因此，当出现办理了抵押权预告登记的不动产被强制执行的情况时，如不动产不具备办理抵押登记的条件的，银行虽然难以被法院承认其优先受偿权，但其仍旧可提出停止处分的执行异议，待登记条件满足时，要求就抵押物变价所得优先受偿。实务操作中，因阶段性连带责任保证的存在，银行等金融机构工作人员可能会忽视、放弃在法院实际执行前向法院提出执行异议。

在姜某某与陈某某民间借贷纠纷②案中，一审法院驳回银行执行异议，交通银行扬州分行提起复议，江苏省高级人民法院认为，……关于第二个问题，根据《物权法》第 20 条有关的规定可知，预告登记具有保全效力，未经预告登记权利人同意，预告登记的不动产不得发生物权变动。此处的物权变动，主要包括基于法律行为的物权变动。扬州中院的物抵债裁定将房屋变动给姜某某，本质上是基于当事人之间以物抵债的合意，违反了《物权法》第 20 条的规定，侵害了交行扬州分行作为案涉房屋抵押权预告登记权利人的权益，应予撤销。此案中银行积极提出异议，保障了自己的合法权益。

（三）商业银行对于开发商阶段性保证终止时点的失控风险

开发商的阶段性保证的存在，对抵押权预告登记不具备优先受偿效力的风险进行了化解，在借款人因故不能履行还款义务时可转而向开发商主

① （2017）最高法民申 3474 号。

② （2017）苏执复 73 号。

张权利，故而此保证终止时点应与商品房抵押权的取得契合方能最为有效地规避风险。对于开发商阶段性连带责任保证终止时点的约定，实务中有的约定为买受人权属证书办理完毕，有的约定为他项权证或不动产登记证明办理完毕。不同的终止时点，对于商业银行风险掌控有着完全不同的意义，整体来看，终止时间越晚对于银行风险规避越有利。在招商银行股份有限公司哈尔滨分行与哈尔滨盛和置业有限公司、张某某、孙某某金融借款合同纠纷[①]案中，哈尔滨市中级人民法院认为，《个人住房贷款合作协议书》约定保证期间自合同签订之日起至张某某、孙某某办妥正式抵押登记，并将房屋产权证和他项权证交由招商银行保管之日止。……张某某、孙某某没有按照约定偿还借款本息，且没有按照约定将涉案房产办理抵押登记，按照上述约定盛和公司连带责任保证的解除条件并未成就。……招商银行在合同约定的保证期间内主张权利，盛和公司应当按照约定承担连带责任保证责任。

（四）银行对涉及楼盘开发商的主体审查风险

银行与某一开发商就某一楼盘与开发商展开信贷合作之前，对于其开发商开发资质、资信及履约能力应进行仔细核查。具体可通过当地房地产开发管理机构及房管住建部门进行了解，例如，针对开发企业各地房地产开发管理机构多次对其进行信用评级，有些地区甚至采一票否决制，即在开发过程中存在违法违规行为的，一经举报或投诉核实的便降低其信用登记或取消其相应的开发资质，而这些信息皆可通过房地产开发管理机构网站予以查询，对于是否存在违法违规操作亦能寻到蛛丝马迹。对开发商的履约能力可通过财务报表、验资报告等予以审查。开发商的资质及履约能力事关其能否承担保证责任及可否顺利完成所涉楼盘的开发建设，资金实力及资质水平较差的开发商，其不能顺利对所涉楼盘开发建设完毕的风险一般大与资金雄厚资质更高的开发商。如果项目因开发商原因造成竣工验收未通过进而导致所涉楼盘不能完成首次登记或者因房屋建设质量问题导致纠纷，则抵押权之本登记的办理便遥遥无期，银行之风险便可能被无限放大。

（五）合同缺乏对开发商逾期办理房产证、预购人逾期办证及拒绝办理抵押的有效约束

抵押登记的办理必须建立在房产证办理的基础上，开发商是否按照约

---

① （2016）黑01民终2244号。

定时间办理房产证成为办理抵押登记的前置条件。实践中存在因开发商没有顺利按时完成产权办理流程,从而直接影响债权银行不能办理抵押登记的情况。当前银行与开发商之间的合作协议中虽大多约定由开发商协助预购人与银行办理正式抵押登记,但很多合同未明确约定具体的协助义务和违约责任。由于开发商的办证期限根据开发商向预购人交楼的时间不同而不同,并无统一期限,执行中银行较难监督房产证办理时间,导致房产登记与抵押登记脱节。

此外,因预购人欠缴税费或房屋质量纠纷等原因,开发商未能按照约定办理房产证时,银行缺乏必要的救济措施。实践中常出现房产已具备办证条件,但预购人欠缴税费,开发商也不愿意代其垫付,导致房产证长期不能取得的情况。房产证不能办理则银行的抵押登记也不能办理,同时还会引发登记过期失效的问题。

购房者是否配合办理抵押登记也是银行风险的重要影响因素,如果银行未在贷款前约定并落实预购人授权银行办理抵押登记,当出现借款人不配合的情况后,则银行将难以单方办理促成抵押权正式设立。根据《不动产登记暂行条例实施细则》规定,正式登记必须由双方共同申请。如预购人拒绝或不配合办理登记,则银行通常无法单方向房管部门申请办理抵押登记,只能通过诉讼等途径强制办理,耗时较长,成本较大,还存在诉讼风险。

四、商业银行风控操作要点

当前,随着经济增长放缓,尤其是受2020年年初新冠肺炎疫情影响,现阶段按揭贷款风险有所积聚,抵押权预告登记的法律效力的不确定性也进一步增加了银行的贷款风险。本书写作团队着眼于现有法律框架体系,对前文所述的商业银行按揭贷款业务中办理抵押权预告登记时的几点风险,提出防范建议:

(一)商业银行需树立将抵押权预告登记不等同于抵押权设立登记的观念,注意预告登记的时效性

银行不应持有已办妥预告登记就“高枕无忧”的心态,认为将来一定可以顺利办理抵押登记,而应采取措施尽可能地缩短抵押权预告登记的存续期,及时完成抵押权登记。银行在为预售商品房提供按揭贷款时,通常要求开发商在款项发放后房产证办理完成前对按揭贷款承担连带责任保证担保,即“阶段性保证担保”。正如前述招商银行股份有限公司大连分行与大

连一方地产有限公司保证合同纠纷[①]案中，最高人民法院指出，双方当事人对保证期间进行了约定，以办妥预告抵押登记为时间节点，保证期间可以延长，也可以缩短。该约定是双方当事人的真实意思表示，但不能与《担保法》的规定相悖，不能无限延长保证期间，也是阶段性担保的应有之义。商业银行应及时推动预告登记转化为正式登记，严格遵守法定时效，加快推进正式抵押登记的办理进度，避免被法院认定为怠于履行办理预告抵押登记义务导致权益受损。

（二）加强贷前调查，严把授信关口

加强开发商资料收集、审核。预售商品房贷款业务涉及资金大，房屋建设周期长导致预告登记时间长，开发商的履约能力、资金能力直接影响银行贷款的安全性。并且一般借款合同中会约定由开发商提供保证，一旦出现购房者还款违约的情形，银行会要求开发商承担担保责任。因此，为了保证金融机构的第二还款来源有效、充足，在金融机构与开发商合作之前，要扎实做好对开发商相关资质资料进行收集、审查。主要有以下几点：（1）是否具备相应开发、销售资质；（2）相关资质是否真实，是否符合法律规定；（3）开发商的资金流转情况；（4）开发商涉诉案件情况、执行情况；（5）开发商公司主要股东的资金情况；（6）是否提供了足额的保证金；（7）实地调查走访项目建设情况。

加强借款人资料收集、审核。在预售商品房贷款业务中借款人是第一还款来源，金融机构要做到对借款人资料的严格审查。主要有以下几点：（1）借款人的身份信息审查；（2）借款人的还款能力审查；（3）借款人的征信信息审查；（4）借款人提供资料真实性审查；（5）借款人是否是失信被执行人。

（三）主动、积极地推动抵押权登记，控制登记的进度

根据最高人民法院《关于适用〈中华人民共和国民法典〉有关担保制度的解释》第52条规定，开发商对开发楼盘办理大产权登记之后，人民法院应当“应当认定抵押权自预告登记之日起设立”，这一规定实际上将预告登记的顺位优先性倒推到了预告登记之日。这对于作为债权人（抵押权人）的商业银行非常有利。商业银行应当注意：第一，不能让预告登记过期失效。第二，应当在开发商对开发楼盘办理大产权登记之后及时推动预告登记转化

① （2017）最高法民申3474号。

成正式登记，掌握主动权。第三，2021 年 4 月 6 日自然资源部《关于做好不动产抵押权登记工作的通知》（自然资发〔2021〕54 号）第 4 条第 1 项规定，“预告登记信息”页均增加“担保范围”、“是否存在禁止或限制转让抵押不动产的约定”栏目，商业银行必须注意慎重填写上述栏目内容。

银行可以尝试采取预先获取预购人授权的措施，要求预购人在签订贷款合同时出具符合房管部门要求的《授权委托书》，明确由授权银行办理正式登记，留存抵押人身份证明复印件，便于符合办证条件时银行持《授权委托书》即可向相关部门申请办理抵押登记，以此控制登记的流程和进度，避免因预购人不配合导致抵押权无法顺利设立。

（四）商业银行应当注意破产程序与预告登记的衔接

如果当事人办理了抵押预告登记，但是，“抵押人破产，经审查抵押财产属于破产财产，预告登记权利人主张就抵押财产优先受偿的，人民法院应当在受理破产申请时抵押财产的价值范围内予以支持”。因此，在抵押人（开发商）破产的情况下，债权人可以无条件取得预告登记顺位优先。

但是，商业银行应当注意最高人民法院《关于适用〈中华人民共和国民法典〉有关担保制度的解释》第 52 条又规定，“但是在人民法院受理破产申请前一年内，债务人对没有财产担保的债务设立抵押预告登记的除外”。因此，在设立抵押预告登记时，应当严格审查债务人（开发商）债务状况，尽量杜绝在开发商临近破产边缘时设立抵押预告登记的可能。

（五）完善合同条款，避免合同漏洞

在整个住房贷款业务流程中，合同的作用不仅起着明确各方权利义务的作用，还可以约束各方不履行的行为，所以应当与合同相对人签订完善的合同条款，尽力避免因合同漏洞而导致不利于银行的法律风险。对于与购房者签订的借款合同。应在合同中注意以下几点：（1）明确借款人应协助配合金融机构做好预售房屋抵押预告登记，并且限定时间；（2）尝试要求预购人在签订贷款合同时出具符合房管部门要求的《授权委托书》，明确由购房者授权银行在登记条件满足时办理抵押登记；（3）在合同中明确约定借款人在可以办理正式登记时积极配合银行办理登记，同时限定办理时间，避免因过了抵押预告登记的 90 天时效而无效；（4）明确借款人不配合银行办理抵押预告登记及预告登记转化为正式登记的违约责任、损害赔偿责任；（5）在合同中约定，为办理登记而由银行所垫付的预购人欠缴的各类税费属于抵押担保范畴，银行有权自抵押物变现款项中优先受偿。

第二十章　抵押登记未办理的责任追究风险防范及合同条款设计

【《民法典》变化的影响】风险增加

【风险等级】★★★★

【提要】《民法典》第215条明确了合同效力与物权变动区分原则，抵押权直接产生于抵押登记，抵押合同效力与是否抵押登记无关。最高人民法院《关于适用〈中华人民共和国民法典〉有关担保制度的解释》则确定了"按照抵押合同违约责任追偿"的司法路径。如果商业银行发放了抵押贷款，但抵押物却未办理登记，如何在诉讼中最大限度地保障金融机构的合法利益？为此，商业银行在抵押合同中应当如何设计抵押登记及违约责任的相应条款？

一、民法典及配套新规

▶《民法典》

【不动产抵押登记】

第402条　以本法第395条第1款第1项至第3项规定的财产或者第5项规定的正在建造的建筑物抵押的，应当办理抵押登记。抵押权自登记时设立。

【合同效力与物权变动区分】

第215条　当事人之间订立有关设立、变更、转让和消灭不动产物权的合同，除法律另有规定或者当事人另有约定外，自合同成立时生效；未办理物权登记的，不影响合同效力。

▶《最高人民法院民二庭第7次法官会议纪要》(2017年12月)

【未办理登记的不动产抵押合同的效力】

不动产抵押权的设立以登记为必要，签订抵押合同但未办理抵押登记的，抵押权并未设立，债权人如主张享有抵押权的，不应得到支持。但是否登记并不影响抵押合同的效力，抵押合同有效成立后，就对双方具有约束力。如抵押人依约负有办理抵押登记的义务，但因抵押物灭失或转让而不能办理抵押登记的，抵押人应承担相应的违约责任，以抵押物的价值为限赔偿债权人履行利益的损失。连带责任须有明确的法定或约定依据，在双方并未约定抵押人承担连带责任的情况下，债权人请求抵押人承担连带责任的，人民法院不予支持。

▶《九民纪要》

【未办理登记的不动产抵押合同的效力】

60. 不动产抵押合同依法成立，但未办理抵押登记手续，债权人请求抵押人办理抵押登记手续的，人民法院依法予以支持。因抵押物灭失以及抵押物转让他人等原因不能办理抵押登记，债权人请求抵押人以抵押物的价值为限承担责任的，人民法院依法予以支持，但其范围不得超过抵押权有效设立时抵押人所应当承担的责任。

▶最高人民法院《关于适用〈中华人民共和国民法典〉有关担保制度的解释》（法释〔2020〕28号）

【不动产抵押合同的效力】

第46条　不动产抵押合同生效后未办理抵押登记手续，债权人请求抵押人办理抵押登记手续的，人民法院应予支持。

抵押财产因不可归责于抵押人自身的原因灭失或者被征收等导致不能办理抵押登记，债权人请求抵押人在约定的担保范围内承担责任的，人民法院不予支持；但是抵押人已经获得保险金、赔偿金或者补偿金等，债权人请求抵押人在其所获金额范围内承担赔偿责任的，人民法院依法予以支持。

因抵押人转让抵押财产或者其他可归责于抵押人自身的原因导致不能办理抵押登记，债权人请求抵押人在约定的担保范围内承担责任的，人民法院依法予以支持，但是不得超过抵押权能够设立时抵押人应当承担的责任范围。

二、立法考辨

民法典出台之前，《物权法》第187条明确规定，抵押权自抵押登记时设立，同时《物权法》第15条明确了“物债两分”的思路。《担保法司法解释》第56条第2款规定，法律规定登记生效的抵押合同签订后，抵押人违背诚实信用原则拒绝办理抵押登记致使债权人受到损失的，抵押人应当承担赔偿责任。之前司法上对该问题的争议在于:这一赔偿责任的性质究竟是"连带责任"、"有限连带清偿责任"、"过错责任"或"违约责任"。由于上述三种责任的构成要件不同,商业银行作为债权人的诉讼请求和主张也有天壤之别。从《担保法司法解释》第7条的规定来看,似乎是规定了赔偿的过错责任原则,[①]但最高人民法院的判例对此也存在较大差异,如表20-1所示。

表20-1　最高人民法院对未办理抵押登记时合同相对方责任认定判例一览[②]

责任性质	方式	案号	所占比例
违约	连带	(2018)最高法民申5498号 (2018)最高法民申1189号	20%
	补充	(2017)最高法民终718号(2017)最高法民终934号	20%
担保	连带	(2019)最高法民终222号 (2018)最高法民审5965号 (2018)最高法民申6240号 (2018)最高法民申6262号 (2017)最高法民申1144号 (2015)民二终字第337号	60%
	补充	—	—

法学界同仁对此也有不同看法,曹士兵(2008)[③]认为,抵押人不履行生效抵押合同,拒绝办理抵押登记的,债权人可凭已生效的抵押合同,诉请人民法院要求抵押人实际履行,配合办理抵押登记。同时,由于抵押人违反抵押合同不履行合同义务,债权人如果因为法律限制不能要求抵押人实际履行,或者不要求抵押人实际履行,也可以要求抵押人承担违约赔偿责任。刘延杰、王明华(2013)[④]认为,在未办理抵押登记的情况下,抵押人与债权人之

① 《担保法司法解释》第7条规定,主合同有效而担保合同无效,债权人无过错的,担保人与债务人对主合同债权人的经济损失,承担连带赔偿责任;债权人、担保人有过错的,担保人承担民事责任的部分,不应超过债务人不能清偿部分的二分之一。

② 参见赵颖慧、马海涛:《未办理抵押登记情形下债权人的权利救济初探》,载微信公众号"天同诉讼圈"2019年7月19日,2020年12月31日访问。

③ 参见曹士兵:《中国担保制度与担保方法——根据物权法修订》,中国法制出版社2008年版,第183页。

④ 参见刘延杰、王明华:《未办理抵押权登记时抵押人应承担何种责任》,载《人民司法》2013年第3期。

间所创设的这种担保权利属于非典型担保。此种担保与保证的相同之处在于两者均属于人保的范畴,性质上为债权担保,不同之处在于保证系以保证人的不特定财产进行担保,而抵押人所提供的是特定担保。所以,除继续履行和损害赔偿责任外,债权人还可以要求抵押人在抵押物的价值范围内,承担连带清偿责任。范小华(2015)[①]认为,只有在有证据证明双方一致同意不办理抵押登记但抵押人仍按照合同内容对债权人进行担保的特殊情况下,抵押人才承担担保责任。"民商法沙龙"微信群讨论实录对此问题也进行了专题讨论。[②]

对此,最高人民法院《关于适用〈中华人民共和国民法典〉有关担保制度的解释》第46条首先认定抵押权系担保物权,根据物权法定原则,抵押权之产生不依赖于抵押合同,而直接产生于抵押权登记。抵押合同本身只产生债权请求权之效力,即"不动产抵押合同生效后未办理抵押登记手续,债权人请求抵押人办理抵押登记手续的,人民法院应予支持"。这一规定与《九民纪要》第60条以及2017年12月《最高人民法院民二庭第7次法官会议纪要》关于"不动产抵押权的设立以登记为必要,签订抵押合同但未办理抵押登记的,抵押权并未设立,债权人如主张享有抵押权的,不应得到支持。但是否登记并不影响抵押合同的效力,抵押合同有效成立后,就对双方具有约束力"的观点保持一致。

但是,对于抵押权已经无法登记的情况,《九民纪要》统一规定为"但因抵押物灭失或转让而不能办理抵押登记的,抵押人应承担相应的违约责任"。最高人民法院《关于适用〈中华人民共和国民法典〉有关担保制度的解释》第46条在承继《九民纪要》关于"违约责任"思路的基础上进行了两个重大改变:

第一,最高人民法院《关于适用〈中华人民共和国民法典〉有关担保制度的解释》第46条将"抵押物不能办理抵押登记"分为两种情况,即"因不可归责于抵押人自身的原因灭失或者被征收等导致不能办理抵押登记"和"因抵押人转让抵押财产或者其他可归责于抵押人自身的原因导致不能办理抵押登记"。对于前者,"债权人请求抵押人在约定的担保范围内承担责任的,人

---

① 参见范小华:《未办理抵押登记的不动产抵押合同中抵押人责任研究》,载《法律适用》2015年第4期。

② 参见李志刚主编:《民商审判前沿:争议、法理与实务——"民商法沙龙"微信群讨论实录》,人民法院出版社2018年版,第289~306页。

民法院不予支持”,“但是抵押人已经获得保险金、赔偿金或者补偿金等,债权人请求抵押人在其所获金额范围内承担赔偿责任的,人民法院依法予以支持”。对于后者,“因抵押人转让抵押财产或者其他可归责于抵押人自身的原因导致不能办理抵押登记,债权人请求抵押人在约定的担保范围内承担责任的,人民法院依法予以支持,但是不得超过抵押权能够设立时抵押人应当承担的责任范围”。

值得注意的是,此处对于第三方责任导致不能办理登记的处理,司法解释似乎没有提及,但依照违约责任之性质,应当认定也属于第一种情况。

第二,违约责任的承担上限范围问题。

《九民纪要》规定“以抵押物的价值为限”承担违约责任,而最高人民法院《关于适用〈中华人民共和国民法典〉有关担保制度的解释》第46条规定,“在约定的担保范围内”承担违约责任。如抵押物价值小于担保债权,则按照46条之规定,赔偿责任应当小于《九民纪要》的赔偿范围。

三、司法裁判可视化梳理

本书写作团队使用Alpha案例库对“金融借贷中抵押登记未办理追责纠纷”进行了检索,[①]检索关键词为“案由:未设置案由”+“全文:抵押未登记”+“攻方当事人包含:银行”+“法院认为包含:连带责任”,总共得到判决164件,可视化分析如图20-1所示。

就司法判例来看,对“抵押登记未办理的责任追究”类案件的司法裁判思路分为四步走:

第一,法官会区分“抵押合同本身效力”与“抵押登记产生的抵押权效力”这两个概念。

第二,在抵押合同有效的前提下,法官根据商业银行作为债权人的诉请,对抵押人不履行抵押登记义务所应当承担的责任性质进行认定。

第三,司法判决的主要分歧在于“谁承担登记主要义务”,从而决定金融机构和债务人双方对于没有办理抵押登记谁负有更大责任。

第四,司法判决会出现“债务人在抵押物价值范围内承担责任”和“双方按照过错分担责任”两种结果的分歧。

其中,第二步、第三步、第四步都可能对商业银行产生相应的风险点,如

---

① 最后检索日期:2020年12月31日。

果商业银行持续犯错，则有可能导致自身承担所有责任。

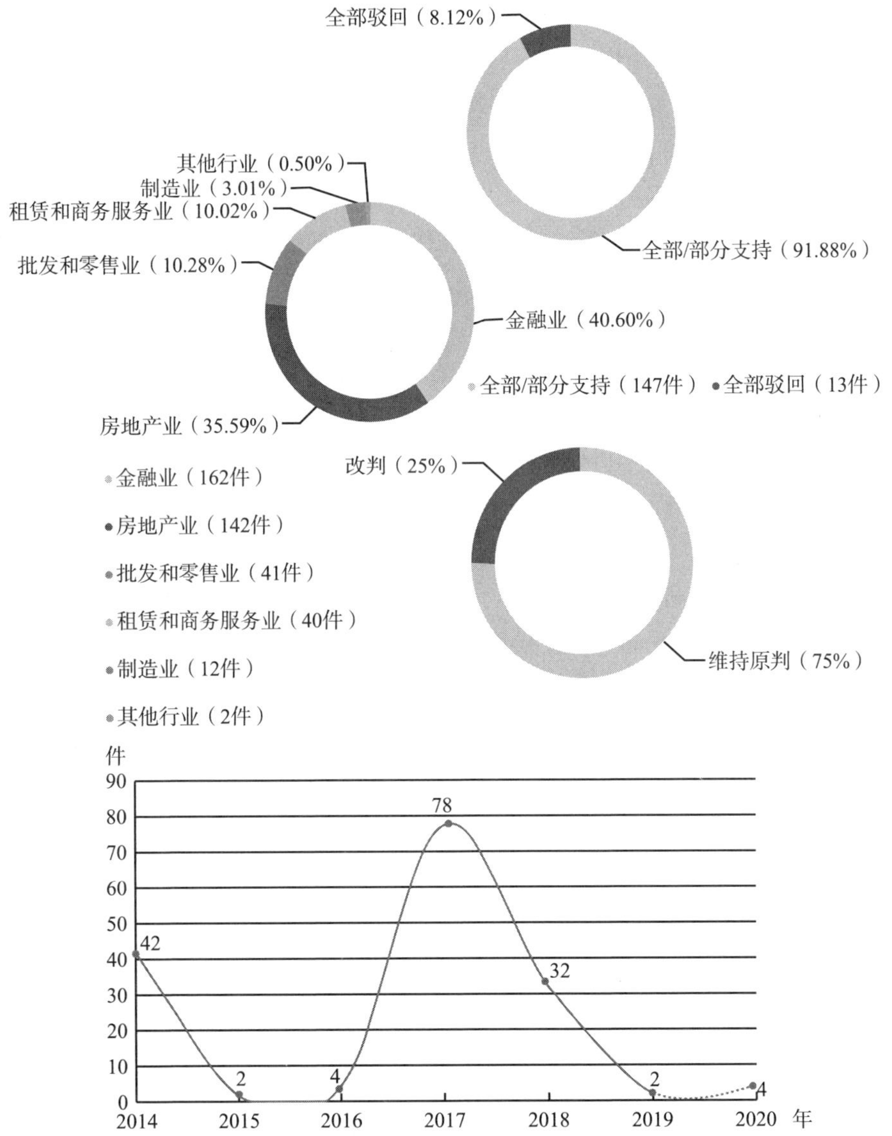

图 20-1　金融借贷抵押登记未办理追责纠纷可视化示意

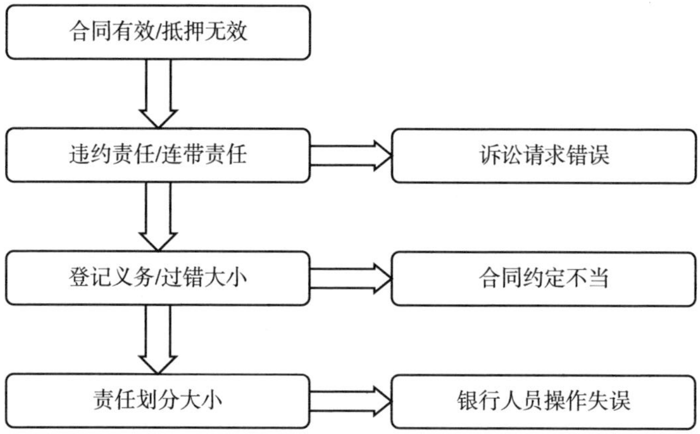

图 20-2　未办理抵押登记时合同相对方责任认定司法裁判思路示意

首先,在不存在违法、欺诈胁迫等事由的前提下,司法机构一般会认可抵押合同效力,在第一环节商业银行的风险一般不大。在营口元亨曦地置业有限公司、青岛天一集团樱珠山房地产开发有限公司企业借贷纠纷①案中,最高人民法院认为,关于二审判决是否超出原告诉讼请求范围问题。原告提起本案诉讼,系要求被告承担抵押担保责任。因双方在《借款补充协议》签订后均未办理抵押物的登记手续,故抵押权并未有效设立,在此情况下,原告无权对抵押物行使优先受偿权,即无权要求被告承担抵押担保责任。虽然如此,但被告并非可以免责,对于因抵押权不能有效设立而给原告造成的损失,其仍要根据过错程度,承担相应的赔偿责任。原审法院判决被告承担赔偿责任并未超出原告诉讼请求范围。

其次,对于责任性质的认定,司法机关主流观点目前认为不应当承担连带责任,而是违约赔偿责任。因此,如果商业银行的诉讼请求不当,可能导致相应的败诉风险。如在双辽天益房地产开发有限公司、周某某民间借贷

① (2017)最高法民申 2340 号。同样,在中国建设银行股份有限公司满洲里分行与满洲里中欧化工有限公司、北京伊尔库科贸有限公司信用证纠纷[(2009)民二终字第 112 号]一案中,最高人民法院认定抵押未办理登记,依《物权法》第 15 条规定,不影响合同效力,但抵押人应承担抵押权未有效设立的违约责任。

纠纷[①]案中,最高人民法院认为,由于周某某、杨某某、赵某签订的《抵押借款协议》中的房屋抵押部分无效,赵某应对周某某的经济损失承担赔偿责任,而非连带清偿责任。基于赵某未上诉、未申请再审的情况,法院对赵某应承担责任的比例及范围不作调整。一审、二审法院判决“赵某对上述借款、利息及实现债权的费用在提供担保的30套房屋价值范围内承担连带清偿责任”,适用法律错误,法院予以纠正。

再次,对于哪方主体对抵押权登记负有主要义务的问题,由于法律法规的规定不尽相同,如果商业银行抵押合同中对此“没有约定”或者“约定不明”,很可能造成自身成为全部或部分违约责任主体的严重后果。[②] 例如,《不动产登记暂行条例》第14条规定,因买卖、设定抵押权等申请不动产登记的,应当由当事人双方共同申请。因此,不动产抵押登记法定的办理人应当是抵押权人和抵押人双方。因此,在肇庆市鼎湖天标投资有限公司、阳春市金瑞环保科技发展有限公司买卖合同纠纷[③]案中,最高人民法院认定,虽然天标公司将29套房产的商品房预售许可证原件交付给中铝公司作为抵押

① (2017)最高法民再335号。此前,在新疆石河子农村合作银行与刘某瑞、步某华借款合同纠纷[(2015)民申字第2354号]一案中,最高人民法院曾将“抵押担保合同转换为连带责任保证合同”。该案判决书认为,为救济其法律效力的瑕疵,除可以通过补办登记手续这种方式加以补正使其发生法律效力外,还可以通过解释上的转换这一方式,将其转换为有效的担保行为,以节约交易成本,促进交易发展。根据民法基本原理,法律行为的转换是指原有行为如果具备替代行为的要件,并且可以认为当事人如果知道原有行为不生效力或无效将希望替代行为生效的,可以将原有行为转换为替代行为而生效。其制度趣旨在于不拘泥于法律行为的外观,而是在尊重当事人的真实意思的基础上,对交易做出新的评价,用一种适当的行为去替换当事人所选择的不适当的行为,以平衡当事人之间的利益。……如果合作银行和刘某瑞在案涉20万元借款合同和担保合同签订之时,就知道这种以在先的抵押登记担保在后发生的另一笔债权并不能产生法律效力,在不办理登记以节约抵押登记费用的情况下,双方会选择由刘某瑞提供保证这一合法有效的担保方式,以保证贷款合同的顺利履行。相反,若仅机械适用法律认定本案房产抵押因未登记就不发生任何法律效力,则刘某瑞不承担担保责任的结果将会明显背离一般社会大众的公平认知,亦显然有违诚实信用原则。因此,根据本案的实际情况,法院将案涉20万元的抵押担保合同转换为连带责任保证合同。但后来这一做法受到2017年12月2日《最高人民法院民二庭第7次法官会议纪要》的否定。

② 如《矿业权出让转让管理暂行规定》第57条规定,矿业权设定抵押时,矿业权人应持抵押合同和矿业权许可证到原发证机关办理备案手续。矿业权抵押解除后20日内,矿业权人应书面告知原发证机关。采矿、探矿权抵押法定的办理人应当是“矿业权人”即“抵押人”。《国土资源部关于进一步完善采矿权登记管理有关问题的通知》第28条规定,采矿权人申请抵押备案的,应向登记管理机关提交以下资料:(1)抵押备案申请书;(2)抵押合同;(3)贷款合同;(4)采矿权有偿取得(处置)凭证;(5)采矿许可证(复印件)等相关要件。到原登记管理机关办理备案手续,符合规定的,登记管理机关向抵押双方出具备案证明。

③ (2019)最高法民申2230号。

担保,但双方在抵押合同签订后未就约定的抵押物办理抵押登记手续。根据《物权法》第 187 条之规定,双方约定的抵押权尚未依法设立。二审法院认为,办理抵押登记手续是合同双方的共同义务,对未能办理抵押登记手续给债权人中铝公司在本案中造成的损失双方均有过错,应承担相应的民事责任,并根据本案实际情况及《物权法》第 176 条之规定确定天标公司应在《抵押合同》约定的 29 套房产价值范围内对一审判决第二、三、四项确定的海川公司债务不能清偿部分按一审判决第五项实现债权后的余额承担二分之一的赔偿责任,并无不当。在营口元亨曦地置业有限公司、青岛天一集团樱珠山房地产开发有限公司企业借贷纠纷①案中,山东省高级人民法院也认为,根据国土资源部《土地登记办法》的规定,办理土地登记应由当事人共同完成。本案中,签订借款补充协议后,元亨曦地公司与青岛天一公司都未办理土地使用权抵押登记,均构成违约,责任相当,应当承担同等违约责任。因此,元亨曦地公司应当在合同约定的土地使用权价值的一半范围内承担赔偿责任。

最后,司法机构可能基于金融机构的特殊性质和地位加重商业银行的责任份额。在中国银行股份有限公司大连甘井子支行、库伦旗首宇甜菊糖有限公司金融借款合同纠纷②案中,最高人民法院认为,《商业银行法》第 36 条规定,商业银行贷款,借款人应当提供担保。商业银行应当对保证人的偿还能力,抵押物、质物的权属和价值以及实现抵押权、质权的可行性进行严格审查。经商业银行审查、评估,确认借款人资信良好,确能偿还贷款的,可以不提供担保。本案中,中行甘井子支行作为大型国有商业银行,有严格的贷款审查程序和制度,在发放贷款前理应对抵押物及时办理抵押登记以减小贷款风险。在贷款过程中为抵押物办理抵押登记对于银行来说属于设权行为,中行甘井子支行为抵押物办理抵押登记较之百益源公司、盛世亚公司应更加积极主动,理应尽到更大的注意义务、催促义务,故中行甘井子支行对抵押合同二、抵押合同三约定的抵押物未办理登记所造成的损失负有主要责任。相对而言,抵押人百益源公司、盛世亚公司在办理抵押登记过程中处于被催促的地位。依据《担保法司法解释》第 56 条第 2 款规定并结合《担保法司法解释》第 7 条规定的精神,百益源公司、盛世亚公司对未办理抵押

① (2016)鲁民终 1076 号。

② (2017)最高法民终 436 号。

登记应当承担次要责任。……法院酌定中行甘井子支行对因抵押合同二、抵押合同三中未办理抵押登记所造成的损失自身均承担75%的责任。

四、商业银行现有条款的比对点评

(一)多家银行的现有条款比对

本书写作团队考察了多家银行对“抵押登记”及相应“违约责任”的安排,比对检讨如下:

【A银行】

第12条　抵押登记

12.1　抵押人和抵押权人应于本协议签订后及时到法定登记机关办理并完成有效的抵押登记。登记部门颁发的与抵押物有关的抵押权利证明文件的正本需交抵押权人持有。

12.2　在本协议有效期内,抵押物所有权或其中任一权利发生经抵押权人事先书面同意的转移或变更,有关当事人应于十(10)个银行工作日内办理变更登记。变更登记后的相关证书及文件交由抵押权人保管。

12.3　被担保债务全部清偿后,抵押权人应及时将抵押物的抵押权利证明文件的正本交还抵押人,并与抵押人共同办理抵押登记注销。

第15条　违约责任

15.1　以下情形构成抵押人在本协议项下的违约事件:

(1)债务人未能按照主合同的约定按时足额清偿债务或主合同项下发生任何债务人的违约事件;(2)被担保债务的任何部分由于任何原因不再充分合法有效,或由于任何原因而被终止或受到限制;(3)本协议项下设定的担保的任何部分由于任何原因不再充分合法有效,或由于任何原因被终止、撤销或受到限制或影响;(4)发生本协议第8.6条或第8.7条项下的事件时,债务人未落实还款责任或抵押人未落实担保责任;(5)抵押人未按本协议规定及时履行担保责任;(6)抵押人在本协议中所做的陈述和保证不真实或违反其在本协议中所做的承诺;(7)抵押人违反本协议中有关抵押人的任何其他义务或责任;(8)抵押人或抵押物发生危及、损害或可能危及、损害抵押权人权益的其他事件。

【B银行】

第11条　抵押登记

11.1　甲方和乙方应于本合同签订之日起三日内到抵押物法定的登记

部门办理抵押物登记,并在登记手续办妥后三日内将他项权利证明、抵押登记证明文件正本及/或抵押物所有权属证明正本交乙方保管。

第 12 条　违约责任

12.5　本合同生效后,若甲方未能在本合同第十一条约定的期限内配合乙方办理抵押登记,导致抵押权未能设立的,乙方有权终止发放信贷,若造成乙方损失的,甲方应当承担违约责任。

【C 银行】

第 5 条　抵押财产登记

(一)双方应于本合同签订后____个工作日内到相应的登记部门办理抵押登记手续。甲方应于抵押登记完成之日将抵押财产的抵押登记证明证书正本原件及其他财产权利证书交乙方持有。

……

第 12 条　违约责任

(一)甲方违约责任

3. 如果因甲方原因导致抵押权未有效设立,或者导致抵押财产价值减少,或者导致乙方未及时或未充分实现抵押权,且甲方与债务人不是同一人,乙方有权要求甲方在本合同约定的担保范围内对担保的债务与债务人承担连带责任。

【D 银行】

第 5 条　抵押登记

5.1　依法需要办理抵押登记的,在本合同签订后 30 个工作日内,由抵押权人工作人员负责到有关登记部门办理抵押登记手续,抵押人应根据抵押权人的要求给予全面配合。抵押人应于抵押登记完成当日将抵押权证书正本原件、抵押财产权属证书(明)或其他权利证书(明)原件交抵押权人持有。抵押登记手续未完成,抵押权人有权不履行已经签订的主合同项下抵押权人的合同义务。

第 15 条　缔约过失

本合同签订后,抵押人拒绝办理或拖延抵押登记,或因抵押人的其他原因,致使本合同不能生效,抵押权不能有效设立的,抵押人构成缔约过失。抵押人应对抵押权人在主合同项下所产生的未获清偿的债权(包括但不限于借款本金、利息及实现债权的费用)承担连带责任保证担保责任,保证期间为主合同所约定的借款期限届满之次日起叁年。

【E银行】

第5条　抵押登记

5.1　依法需要办理抵押登记的,在本合同签订后30个工作日内,由抵押权人工作人员负责到有关登记部门办理抵押登记手续,抵押人应根据抵押权人的要求给予全面配合。抵押人应于抵押登记完成当日将抵押权证书正本原件、抵押财产权属证书(明)或其他权利证书(明)原件交抵押权人持有。抵押登记手续未完成,抵押权人有权不履行已经签订的主合同项下抵押权人的合同义务。

第16条　违约及处理

16.1　以下事项之一即构成或视为抵押人在本合同项下违约:

16.1.1　抵押人拒绝办理或拖延抵押登记,或因抵押人的其他原因,致使抵押权不能有效设立或不能对抗善意第三人的……

【F银行】

第8条　甲方的权利和义务

8.21　甲方在此不可撤销的确认,如甲方未能按照本合同第12条约定期限办理抵押登记(包括但不限于出具、签署、提交、补充抵押登记文件,取得抵押登记权属证明等)的,甲方应在被担保主债权范围内对主债权提供不可撤销的连带责任保证,乙方有权要求甲方承担连带保证责任。

第12条　抵押登记

12.1　甲乙双方应在本合同签订后15日内到有关抵押登记机关办理抵押登记手续。抵押登记事项发生变化依法需办理变更登记的,甲乙双方应在登记事项发生变更之日起15日内到有关抵押登记机关办理变更登记手续。

12.2　双方在此确认,抵押登记机关要求登记的抵押期限等仅为登记需要,对抵押权的存续及效力不具有法律约束力。

【G银行】

第6条　抵押登记

6.1　依法需要办理抵押登记的,在本合同签订后十日内,甲、乙双方应到有关登记部门办理抵押登记手续。抵押权证书、抵押登记文件正本原件由甲方占有。

第12条　违约责任

12.1　乙方出现下列情形之一时,即构成在本合同项下的违约:

……

12.1.2　因乙方的原因导致抵押权未设立或无效；

12.2　出现前款违约事项，甲方有权采取以下一项或多项措施，乙方应完全配合甲方的行动：

……

12.2.5　要求乙方对主合同项下全部债务承担连带清偿责任。

【H 银行】

第 8 条　抵押登记

1. 抵押人应在本合同生效后五日内到有关登记机构办理抵押登记手续；抵押物的他项权利证书、抵押登记文件或者其他权利证书由抵押权人占管。

第 11 条　违约责任

……

2. 抵押人有下列行为之一的，应按本合同所担保主债权本金数额的______%向抵押权人支付违约金；造成抵押权人损失的，应同时给予全额赔偿：

……

(3)未按本合同约定办理抵押登记手续；

【I 银行】

第 3 条　抵押财产登记

双方应于本合同签订后____个工作日内到相应的登记部门办理抵押登记手续。甲方应于抵押登记完成之日将抵押财产的他项权利证书、抵押登记文件正本原件及其他权利证书交乙方持有。

第 10 条　违约责任

一、甲方违约责任

……

(三)如果因甲方原因导致抵押权未有设立，或者导致抵押财产价值减少，或者导致乙方未及时或未充分实现抵押权，且甲方与债务人不是同一人，乙方有权要求甲方在本合同约定的担保范围内对担保的债务与债务人承担连带责任。

(二)多家银行的现有条款之检讨

上述合同存在五个问题需要进行检讨与分析：

第一，关于抵押登记办理主体。A、B 银行均将“抵押人和抵押权人”约定为抵押登记办理主体，C、F、G 银行同样使用了“双方”共同办理的模式。该种做法可能是基于《不动产登记暂行条例实施细则》第 20 条关于“抵押权登记向申请人核发不动产登记证明”①的规定，商业银行作为债权人，担心自身不是“申请人”而无法取得不动产登记证明。但据本书写作团队了解，除非权利人授权，不动产登记实践中有关机关只能向“权利人”而非“申请人”核发不动产登记证明。且根据前述司法判决先例，在合同上写明“双方共同办理抵押权登记”这一约定会放大债权人银行自身办理抵押登记的义务，可能导致司法认定上的不利后果。

本书写作团队认为，D、E 银行约定“由抵押权人工作人员负责到有关登记部门办理抵押登记手续”，而抵押人仅仅承担“根据抵押权人的要求给予全面配合”义务，对银行自身义务规定最重，殊不可取。只有 H 银行明确规定“抵押人”为办理抵押登记单方义务人，值得提倡。

第二，关于办理抵押登记期限。各家商业银行有三种做法：

一是 A 银行未明确约定抵押人办理抵押登记的期限，使用了“及时”这一模糊概念。

二是明确固定期限。如 B 银行明确“三日内”，E 银行明确“30 个工作日内”，F 银行“本合同签订后 15 日”，G 银行“在本合同签订后十日内”，H 银行“本合同生效后五日内”。

三是留白。如 C、D、I 银行明确规定“应于本合同签订后____个工作日内到相应的登记部门办理抵押登记手续”。

本书写作团队认为，第一种做法概念模糊，很不妥当，第三种做法容易带来具体工作人员的操作风险，也不稳妥，第二种做法更容易认定对方的违约行为，最为可取。就办理抵押登记的具体时间而言，15 个工作日比较合适。

第三，关于有关抵押文本的交付。

A、B、C、E 等银行均规定：“登记部门颁发的与抵押物有关的抵押权利证明文件的正本需交抵押权人持有（A 银行）”、“他项权利证明、抵押登记证明文件正本及/或抵押物所有权属证明正本（B 银行）”或“甲方应于抵押登

① 《不动产登记暂行条例实施细则》第 20 条规定：“不动产登记机构应当根据不动产登记簿，填写并核发不动产权属证书或者不动产登记证明。除办理抵押权登记、地役权登记和预告登记、异议登记，向申请人核发不动产登记证明外，不动产登记机构应当依法向权利人核发不动产权属证书。”

记完成之日将抵押财产的他项权利证书、抵押登记文件正本原件及其他权利证书交乙方持有(C银行)”,“抵押人应于抵押登记完成当日将抵押权证书正本原件、抵押财产权属证书(明)或其他权利证书(明)原件交抵押权人持有(E银行)”,“抵押权证书、抵押登记文件正本原件由甲方占有(G银行)”,“抵押物的他项权利证书、抵押登记文件或者其他权利证书由抵押权人占管(H银行)”。D、F银行没有规定上述事宜。

上述条款存在三个问题:第一,“抵押财产的他项权利证书”在《不动产登记暂行条例》出台之后已经不存在;第二,“抵押物有关的抵押权利证明文件的正本”、“抵押登记证明证书正本原件”或“抵押登记文件正本原件”的用语均不规范,根据《不动产登记暂行条例实施细则》应该改为“抵押不动产登记证明原件”,①亦不存在正、副本;第三,其他权利证书所指不清晰,可能目的在阻止债务人办理顺位抵押,但债务人可以任意挂失该证书,故该条约定对债务人的制约能力有限。

第四,关于责任形态。

A银行没有在合同违约责任条款中明确将“抵押人未在约定期限内办理抵押登记手续”单列为一种违约责任形态,只使用了“(7)抵押人违反本协议中有关抵押人的任何其他义务或责任”这一兜底性条款,可能导致法院判决存在依据不足的法律风险。B、C、E、G、H银行均明确规定为“甲方应当承担违约责任”。D银行认为“抵押人拒绝办理或拖延抵押登记,或因抵押人的其它原因,致使本合同不能生效,抵押权不能有效设立的,抵押人构成缔约过失”,将责任界定为“缔约过失”责任。

第五,关于违约责任的计算方式。

B、E银行没有规定违约责任的计算方式。C银行认为“如果因甲方原因导致抵押权未有效②设立,或者导致抵押财产价值减少,或者导致乙方未及时或未充分实现抵押权,且甲方与债务人不是同一人,乙方有权要求甲方在本合同约定的担保范围内对担保的债务与债务人承担连带责任”。F银行直接规定“乙方有权要求甲方承担连带保证责任”。G银行同样要求“要求乙方对主合同项下全部债务承担连带清偿责任”,并未提及限额。H银行则

---

① 《不动产登记操作规范(试行)》第6.1.1条规定,登记事项记载于不动产登记簿后,不动产登记机构应当根据不动产登记簿,如实、准确填写并核发不动产权证书或者不动产登记证明。根据《不动产登记暂行条例实施细则》抵押权登记应当核发不动产登记证明。

② C银行使用的是“如果因甲方原因导致抵押权未有效设立”,多了“有效”二字,更为明确。

直接以留白的形式规定:“应按本合同所担保主债权本金数额的____%向抵押权人支付违约金;造成抵押权人损失的,应同时给予全额赔偿”。

这些合同条款存在以下问题:这一违约责任形态基于诚信原则,同时在性质上属于“补充赔偿责任”,其范围在法理上应以“约定担保范围为限”。最高人民法院判决中亦有“化工公司、实业公司未办理房产抵押登记以及股权质押登记,给资产公司所造成损失应限于本应抵押的房产、本应质押的股权价值范围内”①的表述。如果一味强调连带责任,其本质是将抵押合同直接变更为连带保证合同。考虑到最高人民法院《关于适用〈中华人民共和国民法典〉有关担保制度的解释》第46条规定“(未办理抵押登记时违约责任)不得超过抵押权能够设立时抵押人应当承担的责任范围”,上述违约责任条款虽然约定了连带责任,但对连带责任的范围约定过于广泛,有可能在未来被认定加重了抵押人的责任,显失公平。

因此,F银行将其直接转化为保证责任的做法很可能得不到司法机关的支持,而H银行留白的做法增加了具体经办人员的操作风险。D银行认定为缔约过失责任,理论上只能覆盖信赖利益,但又将该责任约定为“承担连带责任保证担保责任”,到底是“连带责任”还是“保证担保责任”语焉不详,且超出了抵押物本身价值,隐患最大。B、E银行没有规定违约责任的计算方式会增加事后司法认定的难度。以上皆不可取。相比之下,C银行的规定较为适宜。

五、商业银行风控操作要点

基于以上分析,本书写作团队倾向于认为司法部门会按照《民法典》与最高人民法院《关于适用〈中华人民共和国民法典〉有关担保制度的解释》确立的规则,认定抵押登记未办理的责任。为更好地防范金融风险,维护金融债权,本书写作团队建议商业银行加强以下风险防控措施:

(一)完善内控放款合规控制

《商业银行法》第36条规定,商业银行贷款,借款人应当提供担保。《贷款通则》第29条规定,签订借款合同:保证贷款应当由保证人与贷款人签订

---

① (2017)最高法民终934号。相类似的观点可以见浙江高院(2016)浙民终228号判决书,参见杨日洪、徐琦:《非典型担保意思表示下抵押人的责任承担——浙江省衢州市中级人民法院判决叶红阳诉杜朋等追偿权纠纷案》,载《人民法院报·案例精选》2017年第11辑(总117辑)。

保证合同,或保证人在借款合同上载明与贷款人协商一致的保证条款,加盖保证人的法人公章,并由保证人的法定代表人或其授权代理人签署姓名。抵押贷款、质押贷款应当由抵押人、出质人与贷款人签订抵押合同、质押合同,需要办理登记的,应依法办理登记。本书写作团队理解商业银行业务部门在特定情况下,受市场竞争压力,有可能出现未来得及办理抵押登记即放款的个别情况,但仍需要提醒原则上抵押登记应当在借贷合同商业银行放款之前完成。

(二)修订抵押合同,在合同中明确规定抵押人为登记主要义务人

考虑到最高人民法院《关于适用〈中华人民共和国民法典〉有关担保制度的解释》第46条将"抵押物不能办理抵押登记"分为两种情况,即"因不可归责于抵押人自身的原因灭失或者被征收等导致不能办理抵押登记"和"因抵押人转让抵押财产或者其他可归责于抵押人自身的原因导致不能办理抵押登记"。商业银行应当做到:第一,由于行政法规对抵押合同登记义务人规定的不明确性,商业银行应当积极修订本行《抵押合同》,在合同中明确约定:抵押人为办理抵押登记的主要义务人。第二,对于第三方责任导致不能办理登记的处理,司法解释似乎没有提及,商业银行的相关合同条款应当将这一情况纳入"因抵押人转让抵押财产或者其他可归责于抵押人自身的原因导致不能办理抵押登记"的情况。第三,考虑到《民法典》第414条删除了《物权法》第199条第1款第1项中"顺序相同的,按照债权比例清偿"的内容。在电子化登记系统中,不动产登记时间已经可以精确到具体的"秒"。因此,必须明确抵押人履行登记义务的时间期限,这一期限应当尽量缩短,以防止抵押顺位落后。第四,金融机构应主动催告要求抵押人办理抵押登记,并留存特快专递、录音录像、微信等相关证据,从而证明自身催告义务的履行。

(三)商业银行应当要求抵押人交付不动产登记凭证,但该条款不应当写入抵押合同

《担保法司法解释》第59条规定,当事人办理抵押物登记手续时,因登记部门的原因致使其无法办理抵押物登记,抵押人向债权人交付权利凭证的,可以认定债权人对该财产有优先受偿权。现实中最高人民法院也有判

例支持。① 因此,商业银行应当要求抵押人交付不动产登记凭证。但需要注意的是,如果在抵押合同中明确要求抵押人交付不动产登记凭证,又有可能会被司法部门事后推定为抵押权人负有主要的办理抵押登记义务。这两者之间的矛盾需要商业银行灵活处理。

(四)明确约定“抵押权人不履行抵押登记义务时”的违约责任条款

最高人民法院《关于适用〈中华人民共和国民法典〉有关担保制度的解释》第46条规定改变了《九民纪要》“以抵押物的价值为限”的规定,规定“在约定的担保范围内”承担违约责任。鉴于此,商业银行应当在违约条款中明确单列约定,如未办理抵押登记,抵押人与债务人应在“在约定的担保范围内”承担补充赔偿责任,并对未用于清偿银行债务的抵押物价值部分承担损失赔偿责任。对于有商业银行将其规定为补充责任的做法,虽然《民法典》第178条规定,连带责任,由法律规定或者当事人约定。但是,鉴于连带责任会加大抵押人义务(尤其是抵押人为第三人时),可能会被司法机构认定为显失公平。②

另外,根据《民法典》第496条规定,本书写作团队建议,上述条款属于对于抵押人具有重大利害关系的条款,商业银行应当注意对该条款进行标黑加粗显示。

---

① (2016)最高法民再416号。最高人民法院认为,根据《物权法》第9条第1款之规定,案涉两宗土地因未办理抵押登记,抵押权未能有效设立。因此,建行韶关分行对涉案两宗土地不享有抵押权。其中有政府调整土地规划导致需换领新证后才能办理抵押登记手续的原因,也有建行韶关分行过分依赖《最高额抵押合同》第10条关于违约责任的约定,在抵押土地价值低于6000万元的情况下意图抛弃抵押权条款通过适用违约责任条款获取更优利益保护的原因。但结合上述分析,特别是《最高额抵押合同》第11条第10项的特殊约定,不能认定凯航公司构成违约。因此,凯航公司不应承担违约责任。目前虽然具备了换发新证并继续办理土地抵押登记手续的外部条件,但在建行韶关分行提起本案诉讼并申请法院对两宗土地已经采取保全措施予以查封,且凯航公司仍愿意以该两宗土地为本案所涉债权提供担保的情况下,没有必要再要求当事人继续办理土地抵押登记手续。根据《担保法司法解释》第59条之规定,可以认定债权人建行韶关分行在6000万元的范围内对该两宗土地折价或拍卖、变卖的价款享有优先受偿权。

② 参见李志刚主编:《民商审判前沿:争议、争法理与实务——“民商法沙龙”微信群讨论实录》,人民法院出版社2018年版,第290~292页。

第二十一章　抵押权与其他权利冲突规则新规及商业银行合同设计

【《民法典》变化的影响】风险增加/减少

【风险等级】★★★★

【提要】《民法典》及司法解释对抵押权与居住权、质押权、租赁权、价款债权、抵押人处分抵押物的权利之间的冲突做出了新的制度安排。商业银行面对实践中承租人和抵押人恶意串通，通过倒签租赁合同对抗抵押权的行为如何利用新法保障自身合法利益？如何防范房地一体抵押带来的风险？如何设计抵押合同中关于限制抵押人处分抵押物的合同条款？如何规避《民法典》所规定的动产超级抵押权与价款优先权带来的风险？如何在为“以房养老”提供制度支持，保障家庭成员居住权，在充分提升房屋的利用效率[①]与金融安全之间找到平衡？

一、民法典及配套新规

▶《民法典》

【预告登记】

第221条　当事人签订买卖房屋的协议或者签订其他不动产物权的协议，为保障将来实现物权，按照约定可以向登记机构申请预告登记。预告登记后，未经预告登记的权利人同意，处分该不动产的，不发生物权效力。

预告登记后，债权消灭或者自能够进行不动产登记之日起九十日内未申请登记的，预告登记失效。

【建筑物与建设用地使用权同时抵押规则】

第397条　以建筑物抵押的，该建筑物占用范围内的建设用地使用权一并抵押。以建设用地使用权抵押的，该土地上的建筑物一并抵押。

---

① 王利明：《论民法典物权编中居住权的若干问题》，载《学术月刊》2019年第7期。

抵押人未依据前款规定一并抵押的,未抵押的财产视为一并抵押。

【动产抵押权无追及效力】

第404条　以动产抵押的,不得对抗正常经营活动中已经支付合理价款并取得抵押财产的买受人。

【抵押权与租赁权的关系】

第405条　抵押权设立前,抵押财产已经出租并转移占有的,原租赁关系不受该抵押权的影响。

【抵押财产的处分】

第406条　抵押期间,抵押人可以转让抵押财产。当事人另有约定的,按照其约定。抵押财产转让的,抵押权不受影响。

抵押人转让抵押财产的,应当及时通知抵押权人。抵押权人能够证明抵押财产转让可能损害抵押权的,可以请求抵押人将转让所得的价款向抵押权人提前清偿债务或者提存。转让的价款超过债权数额的部分归抵押人所有,不足部分由债务人清偿。

【抵押权与质权的清偿顺序】

第415条　同一财产既设立抵押权又设立质权的,拍卖、变卖该财产所得的价款按照登记、交付的时间先后确定清偿顺序。

【动产购买价款抵押担保的优先权】

第416条　动产抵押担保的主债权是抵押物的价款,标的物交付后十日内办理抵押登记的,该抵押权人优先于抵押物买受人的其他担保物权人受偿,但是留置权人除外。

【抵押权对新增建筑物的效力】

第417条　建设用地使用权抵押后,该土地上新增的建筑物不属于抵押财产。该建设用地使用权实现抵押权时,应当将该土地上新增的建筑物与建设用地使用权一并处分。但是,新增建筑物所得的价款,抵押权人无权优先受偿。

【居住权的定义】

第366条　居住权人有权按照合同约定,对他人的住宅享有占有、使用的用益物权,以满足生活居住的需要。

【居住权合同】

第367条　设立居住权,当事人应当采用书面形式订立居住权合同。

居住权合同一般包括下列条款:

(一)当事人的姓名或者名称和住所;

(二)住宅的位置;

(三)居住的条件和要求;

(四)居住权期限;

(五)解决争议的方法。

【居住权的设立】

第368条　居住权无偿设立,但是当事人另有约定的除外。设立居住权的,应当向登记机构申请居住权登记。居住权自登记时设立。

【居住权的转让、继承和设立居住权的住宅出租】

第369条　居住权不得转让、继承。设立居住权的住宅不得出租,但是当事人另有约定的除外。

【居住权的消灭】

第370条　居住权期限届满或者居住权人死亡的,居住权消灭。居住权消灭的,应当及时办理注销登记。

【以遗嘱方式设立居住权的参照适用】

第371条　以遗嘱方式设立居住权的,参照适用本章的有关规定。

【发包人未支付工程价款的责任】

第806条　发包人未按照约定支付价款的,承包人可以催告发包人在合理期限内支付价款。发包人逾期不支付的,除根据建设工程的性质不宜折价、拍卖外,承包人可以与发包人协议将该工程折价,也可以请求人民法院将该工程依法拍卖。建设工程的价款就该工程折价或者拍卖的价款优先受偿。

▶《税收征收管理法》

第45条第1款　税务机关征收税款,税收优先于无担保债权,法律另有规定的除外;纳税人欠缴的税款发生在纳税人以其财产设定抵押、质押或者纳税人的财产被留置之前的,税收应当先于抵押权、质权、留置权执行。

▶《企业破产法》

第109条　对破产人的特定财产享有担保权的权利人,对该特定财产享有优先受偿的权利。

第113条　破产财产在优先清偿破产费用和共益债务后,依照下列顺序清偿:

(一)破产人所欠职工的工资和医疗、伤残补助、抚恤费用,所欠的应当划入职工个人账户的基本养老保险、基本医疗保险费用,以及法律、行政法规规定应当支付给职工的补偿金;

(二)破产人欠缴的除前项规定以外的社会保险费用和破产人所欠

税款；

（三）普通破产债权。破产财产不足以清偿同一顺序的清偿要求的，按照比例分配。破产企业的董事、监事和高级管理人员的工资按照该企业职工的平均工资计算。

▶《海商法》

第25条　船舶优先权先于船舶留置权受偿，船舶抵押权后于船舶留置权受偿。

▶《最高人民法院关于建设工程价款优先受偿权问题的批复》（法释〔2002〕16号）

建筑工程承包人的优先受偿权优于抵押权和其他债权；建筑工程价款包括承包人为建设工程应当支付的工作人员报酬、材料款等实际支出的费用，不包括承包人因发包人违约所造成的损失；建设工程承包人行使优先权的期限为六个月，自建设工程竣工之日或者建设工程合同约定的竣工之日起计算。

消费者交付购买商品房的全部或者大部分款项后，承包人就该商品房享有的工程价款优先受偿权不得对抗买受人。

▶《最高人民法院关于破产企业国有划拨土地使用权应否列入破产财产等问题的批复》（鄂高法〔2002〕158号）

以划拨方式取得的国有土地使用权为标的物设定抵押，抵押权人只有在以抵押标的物折价或拍卖、变卖所得价款缴纳相当于土地使用权出让金的款项后，对剩余部分方可享有优先受偿权。

企业对其以划拨方式取得的国有土地使用权无处分权，以该土地使用权为标的物设定抵押，除依法办理抵押登记手续外，还应经具有审批权限的人民政府或土地行政管理部门批准。否则，应认定抵押无效。

▶《九民纪要》

61.【房地分别抵押】根据《物权法》第182条之规定，仅以建筑物设定抵押的，抵押权的效力及于占用范围内的土地；仅以建设用地使用权抵押的，抵押权的效力亦及于其上的建筑物。在房地分别抵押，即建设用地使用权抵押给一个债权人，而其上的建筑物又抵押给另一个人的情况下，可能产生两个抵押权的冲突问题。基于“房地一体”规则，此时应当将建筑物和建设用地使用权视为同一财产，从而依照《物权法》第199条的规定确定清偿顺序：登记在先的先清偿；同时登记的，按照债权比例清偿。同一天登记的，视为同时登记。应予注意的是，根据《物权法》第200条的规定，建设用地使用权抵押后，该土地上新增的建筑物不属于抵押财产。

126.【商品房消费者的权利与抵押权的关系】根据《最高人民法院关于建设工程价款优先受偿权问题的批复》第1条、第2条的规定，交付全部或者大部分款项的商品房消费者的权利优先于抵押权人的抵押权，故抵押权人申请执行登记在房地产开发企业名下但已销售给消费者的商品房，消费者提出执行异议的，人民法院依法予以支持。但应当特别注意的是，此情况是针对实践中存在的商品房预售不规范现象为保护消费者生存权而作出的例外规定，必须严格把握条件，避免扩大范围，以免动摇抵押权具有优先性的基本原则。因此，这里的商品房消费者应当仅限于符合本纪要第125条规定的商品房消费者。买受人不是本纪要第125条规定的商品房消费者，而是一般的房屋买卖合同的买受人，不适用上述处理规则。

▶《最高人民法院关于刑事裁判涉财产部分执行的若干规定》（法释〔2014〕13号）

第13条　被执行人在执行中同时承担刑事责任、民事责任，其财产不足以支付的，按照下列顺序执行：（一）人身损害赔偿中的医疗费用；（二）退赔被害人的损失；（三）其他民事债务；（四）罚金；（五）没收财产。债权人对执行标的依法享有优先受偿权，其主张优先受偿的，人民法院应当在前款第（一）项规定的医疗费用受偿后，予以支持。

▶最高人民法院《关于适用〈中华人民共和国民法典〉有关担保制度的解释》（法释〔2020〕28号）

【抵押的代位权】

第42条　抵押权依法设立后，抵押财产毁损、灭失或者被征收等，抵押权人请求按照原抵押权的顺位就保险金、赔偿金或者补偿金等优先受偿的，人民法院应予支持。

给付义务人已经向抵押人给付了保险金、赔偿金或者补偿金，抵押权人请求给付义务人向其给付保险金、赔偿金或者补偿金的，人民法院不予支持，但是给付义务人接到抵押权人要求向其给付的通知后仍然向抵押人给付的除外。

抵押权人请求给付义务人向其给付保险金、赔偿金或者补偿金的，人民法院可以通知抵押人作为第三人参加诉讼。

【抵押财产的转让】

第43条　当事人约定禁止或者限制转让抵押财产但是未将约定登记，抵押人违反约定转让抵押财产，抵押权人请求确认转让合同无效的，人民法院不予支持；抵押财产已经交付或者登记，抵押权人请求确认转让不发生物权效力的，人民法院不予支持，但是抵押权人有证据证明受让人知道的除外；抵押权人请求抵押人承担违约责任的，人民法院依法予以支持。

当事人约定禁止或者限制转让抵押财产且已经将约定登记，抵押人违反约定转让抵押财产，抵押权人请求确认转让合同无效的，人民法院不予支持；抵押财产已经交付或者登记，抵押权人主张转让不发生物权效力的，人民法院应予支持，但是因受让人代替债务人清偿债务导致抵押权消灭的除外。

【划拨土地使用权抵押】

第50条第1款　抵押人以划拨建设用地上的建筑物抵押，当事人以该建设用地使用权不能抵押或者未办理批准手续为由主张抵押合同无效或者不生效的，人民法院不予支持。抵押权依法实现时，拍卖、变卖建筑物所得的价款，应当优先用于补缴建设用地使用权出让金。

【房地一体抵押】

第51条　当事人仅以建设用地使用权抵押，债权人主张抵押权的效力及于土地上已有的建筑物以及正在建造的建筑物已完成部分的，人民法院应予支持。债权人主张抵押权的效力及于正在建造的建筑物的续建部分以及新增建筑物的，人民法院不予支持。

当事人以正在建造的建筑物抵押，抵押权的效力范围限于已办理抵押登记的部分。当事人按照担保合同的约定，主张抵押权的效力及于续建部分、新增建筑物以及规划中尚未建造的建筑物的，人民法院不予支持。

抵押人将建设用地使用权、土地上的建筑物或者正在建造的建筑物分别抵押给不同债权人的，人民法院应当根据抵押登记的时间先后确定清偿顺序。

【价款优先权】

第56条　买受人在出卖人正常经营活动中通过支付合理对价取得已被设立担保物权的动产，担保物权人请求就该动产优先受偿的，人民法院不予支持，但是有下列情形之一的除外：

（一）购买商品的数量明显超过一般买受人；

（二）购买出卖人的生产设备；

（三）订立买卖合同的目的在于担保出卖人或者第三人履行债务；

（四）买受人与出卖人存在直接或者间接的控制关系；

（五）买受人应当查询抵押登记而未查询的其他情形。

前款所称出卖人正常经营活动，是指出卖人的经营活动属于其营业执照明确记载的经营范围，且出卖人持续销售同类商品。前款所称担保物权人，是指已经办理登记的抵押权人、所有权保留买卖的出卖人、融资租赁合同的出租人。

二、立法考辨

作为“担保之王”，抵押权的核心在于“具有抵押权的债权人可以比其他债权人优先得到债权的受偿的权利”，[①]但在《民法典》时代，商业银行的抵押优先权可能面临以下18种其他权利的威胁与阻却，如表21-1所示。

表21-1　《民法典》时代18种其他权利对抵押权的阻却事由一览

序号	18种其他权利对抵押权的阻却	法律渊源
1	建筑物与建设用地使用权同时抵押，抵押权之间冲突。	《民法典》第397条
2	动产抵押的，不得对抗正常经营活动中已经支付合理价款，并取得抵押财产的买受人。	《民法典》第404条
3	抵押权设立前，抵押财产已经出租并转移占有的，租赁权>抵押权。	《民法典》第405条
4	抵押财产转让的，抵押权不受影响，抵押权>受让人。	《民法典》第406条
5	抵押权与质权按照登记、交付的时间先后确定清偿顺序。	《民法典》第415条
6	动产抵押担保的主债权是抵押物价款的超级优先权>普通抵押权。	《民法典》第416条
7	新增建筑物所得的价款，抵押权人无权优先受偿。	《民法典》第417条
8	居住权设定在先>抵押权。 抵押权设定在先，是否禁止设定居住权？	《民法典》第368~371条
9	预告登记>抵押权。	《民法典》第221条
10	购入动产的价款>抵押权。	2020年《担保法司法解释》第56条

① ［日］近江幸治：《民法讲义2：物权法》，王茵译，北京大学出版社2006年版，第16页。

续表

序号	18 种其他权利对抵押权的阻却	法律渊源
11	纳税人欠缴的税款发生在纳税人以其财产设定抵押、质押或者纳税人的财产被留置之前的,税收应当先于抵押权、质权、留置权执行。	《税收征收管理法》第 45 条
12	2006 年 8 月 27 日前形成的未清偿的职工债权,在按照正常清偿顺序无法实现时,以设定担保的特定财产受偿。	《企业破产法》第 106 条、第 113 条
13	拆迁安置优先权>抵押权【司法实践中存在争议】。	《商品房买卖合同司法解释》第 7 条
14	以划拨方式取得的国有土地使用权为标的物设定抵押,抵押权人只有在以抵押标的物折价或拍卖、变卖所得价款缴纳相当于土地使用权出让金的款项后,对剩余部分方可享有优先受偿权。	2020 年《担保法司法解释》第 50 条
15	特定情况下商品房消费者的权利优先于抵押权人的抵押权。	《九民纪要》第 126 条
16	船舶优先权>船舶留置权>船舶抵押权。	《海商法》第 25 条
17	刑事案件受害人的人身损害赔偿中的医疗费用优先于抵押权。	法释〔2014〕13 号
18	未通知给付义务人导致给付义务人向债务人直接清偿	2020 年《担保法司法解释》第 42 条

此处仅介绍《民法典》及配套法规新设立或变动的规定:

第一,房地一体的抵押优先问题。“土地是任何建筑物的基础,是土地之上建筑物的本质组成部分。建设用地使用者都是因为自己所有的或使用的房屋才利用该土地,如果对于土地没有使用的权利,则无权在该地上建房或使用房屋,因此离开土地的建筑物不具备法律上的独立性,不能独自构成抵押标的;另一方面,建筑物虽然不是土地的本质组成部分,土地本身有独立的交换价值,但若建设用地使用权单独抵押而土地上的建筑物不进行抵押,就可能出现建设用地使用权与地上建筑物所有权或使用权主体不一致的状况,从而发生权利的冲突与摩擦,不利于建设用地使用权和地上建筑物的流通或转让,也不利于物的有序利用和社会秩序的稳定。为防止两者权属不一致，有必要将建筑物与建设用地使用权视为一个整体”。[①] 根据《民法典》第397条、《九民纪要》第61条及最高人民法院《关于适用〈中华人民共和国民法典〉有关担保制度的解释》第51条均规定，其一，房地一体时多份抵押合同均有效，抵押登记均有效；其二，多份抵押合同均覆盖建筑物及建设用地使用权；其三，抵押权之间存在冲突，优先顺位按照《民法典》第414条关于“抵押权已经登记的，按照登记的时间先后确定清偿顺序”的规定加以确定；其四，对于“新增建筑物所得的价款”，《民法典》第417条明确了抵押权人无权优先受偿。“只要土地使用权或地上建筑物之一项办理抵押登记，即使另外一项没有办理抵押登记，亦依法推定为两者一并抵押，抵押权人对两者均享有优先受偿权”。[②]

第二，《民法典》第404条规定，动产抵押的，不得对抗正常经营活动中已经支付合理价款。这一规定扩展了原来《物权法》关于“企业、个体工商户、农业生产经营者以本法第一百八十一条规定的动产抵押的，应当向抵押人住所地的工商行政管理部门办理登记。抵押权自抵押合同生效时设立；未经登记，不得对抗善意第三人。依照本法第一百八十一条规定抵押的，不得对抗正常经营活动中已支付合理价款并取得抵押财产的买受人”之规定。换言之，“即在浮动抵押期间，法律允许抵押人在正常生产经营活动中可以自由处分抵押财产，抵押人处分抵押财产不必经抵押权人同意，并不区分买受人的善意和恶意，即使当事人知道设定了浮动抵押，也可以取得相应权利”。[③]《民法典》第416条规定了源于《美国统一商法典》(Uniform Commercial Code, UCC)第9－103条等所称的“purchase－money security interest”(购买价金担保权)购买价金担保权制度，又称“超级优先权”。同时，最高人民法院《关于适用〈中华人民共和国民法典〉有关担保制度的解释》第57条将这一“超级优先权”扩大到融资租赁、所有权保留等非典型担保范畴。谢鸿飞(2020)指出，[④]这一制度的正当性基础在于鼓励融资，突破前序浮动担保人的担保垄断位势。李运杨(2020)认为，购置款抵押权之所以应享有超级优先顺位，是因为其前身是购置物的所有权，且需要对抗在先

---

① (2017)赣民终577号。

② (2015)民二终字第269号。

③ (2017)川13民终1575号。

④ 参见谢鸿飞：《价款债权抵押权的运行机理与规则构造》，载《清华法学》2020年第3期。

登记的浮动抵押权。①

第三,就抵押权与租赁权的优先顺序而言。《民法典》规定的时间节点发生变化,从“订立抵押合同前”变为了“抵押权设立前”,对于承租人而言,需要有自身审慎查明房屋是否登记抵押的意识。同时,针对“先租后抵”的情况,为防止实践中出现的倒签租赁合同,恶意对抗抵押物执行的情况,《民法典》第405条增加了“出租并转移占有的”的条件,要求执行异议一方必须举证证明,抵押权设立前,抵押财产已经“出租并转移占有的”这一先决条件时,才能达到以在先租赁权对抗抵押权执行的效果。程啸(2014)②认为,抵押人抵押财产后,又将之出租的,租赁关系不得对抗已登记的抵押权。如果租赁权影响了抵押权的实现,则应当除去租赁权;如果租赁权的存续并不影响抵押权人的利益,则租赁权可以继续存在,并对抵押财产之受让人产生拘束力,即依然适用买卖不破租赁的规则。常鹏翱(2015)③即指出,在确定租赁与抵押权的先后时,应根据不同情形,把租赁登记或承租人占有抵押物的时点作为租赁的顺位标准,进而与抵押权登记的时点进行对比。杨立新(2020)④指出,所谓“原租赁关系不受该抵押权的影响”,是指租赁关系随着租赁物所有权的转移而移转,抵押权设立前抵押财产已经出租并转移占有的不得对抗租赁的效果。

第四,抵押物转让问题。《民法典》第406条一是规定在双方没有约定的情况下,抵押财产转让,抵押人(所有权人)无需征得抵押权人(债权人)的同意,只需通知对方即可处分出让抵押物;二是为保护抵押权人利益,《民法典》规定,抵押财产转让的,抵押权不受影响。“即抵押财产是设有抵押权负担的财产,抵押财产进行转让时,抵押权随着所有权的转让而移转,取得抵押财产的受让人在取得所有权的同时,也成为抵押人,负有抵押人所负担的义务,受到抵押权的约束”。⑤ 换言之,抵押权人可行使物权追及效力,对抵押物进行拍卖执行。这一做法实际上是“把损失分配给能以最低成本承担

① 参见李运杨:《〈民法典〉中购置款抵押权之解释论》,载《现代法学》2020年第5期。

② 参见程啸:《论抵押财产出租时抵押权与租赁权的关系——对〈物权法〉第190条第2句的理解》,载《法学家》2014年第2期。

③ 参见常鹏翱:《先抵押后租赁的法律规制——以〈物权法〉第190条第2句为基点的分析》,载《清华法学》2015年第2期。

④ 参见杨立新:《民法典物权编规定的抵押权新规则解读》,载《法学论坛》2020年第4期。

⑤ 杨立新:《民法典物权编规定的抵押权新规则解读》,载《法学论坛》2020年第4期,第18页。

这种损失风险的一方”，[①]即把风险分配给第三人，因为其只要基于抵押权登记公示外观即可规避风险。[②]

上述规定的法理在于：第一，抵押物本身的所有权仍为抵押人所有，根据《民法典》第240条之规定，所有权人对自己的不动产或者动产，依法享有占有、使用、收益和处分的权利。因此，抵押人转让财产属于本身所有权“处分”权能之范围。第二，抵押物价值如果远高于债务金额，如果整体上不允许转让、处分抵押物，对抵押人不公平。第三，抵押人控制着抵押物，对于抵押物的市场价值变化最为敏感，一旦抵押物市场价值下跌，如果不允许抵押人及时处分该抵押物，则可能给抵押人造成不可挽回的损失。第四，从比较法来看，其他国家并无完全倾向于债权人（抵押权人）的“非经抵押人同意，抵押人不得转让抵押物”的立法参照。总而言之，原《物权法》第191条之规定过于保护抵押权人的利益，对于抵押人利益考虑不足。崔建远（2017）[③]指出，物权就其本性应有追及效力，抵押权的合法权益不因抵押物转让与否而受影响。高圣平、叶冬影（2020）[④]指出，动产抵押权依《民法典》第406条仍具追及效力，该追击效力不得对抗抵押人的正常经营活动中已支付合理价款并取得抵押物的买受人以及《民法典》第403条善意取得第三人。王利明（2021）[⑤]认为，《民法典》第406条在实践中会出现与购房人生存权相冲突之情形，给抵押权人监管抵押物或者抵押权实现造成困难。因此，有必要赋予禁止抵押物转让合同一定程度上的公示效力。

对于《民法典》第406条预留了“当事人有约定从其约定”的空间，学界有两种意见：一种意见认为，《民法典》第406条预留了“当事人有约定从其约定”实际上是多余的，不利于《民法典》关于保护抵押人的立法精神；另一种主流的意见认为，该约定只能根据合同相对性原理，在抵押权人和抵押人

---

① ［美］理查德·波斯纳：《法律的经济分析》，蒋兆康译，法律出版社2012年版，第259页。

② 参见崔建远：《民法分则物权编立法研究》，载《中国法学》2017年第2期。

③ 《法国民法典》第2114条规定，设立抵押权的不动产不论归何人所有，抵押权跟随不动产而存在。《德国民法典》第1136条规定，所有权人对债权人约定承担土地不转让或不再设定义务负担的，其协议无效。我国台湾地区所谓“民法”第867条规定，不动产所有人设定抵押权后，得将不动产让与他人，但其抵押权不因此受影响。

④ 参见高圣平、叶冬影：《民法典动产抵押物转让规则的解释论》，载《比较法研究》2020年第4期。

⑤ 参见王利明：《〈民法典〉抵押物转让规则新解——兼评〈民法典〉第406条》，载《法律科学》2021年第1期。

之间产生相关效力，不得对第三人产生对抗力。但是，需要特别注意的是，最高人民法院《关于适用〈中华人民共和国民法典〉有关担保制度的解释》第 43 条并未采取学界上述两种观点，反而进一步放大了这一约定空间：一方面，如果“抵押权人有证据证明受让人知道的该约定”的，该约定会阻却第三人取得抵押物；另一方面，“当事人约定禁止或者限制转让抵押财产且已经将约定登记，抵押人违反约定转让抵押财产，抵押权人请求确认转让合同无效的，人民法院不予支持”。从这一规定可以看出，最高人民法院实际上在“有约定”的前提下回到了《物权法》第 191 条“未经抵押权人同意，抵押物不得转让”的立场。该司法解释第 43 条实际上对商业银行作为债权人是非常有利的。

第五，《民法典》第 415 条明确了抵押权与质权按照登记、交付的时间先后确定清偿顺序。这就废除了原先《担保法司法解释》第 79 条第 1 款关于“同一财产法定登记的抵押权与质权并存时，抵押权人优先于质权人受偿”的规定。

第六，《民法典》第 368 条～第 371 条设定了居住权制度。这一权利制度肇始于罗马法，[①]本质上是具有排他效力的人役权，其核心在于经过登记设立之后的居住权人终身享有占有、使用不动产的权利。商业银行作为债权人必须事前明确抵押物是否存在居住权登记。但目前的法律法规及司法解释，均未明确抵押登记在前的，是否还允许进行居住权登记，这一隐患将对商业银行抵押物变现造成极大威胁。陈华彬（2019）[②]认为，我国的居住权应具有专属性、有期限性、不可让与性、不能设定负担、不能抵押及不可继承，且原则上应为无偿。肖俊（2019）[③]认为，相对于农业社会的罗马法，现代民法规定居住权的主要目的在于以房养老与满足金融投资需求，但也同时指出这可能会威胁到交易安全。王勇旗（2020）[④]认为，我国居住权立法应当

---

① 到了罗马共和国末叶，无夫权婚姻和奴隶的解放日多，每遇家长亡故，那些没有继承权又缺乏或丧失劳动能力的人的生活就成了问题。因此，丈夫和家主就把一部分家产的使用权、收益权等遗赠给妻或被解放的奴隶，使他们生有所靠，老有所养。参见周枏：《罗马法原论》（上），商务印书馆 2014 年版，第 407、422 页。

② 参见陈华彬：《人役权制度的构建——兼议我国〈民法典物权编（草案）〉的居住权规定》，载《比较法研究》2019 年第 2 期。

③ 参见肖俊：《“居住”如何成为一种物权——从罗马法传统到当代中国居住权立法》，载《法律科学》2019 年第 3 期。

④ 参见王勇旗：《利益衡量理论在我国居住权立法中的应用》，载《河北法学》2020 年第 8 期。

以自然人为居住权主体，围绕“生活居住需要”而加以构建。汪洋（2020）[①]则指出，需要通过解释论进一步厘清《民法典》关于居住权的规定。需要特别指出的是，最高人民法院《关于适用〈中华人民共和国民法典〉有关担保制度的解释》并未规定设立抵押权之后，是否禁止再设立居住权，或者债权人可以通过约定形式，参照最高人民法院《关于适用〈中华人民共和国民法典〉有关担保制度的解释》第43条之规定，以该约定的登记对抗居住权人。这一问题需要下一步司法实践和登记机构的进一步明确。

第七，买受人的物权期待权是一种债权，但特定情况下法律赋予其优先效力。“物权期待权是指案外人对案涉房屋虽尚不享有《物权法》意义上的物权（所有权），但因具备了物权的实质性要素，依法可以合理预期通过办理不动产登记将该物权期待权转化为《物权法》意义上的物权（所有权），即对不动产所有权登记至其名下的期待。”[②]《九民纪要》第126条明确了购房人物权期待权与抵押权的优先顺位，具体为：商品房消费者物权期待权优先于抵押权，抵押权优先于一般购房人物权期待权。因此，商品房消费者可以对抗抵押权人对抵押物的执行，而一般购房人仅能对抗普通债权人对房屋的执行，不能对抗抵押权人对抵押物的执行。《九民纪要》特别指出，（购房人优先权）此情况是针对实践中存在的商品房预售不规范现象为保护消费者生存权而作出的例外规定，必须严格把握条件，避免扩大范围，以免动摇抵押权具有优先性的基本原则。[③]

三、司法裁判可视化梳理

本书写作团队使用Alpha案例库对“金融借贷中房地一体纠纷”进行了检索[④]，检索关键词为“全文：房地一体”+“攻方当事人包含：银行”+“全文：抵押”，总共得到判决413件，可视化分析如图21-1所示。

---

① 参见汪洋：《民法典意定居住权与居住权合同解释论》，载《比较法研究》2020年第6期。

② （2020）最高法民申1858号。

③ 也有学者持反对意见，参见翼东、王靖：《物权期待权排除金钱债权执行的条件》，载《人民司法（案例）》2020年第14期。

④ 最后检索日期：2020年12月31日。

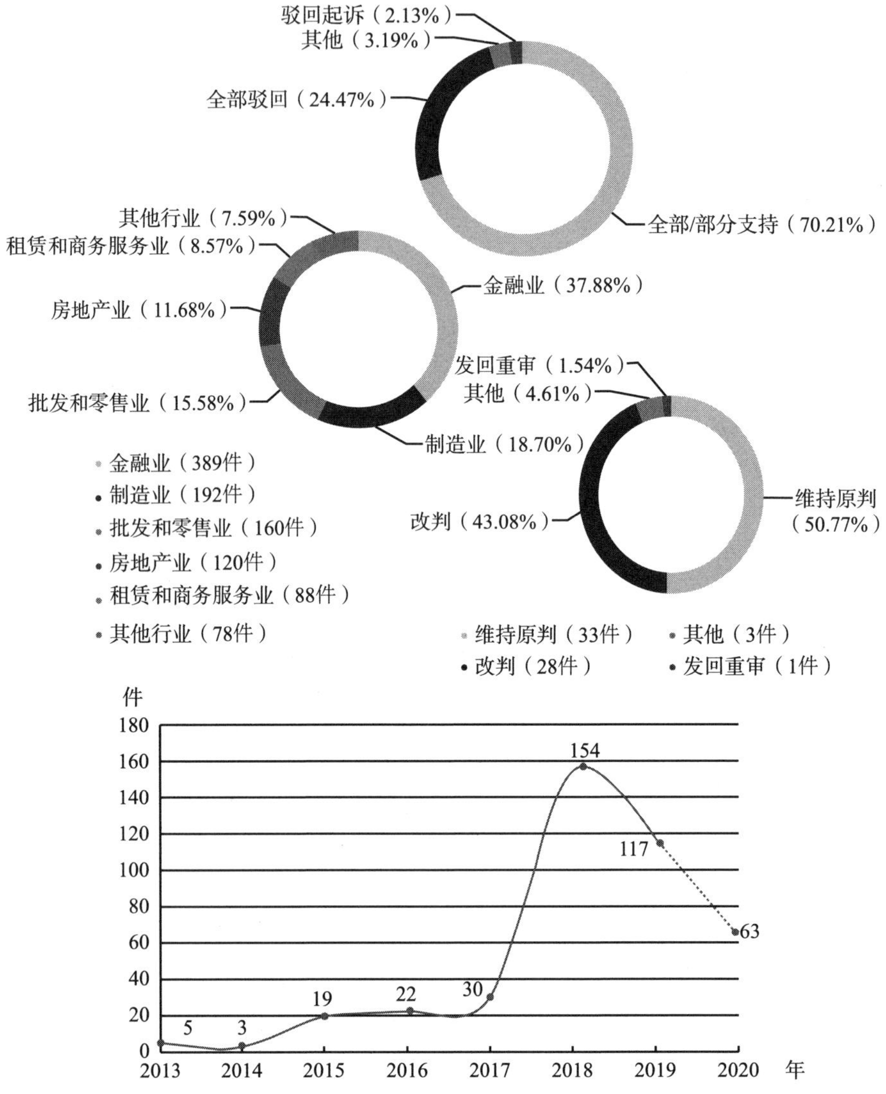

图 21-1　金融借贷中“房地一体”的纠纷可视化示意

本书写作团队使用 Alpha 案例库“金融借贷中抵押权与租赁权冲突纠纷”进行了检索，①检索条件设置为“案由：未设置案由+引用法条：中华人民共和国物权法第一百九十条”，总共得到判决 6336 件，可视化如图 21-2 所示。

① 最后检索日期：2020 年 12 月 31 日。

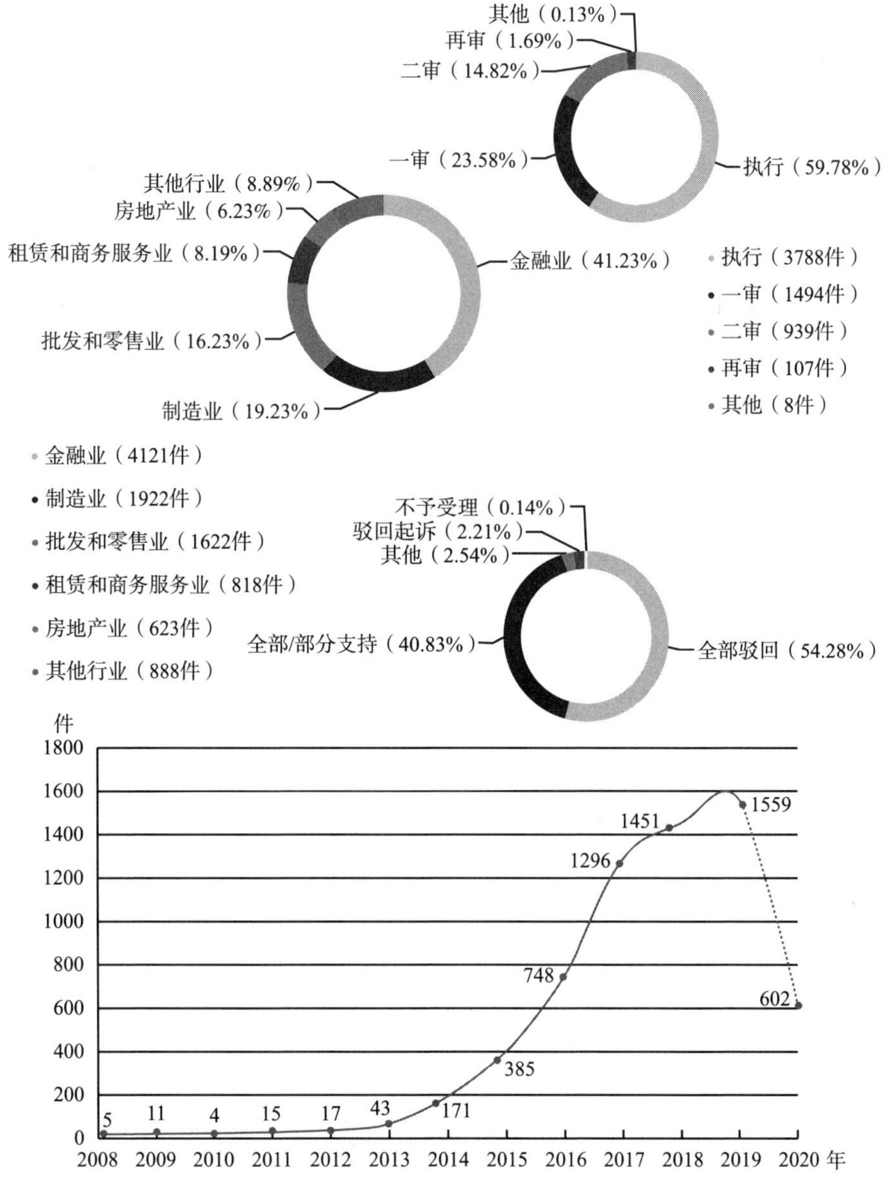

图 21-2　金融借贷中“抵押权与租赁权冲突”的纠纷可视化示意

本书写作团队使用 Alpha 案例库对中“金融借贷价款与抵押权冲突纠

纷”①进行了检索，检索条件设置为“全文：不得对抗正常经营活动中已支付合理价款并取得抵押财产的买受人”+“攻方/守方当事人包含：银行”，得到318件判决书，可视化如图21-3所示。

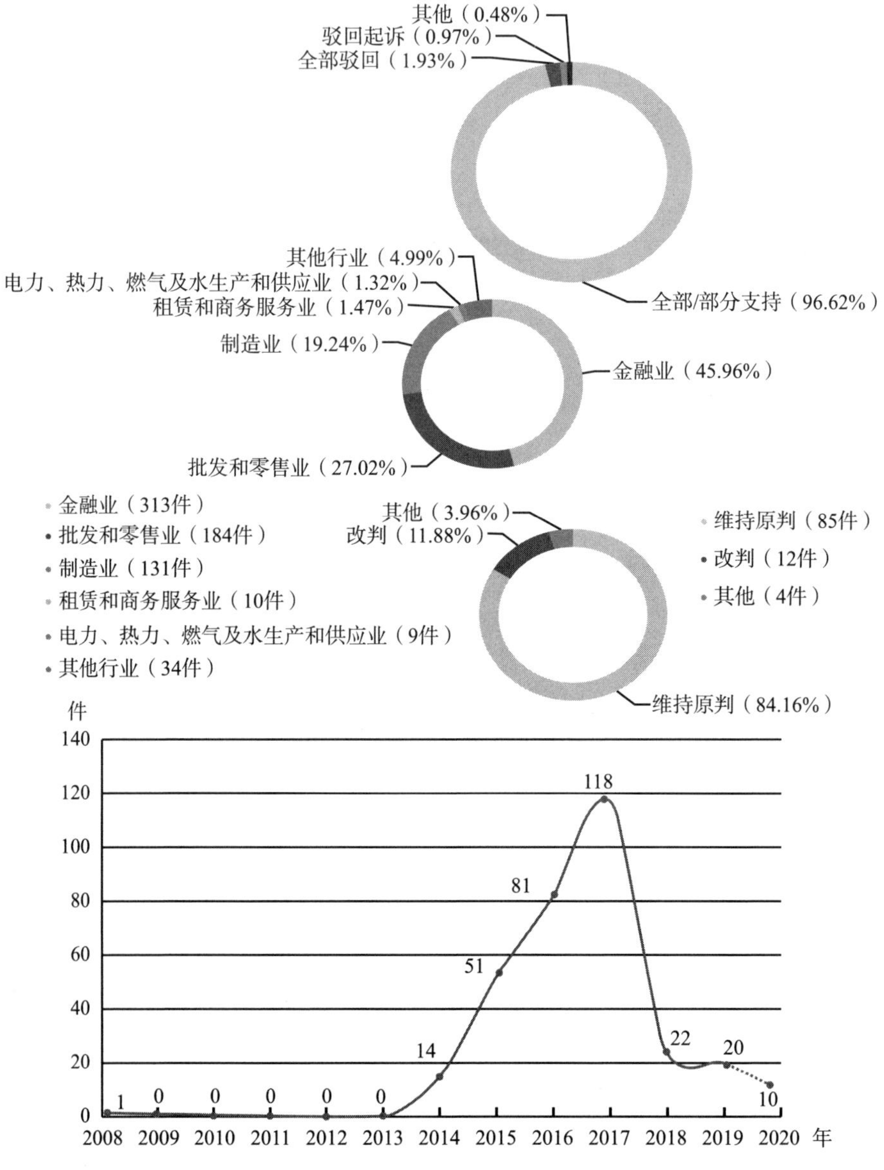

图21-3 金融借贷中“价款与抵押权冲突”的纠纷可视化示意

① 最后检索日期：2020年12月31日。

本书写作团队使用Alpha案例库对"金融借贷中消费者物权期待权与抵押权冲突纠纷"进行了检索,①检索关键词为"案由:未设置案由"+"全文:消费者物权期待权"+"攻/守方当事人包含:银行",总共得到判决554件,可视化分析如图21-4所示。

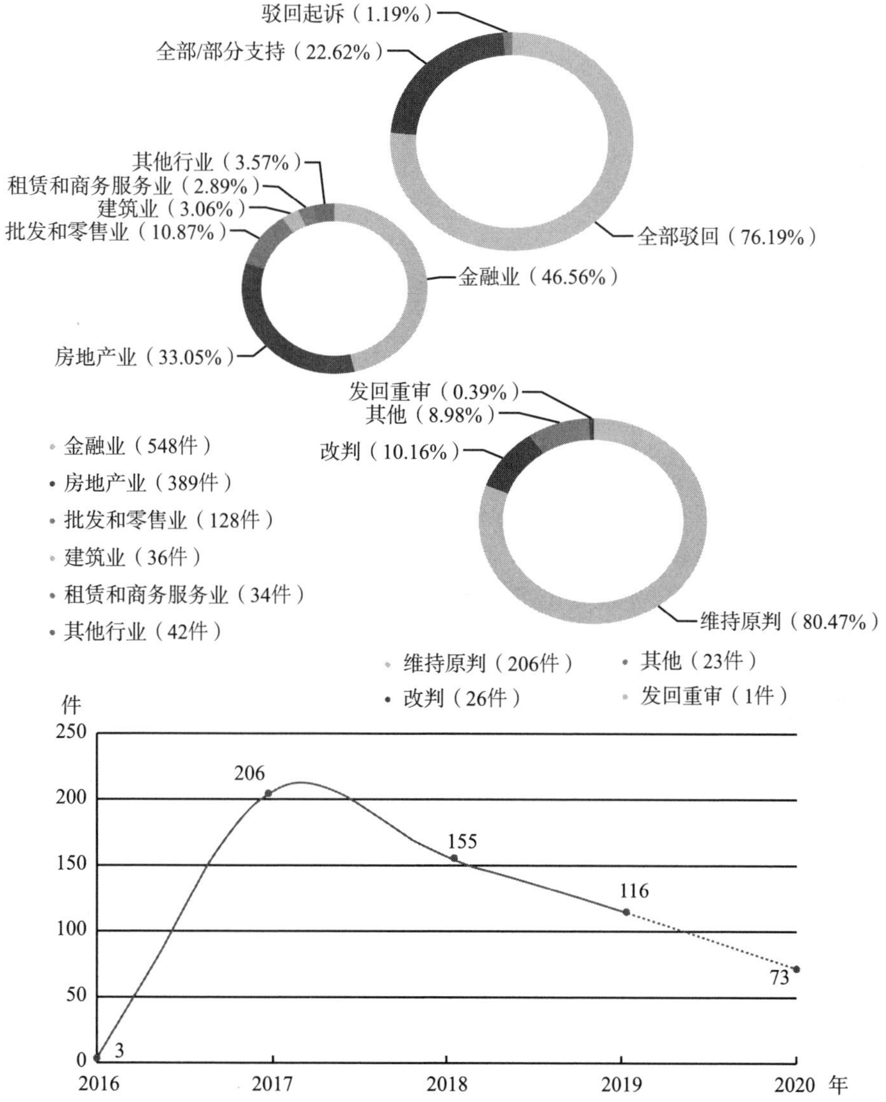

图21-4 金融借贷中"消费者物权期待权与抵押权冲突"纠纷可视化示意

① 最后检索日期:2020年12月31日。

抵押权与其他权利冲突，根据既往司法判例，商业银行可能面临司法败诉的风险主要源于以下几个方面：

（一）“房地一体”抵押司法裁判中商业银行的败诉风险

“房随地走、地随房走”的规定是为了确保房屋及其所附着的土地作为不可分物保持权属上的一致性，避免因为房、地权属分离而导致矛盾冲突以及权利行使上的障碍，从而维护稳定的不动产权属及流转秩序。因而该规定系强制性规定，不以当事人的意志为转移。无论当事人是否同意，也无论是否一并设定了抵押，在处置时必须坚持房屋及其所附着的土地一并处置的原则。① 这一原则可能给商业银行带来潜在的败诉风险包括：

一是商业银行没有认识到抵押权“房地一体”登记的“法律倡导的通常规则”，人为进行两次抵押，第二次抵押时间晚于其他权利设立时间，导致商业银行优先权的丧失。在定安县农村信用合作联社、三亚农村商业银行股份有限公司等与执行案外人申请执行人执行异议之诉②案中，海南省高级人民法院认为，本案中，2013 年 7 月 17 日，兆祥公司又与上诉人签订《社团抵押合同》，以包含涉案房屋在内的公园一号 A、C 栋 130 套住宅及 8 套商铺在建工程进行抵押，且同年 7 月 18 日，定安县住房保障与房产管理局为上述在建工程办理了抵押登记手续。因此，上诉人既是建设用地使用权的抵押权人又是地上在建工程所有权的抵押权人，不存在权利冲突。在此情形下，上诉人与兆祥公司不仅具有将建设用地使用权和在建工程所有权分别抵押的合意，而且已通过登记的方式予以公示，因此，建设用地使用权的抵押与在建工程所有权的抵押分别成立。根据《物权法》第 187 条关于“以本法第一百八十条第一款第（一）项至第（三）项规定的财产或者第五项规定的正在建造的建筑物抵押的，应当办理抵押登记。抵押权自登记时设立”的规定，以不动产抵押的，抵押权自登记时设立。本案中，2013 年 7 月 18 日，定安县住房保障与房产管理局为包含涉案房屋在内的公园一号 A、C 栋 130 套住宅及

---

① （2016）鲁执复 228 号。

② （2016）琼民终 219 号。该案判决认为，根据《物权法》第 182 条关于“以建设用地使用权抵押的，该土地上的建筑物一并抵押，未抵押的财产视为一并抵押”的规定，涉案房屋的抵押时间应为 2013 年 2 月 4 日。但是《物权法》第 182 条关于“房随地走，地随房走”的原则并非法律的禁止性规定，只是法律倡导的通常规则，目的是为避免因分别抵押所导致的权利冲突，在不存在权利冲突的情况下，以建设用地使用权抵押的，只有在地上建筑物未专门设立抵押的情况下，未抵押的建筑物才视为与建设用地使用权一并抵押，如果就地上建筑物专门签订抵押合同设立了抵押，那么，应视为地上建筑物与建设用地使用权分别抵押。这也属于当事人意思自治的表现。

8 套商铺在建工程办理了抵押登记手续，所以，上述在建工程所有权抵押成立的时间为 2013 年 7 月 18 日，即涉案房屋抵押给上诉人的时间应为 2013 年 7 月 18 日，该时间晚于夏燕琴与兆祥公司签订《房屋买卖合同》的时间。

二是对“该建筑物占用范围内的建设用地使用权一并抵押”所谓的“占用范围”的理解司法实践中存在差异，存在“分割面积”“产权宗地面积”、“建筑投影面积”等多种观点。在福建福州农村商业银行股份有限公司台江支行与福建省闽清三友针纺织品有限公司、福州三友贸易有限公司等金融借款合同纠纷①案中，福建省高级人民法院认为，“建筑物占用范围”仅仅指办理抵押登记的建筑物的实际物理状态，指客观形态上建筑物占用、坐落的那部分建设用地使用权。本案中，三友被服厂所有的梅坂房字第××号、第××号房产已依法办理了抵押登记，该两处房产系定着于梅坂集建 1997 字第 8600 号土地上，故梅坂集建 1997 字第 8600 号土地在上述两处房产占用范围内（具体界限及确定标准，根据土地适用规则确定）的使用权亦一并抵押。在南京银行股份有限公司热河支行与南京大汇新材料有限责任公司别除权纠纷②案中，南京市中级人民法院坚持认为以抵押建筑物面积占规划建设总面积的比例作为分摊案涉土地权益的基本依据。判决指出，大汇新材料公司案涉地块上规划总建设面积为 9933 平方米，虽然规划的建设物实际只建设了一部分，但是，已经建设的建筑物占用范围内的土地使用面积不是该宗地块的全部。在案涉工业用地的规划条件未作变更，也未进行宗地分割处理的情况下，一审法院基于公平合理的原则并兼顾抵押人和抵押权人的利益，以抵押建筑物的面积占规划总建筑面积的比例作为分摊案涉土地权益的基本依据并无不当。南京银行热河支行主张就该宗地块的全部享有优先受偿权无事实依据，且不符合法律规定，法院不予支持。

三是商业银行没有查明新增建筑物。在中国农业银行股份有限公司海口金贸支行与儋州华诺房地产开发有限公司、儋州惠安庄园开发有限公司

---

① （2014）闽民终字第 812 号。

② （2017）苏 01 民终 10801 号。该判决指出，我国实行的土地利用和建设规划制度。在规划区内进行建设活动，必须遵守土地管理、自然资源和环境保护等法律、法规的规定。规划条件作为国有土地使用权出让合同的组成部分，对出让人、受让人均具有法律约束力，非经法定程序不得擅自更改。

金融借款合同纠纷[①]案中,海南省高级人民法院认为,根据已查明的事实,本案所涉位于儋州市××镇××大道 XVI2-1 的 80.1 亩商住用地抵押在先,房产开发在后,地上新增的建筑物,由于其不在抵押合同约定的抵押财产的范围内,因此,不属于抵押财产。根据《物权法》第 200 条"建设用地使用权抵押后,该土地上新增的建筑物不属于抵押财产。该建设用地使用权实现抵押权时,应当将该土地上新增的建筑物与建设用地使用权一并处分,但新增建筑物所得的价款,抵押权人无权优先受偿"之规定,金贸支行对于华诺公司抵押土地上新增的建筑物不享有优先受偿权。原审判决据此认定金贸支行对于华诺公司抵押土地上新增的建筑物不享有优先受偿权正确。上诉人金贸支行主张对华诺公司抵押土地上新增的建筑物享有优先受偿权没有法律依据,法院不予支持。

四是某些情况下法院会根据具体情况扩大房地一体的适用范围,增加商业银行实现债权的难度。在兴业银行股份有限公司贵阳分行、贵州省诺亚精工制造有限公司金融借款合同纠纷[②]案中,最高人民法院认为,诺亚精工主张的遗漏财产主要为厂房、生产线及机器设备,均在抵押的土地范围内,且为诺亚精工建设的项目二期工程。根据房地一体的基本原则,对地上附着物可以按照财产现状与其占用范围内的土地使用权一并处置。虽然作为抵押物的土地上有关厂房、生产线、机器设备并非不可以拆除,但是鉴于拆分会影响到被执行人诺亚精工建设项目的整体价值,不利于诺亚精工其他债权人受偿。而且,案涉抵押房地产已经三次拍卖后流拍,变卖后仍无人买受,流拍保留价高于兴业银行贵阳分行申请执行的金额,目前直接以物抵债也涉及比较复杂的实务处理。因此,对兴业银行贵阳分行提出的不应将抵押的土地使用权范围内的其他财产一并处置的主张,法院不予支持。

(二)动产买卖价款对抗抵押权司法裁判中商业银行的败诉风险

《民法典》第 404 条的规定扩大了《物权法》第 189 条规定的动产抵押不

---

① (2016)琼民终 60 号。本案商业银行上诉时指出,根据我国房地一体的处置原则,当被上诉人华诺公司抵押的商住用地进行商品房开发后,其抵押土地的价值已经完全转移至地上房产,更为关键的是,被上诉人华诺公司在没有通知上诉人的情况下私自进行了房产销售,完全将抵押土地的价值进行了变现,进而严重损害了上诉人的金融债权,对此,上诉人也向被上诉人华诺公司发送了严正的交涉函件,但是,被上诉人华诺公司依然完成了房产的大部分销售。至此,如果遵照原审判决,否认上诉人对于地上房产的优先受偿权,则意味着上诉人的金融债权将完全无法实现。但法院并未支持这一理由。

② (2017)最高法执复 15 号。

得对抗抵押财产正常流转的范围。在永吉县京顺粮食经销有限公司与中国农业发展银行吉林市分行营业部、吉林市天程粮食购销有限公司、杨某某金融借款合同纠纷[①]案中，吉林省高级人民法院认为，虽然农发行吉林市分行对6128.08吨玉米享有抵押权，但就其中3247吨玉米抵押权的行使，不得对抗在正常经营活动中已支付合理价款并取得抵押财产的京顺公司。

该院指出，京顺公司的主张成立须同时满足以下条件：第一，京顺公司与天程公司之间成立买卖合同关系；第二，该买卖属于天程公司的正常经营活动；第三，京顺公司支付了合理价款；第四，京顺公司已取得该6128.08吨玉米。根据本案已查明事实，天程公司作为粮食购销企业，出卖玉米的行为属于正常经营活动；京顺公司已实际占有该6128.08吨玉米，因此，条件二、条件四已经成就。京顺公司提供了其与天程公司于2013年1月26日签订的《粮食购销合同》，该合同上双方当事人的签章真实……因此，条件一已成就……天程公司与杨某某均否认该500万元借款已实际发生，合同履行义务人京顺公司亦未能证明500万元借款已实际交付天程公司，原审法院未将该500万元认定天程公司对京顺公司的欠款，适用法律正确。因此，原审法院根据《粮食购销合同》约定的玉米单价，通过债务抵销的方式，认定京顺公司对涉案6128.08吨玉米中的3247吨玉米支付了合理对价，法院适用法律正确。

（三）先租后抵的执行异议司法裁判中商业银行的败诉风险

司法部门对于“抵押权和租赁权竞合”的办案思路为：第一，审查租赁权和抵押权谁设立在先。承租方若提出租赁在先则承担举证责任，仅凭《租赁合同》存在倒签可能，无法证明租赁在先。抵押权在先则租赁无法对抗抵押权。第二，租赁在先，是否实际占有，如果仅仅堆放杂物，没有物业开支等不能证明占有的事实。第三，租赁在抵押之后、查封之前，拍卖变卖时是否涤除租赁取决于租赁是否影响抵押权的实现；如经执行法院审查，租赁不影响抵押权的实现，即可继续存在，但是，如何判断是否影响抵押权的实现存在争议。第四，租赁在抵押、查封之后，标的物上的租赁应予去除。第二点和第三点可能导致银行等金融机构产生相应风险点，即对方提出先租并占有的证据，金融机构无法举证对抗，则租赁权能够对抗银行抵押权，带租赁的抵押拍卖影响拍卖价值，从而损害债权实现。

---

① （2014）吉民二终字第42号。

首先，租赁权和抵押权对抗的关键性条件为“在先设立”，只有租赁权设立在先才存在对抗抵押权的可能，承租人承担了“租赁”成立在先的举证责任。

在慈溪市嘉顺汽车销售服务有限公司、平安银行股份有限公司宁波分行申请执行人执行异议之诉①案中，浙江省高级人民法院查明以执行的生效法律文书所涉抵押权于2016年3月3日办理登记，再审申请人嘉顺公司据以主张权利的与第三人名邦公司签订的《租赁协议》落款日期为2013年1月3日，嘉顺公司自认该租赁协议系倒签，而其陈述的实际签约时间对方当事人不认可，具体时间难以认定，嘉顺公司未能就其在涉案房屋抵押权设立前签订合法有效的书面租赁合同完成举证责任，应承担不利后果。

同样的还有上海万心投资管理咨询有限公司、中国建设银行股份有限公司宁波国家高新区支行等案外人执行异议案，②上诉人用以证明其在抵押前与原审第三人吴伟铭签订《房屋租赁合同》的证据是公证书。但该公证书载明的公证事项是文本相符，与证明《房屋租赁合同》是否订立于抵押前无关联性，且上诉人提供的付款回单载明的事项为往来款，也无法证明其已向吴某某支付900万元款项系租金的事实。故上诉人与吴某某签订《房屋租赁合同》的形成时间早于抵押之前的事实不能确定，支付租金的事实更不能确认，且上诉人自始至终未曾合法占有并使用过涉案房屋。因上诉人提供的证据不能证明其主张，故其要求法院停止对涉案房产强制执行的理由不能成立，法院不予支持。

其次，即使承租人证明租赁合同在抵押之前，未能证明实际占有的，仍然不能对抗抵押权。在中国民生银行股份有限公司绍兴分行、何某某、张某某等案外人执行异议之诉③案中，浙江省高级人民法院查明案涉抵押权登记时间为2012年5月8日，承租人何某某提交了落款时间为2012年4月1日的租赁合同，并提交了2012年4月27日通过中国工商银行向张某某汇款100万元的银行回单和张某某出具的收到房租款100万元的收款收据。民生银行虽主张案涉租赁合同存在倒签可能，但并未提交有效证据证明，据此认定租赁合同有效。但是，何某某虽主张2012年4月27日后其以堆放杂物

① (2019)浙民申4789号。

② (2015)浙甬执异终字第16号。

③ (2018)浙民再617号。

的方式使用案涉房屋,但是,其提交的案涉房屋物业费票据系案发后由案涉房屋所在小区物业公司事后开具,相关证人证言也无法确定其实际开始使用案涉房屋的时间。其上述主张缺乏证据证明。同时,何某某自己也承认在2012年4月27日支付租金后一直未在案涉房屋居住,2013年才开始对案涉房屋进行装修。而根据民生银行提供的抵押权登记前委托评估机构对案涉房屋进行贷前评估所拍摄的照片,当时涉案房屋并未放置杂物,处于空置状态。因此,本案中承租人提交的证据材料不足以证明其在抵押权登记之前已占有使用案涉房屋。

值得一提的是,在苏某某、中国农业银行股份有限公司酒泉分行金融借款合同纠纷案①中,苏某某与玉门宾馆订立的《租赁合同》签订于2013年3月9日,租期十五年,早于农行酒泉分行与甘来矿业公司所签的《借款合同》和《最高额抵押合同》。2015年6月16日,玉门宾馆与苏某某共同出具《承租人出租人承诺书》载明:房屋租赁期间,如农行酒泉分行行使抵押权处置承租房产,则房屋租赁合同于该行通知之日提前终止。因租赁合同履行或解除而发生的争议,由租赁双方自行协商解决。落款处分别有苏某某和玉门宾馆监事董秀臣签名,另加盖时任该宾馆法定代表人傅某某的印章。苏某某虽辩称该承诺书系农行酒泉分行与甘来矿业公司恶意串通,向其隐瞒案涉借款已发放并办理抵押的事实,诱骗其签字形成,但并未提交相应证据予以证实。根据该承诺书,苏某某与玉门宾馆签订的《租赁合同》应在农行酒泉分行行使抵押权时即行终止,苏某某自此不再享有玉门宾馆租赁权,最高人民法院指出,其在承诺书上的签字行为可视为其对法律赋予的“抵押不破租赁”的权利予以放弃。

如果承租人提供了在抵押之前已租赁并且实际占有的证明,而银行等金融机构未能提出证据予以对抗,将面临败诉风险。在青岛利群投资有限公司等申请监督案执行②案中,最高人民法院即指出“租赁权作为物权化的债权,应以租赁人对租赁物实际占有、使用作为设立的时间”。根据利群公司与晟欣公司签订的《交接协议》,与装饰公司签订的四份装修工程施工合同及空调、配电等设备安装合同,相关缴纳水电费、进货、销货、缴纳税款等凭据,证明租赁物完成装修后已于2005年4月营业,晟欣公司与齐商银行的

① (2019)最高法民终1206号。

② (2013)执监字第67号。

抵押登记实际时间为2005年12月。故认定租赁权先于齐商银行抵押权设立,有权要求买受人继续履行租赁合同。齐商银行未能提出对抗证据,由此败诉。

针对租赁在后,是否应当对租赁权进行涤除,审查标准为是否因租赁关系的存在,抵押财产无人应买,或者其变价所得不足以清偿抵押权所担保的债权额。有的法院认定租赁将导致买受人无法实际占有财产,影响竞买意愿并导致拍卖成交价格变低,故必然影响抵押权的实现。在曾程与恒丰银行股份有限公司重庆分行、易某某案外人执行异议之诉案中[①],重庆市高级人民法院认为《拍卖变卖规定》第31条第2款规定强调的是对设立在先的担保物权的保护,因承租人对租赁物享有排他性的占有、使用和收益的权利,如果执行法院将案涉财产带租拍卖,可能导致买受人无法实际占有该财产,故带租拍卖势必影响参与竞买人的竞买愿望。即使带租拍卖可能成交,但其拍卖成交价格也会远低于涤除租赁权之后的变现价格,进而影响抵押权的实现。因此,曾某认为其要求法院带租拍卖对抵押权实现不会产生影响的上诉理由亦不能成立。

而在中国工商银行股份有限公司上海市杨浦支行、张某某等案外人执行异议之诉案中,[②]上海市高级人民法院指出,租赁关系不得对抗抵押权,不得对抗系指不影响抵押权的实现,不意味着在抵押权实现前必须先将租赁权予以涤除。依据《拍卖规定》第31条第2款规定,拍卖财产上原有的租赁权及其他用益物权,不因拍卖而消灭,但该权利继续存在于拍卖财产上,对在先的担保物权或者其他优先受偿权的实现有影响的,人民法院应当依法将其除去后进行拍卖。结合实际情况,执行法院应先委托评估,经委托评估认为对在先的担保物权或者其他优先受偿权的实现没有影响的,应当在房屋负担租赁权的状态下对其予以变现,在变现的过程中发现对在先的担保物权或者其他优先受偿权的实现有影响的,执行法院应当依法裁定将租赁权除去后予以变现。

(四)商业银行同意抵押物转让司法裁判中商业银行的败诉风险

在《民法典》实施前,抵押财产转移多依据《物权法》《担保法》等法律及相关司法解释等的规定。在该体系下,卖方抵押人设有抵押权的房产必须

---

① (2019)渝民终620号。

② (2018)沪民终244号。

先征得抵押权人的同意并提前清偿全部贷款后方可将房产过户给受让人。这种限制转让模式虽增加了买卖双方的交易成本、交易流程，一定程度上降低了带抵押房产资源的流转性，却能够最大程度上保障抵押权人的权益。在交通银行股份有限公司陕西省分行与梁某某申请执行人执行异议之诉①案中，交通银行陕西分行曾提出，根据《物权法》第 171 条第 2 款“抵押期间未经抵押权人同意，不得转让抵押财产”的规定，梁某某和瑞麟公司签订的《商品房买卖合同》无效。最高人民法院认为，《物权法》该条款规定的“不得转让”是管理性强制性规定，就不动产而言，针对的是抵押的不动产的“过户”行为，“不得转让”即不得过户。该条款不是《合同法》第 52 条第 5 项规定的效力性强制性规定，并非针对抵押的不动产转让合同的效力。故交行陕西分行提出的该理由，不能成立。②

商业银行的主要风险在于，其作为抵押权人同意抵押人销售抵押物的情况下（如向开发商出具《关于允许抵押人继续售房的函》），抵押权即告消灭。

在哈尔滨中财房地产开发有限公司与中国农业银行股份有限公司哈尔滨道外支行借款合同纠纷③案中，最高人民法院指出，《物权法》第 177 条规定，债权人放弃担保物权的，担保物权消灭。对于债权人同意抵押人转让抵押物的情况，能否认定抵押权已经消灭，结合《物权法》第 191 条“抵押期间，抵押人经抵押权人同意转让抵押财产的，应当将转让所得的价款向抵押权人提前清偿债务或者提存”之规定，可以作出这样的理解：本条确立了“抵押权人同意方可转让”的基本原则，如果抵押权人同意转让抵押物的情况

① （2018）最高法民申 1574 号。该判决认为，根据二审法院查明的事实，2014 年 8 月 7 日，梁某某与瑞麟公司签订《商品房买卖合同》，约定梁某某购买瑞麟君府南区 2 号楼 10701 号房屋，合同价款为 62.5 万元。该合同系双方当事人真实意思表示，内容不违反法律、行政法规的强制性规定，合法有效。2014 年 12 月 30 日，西安市中级人民法院依据生效的债权文书《公证书》及《执行证书》作出（2014）西中执证字第 00059-2 号执行裁定：查封被执行人瑞麟公司所有的位于陕西省××××区东二环西侧瑞麟君府南区 285 套房产（预售证号：临预字 201216 号、临预字 201215 号、临预字 201121 号）；查封期限为两年。梁某某购置的房屋在上述查封之列。根据上述事实应当认定，梁某某与瑞麟公司在人民法院查封之前已签订了合法有效的书面买卖合同。

② 《第八次全国法院民事商事审判工作会议（民事部分）纪要》第 14 条规定，《物权法》第 191 条第 2 款并非针对抵押财产转让合同的效力性强制性规定，当事人仅以转让抵押房地产未经抵押权人同意为由，请求确认转让合同无效的，不予支持。受让人在抵押登记未涂销时要求办理过户登记的，不予支持。

③ （2016）最高法民申 887 号。

下，则不应由受让人代为清偿债务，在抵押物的交换价值实现之日即丧失了物上追及力，抵押权的效力仅及于转让价金。本案中，农行道外支行向哈尔滨市房地产交易中心出具了《关于允许抵押人继续售房的函》，同意转让抵押物，应视为放弃抵押权，此时农行道外支行对于在建房屋已不再享有抵押权，其只能对买受人支付的购房款行使价金代位权，而不能再追及于物上抵押权。至于农行道外支行因无法行使价金代位权而造成的损失，系农行道外支行与中财公司的债权债务关系，当事人应当另行主张。该案判决中关于“如果抵押权人同意转让抵押物的情况下，则不应由受让人代为清偿债务，在抵押物的交换价值实现之日即丧失了物上追及力”的裁判思路影响深远。在此之后，(2019)浙0421民再17号、(2017)苏执复128号、(2017)苏02执异22号、(2019)川01民终6509号、(2018)京0117执异148号等大量司法判决均引用、遵循了这一裁判思路。

但司法实践中也有不同观点。在中国东方资产管理公司武汉办事处与平安信托投资有限责任公司、中国平安人寿保险股份有限公司、武汉农村商业银行股份有限公司、北京王府井百货商业物业管理有限公司和陆氏实业(武汉)有限公司借款担保合同纠纷①案中，最高人民法院又认为，抵押权人同意转让抵押物并不必然导致抵押权灭失。该案判决书指出，依照《担保法司法解释》第67条之规定，抵押权存续期间，抵押人转让抵押物未通知抵押权人或者未告知受让人的，如果抵押物已经登记的，抵押权人仍可以行使抵押权；取得抵押物所有权的受让人，可以代替债务人清偿其全部债务，使抵

① (2011)民二终字第28号。类似案件如李某、长城华西银行股份有限公司、刘某某其他案由执行[(2019)川0603执异155号]。在该案中，德阳市旌阳区人民法院认为，李某未在分配方案作出之前依法向法院提出预留租金的申请，故法院当时所做财产分配方案并无不当；其在住房被法院依法拍卖、执行且就拍卖款项作出分配方案之后，方提出该房屋为其名下唯一住房并据此要求留存保障基本居住所需份额，该事项确属实情，根据生存权应大于债权的基本司法理念及相关法律规定，法院宜另行作出财产分配方案保障其基本居住权。再如吉林汪清农村商业银行股份有限公司与芜湖市华远航运有限责任公司、郑某某、余某某借款合同纠纷执行异议[(2019)吉24执异43号]一案中，延边朝鲜族自治州中级人民法院认为，本案的被执行人夫妻中有一人为公务员，子女临近大学毕业，所拍卖的房屋不属于必需的居住房屋。根据民事诉讼法的有关规定，人民法院在保障被执行人及其子女最低生活标准所必需的住房后，可以对超过基本生活所必需的唯一住房采取拍卖措施，涉案房产面积远远超过维持被执行人及其所扶养家属最低标准，法院依法对该争议房产予以查封、拍卖有法律依据。但是，在张贴腾迁公告前，应当及时制作符合当地最低生活标准所必需住房的安置方案。在未制定相应保障方案的情况下，予以腾迁涉案房产，不利于保障被执行人及其子女生活必需的居住权。异议人的部分异议内容成立，法院对“保障被执行人及其子女生活必需的居住权”的内容予以支持。

押权消灭。受让人清偿债务后可以向抵押人追偿。抵押权作为担保物权,是抵押权人因为抵押行为而对抵押物所享有的支配权,此种支配权可以对抗抵押物的所有人和第三人。

(五)消费者物权期待权对抗抵押权司法裁判中商业银行的败诉风险

在李某、广西恒冠建设集团有限公司再审审查[①]案中,最高人民法院认为,根据《执行异议和复议规定》第29条的规定,在金钱债权执行中,买受人对登记在被执行的房地产开发企业名下的商品房提出执行异议时,获得人民法院支持应同时满足三个要件,即在人民法院查封之前已签订合法有效的书面买卖合同、所购商品房系用于居住且买受人名下无其他用于居住的房屋以及支付的价款超过合同约定总价款的50%。该条规定基于对消费者生存权这一更高价值的维护,赋予消费者买受房屋的物权期待权以排除执行的效力,即便申请执行人对该房屋享有建设工程价款优先受偿权、担保物权等权利,法律也应更优先保护消费者的物权期待权。

在龚某某、李某与中国农业银行重庆沙坪坝支行等房屋买卖合同纠纷[②]案中,重庆市高级人民法院认为,在通常情形下,在就同一标的物存在数个相冲突的权利时,物权优先于债权、各一般债权平等获清偿。在办理移转登记之前,买受人对买卖合同项下的房屋仅享有请求出卖人配合办理移转登记的债权,故在通常情形,当就同一房屋同时存在抵押权和买受人的债权时,抵押权优先于买受人的债权。但是,根据《执行异议和复议案件规定》第28条规定,虽然买受人为债权人,但该条例外的作出特别规定,赋予其优先效力,优先于其他权利人,特别保护买受人的物权期待权。在本案中,龚某某、李某满足前述条文规定的条件,已生效的执行异议之诉判决亦明确龚某某、李某的权利可以对抗抵押权。

在建银国际资本管理(天津)有限公司、于某申请执行人执行异议之诉再审[③]案中,最高人民法院认为,于某、徐某某作为购房消费者,对讼争房屋是否享有足以阻却强制执行的民事权益,可参照《最高人民法院关于建设工程价款优先受偿权问题的批复》的相关规定予以认定。根据《最高人民法院关于建设工程价款优先受偿权问题的批复》第1条关于人民法院在审理房

① (2018)最高法民申768号,类似判决还包括(2018)最高法民申789号。

② (2019)渝01民终5241号。

③ (2019)最高法民申4033号。

地产纠纷案件和办理执行案件中，应当依照《合同法》第286条的规定，认定建筑工程的承包人的优先受偿权优于抵押权和其他债权。同时，《最高人民法院关于建设工程价款优先受偿权问题的批复》第2条规定，消费者交付购买商品房的全部或者大部分款项后，承包人就该商品房享有的工程价款优先受偿权不得对抗买受人，该批复确定的权利顺位为建设工程价款优先受偿权优先于抵押权，而建设工程价款优先受偿权不能对抗已经支付全部或大部分购房款的消费者。就上述权利对抗的顺位原则而言，在已经支付全部或大部分购房款的购房消费者的权利与银行抵押权产生冲突时，亦应优先保护购房消费者的物权期待权。

(六)居住权对抗抵押权司法裁判中商业银行的败诉风险

在《民法典》出台之前，我国司法实践中"居住权"存在两种情况：

第一，某些判例中所提到的"居住权"往往与消费者物权期待权挂钩。如在鲁某某、冉某某申请执行人执行异议一案中，四川省高级人民法院指出，基于消费者生存权这一更高价值的维护，赋予消费者对买受房屋的物权期待权以排除执行的效力……消费者购房的目的是用来居住的，在房价高企的当今社会，有的消费者终其一生、甚至是两代人的积蓄，方购得一处安身立命之所，其对房屋的物权期待权在顺位上应当优先于其他债权。① 在交通银行股份有限公司陕西省分行、袁某执行异议之诉再审②案中，最高人民法院认为，从价值衡量来看，房屋购买者的居住权与抵押权相比，居住权具有优先性。因此，西安市中级人民法院在被申请人购买房屋符合法律规定的情形下，即使交行陕西分行在房屋上设定有抵押权，对房屋亦不能强制执行。

第二，现实中也出现了带有《民法典》生活化意义上的居住权协议。在朱某灵与朱某敏、朱某等再审③案中，浙江省高级人民法院认为，至于朱某敏与朱某灵于2004年5月5日签订的协议的法律定性，由于协议约定"现因姐姐朱某灵在杭工作无房可住，朱某敏愿将该房让与朱某灵居住"，可将该约定认定为亲属间的居住权让与。由于朱某敏与朱某灵签订的让与协议没有约定居住期限，结合协议签订时的补偿款支付的金额、朱某敏将其持有的有

① (2018)川15民初173号。

② (2018)最高法民申1441号。

③ (2013)浙民提字第82号。

关该房屋的所有凭证均交给朱某灵保管及在协议中声明其将该房屋的任何权利交由朱某灵与其不发生任何关系的事实，推定居住权的期限为朱某灵可以终身居住。又由于朱某敏系基于朱某灵为其姐姐的特定身份的让与，故朱某灵享有的居住权不得再转让、继承。同时，朱某敏将房屋居住权让与朱某灵，该行为应视为其对朱某赠与部分房屋所有权行为的撤销。

在谢某某与陈甲、陈乙等分家析产纠纷[①]案中，当事人约定："上海市虹口区赤峰路×××弄×××号×××室，原系池某、谢某某共居公有住房，经商定房屋由陈甲、陈乙购买。由于购买人在沪没有户口，故产权归其母池某所有，日后由陈甲之子赵某、陈乙之子严某所有(共同继承)，为保障现有居住人的居住权，经商定如下：1. 该房屋居住权属池某、谢某某共居至寿终……"上海市第二中级人民法院认为，为保障当事人权益，赤峰路房屋以判决产权共有为宜，至于房屋产权过户所需相关税费，应根据当事人在房屋内的产权份额予以分担。换言之，法院认可了这一保留居住权的所有权转让协议效力。在朱某丙与施某继承纠纷[②]案中，原告要求依法确认原告有权继承朱某戊名下的婺集建(91)字第 00478 号 144.7 平方米的房产并依法分割，并请依法判决原告有权居住到过世为止。金华市金东区人民法院承认了共有物分割中设定居住权。

四、商业银行现有条款的比对点评

(一)多家商业银行的现有条款比对

本书写作团队以"抵押合同"为例，考察了多家银行条款的安排，比对点评如下：

【A 银行】

7.1　抵押人向抵押权人陈述并保证：

(4)抵押物不存在任何权属争议或瑕疵，抵押物未被没收、征用、查封、扣押、监管、采取诉讼保全措施。

(5)所有与抵押物有关的到期应付款项和税费已予支付，抵押人没有拖欠税款、抵押物项下工程款等款项的情形。

……

① (2015)沪二中民一(民)终字第 264 号。

② (2015)金东民初字第 153 号。

(10)抵押人未以赠与、转让、出租或其他方式处置全部或任何部分抵押物及其中的任何权利或利益,也没有在抵押物上设立或允许设立任何其他担保,但是在通常的商业活动中为遵守法律而产生的留置权或已事先书面告知抵押权人并取得其同意的除外。

第 8 条　抵押人的承诺

8.3　抵押期间,未经抵押权人书面同意,不得将抵押物全部或部分出售、出租、转让、赠与、抵押、质押、抵偿债务、托管、转借或以任何方式处分抵押物之权益。而且,若因抵押人违反上述承诺而使抵押物发生毁损,不论何方之过失,均由抵押人负全部责任,并向抵押权人赔偿由此引起的一切损失。对于抵押人经抵押权人书面同意处分抵押物所得款项,抵押人同意抵押权人有权选择如下方式进行处理,抵押人有义务协助办理有关手续:

(1)清偿或提前清偿被担保债务;

(2)转为定期存款,以存单为被担保债务设置质押;

(3)转为保证金,为被担保债务提供担保;

(4)向抵押权人指定的第三人提存;

(5)抵押人提供符合抵押权人要求的新的担保后,可自由处分所得价款。

8.8　抵押人知悉抵押物发生毁损或抵押物将被拆迁或其他可能影响抵押物价值的事件时,应立即通知抵押权人。如抵押物被拆迁,对于采用产权调换补偿形式的,抵押人应和债务人与抵押权人协商清偿被担保债务,或签订新的抵押协议并重新设置抵押。在抵押物灭失后而新抵押登记尚未办理完毕之前,抵押人应根据抵押权人的要求提供抵押权人认可的担保。对于以补偿款方式进行补偿的拆迁房地产,抵押人应根据抵押权人的要求,将拆迁补偿款通过开立保证金专户或存单等形式质押给抵押权人,继续为被担保债务提供担保。

第 10 条　抵押物的保管

10.4　抵押权人有权随时对抵押物情况进行检查。抵押人随时接受、积极配合抵押权人对抵押物状况的检查。

第 15 条　违约责任

15.1　以下情形构成抵押人在本协议项下的违约事件:

……

(6)抵押人在本协议中所做的陈述和保证不真实或违反其在本协议中

所做的承诺；

(7)抵押人违反本协议中有关抵押人的任何其他义务或责任。

【B银行】

第6条　甲方声明与保证

6.2　甲方对本合同项下的抵押物拥有完全的、有效的、合法的所有权或处分权，且该抵押物不存在任何争议，未被依法查封、扣押、监管、抵押或者被采取其他强制性措施。如抵押物上存在其他共同共有人或按份共有人，则甲方已获得该共有人所有的必要的同意和批准。

……

6.4　设立本抵押不会受到任何限制或不会造成任何不合法的情形。

第7条　甲方的权利和义务

7.5　抵押权存续期间，未经乙方的事先书面同意，甲方不得转让、出租、再行抵押、赠与、托管、重大改装增补或以其他方式处分抵押物的全部或部分。如乙方同意甲方处分抵押物，甲方同意乙方有权选择下列方法处理处分抵押物之所得款项，并协助办理有关手续：

7.5.1　清偿或提前清偿主合同项下债务本息及相关费用；

7.5.2　转为定期存款，存单用于质押；

7.5.3　向乙方指定的第三人提存；

7.5.4　甲方提供符合乙方要求的新的担保后，可将所得价款自由处分。

……

7.12　如甲方已将抵押物出租的，在签署本合同前甲方应及时将设立抵押事宜书面告知承租人，并向乙方提供甲方与承租人签署的书面协议及/或有关出租情况书面说明。

……

7.13　经甲、乙双方协商一致，甲方以其现有的及将有的生产设备、原材料、半成品以及产品进行抵押的，甲方在从事正常生产经营活动时不适用本合同第7.5条之约定，但甲方不得以虚假购销等方式恶意处分抵押物。如出现本合同第12.4条约定的行使抵押权的情形时，甲方不得以任何方式处分抵押财产，否则，甲方应当承担乙方因此遭受损失的赔偿责任。

第12条　违约责任

12.1　本合同生效后，甲乙双方均应履行本合同约定的义务，任何一方不履行或不完全履行本合同约定的义务的，应当承担相应的违约责任，并赔偿由此给对方造成的损失。甲方未履行或未完全履行本合同的约定即构成违约,甲方应按本合同约定担保之主债权本金的百分之十向乙方支付违约金,并赔偿乙方因此所受损失,违约金应在违约事实发生之日起十个银行工作日内向乙方支付,逾期支付按逾期金额每日万分之五收取滞纳金。乙方有权停止继续发放信贷,宣布所有已发放信贷提前到期,甲方应就该等债务提前承担抵押担保责任。

12.2　甲方在本合同第6条中所作声明与保证不真实、不准确、不完整或故意使人误解,给乙方造成损失的,应予赔偿。

【C银行】

第9条　对甲方处分抵押财产的限制

(一)未经乙方书面同意,甲方不得以任何方式处分抵押财产,包括但不限于放弃、出租(包括原租赁合同到期后续租)、赠与、转让、出资、再次抵押、迁移、改为公益用途、与其他物添附或改建、分割。

(二)经乙方书面同意,甲方处分抵押财产而获得价款或其他款项应当存入乙方指定的账户。乙方有权选择本合同第八条第五款第2项至第4项约定的任一方法对上述款项进行处理,甲方应协助办理有关手续。

第10条　第三方妨碍

(一)如果抵押财产被国家征收、征用、拆除、没收、无偿收回,或者抵押财产被第三方查封、冻结、扣押、监管、留置、拍卖、强行占有、毁损或者进行其他处置,甲方应当立即通知乙方,并及时采取制止、排除或补救措施,防止损失扩大;若乙方提出要求,甲方应提供符合乙方要求的新担保。

(二)抵押财产发生前款情形后的剩余部分仍作为乙方债权的抵押担保。甲方因上述原因取得的赔偿金或补偿金,应存入乙方指定的账户。乙方有权选择本合同第八条第五款第1项至第4项约定的任一方法对上述款项进行处理,甲方应协助办理有关手续。甲方因上述原因获得土地、房产等置换财产,应以所获得的置换财产继续为该笔贷款提供担保,并办理抵押登记,担保价值不足的,不足部分应另行提供足额担保。

第12条　违约责任

(一)甲方违约责任

1.甲方违反本合同的任一约定或陈述与保证的事项存在任何虚假、错误、遗漏,乙方有权采取以下一项或多项措施:

(1)要求甲方限期纠正违约行为;

(2)要求甲方提供新的担保；

(3)要求甲方赔偿损失；

(4)处分抵押财产；

(5)法律许可的其他救济措施。

第16条　甲方声明条款

……

(三)甲方对抵押财产依法享有所有权或处分权，抵押财产并非公益设施、禁止流通与转让的财产，不存在任何权属争议。

……

(五)抵押财产不存在任何未书面告知乙方的瑕疵或负担，包括但不限于抵押财产为限制流通物、被查封、被扣押、被监管、被出租、被留置、抵押财产存在拖欠购置价款、维修费用、建设工程价款、国家税款、土地使用权出让金、损害赔偿金等情形或者抵押财产已为第三人设定担保。

(六)抵押物没有出租，或虽已部分或全部出租，但已将设立抵押事宜告知承租人，并已提供承租人承诺乙方行使抵押权时无偿解除租赁合同的书面文件，并将有关出租情况书面告知乙方。

……

(八)甲方提供本抵押担保不损害任何第三人的合法利益，不违背甲方的法定与约定义务。

【D银行】

第7条　对甲方处分抵押财产的限制

一、未经乙方书面同意，甲方不得以任何方式处分抵押财产，包括但不限于放弃、出租(包括原租赁合同到期后续租)、赠与、转让、出资、重复担保、迁移、改为公益用途、与其他物添附或改建、分割。

二、未经乙方书面同意，甲方处分抵押财产而获得价款或其他款项应当存入乙方指定的账户，乙与有权选择本合同第六条第五款第(二)至(四)项约定的任一方法对上述款项进行处理，甲方应协助办理有关手续。

第8条　第三方妨碍

一、如果抵押财产被国家征收、征用、拆除、没收、无偿收回，或者抵押财产被第三方查封、冻结、扣押、监管、留置、拍卖、强行占有、毁损或者进行其他处置，甲方应当立即通知乙方并及时采取制止、排除或补救措施，防止损失扩大；若乙方提出要求，甲方应提供符合乙与要求的新担保。

二、抵押财产发生前款情形后的剩余部分仍作为乙方债权的抵押担保，甲方因上述原因取得的赔偿金或补偿金，应存入乙方指定的账户，乙方有权选择本合同第六条第五款第（二）至（四）项约定的任一方法对上还款项进行处理，甲方应协助办理有关手续。

第10条　违约责任

一、甲方违约责任

（一）甲方违反本合同的任一约定或陈述与保证的事项存在任何虚假、错误、遗漏，乙方有权采取以下一项或多项措施：

1. 要求甲方限期纠正违约行为；

2. 要求甲方提供新的担保；

3. 要求甲方赔偿损失；

4. 处分抵押财产；

5. 法律许可的其他救济措施。

第13条　甲方陈述与保证

……

五、甲方对抵押财产依法享有所有权或处分权，抵押财产并非公益设施，禁止流通与转让的财产，不存在任何权属争议。

……

七、抵押财产不存在任何未书面告知乙方的瑕疵或负担，包括但不限于抵押财产为限制流通物、被查封，被扣押、被监管、被出租、被留置、抵押财产存在拖欠购置价款、维修费用、建设工程价款、国家税款、土地使用权出让金，损害赔偿金等情形或者抵押财产已为第三人设定担保。

……

九、甲方提供本抵押担保不损害任何第三人的合法利益，不违背甲方的法定与约定义务。

【E银行】

第4条　抵押财产

4.5　如抵押财产为房屋的，抵押人在知悉房屋将被拆迁信息时，应及时向抵押权人履行告知义务。抵押期间，如抵押房屋被拆迁，对于拆迁房屋采用产权调换补偿形式的，抵押人应按照抵押权人要求与债务人、抵押权人协商清偿被担保债权，或按照抵押权人要求以产权调换后的房屋或其他抵押财产重新设置抵押并签订新的抵押协议，在原有抵押房屋灭失后而新抵押登记尚未办理之前,抵押人应按照抵押权人要求由具备担保条件的担保方提供担保;对于拆迁房屋以补偿款方式进行补偿的,抵押权人有权就该补偿款优先受偿,或要求抵押人将拆迁补偿款通过开立保证金专户或存单等形式,继续作为担保财产,并签订相应的保证金质押合同或存单质押合同。

第6条　抵押财产的占有和保管

6.1　本合同项下的抵押财产由抵押人占有和保管,但抵押财产的权利凭证应全部交由抵押权人保管。抵押人同意随时接受并有效配合抵押权人及其委派的机构和个人对抵押财产进行的检查。在抵押关系存续期间,抵押人不得挂失、补办抵押权人保管的抵押财产的权利凭证,否则视为抵押人严重违约。

……

6.3　未经抵押权人书面同意,抵押人不得全部和部分转让、出租、出借、以实物形式出资、改造、改建或以其他任何方式全部或部分处分抵押财产,否则视为抵押人严重违约;经抵押权人书面同意的,处分抵押财产所得价款应用于提前清偿债务或向抵押权人指定的第三方提存。

……

6.5　在出现包括但不限于下列使抵押财产的完好状态或完整价值有害情形时,抵押人应立即书面通知抵押权人:

6.5.1　抵押财产权属发生争议;

6.5.2　抵押财产在抵押期间被采取查封、扣押等财产保全或执行措施;

6.5.3　抵押权受到或可能受到来自任何第三方的侵害。

6.6　经抵押权人书面同意,抵押人处分抵押财产所得的价款或其他款项应当存入抵押权人指定的账户。抵押权人有权选择下列任一方法对上述款项进行处理,抵押人应协助办理有关手续:

6.6.1　经抵押权人同意,用于恢复抵押财产价值;

6.6.2　清偿或提前清偿被担保债权;

6.6.3　为主合同项下债务提供担保;

6.6.4　向抵押权人指定的第三方提存并继续作为被担保债权的担保,提存费用由抵押人承担;

6.6.5　抵押人提供符合抵押权人要求的新的担保后,由抵押人自由处分。

第 7 条　抵押财产价值减少的处理

7.1　在本合同项下主债权获得完全清偿之前,抵押人的行为足以使抵押财产价值减少的,抵押权人有权要求抵押人停止其行为。抵押财产价值减少的,抵押权人有权要求抵押人恢复抵押财产的价值或者提供与减少的价值相当的并为抵押权人认可的其他担保。抵押人不恢复抵押财产的价值也不提供担保的,抵押权人有权要求债务人提前清偿债务,债务人不按要求履行债务的,抵押权人有权行使抵押权。

7.2　抵押人与债务人不是同一人,抵押人以抵押财产为抵押权人的债权设立有效抵押担保前,抵押人已将抵押财产出租并收取租金的,如债务人未按主合同约定履行其义务,从主合同约定的借款期限届满之次日起,抵押人在已收取租金的范围内为抵押权人提供连带责任保证担保,保证期间为主合同约定的借款期限届满之次日起三年。

第 13 条　声明与承诺

13.1　抵押人声明如下:

……

13.1.5　抵押人未向抵押权人隐瞒截至本合同签订日在抵押财产上存在着的任何担保物权;保证抵押财产上不存在任何未向抵押权人披露的权利负担、权利瑕疵或限制状态,并保证该种无权利负担、权利瑕疵或限制状态在抵押权存续期间持续存在;

13.2　抵押人承诺如下:

13.2.1　抵押财产为在建工程的,抵押人承诺在该抵押财产上不存在第三人的优先受偿权;如存在第三人的优先受偿权,抵押人承诺使该第三人出具放弃优先受偿权的书面声明,并交抵押权人执管;

……

13.2.9　在本合同终止前,未经抵押权人同意,抵押人不得以馈赠、转让、出资、再抵押、弃权或其他任何方式处分抵押财产。

第 16 条　违约及处理

16.1　以下事项之一即构成或视为抵押人在本合同项下违约:

……

16.1.2　抵押人违反本合同的约定,擅自转让、出租、出借、以实物形式出资、改造、改建或以其他任何方式全部或部分处分抵押财产;

16.1.3　抵押人以任何方式妨碍抵押权人依法及/或根据本合同有关约定处分抵押财产;

16.1.4　发生本合同约定的抵押财产毁损或价值减少的情形，抵押人不按抵押权人的要求恢复抵押财产的价值，也不提供新的担保；

16.1.5　抵押人在本合同中所做的声明不真实或者违反其在本合同中所做的承诺；

16.1.6　抵押人不按本合同约定履行其义务并承担责任。

【F银行】

第8条　甲方的权利和义务

……

8.5　甲方保证本合同项下抵押财产在抵押前未被出租，或虽已出租但已书面告知乙方；如本合同项下抵押财产设立抵押后再出租的，甲方保证将设立抵押事宜告知承租人，并应提前征得乙方同意。

8.6　甲方保证向乙方提供的有关抵押财产的全部产权或使用权凭证及其他有效证明文件真实、合法、有效。

8.7　在本合同终止前，未经乙方同意，甲方将抵押财产做出馈赠、转让、出租、再抵押或其他任何方式处分的，其行为无效，乙方仍可对抵押财产行使权利。

第10条　违约责任

……

10.2　甲方如有下列行为之一，给乙方造成经济损失的，应给予全额赔偿：

10.2.1　无权处分抵押财产或隐瞒抵押财产存在共有、争议、被查封、被扣押、已经出租或已经设立抵押等情况的。

10.2.2　未按乙方要求提供有关抵押财产的完备手续和真实资料的。

10.2.3　未经乙方同意擅自处分抵押财产的。

10.2.4　造成抵押财产损毁、灭失等无力保持抵押财产的完整和良好状态的。

【G银行】

第1条　乙方的陈述与保证

……

1.8　本合同项下的抵押物依法可以设立抵押。设立本合同项下的抵押不会受到任何限制。

1.9　本合同项下的抵押物未被依法查封、扣押或监管。

1.10　本合同项下的抵押物如已部分出租或全部出租，保证将设立抵押事宜告知承租人，并将有关出租情况书面通知甲方。

1.11　抵押物没有为其他债权人设立抵押，或虽已设立抵押，但已经将设立抵押情况书面详细告知甲方。

第11条　乙方的权利和义务

11.8　乙方的行为足以使抵押物价值减少的，应停止其行为；造成抵押物价值减少时，有义务恢复抵押物的价值，或提供与减少的价值相当的担保。

……

11.17　以在建工程为抵押物提供担保的，在工程竣工验收合格取得产权证明后，乙方应积极配合甲方到有关抵押登记机关办理房地产抵押登记手续。

第12条　违约责任

12.1　乙方出现下列情形之一时，即构成在本合同项下的违约：

12.1.1　以任何作为或不作为的方式妨碍甲方实现债权、抵押权；

12.1.2　因乙方的原因导致抵押权未设立或无效；

12.1.3　在本合同中作虚假陈述或违反本合同约定的义务。

【H银行】

第4条　抵押人承诺

……

2.抵押人对抵押物拥有充分、无争议的所有权或者处分权。

3.抵押物依法可以流通或者转让。

4.抵押物不存在被查封、扣押、监管等情况。

5.抵押人如实告知拖欠税款、抵押物建设工程价款等款项及抵押物已设定抵押、已出租等情况。

6.抵押人已就本合同项下抵押事宜征得抵押物共有人同意。

第6条　抵押物的占管

1.本合同项下抵押物由抵押人占管，抵押人对抵押物负有妥善管理和合理使用的义务。抵押权人有权监督和检查抵押物的管理和使用情况。

2.抵押期间，未经抵押权人书面同意，抵押人不得对抵押物作出赠与、转让、出租、再抵押或者其他任何方式的处分。经抵押权人书面同意，抵押人以转让、出租或者其他方式处分抵押物的，所得价款应用于提前清偿所担保的债权或者提存。

3. 抵押期间，抵押物毁损、灭失、被征收、被征用或者因附合、混合、加工使抵押物为第三人所有等，抵押人应及时采取有效措施防止损失扩大，同时立即书面通知抵押权人。抵押权人有权就获得的保险金、赔偿金或者补偿金等优先受偿；被担保债权的履行期未届满的，抵押权人有权要求提前清偿债务或者提存。

4. 抵押期间，抵押物价值减少的，抵押权人有权要求抵押人恢复抵押物的价值或者提供抵押权人认可的与减少价值相当的担保。

第11条　违约责任

1. 本合同生效后，抵押权人不履行合同义务，造成抵押人损失的，应承担相应的赔偿责任。

2. 抵押人有下列行为之一的，应按本合同所担保主债权本金数额的____%向抵押权人支付违约金；造成抵押权人损失的，应同时给予全额赔偿：

……

(2)未如实告知拖欠税款、抵押物建设工程款等款项，以及抵押物存在共有、争议、异议、已设定抵押、已出租或者被查封、扣押、监管等情况；

(3)未按本合同约定办理抵押登记手续；

(4)未经抵押权人书面同意擅自处分抵押物；

(5)未按抵押权人要求恢复抵押物价值或者提供相应的担保；

(6)其他违反本合同约定或者影响抵押权人实现抵押权的行为。

第12条　抵押建筑物和其他土地附着物及建设用地使用权发生拆迁的特别约定

1. 若本合同项下抵押物为建筑物、其他土地附着物、建设用地使用权，抵押物发生征用、征收或类似情形需要拆迁（以下统称“拆迁”）的，抵押人应在知悉拆迁消息后的10日内通知抵押权人。

2. 若拆迁补偿采用权利调换补偿形式且借款人未提前清偿债务，抵押人应以拆迁调换的建筑物、其他土地附着物、建设用地使用权继续为借款设定抵押并签订相关协议，配合抵押权人为调换的建筑物、其他土地附着物、建设用地使用权办理抵押权预告登记和抵押登记。在新抵押登记办理完成前，抵押权人有权要求抵押人提供其他担保。

3. 若拆迁采用货币补偿形式，抵押权人有权就抵押人获得的拆迁补偿款优先受偿；借款履行期未届满的，抵押权人有权要求抵押人将拆迁补偿款存入保证金专户或以存单质押等形式为债务提供担保并签订相应担保协议。

4. 抵押人违反本条约定的,应按本合同担保的主债权本金数额的____%向抵押权人支付违约金。

【I银行】

第3条　抵押物

抵押物有关情况见附件“抵押物清单”。

抵押期间,抵押物毁损、灭失或者被征收等,抵押权人可以就获得的保险金、赔偿金或补偿金等优先受偿。被担保债权的履行期未届满的,也可以提存该保险金、赔偿金或补偿金等。

如抵押物为房屋的,抵押人在知悉房屋将被拆迁信息时,应及时向抵押权人履行告知义务。抵押期间,如抵押房屋被拆,对于拆迁房屋采用产权调换补偿形式的,抵押人应校照抵押权人要求与债务人、抵押权人协商清偿主债务,或按照抵押权人要求以产权调换后的房屋或其他抵押物重新设置抵押并签订新的抵押协议,在原有抵押房地产灭失后而新抵押登记尚未办理之前,抵押人应该按照抵押权人要求由具备担保条件的担保方提供担保;对于拆迁房屋以补偿款方式进行补偿的,抵押权入有权就该补偿款优先受偿,或要求抵押人将拆迁补偿款通过开立保证金专户或存单等形式,继续作为担保财产,并签订相应的保证金质押协议或存单质押协议。

第5条　抵押物的占有和保管

本合同项下的抵押物由抵押人占有和保管,但抵押物的权利凭证应交由抵押权人保管。抵押人同意随时接受并有效配合抵押权人及其委派的机构和个人对抵押物进行检查。

抵押人应妥善保管、保养和维护好抵押物。采取有效措施保障抵押物的安全、完整;如抵押物需要维修,抵押人应及时进行,并承担相应费用。

未经抵押人书面同意,抵押人不得全部或部分转让、出租、出借、以实物形式出资、改造、改建或以其他任何方式处分抵押物;经抵押权人书面同意的,处分抵押物所得价款应用于提前清偿债权或向抵押权人指定的第三方提存。

第6条　抵押物价值确定及减少的处理

……

在本合同主债权获得完全清偿之前,抵押人的行为足以使抵押财产价值减少的,抵押权人有权要求抵押人停止其行为。抵押财产价值减少的,抵押权人有权要求抵押人恢复抵押物的价值,或者提供与减少的价值相当的并为抵押权人认可的其他担保。抵押人不恢复抵押财产的价值也不提供担保的,抵押权人有权要求债务人提前清偿债务,债务人不接要求服行债务的,抵押权人有权行使抵押权。

如果由于自然灾害、意外事件、侵权行为及其他原因导致抵押物灭失成价值减少的,抵押人应立即采取措施防止损失进一步扩大,并立即书面通知抵押权人。

第 13 条　声明与承诺

抵押人声明与承诺如下:

……

4. 抵押人向抵押权人提供的所有文件和资料是准确、真实、完整和有效的;

5. 抵押人为向抵押权人隐藏截止本合同签订日在抵押物上存在着的任何担保物权;

6. 若在抵押物上设置新的担保物权、抵押物被查封或涉入重大诉讼或仲裁案件,抵押人应及时通知抵押权人;

7. 抵押物为在建工程的,抵押人承诺在该抵押物上不存在第三人的优先受偿权:如存在第三人的优先受偿权,抵押人承诺使该第三人出具放弃优先受偿权的书面声明,并交抵押权人执管。

第 15 条　违约事件及处理

以下情况之一即构成或视为抵押人在本合同项下违约

1. 抵押人违反本合同的规定,擅自转让、出租、出借、以实物形式出资、改造、改建或以其他任何方式全部或部分处分抵押物;

2. 抵押人以任何方式妨碍抵押权人依法和根据本合同有关规定处分抵押物;

3. 发生本合同第六条所述抵押物价值减少的情形,抵押人不按抵押权人的要求提供相应的担保;

4. 抵押人在本合同中所做的声明不真实或者违反其在本合同中所做的承诺。

（二）多家银行的现有条款之点评

上述合同所存在八个问题值得比对和分析：

第一，对于其他权利与抵押权冲突之情形，各个银行合同设计中，将不同情况归于不同条款。

如“抵押人陈述或保证条款（A银行）”、“抵押人声明与保证条款（B、G银行）”、“甲方声明条款/对甲方处分抵押财产的限制（C、D银行）”、“抵押物条款/抵押财产的占有和保管条款/声明与承诺条款（E银行）”、“抵押人的权利和义务条款（F银行）”、“抵押人承诺条款/抵押物的占管条款（H银行）”、“抵押物条款/抵押物的占有和保管条款/抵押人声明与承诺条款（I银行）”。

本书写作团队认为，(1)对于抵押之前的事项（如在建工程、租赁、税款等），应当列入“如实声明、陈述与保证条款”；(2)对于抵押物拆迁问题，应当纳入“抵押物条款”；(3)对于抵押物处分限制，应当专门以“对甲方处分抵押财产的限制条款”制约；(4)对于抵押人对抵押物的善管义务和抵押人日常检查权，应当在“抵押财产的占有和保管条款”规定。同时，以上抵押人违反约定义务的，均需要在合同中设置违约责任条款加以对应。

第二，对于抵押物的出租问题。部分银行对“先租赁后抵押”情形下的抵押人如实陈述义务进行了规定。如“7.12　如甲方已将抵押物出租的，在签署本合同前甲方应及时将设立抵押事宜书面告知承租人，并向乙方提供甲方与承租人签署的书面协议及/或有关出租情况书面说明（B银行）”；“8.5　甲方保证本合同项下抵押财产在抵押前未被出租，或虽已出租但已书面告知乙方；如本合同项下抵押财产设立抵押后再出租的，甲方保证将设立抵押事宜告知承租人，并应提前征得乙方同意（F银行）”；“1.10　本合同项下的抵押物如已部分出租或全部出租，保证将设立抵押事宜告知承租人，并将有关出租情况书面通知甲方（G银行）”。

需要特别注意的是C、E银行，其在陈述义务之外对抵押物出租规定了其他法律后果。C银行合同设计为“（六）抵押物没有出租，或虽已部分或全部出租，但已将设立抵押事宜告知承租人，并已提供承租人承诺乙方行使抵押权时无偿解除租赁合同的书面文件，并将有关出租情况书面告知乙方”。E银行合同设计为“7.2　抵押人与债务人不是同一人，抵押人以抵押财产为抵押权人的债权设立有效抵押担保前，抵押人已将抵押财产出租并收取租金的，如债务人未按主合同约定履行其义务，从主合同约定的借款期限届满之次日起，抵押人在已收取租金的范围内为抵押权人提供连带责任保证担保，保证期间为主合同约定的借款期限届满之次日起三年。”这一做法将抵押人在一定条件下转化为保证人。本书写作团队认为，上述两种做法另辟蹊径，均值得借鉴。

第三，对于抵押权的处分行为（含转让），几乎所有银行都加以限制。但又分为四种合同设计路径：

一是在“抵押人的承诺”条款里面单列一项规定。如“第 8.3 抵押期间，未经抵押权人书面同意，不得将抵押物全部或部分出售、出租、转让、赠与、抵押、质押、抵偿债务、托管、转借或以任何方式处分抵押物之权益（A 银行）”；“13.2.9 在本合同终止前，未经抵押权人同意，抵押人不得以馈赠、转让、出资、再抵押、弃权或其他任何方式处分抵押财产（E 银行）”。

二是在“甲方的权利和义务”条款里面单列一项规定。“7.5 抵押权存续期间，未经乙方的事先书面同意，甲方不得转让、出租、再行抵押、赠与、托管、重大改装增补或以其他方式处分抵押物的全部或部分（B 银行）”。

三是在“抵押财产的占有和保管”条款里面单列一项规定。“6.3 未经抵押权人书面同意，抵押人不得全部和部分转让、出租、出借、以实物形式出资、改造、改建或以其他任何方式全部或部分处分抵押财产，否则视为抵押人严重违约（E 银行）”；“抵押期间，未经抵押权人书面同意，抵押人不得对抵押物作出赠与、转让、出租、再抵押或者其他任何方式的处分（H 银行）”；“未经抵押人书面同意，抵押人不得全部或部分转让、出租、出借、以实物形式出资、改造、改建或以其他任何方式处分抵押物（I 银行）”。

四是单独规定“对甲方处分抵押财产的限制”条款。如“第九条　对甲方处分抵押财产的限制。（一）未经乙方书面同意，甲方不得以任何方式处分抵押财产，包括但不限于放弃、出租（包括原租赁合同到期后续租）、赠与、转让、出资、再次抵押、迁移、改为公益用途、与其他物添附或改建、分割（C 银行）”；“第七条　对甲方处分抵押财产的限制。一、未经乙方书面同意，甲方不得以任何方式处分抵押财产，包括但不限于放弃、出租（包括原租赁合同到期后续租）、赠与、转让、出资、重复担保、迁移、改为公益用途、与其他物添附或改建、分割（D 银行）”。

首先，考虑到《民法典》通过后抵押物处分风险的严重性，本书写作团队建议采取第四种“对甲方处分抵押财产的限制”条款对抵押物处分进行专门条款限制。

其次，以上银行均规定，如果出现上述情况，构成违约，抵押人应当提前清偿或提存。但是有一家银行的合同约定暗合《民法典》的立法精神，F 银行合同约定,“8.7　在本合同终止前,未经乙方同意,甲方将抵押财产做出馈赠、转让、出租、再抵押或其他任何方式处分的,其行为无效,乙方仍可对抵押财产行使权利。”这一规定在《民法典》生效后,“其行为无效”之约定属于无效约定,但“乙方仍可对抵押财产行使权利”这一提法值得借鉴,可改为“其行为构成严重违约,乙方仍可对抵押财产行使权利”。

最后,值得特别提醒的是,《民法典》生效后,尤其是最高人民法院《关于适用〈中华人民共和国民法典〉有关担保制度的解释》第 43 条出台后,商业银行应当根据《民法典》第 406 条关于“当事人另有约定的,按照其约定”的精神,对抵押物转让可以采取当事人意思自治限制。但是,商业银行对抵押物的“添付、以实物形式出资,改建(造)、分割、迁移、托管、改为公益用途,再抵押、设立居住权”①等《民法典》未清晰明确规定之处分是否可以类推适用最高人民法院《关于适用〈中华人民共和国民法典〉有关担保制度的解释》第 43 条之规定,尚未得到明确。

第四,对于交易中的价款优先权、交易价款抵押超级优先权和质权进行约定。

多数商业银行没有进行相应的条款涉及。只有 A 银行曾提到“抵押人未以赠与、转让、出租或其他方式处置全部或任何部分抵押物及其中的任何权利或利益,也没有在抵押物上设立或允许设立任何其他担保,但是,在通常的商业活动中为遵守法律而产生的留置权或已事先书面告知抵押权人并取得其同意的除外。”B 银行提及“7.13　经甲、乙双方协商一致,甲方以其现有的及将有的生产设备、原材料、半成品以及产品进行抵押的,甲方在从事正常生产经营活动时不适用本合同第 7.5 条之约定,但甲方不得以虚假购销等方式恶意处分抵押物。”在《民法典》生效之后,对于上述权利对抵押权的威胁需要商业银行提前加以防范,同时在《民法典》强制规定之外尽可能寻找自身权利的最大化边界,如 B 银行所提及的“甲方不得以虚假购销等方式恶意处分抵押物”值得借鉴。

第五,部分银行约定了“第三方妨碍条款”,如“(一)如果抵押财产被国家征收、征用、拆除、没收、无偿收回,或者抵押财产被第三方查封、冻结、扣押、监管、留置、拍卖、强行占有、毁损或者进行其他处置,甲方应当立即通知乙方,并及时采取制止、排除或补救措施,防止损失扩大;若乙方提出要

① C 银行对于“再次抵押”的处分限制似乎过于严厉。

求,甲方应提供符合乙方要求的新担保(C、D 银行)”。

第六,对于在建工程的问题,E、I 银行在“抵押人承诺条款”里面专门列出“抵押财产为在建工程的,抵押人承诺在该抵押财产上不存在第三人的优先受偿权;如存在第三人的优先受偿权,抵押人承诺使该第三人出具放弃优先受偿权的书面声明,并交抵押权人执管”,这一做法值得借鉴。

第七,对于抵押房产的拆迁,E、H、I 银行在“抵押财产”条款中设置了专门条款加以约束。

首先,抵押人负有及时通知的义务。“如抵押财产为房屋的,抵押人在知悉房屋将被拆迁信息时,应及时向抵押权人履行告知义务(E 银行)”;“若本合同项下抵押物为建筑物、其他土地附着物、建设用地使用权,抵押物发生征用、征收或类似情形需要拆迁(以下统称‘拆迁’)的,抵押人应在知悉拆迁消息后的 10 日内通知抵押权人(H 银行)”;“如抵押物为房屋的,抵押人在知悉房屋将被拆迁信息时,应及时向抵押权人履行告知义务(I 银行)”。本书写作团队认为,H 银行明确的做法更为清晰明确,值得借鉴。

其次,对于产权调换的拆迁方案。三家银行均约定“以产权调换后的房屋或其他抵押财产重新设置抵押并签订新的抵押协议,在原有抵押房屋灭失后而新抵押登记尚未办理之前,抵押人应按照抵押权人要求由具备担保条件的担保方提供担保”。

再次,对于货币补偿的,三家银行均规定“对于拆迁房屋以补偿款方式进行补偿的,抵押权人有权就该补偿款优先受偿,或要求抵押人将拆迁补偿款通过开立保证金专户或存单等形式,继续作为担保财产,并签订相应的保证金质押合同或存单质押合同”。

最后,与其他两家银行不同,H 银行特别对此条款约定了违约责任,“抵押人违反本条约定的,应按本合同担保的主债权本金数额的____%向抵押权人支付违约金”,本书写作团队认为,H 银行的这一做法值得借鉴。

第八,所有商业银行暂时都没有对居住权与抵押权之冲突进行合同设计。考虑到《民法典》生效后,居住权将对商业抵押权构成巨大威胁,本书写作团队建议:商业银行应当一方面要求抵押人保证和承诺抵押物在先且不存在居住权,另一方面禁止提供抵押后设置居住权并将其归为严重违约行为。

五、商业银行风控操作要点

为维护金融债权,促进金融借贷业务健康发展,从源头上防范和化解金融风险,本书写作团队建议商业银行应当加强以下风险防控措施:

(一)商业银行应当对房地一体抵押的范围作出明确约定,对该土地上的建筑物是否已设定抵押权负有注意义务,并应积极向登记机关进行查询,以避免出现风险

从司法实践来看,《民法典》遵循了房地产交易中"房随地走"和"地随房走"的双向统一原则,其立法旨意在于重申房地一体的原则,防止引发抵押权实现时的困境,从而使债权人的利益受到损害。依据该规定,当事人应对土地使用权及其地上建筑物一并抵押,如果当事人未按照该条第1款规定一并抵押时,则法律直接"视为一并抵押"。即只要土地使用权或地上建筑物之一项办理抵押登记,即使另外一项没有办理抵押登记,亦依法推定为两者一并抵押。

因此,参与或从事房地产抵押实践的市场主体之一——商业银行应当意识到,从市场交易的风险防范角度来看,《民法典》已经确立了房地应一并抵押的原则,并明确规定土地使用权或者地上建筑物未一并抵押的也视为一并抵押。商业银行在设立土地抵押权时,对该土地上的建筑物是否已设定抵押权负有注意义务,并应积极向登记机关进行查询,以避免出现风险,反之亦然。市场主体如果因未尽到上述注意义务而遭受风险,则该损失应由其自行负担。①

同时,商业银行应当对房地一体抵押的范围做出明确约定。在开化县新之路丝绸有限公司、温州银行股份有限公司金融借款合同纠纷再审②案

① 以上观点来自(2015)民二终字第269号。

② (2019)浙民再20号。浙江省高级人民法院认为,本案中申诉人新之路公司主张,但是,所谓的30幢房屋以及附属设施,按照申诉人的陈述,既未办理建筑审批手续又未颁证确权,不属于物权法意义上的合法建筑物。案涉土地范围之内是否可以继续建造其他合法建筑物,申诉人也未提交充分证据证明。因此,案涉土地之上现仅有案涉的一并抵押的20幢合法建筑物。而案涉土地是一完整未作分割的土地。故应当认定与案涉20幢房产相对应的建设用地使用权即为案涉整宗土地。案涉整宗土地虽然没有办理抵押登记,但依法视为一并抵押。相似案例还包括中国信达资产管理股份有限公司云南省分公司、云南超循实业有限公司金融借款合同纠纷[(2020)云民终199号]。在该案中,云南省高级人民法院认为,该条法律规定的本义是为了防止权利冲突,有利物权的行使和处置,条文中的"占用范围"是用以界定建筑物与建设用地使用权之间的所属关系,而并非仅限于抵押房产实际所占用的土地,如将"占用范围"机械理解为房屋投影所占用的部分,人为分割了物权,则与法律规定相悖。

中,抵押人新之路公司主张其真实意思是仅就案涉房产设立抵押,并不包括整宗土地使用权;实际上,双方亦仅就抵押房产办理抵押登记,而未就土地使用权办理抵押登记,故抵押效力仅及于案涉房屋及其投影所占用的土地,而对房屋投影占用以外的土地使用权不享有抵押权。除案涉20幢抵押房产外,案涉土地上另有30幢未办理权证的房屋以及附属设施,此外还有许多空地可供开发建设,故本案抵押的效力只及于案涉抵押房产(投影)占用的土地,不包括整宗土地。

(二)动产买卖价款对抗抵押权的风险

商业银行应当注意,同一动产上设立了两笔有效的浮动抵押,依照《物权法》第199条的规定,登记在先的抵押权优先于登记在后的抵押权。[①] 但是,如果第二笔抵押担保的是案涉浮动抵押权的购买价款,适用《民法典》第416条,将产生完全不同的法律效果。该条是我国物权法中第一次规定的购买价款超级优先权。其特殊作用,在于打破上述担保物权的顺位,使出卖人的抵押权(标的物交付后10日内办理抵押登记)优先受偿,即买受人的其他担保物权人的担保物权(留置除外),即使公示在前,也不能对抗出卖人的抵押权。

值得注意的是,商业银行的抵押权设立的时间应在标的物交付后10日内办理抵押登记,才能取得优先权的前提条件。反之,如果商业银行未能在动产交付之日起10日内未办理动产抵押登记的,则不能取得该优先权。

(三)在设立抵押权当日,银行金融机构可以实地查看抵押物的占有情况并保留证据,核实是抵押人自己占有(包括自己实际使用和空置)还是被他人占有。在抵押物是由抵押人占有的情况下,意味着非承租人占有,那么就可以排除以后在对抵押物的执行过程中租赁权的有效对抗

实践过程中,银行金融业务人员在处理抵押债权执行的过程中,经常会

---

① 中国农业发展银行鹤岗分行与中国建设银行股份有限公司鹤岗分行借款合同纠纷[(2015)黑高商终字第20号]。在该案中,黑龙江省高级人民法院认为……二、鹤岗建行与天维公司签订的动产质押合同的效力及案涉5000吨水稻优先受偿权的归属。依据《物权法》第208条规定,动产质权需转移动产标的物的占有,质权自出质人交付质押财产时设立。本案中,鹤岗建行与天维公司虽签订了质押合同,但是标的物在天维公司院内,质押物未交付,不能产生公示的效力,因此不能因该质押合同产生物权的效力。双方虽然未签订抵押合同,但事实上已经办理了浮动抵押登记,对外产生动产抵押登记的公示效力,且《物权法》并未规定抵押合同必须采用书面形式,双方实际办理抵押登记的行为应视为抵押合同已经形成,鹤岗建行享有抵押权。对于同一动产上的两个抵押权,实现物权的顺位应根据抵押登记时间的先后,鹤岗农发行的浮动抵押合同虽然在2012年9月办了抵押登记,但该笔贷款已于2013年9月到期偿还,所涉抵押权由于主合同履行完毕而自然失效,而2013年10月为新贷款办理的抵押登记时间在鹤岗建行之后,故鹤岗建行对案涉抵押物享有优先受偿权,鹤岗农发行主张对抵押物享有优先受偿权的请求不予支持。

碰到承租人提出执行异议以及执行异议之诉，承租人以抵押合同签订前或者抵押权设立前其已经签订了租赁合同为由来对抗抵押权人对抵押物的执行。尤其是在抵押人与承租人恶意串通的情形下，抵押人（借款人）在向银行借款前预先签订租赁合同，然后向银行申请抵押贷款，后在抵押物被执行的过程中，承租人以租赁合同来对抗抵押权人对抵押物的执行程序。

《民法典》第405条修改原《物权法》第109条关于抵押权和租赁权关系规定，租赁权可以对抗抵押权的条件变为：抵押权设立前抵押物已出租并且转移占有，对承租人和抵押权人的行为作出了新的指引。根据上海、江苏、浙江等地方法院的规定，[①]可以推断出《民法典》生效后，案外人在执行法院查封房屋后即主张租赁权的执行异议时，应当负有举证责任，包括出租合同、转租合同等租赁合同、租赁房屋交接书、装修合同、入住手续证明、缴纳水费、电费、燃气费、通信费等公共事业用费、租金支付凭证，营业执照等。

---

① 2014年浙江省高级人民法院出台的《关于执行非住宅房屋时案外人主张租赁权的若干问题解答》（浙高法办〔2014〕39号）指出，须从租赁合同的真实性、租赁合同签订的时间节点、承租人是否占有房屋三个方面审查在先租赁权的对抗性。该解答规定，租赁合同须签订于房屋抵押之前，而执行机构审查该事实的标准主要为：(1)租赁合同的当事人在抵押、查封前办理租赁登记备案手续；(2)租赁合同的当事人在抵押、查封前已就相应租赁关系提起诉讼或仲裁；(3)有其他确切证据证明的，如租赁合同的当事人在抵押、查封前缴纳相应租赁税，在房屋所在物业公司办理租赁登记、向抵押权人声明过租赁情况等。该解答同时对“占有房屋”的审查作出详细的规定：(1)承租人自抵押、查封前至今仍在房屋内生产经营；(2)承租人在抵押、查封前已经领取以房屋所在住所地的营业执照且至今未变更住所地的；(3)承租人自抵押、查封前至今支付房屋水电、物业管理等费用的；(4)承租人在抵押、查封前对房屋进行装修的。

2015年上海市高级人民法院《关于在执行程序中审查和处理房屋租赁权有关问题的解答（试行）》规定，案外人在执行法院查封房屋后即主张租赁权的，告知其在执行法院裁定拍卖，应当向执行法院提供如下证据：(1)出租合同、转租合同等租赁合同。租赁期限为六个月以上的，应当提交书面的租赁合同。租赁合同办理过登记备案手续的，还应当提交相应的证明材料。(2)占有房屋的凭证。如出租人与承租人签订的租赁房屋交接书、承租人在出租房屋所在地物业办理的装修或者入住手续证明以及承租人依照租赁合同缴纳水费、电费、燃气费、通信费等公共事业用费等。(3)租金支付凭证。如承租人向出租人支付租金的转账证明、第三人代为承租人向出租人支付租金的证明以及出租人出具的收款证明等。

2015年江苏省高级人民法院《执行异议之诉案件审理指南》规定，……(2)关于租赁与抵押的问题。承租人在债权人设立抵押权之前已经与被执行人签订了合法有效的房屋租赁合同，且已按约支付租金，并实际占有使用租赁物的，应当认定为“先租赁后抵押”。根据《物权法》第190条规定，订立抵押合同前抵押财产已出租的，原租赁关系不受该抵押权的影响，执行法院根据抵押权人的申请，在对该租赁物采取拍卖等执行措施时，如果影响到承租人租赁权的行使，对承租人要求停止执行的诉讼请求应当予以支持。

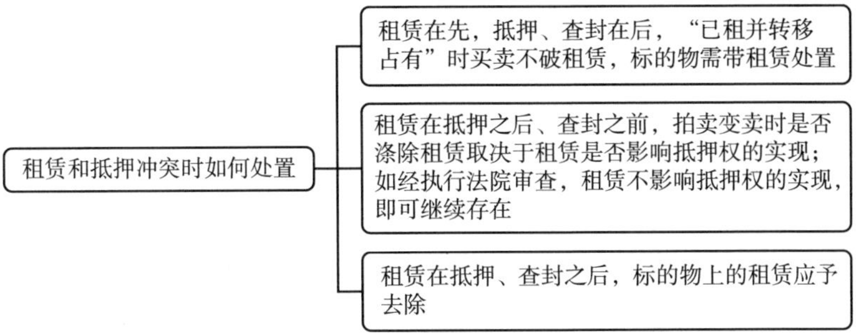

图 21-5　《民法典》时代租赁权与抵押权冲突司法裁判思路示意

商业银行在接受抵押担保前，建议对抵押房产进行实地查看并保留房产是否已转移占有的相关证据，或要求抵押人就抵押房产是否负担租赁的情况作出说明及承诺，在苏某梅、中国农业银行股份有限公司酒泉分行金融借款合同纠纷①案中，承租人因为在含有“抵押权人行使权力时无偿解除租赁合同”条款的承诺书上签字，被视为其对法律赋予的“抵押不破租赁”的权利予以放弃。

同时，商业银行必须重视实地尽职调查。商业银行是否对设押房屋的出租、出售情况进行充分的现场调查，该类审慎义务的恰当履行可能会对抵押权效力产生巨大影响。在中国农业银行股份有限公司伊犁分行、伊犁锦城房地产开发有限公司金融借款合同纠纷②案中，最高人民法院认为，农行伊犁分行自认锦城公司向其提交的抵押物清单载明前述案涉房屋处于出租状态。在房屋被他人占有使用的情形下，作为专业金融机构，农行伊犁分行应当对房屋的出租情况进行充分的现场调查，以查明出租人是否是锦城公司，抵押物是否存在真实的权利人，从而避免错误接受已出售房屋作为抵押物。本案农行伊犁分行未能提交证据证明其对案涉房屋进行了审慎调查，故其未尽到专业金融机构审慎、合理的注意义务，原判决认定农行伊犁分行对案涉房屋不享有抵押权并无不当。该分行申请再审的理由不成立，法院不予支持。因此，在房屋被他人占有使用的情形下，作为专业金融机构的商业银行应当对房屋的出租情况进行充分的现场调查，以查明出租人是否是抵押物的所有权人，抵押物是否存在其他真实的权利人，从而避免

① （2019）最高法民终 1206 号。
② （2019）最高法民申 2834 号。

错误接受已出售房屋作为抵押物。

（四）商业银行应当在合同中维持“未经银行同意，抵押人不得转让抵押物”的条款，但同时应当意识到，在相关登记规则变化之前，该条款本身无法阻却抵押人转让抵押物的物权变动。因此，商业银行应当强化贷后关系，定期对抵押物权属情况进行查询，同时将抵押人履行通知商业银行的法定义务作为“可能损害抵押权”的情形加以明确规定

《民法典》第206条抵押财产转让新规的出现，意味着抵押财产可以在未经注销抵押登记的前提下自由转让，不以抵押权人的同意为前提（另有约定的除外），即抵押财产过户后，原抵押权依然具有追及效力伴随抵押财产的转让而转移，而抵押人仅负有通知义务。这一新制度拔高抵押担保的债权风险程度，敲响贷款银行作为抵押权人的风险防控警钟。

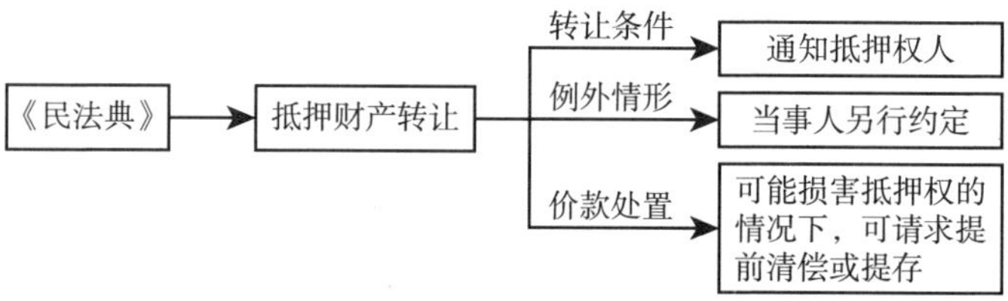

图21-6 《民法典》时代抵押物转让的裁判思路示意

第一，商业银行应当利用《民法典》第206条关于“当事人另有约定，从其约定”的规定，在《抵押合同》中明确约定，未经抵押权人同意不得转让抵押财产，并将擅自转让抵押财产作为融资提前到期或提前实现抵押权的触发事件，同时对此违约情形规定高额的违约金惩罚条款。

第二，就最高人民法院《关于适用〈中华人民共和国民法典〉有关担保制度的解释》第43条所规定的“禁止或者限制转让抵押财产的约定已经进行了登记，抵押人转让抵押财产，抵押权人请求撤销合同的，人民法院应予支持”，2021年4月6日自然资源部《关于做好不动产抵押权登记工作的通知》（自然资发〔2021〕54号）第3条已明确不动产登记机构应当根据申请在不动产登记簿记载转让抵押不动产的约定情况。银行作为债权人，应当申请在“是否存在禁止或限制转让抵押不动产的约定”一栏填写“是”，明确抵押期间抵押物转让的，应当由受让人、抵押人（转让人）和抵押权人（银行）共同申请。

第三，根据最高人民法院《关于适用〈中华人民共和国民法典〉有关担保制度的解释》第43条规定，上述约定没有登记，但是，抵押权人有证据证明

受让人知道事人约定禁止或者限制转让抵押财产，抵押权人仍请求撤销抵押物转让合同。因此，在登记尚未完成的情况下，商业银行应当采取其他措施，例如请求登记机构向第三人说明抵押物不得转让的约定，同时让第三人签署知情同意书。

第四，根据《民法典》之规定，抵押权人原则上对抵押物转让价款无追及权，因此，应当在《抵押合同》中将抵押人履行通知商业银行的法定义务作为“可能损害抵押权”的情形加以明确规定，同时通过指定收款账户并公示、账户监管等方式，取得对该等资金的实际控制权，并适当增加应收账款质押等担保方式。

（五）商业银行应当树立消费者物权期待权防范意识，尽快办理抵押登记，同时对消费者签订合同时间点、消费者存在其他居住房屋以及消费者支付价款比例等不支持消费者享有物权期待权的事实进行举证

商业银行应当意识到，我国司法实践中一定程度上已经树立了消费者物权期待权特定情况下优先于抵押权的惯性思维。“我国立法及司法实践中对不同法益进行差别保护，本案中抵押权人依法享有以拍卖、变卖案涉房屋及车位的价款优先受偿的权利；但是，此种优先受偿的权利并不是绝对的，即不可以对抗具有生存权性质的消费者物权期待权。”①由此采取以下措施：

第一，商业银行作为抵押权人，应当尽快办理抵押登记，以对抗消费者物权期待权。在李某某、中国农业银行股份有限公司重庆九龙坡支行申请执行人执行异议之诉②案中，最高人民法院认为，李某某与世能物业公司于2015年7月25日签订房屋买卖合同，但农行九龙坡支行已于2013年8月5日就案涉房屋办理了抵押登记，其依法享有抵押权。……从本案查明的事实看，李某某作为房屋买受人，在签订房屋买卖合同时未能尽到合理的注意义务，从而因案涉房屋上存在他人抵押权而导致其无法办理房屋所有权转移登记，此系李某某自身原因所致，故其主张亦不符合《执行异议复议规定》第28条规定的要件，其据此主张排除强制执行，无事实和法律依据。

第二，查明消费者是否在法院查封之前已签订合法有效的书面买卖合同，同时消费者名下是否存在其他用于居住的房屋。在吉某某与卢某某

① （2019）云民终238号。
② （2019）最高法民申1684号。

申请执行人执行异议之诉[①]案中，最高人民法院认为，吉某某于2008年8月25日购买案涉商品房时，其名下有本溪市明山区永新街食品栋10层8单元14号建筑面积160.39平方米的房屋，吉某某在二审庭审中亦认可在购买案涉房产时有用于居住的房屋。虽然吉某某于2012年12月3日经公证出售了其名下原有住房，但《最高人民法院关于人民法院办理执行异议和复议案件若干问题的规定》第29条第2项并没有限定“买受人名下无其他用于居住的房屋”条件的时间节点，该条件应包括买受人购买争议房屋时无其他用于居住的房屋的情形。吉某某购买案涉房屋时，名下有用于居住的房屋，不符合《最高人民法院关于人民法院办理执行异议和复议案件若干问题的规定》第29条第2项规定的条件。

第三，要求消费者举证已支付的价款超过合同约定总价款的50%。如重庆市高级人民法院《关于对〈最高人民法院关于建设工程价款优先受偿权问题的批复〉应如何理解的意见》规定，购房消费者的定义与《消费者权益保护法》中消费者定义一致，购房的目的是为生活消费需要而不是为经营需要，支付了大部分购房款指超过50%，且能支付尾款。

第四，商业银行应当积极举证证明其他不支持消费者享有物权期待权的情形之存在。在海南文昌农村商业银行股份有限公司申请执行人执行异议之诉[②]案中，最高人民法院指出，违反当地限购政策的商品房购房者不享有消费者物权期待权。该院认为，物权期待权是指案外人对案涉房屋虽尚不享有《物权法》意义上的物权（所有权），但因具备了物权的实质性要素，依法可以合理预期通过办理不动产登记将该物权期待权转化为《物权法》意义上的物权（所有权），即对不动产所有权登记至其名下的期待。这显然与田某某所称对有关商品房限购政策改变的期待，或等待取得购房资格的内涵不同。根据原审法院查明的事实，尽管田某某与永丰公司就案涉房屋签订《文昌市商品房买卖合同》，但因其购买案涉房屋不符合当地商品房限购政

① （2019）最高法民申1476号。类似案件还包括戴某某、中诚信托有限责任公司申请执行人执行异议之诉［（2019）最高法民终160号］。该案中最高人民法院指出，可见，适用该批复的主体应是“消费者”，依照《消费者权益保护法》第2条规定，消费者应当是为生活消费需要购买、使用商品或接受服务的人，而本案中系以其他债权抵付购房款的方式一次性购买三套房屋，超出一般生活所需，而戴爱维未能进一步举证证明购买三套房屋确系生活需要，故戴某某主张其系消费者的依据不足，对其相关上诉请求不予支持。

② （2020）最高法民申1864号。

策,故田某某关于其对案涉房屋享有的物权期待权应优先于房产调控行政管理需要的主张,于法无据,法院不予支持。而原审法院以田某某购买案涉房屋的行为不能产生物权变动的结果,无法请求出卖人永丰公司为其办理不动产转让登记为由,认定田某某对案涉房屋没有物权期待权,并无不当,法院予以认可。

(六)事前完善居住权审查机制,合理评估风险,在抵押合同中约定设立抵押权后禁止设立居住权,同时将抵押设立后抵押人违约设立居住权纳入"抵押人的行为足以使抵押财产价值减少"的合同违约惩罚情形

首先,由于不动产价值一般较大,且短时间内较稳定,所以商业银行在提供贷款等金融服务时,更倾向于由债务人提供不动产作为抵押物设立担保物权。但在"居住权入典"后,商业银行应当高度警惕被抵押不动产上是否存在登记有效的居住权。因为设立了居住权的不动产在处置时,其价值会大打折扣,如果没有及时查出该不动产上设有居住权,对该不动产的价值评估很可能会不准确,商业银行自身的合法权益也会受到损害。所以,建议商业银行建立居住权审查机制,查明被抵押不动产上是否有经登记的有效居住权,从而更加谨慎合理地评估价值和风险。同时,商业银行应当要求抵押人对"抵押财产上是否设立居住权"履行如实告知义务,纳入《抵押合同》黑体加粗条款范围,并对未如实告知真实情况的抵押人处高额的违约责任。

其次,由于《民法典》并未说明居住权和抵押权的优先性问题,且居住权与住宅抵押权均为自登记时设立,所以商业银行可以根据登记设立时间与债权人约定权利的先后。所以,为了不让后设立的居住权影响先设立的抵押权,商业银行应在查明了被抵押不动产上不存在居住权后,与债权人签订抵押合同时,在合同中约定抵押权设立后禁止再设立居住权,或者明确"未经抵押权人书面同意,不得对抵押财产的任何部分或全部设立居住权",并约定相应的违约责任。

最后,除上述禁止在抵押权设立后再设立居住权外,还可以根据《民法典》第 408 条的规定,进一步在合同条款中说明设立居住权构成"抵押人的行为足以使抵押财产价值减少"的情形,如果抵押人在设立抵押权后又设立居住权的,商业银行可以根据约定适用《民法典》第 408 条,请求抵押人提供与减少的价值相应的担保,或者请求债务人提前清偿债务,从而最大限度维护自身合法权益。

第二十二章　最高额抵押担保新规及商业银行合同条款设计

【《民法典》变化的影响】风险增加/减少

【风险等级】★★★★★

【提要】《民法典》第420~424条规定了最高额抵押的相关事项,同时第439条、第680条对最高额质押、最高额保证参照最高额抵押进行了规定。根据《民法典》及配套司法解释的精神,本章探讨了商业银行应该怎样设计自身《最高额担保合同》中的鉴于条款、主债权(主合同)条款、最高额限额条款、之前已经发生债务的纳入条款、担保范围条款、被担保债权的确定条款、债权转让条款、主债权变更条款等问题。

一、民法典及配套新规

▶《民法典》

【最高额抵押权的定义】

第420条　为担保债务的履行,债务人或者第三人对一定期间内将要连续发生的债权提供担保财产的,债务人不履行到期债务或者发生当事人约定的实现抵押权的情形,抵押权人有权在最高债权额限度内就该担保财产优先受偿。

最高额抵押权设立前已经存在的债权,经当事人同意,可以转入最高额抵押担保的债权范围。

【最高额抵押权担保的债权转让】

第421条　最高额抵押担保的债权确定前,部分债权转让的,最高额抵押权不得转让,但是当事人另有约定的除外。

【最高额抵押合同条款变更】

第422条　最高额抵押担保的债权确定前,抵押权人与抵押人可以通过协议变更债权确定的期间、债权范围以及最高债权额。但是,变更的内容不得对其他抵押权人产生不利影响。

【最高额抵押权所担保的债权确定】

第423条　有下列情形之一的，抵押权人的债权确定：

（一）约定的债权确定期间届满；

（二）没有约定债权确定期间或者约定不明确，抵押权人或者抵押人自最高额抵押权设立之日起满二年后请求确定债权；

（三）新的债权不可能发生；

（四）抵押权人知道或者应当知道抵押财产被查封、扣押；

（五）债务人、抵押人被宣告破产或者解散；

（六）法律规定债权确定的其他情形。

【最高额抵押权的法律适用】

第424条　最高额抵押权除适用本节规定外，适用本章第一节的有关规定。

【最高额质权】

第439条　出质人与质权人可以协议设立最高额质权。最高额质权除适用本节有关规定外，参照适用本编第十七章第二节的有关规定。

【最高额保证合同】

第690条　保证人与债权人可以协商订立最高额保证的合同，约定在最高债权额限度内就一定期间连续发生的债权提供保证。

最高额保证除适用本章规定外，参照适用本法第二编最高额抵押权的有关规定。

▶最高人民法院《关于适用〈中华人民共和国民法典〉有关担保制度的解释》（法释〔2020〕28号）

【最高额担保】

第15条　最高额担保中的最高债权额，是指包括主债权及其利息、违约金、损害赔偿金、保管担保财产的费用、实现债权或者实现担保物权的费用等在内的全部债权，但是当事人另有约定的除外。

登记的最高债权额与当事人约定的最高债权额不一致的，人民法院应当依据登记的最高债权额确定债权人优先受偿的范围。

【最高额保证的保证期间】

第30条　最高额保证合同对保证期间的计算方式、起算时间等有约定的，按照其约定。

最高额保证合同对保证期间的计算方式、起算时间等没有约定或者约定不明,被担保债权的履行期限均已届满的,保证期间自债权确定之日起开始计算;被担保债权的履行期限尚未届满的,保证期间自最后到期债权的履行期限届满之日起开始计算。

前款所称债权确定之日,依照民法典第四百二十三条的规定认定。

二、立法考辨

"最高额抵押担保的抵押人是以最高债权额为限对约定期限内实际发生的债权余额承担担保责任"。① 换言之,"最高额担保所担保的债权额度可以不断的'消灭并重生'",②债务人不履行到期债务或者发生当事人约定的实现抵押权的情形的,抵押权人有权在最高债权额限度内就该担保财产优先受偿。崔建远(2017)③认为,最高额抵押权担保的不特定债权,只是意味着债权本身具有变动性,但某债权本身具有特定性。

最高额担保所针对的"将来债权",是指设定担保时尚未发生,在担保期间将要发生的债权。最高额担保的最高债权额是确定的,但是为将来发生的债权提供担保,实际发生额不确定,也不需要担保人知晓每笔借款的具体情形,"邮储银行曲靖分行与何某某、樊某某于 2013 年 4 月 15 日签订的《小企业最高额抵押合同》约定,何某某、樊某某为 53008783100113040001 号《小企业授信额度合同》及依据该合同已经和将要签署的单向协议项下实际发生的债权,提供自 2013 年 4 月 15 日起到 2019 年 4 月 14 日期间最高额不超过 2000 万元的抵押担保。……无论何某某、樊某某是否知晓 53008783100215040001 号《小企业流动资金借款合同》的签订,均不影响二人承担抵押担保责任"。④ 最高额担保是对一定期间内连续发生的债权做担保。

相比起《物权法》及之前《担保法》的规定,《民法典》对最高额担保的规定有如下的变化。

第一,最高额担保的体系化问题。石冠彬(2019)⑤曾指出,《民法典》宜单独设立"最高额担保物权"这一分节,统一规定最高额保证、抵押与质

---

① 马某某、徽商银行股份有限公司淮北烈山支行小额借款合同纠纷[(2019)最高法民申 1318 号]。

② 参见王利明:《物权法研究》(第四版,下册),中国人民大学出版社 2016 年版,第 1285 页。

③ 参见崔建远:《最高额抵押权的争议问题及其解决》,载《国家检察官学院学报》2017 年第 4 期。

④ 何某某与中国邮政储蓄银行股份有限公司曲靖市分行金融借款合同纠纷[(2019)最高法民申 1726 号]。

⑤ 参见石冠彬:《论民法典担保物权制度的体系化构建》,载《法学评论》2019 年第 6 期。

押,以凸显法典的体系化色彩。但是,《民法典》没有采取这一做法,而是在第 439 条最高额质权“参照适用本编第 17 章第 2 节的有关规定”、第 690 条规定了最高额保证“参照适用本法第二编最高额抵押权的有关规定”。有学者评价:“立法者通过‘参照适用’将同为担保的不同方式有机融贯起来,体现了最高额担保的共通规范对于不同担保方式的融贯适用,增强了物权编和合同编之间的体系联结。”[①]由此可知,最高额保证可为已存在债权提供担保。

第二,最高额担保与主合同之间的从属关系。最高额担保具有一定的独立性,“在最高额保证的情形下,即使主债务无效,基于主债务无效而确定的债务额也要作为最高额保证计算债务余额的基数,担保人仍应承担相应的担保责任”。[②] 高圣平(2020)[③]指出,最高额担保制度部分突破了担保物权的从属性,使得将来不特定债权作为担保对象成为可能。崔建远(2017)[④]认为,最高额抵押权的从属性特殊,表现在成立上、移转上和消灭上,就具体的各个债权而言,最高额抵押权没有消灭上的从属性。

第三,关于最高额担保的范围确定。“若不限制担保债权发生范围,极易产生担保债权数额与担保标的价值的失衡问题”。[⑤]《民法典》第 420 条沿用了《物权法》第 203 条的规定。但是对实践中最高债权限额是指债权最高限额还是本金最高限额的问题,并未给出明确回答。从实践来看,“债权总额最高限额说”更有利于抵押人,“本金最高额”更有利于债权人银行。刘玲粼(2017)[⑥]指出,最高额保证的“最高限额”包含利息、违约金、实现债权费用等从债权。

对此,最高人民法院《关于适用〈中华人民共和国民法典〉有关担保制度的解释》采取了当事人约定优先,否则采用对债权人不利的“债权总额最高

---

① 张弓长:《〈民法典〉中的“参照适用”》,载《清华法学》2020 年第 4 期。有专家认为,营业质权是为小额资金的临时筹措而存在,并非信用的循环使用用途,不能适用最高额质(抵)押的规定,参见谢在全:《民法物权论》,中国政法大学出版社 2011 年版,第 1008 页;转引自高圣平:《民法典担保物权法编纂:问题与展望》,载《清华法学》2018 年第 2 期,第 78 页。

② 参见风神轮胎股份有限公司与中信银行股份有限公司天津分行、河北宝硕股份有限公司借款担保合同纠纷二审案[(2007)民二终字第 36 号],载《中华人民共和国最高人民法院公报》2008 年第 2 期(总第 136 期)。

③ 参见高圣平:《民法典担保从属性规则的适用及其限度》,载《法学》2020 年第 7 期。

④ 参见崔建远:《最高额抵押权的争议问题及其解决》,载《国家检察官学院学报》2017 年第 4 期。

⑤ 参见谢在全:《担保物权制度的成长与蜕变》,载《法学家》2019 年第 1 期,第 41 页。

⑥ 参见刘玲粼:《试论最高额保证的保证责任》,载《法制与社会》2017 年第 6 期。

限额说”模式。该司法解释第15条规定,最高额担保中的最高债权额,是指包括主债权及其利息、违约金、损害赔偿金、保管担保财产和实现担保物权的费用等在内的全部债权,但是,当事人另有约定的除外。登记的最高债权额与当事人约定的最高债权额不一致,担保人的其他债权人主张依据登记的最高债权额确定优先受偿范围的,人民法院应予支持。

同时,《民法典》第420条第2款规定,最高额抵押权设立前已经存在的债权,经当事人同意,可以转入最高额抵押担保的债权范围。实务中最大的问题是,转入最高额抵押担保的债权范围是否需要办理登记才能生效。最高人民法院指导案例95号判决①指出,当事人另行达成协议将最高额抵押权设立前已经存在的债权转入该最高额抵押担保的债权范围,只要转入的债权数额仍在该最高额抵押担保的最高债权额限度内,即使未对该最高额抵押权办理变更登记手续,该最高额抵押权的效力仍然及于被转入的债权,但不得对第三人产生不利影响。武腾(2020)②认为,这一裁判规则不得类推适用于最高额抵押权的决算期变更、债务人基准变更,为保护不特定第三人对最高额抵押担保债权是否已确定的信赖。

第四,关于最高额担保所担保的债权确定的时间点。对此问题,“民商法沙龙”微信群讨论实录对此问题也进行了专题讨论,大多数学者的倾向性意见是主观说更符合法律解释原理,实现社会成本最小化以及平衡当事人利益。③

首先,《物权法》第206条规定,抵押财产被查封、扣押的,债权确定。对于“查封、扣押”的时间点,2001年《担保法司法解释》第81条规定,最高额抵押权所担保的债权范围,不包括抵押物因财产保全或者执行程序被查封后或债务人、抵押人破产后发生的债权。《民法典》第423条将《物权法》第206条第4款“抵押财产被查封、扣押”被修订为“抵押权人知道或者应当知道抵押财产被查封、扣押”。换言之,如果抵押物被查封时,债权人不知

① 参见中国工商银行股份有限公司宣城龙首支行诉宣城柏冠贸易有限公司、江苏凯盛置业有限公司等金融借款纠纷,2018年最高人民法指导案例95号(最高人民法院审判委员会讨论通过,2018年6月20日发布)。

② 参见武腾:《不动产最高额抵押权的变更——兼评指导案例95号》,载《政治与法律》2020年第4期。

③ 参见李志刚主编:《民商审判前沿:争议、法理与实务——“民商法沙龙”微信群讨论实录》,人民法院出版社2018年版,第321~342页。

情,此时所发生的新增债务亦属于最高额担保之客体。“为避免抵押权人、执行债权人在抵押权人是否知道或者应当知道抵押财产被查封、扣押问题上的争执,实施查封、扣押的法院应在查封、扣押抵押财产后通知抵押权人,并以通知时间确定最高额抵押权所担保的债权范围,以收到良好的法律效果与社会效果。”①最高人民法院第二巡回法庭法官会议纪要也指出,最高额抵押权人的债权自抵押权人收到查封、扣押通知或知道抵押财产被查封、扣押之时确定。最高额抵押权人收到查封、扣押通知或知道抵押财产被查封、扣押后,再行发放的贷款,不属于最高额抵押担保的债权范围。人民法院虽然向登记机关送达查封手续,但未通知最高额抵押权人,且最高额抵押权人不知道的,债权人在最高额限度内发放的贷款,仍属于最高额抵押权担保的债权范围。②

其次,《民法典》第 423 条将第 5 款“债务人、抵押人被宣告破产或者被撤销”修订为“债务人、抵押人被宣告破产或者解散”。换言之,是以“宣告破产而非破产申请受理”作为确定债权决算期的时间点,破产申请受理时到破产宣告时这一时间段内主债权数额仍作为最高额抵押的担保客体。对此,有学者有不同意见,如任一民(2015)③认为,在企业破产时,双方当事人在设立最高额抵押权时将既存债务一并纳入担保范围,应当根据“判断债权人的受偿地位是否在临界期内因追加物保得到提升”这一标准进行实质判断,以决定是否根据《企业破产法》第 31 条所规定的追加物保撤销权。

第五,最高额担保的债权转让问题。《民法典》第 421 条延续了《物权法》第 204 条对“但是当事人另有约定的除外”的规定。黄家镇(2018)④指出,这意味着当事人可以通过约定的方式突破最高额抵押权对主债权的从属性。杜明强(2019)⑤指出,这一规定表达了私权自治优先的精神。

第六,对于最高额保证的特别规定。最高人民法院《关于适用〈中华人

① 参见曹士兵:《中国担保制度与担保方法》(第三版),中国法制出版社 2008 年版,第 315 页。

② 参见贺小荣等:《最高人民法院第二巡回法庭法官会议纪要》(第一辑),人民法院出版社 2019 年版,第 104~105 页。

③ 参见任一民:《既存债务追加物保的破产撤销问题》,载《法学》2015 年第 10 期。

④ 参见黄家镇:《从保全到流通:民法典编纂中不动产抵押权现代化之构想》,载《政法论坛》2018 年第 4 期。

⑤ 参见杜明强:《论我国物权法中的私权自治空间》,载《河北法学》2019 年第 5 期。

民共和国民法典〉有关担保制度的解释》第 30 条规定作出了约定优先的新规定，同时明确了没有约定或约定不明情况下的处理。① 同时，2016 年 5 月 20 日，在最高人民法院所发布的指导案例 57 号②案中，最高人民法院认为，在有数份最高额担保合同情形下，具体贷款合同中选择性列明部分最高额担保合同，如债务发生在最高额担保合同约定的决算期内，且债权人未明示放弃担保权利，未列明的最高额担保合同的担保人也应当在最高债权限额内承担担保责任。吴光侠、杨治、袁玮玮③认为，该指导案例有利于保护金融债权人合法权益，引导金融资本支持企业发展，防止担保人恶意逃债现象发生，具有良好的社会效果和法律效果。

三、司法裁判可视化梳理

本书写作团队使用 Alpha 案例库对“金融借贷中最高额保证纠纷”进行了检索，④检索关键词为“案由：未设置案由”+“全文：最高额保证”+“攻/守方当事人包含：银行”，总共得到判决 319,652 件，可视化分析如图 22-1 所示。

本书写作团队使用 Alpha 案例库对“金融借贷中最高额抵押纠纷”进行了检索，⑤检索关键词为“案由：未设置案由”+“全文：最高额抵押”+“攻/守方当事人包含：银行”，总共得到判决 239,753 件，可视化分析如图 22-2 所示。

---

① 第 30 条第 2 款规定，最高额保证合同对保证期间的计算方式、起算时间等没有约定或者约定不明，被担保债权的履行期限均已届满的，保证期间自债权确定之日起开始计算；被担保债权的履行期限尚未届满的，保证期间自最后到期债权的履行期限届满之日起开始计算。

② 温州银行股份有限公司宁波分行诉浙江创菱电器有限公司等金融借款合同纠纷，2016 年最高人民法院指导案例 57 号（最高人民法院审判委员会讨论通过，2016 年 5 月 20 日发布）。在陈某丰、上海浦东发展银行股份有限公司温州五马支行保证合同纠纷［(2019) 浙 03 民终 994 号］案中，温州市中级人民法院在判决中引用了这一指导案例，认为涉案主债务均发生陈某丰签订的《最高额保证合同》约定的决算期内，债权人浦发银行五马支行在另案中也未明确表示放弃担保权利，故陈某丰应当依约承担保证责任，至于《流动资金借款合同》是否列明陈某丰签订的最高额保证合同不影响其担保证责任的承担。

③ 参见吴光侠、杨治、袁玮玮：《温州银行股份有限公司宁波分行诉浙江创菱电器有限公司等金融借款合同纠纷案的理解与参照——未列入借款合同中的最高额保证责任》，载《人民司法（案例）》2017 年第 14 期。

④ 最后检索日期：2020 年 12 月 31 日。

⑤ 最后检索日期：2020 年 12 月 31 日。

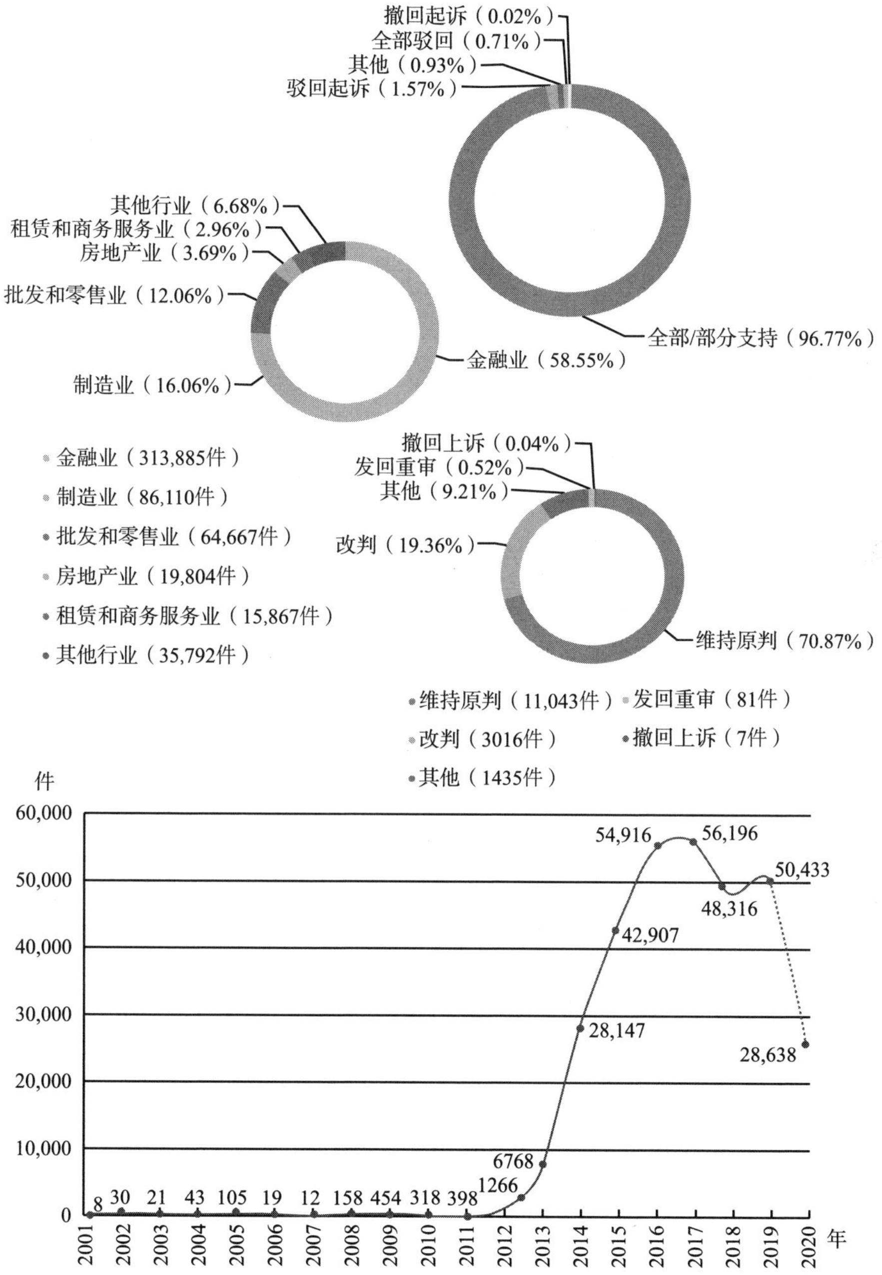

图 22-1　金融借贷中最高额保证纠纷可视化示意

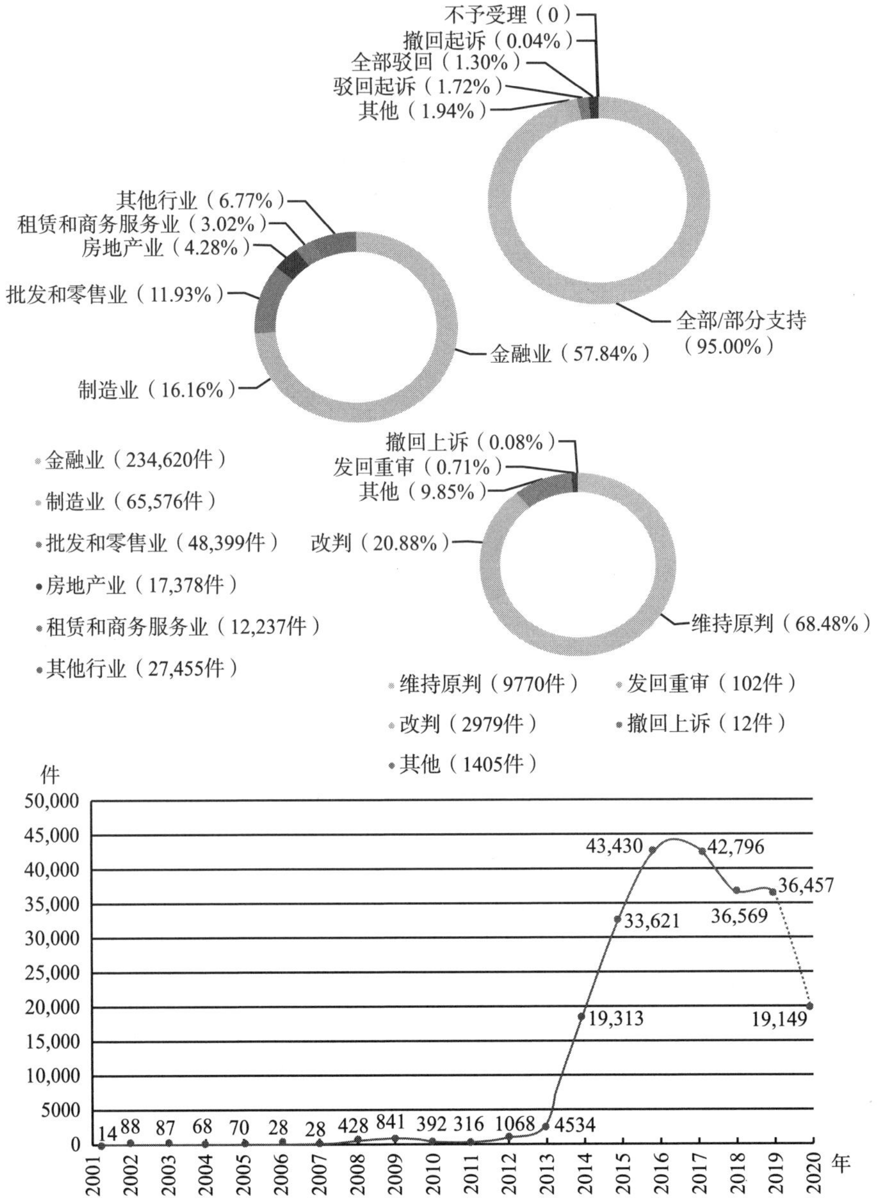

图 22-2　金融借贷中最高额抵押纠纷可视化示意

根据相关既往司法判例中，商业银行在最高额担保纠纷中可能面临司法败诉的风险主要源于以下几个原因：

(一)商业银行缺乏最高额担保合同的必要要素而导致合同无效的风险

虽然《民法典》并未规定最高额担保合同的必要条款,但从法理可知,“最高额限额”是该合同的核心所在。在中国建设银行股份有限公司温州瓯江支行与陆某某、朱某等金融借款合同纠纷①案中,温州市中级人民法院指出,最高额保证中的“最高额”应是保证人所担保债权的最高限度额,是最高额保证合同必须明确的内容,决定着保证人承担保证责任的最大限度,超出此限度则保证人不再承担保证责任。未约定最高额的,最高额保证合同无效。建行瓯江支行提供的格式最高额保证合同文本仅对所担保主合同项下本金余额设定最高额,未就全部债权余额设定最高限额,突破了法律规定,不符合最高额保证合同的本质要求,该约定的最高本金余额应视为最高债权限额。

(二)法院按照“债权最高限额说”认定最高额担保范围,导致商业银行作为抵押权人的优先受偿权不能及于利息、复利、罚息、违约金、赔偿金、实现抵/质押权费用的风险

抵押合同纠纷中,有的最高额抵押合同,一方面约定“抵/质押物被担保债权本金为××××元”;另一方面又另约定“抵/质押担保的范围包括:主合同项下全部借款本金、利息、复利、罚息、违约金、赔偿金、实现抵/质押权的费用和所有其他应付的费用”。对此,抵押的限额应如何理解,只限定为本金,还是限定为本金加利息等费用?司法实践中存在“本金最高限额说”和“债权最高限额说”两种不同的观点,其中后一种被认定对商业银行极为不利。

第一,就“本金最高限额说”而言,在中国长城资产管理股份有限公司山西省分公司与山西朔州平鲁区华美奥崇升煤业有限公司等借款合同纠纷②案中,最高人民法院认为,在最高额保证合同关系中,如果合同明确约定所担保的最高债权额包括主债权的数额和相应的利息、违约金、损害赔偿金以

---

① (2014)浙温商终字第963号。

② (2019)最高法民终823号,载《最高人民法院公报》2020年第5期。该判决指出,因各保证人所签订的《最高额保证合同》中已明确约定,本案在最高额担保的“债权本金人民币5亿元和实现债权的律师费、保全费等实现债权的费用”范围内承担保证责任。本案已查明,至本案一审庭审时本案未偿还借款本金为492,443,528.38元,该数额并未超出《最高额保证合同》约定的本金5亿元,故各保证人应以合同约定对华美奥公司的涉案债务本金人民币5亿元和实现债权的律师费、保全费实现债权的费用等承担连带清偿责任。

及实现债权的费用,保证人即应当依照约定对利息、违约金、损害赔偿金以及实现债权的费用承担保证责任,而不受主债权数额的限制。

同样,在蚌埠农村商业银行股份有限公司、安徽赛远薄钢科技有限公司金融借款合同纠纷[①]案中,最高人民法院认为,本案中,涉案《最高额抵押合同》《最高额保证合同》等6份担保合同第3条被担保最高债权额均有如下约定:"1. 本合同所担保债权之最高本金余额为……2. 在本合同第二条所确定的主债权发生期间届满之日,被确定属于本合同之被担保主债权的,则基于该主债权之本金所发生的利息(包括法定利息、约定利息、复利、罚息)、违约金、损害赔偿金、实现债权的费用(包括但不限于诉讼费用、律师费用、公证费用、执行费用、资产评估及处置费、鉴定费、公告费等)、因债务人违约而给抵押权人(债权人)造成的损失和其他所有应付费用等,也属于被担保债权,其具体金额在其被清偿时确定。依据上述两款确定的债权金额之和,即为本合同所担保的最高债权额。"根据上述约定,涉案合同签订各方对合同第3条第1款担保限额只针对本金,而利息、违约金、损害赔偿金等根据涉案合同第3条第2款亦均属于被担保债权的约定是具体、明确的。

第二,就"债权最高限额说"而言,在晋城银行股份有限公司晋城分行、山西泽州天泰能源有限公司金融借款合同纠纷[②]案中,最高人民法院认为,案涉《最高额保证担保合同》载明为确保硕阳公司在人民币3700万元最高限额内与晋城银行签订的所有业务合同项下债务人的义务得到切实履行,天泰公司向晋城银行提供最高额保证担保。第2.1条载明天泰公司保证担保的主债权为合同规定的期间和最高限额内主合同项下的所有债务。第5.1条载明保证合同担保的范围包括所有主合同项下的本金、利息、复利、罚息、违约金、赔偿金、实现债权的费用(包括诉讼费、仲裁费等)和所有其他应

---

① (2019)最高法民申2847号。

② (2020)最高法民申1166号。类似观点参见海口明光大酒店有限公司、海口农村商业银行股份有限公司龙昆支行金融借款合同纠纷[(2017)最高法民终230号]。在该案中,最高人民法院同样认为,《最高额抵押合同》第4.1条虽约定抵押担保的范围包括主合同项下全部借款本金、利息、复利、罚息、违约金、赔偿金、实现抵押权的费用和所有其他应付的费用,但该担保范围内本金、利息、复利、罚息、违约金等合计已超过了登记的最高限额19,000万元。若依此,将使抵押权所担保的债权突破最高债权额,事实上成为无限额。这与抵押人签订《最高额抵押合同》的合同预期不符,亦与物权法、担保法的立法本意相悖。同时,根据《物权法》第222条关于最高额质权的规定,最高额质权除适用该节有关规定外,参照《物权法》第16章第2节最高额抵押权的规定。同理,海口农商银行所享有的最高额质权也不应超过最高债权额19,000万元。

付费用。上述条款明确了本合同的最高限额为3700万元,主债权为最高限额内主合同项下的所有债务,担保范围是主合同项下的本金、利息、复利、罚息等。按照通常文义理解,天泰公司所承担的保证担保的范围是最高限额3700万元内主合同项下的本金、利息、复利、罚息等。不能认为最高限额3700万元仅为本金,而利息、复利、罚息额外应计算入天泰公司承担的担保责任内。晋城银行向天泰公司发出的《授信业务逾期催收通知书》主要内容是要求天泰公司协助催收或代为偿还,其中载明了"债务人所欠本息数额,并非天泰公司承担保证责任的具体数额"。天泰公司确认接收该通知书应视为对其承担担保责任的确认,其在回执中所承诺内容符合《最高额保证担保合同》的约定,具体数额应按照该合同约定计算。若按照晋城银行的主张,认为3700万元为最高本金限额,那么,根据担保范围的约定,最终天泰公司承担的保证责任将超出3700万元,有悖最高额保证担保的立法目的。案涉《最高额保证担保合同》没有明确约定3700万元为本金最高限额的情况下,最高限额3700万元应认定为最高债权限额。

在招商银行股份有限公司绵阳分行、四川中油天能科技有限公司金融借款合同纠纷①案中,绵阳市涪城区人民法院认为,最高额抵押权均属该法律第四编中的担保物权,应当遵守物权法定原则,其内容不允许当事人意思自治。本金最高限额说的实质是当事人自行创设了一种只有本金限额而没有债权限额的最高额担保方式,不符合《物权法》对于最高额抵押规定的内容,违反了物权法定原则。在二审中,绵阳市中级人民法院维持这一认定。四川省高级人民法院再审裁定②认为,从文义解释和维护民事交易的公平原则出发,其最高限额应为债权的最高限额即"债权最高限额说"。绵阳市中级人民法院指出,由于最高额抵押权所担保的债权在抵押权设立时并没有确定具体的数额,只是确定了最高额和一定期间。也就是说,由于最高额抵押权所担保的债权的不特定性,使被担保的债权处于增减变动状态,这就使得抵押人承担责任范围也处于不确定状态。为了明确抵押人承担责任的范围并保护交易的安全,法律要求抵押人与抵押权人协议约定抵押财产担保的最高债权限额。另外,按《物权法》的原理,需要公示担保物权的支配范围,最高额的存在正是从其所担保的债权量上来限定最高额抵押这一担保

---

① (2018)川07民终151号。

② (2018)川民申4352号。

物权的支配范围，从而使得对最高额抵押权的公示得以实现。无论将来实际发生的债权如何增减变动，抵押权人只能在最高限额范围内对抵押财产享有优先受偿权。实际发生的债权超过最高额的，以抵押权设定时约定的最高额为限优先受偿，不及最高额的，以实际发生的债权为限优先受偿。这均是《物权法》《担保法》及担保法的司法解释对最高额抵押的立法本意。

（三）最高额担保范围合同约定与登记不一致导致的风险

大量的登记机关以授信额度或借款合同等本金金额记载为最高限额，仍会导致出现合同约定与登记不一致的情况，部分法院会对这种情况“一刀切”地认定应当以登记记载内容为准，从而给商业银行造成损失。

在安徽汇通典当有限公司、任某再审①案中，最高人民法院认为，本案汇通典当公司与宇虹公司签订的《最高额土地使用权典当抵押合同》虽然约定抵押典当的当金最高限额为 1000 万元，抵押担保的范围包括当金本金最高限额、利息、逾期利息、综合费用、逾期综合费用等，但汇通典当公司所取得的阜州他项（2010）第 0036 号他项权证书载明，最高额抵押金额为 1000 万元。《物权法》第 17 条规定：“不动产权属证书是权利人享有该不动产物权的证明。不动产权属证书记载的事项，应当与不动产登记簿一致；记载不一致的，除有证据证明不动产登记簿确有错误外，以不动产登记簿为准。”本案没有证据证明存在不动产权利证书与不动产登记簿内容不一致的情况，所以阜州他项（2010）第 0036 号他项权证书应当推定为汇通典当公司享有的他项权归属和内容的根据。

在义乌市惠商小额贷款股份有限公司与金某、陈某等小额借款合同纠纷②案中，义乌市人民法院则认为，本案中两份抵押合同约定本最高额抵押合同担保的金额为 360 万元和 225 万元，与他项权证记载的债权金额不一致，应以他项权证记载的内容为准。在宁夏银行股份有限公司永康支行与

---

① （2018）最高法民申 3313 号。该判决还认为，另据《担保法司法解释》第 61 条规定，抵押物登记记载的内容与抵押合同约定的内容不一致的，以登记记载的内容为准。故在案涉《最高额土地使用权典当抵押合同》与他项权利证书记载的内容不一致时，应当以他项权证的记载作为认定汇通典当公司抵押权范围的依据。在汇通典当公司阜州他项（2010）第 0036 号他项权证书明确载明最高额抵押金额 1000 万元情况下，安徽省亳州市中级人民法院（2015）亳执字第 00028 号《关于阜阳市宇虹人造板有限公司执行案件的分配方案》认定汇通典当公司在 1000 万元范围内享有优先受偿权并无不当。

② （2015）金义商外初字第 111 号。

银川天木物资有限公司、吴某某、王某某金融借款合同纠纷[1]案中，宁夏回族自治区银川市中级人民法院也认为，涉案抵押登记他项权利证书分别为银房他证西夏区字第 201412017 号证书、第 201412018 号证书，两份证书分别载明担保的债权数额为 10 万元、20 万元，涉案抵押合同约定的担保范围大于两份证书上载明的债权金额，根据《担保法司法解释》第 61 条规定应以登记记载的内容为准，原审法院以他项权利证书载明债权金额为准的处理正确。因此，本书写作团队认为，不宜将登记记载内容与合同约定内容不一致的情况绝对化，而需在当事人间的真实意思表示、抵押权人利益保护、公示公信之间寻找平衡点。

（四）最高额抵押的抵押物被查封、扣押的风险

在最高额抵押的抵押物被查封、扣押时，商业银行会面临两种风险。

一是法院采取客观说，认为只要出现查封、扣押，则抵押失效。在浙江上虞农村商业银行股份有限公司、绍兴市上虞中新物资有限公司第三人撤销之诉[2]案中，绍兴市中级人民法院认为，对于最高额抵押所担保债权的确定，法律及司法解释有明确规定。《物权法》第 206 条第 4 项规定："有下列情形之一的，抵押权人的债权确定：……（四）抵押财产被查封、扣押。"《担保法司法解释》第 81 条规定："最高额抵押权所担保的债权范围，不包括抵押物因财产保全或者执行程序被查封后或债务人、抵押人破产后发生的债权。"上述规定均已明确最高额抵押权所担保的债权自抵押财产被查封时即确定，上虞农商银行享有最高额抵押担保权的是借据编号为 501001015104853 的 130 万元债权，对该借据的债务被告舜丰公司于 2012 年 4 月 10 日已归还本息。上虞农商银行按照编号为 501001245089246 借据于 2012 年 4 月 13 日发放的 130 万元贷款及其后产生的相应利息等，系在抵押物被查封后所发生，故不再在抵押担保的债权范围内。

二是法院认为商业银行知道或应当知晓查封事项而怠于履行审慎义务，应当承担不利后果。

在江苏睢宁农村商业银行股份有限公司成侯支行、姜某与薛某、曹某民间借贷纠纷[3]案中，淮安市中级人民法院认为，抵押权人在发放贷款前，应当

---

① （2015）银民商终字第 163 号。

② （2016）浙 06 民终 3654 号。

③ （2017）苏 08 执异 204 号。

尽审慎义务，审查担保财产有无被查封等情形，在法院查封民事裁定书及协助执行通知书送达房地产权属登记部门时，该裁定书即对睢宁农商行成侯支行发生法律效力，睢宁农商行成侯支行于法院查封之后又重新于2014年4月17日发放的借款，依法不属于最高额抵押权所担保的债权范围，睢宁农商行成侯支行就该笔贷款向法院主张抵押权人所享有的优先受偿权无法律依据。在中国建设银行股份有限公司温州龙湾支行、浙江北泽阀门制造有限公司等金融借款合同纠纷[①]案中，温州市中级人民法院指出，“商业银行贷款，应当对借款人的借款用途、偿还能力、还款方式等情况进行严格审查。”本案属于流动资金贷款，浦发银行温州分行未履行严格审查义务，在磊泰公司有经济纠纷案件，且抵押房产被法院查封的情况下，仍于2011年9月27日向磊泰公司发放250万元贷款，由此产生的法律后果，应由浦发银行温州分行自行承担。

四、商业银行现有条款的比对点评

（一）多家商业银行的现有条款比对

本书写作团队以“最高额抵押合同”为例，考察了多家银行合同成立/生效条款的安排，比对点评如下：

【A银行】

鉴于：

1. □抵押权人同意自____年____月____日起至____年____月____日止（以下简称“债权发生期间”），与____________________________（以下简称“债务人”）签订总额度不超过币种_________，金额（大写）_________（以下简称“额度”）的一系列授信协议（以下简称“授信协议”）。债权发生期间内抵押权人与债务人签订的授信协议项下的额度有效期及单笔业务期限按照授信协议以及具体业务合同的相关规定执行。【综合授信业务项下选用】

□抵押权人同意按照编号为___________的（以下简称“授信协议”）项下的额度有效期及单笔业务期限的规定（以下简称“额度有效期”）以及其他条款和条件向______（以下简称“债务人”）提供总额度不超过币种____________，金额（大写）______的授信额度（以下简称“额度”）。【可循环额度单一授信业务项下选用】

---

① （2015）浙温商终字第1657号。

2. 抵押人愿意向抵押权人提供最高额抵押，以担保债务人按时足额清偿其在主合同项下产生的全部债务。

经协商，抵押人、抵押权人就最高额抵押一事达成如下协议：

第 4 条　担保范围

本协议担保的范围包括：

(1) 债务人在主合同项下应向抵押权人偿还或支付的所有的债务本金、利息（包括但不限于法定利息、约定利息、逾期利息、罚息及复利）、手续费及其他收费、违约金、损害赔偿金、实现债权的费用（包括但不限于诉讼费用、律师费用、公证费用及执行费用）和其他应付款项（无论该项支付是在主合同项下债务到期日应付或在其他情况下成为应付）；

(2) 抵押权人为实现本协议项下的担保权益而发生的所有费用（包括但不限于诉讼费用、律师费用、公证费用及执行费用等）；

(3) 抵押人在本协议项下应向抵押权人支付的违约金和任何其他款项。

以上合称被担保债务。

第 19 条　其他

……

19.2　抵押权人有权将其在本协议项下的全部权利转让给第三方，而无需取得抵押人的同意。抵押人不得将其在本协议项下的任何权利或义务转让给任何第三方。

【B 银行】

为确保（下称债务人）与乙方在一定期间内连续发生的多笔债务的履行，保障乙方债权的实现，甲方自愿为乙方对债务人依主合同所形成的一系列债权提供最高额抵押担保。甲、乙双方根据有关法律法规和规章，经协商一致，就最高额抵押担保的相关事宜订立本合同，以供信守：

第 1 条　定义

1.1　最高额抵押是指甲方与乙方之间就主合同债务人在一定期间内连续发生的多笔债务（含或有负债）确定一个最高限额，甲方以其抵押物在最高限额内对主合同债务人履行债务向乙方提供抵押担保，在主合同债务人不履行到期债务或发生约定的实现抵押权的情形，乙方有权在该最高限额内就该抵押物优先受偿。

第 2 条　抵押担保的主债权

2.1　本合同约定抵押担保的主债权是指自______年____月____日至

______年____月____日期间因乙方向主合同债务人发放授信而发生的一系列债权,包括但不限于贷款、汇票承兑、押汇、开立信用证、开立保函等各类银行业务。

2.2　本合同约定抵押担保的最高限额为折合币种(大写)________,且依据本合同的第6.7款、第6.8款独立于其他担保人提供的担保。如甲方根据本合同履行担保义务的,按实际履行的金额对其担保的最高限额作相应递减。

2.3　在上述约定的期间和最高限额内,只要乙方对债务人尚未收回的债权余额不超过该最高限额,乙方可以连续、循环地向债务人发放授信。甲方在该最高限额内对乙方因发放授信而形成的债权均提供抵押担保,而不论次数和每次的金额,也不论债务人单笔债务的履行期限届满日是否超过上述期间。

……

2.6　经甲、乙双方协商同意,本合同生效之前乙方与债务人之间已经发生的债权,亦为本合同最高额抵押担保的主债权范围之内。具体债权范围见本合同附件。

第4条　抵押担保范围

4.1　本合同担保之主债权范围为乙方尚未收回的贷款债权余额、银行承兑汇票债权余额、押汇债权余额、信用证债权余额、保函债权余额和/或其他债权余额,包括授信本金和利息(包括复利和罚息),以及相关费用、违约金、赔偿金和乙方为实现主债权和担保权而发生的一切费用(包括但不限于诉讼费、仲裁费、财产保全费、律师费、差旅费、执行费、评估费、拍卖费等)。

第7条　甲方的权利和义务

……

7.8　抵押权存续期间,乙方和主债务人协议就主合同条款进行修改变更的,无需事先征得甲方同意或通知甲方,甲方仍需承担抵押担保责任,甲方依本合同约定的担保范围对变更后的主合同继续承担抵押担保责任。

7.9　抵押权存续期间,乙方将主债权转让给第三人或乙方许可债务人转让债务的,无需事先征得甲方同意,甲方仍需承担抵押担保责任,甲方依本合同约定的担保范围对转让后的主合同继续承担抵押担保责任。

【C银行】

鉴于乙方为____________________________(以下简称"债务人")连续办理

下列第____项授信业务而将要及/或已经与债务人在____年____月____日至____年____月____日期间(以下简称"主债权确定期间")签订人民币资金借款合同、外汇资金借款合同、银行承兑协议、信用证开证合同、出具保函协议及/或其他法律性文件(在主债权确定期间办理的上述授信业务下称"主合同")。

(一)发放人民币/外币贷款;

(二)承兑商业汇票;

(三)开立信用证;

(四)出具保函;

(五)其他授信业务:____________________________________。

甲方愿意为债务人在主合同项下的一系列债务提供最高额抵押担保。根据有关法律法规和规章,甲乙双方经协商一致,订立本合同共同遵守。

第3条　担保最高债权限额

本最高额抵押担保的最高债权限额是指债务人在主债权确定期间与乙方办理主合同项下授信业务所形成的主债权、从债权及相关费用等全部债权余额,最高债权限额为人民币(大写)______________。

第4条　担保范围

(一)本最高额抵押的担保范围为主合同项下全部债权,包括但不限于本金、利息(包括复利、罚息和生效法律文书迟延履行期间的加倍利息)、违约金、赔偿金、债务人应向乙方支付的其他款项(包括但不限于乙方垫付的有关手续费、电讯费、杂费、信用证项下受益人拒绝承担的有关银行费用等)、乙方实现债权与担保权利而发生的费用(包括但不限于诉讼费、仲裁费、财产保全费、差旅费、拍卖费、公证费、送达费、公告费、过户税费、代理费等)。

(二)主合同项下因主债权发生的垫款、利息、费用或乙方的任何其他从债权的实际形成时间即使超出主债权确定期间,仍然属于本最高额抵押的担保范围。

第5条　被担保的债权确定

(一)有下列情形之一时,本合同项下被担保的债权确定:

1. 本合同约定的主债权确定期间届满;

2. 依据法律规定或主合同约定债权人宣布主合同项下全部债务提前到期;

3. 新的债权不可能发生；

4. 债务人、抵押人被宣告破产或被撤销；

5. 抵押财产被查封、扣押；

6. 法律规定的被担保的债权确定的其他情形。

（二）本合同项下被担保的债权确定，发生以下效力：

1. 被担保的债权确定时未清偿的主合同项下的债务，不论该债务履行期限是否已经届满或者是否附加有条件，均属于被担保的债权范围；

2. 被担保的债权确定时，本合同约定的本金及本金以外的利息、违约金等所有款项，不论在确定时是否已经发生，均属于被担保的债权的范围；

3. 自被担保的债权确定之日起，至被担保的债权全部清偿，若主合同债务人发生未依约履行偿债义务的情形，债权人有权直接行使抵押权。

第7条　主合同变更

（一）甲方同意，乙方与债务人签订主合同或对主合同进行任何变更（包括但不限于延长债务履行期限或增加债权本金金额），均无需通知甲方，甲方仍应在本合同约定的最高债权限额及担保范围内承担担保责任。

……

（三）主合同项下债权转移给第三人的，本合同项下的担保随之转让，甲方应协助乙方及该第三人办理法律所要求的抵押变更登记手续。

【D银行】

为了担保本合同第一条所述主合同项下连续发生的债权的实现，依据《中华人民共和国物权法》《中华人民共和国担保法》及相关法律、法规的规定，抵押人自愿将其合法享有物权、并列入后附“抵押财产清单”的财产为抵押权人的债权设立最高额抵押担保，双方经平等协商一致，订立本合同。除本合同另有约定外，本合同中的词语解释依据主合同确定。

第1条　主合同

1.1　本合同之主合同是指抵押权人与________（以下简称“债务人”）之间签署的编号为______________的《综合授信额度合同》及抵押权人与债务人依据该授信合同约定已经和将要签署的单项合同及对本条所述《综合授信额度合同》及单项合同的修订或补充。

1.2　主合同由以下__________________项构成：

（1）《综合授信额度合同》【合号编号：________】；

（2）《流动资金借款合同》【合同编号：________】；

(3)《固定资产借款合同》【合同编号:________】;

(4)《银行承兑汇票合同》【合同编号:________】;

(5)《商业承兑汇票保贴合同》【合同编号:________】。

第3条　担保范围

3.1　本合同所担保债权之最高本金数额为:

3.1.1　币种:人民币

3.1.2　(大写)______________。

3.1.3　(小写)____________。

3.1.4　大小写不一致时,以大写为准。被担保主债权的最终本金数额以抵押权人实际提供的授信金额(指作为主合同组成部分的每个单项合同项下实际提供的授信金额之和)为准。

3.2　在本合同第二条所确定的主债权发生期间届满之日,被确定属于本合同之被担保主债权的,则基于该主债权之本金所发生的利息(包括法定利息、约定利息、复利、罚息)、违约金、损害赔偿金、实现债权的费用(包括但不限于诉讼费用、仲裁费、财产保全费、差旅费、评估费、拍卖费、公证费、送达费、公告费、律师费及律师代理费、执行费用等)、因债务人违约而给债权人造成的损失和其他所有应付费用等,也属于被担保债权,其具体金额在其被清偿时确定。

3.3　依据上述3.1、3.2两款确定的债权金额之和,为本合同项下抵押人所担保的最高债权额,也是抵押人的担保范围。为依法保护抵押权人权益,满足登记之需,抵押人与抵押权人一致同意抵押人在登记机关登记本合同项下担保的债权额为______元(债权额以本金加利息予以确定,利息按借款期限内的利息及逾期三年的罚息的总和予以确定),该登记的债权额仅为登记而暂定,抵押人担保的最高主债权金额仍然为上述3.1、3.2两款确定的债权金额之和。

3.4　抵押人在本合同项下提供的是最高额抵押担保,在主合同约定的主债权发生期间内,主合同约定的授信额度(指作为主合同组成部分的每个单项合同项下约定的授信额度)可以循环使用。

第12条　本合同与主合同的关系

……

12.2　未经抵押人同意,抵押权人与债务人不得变更本合同第3条约定的被担保债权之最高本金数额,经抵押权人与抵押人协商一致,可以书面形式变更本合同第3条约定的被担保债权之最高本金数额。

12.3　对主合同其他内容或事项的变更（包括但不限于利率调整等），以及对其项下单项合同的变更，无需征得抵押人的同意，抵押人仍以本合同项下抵押财产，在本合同第三条约定的担保范围内对变更后的主合同项下所生之债承担抵押担保责任。

第13条　声明与承诺

……

13.2.5　抵押权人有权将主合同项下的主债权转让给第三人且无需征得抵押人同意，抵押人承诺继续承担担保责任。

【E银行】

基于主合同项下可能连续发生的多笔债务，为确保主合同项下债务的履行，甲方同意为主合同项下发生的全部/部分债务提供最高额抵押担保。为明确甲、乙双方的权利、义务，根据《物权法》及其他法律、法规的相关规定，双方经协商一致，订立本合同，以共同信守。

第1条　被担保的主债权种类及最高债权额

……

1.2　最高债权额

1.2.1　甲方所担保的最高债权额见合同要素表的约定。其中，币种不同的业务按乙方适用的、以合理的规则和方式确定的外汇价格折算为人民币进行计算（如适用）。涉及外币业务结算的，按照主合同的约定执行。

1.2.2　本合同项下之最高债权额为本金余额最高限额，具有以下含义：

本金余额最高限额仅为主债权本金的最高限额，在本金不超过上述限额的前提下，由此而产生的本合同第4条约定范围内除本金外的全部款项，甲方均同意承担担保责任。

第4条　抵押担保的范围

抵押担保的范围为：本合同第1.2条约定的被担保之最高主债权本金及其利息、罚息、复利、违约金、损害赔偿金，及实现债权（含反担保债权，下同）和担保权利的费用（包括但不限于处分抵押财产的费用、诉讼费、执行费、保全费、仲裁费、公证费、鉴定费、评估费、拍卖费、送达费、公告费、提存费、律师费、差旅费和所有其他应付合理费用，统称"实现债权和担保权利的费用"）。上述范围中除本金外的所有费用，均计入甲方承担担保责任的范围，除另有约定外，不计入本合同项下被担保的本金余额最高限额。

第5条　被担保债权的确定

5.1　有下列情形之一时,本合同项下被担保的债权确定:

5.1.1　本合同第2条约定的主债权的发生期间届满。

5.1.2　依据法律规定或主合同约定债权人宣布主合同项下全部债务提前到期,且新的债权不可能发生。

5.1.3　符合本合同第8.4条约定的情形。

5.1.4　法律规定的被担保的债权确定的其他情形。

5.2　本合同项下被担保的债权确定,发生以下效力:

5.2.1　被担保的债权确定时未清偿的主合同项下的债权,不论该债权履行期限是否已经届满或者是否附加有条件,均属于被担保的债权的范围。

5.2.2　被担保的债权确定时,本合同第4条中约定的除本金外的所有款项,不论在确定时是否已经发生,均属于被担保的债权的范围。

5.2.3　自被担保的债权确定之日起,至被担保的债权全部清偿完毕,若发生主合同或具体业务合同项下未依约履行偿债义务的情形,则乙方有权处分本合同项下抵押财产。

第10条　甲方的权利和义务

……

10.16　甲方在此确认,乙方与主债务人协议变更主合同,未加重主债务人的债务的,无需征得甲方同意,甲方应继续承担担保责任。

……

10.22　如各方选择将本合同项下最高额抵押权设立前主债务人与乙方已存在的未结清业务余额应纳入本合同担保的债权范围,则甲方保证配合乙方及登记部门的要求提供前述已存在的未结清业务余额对应的合同文件、同意将其纳入本合同担保范围的文件及其他必要的文件资料。

【F银行】

鉴于甲方依据编号为________________的《_________________》已经或将要向债务人_________提供一系列授信,乙方自愿为甲方依上述合同及依据该合同已经或将要签署的单项合同(统称为主合同)而对债务人享有的债权提供最高额抵押担保。为明确双方权利、义务,依据《物权法》、《担保法》及其他有关法律、法规的规定,甲、乙双方经协商一致,订立本合同。

第2条　被担保的主债权期限及最高额

2.1　乙方自愿为债务人自______年____月____日起至______年____月

____日(与授信期限一致)止,依上述主合同而实际形成的债务的最高余额(含贷款及风险敞口)折合人民币(大写)________________及4.1条款担保范围的其他债务金额之和提供最高额抵押担保。

第3条 被担保债权的确定

3.1 本合同项下被担保的债权在下列日期中最早发生之日(确定日)确定:

3.1.1 全部主合同项下的最后一笔主债权的发生日;

3.1.2 抵押物在抵押期间被查封、被扣押、被监管的,为被查封、被扣押、被监管之日;

3.1.3 债务人、乙方被宣告破产或被撤销之日;

3.1.4 甲方根据本合同第九条的约定行使抵押权之日。

3.2 主债权确定前,部分债权转让的,最高额抵押权是否转让以及如何转让,由甲方和乙方另行协商确定。

第4条 抵押担保的范围

4.1 抵押担保范围包括主债权确定日前(包括当日)发生的主债权及其持续至乙方承担责任时产生的利息(包括复利、逾期利息及罚息)、违约金、损害赔偿金、债务人应向债权人支付的其他款项和甲方实现债权、抵押权的费用(包括但不限于诉讼费、仲裁费、律师代理费、财产保全费、差旅费、执行费、评估费、拍卖费、公证费、送达费、公告费、邮寄费等其他费用)。

4.2 本合同项下抵押担保的范围,不因甲方享有债务人或其他任何人为主合同项下债务提供其他任何方式的担保而受到任何影响。

第11条 乙方的权利和义务

……

11.3 本合同生效后,甲方依法将主债权转让给第三人的,甲方不必通知乙方,乙方在原抵押担保范围内继续承担担保责任。

……

11.5 甲方与主合同债务人协议变更主合同的有关条款,除展期、增加乙方所担保的主债权本金数额或主合同债务人转让债务的变更外,其他变更不必征得乙方同意,乙方仍承担担保责任。

【G银行】

鉴于抵押人愿为抵押权人与______(下称债务人)按本合同第一条约定签订的一系列业务合同(下称主合同)所形成的债权提供最高额抵押担

保，根据国家有关法律法规，当事人各方经协商一致，订立本合同。

第1条　被担保的主债权及最高额

1. 抵押人自愿为抵押权人与债务人形成的下列债权提供担保，担保的债权最高余额折合人民币（大写金额）____________。外币业务，按本条第（1）项约定的业务发生当日卖出价折算。

（1）抵押权人自____年____月____日起至____年____月____日止，与债务人办理约定的各类业务所形成的债权。该期间为最高额担保债权的确定期间。上述业务具体包括：（以画"√"的为准）：

□人民币/外币贷款　□减免保证金开证　□出口打包放款

□商业汇票贴现　□进口押汇　□银行保函

□商业汇票承兑　□出口押汇　□账户透支

□其他业务：____________________________________

（2）抵押权人与债务人已形成的下列主合同项下尚未受偿的债权本金及其相应的利息、罚息、复利、费用等，其中利息、罚息、复利、费用等按相应的主合同约定计算至实际受偿之日止：

合同名称	合同编号	尚未受偿本金	币种

（表中栏目不够填写而增加的附表，为本合同组成部分。）

2. 本合同担保的每笔业务的种类、金额、利率、期限等内容以相关法律文书或者凭证为准。

3. 在本合同约定的期间和最高余额内，抵押权人发放本合同约定的贷款或者提供其他银行信用时无需逐笔办理担保手续。

4. 在本合同约定的期间和最高余额内发生的业务，币种不限，抵押人按原币种承担担保责任。

第2条　抵押担保的范围

抵押担保的范围包括本合同项下借款本金、利息、罚息、复利、违约金、损害赔偿金、按《民事诉讼法》有关规定确定由借款人和担保人承担的迟延履行债务利息和迟延履行金，以及诉讼（仲裁）费、律师费等贷款人实现债权的一切费用。因汇率变化而实际超出最高余额的部分,抵押人自愿承担担保责任。

第9条　抵押权的转让

1.本合同项下最高额抵押担保的债权确定前,抵押权人转让部分债权的,有权转让相应的抵押权。

2.本合同项下最高额抵押担保的债权确定后,抵押权人转让部分债权的,有权不转让相应的抵押权。

第10条　被担保债权的确定

发生下列情形之一的,本合同项下最高额抵押担保的债权确定:

1."期间届满"包括本合同第一条约定的债权确定期间届满,以及抵押权人依国家法律法规规定或者本合同约定宣布债权确定期间提前届满的情形。债务人违反主合同约定义务或者抵押人违反本合同约定义务的,抵押权人有权宣布债权确定期间提前届满。

2.新的债权不可能发生。

3.抵押物被查封、扣押。

4.债务人、抵押人被宣告破产或者被撤销。

5.法律规定债权确定的其他情形。

【H银行】

为了担保本合同第1条所述主合同项下债务的履行,抵押人自愿将其享有合法处分权、并列入后附"抵押物清单"的财产为抵押权人的债权设立抵押,双方经平等协商订立本合同。除本合同另有约定外,本合同中的词语解释依据主合同确定。

第1条　主合同(备注说明:据实填写,不适用条款需删除)

本合同之主合同为:

☞抵押权人与债务人______之间签署的编号为______的口《授信额度协议》/口《授信业务总协议》及依据该协议已经和将要签署的单项协议,及其修订或补充,其中约定其属于本合同项下之主合同。

☞抵押权人与债务人____之间自____年____月____日起至____年____月____日止签署的借款、贸易融资、保函、资金业务及其他授信业务合同(统称"单笔合同"),及其修订或补充,其中约定其属于本合同项下之主合同。

第3条　被担保最高债权额

1.本合同所担保债权之最高本金余额为:

币种：____________________________

（大写）_________________________

（小写）_________________________

2. 在本合同第 2 条所确定的主债权发生期间届满之日，被确定属于本合同之被担保主债权的，则基于该主债权之本金所发生的利息（包括法定利息、约定利息，复利，罚息）。违约金、损害赔偿金、实现债权的费用（包括但不限于诉讼费用、律师费用、公证费用，执行费用等）、因债务人违约而给抵押权人造成的损失和其他所有应付费用等，也属于被担保债权，其具体金额在其被清偿时确定。

依据上述两款确定的债权金额之和，即为本合同所担保的最高债权额。

第 13 条　本合同与主合同的关系

若主合同包含《授信额度协议》/《授信业务总协议》，对其中的授信额度使用期限/业务合作期限进行延展的，需征得抵押人的书面同意，未征得抵押人同意或抵押人拒绝的，抵押人仅以本合同项下抵押物对原授信额度使用期限/业务合作期限内发生的主债权，在本合同第 3 条规定的被担保最高债权额内承担担保责任。

对《授信额度协议》《授信业务总协议》其他内容或事项的变要，以及对其项下单项协议的变更，或对单笔主合同的变更，无需征得抵押人的同意，抵押人仍以本合同项下抵押物，在本合同第 3 条规定的被担保最高债权额内对变更后的主合同承担担保责任。

经抵押权人和抵押人协商一致，可以书面形式变更本合同第三条规定的被担保最高债权额。

若本合同项下抵押物上存在其他抵押权人的，未经其他抵押权人书面同意，上述变更不得对其产生不利影响。

（二）多家银行的现有条款之点评

上述合同共存在八个问题值得比对与分析：

第一，“鉴于”条款。A 银行约定“鉴于债权人与债务人之间签订总额度不超过××金额的一系列授信协议，抵押人愿意向抵押权人提供最高额抵押”；B 银行约定“为确保（以下称债务人）与乙方在一定期间内连续发生的多笔债务的履行”；C 银行约定“鉴于乙方为债务人连续办理下列某项授信业务而将要及/或已经与债务人在主债权确定期间签订主合同，甲方愿意为债务人在主合同项下的一系列债务提供最高额抵押担保”；D 银行约定“为了担保本合同第1条所述主合同项下连续发生的债权的实现，抵押人自愿将其合法享有物权、并列入后附抵押财产清单的财产为抵押权人的债权设立最高额抵押担保”；E银行约定“基于主合同项下可能连续发生的多笔债务，为确保主合同项下债务的履行，甲方同意为主合同项下发生的全部/部分债务提供最高额抵押担保”；F银行约定“鉴于甲方依据编号为________的《____________》已经或将要向债务人提供一系列授信，乙方自愿为甲方依上述合同及依据该合同已经或将要签署的单项合同（统称为主合同）而对债务人享有的债权提供最高额抵押担保”；G银行约定“鉴于抵押人愿为抵押权人与债务人按本合同第一条约定签订的一系列业务合同（以下称主合同）所形成的债权提供最高额抵押担保”。H银行约定“为了担保本合同第一条所述主合同项下债务的履行，抵押人自愿将其享有合法处分权、并列入后附‘抵押物清单’的财产为抵押权人的债权设立抵押，双方经平等协商订立本合同。”

通过比对，最高额担保合同的“鉴于条款”部分需要注意：

首先，商业银行应当尽量避免最高额担保合同与单一主债权合同形成固定关联。F银行的做法可能导致最高额抵押合同对应的主债权完全固定到某一个主合同上，故不可取。

本书写作团队建议：

首先，商业银行在设计最高额担保合同时避免采取将最高额担保合同一一对应主合同编号的做法，仅保留被担保的主债权期限及最高债权额。

其次，为了锁定担保人的责任期限及承担担保责任的总金额，最好效仿A银行的做法，在鉴于条款中约定“总额度不超过____金额”。在渤海银行股份有限公司杭州分行与浙江天华建设集团有限公司、浙江加兰节能科技股份有限公司等金融借款合同纠纷①案中，杭州市中级人民法院认为，《最高额保证协议》“鉴于”部分明确，保证人同意向债权人提供无条件不可撤销的最高额连带责任保证，总额度为4000万元整；第二条保证下第2.3款约定，“债权人与债务人在授信协议项下就具体业务签订具体业务合同时无须再通知保证人”。依照上述约定，将流动资金额度增至2000万元，以及商业汇票承兑额度减至零万元的行为，系债权人与债务人在总授信额度内做出的分额度调剂使用，并不涉及具体业务合同的变更，无须通知保证人。

① （2015）浙杭商终字第165号。

最后,最高额抵押合同中债务人不是合同当事人,所以,合同条款中应对债务人的身份信息明确标明(合同条款中债务人信息如姓名、性别、身份证号码等信息尽量全面明确注明),以防因同名同姓导致被担保债权的混乱。

第二,主债权(主合同)条款。这一条款的规定各家银行有两种做法:

一是将主债权(主合同)条款内置于“鉴于条款”之中(A、C、E、F 银行)。

二是单独规定主债权(主合同)条款。如 B 银行约定“本合同约定抵押担保的主债权是指自____年____月____日至____年____月____日期间因乙方向主合同债务人发放授信而发生的一系列债权”;D 银行约定“1.1　本合同之主合同是指抵押权人与________(以下简称‘债务人’)之间签署的编号为___________的《综合授信额度合同》及抵押权人与债务人依据该授信合同约定已经和将要签署的单项合同及对本条所述《综合授信额度合同》及单项合同的修订或补充”;G 银行约定“1. 抵押人自愿为抵押权人与债务人形成的下列债权提供担保,担保的债权最高余额折合人民币(大写金额)____________”;H 银行约定“本合同之主合同为:抵押权人与债务人____之间自____年____月____日起至____年____月____日止签署的借款、贸易融资、保函、资金业务及其他授信业务合同(统称‘单笔合同’),及其修订或补充,其中约定其属于本合同项下之主合同。”

从审慎防控金融风险角度来看,最好采取第二种办法,即单独规定主债权(主合同)条款,规定内容不采取编号,而是以日期为准。因此,相较于其他银行,B 银行的做法较为可取。同时 D 银行将“本条所述《综合授信额度合同》及单项合同的修订或补充”纳入主合同的做法也值得借鉴。

第三,最高额限额条款。对于最高限额的约定,各家商业银行有两种做法。

一是将最高额限额纳入“鉴于条款”(A 银行)或“被担保的主债权期限及最高额条款”(F 银行)。

二是专门在合同中列明最高额限额条款。

如 B 银行约定“2.2　本合同约定抵押担保的最高限额为折合币种(大写)____________,且依据本合同的第 6.7 款、第 6.8 款独立于其他担保人提供的担保”;C 银行“本最高额抵押担保的最高债权限额是指债务人在主债权确定期间与乙方办理主合同项下授信业务所形成的主债权、从债权及相关费用等全部债权余额,最高债权限额为人民币(大写)________”;D 银行

“3.3　依据上述3.1、3.2两款确定的债权金额之和，为本合同项下抵押人所担保的最高债权额，也是抵押人的担保范围”；E银行约定“本金余额最高限额仅为主债权本金的最高限额，在本金不超过上述限额的前提下，由此而产生的本合同第4条约定范围内除本金外的全部款项，甲方均同意承担担保责任”；G银行约定“担保的债权最高余额折合人民币（大写金额）________”；H银行约定“本合同所担保债权之最高本金余额为币种：________（大写）______________；（小写）________________”。

本书写作团队认为：

首先，商业银行应当优先采取第二种做法，即专门约定“最高额限额条款”。

其次，最高额限额条款不能仅仅写明金额（如G银行），也不能单纯采取描述（如D、E），应当采取两者叠加的办法，同时约定。

最后，需要肯定的是，D银行针对合同债权与登记债权之间司法认定的风险，专门说明“为依法保护抵押权人权益，满足登记之需，抵押人与抵押权人一致同意抵押人在登记机关登记本合同项下担保的债权额为________元（债权额以本金加利息予以确定，利息按借款期限内的利息及逾期三年的罚息的总和予以确定），该登记的债权额仅为登记而暂定，抵押人担保的最高主债权金额仍然为上述3.1、3.2两款确定的债权金额之和”，该条款值得借鉴。

第四，与之前已经发生的债务相关的纳入条款。

部分银行已经对之前发生债务纳入最高额担保合同进行了特别约定。如B银行约定“2.6　经甲、乙双方协商同意，本合同生效之前乙方与债务人之间已经发生的债权，亦为本合同最高额抵押担保的主债权范围之内。具体债权范围见本合同附件”；E银行约定“10.22　如各方选择将本合同项下最高额抵押权设立前主债务人与乙方已存在的未结清业务余额应纳入本合同担保的债权范围，则甲方保证配合乙方及登记部门的要求提供前述已存在的未结清业务余额对应的合同文件、同意将其纳入本合同担保范围的文件及其他必要的文件资料”。根据《民法典》第420条之规定，最高额抵押权设立前已经存在的债权，经当事人同意，可以转入最高额抵押担保的债权范围。《民法典》生效后，商业银行应当对此问题进行专门约定。

第五，担保范围条款。

所有商业银行均采取了“本金最高限额说”，普遍约定“债务本金、利息

（包括但不限于法定利息、约定利息、逾期利息、罚息及复利）、手续费及其他收费、违约金、损害赔偿金、实现债权的费用（包括但不限于诉讼费用、律师费用、公证费用及执行费用）和其他应付款项，抵押权人为实现本协议项下的担保权益而发生的所有费用（包括但不限于诉讼费、仲裁费、财产保全费、律师费、差旅费、执行费、评估费、拍卖费、送达费、公告费、过户税费等）”均属于担保范围。①

第六，被担保债权的确定条款。《民法典》第 423 条规定了六种抵押权人的债权确定的时间点，部分商业银行也有特别约定，如表 22-1 所示。

表 22-1　各家商业银行被担保债权的确定条件

《民法典》	C 银行	E 银行	F 银行	G 银行
约定的债权确定期间届满。	本合同约定的主债权确定期间届满。	本合同第 2 条约定的主债权的发生期间届满。	全部主合同项下的最后一笔主债权的发生日。	债权确定期间届满。②
没有约定债权确定期间或者约定不明确，抵押权人或者抵押人自最高额抵押权设立之日起满二年后请求确定债权。	依据法律规定或主合同约定债权人宣布主合同项下全部债务提前到期。	依据法律规定或主合同约定债权人宣布主合同项下全部债务提前到期，且新的债权不可能发生。	—	—

---

① 具体约定上各家银行存在细小的差异。如实现本协议项下的担保权益而发生的所有费用一项，A 银行约定为“包括但不限于诉讼费用、律师费用、公证费用及执行费用等”；B 银行约定“包括但不限于诉讼费、仲裁费、财产保全费、律师费、差旅费、执行费、评估费、拍卖费等”；C 银行约定“包括但不限于诉讼费、仲裁费、财产保全费、差旅费、拍卖费、公证费、送达费、公告费、过户税费、代理费等”；D 银行约定“包括但不限于诉讼费用、仲裁费、财产保全费、差旅费、评估费、拍卖费、公证费、送达费、公告费、律师费及律师代理费、执行费用等”；E 银行约定“包括但不限于处分抵押财产的费用、诉讼费、执行费、保全费、仲裁费、公证费、鉴定费、评估费、拍卖费、送达费、公告费、提存费、律师费、差旅费和所有其他应付合理费用，统称实现债权和担保权利的费用”；F 银行约定“包括但不限于诉讼费、仲裁费、律师代理费、财产保全费、差旅费、执行费、评估费、拍卖费、公证费、送达费、公告费、邮寄费等其他费用”；G 银行约定“诉讼（仲裁）费、律师费等贷款人实现债权的一切费用”。由此可见，E 银行的约定最为细致。

② G 银行专门说明，“债权期间届满”包括本合同第 1 条约定的债权确定期间届满，以及抵押权人依国家法律法规规定或者本合同约定宣布债权确定期间提前届满的情形。债务人违反主合同约定义务或者抵押人违反本合同约定义务的，抵押权人有权宣布债权确定期间提前届满。

续表

《民法典》	C银行	E银行	F银行	G银行
新的债权不可能发生。	新的债权不可能发生。	—	—	新的债权不可能发生。
抵押权人知道或者应当知道抵押财产被查封、扣押。	抵押财产被查封、扣押。	—	抵押物在抵押期间被查封、被扣押、被监管的,为被查封、被扣押、被监管之日。	抵押物被查封、扣押。
债务人、抵押人被宣告破产或者解散。	债务人、抵押人被宣告破产或被撤销。	—	债务人、乙方被宣告破产或被撤销之日。	债务人、抵押人被宣告破产或者被撤销。
法律规定债权确定的其他情形。	法律规定的被担保的债权确定的其他情形。	法律规定的被担保的债权确定的其他情形。	—	法律规定债权确定的其他情形。
—	—	符合本合同第8.4条约定的情形(加速到期条款)。	甲方根据本合同第9条的约定行使抵押权之日。	—

首先,A、B、D银行没有约定该条款,在《民法典》生效后,这一做法殊不可取。其次,C、F银行等约定的“抵押财产被查封、扣押”,应当在《民法典》生效后修订为“抵押权人知道或者应当知道抵押财产被查封、扣押”。① 再次,E银行规定了“乙方可以提前行使抵押权,并以所得款项提前清偿债务”的情况下,主债权到期。这一规定在《民法典》②生效后是否有效,值得探讨。最后,E银行约定了“本合同项下被担保的债权确定发生的具体效力”,值得借鉴。

第七,债权转让条款。

① E银行没有规定这两种情况,需要增补。

② 《民法典》第423条仅规定“法律规定债权确定的其他情形”,此处是否允许当事人意思自治值得商榷。

《民法典》第421条最高额抵押担保的债权确定前，部分债权转让的，最高额抵押权不得转让，但是当事人另有约定的除外。在李某某、中国华融资产管理股份有限公司云南省分公司金融借款合同纠纷①案中，云南省高级人民法院认为，工行玉溪牡丹支行与龙成公司签订的《小企业借款合同》第11.1条明确约定："11.1　贷款人有权将其在本合同项下的权利部分或全部转让给第三方，贷款人的转让行为无须征得借款人同意。未经贷款人书面同意，借款人不得转让其在本合同项下的任何权利和义务……"根据双方合同约定，本案债权可以进行转让。

除E银行外，其他银行均约定了最高额担保主债权转让，担保责任不变的条款。A银行约定"抵押权人有权将其在本协议项下的全部权利转让给第三方，而无需取得抵押人的同意"；B银行约定"乙方将主债权转让给第三人或乙方许可债务人转让债务的，无须事先征得甲方同意，甲方仍需承担抵押担保责任，甲方依本合同约定的担保范围对转让后的主合同继续承担抵押担保责任"；C银行约定"主合同项下债权转移给第三人的，本合同项下的担保随之转让，甲方应协助乙方及该第三人办理法律所要求的抵押变更登记手续"；D银行约定"抵押权人有权将主合同项下的主债权转让给第三人且无需征得抵押人同意，抵押人承诺继续承担担保责任"；F银行约定"本合同生效后，甲方依法将主债权转让给第三人的，甲方不必通知乙方，乙方在原抵押担保范围内继续承担担保责任"；G银行约定"本合同项下最高额抵押担保的债权确定前，抵押权人转让部分债权的，有权转让相应的抵押权"。

本书写作团队认为，首先，根据《民法典》第421条"当事人另有约定的除外"之规定，E银行对最高额担保主债权转让及担保事项不做约定殊不可取；其次，根据《民法典》第547条关于"债权人转让债权的，受让人取得与债权有关的从权利"的担保从属性规定，C银行"甲方应协助乙方及该第三人办理法律所要求的抵押变更登记手续"显得多余；最后，F银行"甲方不必通

---

①　(2019)云民终714号。该判决认为，故本案的债权在已经确定的情况下，中国工商银行股份有限公司云南省分行将债权转让给华融公司的行为，符合《最高人民法院关于审理涉及金融资产管理公司收购、管理、处置国有银行不良贷款形成的资产的案件适用法律若干问题的规定》第8条"人民法院对最高额抵押所担保的不特定债权特定后，原债权银行转让主债权的，可以认定转让债权的行为有效"和第9条"金融资产管理公司受让有抵押担保的债权后，可以依法取得对债权的抵押权，原抵押权登记继续有效"的规定，中国工商银行股份有限公司云南省分行和华融公司之间的债权转让合法有效，华融公司在取得案涉债权后，亦依法取得涉案债权的抵押权，原抵押权登记继续有效。李某某的该项上诉主张，没有事实和法律依据，法院不予支持。

知乙方”过于苛刻,参照《民法典》第546条关于“债权人转让债权,未通知债务人的,该转让对债务人不发生效力”之规定,此时商业银行应当向债务人与抵押人履行通知义务。

第八,主债权变更条款。部分银行规定了在一定条件下债权人与债务人对主债权合同进行变更,对最高额担保的影响。具体约定又分为两种情况:

一是认为“无需事先征得甲方同意或通知甲方,甲方仍需承担抵押担保责任,甲方依本合同约定的担保范围对变更后的主合同继续承担抵押担保责任”(B、C银行)。

二是认为需区分情况。如D银行认为“未经抵押人同意,抵押权人与债务人不得变更本合同第三条约定的被担保债权之最高本金数额”;但是对“对主合同其他内容或事项的变更(包括但不限于利率调整等),以及对其项下单项合同的变更”,“无需征得抵押人的同意,抵押人仍以本合同项下抵押财产,在本合同第三条约定的担保范围内对变更后的主合同项下所生之债承担抵押担保责任”。E银行约定“甲方在此确认,乙方与主债务人协议变更主合同,未加重主债务人的债务的,无需征得甲方同意,甲方应继续承担担保责任。”F银行约定“甲方与主合同债务人协议变更主合同的有关条款,除展期、增加乙方所担保的主债权本金数额或主合同债务人转让债务的变更外,其他变更不必征得乙方同意,乙方仍承担担保责任”。H银行约定“期限延展的,需征得抵押人的书面同意,未征得抵押人同意或抵押人拒绝的,抵押人仅以本合同项下抵押物对原授信额度使用期限/业务合作期限内发生的主债权,在本合同第三条规定的被担保最高债权额内承担担保责任”,同时“对《授信额度协议》《授信业务总协议》其他内容或事项的变更,以及对其项下单项协议的变更,或对单笔主合同的变更,无需征得抵押人的同意”。

本书写作团队认为,首先,就主债权变更而言,参考《民法典》第695条关于“合同变更加重债务的,保证人对加重的部分不承担保证责任”之规定,[①]上述根据《民法典》第422条关于“变更的内容不得对其他抵押权人产

---

① 《民法典》第695条规定,债权人和债务人未经保证人书面同意,协商变更主债权债务合同内容,减轻债务的,保证人仍对变更后的债务承担保证责任;加重债务的,保证人对加重的部分不承担保证责任。债权人和债务人变更主债权债务合同的履行期限,未经保证人书面同意的,保证期间不受影响。

生不利影响”之规定，E 银行“未加重主债务人的债务的，无需征得甲方同意”的约定更为合理；其次，应当注意到《民法典》第 422 条之规定，[①]抵押权人与抵押人可以通过协议变更债权确定的期间、债权范围以及最高债权额。但是，变更的内容不得对其他抵押权人产生不利影响。H 银行对此做出了专门的约定。

因此，本书写作律师团体对建议商业银行在合同中应当分别约定：

1. 主合同变更，未加重主债务人的债务的，无需征得担保方同意；

2. 债权人与担保方协商，可以书面形式变更最高额担保合同中变更债权确定的期间、债权范围以及最高债权额等条款；

3. 若本合同项下抵押物上存在其他抵押权人的，未经其他抵押权人书面同意，上述变更不得对其产生不利影响。

五、商业银行风控操作要点

为维护金融债权，促进金融借贷业务健康发展，从源头上防范和化解金融风险，本书写作团队建议商业银行在最高额担保业务中应当加强以下风险防控措施：

（一）商业银行应当在合同设计与贷款操作中尽量明确“最高额金额为本金最高限额”

本书写作团队认为商业银行应当尽量在《最高额担保合同》中明确最高额金额为本金最高限额。在前述晋城银行股份有限公司晋城分行、山西泽州天泰能源有限公司金融借款合同纠纷[②]案中，最高人民法院指出，案涉《最高额保证担保合同》没有明确约定 3700 万元为本金最高限额的情况下，最高限额 3700 万元应认定为最高债权限额。换言之，如果在最高额抵押合同中约定×××万元为本金最高限额最高额利息，或者进一步细化为：抵押人同意为在利率多少限额内为某某人借款本金提供最高抵押担保，这样通过合同的改进，提前预防纠纷。另一个可以采取的办法是，实际发放的贷款本金小于最高额的 70%，从而给利息、罚息、复利等债权预留 30% 的额度。最后，在诉讼中商业银行应当坚持按照“本金最高额”向法院主张自身权利。

---

① 《民法典》第 422 条规定，最高额抵押担保的债权确定前，抵押权人与抵押人可以通过协议变更债权确定的期间、债权范围以及最高债权额。但是，变更的内容不得对其他抵押权人产生不利影响。

② （2020）最高法民申 1166 号。

（二）商业银行应当尽量在操作中规避合同约定与抵押登记不一致的风险

值得商业银行重视的是，自然资源部《关于做好不动产抵押权登记工作的通知》（自然资发〔2021〕54 号）第 4 条关于不动产登记簿“抵押权登记信息”页中规定将“最高债权数额”修改为“最高债权额”，具体为“最高额抵押担保范围所对应的最高债权数额”，商业银行应充分利用这一变化。[①] 一方面，最高额抵押合同不宜附加过于清楚的抵押财产清单。相关商业银行工作人员在办理业务时，对抵押物所担保的权利价值不要分开填写，而是归总到所担保的最高债权限额下总的权利价值。这一做法的好处在于，商业银行可以按照价值从高到低自由选择抵押物进行处置来抵偿债务。另一方面，考虑到合同约定与登记事项可能出现不一致，商业银行要事先与登记部门进行沟通衔接，取得登记部门的支持，具体计算出包括债权本金以及附随债权在内的债权最高额，然后填写至最高额抵押合同并登记于不动产登记簿，保持与合同约定的一致性。

（三）商业银行放贷之前应当主动先行查清抵押物的查封、扣押状态

有观点认为，《民法典》已经规定了“抵押权人知道或者应当知道抵押财产被查封、扣押时，债权确定”。只要银行没有获得通知或者通过其他渠道知道最高额抵押财产被查封、扣押的，就可向借款人发放贷款，不用担心因抵押财产被查封、扣押而脱保，[②]现实中也有类似判决。[③] 但考虑到“应当知道”在法律解释中一般理解为“推定事实”，将面临司法判决的不确定性。换言之，法院可以通过间接证据证明推定银行“知道”。因此，基于风险审慎原则，发放最高额抵押借款前，对抵押物的实际状况进行审慎审查乃银行应尽之义务。商业银行不能被动地等待查封、扣押机关的通知，而是负有在放贷

---

① 自然资源部《关于做好不动产抵押权登记工作的通知》（自然资发〔2021〕54 号）“四、完善不动产登记簿。……2. 将‘抵押权登记信息’页的‘最高债权数额’修改为‘最高债权额’并独立为一个栏目，填写最高额抵押担保范围所对应的最高债权数额。”

② 参见陈福录：《浅谈〈民法典〉新规定对银行信贷业务的影响》，载《中国信用卡》2020 年第 7 期。

③ （2014）绍虞商初字第 856 号。上虞市人民法院指出，因为法律规定抵押权的目的在于保障债权的实现，而且抵押权属于担保物权，物权又属于绝对权、对世权，在债权人为将来一定期间内发生的债权已经依法设立了最高额抵押权时，在债权人未受抵押物被查封之通知时，债权人完全可以在约定的期间内，在最高额范围内向借款人发放贷款。否则，若债权人不知道抵押物被查封而认定其在约定的决算期届至前发放的最高限额内的贷款不能行使抵押权，则有悖于担保法保障债权实现之初衷，亦会使最高额抵押权之功能被蜕化，同时亦有悖于抵押权之绝对权属性。类似判决还包括（2012）浙杭商终字第 723 号，（2015）岩民撤字第 4 号，（2014）青民四初字第 37 号等。

之前主动先行查清抵押物的查封、扣押状态的法定义务，亲自前往不动产登记部门核实查封情况；在放贷之后，商业银行应当持续关注客户的抵押物是否出现异常，同时发放每一笔最高额贷款前，均应到登记部门进行进一步核实是否存在涉诉纠纷。

在司法机关看来，商业银行的审慎查询义务包括：(1)对抵押人提供的查复书进行核实；(2)向法定的房地产管理部门查询和审核。在浙江上虞农村商业银行股份有限公司、绍兴市上虞中新物资有限公司第三人撤销之诉①案中，绍兴市中级人民法院认为，被告上虞农商银行虽在 2012 年 4 月 13 日向被告舜丰公司发放 130 万元贷款前曾让抵押人向公证处查询抵押物状况，但银行未实际参与整个查询过程，致使银行据以发放贷款的凭证被伪造提供可能性。……法院在查封时已依法向法定的职能部门即房地产管理中心送达相关法律文书，没有义务将法律文书送达给公证处，也并不知晓所查封房产已设定最高额抵押；被告上虞农商银行向抵押登记单位查询显属查询对象不当。因此，被告上虞农商银行不能以法院在查封抵押物后未通知抵押权人为由，而减轻或免除其在放贷前对抵押物应尽的审慎审查义务。

（四）商业银行应当尽可能全面、细致地约定转入债务

对于在最高额抵押合同中详细写明转入债务，为防止人民法院因最高额抵押合同内容描述不清而对转入债务金额不予认可，商业银行不能简单地表述为“某债务人在本行已有的借款余额转入本合同担保范围”，而是需要进行尽可能全面、细致地约定，便于人民法院查明具体是哪一笔债务，以免出现不必要的争议。在厦门象屿资产管理运营有限公司、福建省宁化县康利医药有限公司金融借款合同纠纷②案中，最高人民法院认为，首先，根据宁化康利公司、南平惠好公司、尤溪医药公司分别与建行三明分行签订的 2014 年建明营高抵字 33、38、39 号《最高额抵押合同》第 14 条的约定，宁化康利公司、南平惠好公司、尤溪医药公司为建行三明分行与三明医药公司之间的借款债务提供最高额担保的范围，不仅包括建行三明分行与三明医药公司之间将要在 2014 年 12 月 24 日至 2017 年 12 月 24 日间签订的借款合同、银行承兑协议、信用证开证合同等，而且也包括该双方当事人之间已经签订的上述合同。其次，上述《最高额抵押合同》第 16 条第 3 款更进一步明

① (2016)浙 06 民终 3654 号。

② (2018)最高法民终 312 号。

确约定,在该《最高额抵押合同》签订日期之前的建行三明分行与三明医药公司于2014年4月18日、5月20日、6月16日分别签订的2014年建明营流贷字17、18、22、28号《贷款合同》也在本合同保证范围之内。《物权法》第203条第2款规定,最高额抵押权设立前已经存在的债权,经当事人同意,可以转入最高额抵押担保的债权范围。由此可见,虽然上述2014年建明营流贷字17、18、22、28号《贷款合同》签订于《最高额抵押合同》订立日前,但该合同双方当事人已经约定将上述四份《贷款合同》也纳入最高额抵押担保范围。上述约定系双方当事人的真实意思表示,符合法律规定。本案《最高额抵押合同》的担保范围应以当事人上述约定为准。

第六编　质押权

第二十三章　动产质押新规与商业银行保证金质押风险控制

【《民法典》变化的影响】风险增加

【风险等级】★★★★★

【提要】在商业银行的放贷业务中，常常存在贷款客户为担保债务的履行以一般动产质押与保证金质押的方式为商业银行设立质权的情况。《民法典》第427条、第429条确定了动产质押权设立的法定形式与标志。最高人民法院《关于适用〈中华人民共和国民法典〉有关担保制度的解释》第70条明确了保证金特定化不等于账户内款项的固定化。那么，司法实务中人民法院以何标准对"金钱特定化""由债权人占有"两个法定要件作出具体认定？若保证金质押权未设立，债权人能否向保证金行使权利，如何对损失进行追偿？商业银行应如何防范质押合同效力风险和质押权设立风险？质押权成功设立商业银行应如何规避执行风险、顺利受偿？质押权未成功设立的情况下商业银行如何减少损失？

一、民法典及配套新规

▶《民法典》

【动产质押的界定】

第425条　为担保债务的履行，债务人或者第三人将其动产出质给债权人占有的，债务人不履行到期债务或者发生当事人约定的实现质权的情形，债权人有权就该动产优先受偿。

前款规定的债务人或者第三人为出质人，债权人为质权人，交付的动产为质押财产。

【质权的实现】

第436条　债务人履行债务或者出质人提前清偿所担保的债权的，质权人应当返还质押财产。

债务人不履行到期债务或者发生当事人约定的实现质权的情形，质权人可以与出质人协议以质押财产折价，也可以就拍卖、变卖质押财产所得的价款优先受偿。

质押财产折价或者变卖的,应当参照市场价格。

【质押财产的分配】

第 438 条　质押财产折价或者拍卖、变卖后,其价款超过债权数额的部分归出质人所有,不足部分由债务人清偿。

▶《担保法司法解释》(法释〔2000〕44 号)

【保证金质押】

第 85 条　债务人或者第三人将其金钱以特户、封金、保证金等形式特定化后,移交债权人占有作为债权的担保,债务人不履行债务时,债权人可以以该金钱优先受偿。

▶最高人民法院《关于适用〈中华人民共和国民法典〉有关担保制度的解释》(法释〔2020〕28 号)

【保证金】

第 70 条　债务人或者第三人为担保债务的履行,设立专门的保证金账户并由债权人实际控制,或者将其资金存入债权人设立的保证金账户,债权人主张就账户内的款项优先受偿的,人民法院应予支持。当事人以保证金账户内的款项浮动为由,主张实际控制该账户的债权人对账户内的款项不享有优先受偿权的,人民法院不予支持。

在银行账户下设立的保证金分户,参照前款规定处理。

当事人约定的保证金并非为担保债务的履行设立,或者不符合前两款规定的情形,债权人主张就保证金优先受偿的,人民法院不予支持,但是不影响当事人依照法律的规定或者按照当事人的约定主张权利。

二、立法考辨

《民法典》出台之前,《物权法》第 208 条至第 222 条全面规定了动产质权基本权利、禁止出质的动产、质权合同、禁止流质、动产质权设立、质权人孳息收取权、质权人对质物使用处分的限制及法律责任、质权人妥善保管质物义务、质物保全、转质、质权放弃及其他担保人责任承担原则、质物返还及质权实现等内容。现《民法典》在这一领域的重要制度创新主要体现为:为未来动产物权担保统一登记制度预留了空间,尽可能统一了担保物权竞存时的受偿优序规则,缓和了流质条款的刚性效力。[①]《民法典》在物权法和担

① 参见谢鸿飞:《动产担保物权的规则变革与法律适用》,载《国家检察官学院学报》2020 年第 4 期。

保法规定的基础上,进一步完善了动产质押的相关规定,但对动产质押担保的相关规定并未进行实质性修订,也未对保证金质押问题进行规定。“保证金担保存在成文法上的滞后性、司法上的随意性与操作上的模糊性等问题,由此引发的法律风险不容忽视。”①

为此,最高人民法院《关于适用〈中华人民共和国民法典〉有关担保制度的解释》基于担保功能主义思路,在第 70 条专门对保证金质押进行了补充规定:

第一,最高人民法院《关于适用〈中华人民共和国民法典〉有关担保制度的解释》将保证金质押放入“非典型担保”。②

第二,最高人民法院《关于适用〈中华人民共和国民法典〉有关担保制度的解释》进一步明确了商业银行保证金质押必须满足“金钱特定化”和“移交债权人占有”两个条件,即“设立专门的保证金账户并由债权人实际控制,或者将其资金存入债权人设立的保证金账户”,才能得到法院的支持。“保证金质押,系将金钱通过保证金形式特定化后进行出质,其性质属动产质押,实质是以保证金账户内的资金提供质押,而非账户质押。保证金形式的金钱特定化,应同时具备账户特定化和资金特定化的特征,即账户在功能上仅用于存储保证金,不能用于普通结算业务;在形式外观上也应有别于普通结算账户。其中资金特定化体现在资金存储后应采取技术措施将普通资金与保证金予以区分,避免混同;在用途上,保证金应专门用于抵偿保证的债务,专款专用”。③

对于保证金的特定化,实践中通常是以开立“保证金”账户,并存入约定数额资金的方式实现特定化。“保证金”形式的金钱特定化,应同时具备账户特定化和资金特定化两个特征,账户特定化目的在于实现资金的特定化。对于账户特定化,账户在功能上不能用于普通结算业务,仅用于存储“保证金”,做到专款专用;在形式外观上应有别于普通结算账户,从而便于第三方直观地识别。对于资金特定化,可通过每个账户仅存入单笔“保证金”的方式实现特定化;亦可将多笔业务项下的“保证金”存入同一账户,但应采取技术措施将不同业务的“保证金”在同一账户中予以区分,避免相互混同而丧失特定性;并且,除划扣用于抵偿相应的主债务外,保证金金额不能随意发

---

① 陈振涛:《论银行保证金质权之构成要件——兼评最高人民法院 54 号指导性案例》,载《金融创新与金融法治——中国银行法学研究会 2016 年年会会议录》(第八辑)。

② 考虑到银行界的传统思维,本书仍将保证金质押放入质押部分。

③ (2017)最高法民申 2513 号。

生变动。[①] 对于债权人占有，司法实践一般认为，因动产的“占有”在物权法上具有物权公示的意义，且第三方能通过动产“转移占有”的事实识别该动产物权变动的情况，故法律规定动产的“转移占有”成为动产质权的设立要件。

第三，最高人民法院《关于适用〈中华人民共和国民法典〉有关担保制度的解释》第70条同时明确，保证金账户特定化不等于账户内款项的固定化，即“当事人以保证金账户内的款项浮动为由，主张实际控制该账户的债权人对账户内的款项不享有优先受偿权的，人民法院不予支持”。这一思路与之前最高人民法院公报发布的典型案例思路保持一致。在富滇银行股份有限公司大理分行与杨某某、大理建标房地产开发有限公司案外人执行异议之诉[②]案中，最高人民法院指出，保证金账户内资金的特定化不等于固定化，只要资金的浮动均与保证金业务对应、有关，未作日常结算使用，即应认定符合最高人民法院《关于适用〈中华人民共和国担保法〉若干问题的解释》第85条规定的金钱以特户形式特定化的要求。如债权银行实际控制和管理保证金账户，应认定已符合对出质金钱占有的要求。

学术界对保证金质押的研究也颇为丰富。徐化耿认为，目前关于保证金质押性质的认识主要有货币质押、权利质押、让与担保、约定抵销等学说。[③] 王娇莺认为，质权的标的即担保债权实现的担保物是质押账户里的金钱而非账户本身，因此，该性质属于金钱质押，即动产质押。[④] 李西川（2015）认为，在保证金质押的成立要件方面，主要存在严格和宽泛两种认定标准。[⑤] 程记平、刘璇通过对实际保证金纠纷案例的分析，建议商业银行在开展保证金质押担保业务时应当开立专门的保证金专户，并且保证一笔业务对应一个账户。[⑥]

---

① (2015)闽民终字第715号。

② 本案载《最高人民法院公报》2020年第6期（总第284期），第44~48页。原审法院认为，故富滇银行大理分行的举证不足以认定2010年至2011年8月间保证金账户内的资金往来特定为建标公司为购房者交纳的保证金。富滇银行大理分行未能就案争保证金账户内的金钱已全部特定化完成举证责任，从而驳回商业银行诉请，参见（2018）云29民初19号判决书。

③ 参见徐化耿：《保证金账户担保的法律性质再认识》，载《北京社会科学》2015年第11期。

④ 参见王娇莺：《商业银行保证金账户的法律性质与风险防范措施》，载《金融论坛》2009年第12期。

⑤ 参见李西川：《保证金质押应符合严格的形式和实质要件》，载《人民法院报》2015年5月6日。

⑥ 参见程记平、刘璇：《保证金质押的法律风险防控》，载《中国农村金融》2015年第10期。

三、司法裁判可视化梳理

本书写作团队使用 Alpha 案例库对“金融借贷中保证金质押纠纷”①进行了检索，检索关键词为“案由：未设置案由”+“全文：同句‘保证金’”+“全文：同句‘质押’”+“攻/守方当事人包含：银行”，总共得到判决 47,794 件，可视化分析如图 23-1 所示。

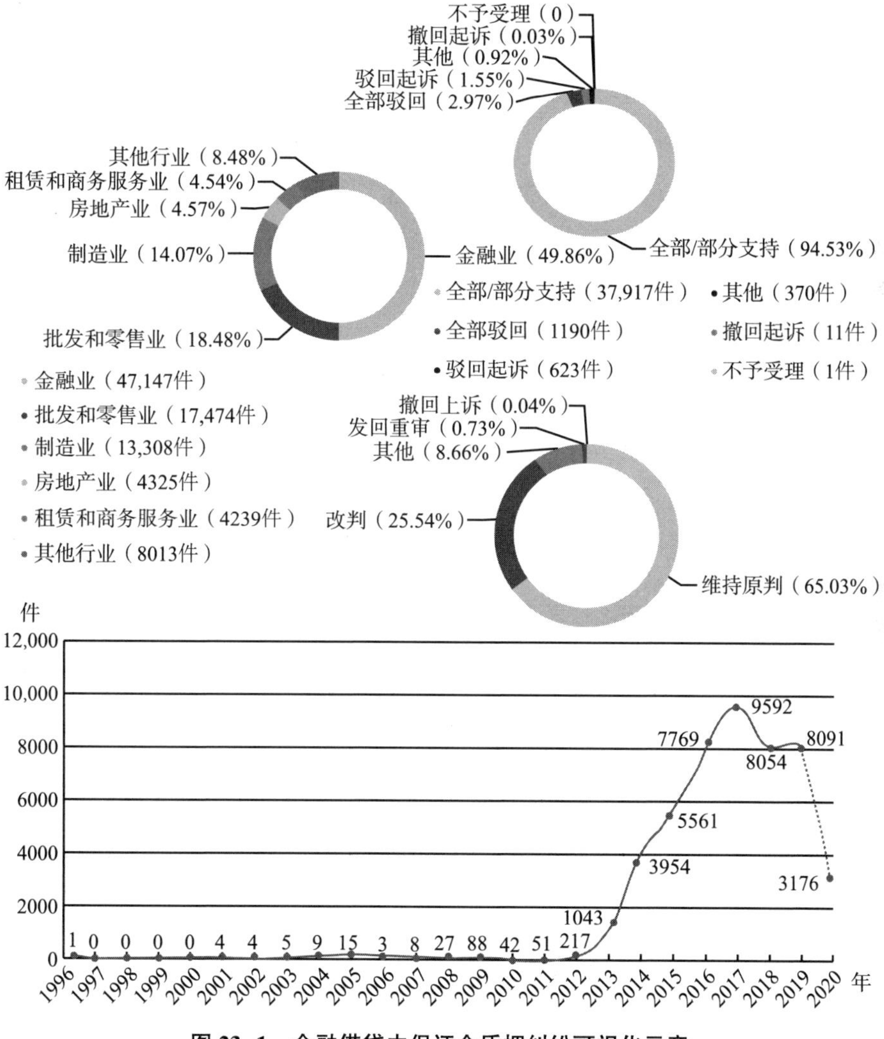

图 23-1　金融借贷中保证金质押纠纷可视化示意

① 最后检索日期：2020 年 12 月 31 日。

就司法判例来看，司法部门对“商业银行保证金质押”类案件的审理裁判思路如下：第一步，法院将对《保证金质押合同》的效力进行认定，若合同被认定为无效，则将按照合同无效的效果进行处理；第二步，在合同有效的前提下，法院将进一步审查保证金质权是否依法设立；第三步，法院将审查商业银行是否确已履行其义务、依法设立的质权是否已达到行使条件。

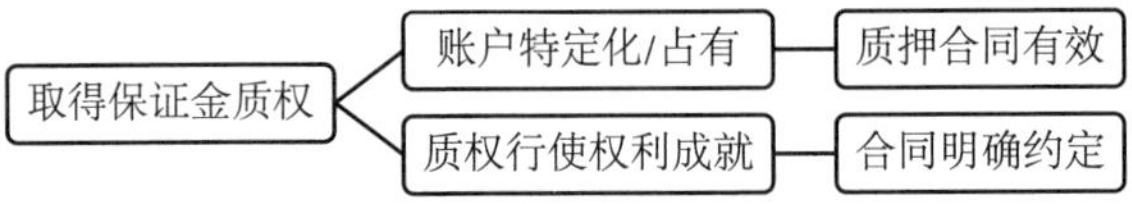

图 23-2　保证金质押纠纷司法裁判思路示意

第一，当商业银行与客户因保证金质押事项发生纠纷时，双方之间的《保证金质押合同》的效力是法院审查的第一步，该合同在形式以及内容上均须符合法律、法规的相关规定，法院会对合同效力进行形式与内容上的双重审查。

在中国农业发展银行西平县支行、杨某某再审审查[①]案中，最高人民法院认为，质权是债权人为了担保债权的实现而设立，其有效与否取决于债权人与债务人之间是否有就某笔债权设立质押担保的合意与行为。但从本案事实和证据看，不足以证实双方存在合法有效的保证金质押关系。其一，双方于 2015 年 8 月 11 日同一天签订了 0009 号《流动资金借款合同》与《动产质押合同》，但主合同即借款合同第 9 条约定的担保方式是保证担保，且明确了担保合同编号为 41172101-2015 年西平（保）字 0005 号、0006 号，并未约定质押担保方式；同样，双方于 2016 年 1 月 19 日同一天签订 0025 号《流动资金借款合同》与《动产质押合同》，借款合同约定的担保方式也是保证担保，明确担保合同编号为 41172101-2015 年西平（保）字 0009 号，同样也未约定质押担保。作为专业金融机构，农发行西平支行同一天签订借款合同和质押合同，但在作为主合同的借款合同中却未约定质押担保方式，有违基本的行业规程和交易习惯。农发行西平支行对此解释为保证金均系在借款合同签订之后缴纳，故未在借款合同中予以约定，但该解释说服力不足。其二，农发行西平支行主张的保证金缴存时间是 2015 年 8 月 18 日、9 月 7 日与 2016 年 1 月 20 日，均晚于两份《动产质押合同》的签订时间，但该两份合同中却明确约定了缴存时间和交易序号，不合常理，且与前述解释相矛盾。其

① （2017）最高法民申 1528 号。

三,农发行西平支行在原审中提交了 009 号《动产质押合同》原件与复印件,但两者在第 4 条交易序号部分存在不一致,农发行西平支行认可原件中的交易序号是其庭审前自行添加的,存在篡改证据的行为,更导致了对《动产质押合同》是否系事后补签的合理怀疑。其四,农发行西平支行提交的 2015 年 8 月 31 日《商业性贷款发放情况登记簿》显示 2000 万元贷款方式为"保证",2016 年 1 月 31 日《商业性贷款发放情况登记簿》显示 1500 万元贷款方式为"保证",该两份登记簿均制作于两份《流动资金借款合同》《动产质押合同》之后,但记载的担保方式仍只是"保证",而没有"质押"。农发行西平支行提供的上述证据存在不合理或者矛盾,不足以证明双方已经设立合法有效的保证金质押担保关系。

在中珠医疗控股股份有限公司、浙商银行股份有限公司保证合同纠纷①案中,广东省高级人民法院认为,该案中珠医疗公司作为上市公司其章程规定,公司为其股东、实际控制人及其关联方提供的担保须经股东大会审议通过。而中珠医疗公司未经股东大会审议通过即为其股东中珠集团向浙商银行出具《承诺函》,并向浙商银行广州分行存入 5000 万元作为履约保证金。该案审理法院认为中珠医疗公司为中珠集团提供担保的行为违反了《公司法》第 16 条第 2 款的规定,且浙商银行作为专业金融机构,在明知中珠医疗公司系上市公司的情况下,没有对担保协议是否经股东大会决议进行基本审查,其主观上不构成善意且无过失,认定担保协议无效。

第二,在保证金质押合同的效力予以认定的基础上,法院将对商业银行是否依法取得保证金质权进行审查,保证金质权的设立须符合相关法律的规定。依据相关规定保证金质权的依法设立需要同时满足两个要件:保证金特定化且债权人占有保证金。

就"保证金特定化"而言,"货币作为一般等价物具有流通的功能,一般实行占有货币即取得货币所有权的原则。相应地,金钱质押区分于普通动产质押之处就在于,金钱需特定化后才可质押,即完成从种类物向特定物转化的过程。债务人或者第三人将其金钱以保证金等形式特定化一般通过开立保证金账户方式进行"。② "保证金特定化的实质意义在于使特定数额金钱从出质人财产中划分出来,成为一种独立的存在,使其不与出质人其他财

---

① (2019)粤民终 2769 号。

② (2018)最高法民再 55 号。

产相混同，同时使转移占有后的金钱也能独立于质权人的财产，避免特定数额的金钱因‘占有即所有’的特征混同于质权人和出质人的一般财产中。”①

在中国农业发展银行安徽省分行诉张大标、安徽长江融资担保集团有限公司保证金质权确认之诉②案中，最高人民法院认为，金钱质押生效的条件包括金钱特定化和移交债权人占有两个方面。首先，双方当事人已经按照协议约定为出质金钱开立了担保保证金专用账户，该账户亦未作日常结算使用，符合《担保法司法解释》第 85 条规定金钱以特户形式特定化的要求；其次，因案涉账户开立在农发行安徽分行，其作为质权人已取得对该账户的控制权，符合出质金钱移交债权人占有的要求；最后，保证金以专户形式特定化并不等于固定化。案涉账户在使用过程中，账户内的资金根据业务发生情况虽处于浮动状态，但均与保证金业务相对应，除缴存的保证金外，支出的款项均用于保证金的退还和扣划，即农发行安徽分行可以控制该账户，长江担保公司对该账户内的资金使用受到限制，因此，该账户资金浮动仍符合金钱作为质权的特定化和移交占有的要求，不影响该金钱质权的设立。综上，二审法院认定农发行安徽分行与长江担保公司的金钱质权已设立，农发行安徽分行对涉案保证金账户享有质权。

在中国银行股份有限公司福州市鼓楼支行与叶某某、孙某某等金融借款合同纠纷③案中，福建省高级人民法院指出，“保证金”形式特定化的金钱，属特殊动产，其控制权的转移，并不必然导致第三人清楚该特殊动产上发生物权的设立或变动，故其交付不仅应实现控制权的转移，还应使第三人清楚其控制权发生了转移，从而符合物权公示的要求。本案中，虽然出质人中宇泰公司已与质权人签订了保证金质押合同，并在中行鼓楼支行处开立了“保证金账户”，实现了资金控制权的转移，但由于该账户名称上并未标注“保证金”，在外观上与中宇泰公司的其他资金账户没有任何差别，包括法院在内的任何第三方均无法直接从外部识别该账户内资金是否设有质权。因而，该“保证金”账户的开立及缴存行为并不符合质权设立的公示性要求，不能产生对抗第三方的物权效力。由于欠缺公示性特征，就讼争“保证金”中行鼓楼支行仅能获得债权性质的担保，而无法取得对抗第三人的物权性

---

① (2017)最高法民申 4185 号。

② 最高人民法院指导案例 54 号，载《最高人民法院公报》2015 年第 1 期。

③ (2014)闽民终字第 874 号。

担保。

在中国银行股份有限公司东营东城支行与东营市华乘荣威汽车销售服务有限公司、张某某、薄某、巴某某金融借款合同纠纷[1]案中，最高人民法院认为，银行作为具有存款业务的金融机构，将出质人交付的金钱作为质押财产，应当依法将质押金钱放置于专门的账户，并且对任何第三人均能显示出设立质押的外观，否则难以区分该金钱是出质人交付的普通存款还是质押财产。……虽然《流动资金借款合同》约定223×××××××47账户为专户，但约定的是作为贷款发放和支付的专户，仍然属于一般账户的性质。尽管华乘荣威公司将700万元存入该账户，但因该账户不属专门的保证金账户，不能达到质押财产特定化的要求。事实上，直至人民法院因另案采取保全措施时，该账户内700万元仍未显示出质押状态或者被采取冻结措施，中行东城支行的质权并未设立，不能对抗第三人。故二审法院认定中行东城支行对223×××××××47账户内的700万元不具有优先受偿权，适用法律并无不当。

在初某某、抚顺银行股份有限公司再审审查[2]案中，辽宁省高级人民法院认为，对于债权人抚顺银行对保证金账户的占有应从账户设立之日起核查每一笔业务才能完整的反映账户是否符合特定化的要求，仅客户方能向保证金账户内缴存且须基于合同约定的与担保业务相关的事由、与担保业务对应的数额，对于商业银行而言任何一笔类似日常缴存的记录皆系账户特定化以及对占有不能得以认定的风险。

还需要注意的是，双方约定不能取代专门为设立保证金质押而设立的

---

① (2013)民申字第2060号。

② (2020)辽民申1286号。1.根据本案《融资担保合作协议》第4条第5款明确约定:“在具体办理授信业务时，甲乙双方应当签订保证金质押合同。”第5条“业务流程”项下约定:在发生每一笔借款担保业务时，双方需另行签订每一份《保证金质押合同》以及签发《放款通知书》，被申请人抚顺银行需提供相关证据予以佐证。2.判断涉案账户是否移交抚顺银行占有应从账户设立之日即2009年起，从账户发生的每一笔业务进行识别判断，才能完整地反映出该账户符合“特定化”的条件。关于“移交占有”的属性，虽然账户内资金根据业务发生情况处于浮动状态，但均应与保证金业务相对应，除缴存的保证金外，支出的款项均应用于保证金的退还和扣划，不可以用于非保证金业务的日常结算。向保证金账户中缴存保证金的义务只能由出质人巨融公司来履行，如果任意第三方均可以向该账户内存款，将与普通存款账户无区别，不但违背了质押合同的相对性，也丧失了保证金账户的特定性。该账户并非债务人的还贷账户，只有借款人不按期向银行偿还贷款时，银行才有权直接扣划保证金账户内的资金，也只有借款人没有按期还款时作为保证人的担保公司才履行代偿义务。如本案涉案账户未满足资金特定化，存入或转出数额、原因、方式等未与借款主合同、质押合同相对应，发生与保证金业务无关用途，即可确认该账户为其他普通结算账户。

账户。在中国银行股份有限公司东营东城支行与东营市华乘荣威汽车销售服务有限公司、张某某等金融借款合同纠纷①案中，山东省高级人民法院认为，保证金其形式上的特定化应当是将保证金存入专门为设立保证金质押而设立的账户。在本案中，虽然中行东城支行提交的2011年东支企借字021号《流动资金借款合同》第7条第1款约定22×××47账户作为借款发放账户系专户不得用于其他款项支付，但是，该专户只是双方的一种内部约定，与《人民币银行结算账户管理办法》的专用存款账户（依规定专用存款账户实行申请核准制度）并非同一概念。中行东城支行认可涉案账户是华乘荣威公司在中行东城支行开立的一般账户，双方约定设立的该账户亦是保证金账户，这该约定不能改变涉案账户为一般账户的性质，另外，中行东城支行二审提交的证据同样不能改变该账户为一般账户的性质。既然涉案账户系华乘荣威公司在中行东城支行开立的是一般存款账户，故不能认定华乘荣威公司在其账户内存入的700万元已转移占有，中行东城支行不能以约定或内部行为的效力对抗第三人。结合2012年7月18日中行东城支行出具的冻结凭证及垦利县人民法院协助冻结存款通知书（回执）上载明的内容，法院对上诉人关于涉案账户中的保证金被特定化的主张，不予支持。

就“债权人占有保证金”而言，“移交占有实质就是移交对物进行控制和管理的权能，其形式不仅包括直接占有，还包括通过他人对物进行控制和管理的间接占有。”②

在中国银行股份有限公司河北省分行与北京康港兴隆金属制品有限公司合同纠纷③案中，北京市第二中级人民法院认为，该账户内的金钱只能用于中行河北分行履行担保义务。但根据本案查明的事实，中行河北分行承认该保证金账户除上述3笔履约保证金外，还有河北二建公司的其他保证金业务。而且，中行河北分行从该保证金账户中扣划了相关手续费。因此，中行河北分行关于该账户中的保证金已经特定化的主张没有事实依据，法院

---

① （2013）鲁商终字第89号。

② （2017）最高法民申4614号。最高人民法院认为，汇金担保公司的保证金账户开户行建行合肥蒙城路支行与建行合肥城西支行同属于建行安徽省分行系统，建行合肥城西支行在合肥伟晨公司逾期偿还贷款时，可通过建行合肥蒙城路支行扣划该保证金账户资金用于清偿债务，以此方式间接取得对该账户资金的占有。故二审法院认定建行合肥城西支行对汇金担保公司××账户内资金享有质权，适用法律并无不当。

③ （2011）二中民终字第15465号。

不予采纳。该案所提示的风险点在于，保证金虽然已经进入的保证金账户，但仅由于之后银行在该账户内扣划了一笔手续费，即导致所有的保证金均丧失了质押优先权。

第三，在保证金质押合同关系得以认定且商业银行的质押权依法设立的基础上，法院将对商业银行质权优先权的行使条件是否成就进行审查。

在北京银行股份有限公司总行营业部与北京黄金交易中心有限公司等申请执行人执行异议①案中，北京市高级人民法院认为，该案黄金公司于锦州银行国贸支行设立保证金账户且锦州银行国贸支行提交了充分的证据证明了双方合同的效力以及质权的依法设立，在此前提下法院认为锦州银行国贸支行已履行对外支付义务，黄金公司未依约偿还全部款项且锦州银行国贸支行垫款金额多于查封的保证金账户中的金额，双方将锦州银行国贸支行履行对外支付义务作为质权的行使条件。

对于商业银行而言，在保证金质押合同中对质押权的行使条件进行明确具体的约定十分重要，根据案例检索结果来看，不乏商业银行在前述的法律要件认定上均处于有利地位的情况下仅因质权行使条件约定不明确或因无法提供对应证明而最终未能取得保证金质权的情况。

四、商业银行现有条款的比对点评

（一）多家商业银行的现有条款比对

本书写作团队考察了 A、B 两家银行关于《保证金质押合同》相关条款的安排，比对点评如下：

【A 银行】

第 1 条　甲方以本合同约定的保证金提供质押担保。

第 2 条　保证金的交付

甲方应在本合同签订之日起____个工作日内向乙方指定的下列账户交付保证金人民币（大写）：______________。

① （2019）京民终 1483 号。法院认为，黄金公司的资金以保证金的形式，于锦州银行国贸支行设立账户并就资金的使用予以约定，符合金钱作为质权的法律特征。黄金公司与锦州银行国贸支行签订《国内信用证开证协议》及协议的履行证明了保证金账户资金已特定化。锦州银行国贸支行提交的证据证明案涉保证金账户内的资金未用于保证金以外的业务。锦州银行国贸支行已履行对外支付义务，黄金公司未依约偿还全部款项且锦州银行国贸支行垫款金额多于查封的保证金账户中的金额，故一审法院认定应当解除案涉账户的冻结措施于法有据，法院应予支持。

乙方指定收取甲方交存保证金的户名、账号、开户行如下：

收款人户名：________________________；

收款人账号：__________________________；

开户行(社)：__________________________。

甲乙双方约定，以年利率____%的存款利率标准对保证金进行计息，存款利息也为乙方的债权提供质押担保。

第6条　质权的实现

(一)债务人不履行(含未全面履行)主合同项下到期债务或不履行(含未全面履行)被宣布提前到期的债务，或违反主合同的其他约定，乙方有权直接扣收保证金的相应款项。乙方有权就上述质押保证金优先受偿。

(二)甲方不得以任何方式(包括作为或不作为)妨碍乙方实现质权。

(三)无论乙方对主合同项下的债权是否拥有其他担保(包括但不限于保证、抵押、质押、保函、备用信用证等担保方式)，不论上述其他担保何时成立、是否有效、乙方是否向其他担保人提出权利主张，不论是否有第三方同意承担主合同项下的全部或部分债务，也不论其他担保是否由债务人自己所提供，甲方在本合同项下的担保责任均不因此减免，乙方均有权按照双方约定直接扣收保证金相应款项，甲方不得提出任何异议。

(四)如果甲方只对主合同项下的部分债务提供担保，则甲方同意即使因债务人清偿、乙方实现其他担保权利或任何其他原因导致主合同项下的债务部分消灭，甲方仍应按照本合同的约定在担保范围内对尚未消灭的债务承担担保责任。

(五)如果甲方只为主合同项下的部分债务提供担保，甲方在其承担担保责任后主合同项下的债务仍未获完全清偿的，则甲方承诺，其向债务人或其他担保人主张(包括预先行使)代位权或追偿权，不应使乙方利益受到任何损害，并同意主合同项下债务的清偿优先于甲方代位权或追偿权的实现。

具体而言，在乙方债权未被全部清偿前：

1. 甲方同意不向债务人或其他担保人主张代位权或追偿权；如因任何原因，甲方实现了上述权利，则应将所获款项优先用于清偿乙方尚未获偿的债权。

2. 主合同项下的债务如有物的担保，甲方同意不以行使代位权为由或任何其他原因对该担保物或其处分后所得价款提出权利主张，上述担保物及所得价款应优先用于清偿乙方尚未获偿的债权。

3. 若债务人或其他担保人为甲方提供了反担保，则甲方基于上述反担保而获得的款项应优先用于清偿乙方尚未获偿的债权。

(六) 甲方已充分认识到利率风险。如果乙方根据主合同的约定或者国家的利率政策变化而调整利率水平、计息或结息方式，导致债务人应偿还的利息、罚息、复利增加的，对增加部分，甲方也承担担保责任。

(七) 如果主合同不成立、不生效、无效、部分无效或被撤销、被解除，且甲方与债务人不是同一人，则甲方在本合同约定的担保范围内对债务人因返还财产或赔偿损失而形成的债务与债务人承担连带责任，乙方有权从上述保证金中扣收相应款项。

(八) 如果除主合同项下的债务外，债务人对乙方还负有其他到期债务，乙方有权划收债务人在四川农信系统开立的账户中的人民币或其他币种的款项首先用于清偿任何一笔到期债务，甲方的担保责任不因此发生任何减免。

【B 银行】

第 1 条　质押

1.1　出质人同意以保证金专户中的保证金为被担保债务提供质押担保。如在本协议 5.5 条项下，约定质权人向出质人支付利息的方式为将保证金利息支付于保证金专户中的，则出质人同意将保证金专户中的保证金利息与保证金专户中的保证金一并为被担保债务提供质押担保。

1.2　出质人保证保证金专户中的保证金为出质人依法所有并且不存在任何权属争议。在不影响质权人在本协议项下的权利的情况下，质权人不因本协议而就保证金专户或其中的保证金对任何其他方负有任何义务或法律责任。

第 5 条　保证金专户的开立、保证金的交付及计息

5.1　出质人应当按照有关法律、法规和监管规定，以及质权人关于开立保证金账户的相关规定在质权人处开立保证金专户（户名：__________；账号：__________________________）（简称“保证金专户”）。

5.2　出质人保证在本协议签订之日已将本协议项下币种________，金额（大写）_________________的保证金通过以下第［____］种方式交付质权人：

(1) 出质人通过__________将本协议项下的保证金划入/存入其在质权人处开立的保证金专户；

(2)出质人授权质权人从出质人在质权人处开立的账户(户名:______________;账号:______________)中将本协议项下的保证金直接划入保证金专户;

5.3　出质人在本协议项下担保义务完全解除之前,未经质权人书面同意,出质人无权支取、划转保证金或做其他任何处分。

(二)两家银行的现有条款之点评

根据上述合同及司法实践,本书写作团队认为,存在四个方面的问题需要进行细化与分析:

第一,在动产质押合同及配套协议签订过程中存在合同交付条款约定不明、配套质押物监管协议不能充分发挥作用等问题。部分动产质押合同对质押物交付方式、交付标准缺乏详细的约定,导致虚假出质、金融诈骗等行为产生。部分质押物监管协议约定监管费用由债务人承担,如债务人不按照协议约定按时足额缴付监管费用,会出现监管人不全面履行监管职责的问题出现,导致质押物毁损灭失、甚至被盗等问题出现。

第二,在动产质押合同及配套协议履行过程中存在虚假出质、质押物不符合要求、质押物监管不力等问题。由于个别合同履行存在瑕疵,导致虚假出质、质权不能有效设立、监管人因监管费问题履行监管职责不力等问题,最终导致动产质押合同"落空",达不到动产质押担保的效力。

第三,在保证金质押合同中存在保证金未特定化、债权人未占有保证金、保证金质押合同与主债权合同之间合同约定不协调等问题。在保证金质押合同中往往对保证金账户进行了约定,但是对进出资金缺乏明确约定,导致保证金未能特定化;在个别案例中出现保证金账户约定为第三方账户,债权人占有虚化,且未实现保证金的特定化要求;保证金质押合同与主债权合同之间合同约定不协调,导致两者个别条款约定出现冲突。

第四,在保证金合同履行过程中存在保证金与主债权未一一对应、保证金账户内资金流向不确定与混同、被执行风险等问题。保证金与主债权应当明确的一一对应,但是个别合同履行过程中实际履行与合同约定不符,甚至出现冲突。

保证金账户内资金管控不力,保证金账户内资金用途不明确、资金流向不确定,甚至出现账户内资金混同。由于银行受存款考核压力等因素的影响,保证金账户往往是债务人的账户,在债务人被强制执行时,产生较大的被执行风险。

五、商业银行风控操作要点

为更好地防范金融风险，维护金融债权，基于以上分析本书写作团队建议商业银行加强以下风险防控措施：

（一）进一步加强动产质押合同条款的修订工作，防止在合同条款上出现法律风险

尽管《民法典》及相关司法解释对动产质押和保证金质押具体规则未进行较大的调整和修订，但是，司法实践中出现的问题将倒逼动产质押合同及保证金质押合同的修订。要注意是否完备约定了所担保债权的种类和数量、债务履行期限、质物数量和移交时间、担保范围、质权行使条件等条款，特别要重点注意对动产质押物交付方式、交付标准、监管费用承担等问题进行明确合理约定，预防相关合同不能有效履行的风险。

（二）独立开设保证金账户（外观）同时明确账户用途，从而完善“金钱以保证金形式特定化”手续

外观与用途是司法机关认定独立性的最重要标准，也是商业银行合规操作的重中之重。在阿拉善农村商业银行股份有限公司乌斯太支行、马某某执行异议之诉①案中，最高人民法院认为，本案中，乌斯太支行与百建公司签订了书面的质押合同，并将资金存入由乌斯太支行控制的讼争保证金账户内，双方约定该账户仅用于存储拟设定质押的金钱，但在外观上该保证金账户与普通账户并无区别，乌斯太支行虽占有该账户，但第三方无法从形式外观上识别账户内资金已转移占有；从保证金账户的用途看，乌斯太支行认可该账户的资金除用于抵偿贷款人欠付的利息外还用于其他业务，即在账户资金的使用上并未实现特定化，故乌斯太支行主张对保证金质押账户项下的质押款享有优先受偿权，依据不足；马某某依法对该账户内的资金申请执行，原审予以支持并无不当，法院予以维持。

在中国银行股份有限公司襄阳自贸区支行、李某某执行异议之诉②案中，最高人民法院指出，天地源公司先后在中行自贸区支行开设的两个账户类型载明为“其他保证金人民币存款”，不同于天地源公司的其他一般结算账户，该账户资金独立于出质人的其他财产。从账户用途看，上述两个账户

---

① （2017）最高法民申2513号。

② （2018）最高法民再168号。

仅用于接收天地源公司转入的固定比例保证金和保证金的扣划，除发生扣划 12,200 元、12,300 元和 9200 元用于偿还逾期贷款外，账户内款项未用于保证金业务之外的其他业务结算，符合金钱以保证金形式特定化的要求。

但需要注意的是，“保证金特定化”不等于要求“保证金固化”。在中国建设银行股份有限公司鄂尔多斯分行与献县红星伟业建筑器材租赁站申诉①案中，最高人民法院明确指出，保证金账户资金的特定化，要求保证金账户资金的进出必须与担保业务有关，而非资金数额的固定化。从保证金账户交易明细看，账户资金均用于保证金的退还和贷款本息的扣划，没有用于保证金以外业务，符合特定化的要件。随着“伯爵公馆”商住小区项目的商品房个人住房贷款的发放，保证金账户资金由于正元置业公司缴纳保证金、建行鄂尔多斯分行退还或扣划保证金，出现增加或减少的浮动是正常的。红星伟业租赁站认为账户资金未固定化，不具备担保法及其司法解释所规定的账户资金特定化特征的主张，法院不予支持。

（三）在履行动产质押合同的过程中应当按照法律规定和合同约定全面、适当履行，尤其是进行转移占有

在动产质押合同及配套质押物监管协议履行过程中，应当保证质押物得到实际交付和有效监管，避免虚假出质、质押物毁损灭失等法律风险。更为重要的是防止金融诈骗行为的发生，所以应当加强质押物监管工作，通常在动产质押中质押的动产须由质权人或其第三方保管，但保管期间则系风险存续期间，商业银行应在质押保管合同中将此期间的风险进行控制。

前述最高人民法院第 54 号指导性案例就“移交占有”进行了专门论述，即“占有是指对物进行控制和管理的事实状态……未经农发行安徽分行同意，长江担保公司不得动用担保保证金专户内的资金。同时，《贷款担保

---

① （2016）最高法民申 3399 号。相同的观点见交通银行股份有限公司江苏省分行与中融信佳投资担保股份有限公司、江苏长城物资集团有限公司等金融借款合同纠纷[（2016）苏民申 6597 号]。在该案中，江苏省高级人民法院认为，保证金以专门账户形式特定化并不等于固定化。讼争账户在使用过程中，随着担保业务的开展，保证金账户的资金余额是浮动的。中融信佳公司开展新的贷款担保业务时，需要按照约定存入一定比例的保证金，必然会导致账户资金的增加；在中融信佳公司担保的贷款到期未获清偿时，扣划保证金账户内的资金，必然会导致账户资金的减少。虽然账户内资金根据业务发生情况处于浮动状态，但均与保证金业务相对应，未用于非保证金业务的日常结算。中融信佳公司对讼争账户的资金使用受到限制，故二审法院判决认定该账户的资金浮动仍符合金钱作为质权的特定化和转移占有的要求，不影响该金钱质权的设立也无不当，中融信佳公司主张仅 145 万元为质押保证金的理由不能成立。

业务合作协议》约定在担保的贷款到期未获清偿时,农发行安徽分行有权直接扣划担保保证金专户内的资金……债权人取得了案涉保证金账户的控制权,实际控制和管理该账户,此种控制权移交符合出质金钱移交债权人占有的要求。据此,应当认定双方当事人已就案涉保证金账户内的资金设立质权。”

在上述中国银行股份有限公司襄阳自贸区支行、李某某执行异议之诉[①]案中,最高人民法院认为,中行自贸区支行能够对该保证金专用账户进行实际控制和管理,实现了移交占有。如前所述,天地源公司在按照约定存入保证金之后,中行自贸区支行对案涉两个保证金账户进行了冻结,天地源公司作为保证金账户内资金的所有权人,非经该行同意不得自由支取账户内资金,实质上丧失了对保证金账户的控制权和管理权。而在个人贷款逾期情形出现时,该保证金直接用于偿还逾期贷款。据此中行自贸区支行实际取得了案涉账户的控制权,此种控制权移交符合动产交付占有的要求。

(四)按照司法解释及司法实践要求合理设计保证金质押合同条款

首先,在保证金质押合同条款约定方面,要重点对保证金特定化、保证金交付与占有、保证金账户监管、保证金质押合同与主债权合同之间合同约定的协调等条款进行修订。另外保证金质押合同本身的内容也应具备一般保证金合同应有的条款,如所担保债权的种类和数量、债务履行期限、质物数量和移交时间、担保范围、质权行使条件等。避免因必要条款的缺失而导致法院对商业银行订立保证金质押合同的意思表示产生怀疑。[②]

其次,通过合同条款明确保证金账户管理,逐笔封闭管理,不得冻结和扣划,实现,“保证金已经特定化”。

在中国农业银行股份有限公司张家界永定支行、李某金融借款合同纠纷[③]案中,最高人民法院认为,在农行张家界分行与永成公司签订的《信用担保合作协议》第8条风险保证金账户管理条款中,双方对于永成公司开立的风险保证金账户的特定化已经作出了明确约定,即永成公司只能在农行张

---

① (2018)最高法民再168号。

② (2017)最高法民申1829号。该案中最高人民法院认为,《保证金质押合同》中约定“甲方愿意为乙方与债务人所形成的一系列债权提供保证金质押担保”,并对债务人、存入保证金的比例、担保范围进行了明确约定,且质押合同约定的内容并不是质权成立与否的必要条件,属于当事人意思自治的范畴,申请人以质押合同约定不明否定质权的成立,无事实和法律依据,法院依法不予采信。

③ (2018)最高法民再74号。

家界分行指定的农行永定支行紫舞分理处开立风险保证金专用账户即案涉2765账户，该账户中的保证金只能用于代偿农行张家界分行借款本息的代偿资金，而且在未经农行张家界分行同意的情况下永成公司不得动用该账户资金。同时，条中还清楚约定2765账户中保证金作为为永成公司提供担保信用的质押保证金，实行逐笔封闭管理，不得冻结和扣划。……永成公司在该确认函后的表格中将每笔保证金与其担保的对象、担保的业务品种、金额及主合同编号予以一一对应，而在其担保的对象中即包括本案农行永定支行向恒谱公司发放的200万元流动资金贷款和400万元银行承兑汇票。由此可见，永成公司交存2765账户中的风险保证金已经特定化。

最后，需要通过合同条款明确商业银行作为债权人对保证金的占有。

在陕西秦农农村商业银行股份有限公司沣东支行与西安沣祥工贸有限责任公司案外人执行异议之诉①案中，最高人民法院认为，结合秦农银行沣东支行与西安一得公司签订的《合作协议书》中关于债务人未偿还贷款本息时，秦农银行沣东支行有权直接扣收西安一得公司质押保证金的约定，以及西安一得公司经秦农银行沣东支行及其相关下属支行层级批准后才得退还部分保证金的事实，可以认定，秦农银行沣东支行作为债权人实际控制和管理案涉671账户，符合出质金钱移交债权人占有的要求。

在黄某某与铜仁农村商业银行股份有限公司申请执行人执行异议之诉②案中，最高人民法院认为"债务人丧失占有"与"债权人有权扣划"是证明债权人占有的硬币两面，鼎盛鑫公司铜仁分公司开立账户后，铜仁农商行并未向其发放存折或者银行卡，鼎盛鑫公司铜仁分公司实际上丧失了对保证金账户及账户内资金的管理和控制权。同时，根据《担保业务合作协议》的约定，在主债务人未按时履行还款义务时，铜仁农商行有权直接从保证金专户扣划款项用于偿还债务。据此，可认定案涉保证金账户资金已移交质权人铜仁农商行占有。

（五）加强保证金账户管控，防止出现保证金质押合同履行风险

在保证金质押合同履行过程中要重点注意对保证金账户及账户内资金进行合理管控。保证金账户不能作为日常结算使用，银行实际控制和管理保证金账户，对账户内资金变动进行严格监控，防止客户方将此账户与普通

---

① （2019）最高法民再198号。

② （2019）最高法民申2632号。

账户混淆从而影响法院对保证金账户特定化的认定。另外,合同内容亦须明确体现商业银行对保证金账户享有管理控制权利,阐明未经商业银行同意客户方不得随意支取等内容。商业银行在与客户签订此类合同时须于合同中明确约定保证金账户内的资金流向,保证每一笔资金流皆与一般账户的日常消费、结算明确区分,这既需要商业银行在合同中对账户管理进行明确完善的约定,又需要商业银行实时对账户动态进行监控防患内外风险。"从案涉账户历史流水清单看,账户资金未被鼎盛鑫公司支配用于与其所担保贷款无关的其他业务结算,未与鼎盛鑫公司的其他资金混同,符合前述司法解释关于金钱质押权的设立对于金钱特定化的要求。"①

另外,需注意客户持有U盾等情形是否对债权人银行对保证金的占有构成威胁。在中国农业银行股份有限公司张家界永定支行、李某金融借款合同纠纷②案中,被告人李某曾抗辩称,中国人民银行企业征信系统中没有2765账户质押保证金情况的记载,且其持有2765账户U盾并可以对该账户内资金进行处分,故案涉2765账户不构成质押。

① (2019)最高法民申2632号。

② (2018)最高法民再76号。最高人民法院认为,由于中国人民银行企业征信系统不具有保证金质押登记效力,因此,该系统中是否有案涉2765账户保证金质押情况的记载,并不影响法院依法对该账户保证金构成质押的认定。由于李某在本案中无法证明其持有的U盾可以对2765账户进行转账操作,特别是其在债权无法得到清偿的情况下仍未使用U盾来实现债权的事实,有违常理,故李某关于其可以控制2765账户资金、农行永定支行未取得2765账户控制权的抗辩,法院不予采信。

第二十四章　质押物监管纠纷中监管人责任认定风险防范及合同条款设计

【《民法典》变化的影响】风险增加

【风险等级】★★★★★

【提要】动产质押最早起源于期货交易所标准仓单的质押交易,随着经济的发展,动产质押监管业务愈加普遍。但动产质押监管中的法律关系复杂,动产质押监管协议的设计是否合理对于事前风险控制和事后纠纷解决至关重要。司法实务中存在一些尚待明确的问题:监管协议的法律性质是委托合同,还是保管合同?动产质押权是否设立?监管人未尽监管职责的违约责任应以何种方式进行承担?如何在诉讼中最大限度地保障金融机构的合法利益?商业银行在《质押物监管协议》中应当按照《民法典》最新规定设计质押物监管及违约责任的相应条款。

一、民法典及配套新规

▶《民法典》

【动产质权的定义】

第425条　为担保债务的履行,债务人或者第三人将其动产出质给债权人占有的,债务人不履行到期债务或者发生当事人约定的实现质权的情形,债权人有权就该动产优先受偿。

前款规定的债务人或者第三人为出质人,债权人为质权人,交付的动产为质押财产。

【质权人的保管义务和赔偿责任】

第432条　质权人负有妥善保管质押财产的义务;因保管不善致使质押财产毁损、灭失的,应当承担赔偿责任。

质权人的行为可能使质押财产毁损、灭失的,出质人可以请求质权人将质押财产提存,或者请求提前清偿债务并返还质押财产。

▶《九民纪要》

第63条　在流动质押中，经常由债权人、出质人与监管人订立三方监管协议，此时应当查明监管人究竟是受债权人的委托还是受出质人的委托监管质物，确定质物是否已经交付债权人，从而判断质权是否有效设立。如果监管人系受债权人的委托监管质物，则其是债权人的直接占有人，应当认定完成了质物交付，质权有效设立。监管人违反监管协议约定，违规向出质人放货、因保管不善导致质物毁损灭失，债权人请求监管人承担违约责任的，人民法院依法予以支持。

如监管人系受出质人委托监管质物，表明质物并未交付债权人，应当认定质权未有效设立。尽管监管协议约定监管人系受债权人的委托监管质物，但有证据证明其并未履行监管职责，质物实际上仍由出质人管领控制的，也应当认定质物并未实际交付，质权未有效设立。此时，债权人可以基于质押合同的约定请求质押人承担违约责任，但其范围不得超过质权有效设立时质押人所应当承担的责任。监管人未履行监管职责的，债权人也可以请求监管人承担违约责任。

▶最高人民法院《关于适用〈中华人民共和国民法典〉有关担保制度的解释》（法释〔2020〕28号）

【财产处于第三方监管的质押】

第55条　债权人、出质人与监管人订立三方协议，出质人以通过一定数量、品种等概括描述能够确定范围的货物为债务的履行提供担保，当事人有证据证明监管人系受债权人的委托监管并实际控制该货物的，人民法院应当认定质权于监管人实际控制货物之日起设立。监管人违反约定向出质人或者其他人放货、因保管不善导致货物毁损灭失，债权人请求监管人承担违约责任的，人民法院依法予以支持。

在前款规定情形下，当事人有证据证明监管人系受出质人委托监管该货物，或者虽然受债权人委托但是未实际履行监管职责，导致货物仍由出质人实际控制的，人民法院应当认定质权未设立。债权人可以基于质押合同的约定请求出质人承担违约责任，但是不得超过质权有效设立时出质人应当承担的责任范围。监管人未履行监管职责，债权人请求监管人承担责任的，人民法院依法予以支持。

二、立法考辨

动产质押监管协议涉及三方当事人,关系较普通协议复杂。《民法典》第888条规定,保管合同是保管人保管寄存人交付的保管物,并返还该物的合同。第919条规定,委托合同是委托人和受托人约定,由受托人处理委托人事务的合同。两者都属于提供服务的合同,但是服务所涵盖的内容具有差异。动产质押监管协议往往兼具该两种合同的性质,至于具体的认定主要取决于协议中条款。学术界对动产质押监管协议的性质认定也具有争议。胡敏、蔡天啸认为,动产质押监管协议属于无名合同,实务中通常将协议认定为保管合同或者概括的委托合同。保管合同的核心在于静态的保管,强调状态;而动产监管协议条款强调动态的监管,强调结果。动产质押监管协议之内容,同时强调保管和监管,所以将该协议定义为概括的委托合同更为恰当。① 苏斐、段合林亦认为,质押监管协议属于无名合同,兼具保管合同和委托合同的性质,但在判断监管人责任时,仓储合同以及保管合同仍有适用的可能性。② 段宇认为,质押物监管协议中的具体审查义务表明其具有委托合同的特性,应参照有偿委托合同相关条款进行处理。③ 杨雪松、周德洋认为,质押物监管协议的性质直接影响合同当事人之间的权利与义务关系。而在违约情况出现时,对于银行而言,将该合同认定为保管合同更有利。④

质押物监管人的监管义务要求其对质押物的质和量都要进行审查。一是质权设立前的审查义务,商业银行要掌握质押物的管理权和控制权,以确保质权的设立;二是质权设立后的监管义务,商业银行要对质押物的真实性和完整性进行监管,使质权人的质权不被架空。《商业银行法》第36条规定及《商业银行押品管理指引(征求意见稿)》均规定,商业银行应当对承担的质物真实性、价值、权属、实现质权之可行性承担审查义务。《九民纪要》第63条规定,监管人违反监管协议约定,违规向出质人放货、因保管不善导致质物毁损灭失,债权人请求监管人承担违约责任的,人民法院依法予以支持。在《质押物监管协议》中也约定了赔偿责任。

最高人民法院《关于适用〈中华人民共和国民法典〉有关担保制度的解

---

① 参见胡敏、蔡天啸:《关于动产质押监管协议性质认定的探究》,载《法制博览》2017年第12期。

② 参见苏斐、段合林:《质押监管协议的性质及质物范围》,载《人民司法(案例)》2017年第35期。

③ 参见段宇:《浅析质押物监管协议中的审查义务》,载《海南金融》2017年第8期。

④ 参见杨雪松、周德洋:《商业银行动态质押监管纠纷案及启示》,载《中国城市金融》2014年第1期。

释》第55条承继了《九民纪要》的思路，但是做出了如下四个微调：

第一，明确了必须是债权人、出质人与监管人订立三方协议，出质人以通过一定数量、品种等“概括描述能够确定范围”的货物为债务的履行提供担保。

第二，在“债权人、出质人与监管人订立三方协议，出质人以一定期限或者一定价值内的货物为债权提供担保”的前提下，最高人民法院《关于适用〈中华人民共和国民法典〉有关担保制度的解释》第55条将其分为“质权设立”与“质权未设立”两种情况加以处理。

第三，只有在“当事人有证据证明监管人系受债权人的委托监管并实际控制该货物”的前提下，人民法院才能认定“质权于监管人实际控制货物之日起设立”。换言之，质权设立的前提条件有两个：一是委托关系；二是实际控制。在此情况下，“监管人违反约定向出质人放货、因保管不善导致质押财产毁损灭失，应当承担违约责任”。在广东诚通物流有限公司、中国光大银行股份有限公司广州分行仓储合同纠纷[①]案中，广州市中级人民法院认定，诚通物流公司曾电话通知光大银行广州分行工作人员，但光大银行广州分行并未同意放行，诚通物流公司作为质物监管方，其有关人员并未采取包括报警在内的充分必要措施阻止升旭公司的不当行为以降低监管质物价值减少的风险，故诚通物流公司就合同的监管义务并无适当履行，应当承担违约责任。

第四，如当事人有证据证明监管人受出质人委托监管质押财产，或者虽然受债权人委托但是未实际履行监管职责，导致质押财产仍由出质人管领控制的，人民法院应当认定质权未设立。债权人可以基于质押合同的约定请求质押人承担违约责任，但其范围不得超过质权有效设立时质押人应当承担的责任。监管人未履行监管职责，债权人请求监管人承担违约责任的，人民法院依法应予支持。在黑龙江银行股份有限公司鹤岗宝泉岭支行、田野案外人执行异议之诉[②]案中，黑龙江省高级人民法院指出，宝泉岭支行陈述的转移质押财产形同虚设，三方仅在形式上履行了转移质押财产的手续，且该手续还不完善，实质上质押财产仍由出质人祥鹤木业占有及处分，此种以占有改定方式交付质押财产，在质权设立中不具有物权的公示效应，非《物权法》第212条规定的有效交付，质权不生效。

---

① (2020)粤01民终1827号。

② (2018)黑民终315号。

三、司法裁判可视化梳理

本书写作团队使用Alpha案例库对“金融借贷中动产质押物监管纠纷”①进行了检索，检索关键词为“案由：未设置案由”+“全文：同句‘保管不善致使质押财产毁损’”+“全文：‘同句赔偿责任’”+“攻方当事人包含：银行”，总共得到判决28件，可视化分析如图24-1所示。

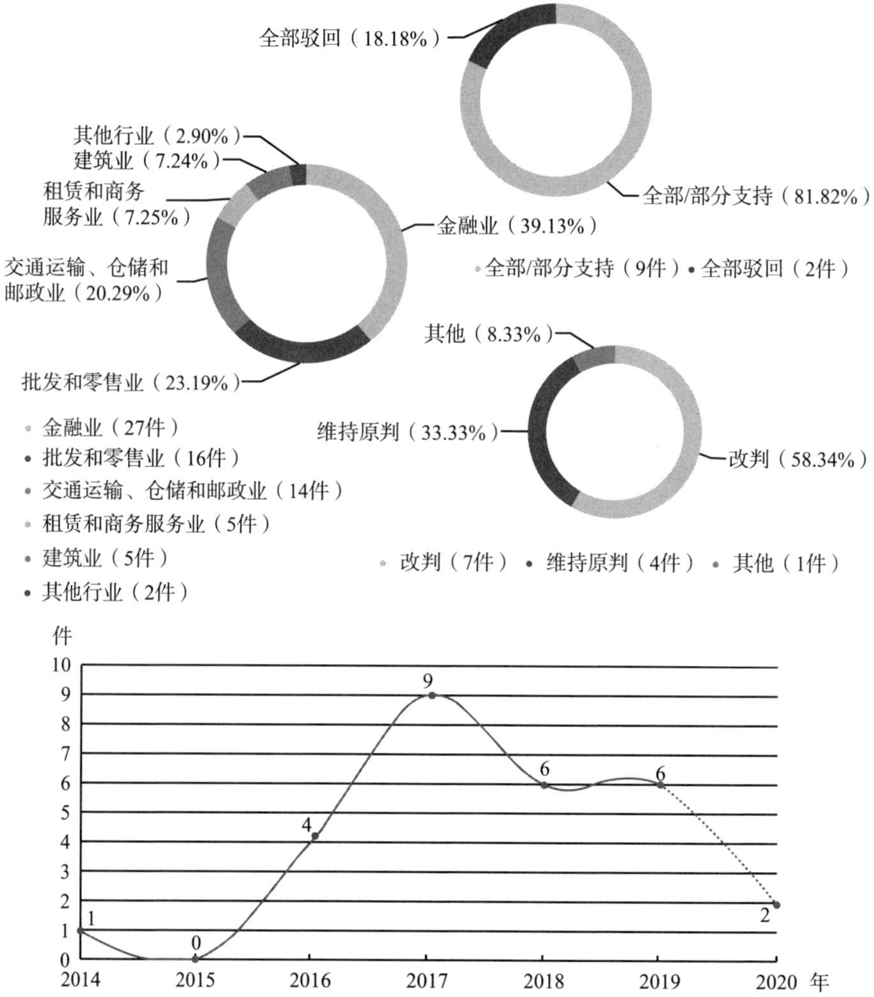

图24-1　金融借贷中动产质押物监管纠纷可视化示意

---

① 最后检索日期：2020年12月31日。

就司法判例来看，司法部门对“商业银行动产质押纠纷类”案件的裁判思路分为五步：第一步是对相关合同的性质进行确认。第二步法院将对动产质押合同的效力进行评价，排除动产质押合同无效或当事人一方请求撤销、解除等可能性。第三步基于有效的动产质押合同法院将对动产质权是否依法设立进行审查，特别是动产交付环节的履行。第四步判断是否存在第三方过错，由于动产质押有其特殊性，往往需要第三方进行监管或质权人进行管控，若动产毁损或丢失则其承担损失。这一违约责任是法院审查的重点。第五步，银行作为债权人履行自身审查义务过程中是否存在过错，应否对损失分担风险，也是司法机关审查的内容。

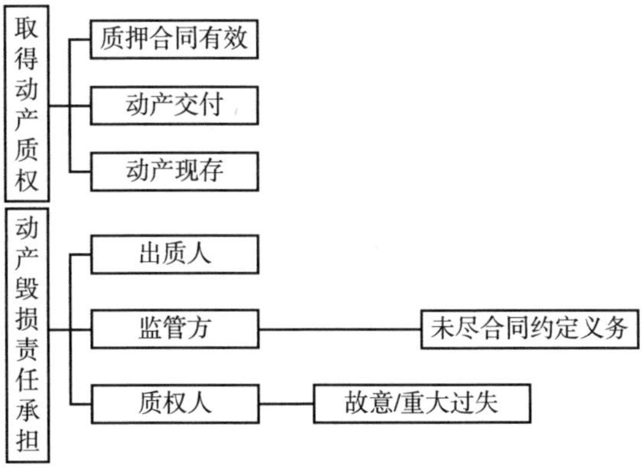

图 24-2　金融借贷中动产质押物监管纠纷司法裁判思路示意

（一）质押物监管协议的定性

在最高人民法院的司法实践中，对质押物监管协议性质的认定之前并不统一。最高人民法院第二巡回法庭 2019 年第 13 次法官会议纪要指出，委托人与受托人约定由受托人承担质物保管义务和监管义务的《质物监管协议》属于委托合同。①

但是，在中国外运河南公司与中国工商银行股份有限公司息县支行保管合同纠纷申请再审②案中，最高人民法院认为，该协议第 1 条还约定，本协议项下所称的监管是指外运公司代理息县工行占有质押物并根据本协议的

① 最高人民法院第二巡回法庭编：《最高人民法院第二巡回法庭法官会议纪要》（第一辑），人民法院出版社 2019 年版，第 73～87 页。

② （2014）民申字第 1490 号。

约定履行监管质押物的责任；第 4.1 条约定，监管期间，外运公司应按照合同法及相关法律规定妥善、谨慎处理监管的质押物；第 4.6 条约定，监管期间，外运公司应当建立质押物登记统计制度，定期对质押物进行查验、核对种类、清点数目、检查包装和标识，对质押物的出入库的时间、数量、去向以及质押物的现状进行记录；第 4.9 条约定，监管期间，外运公司建立完善的出入库台账登记记录，登记、核实监管质押物和保证提货、换货后的质押物对应的货物最低价值符合本合同的规定；第 8.4 条约定，外运公司按月支取实际发生的监管费等费用。该协议附件《质押物清单(代质押确认回执)》亦明确记载，外运公司同意为金源公司已质押给息县工行的原煤 22,000 吨进行保管，并确认上述质押物已经在其占有、保管、监管之下，其将严格按照《监管协议》的规定履行占有、保管、监管责任；在其监管期间，质押物的最低价值/数量始终不得低于人民币 2640 万元或者 22,000 吨。根据上述合同约定，外运公司承担的合同义务是占有并保管、监管质押物，并于监管期限届满时返还质押物，享有的权利则是收取保管费用，该种权利义务具有保管合同的法律特征。

在中储发展股份有限公司大连分公司、中储发展股份有限公司与中国民生银行股份有限公司大连分行监管合同纠纷①案中，最高人民法院将相似合同又认定为监管合同。最高人民法院认为，本案中，133-1 号《动产质押监管合同》由质权人、出质人、保管人三方签订，中储大连分公司作为保管人，不仅承担保管质物的义务，还承担验明质物、监管质物等义务，与保管人在保管合同项下承担的义务有所区别。二审判决根据合同的性质，将本案案由确定为监管合同纠纷，并无不当。

在中海华北物流有限公司与中国工商银行股份有限公司天津经济技术开发区分行以及天津盟创钢铁有限公司、天津昊雄钢材加工有限公司委托监管合同纠纷申请再审②案中，最高人民法院将其认定为委托监管合同纠纷。最高人民法院认为，中海公司与工商银行、盟创公司签订《商品融资质押监管协议》，对盟创公司向工商银行提供的质物进行有偿监管，并承诺在未尽保管责任导致质物短少给工商银行造成损失时承担赔偿责任。

① (2013)民申字第 138 号。

② (2014)民申字第 333 号。

（二）法院对双方之间的动产质押合同的效力进行审查

如天津市高级人民法院曾判决，[1]该案中工行富民路支行作为质权人、华宗钢铁公司作为出质人、中远公司作为监管人签订了动产质押监管协议，但华宗钢铁公司在该案中存在虚假出质的情况，而在诉讼中华宗钢铁公司反以质物不存在为由主张动产质押监管合同无效、动产质权未设立。法院部分采纳其主张，并依法认定动产质押合同有效，质权未设立。另外，该案中远公司、工行富民路支行若以华宗钢铁存在欺诈行为为由主张合同撤销，作为商业银行的工行富民路支行，则必然会丧失质权，法院将按照合同被撤销后的效果进行处理。在该案中，商业银行存在的“撤销合同”和“主张违约”两种寻求救济的途径，该案中工行富民路支行选择了第二种救济途径。对于商业银行而言选择合理、高效的纠纷处理方式亦是减损的一种方式。

（三）在动产质押合同的效力被司法部门认定的情况下，法院将对商业银行取得动产质权的合法性进行审查，动产质押中动产质权取得的前提须基于出质人确交付了动产、动产现实存在

在大连银行股份有限公司与库伦旗佐源糖业有限公司金融借款合同纠纷[2]案中，最高人民法院认为，本案中，案涉质物存放于出质人锦州佐源公司的仓库，大连银行通过三方签订《动产监管协议》的形式，指定中铁物流大连分公司租用锦州佐源公司的仓库进行监管，仓库租金只象征性的约定1元。大连银行虽主张通过该方式，特别是交付了相关的协议、清单、报告书、台账等材料即实现了指示交付，但结合出质人锦州佐源公司未转移质物、不让监管人入库乃至驱逐监管人等情形，案涉质物仍由锦州佐源公司实际控制和支配，并未实现大连银行直接或间接的有效控制。由于案涉质物交付形式不符合法律规定的质权设立形式，案涉质权未能依法设立。大

---

① （2019）津民终474号。该案中法院认为，工行富民路支行作为质权人、华宗钢铁公司作为出质人、中远公司作为监管人签订的《商品融资质押监管协议》系三方真实意思表示，内容不违反法律、行政法规的强制性规定；工行富民路支行、中远公司知晓华宗钢铁公司虚假出质后，均未主张撤销合同；根据《合同法》第44条“依法成立的合同，自成立时生效”的规定，《商品融资质押监管协议》应为合法有效。依据《物权法》第212条“质权自出质人交付质押财产时设立”的规定，案涉质权因出质人虚假出质虽未依法设立，但并不影响《质押合同》《商品融资质押监管协议》依法成立并生效。因此，中远公司抗辩涉案质物自始不存在、质权不成立、《商品融资质押监管协议》相应自始不生效的主张，缺乏法律依据，法院不予采纳。

② （2019）最高法民终330号。

连银行关于质权已经合法设立的主张，缺乏事实依据和法律依据，法院不予支持。

在中国工商银行股份有限公司大连经济技术开发区分行、松通系统网络科技（大连）有限公司质押合同纠纷①案中，辽宁省高级人民法院认为，工商银行开发区分行与松通公司之间签订了《最高额抵押合同》和《动产抵押登记书》，动产质押合同关系依法成立，而该案中质押物已不知去向。工商银行开发区分行请求实现动产质权优先权的前提系质押的动产存在，在该前提并未实现的情况下法院对工商银行开发区分行请求取得动产质权优先权的请求未予支持。

（四）监管人承担的是违约责任

对于监管人承担责任的性质，司法实践中颇有争议。有观点认为监管单位应当承担补充赔偿责任。② 最高人民法院第二巡回法庭2019年第13次法官会议纪要指出，委托人与受托人约定由受托人承担质物保管义务和监管义务的《质物监管协议》属于委托合同，监管人承担违约责任应以过错为要件，采取过错责任原则。当监管人未按协议约定履行义务，因其过错致使质物发生损毁灭失的，质权人有权要求监管人承担违约责任。③

同样，在重庆银行股份有限公司西安分行、中外运空运发展股份有限公

---

① （2019）辽民终862号。法院认为，工商银行开发区分行虽提交了其与松通公司签订的《最高额抵押合同》和《动产抵押登记书》，从形式上看符合《物权法》第181条、第185条、第188条的规定，但经庭审当事人陈述，其本案所诉请的抵押物去向不明，而依据《物权法》第195条"债务人不履行到期债务或者发生当事人约定的实现抵押权的情形，抵押权人可以与抵押人协议以抵押财产折价或者以拍卖、变卖该抵押财产所得的价款优先受偿"的规定，抵押权实现的前提是抵押合同约定的抵押财产仍然存在，而本案中工商银行开发区分行不能证明抵押物仍然存在，不具备实现抵押权实现的前提条件，故其诉请对不存在的抵押物享有优先权无法律依据，原审法院依法不予支持。

② 参见《中国工商银行股份有限公司淄博分行与蓬达资产管理有限公司借款合同纠纷再审案——动产质押中监管人的义务及责任》，载《人民司法（案例）》2014年第10期。在大连俸旗投资管理有限公司与中国外运辽宁储运公司等借款合同纠纷[（2016）最高法民终第650号]案中，最高人民法院也持相同观点，认为，辽宁储运公司的责任应当排位在债务人大连谷物公司及相关担保人的直接责任之后，责任方式应认定为补充赔偿责任。债权人俸旗公司债权损失的具体数额在人民法院强制执行债务人及其他担保人之后方可确定，辽宁储运公司应对人民法院对债务人及其他担保人强制执行并穷尽一切执行措施后仍不能清偿部分，承担补充赔偿责任。

③ 参见最高人民法院第二巡回法庭编：《最高人民法院第二巡回法庭法官会议纪要》（第一辑），人民法院出版社2019年版，第73~87页。

司金融借款合同纠纷①案中，最高人民法院认为，为保障重庆银行西安分行案涉借款债权的实现，借款人国盛公司提供质物大豆作为担保，中外运西北分公司通过与重庆银行西安分行、国盛公司订立《仓储监管合作协议书》、《质物监管协议》对案涉质物提供保管或者监管并收取一定费用，其宗旨亦是为确保重庆银行西安分行案涉质权的实现。中外运西北分公司就案涉质物除履行一般监管职责外，还负有谨慎、妥善管理，并确保质物安全、完好的保管义务。中外运西北分公司主张案涉质物系被哄抢丢失，但除其提供的报警记录、货物丢失后的照片等证据外，并未提交被哄抢时的影像记录、照片资料等证据佐证其观点，也未进一步提交公安机关已就此立案侦查的相关依据，在此情况下，重庆银行西安分行根据以上约定向中外运西北分公司主张违约损害赔偿，具有事实和法律依据。

反之，如果法院认为监管机构已经尽到了义务，不存在过错，则货物损失的风险归于质权人商业银行。在恒丰银行股份有限公司昆明分行、红河州南砂矿业有限责任公司金融借款合同纠纷②案中，最高人民法院指出，面对永昌公司强行出货的情况，中铁昆明分公司采取了用车辆堵塞厂库出口通道、阻止料场装载机生产操作、向当地公安机关报警等措施加以阻止。中铁昆明分公司作为民事主体，其采取的上述自助措施已最大限度地维护了

---

① (2017)最高法民再112号。类似案件还包括：(1)湖南全洲医药消费品供应链有限公司、中国工商银行股份有限公司湘潭湘江支行与湖南全洲医药消费品供应链有限公司、中国工商银行股份有限公司湘潭湘江支行等金融借款合同纠纷[(2015)民申字第1816号]。在该案中，最高人民法院认为，依据《商品融资质押监管协议》的约定，全洲医药公司签发《动产质押专用仓单》即表明其已经对包括货物重量在内的质物情况进行了查核，并保证该仓单记载与质物情况相符。工行湘江支行基于对全洲医药公司正确履行查核义务的信任，向港鑫公司发放贷款，未能及时发现质物重量与约定重量严重不符的问题，造成不能以符合约定重量的质物行使质权回收贷款的损失。全洲医药公司以工行湘江支行出具《关于湘潭市港鑫物资贸易有限公司质押物的说明》为由，主张其已充分履行监管义务，不应承担赔偿责任，与本案查明的事实不符，不能证明其已正确履行对质物进行审核的义务，该理由不能成立。因全洲医药公司未能正确履行《商品融资质押监管协议》约定的查核质物义务，应当向工行湘江支行承担违约赔偿责任。(2)中海华北物流有限公司、中国工商银行股份有限公司石嘴山支行与中海华北物流有限公司、中国工商银行股份有限公司石嘴山支行等金融借款合同纠纷[(2015)民申字第1845号]。该案中最高人民法院认为，崇川公司未按照协议第4.2条告知中海公司质物的特殊保管要求的情况外，质物毁损灭失或由于中海公司未尽到保管责任导致质物变质、短少、受污染的，中海公司承担实际损失的赔偿责任。在本案协议的履行过程中，中海公司不能证明其按照协议约定履行了对质物的监管责任，其应当就质物短少给工行石嘴山支行质权造成的损失承担相应的赔偿责任。

② (2019)最高法民终1636号。

恒丰银行昆明分行的利益,应当认定其已以合理的方式履行了合同约定的监管义务。中铁昆明分公司主动采取的措施也恰能说明,当质押物价值低于最低监管值时,其并未允许永昌公司提货或换货。"法律不强人所难。"……在永昌公司仍强行出货的情势下,中铁昆明分公司一方面以发送风险通报函的方式向恒丰银行昆明分行进行通报,另一方面于2014年6月6日及时向公安机关报案,降低质押物灭失的风险。据此,应当认定中铁昆明分公司已尽到了谨慎、勤勉之义务。恒丰银行昆明分行的该项主张理据不足,不予支持。

(五)债权人银行自身审查不严过错对损失的分担风险

在白城市惠农农业担保有限公司、武汉市商业储运有限责任公司金融借款合同纠纷①案中,最高人民法院首先肯定了监管机构的过错责任,但同时指出,工行白山分行在对实现质权可行性审查时具有过错。根据《商业银行法》第36条规定,商业银行贷款应对实现质权的可行性进行审查。即在贷款发放前,商业银行应核实质物的质量、数量是否符合质押合同的约定,确保质物的担保价值能够实现。该审查属于商业银行的法定义务。本案中,工行白山分行、金囤仓储公司、武商储长春分公司到案涉仓库进行盘点,武商储长春分公司向工行白山分行出具《拟质押商品初始盘点表》《出质意向清单》,表明工行白山分行、武商储长春分公司在签订正式的监管协议之前,案涉质押物的监管工作已实际开展。工行白山分行和武商储长春分公司在合作过程中,应各自恪守诚实信用原则行使权利和履行义务。在借款担保法律关系中,当债务人或担保人以不宜实际转移占有的大宗货物出质,即使商业银行委托专业监管机构核实并监管质物,仍然不能免除商业银行的注意义务。案涉粮仓中堆放的水稻,绝大部分为金囤仓储公司虚假出质,工行白山分行未能提交充分的证据证明其已完全尽到注意义务。工行白山分行轻信武商储长春分公司作出的核查结论,对于质押财产不足导致

① (2017)最高法民再148号。最高人民法院首先认为,本案中,武商储长春分公司承担责任的前提是在工行白山分行向债务人、担保人金囤仓储公司主张权利之后,其债权仍然不能获得清偿。武商储长春分公司未妥善履行《商品融资质押监管协议》项下的合同义务,且该行为与工行白山分行的质权不能完全实现具有关联,故武商储长春分公司应当承担主要的补充赔偿责任。然后根据上述情况,最高人民法院酌定武商储公司、武商储长春分公司在工行白山分行债权不能清偿的范围内承担80%的赔偿责任,工行白山分行自行承担其余损失。

债权不能全部受偿的风险,应自行承担相应的损失。

在广发银行股份有限公司哈尔滨长江路支行与中国物流有限公司、哈尔滨商德实业有限公司等金融借款合同纠纷①案中,最高人民法院认为,对于广发银行而言,根据《物权法》第 215 条规定可知,质权人负有妥善保管质押财产的义务。根据《商业银行法》第 36 条规定可知,商业银行贷款,借款人应当提供担保。商业银行应当对保证人的偿还能力、抵押物、质押物的权属和价值以及实现抵押权、质权的可行性进行严格审查。本案广发银行作为贷款人和质权人,具有审查保管质押财产的法定义务,应当对债务人商德公司交付的质押财产数量进行严格测量。但广发银行未履行相应对数量进行严格测量的义务,而是将该义务通过《动产监管合同》全部委托哈尔滨物流公司履行。在广发银行明知商德公司将质押钢材交付哈尔滨物流公司时未进行实际测量的情况下,其既不组织三方实际测量,也不督促哈尔滨物流公司按照监管合同约定进行测量,仅仅依据商德公司的库存表即就在《押品清单》上填写质押财产数量并加盖公章。该行为表明广发银行不仅怠于履行其法定质物审查义务,在明知质押钢材可能不足的情况下随意放贷,而且对自己债权的实现疏于管理并听任债权不能实现的风险放大,存在明显过错,对造成的己方损失,也应承担相应责任。

四、商业银行现有条款的比对点评

(一)某商业银行的现有条款

笔者考察了某银行股份有限公司对“质押物监管”及相应“违约责任”的安排,检讨如下:

① (2016)最高法民终 266 号。类似案件还包括南储仓储管理集团有限公司湖北分公司、中国民生银行股份有限公司武汉分行金融借款合同纠纷[(2018)最高法民申 2673 号]。在该案中,最高人民法院认为,依据《商业银行法》第 36 条“商业银行贷款,借款人应当提供担保。商业银行应当对保证人的偿还能力、抵押物、质物的权属和价值以及实现抵押权、质权的可行性进行严格审查”的规定可知,民生银行武汉分行在贷款审核过程中,对质物的权属负有审查的法定义务;同时依据三方签订的《动产质押监管关系协议》中“货到后由三方共同办理接货验收手续”的约定,民生银行武汉分行作为质权人,应当履行质物交接时,到场验收审查核实的合同义务。原审判决未对民生银行武汉分行是否尽到了审查义务以及是否具有过错予以审查,从而认定由南储公司对华力公司不能清偿借款本息部分承担全部补充赔偿责任缺乏法律依据。

【保兑仓业务合作协议】

3. 货物的监管与控制

3.1　在买方全部偿还授信协议项下的款项前，卖方同意为银行的利益对买卖合同项下的货物进行监管。在监管期间，如果货物发生任何价值受损的情况，卖方应当及时通知银行，并采取适当的应急措施，相关费用由买方承担。

3.2　卖方违反监管义务造成货物短损灭失导致银行利益造成损失的，应向银行承担赔偿责任。

3.3　各方一致同意，在监管期间内的任何时候，货物控制率为【____%】。货物控制率的计算方式如下：

货物控制率=[(授信协议项下实际发生但未偿还的授信金额-买方已交存的保证金总额)/卖方监控的货物总价值]×100%

7. 违约责任

7.1　以下情形构成买方在本协议项下的违约事件：

(1)买方在本协议中所做的陈述和保证不真实；

(2)买方违反本协议中有关买方的任何其他义务或责任；

(3)买方与卖方串通或者通过欺骗手段提取买卖合同项下的货物；

(4)因买方原因，买卖合同项下的货物本身受到司法机关或政府或任何管辖机构的限制或禁止的；

(5)买方或货物发生危及、损害或可能危及、损害银行权益的其他事件。

7.2　在发生第7.1条项下的违约事件时，银行有权采取以下一项或多项救济措施：

(1)宣布授信协议项下全部授信额度提前到期、停止买方使用授信额度或削减授信额度，并要求买方及其担保人提前偿还已使用授信额度；

(2)要求买方赔偿因其违约而给银行造成的一切直接或间接损失(包括但不限于银行在授信协议项下遭受的损失)；

(3)仅需通知，以买方在银行处开立的账户内的资金或银行享有的任何债权，抵销买方因违反本协议而向银行承担的债务。

7.3　卖方因以下情形给银行造成损失的，应当赔偿银行实际遭受的损失：

(1)卖方未按本协议的约定办理放货的；

(2)由于卖方的原因导致买卖合同项下货物变质、短少、受污染、受到司法机关或任何管辖机构的限制或禁止的；

(3)违反在本协议项下的陈述与保证给银行造成损失的；

(4)因卖方违反本协议给银行造成损失的其他情况。

【仓单质押与监管协议】

4. 货物监管

4.1　在监管人占有、监管仓单项下货物的存续期间(以下简称“监管期间”)，监管人对仓单项下的货物承担监管责任，包括：

(1)按照本协议和仓储合同妥善、谨慎保管货物。

(2)按照质权人签发的格式如附件4的《提货通知书》办理货物的提货、出仓、出库手续。

(3)质权人依法行使质权时，协助质权人依法拍卖、变卖仓单及其项下货物。

(4)未经质权人书面同意，不得受理出质人就已质押仓单的补办或挂失手续。

(5)未经质权人签发《提货通知书》，监管人不得受理出质人对货物的提货、出仓、出库手续。

(6)在监管的货物出现不利于质权人授信安全的情况时，及时通知质权人。

(7)依照本协议、仓储合同和有关法律法规，监管人应当承担的其他义务与责任。

4.2　本协议项下的监管期间自本协议生效之日起，至质权人在仓单上背书同意解除质押之日为止。质押解除后，质权人应将仓单返还给出质人，出质人可凭仓单提货。

10. 违约责任

10.1　以下情形构成出质人在本协议项下的违约事件：

(1)出质人未按本协议规定及时履行担保责任；

(2)出质人在本协议中所做的陈述和保证不真实或违反其在本协议中所做的承诺；

(3)出质人违反本协议中有关出质人的任何其他义务或责任；

(4)出质与监管人串通或者通过欺骗手段提取或者更换仓单项下货物的；

(5)因出质人原因，仓单项下货物本身受到司法机关或政府或任何管辖机构的限制或禁止的；

(6)出质人或仓单项下货物发生危及、损害或可能危及、损害质权人权益的其他事件。

10.2 在发生第10.1条项下的违约事件时，质权人有权采取以下一项或多项救济措施：

(1)根据本协议第9条实现质权；

(2)宣布授信协议项下全部授信额度提前到期、停止出质人使用授信额度或削减授信额度，并要求出质人及其担保人提前偿还已使用授信额度；

(3)要求出质人赔偿因其违约而给质权人造成的一切直接或间接损失(包括但不限于质权人在授信协议项下遭受的损失)；

(4)仅需通知，以出质人在质权人处开立的账户内的资金或质权人享有的任何债权，抵销出质人因违反本协议而向质权人承担的债务。

10.3 监管人因以下情形给质权人造成损失的，应当承担质权人实际损失的赔偿责任：

(1)在监管期间，除不可抗力和仓单项下货物本身品质、包装不善的原因外，由于监管人未尽到监管责任导致仓单项下货物变质、短少、受污染的；

(2)监管人未按本协议的约定办理放货的；

(3)因监管人原因，存放仓储仓单项下货物的仓库受到司法机关或任何管辖机构的限制或禁止的；

(4)监管人违反本协议第4.1条第1项和第6项的规定，未及时通知质权人和出质人或未采取适当的应急措施的；

(5)违反在本协议项下的陈述与保证给质权人造成损失的；

(6)因监管人违反本协议给质权人造成损失的其他情况。

10.4 因出质人的原因对监管人造成损失的，出质人应对监管人承担全额赔偿责任。

(二)上述合同条款之点评

上述合同所存在五个问题值得比对与分析：

第一，【保兑仓业务合作协议】约定："在监管的货物出现不利于质权人授信安全的情况时，及时通知质权人。"仅规定在不利情况下，监管人有通知质权人的义务。相比之下，【仓单质押与监管协议】约定："在监管期间，如果货物发生任何价值受损的情况，卖方应当及时通知银行，并采取适当的应急措施，相关费用由买方承担。"在协议中，约定监管人采取适当应急措施的义务，使得在火灾或者其他紧急情况下，将质权人的损失风险降到最低。还应注意的是，不应过于苛责通知的内容，只要可以达到监管人通知质权人质押物具有特定风险的目的即可，避免形式上赋予监管人过多的责任。

第二，【保兑仓业务合作协议】在"货物的监管与控制"部分约定："卖方违反监管义务造成货物短损灭失导致银行利益造成损失的，应向银行承担赔偿责任。"存在两个问题，一是从形式上看其本应放在"违约责任"部分，二是实质上对"赔偿责任"进行模糊笼统的规定。相较之下，【仓单质押与监管协议】在违约责任部分约定："监管人因以下情形给质权人造成损失的，应当承担质权人实际损失的赔偿责任"，将赔偿责任的范围具体化，有利于在诉讼中得到法官的支持。而且在约定时，可以约定监管人的赔偿视为质押物的代位物，尽量避免法院根据合同条款将监管人的责任认定为补充责任，导致银行维权周期过长。

第三，【保兑仓业务合作协议】约定："各方一致同意，在监管期间内的任何时候，货物控制率为【____%】。货物控制率的计算方式如下"，在协议中量化监管人对货物的控制率，有利于明确双方权利与义务，保障质权人的权利。而【仓单质押与监管协议】仅规定了监管人需要"妥善、谨慎保管货物"，没有对货物控制率进行量化规定。模糊化处理对于监管过程中质权人对质押物实际控制不利，容易在实际执行中出现监管不力的问题。

第四，【保兑仓业务合作协议】没有明确约定协议的性质是委托合同还是保管合同，在诉讼发生时，可能双方出现不同的主张，最终使法院认定与商业银行预期不一致，导致诉讼风险。相比之下，【仓单质押与监管协议】约定："按照本协议和仓储合同妥善、谨慎保管货物。"虽然也没有明确规定该协议的性质属于何种合同，但是该种表述更易被法院认定为保管合同，对质权人更加有利。银行在订立质押监管协议时，可以突出协议的保管合同性质。

第五，【保兑仓业务合作协议】仅规定了监管人积极违反协议时的违约责任，没有明确规定监管人消极不履行义务时应承担的赔偿责任，而【仓单质押与监管协议】约定，"出质人未按本协议规定及时履行担保责任"，仅规定了出质人消极不履行义务时构成违约，没有涉及管理人的不履行义务时的责任，容易造成商业银行对消极违约事项追究不力。

第六，【保兑仓业务合作协议】【仓单质押与监管协议】对于监管责任的规定都不够具体，应增加如：1. 监管人必须以其自有仓库对质押物进行监管;2. 质押物市场价格下降明显时,及时通知质权人进行变卖或者通知债务人补齐;3. 签订三方协议时,约定监管人代质权人保管质物,避免造成脱保。

五、商业银行风控操作要点

基于以上分析,笔者认为司法部门更倾向于按照《民法典》与《九民纪要》确立的规则,认定质押物监管纠纷中监管人责任。为更好地防范金融风险,维护金融债权,建议商业银行加强以下风险防控措施:

(一)选择具有监管实力和资格的监管人,同时明确质押物监管协议的法律性质,同时清楚界定质押物的范围

选择具有合法主体资格的监管人,要求监管人有专业的背景、充足的经验、优秀的口碑等。在监管人监管期间,不定期进行抽查、暗访,发现监管人有不履行或者怠于履行职责的情形,应及时终止协议,并按协议的规定向监管人索赔。在协议中约定清晰,发生因监管人过错导致质押物毁损、灭失的情况时,监管人应依法承担的损害赔偿责任。

在约定合同条款时,应尽量将质押物监管协议的性质定义为保管合同,避免出现争议,影响权利义务和赔偿责任的判定。并对监管人的保管条件进行明确规定,划分清楚责任边界,避免因监管人的过错,导致银行卷入不必要的诉讼中。

另外,商业银行在《监管协议》及其附件《质物清单》中,应当清楚界定质押物的数量与范围。在中国工商银行股份有限公司中卫支行与宁夏红中宁枸杞制品有限公司金融借款合同纠纷①案中,宁夏回族自治区高级人民法院认为,作为监管方的中邮供应链公司,依据与质权人工行中卫支行、出质人宁夏红公司签订的《融资质押监管协议》,出具了《质物清单》,确认了上述质押合同约定的质物已完成转移占有,所涉质押合同和相应质物清单中均未载明243#不锈钢储酒罐酒体为质押物,故工行中卫支行主张对243#不锈钢储酒罐酒体享有优先受偿权没有事实和法律依据。

(二)在《质押监管协议》与《处置预案》中清晰界定监管人的义务和违约责任

银行通过与监管人的谈判,通过签订协议及《处置预案》明确双方的权利与义务。约定监管人的监管地点、质押物出入库条件、质押物交付时的审

① (2018)宁民初74号。

查义务以及监管过程中的谨慎监管义务；约定对因保管不善造成的损失进行赔偿的条款，以及监管人在特定情形下进行的赔偿属于质押物的代位物。在中国外运河南公司与中国工商银行股份有限公司息县支行保管合同纠纷①案中，最高人民法院指出，关于本案质押物灭失的原因，外运公司一直主张系金源公司强行出货导致，但其提供的证据仅是外运公司与息县工行共同起诉金源公司的起诉状等诉讼材料，而对其当时是否按照《处置预案》第1条（当金源公司恶意违约、强行出货等因素致使不能执行三方《监管协议》时，外运公司应当控制监管现场，并尽快通知息县工行，同时通知公安机关配合控制现场。外运公司应在事件发生1个工作日内，以书面形式向息县工行报送事件发生情况以及质物损失状况），履行了及时通知以及报警等义务，外运公司一直未能提供证据证明。因此，外运公司主张质押物灭失系由金源公司强行出货导致，目前并无充分证据证实，即便该事实属实，亦不能证实其已全面履行了合同约定义务。因此，原审法院认定本案质押物灭失系因外运公司监管不力造成，并无不当。

反之，如果商业银行的《监管协议》对违约责任形态约定不明，则有可能承担败诉的结果。在中信银行股份有限公司青岛分行与青岛中远物流有限公司、光明轮胎集团有限公司等金融借款合同纠纷②案中，最高人民法院指出，承担违约责任的前提是负有合同义务而未履行或履行不符合约定。《动产质押监管协议》将中远物流公司的违约责任规定于第13.1条，该条明确列举了中远物流公司需向中信青岛分行承担赔偿责任的五种情形。该五种情形究竟属于中信青岛分行所主张的保管义务抑或委托合同义务，是否存在中信青岛分行所主张的吸收关系，在合同关于违约责任的约定明确的情形下，并不影响人民法院直接依据约定本身判断中远物流公司是否构成某种情形的违约，继而认定其是否需承担赔偿损失的违约责任。在法院询问过程中，中信青岛分行明确其合同依据是《动产质押监管协议》第5.5条（包括该条中指向的2.6条）和第13.1条列举的第一种情形。中远物流公司则

① (2014)民申字第1490号。该案中法院认为，《监管协议》第4.3条规定，在监管期间，因各种原因质押物发生短少、损毁、灭失等可能影响息县工行权益的情形，外运公司应当在24小时之内通知息县工行并采取适当的应急措施；第13.1.4条规定，因外运公司违反协议4.3款的规定，未及时通知息县工行和金源公司或者未采取适当的应急措施的，外运公司应承担货物损失的赔偿责任。基于以上，原审判决依据《监管协议》第13.1条认定外运公司承担质押物损失的赔偿责任，亦无不当。

② (2016)最高法民申978号。

援引《动产质押监管协议》第5条，证明其已依约履行了通知、采取适当应急措施的约定义务，根据第5条项下第5.8条的约定，无需对中信青岛分行承担赔偿责任，中信青岛分行主张其承担违约责任无合同依据。据其查明的事实，认定中远物流公司在履行监管质物过程中不存在过错而无需承担相应的赔偿责任。

（三）严格依照《动产质押监管合同》的约定合规操作、通过《查询及出质通知书（附确认回执）》流程认定、完善质押物转移占有的手续

动产质押以交付为质权设立条件，质物不能实现转移占有，则质权会面临不能成立的风险。若采取委托监管人进行实际占有并对其监管的做法，应要求出质人将质物交付给监管人，监管人应填写质押物清单及《查询及出质通知书（附确认回执）》交给质权人，以此证明质权人对质物的占有。商业银行作为质权人还应对质物进行实质性审查，必要时可委托鉴定机构或其他机构进行审查、清点。尤其是将质押物直接存放在债务人仓库的，应当确保对质押物的控制权和管理权的掌握，确保质权能成功设立。在中储发展股份有限公司大连分公司、中储发展股份有限公司与中国民生银行股份有限公司大连分行监管合同纠纷申请再审[①]案中，最高人民法院指出，民生银行大连分行与松源公司、中储大连分公司签订133-1号《动产质押监管合同》，质押标的为松源公司的上述97,198.80吨玉米。该合同第1.5条第2项约定："民生银行与出质人（松源公司）共同在《查询及出质通知书》上加盖专用印鉴后，向保管商（中储大连分公司）发出查询，经保管商验明质物并在《查询及出质通知书（回执）》加盖专用印鉴确认后，质押关系成立。即质物以保管商加盖专用印鉴确认的《查询及出质通知书（回执）》所记载的质物为准。"第2.1条约定："质物设立质押时，出质人与民生银行共同向保管商发出《查询及出质通知书（附确认回执）》，将质物及设立质押的事实通知保管商。保管商验明货物无误后予以确认，出具通知书回执并加盖专用印鉴，自民生银行收到《查询及出质通知书（附确认回执）》正本之时起，视同质

---

① （2013）民申字第138号。类似案件如中海华北物流有限公司与中国工商银行股份有限公司天津经济技术开发区分行以及天津盟创钢铁有限公司、天津昊雄钢材加工有限公司委托监管合同纠纷申请再审[（2014）民申字第333号]。在该案中，最高人民法院认定，中海公司依据该协议出具了《质物清单》，注明其已接收盟创公司6380吨货物并开始履行监管责任，确认上述质物已存放于中海公司拥有使用权的仓库或场地，在其占有、保管、监管之下，并保证监管期间质物的最低价值始终不得低于人民币2552万元。

物已经移交给民生银行占有,民生银行即对该通知书所记载的质物享有有效的质押权。"可见,中储大连分公司作为保管人,负有验明质物无误并出具查询回执的义务。为履行该义务,中储大连分公司在其于 2009 年 2 月 25 日盖章确认的《查询及出质通知书(回执)》上载明"我公司业已收到编号为 99062009299715 的《查询及出质通知书》,现确认:我公司于 2009 年 2 月 25 日(____时)已收到出质人交付的下述货物,并已知晓出质人存放于我公司拥有使用权的仓库/场地的上述货物已被出质人质押给贵行……"并载明出质人交付的货物为 97,198.80 吨"二等上"玉米。故中储大连分公司已经确认松源公司于 2009 年 2 月 25 日在案涉筒仓内存有 97,198.80 吨玉米。后中储大连分公司又分别于 2009 年 3 月 10 日、3 月 26 日、4 月 7 日、4 月 24 日、5 月 19 日、6 月 12 日出具《查询及出质通知书(回执)》,确认松源公司仍在案涉筒仓内存有 97,198.80 吨玉米,并承诺履行监管责任。现中储大连分公司主张案涉合同签订时案涉玉米不属于松源公司所有,其不应对案涉玉米灭失承担监管责任,既违反其应履行的验明货物的义务,亦与其多次签发《查询及出质通知书(回执)》、在货权证明等单据上盖章确认案涉筒仓内存有松源公司玉米的行为相悖,法院不予支持。

(四)商业银行应当在委托监管期间结束之后对质押物保持占有与控制状态,明确质押物最低价值,防止质权落空

首先,银行应审慎考察质押商品来源的合法性、确认债务人具有质押物的所有权。必要时,要求企业出具货物所有权的相关证明。

其次,质权人银行应就质物品名、数量、质量、规格、价值等情况详细记载,同时,商业银行作为质权人需要明确浮动质押物最低价值。在中国外运河南公司与中国工商银行股份有限公司息县支行保管合同纠纷①案中,最高人民法院指出,根据《监管协议》约定,质押物的数量随着市场单价的变动而变动,但质押物的最低价值不变,最低为 2640 万元。据此,外运公司在《监管协议》履行过程中一直认可质押物最低价值为 2640 万元。因此,原审法院认定涉案质押物价值为 2640 万元,有事实和合同依据,并无不当。外运公司主张原审判决认定质押物价值缺乏证据证实,不能成立。

再次,对于质押物的选择需要考虑保值率、可变现净值等指标,确实保障债权。在质押期间要对质押物的数量进行清点,质量进行抽查,保证质押

① (2014)民申字第 1490 号。

物的价值不会因质量原因减损。

最后,在第三人委托监管关系结束后,商业银行应当及时采取合理措施恢复对质押物的占有与控制,防止质权消灭。在赣州银行股份有限公司萍乡分行、江西赣西电煤储运有限公司金融借款合同纠纷[①]案中,江西省高级人民法院认为,案涉质物 14.4 万吨煤炭是在出质人的场所由中海公司进行监管,质权人赣州银行萍乡分行是以间接占有并控制质物代替质物的实际交付。2015 年 5 月 4 日中海公司不再监管质物后,赣州银行萍乡分行既未另行委托他人进行监管,亦未能举证证明采取合理方式对质物进行有效占有、控制,对质物脱离监管长达 3 个多月,案涉质物于 2015 年 8 月被拍卖,所得价款已用于清偿另案债务。可以认定为赣州银行萍乡分行已丧失对质物的占有。赣州银行萍乡分行丧失质物占有,是因为其没有积极行使监管权力,放松对质物控制,系可归责于自身的事由所致。因赣州银行萍乡分行已丧失对质物的占有,不具备质权设定的转移占有这一法定生效要件,质权于 2015 年 5 月 4 日即已消灭。其上诉主张对案涉质物享有质权,法院不予支持。

① (2017)赣民终 509 号。

第七编　非典型担保

第二十五章　债务加入新规与商业银行合同条款设计

【《民法典》变化的影响】风险降低——需要商业银行加以利用

【风险等级】★★★

【提要】“债务加入”此前并非现行法中的概念，但在司法裁判领域得到了广泛适用。2019年《九民纪要》首次明确了债务加入准用担保效力规则。《民法典》第552条则从立法层面明确了债务加入的概念。2020年最高人民法院《关于适用〈中华人民共和国民法典〉有关担保制度的解释》第12条明确了债务加入准用担保的决议程序，第36条新增了债务加入与保证及其他担保的识别标准。在金融领域涉及大量的“债务加入”合同条款，实践中如何区分债务加入和债务转移、保证担保以及第三人代为履行？债务加入的形式是怎样的？如何适用上述几类法律条款？厘清这些问题对于业务的正常开展尤为重要。

一、民法典及配套新规

▶《民法典》

【非典型担保合同】

第388条　设立担保物权，应当依照本法和其他法律的规定订立担保合同。担保合同包括抵押合同、质押合同和其他具有担保功能的合同。担保合同是主债权债务合同的从合同。主债权债务合同无效的，担保合同无效，但是法律另有规定的除外。

【债务加入】

第552条　第三人与债务人约定加入债务并通知债权人，或者第三人向债权人表示愿意加入债务，债权人未在合理期限内明确拒绝的，债权人可以请求第三人在其愿意承担的债务范围内和债务人承担连带债务。

▶《九民纪要》

【债务加入参照担保效力规则】

第23条　如果公司作为第三人加入债务时，对于其债务加入的意思表示有着特殊的要求，即应参照公司为他人担保的规则认定其意思表示及约定的效力。除该纪要第十九条规定的四种特殊情形外，债权人应证明其在该第三人公司加入债务时对公司董事会决议或者股东会决议进行了形式审查，表决程序符合公司章程规定。否则，该第三人公司的债务加入将可能被认定无效。

▶最高人民法院《关于适用〈中华人民共和国民法典〉有关担保制度的解释》（法释〔2020〕28号）

【债务加入准用担保的决议程序】

第12条　法定代表人依照民法典第552条的规定以公司名义加入债务的，人民法院在认定该行为的效力时，可以参照本解释关于公司为他人提供担保的有关规则处理。

【担保类型的识别】

第36条　第三人向债权人提供差额补足、流动性支持等类似承诺文件作为增信措施，具有提供担保的意思表示，债权人请求第三人承担保证责任的，人民法院应当依照保证的有关规定处理。

第三人向债权人提供的承诺文件，具有加入债务或者与债务人共同承担债务等意思表示的，人民法院应当认定为民法典第五百五十二条规定的债务加入。

前两款中第三人提供的承诺文件难以确定是保证还是债务加入的，人民法院应当将其认定为保证。

第三人向债权人提供的承诺文件不符合前三款规定的情形，债权人请求第三人承担保证责任或者连带责任的，人民法院不予支持，但是不影响其依据承诺文件请求第三人履行约定的义务或者承担相应的民事责任。

二、立法考辨

伴随经济活动的越加复杂和交易模式的不断变化，金融机构在开展债权投资活动过程中，相关的担保增信措施已从传统法定的抵、质押和保证基础上衍生出了第三人加入债权人与原债务人之债，其与原债务人作为共同债务人向债权人承担连带清偿责任，以及与连带保证担保、债务转移和第三人代为履行债务极为相似。但在《民法典》颁布实施前，我国尚未在立法层面对债务加入作出明确规定。因此，由于这一新型增信措施与连带保证担保、债务转移和第三人代为履行债务具有高度相似性，所以在司法实践中出现了大量争议。为了完善担保物权制度，为优化营商环境提供法治保障，《最高人民法院关于进一步加强金融审判工作的若干意见》第3条规定，依法认定新类型担保的法律效力，扩宽中小微企业的融资担保方式。因此，《民法典》第388条明确了担保合同的范围不再仅限于抵押合同、质押合同等典型担保合同，在法律层面认可了有担保功能的非典型担保合同的效力。

根据《民法典》第552条的规定，“债务加入”是指“第三人与债务人约定加入债务并通知债权人，或者第三人向债权人表示愿意加入债务”，其法律后果为“债权人可以请求第三人在其愿意承担的债务范围内和债务人承担连带债务”。因此，债务加入本质上是一种“对合同涉他情形修正的单方行为模式”，①且“债务加入和保证一样具有担保债权实现的功能”。② 债务加入制度之所以在实践中应用广泛并最终得以在《民法典》立法层面明确，在于其较之债务转移，对债权人而言更具有“双保险”性质，对债权人的保障为“叠加”而非“切分”；较之第三人代为履行，债务加入能突破合同相对性，在主张债权时，债权人之手可直接伸向第三人；较之连带保证担保，债务加入又更显独立性，且不受保证期间限制，更为灵活。总体而言，《民法典》对于债务加入制度的明确，为保障债权人权益提供了更有利的条件。但金融机构作为债权人，实践中又往往因合同约定不明，没有明确债务加入的性质，导致最终无法实现缔约目的。但是对此学术界也有反对意见，夏昊晗指出，债务加入可能导致具有保护保证人作用的法律规范被规避，且最高人民法院确立的债务加入推定规则缺乏正当性，司法机关原则上应依“保证”或“债务加入”的明确措辞进行相应的定性。③

2020年最高人民法院《关于适用〈中华人民共和国民法典〉有关担保制度的解释》对《民法典》债务加入制度进行了如下细化：

第一，明确“第三人向债权人提供的承诺文件，具有加入债务或者与债务人共同承担债务等意思表示的”，人民法院应当认定为《民法典》第552条规定的债务加入。换言之，债务加入具有两种形态情形：一是加入债务；二

---

① 薛军：《合同涉他效力的逻辑基础和模式选择——兼评民法典合同编(草案二审稿)相关规定》，载《法商研究》2019年第3期。

② 参见史尚宽：《债法总论》，中国政法大学出版社2000年版，第751页。

③ 参见夏昊晗：《债务加入与保证之识别——基于裁判分歧的分析和展开》，载《法学家》2019年第6期。

是与债务人共同承担债务。

第二,如果前第三人提供的承诺文件难以确定是保证还是债务加入的,人民法院应当将其认定为保证。债务加入不同于连带保证。两者的区别在于:一是连带保证为从合同,其成立、变更和消灭都随主债务变化而变化,不具有独立性,且连带保证人在履行债务后可依法向债务人追偿,而债务加入是否可以追偿由债务人与第三人自行约定,且第三人所负债务不受原债务变更影响。二是虽然债权人向连带保证人主张连带债务履行都受诉讼时效约束,但主张连带保证担保还受到保证期间的约束,[①]而《民法典》就债务加入表述为"参照"债务加入不受该期间约束。三是债务加入的后果重于保证,因此,最高人民法院《关于适用〈中华人民共和国民法典〉有关担保制度的解释》出于降低担保人负担的思想,两者无法识别时,推定为保证。

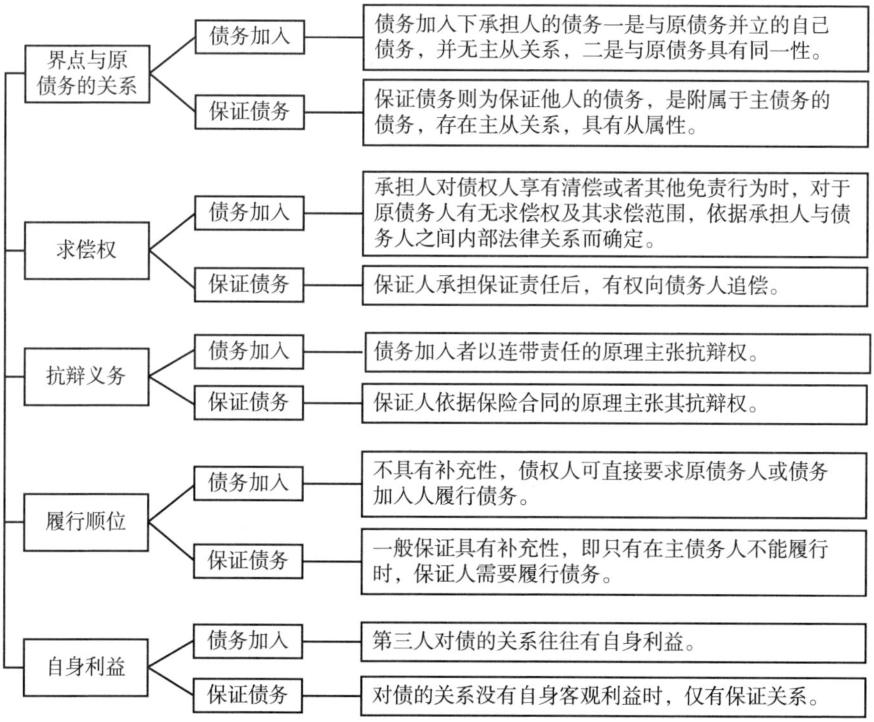

图 25-1　债务加入与保证担保区别示意

① 《担保法》第 26 条规定,连带责任保证的保证人与债权人未约定保证期间的,债权人有权自主债务履行期届满之日起 6 个月内要求保证人承担保证责任。在合同约定的保证期间和前款规定的保证期间,债权人未要求保证人承担保证责任的,保证人免除保证责任。

第三,考虑到债务加入法律后果重于保证。因此,最高人民法院《关于适用〈中华人民共和国民法典〉有关担保制度的解释》第 12 条规定了债务加入准用担保的决议程序,即“法定代表人依照民法典第五百五十二条的规定以公司名义加入债务的,人民法院在认定该行为的效力时,可以参照本解释关于公司为他人提供担保的有关规则处理”。

三、司法裁判可视化梳理

本书写作团队使用 Alpha 案例库对“金融借贷中债务加入纠纷”进行了检索,①检索条件为“案由:未设置案由”+“全文模糊:债务加入”+“全文模糊:金融借贷”+“攻/守方当事人包含:银行”,检索得到案件 47 件,具体可视化如图 25-2 所示。

因为保证担保的法定属性,有其严格的构成要件,且对加入债务的第三人更为有利,所以,发生诉讼纠纷后,在无法明确界定为保证担保责任的情况下,加入债务的第三方多主张其责任为保证担保责任,而非债务加入。就债务加入的认定而言,为了给审判实践提供较为明确的指引,《九民纪要》从尊重当事人约定即意思表示的内容出发,区分了两种情况:如果当事人的意思表示内容符合法律关于保证的特征,人民法院应当认定当事人之间成立保证合同关系;若其内容不符合法律关于保证的特征,则依据承诺文件的具体内容确定相应的权利义务关系,即债务加入。最高人民法院《关于适用〈中华人民共和国民法典〉有关担保制度的解释》第 36 条第 2 款则规定,人民法院在认定第三人是否构成《民法典》第 552 条规定的债务加入时,应当审查第三人是否具有与债务人共同承担债务的意思表示。第三人的意思表示不能确定是债务加入,如有提供担保的意思表示的,应当认定为保证。

在实践中,如果相关增信文件将第三人履行债务的前提界定为债务人届期“不能”“无法”“无财产”履行债务,此时存在明显的履行顺位,符合《民法典》关于一般保证的定义,应当认定为一般保证,而不得认定为债务加入。② 司法实践中就债务加入和保证担保的认定,仅针对具有担保性质的法

---

① 最后检索日期:2020 年 12 月 31 日。

② 参见最高人民法院民事审判第二庭编著:《〈全国法院民商事审判工作会议纪要〉理解与适用》,人民法院出版社 2019 年版。

律文件进行界定，并不与是否败诉直接挂钩，因此，本部分主要讨论司法判例中如何确认债务加入的性质。

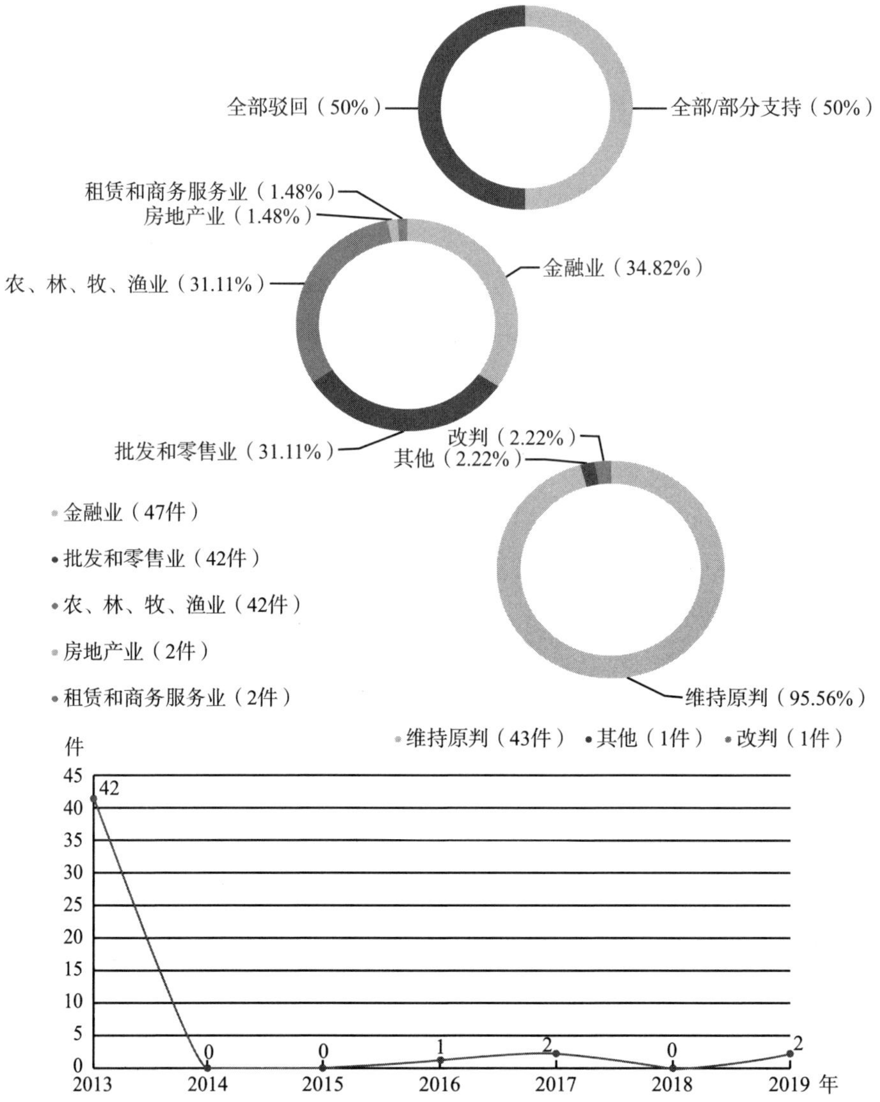

图 25-2　债务加入案件可视化示意

第一种情况是被认定为债务加入的。在中国城市建设控股集团有限公司、安信信托股份有限公司营业信托纠纷案①中，最高人民法院认为，《承诺函》系中城建公司的单方允诺，该承诺经安信公司接受，双方达成合意，中城建公司就河南中城建公司向安信公司支付案涉回购总价款的义务，构成债务加入，理由为：首先，安信公司与河南中城建公司签订的《转让及回购合同》合法有效，依据合同约定，河南中城建公司负有向安信公司支付股权收益权回购价款及回购溢价款的义务；其次，中城建公司向安信公司出具《承诺函》，约定如河南中城建公司不回购安信公司的股权收益权，则由中城建公司回购。从该约定中可知，中城建公司在河南中城建公司未付款或者安信公司按照约定未获得回购总价款时，即负有回购义务，并不以强制执行河南中城建公司无效果为前提。即中城建公司不享有先诉抗辩权，其在责任承担上不具有顺位性。故中城建公司关于其与安信公司之间成立一般保证法律关系的上诉主张，不能成立。该判例得以确认为债务加入的关键在于第三人中城建公司在责任承担上不具有顺位性，不符合一般保证责任的特征。

在信达公司石家庄办事处与中阿公司等借款担保合同纠纷②案中，最高人民法院认为，本案系借款担保合同纠纷。……本案中，河北中意在省建行出具的《承诺书》中承诺，对归还该笔贷款本息承担连带还款责任……一审判决基于该承诺书，认定该笔贷款的担保人已经变更为河北中意，省建行和信达石办已经放弃了对中阿公司的担保债权，中阿公司不应再承担本案的担保责任。但保证合同是当事人之间合意的结果，保证人的变更需要建立在债权人同意的基础上，即使债务人或第三人为债权人另为提供相应的担保，而债权人表示接受担保的，除债权人和保证人之间有消灭保证责任的意思表示外，保证责任并不免除……根据该《承诺书》的内容，河北中意愿意承担债务并无疑问，问题的关键在于：河北中意出具该承诺书的行为是被上诉人中阿公司主张的债务人变更，还是上诉人信达石办主张的增加保证人，抑或是新债务人的加入。在本案中，河北中意表示愿意承担连带还款责任，债权人省建行在接受的同时，并无明确的意思表示同意债务人变更，因而河北中意的承诺行为不能构成债务转移。至于河北中意的行为应当定性为上诉

① (2018)最高法民终867号。

② (2005)民二终字第200号。

人信达石办所主张的保证人增加,还是定性为债务人的增加,法院认为……判断一个行为究竟是保证,还是并存的债务承担,应根据具体情况确定。如承担人承担债务的意思表示中有较为明显的保证含义,可以认定为保证;如果没有,则应当从保护债权人利益的立法目的出发,认定为并存的债务承担。该判例中得以确认为债务加入的核心在于界定第三人为债务转移还是债务加入,债权人未明确表示同意债务人变更是关键要素。

在云南旺立达矿业有限公司等与昌吉市益安煤矿企业借贷纠纷①案中,最高人民法院认为,关于李某某承诺承担连带还款责任的性质应如何认定的问题。本案《借款合同》签订的主体分别是中翔集团和益安煤矿,李某某系经办人……现双方对上述约定的责任性质存在异议,旺立达公司主张为债务加入,而李某某主张系连带担保责任。对此,法院认为,在双方约定不明的情况下,应结合合同目的、承担人与合同利益的关联程度综合考虑上述约定的性质。本案中,李某某作为益安煤矿的实际出资人和控制人,与益安煤矿的经营行为和实际收益存在利害关系,故其在《借款合同》中承诺的对益安煤矿借款承担连带还款责任,不仅仅是为了益安煤矿的利益而承担责任,其对此亦有直接和实际的利益。因此,李某某在《借款合同》中作出的还款承诺更符合债务加入的特征。原审法院判决其与益安煤矿共同向旺立达公司偿付借款本金及相关利息,并无不当,应当予以维持。该判例采取利益标准,从另一角度对债务加入作出了界定,即如果第三人不仅仅是为了债务人的利益而承担责任,其对此亦有直接和实际利益的,应认定其属债务加入。在(2019)最高法民申 5314 号案件中,最高人民法院再次重申了这一观点。

值得注意的是,在中国华融资产管理股份有限公司云南省分公司、昆明呈钢工贸有限责任公司借款合同纠纷②案中,最高人民法院首先明确,案涉非金债权双方之间通过反复多次往来转账虚构不存在的债权债务关系,华融公司事先掌控财务印鉴且转账留有经办人签名,华融公司对虚构债权的情况是明知的具有高度盖然性。通谋的虚伪意思表示无效,华融公司明知是虚构债权而签署的债权转让协议无效,应当按照隐藏的民事法律行为处

① (2014)民二终字第 138 号。

② (2020)最高法民终 537 号。

理,资产管理公司(Asset Aamagement Companies,AMC)与出让方构成名为债权转让实为融资的借款合同关系。《银行业监管法》第19条规定:“未经国务院银行业监督管理机构批准,任何单位或者个人不得设立银行业金融机构或者从事银行业金融机构的业务活动。”该规定涉及金融安全、市场秩序、国家宏观政策等公共秩序,属于强制性效力规定。华融公司系金融资产管理公司和非银行金融机构,其经营范围不包括贷款业务。华融公司未经批准从事贷款业务,违反上述规定,与中天公司之间的借款关系无效。

随后,最高人民法院又转而指出,在确定合同因意思表示虚伪和违反强制性效力规定而无效后,人民法院应当根据诚实信用原则,在当事人之间合理分配民事责任,不能使不诚信的当事人因合同无效而获益。虚假债权的债务人与AMC签订还款协议及补充协议,可证实其真实意思表示是向华融公司承担还款责任;且因案涉还款协议及补充协议没有约定出让方不再向华融公司承担还款责任,应当认定虚假债权的债务人签订还款协议构成并存的债务加入,与出让方共同向华融公司承担还款责任。

此外,还有一种观点认为,如果第三人与债权人明确约定其履行债务并不以债务人届期未履行为前提,则表明其为债务加入,而非保证。①

属于第二种情况被认定为债务加入的有瑞安中华汇地产有限公司、北京中天宏业房地产咨询有限责任公司合同纠纷②案。在本案中,最高人民法院认为,第三人的债务加入不仅对债务承担本身的稳定性影响很大,而且承担的债务责任也较之连带责任保证要加重许多。因此,债务加入必须是第三人作出明确意思表示,如明确的合同约定或者明确的单方承诺等,否则不能认定构成债务加入。如果第三人只是愿意作为保证人为原债务关系的债务作出某种担保,则应当认定为第三人承担连带责任保证,而非承担并存债务的“连带责任”……按照《五方协议》约定,中天宏业公司明确承担的是连带责任保证。……在无确实充分的证据证明中天宏业公司已作出“债务加入”的明确意思表示的情况下,不能将第4.2条前半部分内容理解为是对中

---

① 参见夏昊晗:《债务加入与保证之识别——基于裁判分歧的分析和展开》,载《法学家》2019年第6期,第102~113页。

② (2019)最高法民终1178号。

天宏业公司债务加入的约定,更不能据此认定中天宏业公司应承担“债务加入”的并存债务责任。由此可见,第三人的债务加入不仅对债务承担本身的稳定性影响很大,而且承担的债务责任也较之连带责任保证要加重许多。因此,债务加入必须是第三人作出明确意思表示,如果第三人只是愿意作为保证人为原债务关系的债务作出某种担保,则应当认定为第三人承担连带责任保证,而非承担并存债务的“连带责任”。

在张某、攀枝花市米易县丰泰小额贷款有限公司小额借款合同纠纷[①]案中,攀枝花中级人民法院认为,《九民纪要》第23条明确了债务加入准用担保效力规则,参照关于公司为他人提供担保的有关规则处理,《公司法》第16条规定,公司向其他企业投资或者为他人提供担保,依照公司章程的规定,由董事会或者股东会、股东大会决议……因此,丰泰公司对永驰公司债务加入行为的效力承担证明责任,根据上述规定及立法精神,张某系永驰公司的法定代表人、股东,永驰公司的债务加入行为必须经其股东会进行决议,丰泰公司对此负有审查义务,但丰泰公司未举证证明其对永驰公司的债务加入行为进行了上述审查,则丰泰公司作为债权人,对此不构成善意,永驰公司的债务加入行为无效。故丰泰公司要求永驰公司承担共同还款责任的诉讼主张依法不能成立,一审法院不予支持。该案虽为一审判决,但具有一定参考价值,其是基于《九民纪要》及债权人善意就债务加入进行了界定,符合当前的立法精神和债务要求的形式要件要求。

上述案例对债务加入的性质界定无法涵盖所有保证与债务加入的区分情形,就债务加入与其他担保措施的这一纠缠模糊的关系而言,仍需回归个案具体综合分析,但从最高人民法院既往裁判观点来看,在存疑情况下,司法机关总体上倾向于应当从保护债权人利益出发,推定为债务加入。

四、债务加入的相关合同条款及其他文件表述及司法认定比对

从控制风险的角度考虑,本章有必要对之前“债务加入”司法判例中《承诺函》、《代还/偿协议》的内容表述进行梳理,从而明确其风险点。

---

① (2020)川04民终181号。

表 25-1　债务加入典型判决一览

序　号	案件名称与案号	表　述	判决定性
1	中国第四冶金建设有限责任公司、平安银行股份有限公司广州分行金融借款合同纠纷[(2019)最高法民申5314号]	《承诺函》未明确是承担共同还款责任还是连带保证责任，仅笼统表述为“承担共同还款责任及连带保证担保责任”。	《承诺函》明确约定：“……承担共同还款责任及连带保证担保责任”，作为债权人的平安银行广州分行有权选择请求第四冶金公司承担共同还款责任或者连带保证担保责任。其次，根据《承诺函》载明的内容，第四冶金公司因无法兑付其开具的收款人为本案债务人泰恒公司的已到期和即将到期的商业汇票，向平安银行广州分行出具《承诺函》，在一定额度内为泰恒公司贷款债务承担共同还款责任，有自身实际的关联利益考量，应当认定为债务加入。
2	福建省金爵房地产开发有限公司、中国银行股份有限公司廊坊分行金融借款合同纠纷[(2018)最高法民申5211号]	金爵公司于2009年11月5日向中行廊坊分行出具《代还欠贷款计划》承诺：“争取在2009年内代还2700万元，其余资金计划在2010年下半年、2011年底前分两年还清”。	根据上述事实，原判决认定金爵公司系作为共同债务人承担主债务及约定利息的还款责任，并不缺乏证据证明。因此，金爵公司关于其在主债务中仅承担担保责任并应免除的主张不能成立。

续表

序　号	案件名称与案号	表　述	判决定性
3	中国农业发展银行凉山彝族自治州分行、西昌攀星农业开发有限公司金融借款合同纠纷［（2016）川民终654号］	2013年9月24日，西昌市财政局向农发行凉山分行出具《承诺书》，内容为："根据西昌市人民政府西府函〔2013〕36号文件精神，西昌攀星公司向你行申请调控粮食收购贷款7300万元，调控期限为一年，专项用于2013年度我市的稻谷及大米收购，收购18,000吨稻谷，大米2500吨。为保证资金的安全，由我局对这笔粮食调控贷款进行封闭运行监管，因此在办理借款手续后请贵行监督西昌攀星公司将调控贷款及时划入西昌市财政局在贵行开设的监管账户，该公司应严格执行西昌市财政局、西昌攀星公司流动资金封闭运行的监管协议，届时，根据你行相关规定我局将对产生贷款利息、保管费用和销售价差亏损据实拨补，并督促西昌攀星公司按时还本付息，并严格按市人民政府承诺负责调控粮食收购贷款本息的归还"。	【一审】我国法律对"债务加入"无明确规定，但在司法实践中"债务加入"通常理解的意思为：第三人与原债务存在客观利益（如次债务人）而向债权人承诺以债务人身份承担还款责任。本案中，西昌市财政局在其出具的《承诺书》中虽然有还款的意思表示，但西昌市财政局与债务人西昌攀星公司的借款无客观利益，其出具《承诺书》的行为是基于工作关系，而非利益关系，且西昌市财政局在出具《承诺书》时，西昌攀星公司与农发行凉山分行的债权债务关系尚未形成，故西昌市财政局没有理由，也没有条件为西昌攀星公司的借款进行"债务加入"。其次，西昌市财政局出具的《承诺书》更多具有履行职责、对涉案贷款进行监管及督促债务人西昌攀星公司按时归还借款的性质，其"债务加入"的意思表示并不明确，故农发行凉山分行主张西昌市财政局出具的《承诺书》是"债务加入"与客观事实不符。再次，西昌市财政局作为国家机关，其"债务加入"无相关法律及政策依据，故西昌市财政局不具备"债务加入"的主体资格。……农发行凉山分行以西昌市财政局出具的《承诺书》是"债务加入"为由主张该局承担还款责任的理由不成立，一审法院不予支持。

续表

序　号	案件名称与案号	表　述	判决定性
			【二审】从农发行凉山分行对该《承诺书》的预期来看，在涉案贷款逾期未还款后，农发行凉山发行分别向西昌市人民政府、西昌市财政局发出了《关于请求西昌市人民政府解决西昌攀星公司贷款风险的函》和《中国农业发展银行提示归还到期贷款通知书》，请求西昌市财政局按照《承诺书》的承诺，多方筹集资金归还涉案贷款。可见，农发行凉山分行对该《承诺书》具有与保证合同相同的担保预期。……《承诺书》属于保证担保行为，但是法律禁止国家机关提供担保，但是西昌市财政局有过错……法院认为，西昌市财政局应对西昌攀星公司不能偿还涉案贷款本息部分承担六分之一的连带赔偿责任。
4	第一商业银行股份有限公司上海分行、彰银商业银行有限公司等与中国福斯特（控股）有限公司、江阴福斯特纺织有限公司等金融借款合同纠纷［（2017）苏民初4号］	银行团认为，2015年4月17日和4月21日，江阴福斯特分两次向第一银行上海分行支付了人民币150万元和560万元，并附言“中国福斯特控股有限公司联贷利息”，这说明江阴福斯特确认其自身的还款义务，应当认定构成了并存的债务承担即债务加入。	法院认为，债务加入作为增加意思表示人债务负担的一种形式，需要有明确的意思表示。本案中，江阴福斯特虽确认上述汇款行为，但并未明确愿与借款人共同承担《贷款协议》项下的所有债务。即便按照银行团所举证据，分析汇款附言“中国福斯特控股有限公司联贷利息”，也主要针对所付款项性质及用途。且该转账行为仅有两笔，认定为代付行为即代中国福斯特支付利息更符合本案实际。因此，欠缺江阴福斯特债务加入的明确意思表示，银行团主张其构成债务加入不能成立。

续表

序　号	案件名称与案号	表　述	判决定性
5	中国信达资产管理股份有限公司江苏省分公司与宜兴市新建镇人民政府、江苏三鑫化纤有限公司等金融借款合同纠纷[(2018)苏民申942号]	新建镇财政所出具的承诺书的第二段载明:“无论贵行对上述债权是否拥有担保(包括但不限于债务人提供的物的担保、第三人提供的物的担保、保证、保函、备用信用证等),本承诺人作为债务加入方自愿履行上述债务人的债务,同时本承诺并不免除债务人或担保人履行主从债务的责任。”	虽然新建镇财政所出具的承诺书的内容中表明是“债务加入方”,但结合江苏银行开发支行要求多方当事人出具承诺书的时间、目的可以看出,该承诺书具有保证性质。新建镇财政所作为国家机关,其担保行为超出法定职权范围,亦与我国法律相关规定精神相悖。一审、二审认定承诺书无效,有事实和法律依据。《担保法》第5条第2款规定:“担保合同被确认无效后,债务人、担保人、债权人有过错的,应当根据其过错各自承担相应的民事责任。”本案中,江苏银行开发支行作为专业的收放贷款的商业银行,其应当知道新建镇财政所作为国家机关无权出具该承诺书,仍接受该承诺书并发放贷款,具有过错。故一审、二审法院判决新建镇政府对三鑫公司不能清偿部分承担三分之一的赔偿责任,有事实和法律依据。

续表

序　号	案件名称与案号	表　述	判决定性
6	北银消费金融有限公司与吴某某等金融借款合同纠纷[(2018)京0108民初48132号]	2014年12月18日,张某某与吴某某签署协议一份,该协议载明:因吴某某在北银消费金融公司借款一笔,已经把这笔贷款转交给张某某,这笔贷款由张某某偿还。……对此,北银公司不予认可,认为该协议系张某某同意与吴某某共同承担还款责任的意思表示,属于债务加入行为,本案诉争贷款应由吴某某及张某某共同偿还,不同意免除吴某某的债务仅由张某某个人偿还。	法院认为,债务加入是指第三人与债权人、债务人达成三方协议或第三人与债权人达成双方协议或第三人向债权人单方承诺由第三人履行债务人的债务,但同时不免除债务人履行义务的债务承担方式。债务承担,是指第三人与债务人订立契约,由第三人承担债务人之债务,使原债务人于承担的范围内免责,债权人得向承担人主张债权。由于债务人将其债务转让给承担人而免责,而新的债务人的清偿能力对债权人的利益实现至关重要,因此债务人与第三人订立债务承担的契约须经债权人同意。本案中,首先,张某某并未向北银公司承诺共同偿还本案贷款,亦未与北银公司达成书面债务加入协议;另一方面,张某某与吴某某之间的协议内容为"这笔贷款由张某某偿还"而非张某某与吴某某共同偿还,吴某某亦据此主张应免除其对北银公司的债务,足以说明张某某与吴某某之间并未就债务加入达成合意。因此,北银公司关于张某某构成债务加入的诉讼主张证据不足,法院不予采纳。

续表

序号	案件名称与案号	表述	判决定性
7	新天龙集团有限公司、绍兴金美珂化工有限公司与浙江稠州银行商业银行股份有限公司杭州分行、上虞市光明化工有限公司等金融借款合同纠纷［(2017)浙01民终3982号］	绍兴市上虞区人民政府办公室下发〔2014〕7号《绍兴市上虞区人民政府专题会议纪要》，载明“2013年12月16日，区政府组织召开新天龙集团有限公司对上虞市光明化工有限公司部分资产实施兼并重组有关问题专题会议……六、关于银行贷款问题。会议明确要以先稳定现状，再加速妥善处置为原则，光明化工现有相关银行的3750万元贷款全部平移到新天龙或金美珂，根据各贷款到期时间，来不及平移的先行转贷，再抓紧办理贷款平移手续”。	《会议纪要》仅是一份政府纪要，其中提到的新天龙公司要尽快处理好光明公司的历史遗留问题，是会议中政府对新天龙公司的概括性要求，而非新天龙公司的意思表示，且处理好历史问题，也不是明确要求新天龙公司承担债务的意思表示。债务加入是对当事人产生重大影响的法律行为，必须明确、清晰，该会议纪要亦不足以认定新天龙公司愿意债务加入的公开承诺。新天龙公司并不是无偿接收了光明公司的相关资产，作为买受方，其支付了相应款项，总计1亿余元，远远超出接收财产的价值，作为出卖方，光明公司也配合新天龙公司完成了资产转让过程的变更手续，在此基础上，新天龙公司支付了相应对价后，一审法院还要求新天龙公司、金美珂公司承担原企业遗留债务无法律依据，也加重了新天龙公司、金美珂公司的负担，明显不公。综上，不管是申请书还是会议纪要，均不能证明新天龙公司、金美珂公司有债务加入的意思表示。

续表

序　号	案件名称与案号	表　述	判决定性
8	莫某某与镇江市宏润建设工程有限公司、马某华等金融借款合同纠纷[(2019)苏1102民初4405号]	被告马某某、施某立、田某凯、田某宇、钱某民、钱某霞、付某平、丁某、骏达公司向农商行梦溪支行出具共同还款承诺书,承诺书的还款责任范围应限于农商行梦溪支行作为贷款人、被告宏润公司作为借款人的贷款。不能因为农商行梦溪支行隶属于农商行,就当然地将责任范围扩大至被告宏润公司在农商行处的借款。案涉贷款并非农商行梦溪支行发放,农商行梦溪支行也非《流动资金循环合同》中的合同主体。故该承诺书的还款责任范围不应包括案涉债权。	银行作为贷款的主体,为了控制信贷风险,通知债务人之外的其他主体参加到某项具体债务并承担连带责任,应按诚实信用原则明确告知债务加入人具体的债务范围、数量、明确的债权人(贷款人)和债务人(借款人),使债务加入一方按照公平原则及意思自治明确自己应承担的风险、责任范围。而原告提供承诺书系银行提供的格式条款,承诺书系出具给农商行梦溪支行作为债权人(贷款人),加入债务的范围"所有贷款"不具体,使债务加入人不明确自己的风险范围及责任范围,有违公平原则,不能排除系欺骗债务加入方的可能,并且使债权人有滥用承诺书的可能,加大债务加入承诺人的风险。当债权人与债务加入人对银行提供的格式条款内容的理解发生争议时,应按相关法律规定作出对债务加入方有利的解释。

续表

序　号	案件名称与案号	表　述	判决定性
9	王某磊与山东乳山农村商业银行股份有限公司、王某宽金融借款合同纠纷[(2019)鲁1083民初2629号]	协议具体内容如下：乙方王某宽与宋某、刘某玲、王某磊、栾某芝、王某、宋某成系直系亲属关系。宋某等6人于2004年4月至2005年9月1日在甲方(债权人乳山市育黎农村信用合作社)处先后10次借款人民币现金685,000元,为确保借款按期归还,乙方自愿接受其亲属在甲方处的685,000元债务。现经甲、乙双方及第三人共同协商,达成如下协议,以便共同遵守。一、经甲方同意,乙方自愿接受其亲属宋娟等6人在甲方处的借款债务685,000元及利息,债务转让期限为1年,即2005年10月15日至2006年10月14日止。期间,乙方必须按其亲属与甲方签订的借款合同约定日期按期履行还款义务。	具体到本案,认定双方签订的协议书是债务转移还是债务加入,关键是看王某宽与乳山农商行达成的是债务转移还是债务加入的合意。从王某宽与乳山农商行签订的协议内容来看,该协议第1条内容中明确使用"债务转让"文字进行了表述,王某宽主张上述协议系债务转让,与协议中文字表述"债务转让"相一致。根据常理推断,王某宽为涉案借款的实际使用人,王某磊在乳山农商行的借款转让给王某宽符合常情,因此王某磊在乳山农商行的债务转让给王某宽,应是王某宽的真实思表示。原育黎信用社主任矫恒林在乳山市检察院所作的笔录中认可王某磊等六人的贷款转移给王某宽,并用王某宽分得的海峰街的楼作为担保。而协议签订时矫某林任育黎农村信用社主任,且该协议加盖了乳山市育黎农村信用合作社的印章,签订该协议矫某林应是履行的职务行为,对乳山农商行具有约束力,因此签订协议时王某宽与乳山农商行双方的意思表示均为将王某磊等六人的借款及利息转移给王某宽,至此双方达成的合意应是债务转移而不是债务加入。

续表

序　号	案件名称与案号	表　述	判决定性
10	魏某、刘某与中国工商银行股份有限公司常德临江支行金融借款合同纠纷[(2018)湘07民终782号]	刘某与魏某系夫妻关系,为保证上述合同的正确履行,刘某在上述合同中的《共同偿债人承诺书》上签名确认,自愿就合同项下的全部债务承担共同偿债责任。	合同外的第三人向合同中的债权人承诺承担债务人义务的,应认定为债务加入。债权人可以依据债务加入关系向第三人主张权利。本案中,根据刘某在魏某与工商银行临江支行签订的《分期付款合同》中项下的《共同偿债承诺书》的内容和签名来看,刘某自愿作为魏某的共同债务人,对魏某《分期付款合同》项下的债务承担无条件、不可撤销的共同偿债责任,并明确了其责任属于债务加入而非保证担保。故此,在不改变原来魏某与工商银行临江支行借款合同内容的情况下,刘某是自愿对魏某所拖欠的工商银行临江支行的上述贷款承担偿还责任的,其行为应当认定系刘某对魏某所欠工商银行临江支行贷款的主动加入,并不违反国家法律、法规的强制性规定。虽然刘某举证证明了两人并非夫妻关系,但并不能因此否定刘某作为魏某的债务加入的主体应承担的共同偿还责任。

续表

序　号	案件名称与案号	表　述	判决定性
11	(2018)闽0206民初2227号民事判决书	兆丰融公司向国家开发银行出具一份《承诺》,承诺安锐信德厦门融资租赁有限公司若进行利润分配,属于兆丰融公司份额的全部分红款项将用于归还华融黄金珠宝公司及安锐信德(厦门)融资租赁有限公司在国家开发银行的贷款本息直至结清。	华融实业公司、华融集团公司、东方创展公司、兆丰融公司、聚贤创展合伙均承诺以未来将实现的债权来清偿债务,其承诺的义务均负有一定的条件,国家开发银行没有证据证明承诺中的债权已经实际实现,无法证明华融实业公司、华融集团公司、东方创展公司、兆丰融公司、聚贤创展合伙还款条件的成就;连带责任需要法律的明确规定,国家开发银行主张的债务加入行为,债务加入人与借款人共同承担偿还借款的责任,并非连带责任,国家开发银行主张华融实业公司、华融集团公司、东方创展公司、兆丰融公司、聚贤创展合伙承担连带责任,亦没有相应的法律依据。
12	中国银行股份有限公司缙云县支行与缙云县中牧沸石粉有限公司金融借款合同纠纷[(2018)浙1122民初2443号]	《股东决议书》一份,载明:"田某某为缙云县中牧沸石粉有限公司的股东,本公司同意田文忠以个人名义向贵行申请贷款人民币贰佰玖拾万元整,用于本公司的生产经营。本公司的全体股东同意以公司经营利润和经营收入优先偿还贵行的贷款本息。由此产生的法律责任均由我公司承担"。	《股东决议书》是被告向原告作出的一种承诺。原告在与田某某等人签订借款合同时,没有接受被告的承诺。如果原告接受了被告的这种承诺,完全可以要求被告共同加入到债务当中,签订共同还款承诺书,或者进行债务担保。所谓债务加入,又称并存的债务承担,是指原债务人并没有脱离原债务关系,而第三人加入到原存的债务关系中,与债务人共同承担债务。《股东决议书》承诺时间是2016年6月29日,原告与债务人形成的借款合同是2016年7月20日,《股东决议书》在前,形成债务在后,不构成债务加入。

五、商业银行风控操作要点

《民法典》正式将债务加入制度明确后，结合最高人民法院的过往司法判例，本书写作团队建议，商业银行在实际操作中应尽可能采取有效的方式明确债权人、原债务人与债务加入方各自的权利义务，避免发生争议。

（一）最高人民法院《关于适用〈中华人民共和国民法典〉有关担保制度的解释》第36条第3款规定，在第三人提供的承诺文件难以确定是保证还是债务加入的，人民法院应当将其认定为保证。同时债务加入的责任重于保证担保。因此，站在债权人立场，商业银行应当尽量将承诺文件表述为债务加入

（二）债务加入应当有明确、清晰的书面意思表示，商业银行应当主导、协调各方签署三方协议，明确债务加入实质，并三方确认

由于司法判例认为"债务加入作为增加意思表示人债务负担的一种形式，需要有明确的意思表示"，必须"明确愿与借款人共同承担《贷款协议》项下的所有债务"，而不承认单纯的汇款等行为本身可以构成债务加入。因此，在确定第三人后，应要求债务加入方与债权人、原债务人共同签署正式债务加入协议，①以明确债务加入事宜。同时，应明确以下几点：一是第三人明确自愿与原债务人作为共同债务人，对债务的清偿承担连带责任，协议中明确债权金额。二是债权人并未放弃对原债务人债权，只是新增共同债务人，并非债务转移。三是债权人向任一债务人主张债权无顺位限制且不受保证期间约束。四是最好能在三方协议中明确第三人履行清偿义务后享有向原债务人追偿的权利。同时，应明确无论发生任何情况，第三人均不得以追偿权无法有效行使等理由不予履行清偿责任或要求债权人返还清偿款项。此点是考虑到一般情况下，债权人不会关注债务加入方履行清偿义务后，其与原债务人的责任分担方式，但为避免第三人以显失公平等理由对承担债务的行为提出抗辩，最好能进行相应约定。五是要避免债务人添加类似"若进行利润分配，属于兆丰融公司份额的全部分红款项将用于归还（见前述〔2018〕闽0206民初2227号民事判决书）"一类的偿债条件，防止条件

---

① 对于个人消费类贷款，可签订《共同偿债人承诺书》，见前述［（2018）湘07民终782号］判决书。

未得到满足时相关债务加入责任得不到落实。

（三）对机关法人、夫妻共同财产审慎使用“债务加入”条款

《民法典》第683条明确规定，机关法人不得为保证人，但是，经国务院批准使用外国政府或者国际经济组织贷款进行转贷的除外。考虑到《预算法》对地方政府隐形债务的控制精神，同时从上述（2018）苏民申942号、（2016）川民终654号可以看出，司法机关对机关法人所出具的“债务加入”文件认定非常谨慎，无论表述如何，倾向于推定为“保证”，然后以683条之规定认定为无效。如“虽然新建镇财政所出具的承诺书的内容中表明是‘债务加入方’，但结合江苏银行开发支行要求多方当事人出具承诺书的时间、目的可以看出，该承诺书具有保证性质”。① 因此，对于机关法人，商业银行最好谨慎使用债务加入条款。

对于配偶出具保证人签署的《承诺函》表明“已知悉保证人签署《保证合同》事宜，并同意根据合同的约定，在保证人承担担保责任时，债权人有权处分保证人的夫妻共同财产”，有法院认为，这一《承诺函》并不构成债的加入，并非其与保证人的共同财产对债权人承担连带责任的意思表示。在上海浦东发展银行股份有限公司新津支行与四川星辰置业有限公司、四川桥牌厨具有限公司金融借款合同纠纷②案中，成都市中级人民法院认为，审理查明的事实表明，被告先某某作为被告王某某的配偶，其出具《关于同意执行共同财产的承诺函》的真实意思，系当发生依据保证人王某某签署的《最高额保证合同》在王某某依约承担担保责任情形时，先某某同意原告对夫妻共同财产进行处分，并以共同财产中属王某某的部分清偿债务，《承诺函》并无以属于先某某部分的财产进行担保和清偿债务的意思表示。被告先某某虽出具《关于同意执行共同财产的承诺函》，但无论该承诺函的名称还是该承诺函的内容，并未明确约定先某某加入债务，以其与王某某的共同财产对原告承担连带责任。先某某和王某某办理离婚登记手续后，亦不应以分得的共同财产承担连带责任。综上，原告诉请被告先某某对被告星辰公司债务的清偿在其与被告王某某离婚所分得的共同财产范围内承担连带责任，没有事实和法律依据，法院不予支持。对这一判决所体现的精神，商业银行开展个贷业务时应当予以重视。

---

① （2018）苏民申942号。

② （2017）川01民初980号。

（四）按照公司担保的流程，对债务加入的第三人所形成的内部决议进行审查并留存审查过程，确保“善意”

《九民纪要》明确了“法定代表人以公司名义与债务人约定加入债务并通知债权人或者向债权人表示愿意加入债务，该约定效力问题参照本纪要关于公司为他人提供担保的有关规则处理”的原则。最高人民法院《关于适用〈中华人民共和国民法典〉有关担保制度的解释》第 12 条也规定，法定代表人依照《民法典》第 552 条的规定以公司名义加入债务，该约定的效力参照本解释关于公司为他人提供担保的有关规则处理。

在内蒙古天房伟业房地产开发有限公司、济南现代房地产开发有限公司企业借贷纠纷①案中，最高人民法院指出，现代房地产公司应否在抵押物价值范围内对案涉主债权承担连带清偿责任。天房伟业公司主张，根据《担保合同》第 5 条第 3 款的约定，现代房地产公司除承担抵押担保责任外，已经成为债务加入人，应在抵押物价值范围内承担连带责任。《担保合同》第 5 条第 3 款约定：“甲方（担保方）不能清偿全部借款时，乙方（债权人）有权选择任一担保人要求其就未清偿款项承担连带责任。”由上述约定的文义可见，现代房地产公司和天房伟业公司之间约定了在担保人不能清偿全部借款时，现代房地产公司对主债务未清偿的部分承担连带责任。该约定符合债务加入的法理，构成债务加入。相较于案涉担保责任而言，债务加入属于法律后果更为严重的责任形式，举轻以明重，在当事人双方约定现代房地产公司提供物保尚需要经过该公司股东会决议的情况下，该公司以债务加入方式承担主债务的连带清偿责任更应该经过该公司股东会决议同意。在没有现代房地产公司相关股东会决议的情况下，不能认为约定该内容的条款已经生效。鉴于现代房地产公司并未就该事项作出决议表示同意，故该条款并未生效，现代房地产公司无需按照该约定在案涉抵押物价值范围内承担连带清偿责任。天房伟业公司的该再审申请理由不能成立。

类似判例还有中信银行股份有限公司总行营业部与贾某某等金融借款合同纠纷②案，北京市高级人民法院指出，乐视网加入其股东乐视控股债务的行为虽然不属于为股东提供担保的行为，但是，公司承诺债务加入这一直接承担责任的行为更应当经股东大会决议。如果不对公司加入股东债务的

---

① （2019）最高法民申 5503 号。

② （2017）京民初 86 号。

行为进行一定的规制，则无疑会放纵当事人通过债务加入的形式规避《公司法》第16条的规定，使该条形同虚设。本案中，乐视网作为上市公司，其加入股东的债务不仅将损害公司其他股东、公众投资者的利益，还会扰乱证券市场的正常秩序，这也是对《公司法》第16条保护公司和股东利益这一立法宗旨的破坏。故虽然《公司法》并未就公司加入股东债务作出规定，但依据《公司法》第16条的立法宗旨，法院适用该条规定处理案涉乐视网加入其股东乐视控股债务的效力问题。

可见，因债务加入导致债务人直接形成债务，较之担保形成的债务人或有债务影响更为重大，按照“举轻以明重”的原则，债务加入应属于公司的重大负债或融资事项，应当经股东会或董事会决议。因此，对于公司为履行股东或实际控制人的债务而加入债务的，商业银行作为债权人需证明在达成协议时对股东会或董事会决议进行了审查，否则，该债务加入协议无效。

(五)对于使用格式条款进行债务加入的，应按诚实信用原则明确告知债务加入人具体的债务范围、数量，使债务加入一方按照公平原则及意思自治明确自己应承担的风险、责任范围

在前述莫某某与镇江市宏润建设工程有限公司、马某某等金融借款合同纠纷[①]案中，镇江市京口区人民法院认为，原告提供承诺书系银行提供的格式条款，承诺书系出具给农商行梦溪支行，加入债务的范围“所有贷款”不具体，使债务加入人不明确自己的风险范围及责任范围，有违公平原则，不能排除系欺骗债务加入方的可能，并且使债权人有滥用承诺书的可能，加大债务加入承诺人的风险。当债权人与债务加入人对银行提供的格式条款内容的理解发生争议时，应按相关法律规定作出对债务加入方有利的解释。

因此，商业银行作为贷款的主体，为了控制信贷风险，通知债务人之外的其他主体参加到某项具体债务并承担连带责任，应按诚实信用原则明确告知债务加入人具体的债务范围、数量、明确的债权人(贷款人)和债务人(借款人)，使债务加入一方按照公平原则及意思自治明确自己应承担的风险和责任范围。

---

① (2019)苏1102民初4405号。

（六）可通过条款设置对未来发生的债务设定债务加入

《民法典》第552条规定的是“债权人可以请求第三人在其愿意承担的债务范围内和债务人承担连带债务”。可见，第三人对将来发生的债务承诺付款时，该承诺并不因当时债务未发生而无效。当随后债务实际发生时，债权人有权要求第三人在约定范围内承担连带责任。在重庆粮食集团与高洲酒业、会和商贸公司买卖合同纠纷①案中，最高人民法院也明确指出，将来发生的债务也可以设立债务承担，债务是否已经实际发生，并不影响债务人加入债务意思表示的效力。此后实际发生了债务，债权人要求第三人承担债务加入的责任，应予支持。商业银行应当根据这一立法精神，设计对未来债权的债务加入条款。

（七）债务加入主合同与担保合同形成紧密逻辑关联

为避免债务加入对后续债权人向担保方行使担保权利产生不利影响，在相应的担保合同中，应同时在合同前面的“鉴于条款”中明确债务加入事宜，担保方应明确同意对原债务人与第三人在主合同项下的全部义务承担担保责任。如相关担保合同已生效，确定了第三人，则应尽可能要求担保方与原债务人、第三人及债权人共同签署确认债务加入事宜的多方协议，明确担保方同意继续按担保合同的约定承担或继续承担担保责任，避免后续担保方抗辩风险。

（八）要特别注意在债务加入的条款中，明确合同管辖地，避免管辖风险

需要注意的是，在江苏银行股份有限公司无锡分行，江阴鑫源金属制品有限公司，傅某元，陈某英，傅某，江阴市东亚轧钢厂，苏州工业园区鑫源彩钢复合板有限公司，苏州市鑫源钢模钢管厂金融借款合同纠纷管辖权异议②案中，一审法院，债务加入是指第三人与债权人、债务人达成三方协议或第三人与债权人达成双方协议或第三人向债权人单方承诺由第三人履行债务人的债务，但同时不免除债务人履行义务的债务承担方式。本案中，傅兴元承担共同还款义务的原因是债务加入，与保证相比，两者在案件的实质处理上并无不同，在法律性质上，可将债务加入视为一种保证，故傅某元自愿加入债务的《承诺书》处于从合同的地位，应当根据主合同确定案件管辖。但是被告上诉提出，江苏银行无锡分行以债务加入的理由向傅某元提出诉

① （2015）民二终字第434号。

② （2014）苏商辖终字第0009号。

讼,但在所谓的债务加入协议上并没有关于管辖地的约定。根据诉讼管辖地“原告就被告”的原则,由于傅某元与江苏银行无锡分行之间没有管辖约定,本案应当由傅某元所在地的江苏省苏州市中级人民法院管辖。[①] 因此,为避免管辖风险,商业银行最好在债务加入三方协议中明确约定管辖法院。

① 二审法院并未支持上诉理由,认为虽然傅某元与江苏银行无锡分行未签订书面管辖条款,但其作为债务加入方应当受到债权人与原债务人约定管辖条款的约束,故原审法院对本案具有管辖权。但不排除其他法院法官会有不同的观点。

第二十六章　保理合同新规与商业银行法律风险防范

【《民法典》变化的影响】风险减少

【风险等级】★★★★

【提要】《民法典》第十六章新增了保理合同相关规定，第761条明确了"保理合同是应收账款债权人将现有的或者将有的应收账款转让给保理人，保理人提供资金融通、应收账款管理或者催收、应收账款债务人付款担保等服务的合同"。从该规定可以看出，将债权人与债务人之间的基础交易合同产生的应收账款作为保理法律关系中的前提及必备要素具有重要意义。另外，《民法典》对保理人的债权转让通知、有追索权及无追索权的保理合同等事项也进行了明确规定，此举将在极大程度上避免出现以往司法实践中各个法院判例冲突的现象。那么商业银行应当如何在实践中避免保理业务合同纠纷败诉，又应当如何设计保理业务合同中的相关条款？

一、民法典及配套新规

▶《民法典》

【保理合同定义】

第761条　保理合同是应收账款债权人将现有的或者将有的应收账款转让给保理人，保理人提供资金融通、应收账款管理或者催收、应收账款债务人付款担保等服务的合同。

【保理合同内容和形式】

第762条　保理合同的内容一般包括业务类型、服务范围、服务期限、基础交易合同情况、应收账款信息、保理融资款或者服务报酬及其支付方式等条款。保理合同应当采用书面形式。

【虚构应收账款的法律后果】

第763条　应收账款债权人与债务人虚构应收账款作为转让标的，与保理人订立保理合同的，应收账款债务人不得以应收账款不存在为由对抗保理人,但是保理人明知虚构的除外。

【保理人表明身份义务】

第764条　保理人向应收账款债务人发出应收账款转让通知的,应当表明保理人身份并附有必要凭证。

【无正当理由变更或者终止基础交易合同行为对保理人的效力】

第765条　应收账款债务人接到应收账款转让通知后,应收账款债权人与债务人无正当理由协商变更或者终止基础交易合同,对保理人产生不利影响的,对保理人不发生效力。

【有追索权保理】

第766条　当事人约定有追索权保理的,保理人可以向应收账款债权人主张返还保理融资款本息或者回购应收账款债权,也可以向应收账款债务人主张应收账款债权。保理人向应收账款债务人主张应收账款债权,在扣除保理融资款本息和相关费用后有剩余的,剩余部分应当返还给应收账款债权人。

【无追索权保理】

第767条　当事人约定无追索权保理的,保理人应当向应收账款债务人主张应收账款债权,保理人取得超过保理融资款本息和相关费用的部分,无需向应收账款债权人返还。

【多重保理的清偿顺序】

第768条　应收账款债权人就同一应收账款订立多个保理合同,致使多个保理人主张权利的,已经登记的先于未登记的取得应收账款;均已经登记的,按照登记时间的先后顺序取得应收账款;均未登记的,由最先到达应收账款债务人的转让通知中载明的保理人取得应收账款;既未登记也未通知的,按照保理融资款或者服务报酬的比例取得应收账款。

【适用债权转让规定】

第769条　本章没有规定的,适用本编第六章债权转让的有关规定。

▶最高人民法院《关于适用〈中华人民共和国民法典〉有关担保制度的解释》(法释〔2020〕28号)

【保理】

第66条　同一应收账款同时存在保理、应收账款质押和债权转让,当事人主张参照民法典第七百六十八条的规定确定优先顺序的,人民法院应予支持。

在有追索权的保理中，保理人以应收账款债权人或者应收账款债务人为被告提起诉讼，人民法院应予受理；保理人一并起诉应收账款债权人和应收账款债务人的，人民法院可以受理。

应收账款债权人向保理人返还保理融资款本息或者回购应收账款债权后，请求应收账款债务人向其履行应收账款债务的，人民法院应予支持。

二、立法考辨

保理合同系国际舶来立法移植产物。[①] 截至 2018 年，全球保理业务量（达到）2.76 万亿欧元，中国保理业务量为 4116 亿欧元，成为世界保理业务量最大的国家。[②] 但在《民法典》颁布实施之前，我国《合同法》等相关法律中并没有对保理合同的立法规定，仅有原中国银行业监督管理委员会颁布的《商业银行保理业务管理暂行办法》、商务部发布的《关于做好商业保理行业管理工作的通知》等零碎、分散的部门规章、文件。在司法层面，最高人民法院近年来注意到“（保理合同）在国际贸易中运用广泛。近年来，保理业务在国内贸易领域的运用显著增多”，并在 2015 年《关于当前商事审判工作中的若干具体问题》规定了“关于保理合同纠纷案件的审理问题”，[③]厘清了相关问题的处理原则。

但司法实践中关于保理业务的相关纠纷仍然非常混乱，相关法律不健全导致保理合同司法认知与判决结果难以统一，出现了同案不同判的现象。一个明显的例子是，现行民事案件案由规定中并无“保理合同”的专门案由，[④]本书写作团队在裁判文书网检索到的 1000 余个案件中，有 10 个案件使用了“保理合同纠纷”作为案由，其余则为“金融借款纠纷”或“合同纠纷”。

---

① 在国际领域，关于保理合同的主要国际公约包括：《国际保理公约》《国际保理通则》《国际贸易应收账款转让公约》。

② 参见中国银行业协会保理专业委员会：《中国保理产业发展报告（2018）》，中国金融出版社 2019 年版。

③ 最高人民法院审判委员会委员、民事审判第二庭庭长杨临萍：《最高人民法院关于当前商事审判工作中的若干具体问题（2015）》，载《人民司法（应用）》2016 年第 4 期。

④ 参见曹建明主编：《最高人民法院民事案件案由规定理解与适用》，人民法院出版社 2008 年版。

在《民法典》出台之前，关于保理合同的定性，有委托合同说（焦小丁，2017）、[①]金融借款说（债权质押的借贷契约）、[②]让与担保说（陈光卓，2015），[③]债权质押说（裴亚洲，2020）、[④]债权让与说（李宇，2019）[⑤]等多种学说。2015年《关于当前商事审判工作中的若干具体问题》指出，"保理业务是以债权人转让其应收账款债权为前提，集应收账款催收、管理、坏账担保及融资于一体的综合性金融服务"，并明确指出，"保理法律关系的实质是应收账款债权转让，涉及三方主体和两个合同，这与单纯的借款合同有显著区别，故不应将保理合同简单视为借款合同"。[⑥] 之后各级法院逐渐统一认识，认为保理合同具有"债权让与"基础上的复合综合性金融服务合同特征。[⑦]

在中国华融资产管理股份有限公司河南省分公司、马某某金融借款合

---

① 参见焦小丁：《我国涉外保理合同的识别问题研究——基于广东省法院175份裁判文书的实证分析》，载《法律适用（司法案例）》2017年第8期。

② 《关于当前商事审判工作中的若干具体问题》指出，相对于传统合同类案件而言，保理合同案件属于新的案件类型。由于《合同法》未就保理合同作出专门规定，其属于无名合同，加之现行的案由规定中尚无"保理合同"的专门案由，所以有的法院直接将保理合同的案由确定为借款合同。金融借款说的典型案例见中国光大银行苏州分行诉韦翔塑胶（昆山）有限公司、苏州冠捷科技有限公司等借款合同纠纷[（2008）苏民二终字第0333号]，该案例登载于《江苏省高级人民法院公报》2009年第2期，法律出版社2009年版，第50页。法院认为，有追索权或者回购型保理的实质应为债权质押的借贷契约。相似观点还见于张守春、中国建设银行股份有限公司太仓分行与张守春、中国建设银行股份有限公司太仓分行等合同纠纷[（2015）苏审二商申字第00268号]。

③ 参见陈光卓：《保理案件审理中的法律问题和司法对策》，载《人民司法》2015年第13期。代表性案例是（2014）榕民初字第376号判决将保理合同认定为以金融借贷为主，债权让与担保为从的法律关系。

④ 参见裴亚洲：《民法典应收账款质押规范的解释论》，载《法学论坛》2020年第4期。代表性案例是（2012）普民二（商）初字第802号判决将保理合同认定为票据质押贷款合同；（2013）苏中商终字第0574号将保理合同认定为债权质押为担保的借款合同。

⑤ 参见李宇：《民法典中债权让与和债权质押规范的统合》，载《法学研究》2019年第1期。该学者认为，在民法典合同编中单设保理合同一章，不足以解决问题，且有违法典体系效益最大化之本旨，不如着力于债权让与一般规范的充实和完善。

⑥ 《关于当前商事审判工作中的若干具体问题》（2015年12月）进一步指出，在保理合同纠纷对应的案由方面，最高人民法院已将此纳入新修订的案由规定中予以考虑，在新的案由规定尚未出台之前，可将其归入"其他合同纠纷"中。

⑦ 如（2019）湘民再633号判决书指出，保理合同是指债权人与保理商之间签订的，约定将现在或将来的、基于债权人与债务人订立的销售商品、提供服务、出租资产等基础合同所产生的应收账款债权转让给保理商，由保理商向债权人提供融资、销售分户账管理、应收账款催收、资信调查与评估、信用风险控制及坏账担保等至少一项服务的合同。（2017）鄂民终3108号判决认为，保理是以应收账款转让为前提的综合性金融业务。

同纠纷[①]案中，最高人民法院指出，上述交易系一整体安排，根据原中国银行业监督管理委员会颁布的《商业银行保理业务管理暂行办法》第6条关于"保理业务是以债权人转让其应收账款为前提，集应收账款催收、管理、坏账担保及融资于一体的综合性金融服务"的规定，本案业务即属于以应收账款合法、有效转让为前提的银行保理融资服务。

同样，在中央储备粮长春直属库有限公司与前郭县阳光村镇银行股份有限公司、松原市隆瑞祥贸易有限公司合同纠纷[②]案中，吉林省高级人民法院认为，保理合同在《合同法》中并没有相关规定，属于无名合同，在最高人民法院《民事案件案由规定》中也没有规定"保理合同纠纷"这一案由。……本案《国内保理业务合同》同时包含了债权转让、金融借款、应收账款催收等多种法律关系，是同时包含多个有名合同和无名合同关系的混合合同，并非单一的债权转让合同，故案由应当确定为合同纠纷。原审确定本案为债权转让合同纠纷是只看到了保理合同中债权转让的单方面特征，对于保理合同的以商品销售为基础、以提供融资服务为合同目的的其他属性没有全面涵盖。

由此可见，保理合同是以"债权人让与其债权的义务"为核心要素，同时以融资、债权催收、债权管理、付款担保等保理人的义务为偶素的新型合

① (2018)最高法民再192号。该案中最高人民法院指出，本案交易安排为中行新区支行为金鹰公司提供贸易融资，但前提是金鹰公司将对天惠公司、华乐公司因履行双方买卖合同产生的应收账款债权转让给中行新区支行；天惠公司、华乐公司在应收账款债权转让后成为中行新区支行的债务人，向中行新区支行履行还款义务，以确保金鹰公司与中行新区支行《国内商业发票贴现协议》项下融资款的偿付；同时，晶诚公司、王某华、郑某、陈某蕾对金鹰公司的债务提供连带保证。

② (2018)吉民再111号。该案中，法院主要依据的是中国银监会于2014年4月10日公布实施的《商业银行保理业务管理暂行办法》第6条规定："本办法所称保理业务是以债权人转让其应收账款为前提，集应收账款催收、管理、坏账担保及融资于一体的综合性金融服务。债权人将其应收账款转让给商业银行，由商业银行向其提供下列服务中至少一项的，即为保理业务：(1)应收账款催收：商业银行根据应收账款账期，主动或应债权人要求，采取电话、函件、上门等方式或运用法律手段等对债务人进行催收。(2)应收账款管理：商业银行根据债权人的要求，定期或不定期向其提供关于应收账款的回收情况、逾期账款情况、对账单等财务和统计报表，协助其进行应收账款管理。(3)坏账担保：商业银行与债权人签订保理协议后，为债务人核定信用额度，并在核准额度内，对债权人无商业纠纷的应收账款，提供约定的付款担保。(4)保理融资：以应收账款合法、有效转让为前提的银行融资服务。以应收账款为质押的贷款，不属于保理业务范围。"

同,①不能简单归类于借款关系或债权让与等任何一种有名合同的其中一种。②《民法典》合同编第 16 章专章规定了"保理合同",对保理合同性质、分类、虚构基础交易合同与保理合同之间的无因性以及多重保理的清偿顺序等重大问题进行了规定,一方面针对保理合同的特殊问题予以规定;另一方面补充债权转让的一般性规则,③对商业银行保理业务的规范以及纠纷的处理具有划时代的意义。

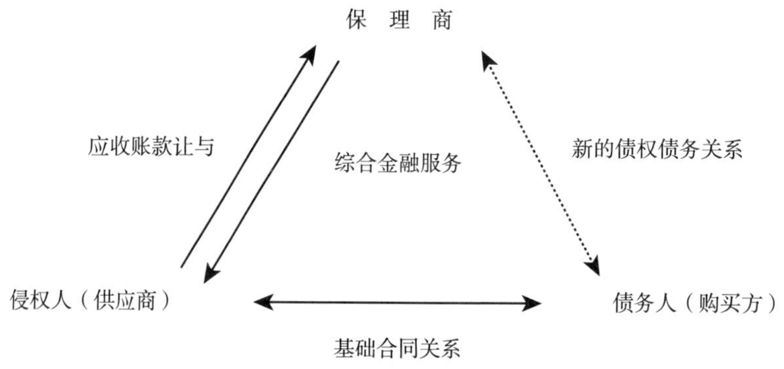

图 26-1　保理合同法律关系示意

《民法典》通过后,最高人民法院《关于适用〈中华人民共和国民法典〉有关担保制度的解释》第 66 条对一些具体问题进行了回应:

第一,保理带来的权利冲突问题的解决。同一应收账款同时存在保理、应收账款质押和债权转让,当事人主张参照《民法典》第 768 条的规定确定优先顺序的,人民法院应予支持。《民法典》第 768 条④解决的是"应收账款债权人就同一应收账款订立多个保理合同"的重复保理情况,但对"同一应收账款同时存在保理、应收账款质押和债权转让"时,保理权人与应收账款

---

① 有学者概括为"不让与,非保理",同时认为偶素因素可以"须有组合,但可以任意组合"。1988 年《国际保理公约》要求保理合同须有至少两项偶素要素,我国《民法典》采"四选一"的立法选择,更为灵活。参见李宇:《保理合同立法论》,载《法学》2019 年第 12 期。

② 参见冯宁:《保理合同纠纷案件相关法律问题分析》,载《人民司法(应用)》2015 年第 17 期;张梦琬:《保理商有权依约向应收账款债权人、债务人追索》,载《人民司法(案例)》2016 年第 32 期;顾权、赵瑾:《商业保理合同纠纷中的法律问题》,载《人民司法(应用)》2017 年第 1 期。

③ 参见黄薇主编:《中华人民共和国民法典合同编释义》,法律出版社 2020 年版,第 600 页。

④ 《民法典》第 768 条规定,应收账款债权人就同一应收账款订立多个保理合同,致使多个保理人主张权利的,已经登记的先于未登记的取得应收账款;均已经登记的,按照登记时间的先后顺序取得应收账款;均未登记的,由最先到达应收账款债务人的转让通知中载明的保理人取得应收账款;既未登记也未通知的,按照保理融资款或者服务报酬的比例取得应收账款。

质押质权、非保理商的债权转让受让人的优先与否未作规定，因此，最高人民法院《关于适用〈中华人民共和国民法典〉有关担保制度的解释》第 66 条第 1 款对此予以补充规定。

值得注意的是，这一规定的核心在于“登记”，即“登记的优先于未登记，先登记的优先于后登记”。保理的登记机关未来应当在中国人民银行的征信中心。因此，商业银行办理保理业务必须尽早办理登记，不仅可以对抗“应收账款债权人就同一应收账款订立多个保理合同”时的其他保理合同，还可以对抗应收账款质押质权人以及债权转让受让人。

第二，有追索权的保理的诉讼程序问题。在有追索权的保理中，保理人以应收账款债权人或者应收账款债务人为被告提起诉讼，人民法院应予受理；保理人一并起诉应收账款债权人和应收账款债务人的，人民法院可以受理。这一规定的法理在于，有追索权的保理人如果在应收账款债务人不能得到充分受偿，则享有对债权出让人（应收账款债权人）追索不能清偿部分，如果不能允许同时提起诉讼，则可能导致重复诉讼。但需要注意的是，最高人民法院《关于适用〈中华人民共和国民法典〉担保部分的解释》（征求意见稿）第 64 条第 2 款本来规定，“当事人约定有追索权的保理，保理人以应收账款债权人和债务人为共同被告提起诉讼，请求承担连带责任的，人民法院应予支持”，但最高人民法院《关于适用〈中华人民共和国民法典〉有关担保制度的解释》第 66 条并未采取“连带责任”的提法，这意味着人民法院受理案件后，应收账款债权人和应收账款债务人应当各自承担相应责任。

第三，应收账款债权人追偿权的问题。最高人民法院《关于适用〈中华人民共和国民法典〉有关担保制度的解释》第 66 条第 3 款规定，应收账款债权人向保理人返还保理融资款本息或者回购应收账款债权后，请求应收账款债务人向其履行应收账款债务的，人民法院应予支持。

学术界近五年来对保理合同的研究成果颇为丰富。陈灿平、肖秋平较早指出，法律对保理的相关问题应当专门类型化处理，不能简单地适用传统民法学说中关于“债权让与”的理论与规定。[1] 江苏省高级人民法院民二庭课题组经过调研后指出，保理在司法实践中存在同案不同判决的情况，亟需

[1] 参见陈灿平、肖秋平：《自由贸易试验区保理法律适用问题探究》，载《法学杂志》2015 年第 11 期。

统一纠纷裁判尺度，确立行业规则，从而促进行业发展。① 郑佳敏指出，保理是一种商事行为(信用金融之产物)，因此，保理在商业领域中的实践需求与我国民法传统理论上"债权让与"的基础规定存在冲突。② 李宇指出，保理合同问题的解决需要"债权让与"的系统性完善。③

《民法典》颁布后，刘保玉指出，《民法典》将保理合同作为有名合同，是以优化营商环境为目的的一种法律功能主义下的实质性担保立法。④ 李志刚系统分析了《民法典》保理合同一章将对交易实践、规范要旨与审判实务三个维度产生的深远影响；⑤王洪亮认为，《民法典》关于保理合同的规定加强了对保理人信赖利益的保护，有利于保理业务在我国的发展；⑥黄和新认为，《民法典》保理合同一章旨在实现对保理关系所涉及的各个交易主体的利益进行平等保护，是我国立法上首次混合合同的尝试，也是《民法典》合同一编最显著的立法进展和制度增设；⑦包晓丽指出，保理合同是一种多层联立的交易模式，只有具有可预见性和可确定性的未来应收账款，才可以作为保理合同的标的客体。而虚构交易基础所构成的保理合同有效与否需要根据保理人的主观善意与否加以确定。⑧

三、司法裁判可视化梳理

本书写作团队使用 Alpha 案例库对"保理合同纠纷"进行了检索，⑨检索关键词为"案由：未设置案由"+"全文：同句'保理合同'"+"攻/守方当事人包含：银行"，总共得到判决 1654 件，可视化分析如图 26-2 所示。

---

① 参见夏正芳、李荐(江苏省高级人民法院民二庭课题组)：《国内保理纠纷相关审判实务问题研究》，载《法律适用》2015 年第 10 期。

② 参见郑佳敏：《商业保理中应收账款让与之相关问题探析》，载《时代法学》2018 年第 1 期。

③ 参见李宇：《保理合同立法论》，载《法学》2019 年第 12 期。

④ 参见刘保玉：《民法典担保物权制度新规释评》，载《法商研究》2020 年第 5 期。

⑤ 参见李志刚：《〈民法典〉保理合同章的三维视角：交易实践、规范要旨与审判实务》，载《法律适用》2020 年第 15 期。

⑥ 参见王洪亮：《民法典对保理人的信赖保护》，载《人民法院报》2020 年 7 月 30 日。

⑦ 参见黄和新：《保理合同：混合合同的首个立法样本》，载《清华法学》2020 年第 3 期。

⑧ 参见包晓丽：《保理项下应收账款转让纠纷的裁判分歧与应然路径》，载《当代法学》2020 年第 3 期。

⑨ 最后检索日期：2020 年 12 月 31 日。

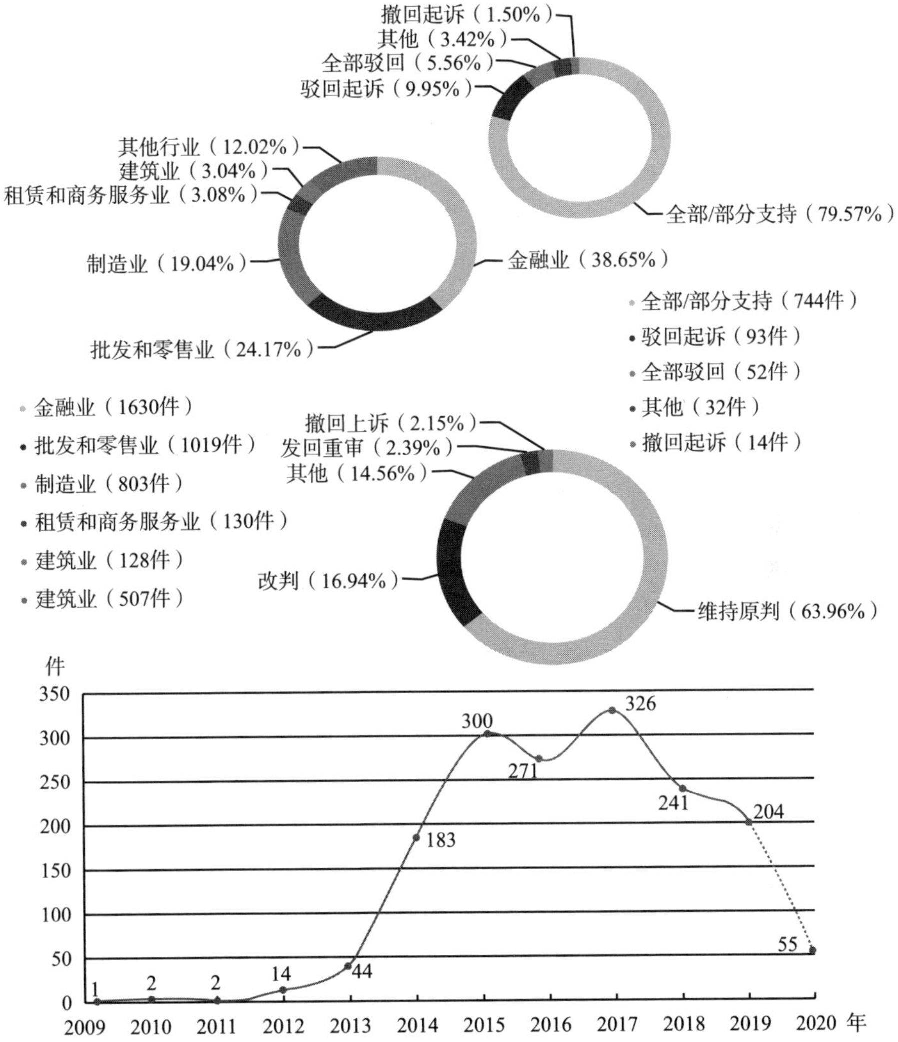

图 26-2　保理合同纠纷可视化示意

表 26-1　商业银行保理合同诉讼败诉主要原因一览

序号	败诉原因	备注
1	伪造买方关于应收账款存在的确认文件	68%案件因无法证明应收账款的真实性或债务人有证据证明应收账款为虚构而导致银行起诉债务人败诉，其余因素下案件数量依次次之。
2	涉及刑事诉讼	
3	未履行通知义务	
4	伪造应收账款	
5	已另案解决	
6	有追索权保理同时起诉债权人与债务人	
7	债权人未履行供货义务	
8	债权已回购	
9	债务人已履行还款义务	
10	多个保理关系一并起诉	

人民法院审查保理业务类合同纠纷，一般先审查保理合同效力及类型，如果是有追索权保理合同，那么，仅能就债权人及债务人择一主张权利，其次审查基础交易应收账款是否真实存在，如果基础交易真实有效，再行审查是否通知债务人，最后审查债权人或者债务人是否应向保理商承担责任以及承担何种责任。

近年来商业银行在保理合同纠纷中败诉的主要原因如下：

（一）因缺乏关键证据无法证明“存在真实的应收账款转让”，法院认定保理关系不成立导致商业银行败诉

在交通银行股份有限公司秦皇岛分行、大唐电力燃料有限公司金融借款合同纠纷①案中，河北省高级人民法院认为，虽然存在保理商交通银行秦皇岛分行与债权人铭伟公司之间签订的《公开型有追索权国内保理合同》、《应收账款转让申请书》及《应收账款转让申请保理银行审核意见》等书面证据，表面上符合保理合同法律关系成立的形式要件，但根据查明的事实，大唐公司在《应收账款事项约定书》与《有关应收账款转让确认意见》回执上加

① （2019）冀民终885号。河北省高级人民法院首先指出，保理融资是以在贸易中形成的应收账款转让作为基础的融资，其法律关系涉及保理商、债权人与债务人等三方民事主体以及保理合同与基础交易合同等合同关系。债权人与债务人之间的基础交易合同是成立保理法律关系的前提，而债权人与保理商之间的应收账款债权转让则是保理法律关系的核心。

盖的印章与大唐公司提供样本印章不是同一枚，交通银行秦皇岛分行虽提交与大唐公司面签合同的照片，在大唐公司予以否认的情况下，交通银行秦皇岛分行无法进一步证明大唐公司与之签订相关合同的事实，铭伟公司亦未提交有效证据证明印章为大唐公司所盖。因此，大唐公司对应收账款转让知晓且进行确认的证据不足。因本案保理融资成立前提是是否存在应收账款转让……本案所涉保理合同法律关系因无法证明存在真实的应收账款转让而失去了有效成立的前提与基础，应认定交通银行秦皇岛分行与铭伟公司之间的保理合同法律关系未能依法成立。

（二）在应收账款虚假或未得到实际履行的情况下，如果商业银行被法院认定为“知情”，则商业银行会承受不利后果

在中国长城资产管理股份有限公司河北省分公司与四川长江水运有限责任公司金融借款合同纠纷①案中，最高人民法院认定，关于建行北戴河支行对基础交易未履行是否明知的问题。长运公司多次申请建行北戴河支行工作人员邱某出庭陈述事实，但邱某作为建行北戴河支行经办涉案保理贷款合同的工作人员一直未予出庭，建行北戴河支行对此态度消极，导致双方当事人无法当庭对质，也使法庭对长运公司在《应收账款转让通知书》回执、《已转让应收账款确认通知书》回执、《收货证明》、《油品批发业务收、发货确认表》上盖章等细节问题无法进一步查明。根据时任东奥燃料公司执行总裁卢某某的当庭陈述，建行北戴河支行对东奥燃料公司未履行供货义务的事实是明知的，且办理保理贷款业务的目的是将原先的保理融资贷款转为流动资金贷款，避免银行旧贷无法收回。本案其他证据亦能够印证卢昌权关于建行北戴河支行对东奥燃料公司享有2.5亿元保理贷款，后将其中1.9亿元转化为流动资金贷款，剩余6000万元未转为流动资金贷款等陈述的真实性。综合以上证据，最高人民法院认为，原审认定建行北戴河支行对案涉《燃料购销合同》未实际履行是明知的，符合客观实际。

（三）“名为保理，实为借贷”，被法院认定为恶意串通或虚伪通谋，伪造虚假应收账款，商业银行将承担败诉风险

如果在签订保理确认书时不存在基于履行基础合同项下销售货物等义务而对债务人产生的应收账款，即实际不存在保理合同法律关系成立的基础性交易合同，双方所签订的保理合同可能被法院认定为“名为保理，实为

---

① （2019）最高法民申4065号。

以保理合同的名义实现融资借款”的恶意串通或虚伪通谋，[①]则可能给商业银行带来诉讼风险。在华电煤业集团运销有限公司、邵东县人合融资担保有限公司金融借款合同纠纷[②]案中，湖南省高级人民法院认定，根据《商业银行保理业务管理暂行办法》第13条至第17条及第29条的规定，保理商对基础合同的真实性、买卖双方的资信状况、资金流动负有审查义务，而不能仅凭相应职能部门没有出具回执就予以认可。商业银行在签订涉案《有追索权国内保理合同》时，不但违背《商业银行保理业务管理暂行办法》的相关规定，疏于审查监管，而且在此之前，在华电集团不知情的情况下，与鑫鑫公司以签订保理合同为名，行借款之实，不能排除双方有串通损害华电集团利益的嫌疑。……综上，华电集团关于其不应承担赔偿责任的再审理由成立，法院予以支持。

在上海浦东发展银行股份有限公司郴州分行与湖南铋业有限责任公司、湖南马仰有色金属有限公司等金融借款合同纠纷[③]案中，湖南省高级人民法院认为，根据查明的事实，湖南铋业公司与马仰公司签订的《工矿产品购销合同》即基础交易合同系虚假合同，湖南铋业公司与马仰公司之间并未发生真实的债权债务关系。因此，本案所涉保理合同法律关系因不存在真实、有效的应收账款而失去了有效成立的前提与基础，应认定浦发银行郴州分行与马仰公司之间的保理合同法律关系不成立。又因双方签订虚假基础贸易合同的真实意图是以保理的名义获取银行贷款，故本案所涉法律关系的真实属性应为金融借款法律关系。因此，本案应以金融借款法律关系来

---

① 《民法典》第146条规定，行为人与相对人以虚假的意思表示实施民事法律行为无效。

② (2019)湘民再633号。该判决还指出，保理法律关系实质是应收账款债权转让，涉及三方主体和两个合同。债权人与债务人之间的基础合同是成立保理的前提，而债权人与保理商之间的应收账款债权转让则是保理关系的核心。在确定当事人的权利义务方面，应以当事人约定及《合同法》中有关债权转让的规定作为法律依据。债务人收到债权转让通知后，应当按照通知支付应收账款。债务人依据基础合同享有的抵销权及抗辩权，可以对抗保理商，但保理商与债务人另有约定的除外。基础合同的存在是保理合同缔约的前提。但是，两者并非主从合同关系，而是相对独立的两个合同。保理商以保理合同为依据向基础合同债务人主张债权的，并不能以此约束债务人，债务人仍可以此抗辩。保理商与债权人签订的合同名为保理合同，经审查不符合保理合同的构成要件，实为其他法律关系的，应按照实际法律关系处理。有追索权保理是指在应收账款到期无法从债务人处收回时，商业银行可以向债权人反转让应收账款、要求债权人回购应收账款或归还融资。

③ (2015)湘高法民二终字第227号。该判决还指出，保理是以在贸易中形成的应收账款转让作为基础的融资，其法律关系涉及保理商、债权人与债务人等三方民事主体以及保理合同与基础交易合同等合同关系。债权人与债务人之间的基础交易合同是成立保理法律关系的前提，而债权人与保理商之间的应收账款债权转让则是保理法律关系的核心。

确定当事人之间的权利义务。……浦发银行郴州分行提出本案是因保理合同法律关系引起的纠纷,案由应确定为合同纠纷的主张不能成立,法院不予支持。

(四)转让未来应收账款情形下认定保理合同无效带来的风险

《民法典》第 761 条明确规定,保理合同是应收账款债权人将现有的或者将有的应收账款转让给保理人。换言之,《民法典》认可了未来的应收账款作为保理基础关系的合法性。但在《民法典》出台之前,银保监会《商业银行保理业务管理暂行办法》第 13 条规定,商业银行不得基于未来应收账款开展保理融资业务。但司法实践中对此规定是否构成合同无效的"效力性规定"存在争议。不同法院的判决之间多有矛盾之处。

在星展银行(中国)有限公司北京分行与北京恺思德工贸有限公司、山东泗水康得新复合材料有限公司等金融借款合同纠纷①案中,北京市朝阳区人民法院认为,关于未来债权能否作为保理业务的基础债权的问题,虽然《商业银行保理业务管理暂行办法》第 13 条规定了商业银行不得基于未来应收账款开展保理融资业务,但第 33 条同时规定了违反该规定经营保理业务的,由中国银监会及其派出机构责令其限期改正,故该规定并非效力性禁止规定。本案《保理协议》订立于 2015 年 7 月 21 日,此时 5,600,000 元债权虽尚未发生,但现无证据证明《保理协议》具有合同无效的法定情形,不应以此否定《保理协议》的性质和效力,5,600,000 元债权属于《保理协议》的基础债权。

但在中国进出口银行与开滦集团国际物流有限责任公司进出口分公

---

① (2016)京 0105 民初 6970 号。类似案件还包括阿贝尔化学(江苏)有限公司、中国建设银行股份有限公司武汉经济技术开发区支行合同纠纷[(2017)鄂 01 民终 7228 号]。该案中,武汉市中级人民法院认为,《商业银行保理业务管理暂行办法》规定商业银行不得基于未来应收账款开展保理融资业务,但该办法是行政规章,而非法律、法规,违反该规定不导致债权转让和保理行为无效的法律后果。法院对阿贝尔公司关于涉案应收账款是未来应收账款,不构成有效的债权转让和保理的上诉意见,不予采纳。

司、开滦集团国际物流有限责任公司合同纠纷①案中，广州市中级人民法院认为，如果银行保理业务是基于不合法基础交易合同、基于未来应收账款，或者银行未严格审核基础交易真实性的，该等保理业务属于违规业务，应当停止。本案中，第一，蓝粤公司与进出口银行签订有关协议时，蓝粤公司并未履行交货义务，本案保理业务正是基于典型的未来应收账款。第二，进出口银行并未根据《保理合同》的约定要求蓝粤公司提供并审查有关货物运输、交付等文件，没有严格审查基础交易的真实性。可见，案涉保理业务既是基于不合法基础交易合同，也是基于未来应收账款，并且进出口银行也未严格审查案涉贸易的真实性，这些均违反了《中国银监会关于加强银行保理融资业务管理的通知》（银监发〔2013〕35 号，以下简称《银监会通知》）的规定，属于进出口银行违规操作，该保理业务应当立即停止。进出口银行无权基于违规业务，主张所谓的应收账款已经转让，从而要求进出口分公司向其支付款项，其诉讼请求应予驳回。

（五）商业银行同时起诉债权人及债务人面临败诉的风险

《民法典》第 766 条规定，在有追索权的保理中，保理人可以向债权人主张返还保理融资款本息或回购应收账款债权，也可以向债务人主张应收账款的债权。虽然该条有利于避免当事人通过约定排除法定规则的交易成本以及对保理人负担越大者越需要保理人的明确同意这种解释原则，而且基于基础交易合同关系和保理合同关系的关联性，便于查明事实，减轻当事人讼累，提高审判效率，②但仍然存在商业银行同时起诉债权人及债务人却败诉的风险。在中国进出口银行与广东蓝粤能源发展有限公司等借款合同纠纷③案中，北京市第一中级人民法院认为，对于公开型有追索权保理合同，保理商在应收账款到期后不能收回保理融资款的，有权依据保理合同，约定选择应收账款债权人或债务人主张权利。经法院释明，进出口银行坚持同时起诉应收账款债权人蓝粤公司及债务人开滦集团进出口分公司，因此，本案

① （2017）粤 01 民初 133 号。该案中法官指出，本案所涉保理业务属违规操作，依法应予停止。《银监会通知》第 6 条规定，银行不得基于以下内容开展保理融资：不合法基础交易合同、代理销售合同、未来应收账款、权属不清的应收账款、因票据或其他有价证券而产生的付款请求权等。其中，未来应收账款是指依据合同项下卖方的义务未履行完毕的预期应收账款。第 8 条规定，所有单保理融资应严格审核基础交易的真实性。第 12 条规定，各级监管机构要加强监督检查，发现银行违反本通知相关规定的，应要求其停止该业务，并依据《银行业监督管理法》相关规定实施处罚。

② 参见黄薇主编：《中华人民共和国民法典合同编释义》，法律出版社 2020 年版，第 613 页。

③ （2013）一中民初字第 6559 号。

应当不予受理,已经受理的,裁定驳回起诉。

在平安银行股份有限公司重庆分行与向刚唐某某等金融借款合同纠纷[①]案中,重庆市第二中级人民法院认为,平安银行重庆分行在本案所主张权利,虽系基于《汇票承兑合同》,但并不妨害其基于保理合同中的债权转让向白鹤电力公司主张原属于富森公司的债权,其目的也是收回基于《汇票承兑合同》而对富森公司所享有的债权。故本案虽然存在多种法律关系,但几种法律关系存在法律意义上的关联,平安银行重庆分行在一案中一并提起诉讼并不违反相关法律规定。

(六)保理合同操作过程中违反债权让与限制性规定,导致商业银行败诉

在中国葛洲坝集团股份有限公司、中国工商银行股份有限公司荆州分行金融借款合同纠纷[②]案中,湖北省高级人民法院认为,根据《合同法》第79条、第80条之规定,债权转让未通知债务人的,对债务人不发生效力。……工行荆州分行不能证明《应收账款转让通知书(回执)》上葛洲坝集团上海大道项目部印章是该项目部的有效印章。该回执上虽有陈某签字,但陈某系天鹰建设公司工作人员,且从工行荆州分行工作人员陈述来看,工行荆州分行对陈某是天鹰建设公司工作人员这一事实是明知的。工行荆州分行主张陈某同时是葛洲坝集团上海大道项目部工作人员,但提交的证据不能证明其主张。作为专业从事金融业务的商事主体,工行荆州分行对债权转让通知的法律意义应当非常清楚。其明知陈某为天鹰建设公司工作人员,却仅向陈某送达债权转让通知并由陈某加盖印章,明显违反审慎义务。因此,工行荆州分行将《应收账款转让通知书》交陈某签字盖章不能认定工行荆州分行已向葛洲坝集团上海大道项目部送达了债权转让通知,亦不能认定工行荆州分行有理由相信陈某有权代表葛洲坝集团上海大道项目部接收该债权转让通知。……应收账款债务人是否知晓债权转让的事实以及能否确认债权转让,是认定债权转让通知法律效力的关键。工行荆州分行作为受让人通知债权转让,应当同时附有关债权转让的基础交易资料。即使工行荆州分行向葛洲坝集团上海大道项目部送达了该《联系函》,但未附《国内保理业务合同》等债权转让的基础交易资料,不能认定工行荆州分行完成了债权转让通知义务。

---

① (2016)渝02民初23号。

② (2017)鄂民终3108号。

同样,在中国工商银行股份有限公司三峡东山支行、重庆东阳光煤炭销售有限公司金融借款合同纠纷①案中,湖北省高级人民法院认为,本案二审争议焦点在于工行东山支行是否有权对东阳光公司主张应收账款权利。工行东山支行主张该权利主要依据《签收确认函》,但该函上落款印章与东阳光公司备案印章及同时期使用的印章明显不符,工行东山支行在一审、二审诉讼期间亦不能提交相关直接证据证明其派员向东阳光公司送达及面签《签收确认函》的事实,该函不能证明东阳光公司对函上所载金额的应收账款作出过确认,并就还款事项作出过承诺。……故本案现有证据既不能证明《转让通知书》中所涉应收账款债权的真实性,亦不能证明东阳光公司收到过该通知书。在佛山大江铜业有限公司、中国民生银行股份有限公司广州分行金融借款合同纠纷②案中,广州市中级人民法院认为,民生银行广州分行主张通过在增值税发票上备注的方式向大江公司通知债权转让,但依照《合同法》第 80 条第 1 款"债权人转让权利的,应当通知债务人。未经通知,该转让对债务人不发生效力"的规定,应由腾航金属公司就债权转让通知大江公司,且仅凭发票上备注的文字并不足以证实腾航金属公司已将涉案债权转让给民生银行广州分行或华福证券有限责任公司,故法院对民生银行广州分行的该主张不予采纳。

(七)在债权人(商业银行)发出转让通知后,债权人与债务人修改基础交易合同抗辩事由对债权受让人不具有效力,除非债权受让人表示同意③

在中国平煤神马集团物流有限公司、中国平煤神马能源化工集团有限

① (2017)鄂民终 3167 号。

② (2019)粤 01 民终 6731 号。

③ 《民法典》第 765 条规定,应收账款债务人接到应收账款转让通知后,应收账款债权人与债务人无正当理由协商变更或者终止基础交易合同,对保理人产生不利影响的,对保理人不发生效力。《最高人民法院商事审判工作中的若干具体问题》第 7 条规定,保理商受让债权后,债务人又与原债权人变更基础合同,导致保理商不能实现保理合同目的,保理商请求原债权人承担违约责任或者解除保理合同并赔偿损失的,应当支持。天津市高级人民法院《关于审理保理合同纠纷案件若干问题的审判委员会纪要(二)》第 5 条规定,债权人与债务人恶意串通变更基础合同,损害保理商利益的,保理商依法主张债权人与债务人对造成的损失承担连带责任的,应予支持。深圳前海法院《关于前海蛇口自贸区内保理合同纠纷案件的裁判指引》第 29 条规定,债务人收到应收账款转让通知后,未经保理商同意,债权人与债务人擅自变更基础合同的,该变更对保理商不产生法律约束力。对此,法律显示了对债务人保护一贯性规则。

责任公司金融借款合同纠纷[1]案中，最高人民法院指出，有追索权保理业务模式下，应收账款受让人向债务人主张付款请求权应依据《合同法》债权转让规则和具体保理合同内容来确定。根据《合同法》第82条规定，债务人基于基础交易合同项下对债权人原有的抗辩权，于受让通知后，仍可向债权受让人主张。债权转让的发生，债务人不能拒绝，但不宜因债权转让的结果而使债务人陷于不利的地位。在发出债权转让通知之前，债权人与债务人修改基础交易合同抗辩事由对债权受让人有效；在发出转让通知后，债权人与债务人修改基础交易合同抗辩事由对债权受让人不具有效力，除非债权受让人表示同意。……建行青岛市北支行在开展保理业务过程中，对于基础交易合同内容的变化，应该进行充分的风险评估，并承担由此可能产生的商业风险。二审判决认定三方《协议》对于平煤物流公司付款条件的约定系平煤物流公司、澳海公司、信恒基公司之间的内部约定，不能对抗建行青岛市北支行的付款请求权，适用法律错误，法院予以纠正。

（八）商业银行对保理转项账户监管不力，导致款项被转走

在平安银行股份有限公司福州分行、厦门恒兴集团有限公司金融借款合同纠纷[2]案中，最高人民法院认为，案涉保理专户系专为应收账款融资而设，平安银行福州分行在贷款实际发放后应当注意到恒兴公司付款、华晟公司转款的事实，且恒兴公司在付款时已经注明该款项系保理融资业务项下购销合同所对应的应收账款，若平安银行福州分行稍加注意，足以发现案涉保理专户中的款项异常收付情况，并及时采取有效措施防止损失的发生。

---

① (2018)最高法民再128号。最高人民法院认为，三方协议的签订时间是2013年6月15日，澳海公司出具《应收账款转让债权通知书》的时间是2014年2月25日，三方协议中约定的平煤物流公司享有的抗辩事由对建行青岛市北支行有效。平煤物流公司并无向建行青岛市北支行提示三方协议存在的合同义务和法定义务。

② (2017)最高法民申4049号。在该案中，最高人民法院认为，现各方发生争议的原因在于，恒兴公司汇入保理专户的前两笔款项均被华晟公司转走，导致平安银行福州分行将恒兴公司后续支付的四笔款项清偿了银行的前两笔融资款，而后四笔4000万元融资款未得到清偿，进而引发本案诉讼。因此，本案中双方争议的焦点问题是恒兴公司支付的前两笔款项是否已经产生了清偿的效果，恒兴公司是否应当向平安银行福州分行承担继续履行的责任。同时，关于平安银行福州分行提出的华晟公司与恒兴公司之间应收账款虚假的申请理由……在本案中，虽然存在第三债务人恒兴公司在收到应收账款转让通知后立即向保理专户支付款项、主动放弃债务履行期限利益等不合常理的现象，但本案中并无证据证明华晟公司和恒兴公司之间恶意串通、共同欺诈平安银行福州分行的事实存在，仅有上述疑点，尚不能得出原审判决实体处理结果不当的结论，故对平安银行福州分行的此项申请理由，法院不予支持。

对前述2013年6月7日平安银行福州分行签发的银行承兑汇票项下的融资款项，恒兴公司于2013年6月7日向保理专户支付3026.045万元，华晟公司以该款项系其与恒兴公司的历史应收款为由申请将该款转出，平安银行福州分行在并未就此问题向恒兴公司核实的情况下即同意华晟公司转走。根据上述情况，平安银行福州分行就该两笔款项的流失存在重大过失，原审判决关于平安银行福州分行应当自行承担相应的法律后果的认定，符合本案的实际情况。

(九)地域管辖的法律风险

由于债权转让缺乏重新约定，商业银行面临着案件不能由商业银行所在地管辖的风险。在上海江铜营销有限公司与中国工商银行股份有限公司南昌青山湖支行、江西仁新铜业有限公司、杜某某、甘某某合同纠纷[①]案中，江西省高级人民法院认为，因在债权转让关系中，新债权人未与债务人重新达成管辖约定且原合同管辖约定不违反法律规定的，原合同管辖约定仍然有效，本案原合同即仁新公司与江铜公司之间签订的买卖合同中约定了管辖法院为买方(江铜公司)所在地法院，故南昌市中级人民法院对该债权转让引起的买卖合同关系纠纷没有管辖权。

四、商业银行保理信贷业务操作规程的比对点评

(一)保理信贷业务操作规程比对

表26-2　多家商业银行保理信贷业务操作规程比对一览

	【A银行】	【B银行】	【C银行】
1.客户准入资格	在我行叙作保理业务的客户应满足以下条件： (一)为我行的客户，所属行业下处于成长期，原则上从事该行业3年以上，产品畅销、质量好、具有稳定的市场；(二)实力雄厚，信誉良好，主要经营者在海关、税务、工商等部门无不良记录，银行信用记录良好，生产经营正常，已与买方形成稳定的贸易伙伴关系，买卖双方合作时间不少于6个	一、买方条件 1.买方为企业或事业法人的，应基本符合我行信用授信条件，并至少达到以下准入条件：(1)买方信息披露充分，资信优良；(2)经营活动净现金流稳步增长；(3)销售量、资产规模、盈利情况和市场份额处于行业前列；(4)信誉好，连续3年无不良银行信用记录，且连续2年无不良商业信用(主要是履约付款)纪录；(5)传统主	(一)信贷经营部门对卖方客户进行调查和审查，审查要点如下： 1.对照《办法》有关规定审查卖方的资格和条件是否具备，对卖方进行资信调查。对于未做客户评价和没有授信额度的客户，应先完成客户评价和授信工作。 2.对卖方所提交资料的真实性、完整性、合规性进行初步审查。如果卖方

① (2014)赣立终字第44号。

续表

	【A 银行】	【B 银行】	【C 银行】
	月,采购付款履约记录正常;(三)原则上在我行开户并正常结算 3 个月以上,保理池融资方式一般要求客户操作单笔保理业务 3 个月后才能叙作保理业务;(四)按我行现有客户信用评级办法(属于中小企业的按中小企业信用评级办法评级),保理客户信用等级必须在四级以上(含),申请保理池融资方式的保理客户信用等级必须在三级以上(含);(五)一般要求保理客户负债率≤70%,存货周转天数≤90 天;(六)贸易型企业:年销售收入 5000 万元以上,且稳定或逐年上升;生产加工型企业:单笔保理业务年销售收入 5000 万元以上,保理池融资方式要求年销售收入 10000 万元以上;(七)我行原则上不接受关联企业(我行认可的大型集团内关联企业除外)、同一实际控制人企业之间的应收账款叙作保理业务;一般不接受账龄超过 6 个月以上的应收账款叙作保理业务。	体信用评级 AA 级(含)以上。 2. 买方为政府机构的,必须具备良好的地方财政收入和良好的信用状况,并严格按照《中华人民共和国政府采购法》的规定进行采购。 二、卖方条件 1. 卖方必须是在工商管理部门核准登记注册的企业单位;2. 卖方必须有固定的生产经营场所;3. 卖方必须是买方的非关联企业;4. 卖方与买方之间的交易关系必须是连续的;5. 卖方没有因为履约质量遭到买方拒绝付款的记录;6. 卖方不存在同时接受买方提供的商品或服务、可能引起应收账款债权被冲销的情况。 三、业务条件 双方均具有 2 年以上的连续经营纪录(包括股东或实际控制人的从业经验),且原则上应具有连续 1 年以上的交易关系。	与某个特定买方在一定期限内的商务合同较为固定,卖方保理商可以要求卖方在申请保理业务额度时即提交商务合同,卖方保理商法律部门审查商务合同条款,审查合格后的标准商务合同固定下来作为保理合同的附件。如果卖方与某个特定买方的交易存在后续义务、分期付款,或商务合同条款较苛刻,容易产生纠纷,卖方保理商可以拒绝受理、或改为服务保理业务。 3. 对卖方的应收账款情况、卖方与买方的贸易情况、该类商品市场销售前景、履行商务合同等情况进行调查。
2. 审查评估范围	除须按照我行流动资金贷款授信业务要求填写《××银行授信额度申请书》及有关资料外,还须提交:(一)买卖双方签订的基础交易合同(如已签订);(二)与买方交易往来的历史记录以及销售计划等相关资料;(三)有关买方的其他资料。 第 6 条　经办人员收到供应商提供的资料后,除须按我行授信要求对供应商的资信实力进行调查评估外,还需重点调查评估以下方面:	第 19 条　保理业务中可转让的合格应收账款须具备以下条件:1. 商务合同已生效,且卖方已履行合同项下的义务;2. 应收账款未到期;3. 应收账款账龄原则上不超过半年,付款期(指应收账款转让之日起到应收账款商务合同约定付款日)原则上不超过一年;4. 仅指对卖方根据商务合同的约定应向买方收取的扣除预付款、已付款、佣金、销售折扣等后的款项净额;5. 商务合同中不含附条件的分期	(二)卖方保理商审核单据: 1. 卖方保理商信贷经营部门收到卖方提交的单据后,应按规定认真审查,并核对卖方提交的凭证复印件和原件是否一致。审核要点如下: (1)商务合同。审核贸易背景及合同真实性;在应收账款据以发生的商务合同为标准文本时,卖方保理商对照《有追索权保理合同》附件中的标准商务合同文本

续表

	【A银行】	【B银行】	【C银行】
	(一)买、卖双方经营稳定性、盈利能力及其发展前景;(二)买方经营规模、行业地位、产品的技术水平及市场占有情况;(三)买卖双方之间是否存在关联关系,近期及以往的交易关系如何、有无其他债权债务纠纷等;(四)买卖双方往来的供货方式、付款周期,以及相互间履约情况,特别是买方对卖方历史交易付款情况;(五)买卖双方的信誉情况,特别是与银行往来有无不良记录;(六)买卖双方签订的基础交易合同(如已签订)是否包含禁止转让应收账款的条款;(七)卖方(供应商)是否在其他金融机构有保理或应收账款质押授信余额,除非基础合同中注明"本合同项下的权益只允许转让给××银行××分行"或类似条款,或已取得买方确认回执;(八)卖方(供应商)是否产品的实际生产者,是否具备对质量争议的解决能力(对产品进行维护、保修的能力)。	付款条款;6. 符合我行规定的其他条件。 第20条　我行不可接受的应收账款:1. 可能发生债务抵销的应收账款;2. 已经转让或设定担保的应收账款;3. 代销或者其他方式约定销售不成即可退货而形成的应收账款;4. 买卖双方正在发生贸易纠纷的应收账款;5. 因关联交易,如卖方向其附属机构、控股公司、母公司或者所属集团其他成员销售而产生的应收账款;6. 商务合同约定或法律法规规定债权不得转让的应收账款;7. 商务合同因违反国家法律、法规而导致无效的应收账款;8. 被第三人主张代位权的应收账款;9. 被采取法律强制措施的应收账款;10. 基础合同项下的尾款;质量保证金类的尾款;11. 存在其他权利瑕疵的应收账款,如以鲜活产品、服务、劳务、知识产权等为交易标的的应收账款融资业务(卖方已履行完毕全部义务、不存在质量保证或后续服务等义务和责任的除外)。	对本次提交的商务合同进行审查。如果该商务合同是第一次提交,还需送交法律部门进行审查。审查要点是商务合同重要条款如对商品有关描述、合同金额、付款方式、付款日期、交货时间等是否有明确规定,是否符合《办法》有关规定。 (2)增值税发票(或普通发票)。审核发票真实性;发票的主要内容是否与商务合同及货运单据一致,如发票开出单位、商品名称、交易金额、买方名称等;发票开出时间是否合理等。 (3)货运单据。审核货运单据的真实性;已装运货物是否为商务合同及发票涉及的交易项下货物;装运期、交货或运输方式、包装等是否符合商务合同的规定。 (4)其他相关凭证是否已按商务合同规定出具并提交。

续表

	【A 银行】	【B 银行】	【C 银行】
3. 专户管理	第 7 条　国内保理业务授信获批准后……并要求供应商在我行开立人民币结算账户或保理专户。 对于买方无法将对卖方应付款项直接付至以我行为户名的保理专户的,在签订完毕我行与卖方的保理合同后,卖方应在我行单独开立保理收款专用账户(以下简称收款账户),该账户专门用于卖方在我行所操作保理业务项下应收账款的收取,不得作为其他用途。相关保理合同中应规定卖方在应收账款转让后,仅作为我行的委托人收取我行在已转让应收账款项下的款项。 任何进入收款账户的资金,未经保理业务管理部门的审批认可,只能用于偿还我行保理融资款项。	第 13 条　对于买方无法将对卖方应付款项直接付至以我行为户名的保理专户的,在签订完毕我行与卖方的保理合同后,卖方应在我行单独开立保理收款专用账户(以下简称收款账户),该账户专门用于卖方在我行所操作保理业务项下应收账款的收取,不得作为其他用途。相关保理合同中应规定卖方在应收账款转让后,仅作为我行的委托人收取我行在已转让应收账款项下的款项。 第 14 条　任何进入收款账户的资金,未经保理业务管理部门的审批认可,只能转至卖方在我行开立的保证金账户(当融资方式为保理授信时)或者直接用于偿付卖方在我行的预支价金(当融资方式为预支价金时)。	第 23 条　开立账户 (一)卖方在卖方保理商开立回款特户,用于回收已转让的应收账款款项。卖方保理商对该账户实施监控。 (二)卖方保理商信贷经营部门将《有追索权保理合同》复印件提交会计结算部门,会计结算部门确定卖方保理商收款账户。
4. 应收账款转让通知流程	如是公开型国内保理业务,经办行(部)还应将《应收账款债权转让通知》(一式三份)送达买方,并请买方在回执联上盖章、签字确认。买方确认后,将其中一联留存买方,一联退给供应商,一联经办行收存。 也可采用公证挂号信邮寄《应收账款债权转让通知》到买方的做法。邮寄通知书(包括一般的挂号信和公证邮寄)的寄送人为保理业务申请人和我行,如果邮政部门不同意联名寄送,则可由我行以申请人的名义寄送,但我行寄送通知书前需要求申请人提供委托我行以其名义寄送的委托书。挂号信回执或买方确认回执必须在放款后合理时间内(如买方在本市则 15 天内,买方在外市则 30 天内)取回。	第 20 条　办理通知买方手续: 根据《×××银行国内保理业务管理办法》的规定,我行可按照如下债权转让通知方式办理通知买方的手续: (一)明示通知 1. 由卖方与我行共同签章或者由卖方单独签章向买方发出《应收账款转让通知书》(见附件 5,一式二份),但无论何种情况,均应由我行客户经理与卖方共同办理买方在该通知书上签章确认的手续,并退回我行一份作为留存。我行可以接受的买方的签章包括买方的行政公章、与商务合同签章一致的合同专用章、财务专用章或者财务部门章。	4. 5　应收账款转让生效后,卖方区分下列两类情形进行应收账款转让通知: 4. 5. 1　若《应收账款转让申请暨确认书》约定采用"公开保理"的,则应按下述方式处理: (1)在应收账款转让生效后,卖方应按保理商要求,和保理商共同签署《应收账款转让通知书》并按保理商要求送达给买方; (2)如保理商要求买方签署《应收账款转让通知书》之回执或以其他形式完成应收账款转让通知的,卖方有义务及时完成。

续表

	【A 银行】	【B 银行】	【C 银行】
		2. 由卖方在转让债权相对应的发票正面备注有关债权转让的内容[“本发票项下债权业已转让给××银行××××分行××××支行,请按照合同约定将本发票项下款项支付至本公司在上述银行的账户(账户号为:__________)”],并由我行指定人员陪同送至买方,买方出具《发票收妥确认函》。我行指定人员应填写《核保确认书》(见附件10)。上述发票的复印件、《发票收妥确认函》、以及《核保确认书》应作为出账资料统一保管。 3. 买方以单方面书面证明或者与我行签订相关协议的方式(签约方可以为买方的财务部门),明确可以以传真、电文、电报、电子邮件方式传送有关应收账款转让通知书,并明确买卖双方以及我行收发传真、电文、电报、电子邮件的有权签发人、收发地址、传真号码或电子邮件地址。我行的传真号码、收发地址或电子邮件地址应为应收账款管理岗的行内地址、传真号码或电子邮件地址。有关往来传真、电文、电报或邮件应在相关技术部门的协助之下,妥善保存。 4. 由卖方与我行共同签章或者由卖方单独签章向买方发出《应收账款转让通知书》,并由我行办理通知书公证手续,委托公证机关负责送达该通知书。公证机关(或由其委托的第三方快递公司、物流公司)在送达并取得送达证据后,将有关公证文件以及送达证据交存我行。	4.5.2 若《应收账款转让申请暨确认书》约定采用“隐蔽保理”的,则应按下述方式处理: (1)在应收账款转让生效后,暂不通知买方。但是保理商有权根据自行判断,自行将应收账款已转让的事实通知买方,为此卖方应先行签署《应收账款转让通知书》一式______份并全部交给保理商; (2)保理商有权要求卖方按保理商要求,向买方发送《应收账款回款账号变更通知书》; (3)如保理商要求买方签署《应收账款回款账号变更通知书》之回执或以其他形式确认保理回款专户的,卖方有义务及时完成。 4.6 保理商有权在中征动产融资统一登记平台及其他政府部门要求的登记平台办理应收账款转让登记,登记费由保理商支付。保理商亦有权授权卖方将应收账款出质给保理商并在中征动产融资统一登记平台办理质押登记,卖方有义务配合,登记费由保理商支付;双方确认,为办理保理商授权卖方将应收账款出质给保理商而签订的相关登记合同为且仅为办理质押登记所用,质押登记不改变双方实为应收账款转让的真实意图。

续表

	【A银行】	【B银行】	【C银行】
		5. 我行通过与买卖双方的相关协议,明确规定有关应收账款确认和通知的方式和流程,并按照该协议的规定履行相关程序。 (二)默示通知 1. 卖方与我行共同签章或者由卖方单独签章向买方发出《应收账款转让通知书》,且由我行客户经理与卖方共同办理买方采购部门在该通知书上签章确认的手续,并退回我行一份作为留存。 2. 卖方与我行共同签章或者由卖方单独签章向买方发出《应收账款转让通知书》由我行指定的物流公司或者快递公司等,负责将《应收账款转让通知书》送达买方,并取得买方签收的证据,交存我行;同时,该物流公司或者快递公司应与我行签订相关协议,对《应收账款转让通知书》的内容以及送达承担举证责任。	
5. 贷后管理检查	经办行(部)应按照流动资金贷款贷后管理要求对供应商进行定期检查,并应关注买方企业经营状况,一旦发现以下重大事项,对我行债权或融资构成严重威胁时,应及时采取停止国内保理额度使用,并提前追回融资款项等措施。 (一)供应商或买方出现财务状况恶化 (二)以挂号信方式邮寄的《应收账款债权转让通知》在上述合理时间内没有取回回执 (三)供应商与买方的货款结算连续30天没有通过在我行开立的账户	第29条　应收账款管理岗应每日查验所有保理客户的收款账户以及我行保理专户的到款情况,并与本日到期的应收账款明细进行核对,确定已收回的应收账款和尚未收回的应收账款。 第39条　保理业务发生后,客户经理和应收账款管理岗应定期检查买卖双方情况并撰写检查报告。发现异常情况的,应通知经办行及时采取措施。检查重点包括:(一)商务合同执行情况和应收账款回收情况;(二)买卖双方的生产、经营、管理情况是否正常;(三)卖方是否依照保理合同的规定履行义务;(四)保理费和融资费收取是否正常等。	第28条　催收及回款监控 买方保理商应定期对已到期的应收账款进行催收。除涉及争议的到期应收账款外,应从到期日开始每周向买方催收至少一次,直至买方付款。 卖方保理商应加强回款监控,并与买方保理商保持及时沟通联络。

续表

	【A银行】	【B银行】	【C银行】
6. 催收	经办行(部)可根据供应商的要求采取适当方式向买方催收,在融资到期日前15个工作日向买方发出《应收账款到期提示通知书》(见附10),请买方按时付款。	第33条　对于应收账款到期日我行未收回的应收账款,如我行采取明保理方式,则我行应向买方发出《应收账款催收通知书》(见附件11);若我行采取有追索权的暗保理方式,应同时要求卖方归还预支价金或者保理授信。 第34条　发出《应收账款催收通知》的当日,我行应暂停或终止买方额度使用,其后十个工作日内,买方仍未履行付款义务又未提出拒付理由的,我行对买方进入正式催收程序。 第35条　如为有追索权的保理,买方未按期付款,我行应向卖方行使追索权。卖方未融资的,我行以追索权冲销付款义务;卖方已融资的,我行应向卖方追讨融资本金和利息,如导致我行发生保理垫款或者授信逾期的,还应按照保理合同的规定向卖方计收垫款/授信逾期利息以及罚息。卖方在我行账户有款项的,我行填写《应收账款扣款通知书》(附件12)通知卖方,直接在卖方账户中扣还卖方应付我行的各项款项。 第36条　如为无追索权的保理,我行仍应就已受让的应收账款对卖方履行付款义务,支付的款项为扣除已融资的本金和利息部分。并根据商务合同的约定向买方追收应收账款及逾期利息。	第31条　若《应收账款转让申请暨确认书》约定采用“直接回款保理”的,则应按下述方式处理: (1)卖方应按保理商的要求,明确告知买方必须将已受让应收账款支付到以保理商名义开立的保理回款专户之中,保理回款专户以卖方和保理商共同签署的《应收账款转让申请暨确认书》记载为准; …… (3)卖方在任何时候以任何方式收到已受让应收账款的清偿款项时,应立即(最迟不晚于3个工作日内)通知保理商,并在3个工作日内按照保理商要求的方式将该款项转付至保理商。同时,保理商有权立即要求卖方或自行与买方交涉,要求买方纠正错误;若买方的错误付款达到连续______次或累计______次以上的,保理商有权向卖方反转让针对该买方的全部已受让应收账款(无论到期或未到期);若错误付款次数达到累计______次以上或错误付款买方达到______人以上,保理商有权向卖方反转让针对所有买方的全部已受让应收账款(无论到期或未到期)。

（二）保理信贷业务操作规程之点评

比较上述三家银行《保理业务操作规程》,在“客户准入资格”“审查评估范围”“专户管理”“应收账款转让通知流程”“贷后管理检查”“催收”六个

环节,进行检讨如下:

第一,客户准入资格。首先三家银行均对保理业务开展对象进行了筛选。所不同的是,A、B两家银行采取的是客观标准,而C银行则授权"信贷经营部门"对照《办法》有关规定审查卖方的资格和条件是否具备,对卖方进行资信调查。其次,A、B银行客观标准的差异在于:A银行对买、卖双方采取一样的准入资格,而B银行则区分买、卖双方的准入资格,其中买方条件要明显苛刻于卖方,并进一步在买方准入资格里面区分民营企业与国有企业待遇。最后,A、B银行都明确表示"原则上不接受关联企业、同一实际控制人企业之间的应收账款叙作保理业务"或"卖方必须是买方的非关联企业"。

第二,审查评估范围。由于法律规定商业银行对保理业务的基础关系负有"实质审查义务",所以三家银行都对此予以关注,区别在于A、C银行从审查材料的角度列明需要审查"买卖双方签订的基础交易合同"或者"贸易背景及合同真实性",而B银行则是从应收账款的角度切入,要求"商务合同已生效,且卖方已履行合同项下的义务"。同时,需要注意的是,A银行提到了"买卖双方签订的基础交易合同(如已签订)是否包含禁止转让应收账款的条款",B银行提到了"应收账款未到期",C银行则对"增值税发票(或普通发票)真实性及货运单据真实性"非常在意。

第三,专户管理。三家银行均要求开设"保理(回款)专户",并明确"保理业务项下应收账款的收取,不得作为其他用途"。

第四,应收账款转让通知流程。由于应收账款必须通知债务人才能对其发生效力,因此应收账款转让通知是保理业务的重要一环。在此问题上,A、B、C三家银行显示出了较大区别,其重视程度B>C>A(从最为重视到不太重视)。其中,B银行区分了"明示通知"与"默示通知"两大类,前者又分为《应收账款转让通知书》、发票正面备注、签订相关协议、公证手续、事前约定程序五种办法;后者又分"商业客户经理与卖方共同办理买方采购部门在该通知书上签章确认"与"商业银行指定的物流公司或者快递公司等,负责将《应收账款转让通知书》送达买方,并取得买方签收的证据"两者形式。相比之下,A、C银行的流程较为粗疏、选择面较窄。

第五,贷后管理检查。首先,各个银行保理业务的贷后管理检查责任主体不一样,A银行是"经办行(部)",B银行是"客户经理和应收账款管理岗",C银行则是"卖方保理商"。其次,监管侧重点有所区别。A银行要求

"应按照流动资金贷款贷后管理要求对供应商进行定期检查，并应关注买方企业经营状况"，B银行要求"应定期检查买卖双方情况并撰写检查报告"，C银行则是要求"应加强回款监控"。最后，A、B银行都规定了紧急止损程序，要求"一旦发现以下重大事项，对我行债权或融资构成严重威胁时，应及时采取停止国内保理额度使用，并提前追回融资款项等措施"或者"发现异常情况的，应通知经办行及时采取措施"。

第六，催收。A银行将催收事宜权限下放给"经办行(部)"，要求其按照自身判决以"适当方式"进行催收，显示出一定的灵活性与结果导向主义。B、C催收事宜的规定较为复杂仔细，对于每一个环节都有明确的日期要求，如"其后十个工作日内，买方仍未履行付款义务又未提出拒付理由的，我行对买方进入正式催收程序"或"并在3个工作日内按照保理商要求的方式将该款项转付至保理商"，显示出明显的程序导向主义。A银行的结果导向主义与B、C银行的程序导向主义哪一种更有效果，尚待考察。

五、商业银行风控操作要点

尽管《民法典》的实施在很大程度上将保理合同关系有关内容予以确定，对商业银行保理业务具有重要指导作用，但由于实践中的很多细节问题尚未得到明晰，因此，本书写作团队结合《民法典》及以往司法实践经验，就商业银行开展保理业务提出以下风险防控措施：

(一)完善内控合规制度

《商业银行保理业务管理暂行办法》第22条规定，商业银行应当制定详细规范的保理业务管理办法和操作规程，明确业务范围、相关部门职能分工、授信和融资制度、业务操作流程以及风险管控、监测和处置等政策；第14条规定，商业银行受理保理融资业务时，应当严格审核卖方和/或买方的资信、经营及财务状况，分析拟做保理融资的应收账款情况，包括是否出质、转让以及账龄结构等，合理判断买方的付款意愿、付款能力以及卖方的回购能力，审查买卖合同等资料的真实性与合法性。对因提供服务、承接工程或其他非销售商品原因所产生的应收账款，或买卖双方为关联企业的应收账款，应当从严审查交易背景真实性和定价的合理性。因此建议银行先行完善内控合规制度，并严格按照内部制度规定开展业务。

(二)商业银行应当保留证明真实交易行为存在或真实基础关系存在的证据,或证明真实交易行为基础关系已经得到实际履行,或者被追索一方认可涉诉应收账款债权

《民法典》第762条规定,保理合同的内容一般包括……基础交易合同情况……等条款,同时根据法律规定,办理保理业务的商业银行对真实交易基础负有"实质审查义务",[①]应重点审查基础交易合同情况的真实性,同时要求债权人及债务人出具承诺,并要求加盖鲜章,尽量避免仅审查只有自然人签字的文书。在中国工商银行股份有限公司铜陵分行与安徽群利港务有限公司、安徽亚邦化工有限公司等金融借款合同纠纷[②]案中,铜陵市中级人民法院指出,办理保理业务的银行有义务严格审核并确认有真实的交易行为存在,应当对客户和交易等相关情况进行有效的尽职调查,重点对交易对手、交易商品及贸易习惯等内容进行审核,并通过审核单据原件等方式,确认相关交易行为真实合理存在,避免客户通过虚开发票或伪造贸易合同等手段恶意骗取融资。……根据《商业银行保理业务管理暂行办法》的规定,在办理保理业务时,工行铜陵分行对真实交易是否存在,负有实质上的审查义务,然而其只做了形式上的审查,没有做实质上的审查。工行铜陵分行没有证据证明真实交易存在,也就无法证明有效债权的存在,那么,本案中应收账款的转让不符合债权转让的生效要件,故该起应收账款转让无效。

在中国建设银行股份有限公司天津南开支行与天津铁厂,原审被告天津市海研机电新技术有限公司、王某、夏津万兴新能源有限公司、天津绿神

---

① 《商业银行保理业务管理暂行办法》第15条规定,商业银行应当对客户和交易等相关情况进行有效的尽职调查,重点对交易对手、交易商品及贸易习惯等内容进行审核,并通过审核单据原件或银行认可的电子贸易信息等方式,确认相关交易行为真实合理存在,避免客户通过虚开发票或伪造贸易合同、物流、回款等手段恶意骗取融资。

② (2015)铜中民二初字第00006号。该判决书指出,本案中,群利港务公司在未供货的情况下,开具了19张增值税发票,这一事实有章建设的陈述、亚邦化工公司的陈述和证人李某的证言相互印证,予以认定。工行铜陵分行虽然提供了《煤炭购销合同》《应收账款债权转让通知书》《动产权属统一登记》《应收账款债权转让通知书(回执)》等证据,但没提供证明群利港务公司与亚邦化工公司有供货和收货等真实交易行为存在的证据。另外,工行铜陵分行也没有按照保理合同的约定,将应收账款发票原件保留到还款届满时,且群利港务公司已将应收账款发票作废。

新材料科技发展有限公司金融借款合同纠纷[①]案中，天津市高级人民法院认为，现天津铁厂主张与海研公司不存在涉案的买卖合同，海研公司、建行南开支行亦不能提交买卖合同的原件，买卖合同本身的真实性无法证明，增值税发票也未经天津铁厂确认，因此，建行南开支行关于天津铁厂与海研公司之间存在买卖合同，且已实际履行的主张不能成立。建行南开支行主张其系通过天津铁厂的工作人员张某某取得加盖“天津铁厂”印章的应收账款转让通知书和回执，但经原审法院委托鉴定，上述文件中的印鉴并非天津铁厂的印鉴，建行南开支行亦不能证明张某某有权代表天津铁厂对应收账款债权进行确认，故建行南开支行主张张某某的行为系职务行为及天津铁厂明知并且已实际承认了海研公司将应收账款转让给建行南开支行，缺乏事实依据，法院不予支持。

（三）商业银行应当尽量附加增信措施，避免追索权落空

建议商业银行在签订保理合同时，要求债权人为债务人的应收账款支付义务提供连带保证责任，届时商业银行可以根据《民法典》规定择一向债务人追偿应收账款时，可基于保证担保一并起诉债权人，可尽量避免在一个诉中基于两种法律关系起诉不同的法律主体而败诉。

另外，商业银行可以要求保证人在《保证合同》中对保理业务所基于的商务合同真实合法性提供担保。写明如果由于该基础合同使商业银行受到损失，保证人对该损失仍然承担担保责任。在福州开发区福燃煤炭运销有限公司、中国建设银行股份有限公司福州城南支行金融借款合同纠纷[②]案中，最高人民法院认为，本案中，福燃公司与建行城南支行签订的《本金最高额保证合同》中约定：福燃公司保证主合同中甲方（化建公司）申请保理业务所基于的商务合同真实合法，不存在欺诈。如果由于该基础合同使建行城南支行受到损失，由福燃公司对乙方建行城南支行损失承担担保责任。据此，福燃公司作为保证人不仅承担化建公司不能清偿到期债务的代偿责任，还承担基础合同真实性的担保义务。据此约定，即使该基础合同存在瑕

---

① （2015）津高民二终字第0094号。该判决认定，在建行南开支行提交的现有证据既无法证明天津铁厂与海研公司之间存在真实买卖合同关系，也无法证明海研公司已经实际履行供货义务或天津铁厂认可涉诉应收账款债权的情况下，原审法院认定建行南开支行对天津铁厂的诉讼请求缺乏事实依据是正确的。由此可见，建行南开支行关于天津铁厂应当承担涉案应收账款还款责任的上诉理由不能成立。

② （2017）最高法民申3796号。

疵，福燃公司相应责任亦不能免除。……即便案涉基础合同存在瑕疵，原审判决的结果亦未加重福燃公司依法应当承担的法律责任，故对福燃公司以基础合同虚假为由主张免除保证责任的申请理由，法院不予支持。

（四）完善操作流程，商业银行在保理合同形式要件上做到“要件齐全、形式完备”，在审核程序上应当尽到审慎审查义务，并对保理转项账户监管到位

《民法典》规定，即便是虚构应收债款，除非债权人（商业银行）知情，否则完备的形式要件审查可以使得商业银行继续行使追索权。在河南奇春石油经销集团有限公司、中国工商银行股份有限公司延安分行金融借款合同纠纷[①]案中，最高人民法院认为，本案保理合同要件齐全、形式完备，合同文本上的真实签章表明合同是当事人真实意思的表示，合同内容亦不违反法律、行政法规的强制性规定，是合法有效的合同。同时，在苏州中铁架业有限公司、中国工商银行股份有限公司镇江新区支行金融借款合同纠纷[②]案中，最高人民法院认为，工行镇江新区支行在办理本案保理业务时，审核了案涉《工程物资（设备）采购供应合同》和增值税发票，且《国内保理业务合同》所附的《应收账款转让明细表》中涉及的内容与经中铁公司确认的《应收账款询证函》中内容吻合。据此，原审判决认定工行镇江新区支行在办理本案保理业务时已尽到审慎审查义务，有事实依据。

但是，在中国邮政储蓄银行股份有限公司镇江市分行与中新联进出口公司、丹阳市金陵工贸有限公司等金融借款合同纠纷[③]案中，最高人民法院认定，一审法院委托南京金陵司法鉴定所作出的鉴定报告载明，上述确认书、对账单中的印文“中新联进出口公司”及印文“马某杰印”均与中新联公司留存在工商机关、银行的印文不符。且邮储行不能提交中新联公司在其

---

① (2020)最高法民终155号。本案中奇春公司上诉称，案涉应收账款在保理合同订立前已清偿完毕，保理合同项下不存在真实的应收账款，合同无效。最高人民法院认为，奇春公司在合同订立时向工行延安分行确认应收账款真实存在，在诉讼中又以不存在真实的应收账款为由对抗工行延安分行，违背了诚实信用原则。在奇春公司不能举证证明工行延安分行明知虚构的情形下，该公司确认应收账款真实存在的行为，构成对工行延安分行的欺诈。根据《民法总则》第148条和第149条的规定，欺诈的法律后果是赋予受欺诈方撤销权。工行延安分行选择不行使撤销权，请求继续履行合同，奇春公司以合同无效进行抗辩，显不成立，法院不予支持。

② (2017)最高法民申1222号。

③ (2017)最高法民申225号。最高人民法院由此认定，原审判决认定邮储行关于《应收账款债权转让三方确认书》及《保理业务应收账款对账单》系中新联公司签订的主张无事实依据，并不缺乏证据证明。原审判决中新联公司对金陵公司的债务不承担连带责任，适用法律并无不当。

他场合曾使用加盖在案涉确认书、对账单上印章的证据,亦无有效证据证明案涉印章系中新联公司副总经理马某龙加盖。

(五)商业银行应当严格审查基础合同中是否存在禁止债权转让条款,履行债权转让通知义务,举证证明债权受让人已经承诺或认可债权转让的事实

第一,鉴于《民法典》并未规定保理商善意取得应收账款债权,[①]商业银行应当严格审查基础合同双方是否有禁止债权转让的条款存在。[②]

第二,建议商业银行在保理业务中自行履行债权转让的通知送达义务,避免在要求债权人送达时因债权人不专业而导致送达不能或送达瑕疵,且应当尽量要求债务人签署送达回执并加盖鲜章,同时要求公证处对整个送达过程进行视频公证。商业银行应当尽量避免邮寄送达、委托送达等容易产生极大风险的送达方式。在上海浦东发展银行股份有限公司厦门分行与永城煤电控股集团上海有限公司、龙岩鸿鹰贸易有限公司等金融借款合同纠纷[③]案中,最高人民法院指出,在本案原审程序中,永城公司自行提交加盖有永城公司公章及法定代表人私章的《应收账款转让通知 B》,相关书证的内容明确体现了永城公司作为债务人对上述出让行为的确认。浦东发展银行在原审程序中提交了证明其发放保理融资款的《应收账款转让/质押业务融资凭证暨回单》及《银行对公账户对账单》,上述证据不仅能够证明发放保理融资款而且能够反映鸿鹰公司账户收到该笔保理融资款的事实。

第三,法院会结合《应收账款转让通知书》《回执》等证据判定应收账款转让是否生效。实践中有的商业银行或者债权人向法人债务人通过快递方式送达应收账款转让通知时,快递单填写的收件人既不是公司法定代表人,也不是公司授权主体,即便该通知被签收,也不能达到通知的效果,在中

---

① 2015 年《天津市高级人民法院关于审理保理合同纠纷案件若干问题的审判委员会纪要(二)》第 4 条曾就“基础合同中债权禁止转让的约定对保理商的影响”作出规定,债权人与债务人约定债权不得转让的,债权人不得将应收账款全部或者部分转让给保理商,但保理商善意取得应收账款债权的除外。债权人违反基础合同约定转让不得转让的应收账款,如果因此给保理商造成损失,保理商向其主张承担赔偿责任的,应予支持,但保理商在签订保理合同时知道或者应当知道基础合同禁止转让约定的除外。

② 另一种意见认为,禁止金钱债权让与约定究竟是无效还是仅具有债法效力,未来司法解释仍有必要明确,以免适用中发生争议。参见李宇:《保理合同立法论》,载《法学》2019 年第 12 期。

③ (2016)最高法民申 2111 号。本案中最高人民法院认定,永城公司申请再审认为原审判决上述认定缺乏事实依据且未调取“对审理案件需要的主要证据”的主张不成立。

国光大银行股份有限公司成都蜀汉路支行与四川白马循环流化床示范电站有限责任公司、四川省珙县永发矿产有限公司合同纠纷①案中，四川省宜宾市中级人民法院认为，原告光大蜀汉支行认为本案是基于保理合同和债权转让关系起诉。关于债权转让通知是否到达债务人问题，根据《合同法》第80条关于"债权人转让权利的，应当通知债务人。未经通知，该转让对债务人不发生效力。"的规定，原告提交的经公证的邮寄特快专递上载明的收件人为崔某，但崔某并非被告公司法人，也并没有得到被告的授权，且其签收公司快递信件也不属于其职务范围，故该邮寄的快递通知不能起到债权转让通知的效果。

（六）鉴于对"未来应收账款"办理保理业务的合同效力在司法认定上存在争议，建议商业银行尽量避免对"未来应收账款"办理保理业务

虽然《民法典》第761条已经允许未来的应收账款作为保理基础关系的合法性。但考虑到《商业银行保理业务管理暂行办法》第13条之规定以及司法实践中对此规定是否构成合同无效的"效力性规定"存在争议，商业银行对未来应收账款办理保理业务仍需谨慎。在中国工商银行股份有限公司铜陵分行与安徽群利港务有限公司、安徽亚邦化工有限公司等金融借款合同纠纷②案中，原告还提出群利港务公司是先开发票，后供货的交易，应收账款转让为有效。铜陵市中级人民法院认为，《商业银行保理业务管理暂行办法》规定，商业银行不得基于未来应收账款产生的付款请求权开展保理融资业务。由此可见，应收账款的产生是以提供商品为前提条件的，而且行业规范不允许基于未来应收账款产生的付款请求权来办理保理业务。因此，原告要求亚邦化工公司在应收账款18,909,384元的范围承担偿还本金和利息的连带责任的诉讼请求，法院不予支持。

（七）对于基础关系主体之间"虚伪通谋"伪造应收账款的行为，商业银行不知情的且履行了自身审查义务的，基础关系瑕疵不得对抗作为善意第三人的商业银行。同时，基础关系主体之间"虚伪通谋"伪造应收账款的行为给商业银行造成损失的，银行可以另行向基础关系双方追究连带赔偿责任

首先，对于基础关系主体之间"虚伪通谋"伪造应收账款的行为，商业银

① （2015）宜民初字第137号。

② （2015）铜中民二初字第00006号。

行不知情的且履行了自身审查义务的，基础关系瑕疵不得对抗作为善意第三人的商业银行。在中厦建设集团有限公司、中国建设银行股份有限公司上海第二支行合同纠纷①案中，最高人民法院认为，中厦公司与麟旺公司通谋所为的虚伪意思表示，在其两者之间发生绝对无效的法律后果，但与第三人建行二支行之间，则应视建行二支行是否知道或应当知道该虚伪意思表示而确定不同的法律后果。本案中，建行二支行在开展保理业务过程中，审核了麟旺公司提交的《付款承诺书》《应收账款转让通知书》《已转让应收账款确认通知书及回执》《钢材购销合同》《销售清单》等材料，其中《付款承诺书》《钢材购销合同》《已转让应收账款确认书回执》上有中厦公司及其法定代表人张国荣的盖章确认。对于并非基础合同当事人的第三人建行二支行而言，其根据上述材料已经尽到了审慎的注意义务，其有理由相信麟旺公司对中厦公司享有相应的债权。本案中并无证据证明建行二支行知晓中厦公司与麟旺公司之间是虚伪意思表示，中厦公司主张的基础债权瑕疵不得对抗作为善意第三人的建行二支行，二审法院判决中厦公司应当以其承诺行为向建行二支行承担清偿责任并无不当。

其次，基础关系主体之间“虚伪通谋”伪造应收账款的行为给商业银行造成损失的，银行可以另行向基础关系双方追究连带赔偿责任。在兴业银

① （2019）最高法民申1518号。但该判决书也指出，尽管从建行二支行经办人肖峰的询问笔录以及沪银监访复［2016］51号答复来看，建行二支行在开展本案保理业务过程中，存在未严格依照监管要求履行审核义务，尤其是对基础合同项下发票真实性审核不当的问题，但该工作瑕疵的存在，并不影响本案的事实认定。类似案件还包括在珠海华润银行股份有限公司与江西省电力燃料有限公司合同纠纷［（2017）最高法民再164号］一案中，最高人民法院认为，根据民法基本原理，双方当事人通谋所为的虚伪意思表示，在当事人之间发生绝对无效的法律后果。但在虚伪表示的当事人与第三人之间，则应视该第三人是否知道或应当知道该虚伪意思表示而发生不同的法律后果：当第三人知道该当事人之间的虚伪意思表示时，虚伪表示的无效可以对抗该第三人；当第三人不知道当事人之间的虚伪意思表示时，该虚伪意思表示的无效不得对抗善意第三人。据此，江西燃料公司关于案涉应收账款虚假的诉讼理由能否对抗珠海华润银行，取决于珠海华润银行在受让债权时是否善意。本案中，珠海华润银行在签订案涉《国内保理业务合同》之前，不仅审核了广州大优公司提交的《煤炭买卖合同》和增值税发票的原件，还指派工作人员王永刚到江西燃料公司调查贸易背景的真实性，并对江西燃料公司签署《应收账款转让确认书》《应收账款转让通知确认书》等行为进行面签见证，向江西燃料公司送达了《应收账款转让通知书》，应当认定在案涉保理合同签订之前，珠海华润银行已经就基础债权的真实性问题进行了必要的调查和核实，广州大优公司和江西燃料公司共同向珠海华润银行确认了基础债权真实、合法、有效，珠海华润银行已经尽到了审慎的注意义务，其有理由相信广州大优公司对江西燃料公司享有46,115,344.70元债权。

行股份有限公司常州支行与常州朗锐铸造有限公司金融借款合同纠纷[①]案中，江苏省高级人民法院认为，兴业银行常州支行向德美公司发放1000万元融资款的条件是，德美公司将其向朗锐公司享有的25,063,273.71元债权转让给兴业银行常州支行。现转让债权真实金额仅为8,228,709.18元，导致兴业银行常州支行向德美公司发放的融资款无法全额清偿。而在案涉业务的办理过程中，在兴业银行常州支行已尽审慎义务的情况下，朗锐公司出具的购货方收货证明、确认的应收账款转让通知，所载应收账款不真实，确认的发票已部分作废，认可的验收并质量合格的交易并不完全真实，故朗锐公司对兴业银行常州支行发放融资款不能全额清偿的损失负有责任，应在确认的应收账款金额范围内承担赔偿责任，如德美公司对兴业银行常州支行的损失亦有责任，应与朗锐公司承担连带责任。

（八）《民法典》出台前，如果涉及债务人与债权人串通虚构应收账款的，经法院释明后，商业银行应当主动变更诉讼请求，如果一味坚持原诉讼请求仍旧主张依据保理合同及应收账款转让事实要求债务人与债权人履行债务的，可能被法院径直判决

在平安银行股份有限公司海口分行与海南椰岛（集团）股份有限公司、椰岛（集团）洋浦物流有限公司等合同纠纷[②]案中，海口市中级人民法院认为，张某某又是商道实业公司的实际控制人。由此可见，平安银行海口分行与商道实业公司签订的《综合授信额度合同》《国内保理业务合同》，实际上是商道实业公司、张春田为骗取银行贷款而签订的合同。商道实业公司及

---

① （2015）苏商终字第00130号。该判决书认定，保理是一项以债权人转让其应收账款为前提，集融资、应收账款催收、管理及坏账担保于一体的综合性金融服务，由于应收账款的法律属性是基于商务合同而产生的未到期债权，因此保理的实质是卖方对保理商的债权转让。……至于兴业银行常州支行受让的债权金额，应以德美公司对朗锐公司享有的真实合法有效的合同债权为考察之前提。虽然国内有追索权明保理业务合同约定的应收账款为德美公司对朗锐公司所享有的25,063,273.71元，但根据税务部门的证明，作为国内有追索权明保理业务合同附件的商务合同清单载明的发票中仅8,228,708.18元正常使用，16,834,565.53元已经作废，德美公司法定代表人孙某也在公安机关的询问中陈述，德美公司提供给兴业银行常州支行的开给朗锐公司的货物发票大部分是作废的，收货证明也是德美公司提供的虚假证明，因此德美公司对朗锐公司实际享有的应收账款仅8,228,708.18元，兴业银行常州支行受让的真实债权金额为8,228,708.18元。

② （2012）海中法民二初字第68号。该案中，据已发生法律效力的海口市中级人民法院（2014）海中法刑初字第56号刑事判决书和海南省高级人民法院（2015）琼刑二终字第6号刑事判决书认定，张某某使用虚假的椰岛集团公司、洋浦物流公司的印章，提供虚假贷款资料向平安银行海口分行申请贷款，已构成贷款诈骗罪。

张某某以欺诈的手段与平安银行海口分行签订的合同，不仅侵犯了银行的贷款所有权，更侵犯了国家金融贷款管理制度。根据《合同法》第 52 条第 1 项的规定，应属无效合同。经法院对平安银行海口分行进行释明，其虽变更了诉讼请求，但仍主张《综合授信额度合同》《国内保理业务合同》有效，并依该合同以及《应受账款转让通知书》的约定，要求商道实业公司承担还款责任以及要求商道船务公司、张某某、椰岛集团公司、洋浦物流公司承担连带清偿责任，其主张没有事实和法律依据，法院对其请求依法予以驳回。

（九）将《有追索权保理业务合同》《抵押合同》《保证合同》的地域管辖条款相互关联，均约定在商业银行所在地有管辖权的法院解决争议

由于保理业务涉及两个不同的法律关系：一个是债权人与债务人之间的基础合同法律关系；另一个是债权人与保理人之间以应收账款转让为基础的保理法律关系，由此产生的两个合同有时会出现不同的协议管辖约定。当保理人单独起诉债务人，或同时起诉债权人和债务人时，应依据哪份合同确定管辖就成为有待商榷的问题。对此各地法院观点不一，最高人民法院的判决也有矛盾之处。

在张某某、秦某、田某、江苏长三角煤炭有限公司、江苏长三角能源发展有限公司、江苏中江能源有限公司、中煤科技集团有限公司与中国民生银行股份有限公司南京分行一般借款合同纠纷①案中，最高人民法院认为，债务人中煤集团没有在《保理服务合同》上签字，所以，中煤集团与民生银行南京分行之间仅存在合同债权转让关系，而不存在保理合同关系，不应受《保理服务合同》约束。中煤集团在《应收账款转让通知书》签字，只能证明其与民生银行南京分行之间产生债权转让关系，而不意味着其加入民生银行南京分行与长三角煤炭之间的借款担保合同关系。……民生银行南京分行不能基于《综合授信合同》《贸易融资主协议》《保理服务合同》的有关争议管辖条款，以借款担保合同纠纷为由向民生银行南京分行住所地法院起诉中煤集团。

---

① （2014）民一终字第 187 号。

但在柳州钢铁公司与中信银行厦门分行金融借款合同纠纷[①]案中，最高人民法院支持了福建省高级人民法院的认定，认为《银、企、商合作协议书》系厦门中信银行对拓兴成公司与《柳州钢铁股份有限公司产品销售合同》的履行提供银行保理业务服务的合同。这是一个独立的融资服务合同，与《柳州钢铁股份有限公司产品销售合同》相互独立，两者之间不存在主从关系。因此，《银、企、商合作协议书》并非《柳州钢铁股份有限公司产品销售合同》的从合同。《银、企、商合作协议书》第 14 条约定，"三方同意将争议提交任意一方住所地人民法院通过诉讼方式解决"，该管辖条款应理解为三方当事人均可向各自住所地人民法院提起诉讼。从实务角度来看，商业银行应当将《有追索权保理业务合同》《抵押合同》《保证合同》的地域管辖条款相互关联，均约定在商业银行所在地有管辖权的法院解决争议。[②]

① (2014)民二终字第 5 号。最高人民法院认为，《银、企、商合作协议书》约定的基本内容为拓兴成公司以其在与柳州钢铁公司签订的买卖协议中约定的应收货物为质押，向中信银行厦门分行进行融资借款，用于支付拓兴成公司应付货款。其本质为拓兴成公司向中信银行厦门分行进行金融借款，并以拓兴成公司应收货物提供质押担保。拓兴成公司和中信银行厦门分行之间的金融借款法律关系，与拓兴成公司和柳州钢铁公司之间的买卖合同法律关系，是两个独立的法律关系。二法律关系之间有一定的关联，即借款的目的是支付买卖合同中的货款，但不能认为该借款关系就完全依附于买卖关系。

② 在兴业银行股份有限公司泉州分行金融借款合同纠纷管辖权异议［(2017)闽民辖终 59 号］案中，申请人邱某斌以《购销合同》具有约定管辖为由，认为本案应当移送福建省厦门市中级人民法院审理。福建省高级人民法院驳回了邱某斌所提出的管辖权异议申请。类似案件还包括中国民生银行股份有限公司武汉分行与深圳市核电工程建设有限公司、湖北华鑫科工贸股份有限公司金融借款合同纠纷［(2015)鄂民立上字第 00029 号］案，湖北省高级人民法院认定，本案是因银行开展有追索权的保理业务引发的纠纷。民生银行武汉分行向各被告主张权利依据的基础合同分别是《采购合同》《贸易融资主协议》《综合授信合同》《保理业务合同》《银行承兑协议》《个人最高额保证合同》等。……其中，《贸易融资主协议》《综合授信合同》《保理业务合同》《银行承兑协议》《个人最高额保证合同》均约定，发生纠纷由民生银行武汉分行所在地法院解决。

第二十七章　融资租赁中的担保顺位新规与商业银行操作风险防控

【《民法典》变化的影响】风险增加

【风险等级】★★★★★

【提要】融资租赁主要分为“应收账款融资租赁”与“抵押物融资租赁”两种模式，而银行在融资租赁业务中的主要功能是给予融资租赁公司资金支持，以“第三人”的形式参与到融资租赁业务中，即在没有直接参与到出租人与承租人融资租赁合同关系的银行更多地聚焦于贷款方的现金流是否能覆盖本息。换言之，在发生融资租赁纠纷后，银行担保权利顺位决定了回款比例。因此，银行应改善操作流程与合规管理，以保障自身担保权利实现，防范融资租赁新规改变所带来的法律风险。

一、民法典及配套新规

▶《民法典》

【承租人拒绝受领标的物的条件】

第740条　出卖人违反向承租人交付标的物的义务，有下列情形之一的，承租人可以拒绝受领出卖人向其交付的标的物：

（一）标的物严重不符合约定；

（二）未按照约定交付标的物，经承租人或者出租人催告后在合理期限内仍未交付。承租人拒绝受领标的物的，应当及时通知出租人。

【出租人不得擅自变更买卖合同内容】

第744条　出租人根据承租人对出卖人、租赁物的选择订立的买卖合同，未经承租人同意，出租人不得变更与承租人有关的合同内容。

【租赁物的所有权】

第745条　出租人对租赁物享有的所有权，未经登记，不得对抗善意第三人。

【出租人解除融资租赁合同】

第753条　承租人未经出租人同意，将租赁物转让、抵押、质押、投资入股或者以其他方式处分的，出租人可以解除融资租赁合同。

【租赁物价值返还及租赁物无法返还】

第758条　当事人约定租赁期限届满租赁物归承租人所有，承租人已经支付大部分租金，但是无力支付剩余租金，出租人因此解除合同收回租赁物，收回的租赁物的价值超过承租人欠付的租金以及其他费用的，承租人可以请求相应返还。当事人约定租赁期限届满租赁物归出租人所有，因租赁物毁损、灭失或者附合、混合于他物致使承租人不能返还的，出租人有权请求承租人给予合理补偿。

▶最高人民法院《关于适用〈中华人民共和国民法典〉有关担保制度的解释》（法释〔2020〕28号）

【适用范围】

第1条　因抵押、质押、留置、保证等担保发生的纠纷，适用本解释。所有权保留买卖、融资租赁、保理等涉及担保功能发生的纠纷，适用本解释的有关规定。

【担保主体限制】

第6条　以公益为目的的非营利性学校、幼儿园、医疗机构、养老机构等提供担保的，人民法院应当认定担保合同无效，但是有下列情形之一的除外：

（一）在购入或者以融资租赁方式承租教育设施、医疗卫生设施、养老服务设施和其他公益设施时，出卖人、出租人为担保价款或者租金实现而在该公益设施上保留所有权；

（二）以教育设施、医疗卫生设施、养老服务设施和其他公益设施以外的不动产、动产或者财产权利设立担保物权。

登记为营利法人的学校、幼儿园、医疗机构、养老机构等提供担保，当事人以其不具有担保资格为由主张担保合同无效的，人民法院不予支持。

【超级优先权】

第57条　担保人在设立动产浮动抵押并办理抵押登记后又购入或者以融资租赁方式承租新的动产，下列权利人为担保价款债权或者租金的实现而订立担保合同，并在该动产交付后十日内办理登记，主张其权利优先于在先设立的浮动抵押权的，人民法院应予支持：

（一）在该动产上设立抵押权或者保留所有权的出卖人；

（二）为价款支付提供融资而在该动产上设立抵押权的债权人；

（三）以融资租赁方式出租该动产的出租人。

买受人取得动产但未付清价款或者承租人以融资租赁方式占有租赁物但是未付清全部租金，又以标的物为他人设立担保物权，前款所列权利人为担保价款债权或者租金的实现而订立担保合同，并在该动产交付后十日内办理登记，主张其权利优先于买受人为他人设立的担保物权的，人民法院应予支持。

同一动产上存在多个价款优先权的，人民法院应当按照登记的时间先后确定清偿顺序。

【融资租赁】

第65条　在融资租赁合同中，承租人未按照约定支付租金，经催告后在合理期限内仍不支付，出租人请求承租人支付全部剩余租金，并以拍卖、变卖租赁物所得的价款受偿的，人民法院应予支持；当事人请求参照民事诉讼法"实现担保物权案件"的有关规定，以拍卖、变卖租赁物所得价款支付租金的，人民法院应予准许。

出租人请求解除融资租赁合同并收回租赁物，承租人以抗辩或者反诉的方式主张返还租赁物价值超过欠付租金以及其他费用的，人民法院应当一并处理。当事人对租赁物的价值有争议的，应当按照下列规则确定租赁物的价值：

（一）融资租赁合同有约定的，按照其约定；

（二）融资租赁合同未约定或者约定不明的，根据约定的租赁物折旧以及合同到期后租赁物的残值来确定；

（三）根据前两项规定的方法仍然难以确定，或者当事人认为根据前两项规定的方法确定的价值严重偏离租赁物实际价值的，根据当事人的申请委托有资质的机构评估。

【具有担保功能的合同的效力】

第67条　在所有权保留买卖、融资租赁等合同中，出卖人、出租人的所有权未经登记不得对抗的善意"第三人"的范围及其效力，参照本解释第53条的规定处理。

二、立法考辨

《民法典》吸收了2013年最高人民法院《关于审理融资租赁合同纠纷案件适用法律问题的解释》的主要内容，将融资租赁作为一种有名合同予以明确。最高人民法院《关于适用〈中华人民共和国民法典〉有关担保制度的解释》将融资租赁又界定为“非典型担保”的其中一类。

(一)融资租赁已经被纳入非典型担保

最高人民法院《关于适用〈中华人民共和国民法典〉有关担保制度的解释》第1条规定,因抵押、质押、留置、保证等担保发生的纠纷,适用本解释。所有权保留买卖、融资租赁、保理等涉及担保功能发生的纠纷,适用本解释的有关规定。这意味着在担保功能主义视域下,融资租赁已经被纳入非典型担保。最高人民法院《关于适用〈中华人民共和国民法典〉有关担保制度的解释》第65条第1款更是进一步规定,在融资租赁合同中,承租人未按照约定支付租金,经催告后在合理期限内仍不支付,出租人请求承租人支付全部剩余租金,并以拍卖、变卖租赁物所得的价款受偿的,人民法院应予支持;当事人请求参照民事诉讼法“实现担保物权案件”的有关规定,以拍卖、变卖租赁物所得价款支付租金的,人民法院应予准许。

(二)对于以公益为目的的非营利性学校、幼儿园、医疗机构、养老机构以融资租赁方式承租教育设施、医疗卫生设施、养老服务设施和其他公益设施时,出卖人、出租人为租金提供的担保有效

最高人民法院《关于适用〈中华人民共和国民法典〉有关担保制度的解释》第6条认为,以公益为目的的非营利性学校、幼儿园、医疗机构、养老机构等提供担保的,人民法院应当认定担保合同无效。但列出了两种例外,其中第一种例外为,即在购入或者以融资租赁方式承租教育设施、医疗卫生设施、养老服务设施和其他公益设施时,出卖人、出租人为担保价款或者租金实现而在该公益设施上保留所有权。

(三)融资租赁法规理解及其法律关系

《物权法》第190条规定,订立抵押合同前抵押财产已出租的,原租赁关系不受该抵押权的影响。抵押权设立后抵押财产出租的,该租赁关系不得对抗已登记的抵押权。《民法典》出台后,第745条①延续了这一规定。在非典型担保交易中,所有权在名义上是否归属于债权人并非至关紧要,在实质上应如动产抵押那样,非经登记不得对抗善意第三人。② 最高人民法院《关于适用〈中华人民共和国民法典〉有关担保制度的解释》第67条规定,所有

---

① 《民法典》第745条规定,出租人对租赁物享有的所有权,未经登记不得对抗善意第三人。

② 董学立:《论“担保物所有权之归属无关紧要”》,载《法治研究》2014年第1期。

权保留买卖、融资租赁等合同中，出卖人、出租人的所有权未经登记不得对抗的善意“第三人”范围及其效力，参照本解释第54条①的规定处理。换言之，《民法典》与《物权法》在非典型性担保上的一脉相承昭示着我国公示规则已经向功能主义迈进了一步。

同时，《民法典》第414条②第1款对物权法第199条进行了修改，删除了“登记顺序相同，按照债权比例清偿”的规定。但在实践中，仍然存在无法判断登记顺序先后的情况，所以，仍需按照比例清偿，并且第414条第2款规定，所有可以登记的担保物权都准用该条款，包括应收账款质权、股权质权、本票、支票、债券、存款单、仓单、提单质权等。两款相加，进一步明确了担保权利受偿顺位，统一了担保物权的受偿规则。

然而，商业银行作为融资租赁业务中的“第三人”，其主要参与方式是发放贷款支持而非直接介入融资租赁业务。所以，在银行担保权利已经登记公示的情况下，银行贷款能否顺利回收很大程度取决于出租人与承租人之间的融资合同的约定。

就商业银行参与的融资租赁业务而言，主要分为“应收账款融资租赁”与“抵押物融资租赁”两种模式。针对这两种不同模式，银行与出租人、出租人与承租人间的法律关系以及法律行为产生的法律效果并不相同。相应地，银行需要注意审查的具体事项也有所区别。具体而言，在“应收账款融资租赁”中存在两种情况，第一种是承诺转质，即承租人将应收账款转让给出租人（融资租赁公司），出租人再将该应收账款抵押给银行。此时，为保证应收账款的抵押权利得到实现，商业银行需要确保的是转质行为是否已经

① 最高人民法院《关于适用〈中华人民共和国民法典〉有关担保制度的解释》第54条规定，动产抵押合同订立后未办理抵押登记，动产抵押权的效力按照下列情形分别处理：(1)抵押人转让抵押财产，受让人占有抵押财产后，抵押权人向受让人请求行使抵押权的，人民法院不予支持，但是抵押权人能够举证证明受让人知道或者应当知道已经订立抵押合同的除外；(2)抵押人将抵押财产出租给他人并移转占有，抵押权人行使抵押权的，租赁关系不受影响，但是抵押权人能够举证证明承租人知道或者应当知道已经订立抵押合同的除外；(3)抵押人的其他债权人向人民法院申请保全或者执行抵押财产，人民法院已经作出财产保全裁定或者采取执行措施，抵押权人主张对抵押财产优先受偿的，人民法院不予支持；(4)抵押人破产，抵押权人主张对抵押财产优先受偿的，人民法院不予支持。

② 《民法典》第414条规定，同一财产向两个以上债权人抵押的，拍卖、变卖抵押财产所得的价款依照下列规定清偿：(1)抵押权已登记的，按照登记的时间先后确定清偿顺序；(2)抵押权已登记的先于未登记的受偿；(3)抵押权未登记的，按照债权比例清偿。其他可以登记的担保物权，清偿顺序参照适用前款规定。

过出质人同意。第二种是责任转质，我国《民法典》第 434 条[①]规定，转质权人不能直接向原质权人的债务人收取债权，只能在转质人对主债务人所享有的担保债权额内实现转质权。其限制在于：一是转质意思通知主债务人，若主债务人未经转质权人同意而对原质权人清偿，则其清偿不得对抗转质权人。二是公示登记，以避免承租人在无权处分质权情况下的善意取得问题。

在“设备抵押融资租赁”中，出租人按照承租人要求通过“一般直租”与“售后回租”[②]两种方式开展融资租赁业务。其中，“售后回租”涉及“所有权保留”问题，这里不过多展开，即出租人以“一般直租”的方式向承租人租赁设备，双方成立融资租赁合同关系，而出租人（融资租赁公司）又将租赁物抵押给（抵押权人）银行。此时需要确保抵押物所有权归属于出租人，即出租人有权处分。

表 27-1　不同融资模式对应商业银行与出租人之间法律关系示意

融资模式	承租人融资方式	银行与出租人间的法律关系	确保事项
应收账款融资租赁	债的转让	承诺转质	经出质人（承租人）同意
	债的抵押	责任转质	应收账款公示登记；转质意思通知主债务人
设备抵押融资租赁	租　赁	抵押关系	抵押物所有权归属于出租人

（四）担保权竞存顺位的解释

当融资租赁公司已对其权利进行登记，若存在承租人、买受人不当处分标的，[③]即所谓的先质后押的情况，后顺位的银行是否能够取得动产抵押权？

首先，就其效力而言，学界存在两种观点。郭明瑞（1995）[④]认为，若在同一动产上先设定质权后再设定抵押权，由于占有标的物会产生质权效力，而

---

① 《民法典》第 434 条规定，质权人在质权存续期间，未经出质人同意转质，造成质押财产毁损、灭失的，应当承担赔偿责任。

② 虽然实践中存在大量的“售后租赁”行为，但需要注意的是，在 2020 年 5 月提交第十三届全国人大第三次会议审议的《民法典（草案）》中删除了关于售后回租的条款。

③ 《民法典》第 753 条规定，承租人未经出租人同意，将租赁物转让、抵押、质押、投资入股或者以其他方式处分的，出租人可以解除融资租赁合同。

④ 参见郭明瑞：《担保法原理与实务》，中国方正出版社 1995 年版，第 74 页。

抵押权人也能因占有抵押财产以行使抵押权。所以,抵押权人行使抵押权时就会与设定在该物上的质权发生冲突。基于此,在同一动产上若允许设定质权后再设定抵押权在实行上存在困难,法律上不宜承认“先质后押”。郑玉波认为,动产抵押权的设立行使不以移转占有为生仍然存在,抵押人仍然可以占有着标的物。同时,抵押人对标的物的占有亦可以分为“间接占有”和“直接占有”。[①] 准此,即使动产抵押权已经登记,但因登记的对抗力仅向后发生,不能溯及既往地影响成立在前的已经生效的质权。郭明瑞还认为,若在抵押权设定晚于其质权时,只要当事人同意在质物上设定抵押权,则质权的效力应优先于抵押权。[②]

其次,就质权与抵押权优先顺位规则而言,学说和裁判上存在争议。学说上多数观点认为,动产抵押权和动产质权之间应以物权设立的时间先后确立其优先顺位。[③] 但邹海林认为,已经登记的动产抵押权优先于动产质权,而不管其设立先后。[④] 龙俊认为,《民法典》第 414 条是以动产抵押权取得对抗第三人效力的先后顺序作为判断标准。[⑤] 因此,第 414 条的法理精神应贯彻于动产抵押权和动产质权之间优先顺位的确立。至于同一动产上的抵押权与质权竞存的情况,亦应按产生对抗第三人效力的先后顺序作为判断竞存权利优先顺位的标准,没有理由就直接认为先设权利劣于后设但已登记的权利。

按照《九民纪要》第 65 条规定,同一动产上同时设立质权和抵押权的,应当参照适用《物权法》第 199 条的规定,根据是否完成公示以及公示先后情况来确定清偿顺序;质权有效设立、抵押权办理了抵押登记的,按照公示先后确定清偿顺序;顺序相同的,按照债权比例清偿;质权有效设立,抵押权未办理抵押登记的,质权优先于抵押权;质权未有效设立,抵押权未办理抵押登记的,因此时抵押权已经有效设立,故抵押权优先受偿。又依据《民法典》第 415 条规定,同一财产既设立抵押权又设立质权的,拍卖、变卖该财

---

① 参见郑玉波:《各种动产担保相互关系之分析》,载《法令月刊》1974 年第 8 期。

② 参见郭明瑞:《担保法原理与实务》,中国方正出版社 1995 年版,第 74 页。

③ 参见王利明:《我国民法典物权编中担保物权制度的发展与完善》,载《法学评论》2017 年第 3 期;曹明哲:《刍议动产抵押权与动产质权竞存的优先顺位》,载《南方金融》2019 年第 1 期。

④ 参见邹海林:《论〈民法典各分编(草案)〉“担保物权”的制度完善——以〈民法典各分编(草案)〉第一编物权为分析对象》,载《比较法研究》2019 年第 2 期。

⑤ 参见龙俊:《动产抵押对抗规则研究》,载《法学家》2016 年第 3 期。

产所得的价款按照登记、交付的时间先后确定清偿顺序。此际，可以认为，既然效力同等，则顺序相同，应按照所担保的债权的比例受偿。

所以，银行在审查抵押物上限权时应理解如下：动产抵押权登记在先，动产质权设立在后，则抵押权优先；动产质权设立在先，动产抵押权登记在后，则动产质权优先；动产抵押权未登记的，若尚未取得对抗第三人的效力，即使动产质权设立在后，也是其质权效力优先。此时，即使动产质权人知道尚有在先的未登记动产抵押权，亦无对抗效力。换言之，无论善意恶意的问题，仅以权利效力为判断标准；若动产质权未有效设立，虽抵押权未办理抵押登记的，但因为动产抵押权已经有效设立，故动产抵押权优先。

（五）超优先顺位规则的理解与适用

关于同一动产之上，既存有就抵押物价款而设定的抵押担保，同时抵押物上可能还存在其他担保物权的情况下，或面临不同担保物权之间的优先受偿次序应如何确定的问题。《民法典》第 416 条规定，动产抵押担保的主债权是抵押物的价款，标的物交付后 10 日内办理抵押登记的，该抵押权人优先于抵押物买受人的其他担保物权人受偿，但是留置权人除外。这是《民法典》中新增的购买价金担保权超优先顺位规则，其立法意旨在于，针对实践中普遍存在的借款人贷款购买货物，将此货物作价抵押给贷款人之情形，与其价款担保以优先效力，是为了保护融资人的权利，促进经济。最高人民法院《关于适用〈中华人民共和国民法典〉有关担保制度的解释》第 57 条将超级优先权扩展到"融资租赁方式承租新的动产"，认为"以融资租赁方式出租该动产的出租人"也可以根据超级优先权对抗在先设立的浮动抵押权。

本条适用限制在于：此担保权是为了购置标的物，首先要在该担保物上设立；同时，为达到清偿担保物价款的目的，该笔贷款必须实际用于购置担保物。其次，"10 日办理登记"是购买价金担保权取得超优先顺位的程序要件。换言之，即使担保权人在标的物交付后 10 日内办理了动产担保登记，但该登记因未合理指明标的物、担保人姓名或名称错误等原因而无效的，此程序要件仍视为未满足，但如担保权人在 10 日宽限期届满之前弥补了登记缺陷的，则视为满足了该程序要件。但需要注意的是，即使无法满足程序要件，其担保权依然有效——因为未登记并不意味着权利丧失，该担保权仍在当事人之间有效，具有对抗无担保债权人的效力。担保权人在宽限期期满后才登记的，该动产担保权人就不能依据第 416 条取得购买价金担保权。

三、司法裁判可视化梳理

本书写作团队使用 Alpha 案例库对“融资租赁合同纠纷”进行了检索,[①] 检索关键词为“案由:未设置案由”+“攻方/守方当事人包含:银行”+“全文:融资租赁”,总共得到判决 2956 件,可视化分析如图 27-1 所示。

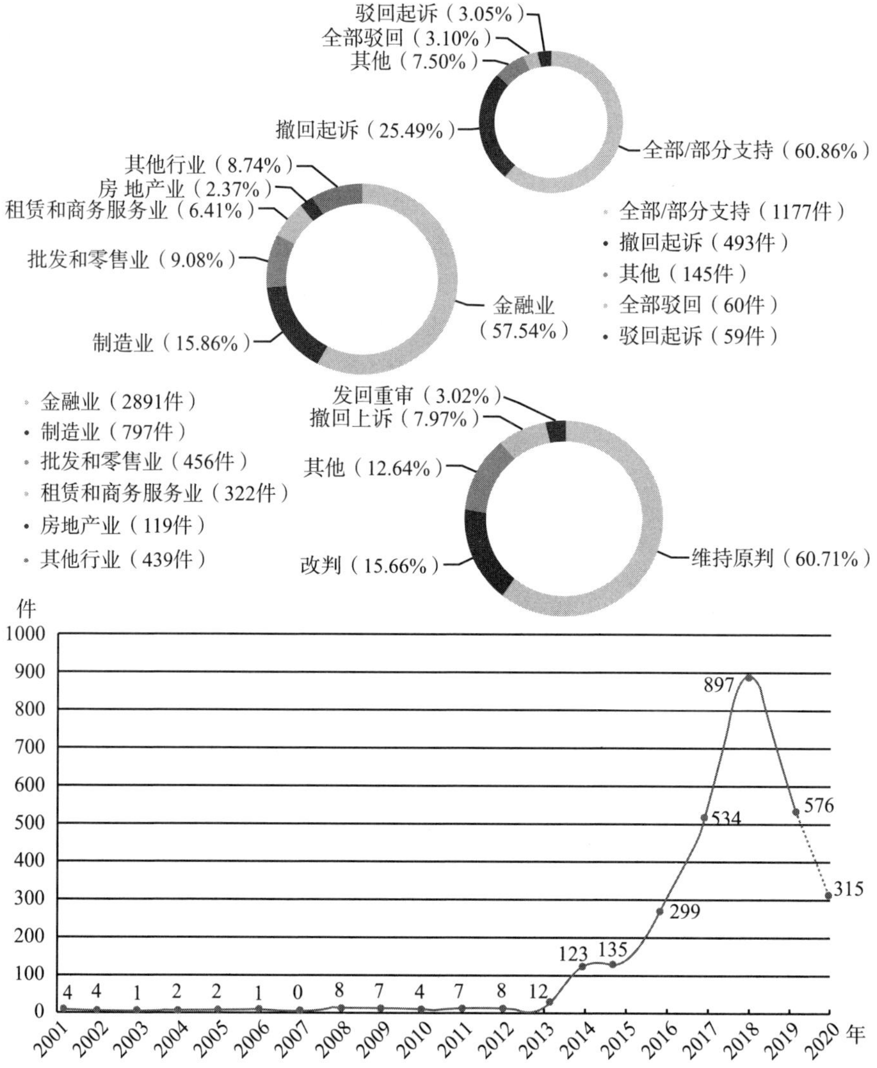

图 27-1　融资租赁纠纷可视化示意

① 最后检索日期:2020 年 12 月 31 日。

就司法判例来看，法官在审理“商业银行融资租赁纠纷”时，通常会着重观察以下几点：(1)放贷审查义务；(2)担保行为效力；(3)担保权利顺位。

相应地，对于商业银行而言，在融资租赁业务中一般会产生放贷审查与回款还贷两种法律风险。第一，商业银行作为相对人，参与出租人与承租人间的融资租赁业务时，若未尽到审慎审查抵押限权情况之义务，直接签订抵押合同，其行为可能被司法机关认定有过错，从而承担相应法律责任。第二，商业银行通常聚焦于贷款方限期回款还贷能力，当贷款方无法偿还贷款时，银行即关注其担保权利的实现——底层债权的合理变现或抵押权利的顺利实现。换言之，商业银行作为担保权人在请求权利实现过程中，可能因为担保行为构成要件缺失、担保权利顺位优先级低、合同约定不明等原因导致权利无法实现，产生呆账坏账。

对于商业银行的放贷审查风险而言，实践中，虽然绝大多数放贷行为都进行了限权审查，但还是存在少数不规范的放贷行为。在安徽信成融资租赁有限公司诉乐山市沙湾中盛陶瓷有限公司、商业银行股份有限公司沙湾支行融资租赁合同纠纷[①]案中，乐山市沙湾区人民法院认为，本案中，首先原告已在租赁设备的显著位置上作出标识，表明此批设备属于融资租赁物且属于原告所有；其次，商业银行沙湾支行与被告沙湾中盛公司签订抵押合同时，未按照银行行业规定，在办理资产抵押业务时，未登陆融资租赁登记公示系统进行融资租赁交易查询；再次商业银行沙湾支行亦未要求被告乐山沙湾中盛公司提供抵押设备的增值税发票原件，以确定该抵押设备确为被

---

① (2015)沙湾民初字第850号。类似案件还包括中国建设银行股份有限公司常熟分行与国旺国际融资租赁有限公司执行异议之诉[(2018)苏0581民初4180号]。在该案中，常熟市人民法院认为，常熟模具厂作为承租人，无权将诉争机器设备抵押给建设银行常熟分行；建设银行常熟分行在办理抵押业务的过程中，也没有按照《中国人民银行关于使用融资租赁登记公示系统进行融资租赁交易查询的通知》的要求，登录融资租赁登记公示系统查询诉争机器设备的权属状况，故建设银行常熟分行不能取得诉争机器设备的抵押权。在北京京城国际融资租赁有限公司与日照银行股份有限公司其他民事诉讼[(2018)鲁1102民撤1号]一案中，日照市东港区人民法院认为，恒远印某在融资租赁期间无权处分案涉机械设备。原告在公示系统对涉案设备进行权属登记在先，日照银行办理的抵押权登记在后……日照银行在与恒远印某办理抵押登记时对交易的对象即案涉设备，没有尽到审查义务，不符合交易习惯。同时根据《最高人民法院关于审理融资租赁合同纠纷案件适用法律问题的解释》第9条的规定，未经出租人同意转让租赁物或者在租赁物上设立其他物权，第三人依据《物权法》第106条的规定取得租赁物的所有权或者其他物权，出租人主张第三人物权权利不成立的，人民法院不予支持，且日照银行与恒远印某交易时，未按照法律、行政法规、行业或者地区主管部门的规定在相应机构进行查询。故日照银行的该辩解理由法院不予采信。

告乐山沙湾中盛公司所有。鉴于以上情形，被告提出的该项抗辩与法院查明的事实不符，被告商业银行沙湾支行应当知道抵押物“工程一套”设备属于融资租物且属于原告所有，其不属于善意第三人，对其抗辩法院不予采信，被告商业银行沙湾支行不能享有对上述融资租赁物的抵押物权。在中国康富国际租赁股份有限公司、中国建设银行股份有限公司喀什地区分行案外人执行异议之诉①案中，最高人民法院在支持商业银行诉请的同时，也提示指出，尽管康富公司该项再审理由不能成立，但需要指出的是，建行喀什分行作为银行机构，在进行此类融资业务时应当按照中国人民银行相关规定进行融资租赁交易查询，以避免抵押物为租赁物而影响其债权实现。

而商业银行在回款过程中发生融资租赁纠纷的败诉原因主要分为以下两类：

（一）合同约定不明，证据不足造成商业银行败诉

在恒丰银行股份有限公司北京分行与映瑞光电科技（上海）有限公司融资租赁合同纠纷②案中，北京市第二中级人民法院认为，恒丰银行北京分行

---

① （2019）最高法民申647号。该案康富公司申请再审称……根据《中华人民共和国商业银行法》（以下简称《商业银行法》）第36条的规定，在借款人提供抵押物进行担保贷款时，银行应当严格审查抵押物的权属和来源。本案中，建行喀什分行未尽到商业银行依法应当履行的严格审核义务，对案涉车辆的权属和来源证明根本未审查，如果审查了机动车登记证书等权属证明，其肯定知道车辆已在其之前被抵押给三一汽车金融有限公司的事实。再次，《中国人民银行关于使用融资租赁登记公示系统进行融资租赁交易查询的通知》（银发〔2014〕9号）第3条规定，银行等机构作为资金融出方在办理资产抵押、质押和受让等业务时，应当对抵押物、质物的权属和价值以及实现抵押权、质权的可行性进行严格审查，并登录融资租赁登记公示系统查询相关标的物的权属状况，以避免抵押物、质物为承租人不具有所有权的租赁物而影响金融债权的实现。而本案中，建行喀什分行并未进行查询，其也自认不知道该规定和查询系统，表明其未尽合理注意义务。该案中判决书中，最高人民法院认为，本案越秀公司截至一审法院查封案涉车辆时一直占有并使用案涉车辆，且该车辆也是登记在越秀公司名下，而康富公司与越秀公司之间的融资租赁合同仅系其双方之间的约定，建行喀什分行并不知悉，建行喀什分行基于信赖案涉车辆的权利外观和权属登记均显示为越秀公司所有，故向越秀公司出借了贷款、对其名下车辆设立抵押并进行了抵押登记。……首先，金融机构的审核无法代替当事人的如实告知，如前所述，案涉车辆的权利外观和权属登记均显示为越秀公司所有，此种情况下，如越秀公司不披露融资租赁事实，建行喀什分行无从知晓。其次，机动车登记证书虽然记载案涉车辆此前已设立抵押，但法律不禁止对同一财产设立多个抵押，且该证书记载的车辆所有权人也是越秀公司，是否审查该证书并不影响本案抵押权设立。故无法证明建行喀什分行未尽审核义务，也无法否定其系善意。……但就本案具体情况而言，康富公司一直未能提供证据证明其已在融资租赁公示系统进行了登记，因此，即便建行喀什分行进行了查询，也无法查到案涉车辆融资租赁事项，也就不能认定建行喀什分行知道或应当知道抵押物为租赁物，故无法以其未进行查询为由否定其善意取得。

② （2019）京02民初405号。

要求映瑞公司依照《融资租赁合同》的约定另行支付因映瑞公司根本违约导致合同终止产生的违约金,映瑞公司抗辩上述违约金属于重复计算,因恒丰银行北京分行未提交证据证明产生了其他实际损失,故法院根据合同履行情况及公平原则,对该项违约金的诉讼请求不予支持。与此相类似的案例还有中国光大银行股份有限公司天津分行与天信恒鑫国际融资租赁有限公司、天津市市政建设开发有限责任公司金融借款合同纠纷①案中,天津市第一中级人民法院认为,市政集团公司并未与原告订立书面的保证合同,仅通过《协商函》向原告申请涉案贷款的授信。虽《协商函》中包含市政集团公司保证涉案款项偿还的内容,但其目的是申请继续授信而与原告进行磋商,其法律性质属于合同订立前的要约或要约邀请的发出,既未得到原告的承诺,亦未进一步就磋商的内容订立法律所要求的书面合同,故原告主张被告市政集团公司承担保证责任并无事实及法律依据,法院不予支持。

(二)担保权利顺位优先级低造成商业银行败诉

平安银行股份有限公司广州中山一路支行与广东盈通融资租赁有限公司、量通租赁有限公司合同纠纷②案中,法院认为,至于质押账户18××07于2016年11月9日被内蒙古自治区包头市中级人民法院以(2016)内02民初85号之一协助存款通知书冻结,依据最高人民法院《关于适用〈中华人民共和国民事诉讼法〉的解释》第157条"人民法院对抵押物、质押物、留置物可以采取财产保全措施,但不影响抵押权人、质权人、留置权人的优先受偿权"的规定,原告对案涉质押账户中的存款6,050,000元享有的质权成立在前,因此,内蒙古自治区包头市中级人民法院冻结案涉质押账户并不影响质权人即原告对案涉质押账户中的存款6,050,000元的优先受偿权。现原告主张对案涉质押账户中的存款6,050,000元享有优先受偿权符合法律规定,法院依法予以支持。"同时,在兴业银行股份有限公司包头分行与平安银

---

① (2018)津01民初703号。

② (2018)粤0104民初935号。该案判决书中,法官认为,根据《最高人民法院关于适用〈中华人民共和国担保法〉若干问题的解释》第85条规定,债务人或者第三人将其金钱以特户、封金、保证金等形式特定化后,移交债权人占有作为债权的担保,债务人不履行债务时,债权人可以以该金钱优先受偿。根据法律规定,保证金账户内资金质押成立的必要条件有二:一是账户内资金的特定化。二是资金或账户转移占有。在本案中,原告与被告量通公司签订了《质押合同》,并在合同中明确约定了账号18×××07中6,050,000元为案涉《平安银行代客人民币与外币掉期交易委托书》保证金,且质押标的存放地点明确为平安银行,故原告将被告量通公司存入账号18×××07中的6,050,000元作为保证金符合资金质押成立条件。

行股份有限公司广州中山一路支行、广东盈通融资租赁有限公司合同纠纷[①]案中，原告兴业银行股份有限公司包头分行因平安银行股份有限公司广州中山一路支行对案涉质押账户中的存款 6,050,000 元享有的质权成立在前，故内蒙古自治区包头市中级人民法院冻结案涉质押账户并不影响质权人即平安银行股份有限公司广州中山一路支行对案涉质押账户中的存款 6,050,000 元的优先受偿权。

四、商业银行风控操作要点

通过以上分析，尽管我们倾向于认为司法部门会按照《民法典》与《九民纪要》确立的规则，进行融资租赁纠纷的案件审判，但为更好地防范金融风险、维护金融债权，我们仍然建议商业银行加强以下风险防控措施：

（一）加强合同期限利益的风险防范

第一，明确合同解除日期。《融资租赁司法解释》第 11 条规定，承租人在“因出卖人的原因致使融资租赁合同的目的不能实现的”的情况下有权解除融资租赁合同，无需继续给付租金。但实践中，承租人究竟从何时开始无需支付租金我国现行法律法规中并未予以明确规定。同时，虽然《合同法》第 96 条规定，合同在承租人解除通知到达之日解除，但实践中，承租人拒不支付租金目的并不在于解除合同，而是督促出租人及时要求出卖人履行质量瑕疵责任。因此，承租人究竟何时拥有停止支付租金的权利？是从承租人主张出卖人修复或者更换租赁物之日起计算，还是承租人向法院提起诉讼之日计算？在此情况下，如果承租人仅是书面或者口头主张权利，而拒不提起诉讼索赔或者司法维权时，商业银行则可能面临无法回收贷款以及租赁物价值折损的双重危险，由此必然导致融资租赁金融风险的进一步扩大。而且如果按买卖合同的有关规定，权利人行使索赔权的期间极长。因此，也可能导致出租人在更长的时间内无法回收租金，从而产生更大的损失。所以，商业银行更需要在合同中明确“解除合同之日”，以保证贷款本息得以完整清偿。

第二，明确保证期间。《民法典》第 692 条第 2 款规定了“债权人与保证人可以约定保证期间，但是约定的保证期间早于主债务履行期限或者与主债务履行期限同时届满的，视为没有约定；没有约定或者约定不明确的，保

① （2018）粤 0104 民初 935 号。

证期间为主债务履行期限届满之日起六个月”,即保证期间约定不明确时的推定规则。其主要修改了《担保法司法解释》第32条的规定。换言之,若银行没有及时调整文本,将被认为保证期间约定不明确,而如果规定约定不明时保证期间推定为6个月,银行利益将普遍受损。因此需要在合同文本中明确保证期间的时间。

(二)加强融资租赁合同中的风险防范

1. 审查三方关系

我国《民法典》第735条规定了融资租赁合同的性质与特征。然而,虽然融资租赁合同的缔约方仅包括出租人和承租人两方当事人,但融资租赁合同的履行通常涉及三个主体,即出租人、承租人和出卖人;涉及两个合同,即除涉及出租人与承租人之间的融资租赁合同外,还涉及出租人和出卖人之间的买卖合同。出卖人虽然不是融资租赁合同的缔约方,但融资租赁合同的履行却有赖于出卖人基于买卖合同的交货义务的履行。所以,银行在进行关于融资租赁业务时应审查出租人与承租人间的合同关系,且应通过“一份文本、两份合同、三方关系”的形式来规避承租人或出租人在诉讼中提出的不知情抗辩。

2. 审查承租人与出租人间的租赁合同

(1)租赁物选择权审查

根据《民法典》第742条的规定,承租人对出卖人行使索赔权,仍应履行融资租赁合同项下向出租人支付租金的义务,但如果承租人主要依赖出租人的技能确定租赁物或者经出租人干预选择租赁物的,损失主要由出租人的原因导致,承租人无过错,为避免损失扩大,承租人有权拒绝履行支付租金的义务;《民法典》第747条规定,承租人依赖出租人的技能确定租赁物或者出租人干预选择租赁物的,应当对租赁物的瑕疵承担担保责任。那么,在设备融资租赁的“一般直租”模式当中,商业银行的贷款主要通过承租人的租金进行回款。所以,如果出现了《最高人民法院关于审理融资租赁合同纠纷案件适用法律问题的解释》第19条规定的三种情况,[①]则可能造成承租人

---

① 《最高人民法院关于审理融资租赁合同纠纷案件适用法律问题的解释》第19条:“租赁物不符合融资租赁合同的约定且出租人实施了下列行为之一,承租人依照合同法第二百四十一条、第二百四十四条的规定,要求出租人承担相应责任的,人民法院应予支持:(一)出租人在承租人选择出卖人、租赁物时,对租赁物的选定起决定作用的;(二)出租人干预或者要求承租人按照出租人意愿选择出卖人或者租赁物的;(三)出租人擅自变更承租人已经选定的出卖人或者租赁物的。”

有权拒绝履行支付租金,商业银行贷款本息不能及时回款。

(2)租赁物所有权审查

根据《民法典》第745条规定,出租人对租赁物享有的所有权,未经登记,不得对抗善意第三人。然而在司法实务中,存在这样的情形:出租人和承租人虽在融资租赁合同中约定,在融资租赁期间,租赁物的所有权归属于出租人,但因便于管理、理赔、年检等客观原因的存在,租赁物登记在了承租人名下。对于此种情况,最高人民法院的观点是应注重财产的实质归属,而不单纯地取决于公示外观。依据《民法典》第224条的规定,对于动产,采取了登记对抗主义模式,即未经登记,不得对抗善意第三人。登记本身不具有设权效力,只是具有彰示权利的效力。因此,尽管租赁物登记在承租人名下,但由于当事人的真实意思是约定出租人享有所有权,且出租人进行了抵押权登记以彰显其权利人身份,故应该根据案件的真实情况认定权利的归属。[1] 这变相增加了银行方面的审查注意义务,即不能单纯地通过"动产融资统一登记系统"进行审查,还应对出租人与承租人间的合同进行实质性审查,并在贷款合同中增加相应的免责条款。在广东中窑窑业股份有限公司、广东合众创盈融资租赁有限公司等与内蒙古宁城农村商业银行股份有限公司、赤峰大世界陶瓷有限责任公司别除权纠纷[2]案中,中窑公司、合众公司提供了广东省佛山市仲裁委员会2014年3月17日作出的(2013)佛仲字第144号《仲裁裁决书》,欲证实中窑公司是涉案陶瓷生产线的共有人。虽然内蒙古自治区高级人民法院驳回了这一主张,但其中蕴涵的法律风险值得商业银行警惕。

(3)设备抵押融资租赁的期限利益计算

《民法典》第735条规定,融资租赁合同是出租人根据承租人对出卖人、

① 2019年《全国法院民商事审判工作会议纪要》(《九民纪要》)明确规定:从现行法律规则看,外观主义是为保护交易安全设置的例外规定,一般适用于因合理信赖权利外观或意思表示外观的交易行为。实际权利人与名义权利人的关系,应注重财产的实质归属,而不单纯地取决于公示外观。

② (2018)内民申857号。该案内蒙古自治区高级人民法院认为,该裁决书只能证实,大世界陶瓷公司与合众公司于2012年11月28日签署《所有权转让协议》和《融资性售后回租合同》,将涉案陶瓷生产线转让给合众公司。合众公司于2012年11月28日至31日支付合同约定的全部价款20,632,641.59元至大世界陶瓷公司及其所指定的账户。而大世界陶瓷公司将陶瓷生产线抵押给宁城农村商业银行的时间是2012年10月31日,早于大世界陶瓷公司将涉案陶瓷生产线转让给合众公司。该仲裁书不能证实大世界陶瓷公司于2011年10月31日与宁城农村商业银行签订《抵押贷款合同》时,抵押物的所有权状况。中窑公司依据广东省佛山市仲裁委员会(2013)佛仲字第144号仲裁裁决书主张其为涉案陶瓷生产线的共有人依据不足。

租赁物的选择,向出卖人购买租赁物,提供给承租人使用承租人支付租金的合同。根据这一规定,在租赁期限,承租人应当按照合同约定向出租人支付租金,这是承租人的基本义务。而《民法典》第752条又明确了规定承租人有按照约定支付租金的义务。在合同履行过程中,承租人违反前述义务,如未按约定而迟付、少付或拒付租金时,出租人可以进行催告,要求承租人支付已到期的欠付租金。承租人在合理期限内仍不支付租金的,出租人可以采取以下两种救济措施:第一,要求承租人支付全部租金。第二,解除合同,收回租赁物。而承租人经催告后再付租金的,出租人可以请求承租人支付全部租金,其中的"全部租金"是指融资租赁合同中所约定的全部已到期而承租人未支付的租金,以及其他依约定尚未到期的租金。实践中通常出现的情况是,承租人迟延支付其到期租金时,很有可能也无力再支付剩余未到期的租金,此时出租人如果不能及时地一次性主张全部租金或者不能收回租赁物,将很有可能扩大损失。因此,在承租人违约不支付租金时,出租人有权要求承租人支付全部租金,随之而来的问题是计算出租人的实际损失时,应当考虑到未到期租金的贴现值,即根据一定的利率标准,予以折算。同理,对于商业银行来说,也存在同样的贴现价值。以恒丰银行股份有限公司北京分行与映瑞光电科技(上海)有限公司融资租赁合同纠纷①案为例,在计算实际货币价值时,必须在合同明确是"以未付租金为基数"还是以"租赁成本为基数"进行利息计算,否则,就会丧失相应的期限利益。所以,商业银行在订立涉及融资租赁业务的合同时需要明确利息计算方式。

(三)注意抵押登记与融资租赁的成立先后

商业银行在办理抵押登记时,应当查询相关系统,防止融资租赁在前的情况。在武汉中泰和融资租赁有限公司、湖北宜城农村商业银行股份有限公司案外人执行异议之诉②案中,湖北省高级人民法院认为,兴荣公司与宜城农商行之间借款均以签订最高额抵押合同予以担保,并办理了抵押物登记,包含本案争议设备。中泰和公司与兴荣公司签订具有回租性质的

---

① (2019)京02民初405号。该案判决书中关于未到期租金的贴现值记载如下:"对于违约金的计算基数,恒丰银行北京分行主张是以未付租金为基数,因租金中已包含了租赁成本所产生的利息,故本院对于违约金的基数调整为以租赁成本为基数,按照《融资租赁合同》约定的日万分之五为标准计算。"

② (2018)鄂民申3647号。

融资租赁合同在抵押登记之后,兴荣公司处分抵押物没有取得宜城农商行的同意,根据《担保法司法解释》第 67 条规定,宜城农商行仍可以行使抵押权。

(四)加强保证责任中清偿顺位的风险防范

第一,一般保证中商业银行督促催告义务的加重。《民法典》第 698 条新增规定:“一般保证的保证人在主债务履行期限届满后向债权人提供债务人可供执行财产的真实情况,债权人放弃或者怠于行使权利致使该财产不能被执行的,保证人在其提供可供执行财产的价值范围内不再承担保证责任”。即如果有证据证明,一般保证的保证人在主债务履行期限届满后向债权人提供债务人可供执行财产的真实情况,但是,债权人放弃或者怠于行使权利致使该财产不能被执行的,保证人在其提供可供执行财产的价值范围内免除保证责任。易言之,商业银行需要督促债权人及时履行到期债权,以避免债权无法得到实现的同时,保证人的保证责任免除因债权人放弃或者怠于行使权利而落空。

第二,连带责任保证中主债权债务关系的扩大审查。《民法典》第 700 条规定,当保证人履行保证债务不足以相对消灭主债务时,比如保证合同中约定保证人仅担保主债权的本金,则保证人清偿保证债务后债权人仍就利息等从权利对主债务人享有债权。其限制在于,“不能损害债权人利益”,即保证人享有的清偿承受权劣后于债权人的债权,要与求偿权相区别,求偿权与债权人的剩余债权平等,即改变了银行享有的担保权利顺位。例如,甲欠乙 1000 万元到期未还,丙、丁是连带共同保证人,现丙承担了 600 万元保证债务。按照《民法典》的规定,丙既可以要求债务人甲偿还 600 万元,也可以要求丁偿还丙多承担的 100 万元。但问题是,如果在甲只有 400 万元的情况下,这 400 万元是应该归还乙的欠款,还是满足丙的追偿权?根据保证原理,丙是代甲清偿乙的债务,因此,在甲仅有 400 万元的时候,甲应当履行主债务,向乙清偿 400 万元债权,而不能向丙支付。这就是本条规定的“不得损害债权人的利益”的含义。因此,在应收账款融资租赁中,如连带保证人代债务人清偿了部分债务并以此债权向银行进行出质时(次债权债务关系),不仅应当审查此债权债务关系,还应对连带保证人清偿的主债权债务关系进行审查,以防止主债权债务关系中的优先清偿导致的次债权债务关系无法受偿。

（五）严格履行对抵押物的尽职调查，在抵押物是融资租赁标的时，证明自身属于善意第三人，从而取得抵押物优先受偿权

在远东国际租赁有限公司与中国农业发展银行津市市支行、湖南省津市市益林麻棉纺织印染厂有限公司[①]案中，湖南省高级人民法院认为，《最高额抵押合同》中有关并条机、细纱机等18台套机械设备，虽系益林公司通过融资租赁取得，还未取得所有权，但其为津市市农行债权设定抵押时，津市市农行没有过错，且已尽必要的注意义务，津市市农行属于善意取得。

首先，益林公司与津市市农行在2012年9月20日签署12号《流动资金借款合同》，约定的借款担保方式有抵押担保，担保合同为1号《最高额抵押合同》。而1号《最高额抵押合同》的抵押物清单包含有诉争的18台套设备，津市工商局对此办理了抵押物登记。此后，益林公司与津市市农行于2013年9月27日签署9号《最高额抵押合同》，约定将12号等3份《流动资金借款合同》纳入该合同担保范围。9号《最高额抵押合同》的抵押物清单同样包含有诉争的18台套设备，津市市工商局对此亦办理了抵押物登记。由2份《最高额抵押合同》可见，益林公司与津市市农行关于抵押担保的约定具有连续性，且期限至2015年9月26日止。其次，远东公司申请财产保全在2013年4月19日，浦东法院对诉争的18台套设备进行查封的相关法律文书既未送达给津市市农行，也未依照《最高人民法院关于人民法院民事执行中查封、扣押、冻结财产的规定》第1条第2款及第8条的规定送达给动产抵押登记机关津市市工商局，并在该动产上加贴封条或者采取其他足以公示查封、扣押的适当方式。故可以认定津市市农行就浦东法院对18台套设备的查封不知情。再次，津市市农行在2013年5月8日根据浦东法院的

---

① （2015）湘高法民二终字第110号。类似案件包括中国康富国际租赁股份有限公司与中国建设银行股份有限公司喀什地区分行、疏附县越秀建材有限公司执行异议之诉[（2018）新民终261号]。在该案中，新疆维吾尔自治区高级人民法院认为，建行喀什分行在与越秀建材公司签订《抵押合同》时，并不知晓越秀建材公司与康富租赁公司之间就涉案车辆签订了《融资租赁合同》。而涉案车辆的所有权登记在越秀建材公司名下，并由越秀建材公司实际占有并使用，故建行喀什分行在签订《抵押合同》时，已对抵押物尽到了基本的审查义务。在湖北襄阳农村商业银行股份有限公司与湖北精美印务包装有限公司、德益齐租赁（中国）有限公司执行异议之诉[（2015）鄂襄阳中民三初字第00097号]案中，襄阳市中级人民法院认为，德益齐租赁公司与精美印务包装公司签订《融资租赁合同》后，本案所涉胶印机未在对社会具有公示效力的相关融资租赁登记机构予以登记，也未在胶印机上采取贴标等形式作出标识。原告襄阳农商银行作为善意抵押权人，对精美印务包装公司所抵押的高宝利必达对开四色胶印机（机器序列号为373314）享有优先受偿权。

4 份民事裁定及协助冻结存款通知书，冻结过益林公司在该行的账户，但津市市农行对此知晓的也只是冻结存款，而非查封诉争的 18 台套设备。最后，津市市农行在办理抵押登记过程中，经审查相关凭证表明，诉争的 18 台套设备买受人均为益林公司，且益林公司已到税务部门办理增值税抵扣手续。而出租人远东公司未在设备的显著位置作出标识，浦东法院也未在设备上加贴封条或者采取其他足以公示查封的适当方式。故津市农行有理由相信益林公司就是被抵押设备的所有权人。综上所述，津市农行在取得租赁物的抵押权过程中尽到了善良注意义务。

在仲利国际租赁有限公司与佛山农村商业银行股份有限公司城南支行、佛山市南海区能持汇和模具塑料厂申请执行人执行异议之诉①案中，原告称涉案机器设备的发票原件一直由其持有，被告农商银行城南支行在接受抵押时未审查发票原件存在过错。佛山市南海区人民法院认为，综合本案情况来看，涉案机器设备一直由能持厂占有、使用，对于动产而言，占有具有权利推定的效力，且涉案机器设备发票的购货单位亦记载为能持厂。……退一步讲，即使原告所称属实，但涉案机器设备已办理动产抵押登记并由佛山市南海区工商行政管理局核发了《动产抵押登记书》，说明发票原件并非工商部门办理抵押登记的必备材料，在工商部门能够对涉案机器设备办理动产抵押登记的情况下，被告农商银行城南支行基于公示公信原则，有理由相信《动产抵押登记书》的效力，即使其未审查发票原件，该瑕疵尚不足以证实被告农商银行城南支行在接受抵押时明知或应知涉案机器设备的产权真实状况。综上，原告没有证据证明被告农商银行城南支行在接受抵押时对涉案机器设备的产权真实状况为明知或应知，根据《物权法》第 106 条规定，被告农商银行城南支行可善意取得涉案机器设备的抵押权，原告可向能持厂主张赔偿损失。

在仲利国际租赁有限公司与中国银行股份有限公司南通崇川支行、南通鹿雅塑业有限公司案外人执行异议之诉②案中，南通市通州区人民法院认为，原告没有证据证明原告在涉案设备的显著位置作出标识，且不能证明被告鹿雅公司在与被告中行崇川支行办理抵押登记时已向对方告知涉案设备的权属状态即双方存在恶意串通的事实，被告中行崇川支行审核了

① (2016)粤 0605 民初 7281 号。
② (2016)苏 0612 民初 7870 号。

被告鹿雅公司购货发票，并在相关交易机构查询了原告与被告鹿雅公司是否存在租赁（权属状态）等事项，且到实地查看了涉案设备确系为被告鹿雅公司占有并使用，可以认定被告中行崇川支行已尽到了必要、合理的注意义务。

由此可见，商业银行作为专业金融机构在办理资产抵押、质押和受让等业务时的审慎义务要求更高，应当做到：第一，登录融资租赁登记公示系统查询相关标的物的权属情况。① 第二，实地查看抵押物的占有使用情况；第三，审核相关票据尤其是发票原件（上述〔2016〕粤 0605 民初 7281 号案件对方当事人以此提出抗辩）；第四，拍照证明不存在加贴封条、标识或其他能证明存在租赁的痕迹。在此情况下，商业银行可以主张对抵押权的善意取得。

---

① 最高人民法院 2014 年颁布的《关于审理融资租赁合同纠纷案件适用法律问题的解释》（法释〔2014〕3 号）第 9 条规定，承租人或者租赁物的实际使用人，未经出租人同意转让租赁物或者在租赁物上设立其他物权，第三人依据物权法第 106 条的规定取得租赁物的所有权或者其他物权，出租人主张第三人物权权利不成立的，人民法院不予支持，但有下列情形之一的除外：（一）出租人已在租赁物的显著位置作出标识，第三人在与承租人交易时知道或者应当知道该物为租赁物的；（二）出租人授权承租人将租赁物抵押给出租人并在登记机关依法办理抵押权登记的；（三）第三人与承租人交易时，未按照法律、行政法规、行业或者地区主管部门的规定在相应机构进行融资租赁交易查询的；（四）出租人有证据证明第三人知道或者应当知道交易标的物为租赁物的其他情形。

2014 年 3 月，中国人民银行出台了《关于使用融资租赁登记公示系统进行融资租赁交易查询的通知》（银发〔2014〕93 号）第 3 条规定，银行等机构作为资金融出方在办理资产抵押、质押和受让等业务时，应当对抵押物、质物的权属和价值以及实现抵押权、质权的可行性进行严格审查，并登录融资租赁登记公示系统查询相关标的物的权属状况，以避免抵押物、质物为承租人不具有所有权的租赁物而影响金融债权的实现。

商务部《关于利用全国融资租赁企业管理信息系统进行租赁物登记查询等有关问题的公告》（2014 年第 84 号）规定，按照《最高人民法院关于审理融资租赁合同纠纷案件适用法律问题的解释》第 9 条有关规定，为避免租赁物权属冲突，商务部将全国融资租赁企业管理信息系统作为租赁物登记公示和查询平台。……其他企业、经济组织和社会公众在受让物权，办理抵押、质押或进行其他物权变动交易时，可以登陆全国融资租赁企业管理信息系统查询已经登记的融资租赁企业名录和租赁物权属状态，防止租赁物恶意转卖，规避交易风险。但一般认为，商务部的规定属于建议规定，不具有强制效力。

第二十八章　所有权保留新规与商业银行担保物权善意取得风险防范

【《民法典》变化的影响】风险增加

【风险等级】★★★★★

【提要】商业银行在所有权保留业务中的主要功能是给予出卖人或买受人资金支持，以"第三人"的形式参与到所有权保留买卖合同当中。换言之，没有直接参与买卖合同关系的银行会更多地聚焦于贷款方的还款能力。同时，《民法典》将所有权保留涵摄于《民法典》第388条所规定的"具有担保功能的合同"并在641条规定，出卖人对于标的物保留的所有权，未经登记，不得对抗善意第三人。由此可见，《民法典》对所有权保留采取登记对抗主义，这将给商业银行的担保物权带来极大风险。商业银行应当主动明确自身事前审查的流程与操作规范，严格履行事前审慎审查义务，防范这一风险。

一、民法典及配套新规

▶《民法典》

【所有权保留】

第641条　当事人可以在买卖合同中约定买受人未履行支付价款或者其他义务的，标的物的所有权属于出卖人。

出卖人对标的物保留的所有权，未经登记，不得对抗善意第三人。

【出卖人取回权】

第642条　当事人约定出卖人保留合同标的物的所有权，在标的物所有权转移前，买受人有下列情形之一，造成出卖人损害的，除当事人另有约定外，出卖人有权取回标的物：

（一）未按照约定支付价款，经催告后在合理期限内仍未支付；

（二）未按照约定完成特定条件；

（三）将标的物出卖、出质或者作出其他不当处分。

出卖人可以与买受人协商取回标的物；协商不成的，可以参照适用担保物权的实现程序。

【买受人回赎权、出卖人再出卖权】

第643条　出卖人依据前条第一款的规定取回标的物后，买受人在双方约定或者出卖人指定的合理回赎期限内，消除出卖人取回标的物的事由的，可以请求回赎标的物。

买受人在回赎期限内没有回赎标的物，出卖人可以以合理价格将标的物出卖给第三人，出卖所得价款扣除买受人未支付的价款以及必要费用后仍有剩余的，应当返还买受人；不足部分由买受人清偿。

▶《最高人民法院关于审理买卖合同纠纷案件适用法律问题的解释》(法释〔2012〕8号)

【所有权保留的适用范围】

第34条　买卖合同当事人主张合同法第一百三十四条关于标的物所有权保留的规定适用于不动产的，人民法院不予支持。

【出卖人取回权】

第35条　当事人约定所有权保留，在标的物所有权转移前，买受人有下列情形之一，对出卖人造成损害，出卖人主张取回标的物的，人民法院应予支持：

(一)未按约定支付价款的；(二)未按约定完成特定条件的；(三)将标的物出卖、出质或者作出其他不当处分的。取回的标的物价值显著减少，出卖人要求买受人赔偿损失的，人民法院应予支持。

【取回权的限制】

第36条　买受人已经支付标的物总价款的百分之七十五以上，出卖人主张取回标的物的，人民法院不予支持。在本解释第三十五条第一款第(三)项情形下，第三人依据物权法第一百零六条的规定已经善意取得标的物所有权或者其他物权，出卖人主张取回标的物的，人民法院不予支持。

【已取回标的物之再出卖】

第37条　出卖人取回标的物后，买受人在双方约定的或者出卖人指定的回赎期间内，消除出卖人取回标的物的事由，主张回赎标的物的，人民法院应予支持。

买受人在回赎期间内没有回赎标的物的，出卖人可以另行出卖标的物。

出卖人另行出卖标的物的，出卖所得价款依次扣除取回和保管费用、再交易费用、利息、未清偿的价金后仍有剩余的，应返还原买受人；如有不足，出卖人要求原买受人清偿的，人民法院应予支持，但原买受人有证据证明出卖人另行出卖的价格明显低于市场价格的除外。

▶最高人民法院《关于适用〈中华人民共和国民法典〉有关担保制度的解释》（法释〔2020〕28号）

【适用范围】

第1条　因抵押、质押、留置、保证等担保发生的纠纷，适用本解释。所有权保留买卖、融资租赁、保理等涉及担保功能发生的纠纷，适用本解释的有关规定。

【担保主体限制】

第6条　以公益为目的的非营利性学校、幼儿园、医疗机构、养老机构等提供担保的，人民法院应当认定担保合同无效，但是有下列情形之一的除外：

（一）在购入或者以融资租赁方式承租教育设施、医疗卫生设施、养老服务设施和其他公益设施时，出卖人、出租人为担保价款或者租金实现而在该公益设施上保留所有权；

（二）以教育设施、医疗卫生设施、养老服务设施和其他公益设施以外的不动产、动产或者财产权利设立担保物权。

登记为营利法人的学校、幼儿园、医疗机构、养老机构等提供担保，当事人以其不具有担保资格为由主张担保合同无效的，人民法院不予支持。

【一般价款优先权】

第56条　买受人在出卖人正常经营活动中通过支付合理对价取得已被设立担保物权的动产，担保物权人请求就该动产优先受偿的，人民法院不予支持，但是有下列情形之一的除外：

（一）购买商品的数量明显超过一般买受人；

（二）购买出卖人的生产设备；

（三）订立买卖合同的目的在于担保出卖人或者第三人履行债务；

（四）买受人与出卖人存在直接或者间接的控制关系；

（五）买受人应当查询抵押登记而未查询的其他情形。

前款所称出卖人正常经营活动，是指出卖人的经营活动属于其营业执照明确记载的经营范围，且出卖人持续销售同类商品。前款所称担保物权人，是指已经办理登记的抵押权人、所有权保留买卖的出卖人、融资租赁合同的出租人。

【超级优先权】

第57条　担保人在设立动产浮动抵押并办理抵押登记后又购入或者以融资租赁方式承租新的动产，下列权利人为担保价款债权或者租金的实现而订立担保合同，并在该动产交付后十日内办理登记，主张其权利优先于在先设立的浮动抵押权的，人民法院应予支持：

（一）在该动产上设立抵押权或者保留所有权的出卖人；

（二）为价款支付提供融资而在该动产上设立抵押权的债权人；

（三）以融资租赁方式出租该动产的出租人。

买受人取得动产但未付清价款或者承租人以融资租赁方式占有租赁物但是未付清全部租金，又以标的物为他人设立担保物权，前款所列权利人为担保价款债权或者租金的实现而订立担保合同，并在该动产交付后十日内办理登记，主张其权利优先于买受人为他人设立的担保物权的，人民法院应予支持。

【所有权保留】

第64条　在所有权保留买卖中，出卖人依法有权取回标的物，但是与买受人协商不成，当事人请求参照民事诉讼法"实现担保物权案件"的有关规定，拍卖、变卖标的物的，人民法院应予准许。

出卖人请求取回标的物，符合民法典第六百四十二条规定的，人民法院应予支持；买受人以抗辩或者反诉的方式主张拍卖、变卖标的物，并在扣除买受人未支付的价款以及必要费用后返还剩余款项的，人民法院应当一并处理。

【具有担保功能的合同的效力】

第67条　在所有权保留买卖、融资租赁等合同中，出卖人、出租人的所有权未经登记不得对抗的"善意第三人"的范围及其效力，参照本解释第五十四条的规定处理。

二、立法考辨

《民法典》出台之前，我国关于所有权保留的规定主要依据《民法通则》

第72条之规定。[①] 该条规定认为，在不违反法律法规强制性规定的情况下，当事人可以约定财产完成交付后，其所有权不发生转移，这为所有权保留制度预留了空间。之后，《合同法》第133条、第134条随后做出了相应规定。2012年《最高人民法院关于审理买卖合同纠纷案件适用法律问题的解释》第六部分用四个条文也对所有权保留制度做出了规定。[②]

相比于之前法律及司法解释，《民法典》在所有权保留问题上有以下创新：

第一，所有权保留问题在《民法典》框架下，既属于《合同法》买卖合同内容的同时，也被纳入《民法典》第388条所规定的“具有担保功能的合同”。[③] 最高人民法院《关于适用〈中华人民共和国民法典〉有关担保制度的解释》第1条规定，因抵押、质押、留置、保证等担保发生的纠纷，适用本解释；所有权保留买卖、融资租赁、保理等涉及担保功能发生的纠纷，适用本解释的有关规定。这与之前2019年《九民纪要》第66条[④]的精神相呼应。最高人民法院《关于适用〈中华人民共和国民法典〉有关担保制度的解释》第64条进一步明确，在所有权保留买卖中，出卖人依法有权取回标的物，但与买受人协商不成，当事人请求参照民事诉讼法“实现担保物权案件”的有关规定，拍卖、变卖标的物的，人民法院应予准许。“诉诸保留所有权的方式来保证其后款项支付行为的安全性，才是所有权保留的核心价值所在。”[⑤]吕岩峰、宋姜美指出，所有权保留兼具债权与物权的双重性质。[⑥] 刘保玉指出，“其他具有担保功能的合同”主要是指“融资租赁、保理、所有权保留等非典

---

① 《民法通则》第72条规定，财产所有权的取得，不得违反法律规定。按照合同或者其他合法方式取得财产的，财产所有权从财产交付时起转移，法律另有规定或者当事人另有约定的除外。《民法通则意见》第84条作了进一步解释，财产已经交付，但当事人约定财产所有权转移附条件的，在所附条件成就时，财产所有权方为转移。

② 《最高人民法院关于审理买卖合同纠纷案件适用法律问题的解释》第34条规定了所有权保留制度的适用范围；第35条规定了出卖人取回权内容；第36条规定了出卖人取回权的限制；第37条规定了买受人赎回权、出卖人出卖权以及相关清算内容。

③ 最高人民法院民法典贯彻实施工作小组主编：《中华人民共和国民法典物权编理解与适用》，人民法院出版社2020年版，第995页。

④ 《九民纪要》第66条规定，当事人订立的具有担保功能的合同，不存在法定无效情形的，应当认定有效。虽然合同约定的权利义务关系不属于物权法规定的典型担保类型，但是其担保功能应予肯定。

⑤ 参见江必新主编：《民法典重点修改及新条文解读》，中国法制出版社2020年版，第568页。

⑥ 参见吕岩峰、宋姜美：《涉外所有权保留法律适用的分割制》，载《法学杂志》2016年第4期。

型担保合同”。[①]

第二,《民法典》第 642 条首次在法律层面明确规定,出卖人在与买受人协商不成的情况下可以参照适用担保物权的实现程序行使取回权,[②]这无疑印证了所有权保留具有担保交易价款得到清偿的功能性价值,也是对原法律条文下的所有权保留制度做出的重大创新。但需要注意的是,就取回权行使条件而言,《买卖合同司法解释》第 37 条属于法定条件的规定,即只要符合法定的条件,出卖人便享有取回权,而不论当事人之间曾作何种约定。但《民法典》体现的是当事人约定优先,即出卖人和买受人可以在买卖合同中约定行使取回权的条件,没有约定的才按照法定。同时,相对于《最高人民法院关于审理买卖合同纠纷案件适用法律问题的解释》第 35 条,《民法典》增加了“经催告后在合理期限内仍未支付”这一条件,因此,适用限制更为严格。

第三,《民法典》第 641 条规定,出卖人对于标的物保留的所有权,未经登记,不得对抗善意第三人。可见,《民法典》允许卖方通过登记将权利表征外观化,以中国人民银行的动产融资统一公示系统登记对抗善意第三人。最高人民法院《关于适用〈中华人民共和国民法典〉有关担保制度的解释》第 67 条规定,所有权保留、保理、融资租赁等具有担保功能的合同,权利人的权利未经登记的,其不得对抗的善意“第三人”范围以及效力,参照第 54 条处理。这实质上改变了原来 2012 年《最高人民法院关于审理买卖合同纠纷案件适用法律问题的解释》关于“第三人如基于善意取得了标的物的所有权或其他物权,则出卖人无法主张取回标的物”的规则。在《民法典》生效之前,由于“在所有权保留买卖情形中,买受人占有、使用标的物,但对标的物不享有所有权,该标的物的部分权利状态与占有所显示的外观状态不一

---

① 参见刘保玉:《民法典担保物权制度新规释评》,载《法商研究》2020 年第 5 期。

② 《民事诉讼法》第 196 条规定,申请实现担保物权,由担保物权人以及其他有权请求实现担保物权的人依照物权法等法律,向担保财产所在地或者担保物权登记地基层人民法院提出。第 197 条规定,人民法院受理申请后,经审查,符合法律规定的,裁定拍卖、变卖担保财产,当事人依据该裁定可以向人民法院申请执行;不符合法律规定的,裁定驳回申请,当事人可以向人民法院提起诉讼。

致,在无登记公示或外观标识的情况下,第三人很难辨别"。[①] 因此所有权保留并不具备物权意义上的公示效力及排他性质。同时,根据《民法典》第414条规定的清偿次序,所有权保留的登记作为非典型担保登记可以与典型担保登记处于统一登记体系,适用统一规则。高圣平认为,《民法典》对所有权保留制度采取了形式主义和功能主义相结合的立法态度。[②]

第四,关于所有权保留制度的适用范围问题,即所有权保留是否适用于不动产,《民法典》并未予以明确。《买卖合同司法解释》第34条明确了所有权保留不适用于不动产,[③]但是在学界王利明、[④]李永军[⑤]等人主张所有权保留可以适用于各类财产,包括不动产和动产。但值得注意的是,《民法典》不采纳《买卖合同司法解释》中明确排除不动产适用于所有权保留的立法模式,就是为了给不动产适用于所有权保留预留空间;但司法裁判如何对待《买卖合同司法解释》第34条的规定还有待观察。[⑥]

第五,最高人民法院《关于适用〈中华人民共和国民法典〉有关担保制度的解释》第6条明确允许"以公益为目的的非营利性学校、幼儿园、医疗机构、养老机构"在购入或者以融资租赁方式承租教育设施、医疗卫生设施、养老服务设施和其他公益设施时,出卖人、出租人为担保价款或者租金实现时,在该公益设施上通过保留所有权提供担保。这种情况下,人民法院应当认定担保合同无效,

第六,最高人民法院《关于适用〈中华人民共和国民法典〉有关担保制度的解释》第56条明确了"所有权保留买卖的出卖人"作为担保物权人,不得

---

① 江苏通力机电集团有限公司与安徽怀宁农村商业银行股份有限公司凉亭支行、安庆天之一服饰有限公司合同纠纷[(2017)皖民终386号]。该案中安徽省高级人民法院还指出,发票并不具有物权凭证的功能,动产以合法占有为公示原则,发票价格可能影响到天之一公司向怀宁农商行凉亭支行的借款额度,其真假并不能辨别标的物的权利状态,故通力公司以此主张怀宁农商行凉亭支行未能尽到合理注意义务,未能对电脑横机当时的权利状态作出辨别,不能善意取得案涉电脑横机抵押权的上诉理由不能成立。

② 参见高圣平:《〈民法典〉视野下所有权保留交易的法律构成》,载《中州学刊》2020年第6期。

③ 2012年《买卖合同司法解释》第34条规定,买卖合同当事人主张《合同法》第134条关于标的物所有权保留的规定适用于不动产的,人民法院不予支持。

④ 参见王利明:《所有权保留制度若干问题探讨——兼评〈买卖合同司法解释〉相关规定》,载《法学评论》2014年第1期。

⑤ 参见李永军:《所有权保留制度的比较法研究——我国立法、司法解释和学理上所有权保留评述》,载《法学论坛》2013年第6期。

⑥ (2020)皖02民终1018号。

对抗出卖人正常经营活动中通过支付合理对价取得已被设立担保物权的动产。[1]

第七，最高人民法院《关于适用〈中华人民共和国民法典〉有关担保制度的解释》第57条规定，“在该动产上设立抵押权或者保留所有权的出卖人”不得对抗《民法典》第416条所规定的“动产交付后十日内办理登记”的超级优先权。

第八，《民法典》第642条规定，如果当事人约定出卖人保留合同标的物的所有权，在标的物所有权转移前，买受人损害出卖人的情形的，[2]出卖人有权取回标的物。最高人民法院《关于适用〈中华人民共和国民法典〉有关担保制度的解释》第57条进一步明确，出卖人请求取回标的物，符合《民法典》第642条规定的，人民法院应予支持；买受人以抗辩或者反诉的方式主张拍卖、变卖标的物，并在扣除买受人未支付的价款以及必要费用后返还剩余款项的，人民法院应当一并处理。

三、司法裁判可视化梳理

本书写作团队使用Alpha案例库，对“金融借贷中所有权保留合同纠纷”进行了检索，[3]检索关键词为“案由：未设置案由”+“攻方/守方当事人包含：银行”+“全文：当事人可以在买卖合同中约定买受人未履行支付价款或者其他义务的，标的物的所有权属于出卖人”，总共得到判决18件，可视化分析如图28-1所示。

---

① 最高人民法院《关于适用〈中华人民共和国民法典〉有关担保制度的解释》第56条规定了5种例外情况：（一）购买商品的数量明显超过一般买受人；（二）购买出卖人的生产设备；（三）订立买卖合同的目的在于担保出卖人或者第三人履行债务；（四）买受人与出卖人存在直接或者间接的控制关系；（五）买受人应当查询抵押登记而未查询的其他情形。

② 《民法典》第642条规定了三种情况：（一）未按照约定支付价款，经催告后在合理期限内仍未支付；（二）未按照约定完成特定条件；（三）将标的物出卖、出质或者作出其他不当处分。

③ 最后检索日期：2020年12月31日。

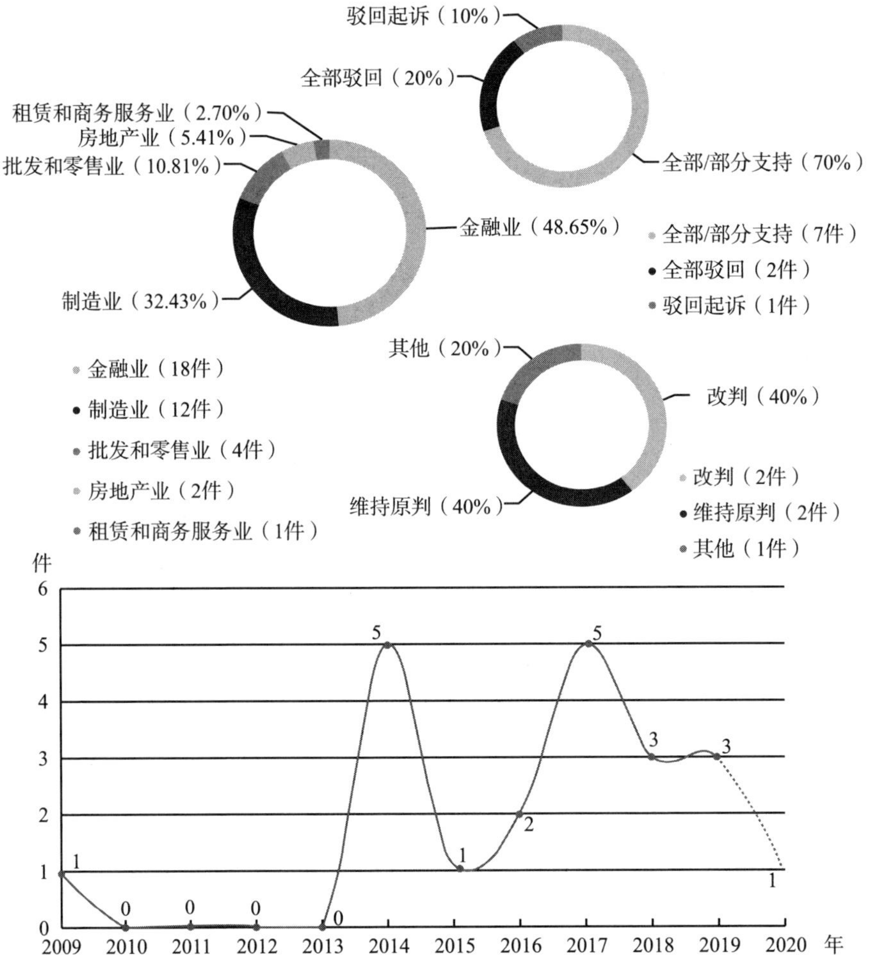

图 28-1　所有权保留合同纠纷可视化示意

就司法判例来看，商业银行面临的风险主要来自“动产抵押权追及力能否对抗所有权保留效力的问题”。[①]《民法典》生效之前，此类风险不大的原因在于所有权保留在立法层面缺乏公示登记对抗的法律依据，“所有权保留应当公示，否则不得对抗第三人。所有权保留和抵押权一样，属广义的担保物权。所有权保留既然具有担保物权属性，就必须遵循物权法的基本原

① (2018)新2327执异5号。新疆昌吉州吉木萨尔县人民法院还指出，所有权保留表面看来是附条件的所有权转移，实则具有担保合同履行的担保物权属性，即在买受人未履行合同义务前，出卖人保留所有权，促使买受人积极履行合同义务。

则——公示原则，即所有权保留的设定必须以一种公开的、可以让人从外部查知的方式展示，以维护整个社会交易的安全；另一方面，所有权保留的明显特征是所有权与占有权分离，即买受人占有财产却不享有所有权，而出卖人不占有财产却享有所有权，这种财产的实际权属状态与外在表象不一致，要求所有权保留的设定必须公示。”①

在上诉人马尼托瓦克（中国）租赁有限公司因与被上诉人中信银行股份有限公司大连分行、被上诉人大连兆峰机电安装工程有限公司、被上诉人关某某第三人撤销之诉纠纷②案中，辽宁省高级人民法院虽然承认出租人将案涉《租赁协议》、租赁物登记在人民银行相关征信系统，却认为，“因人民银行征信系统并非法律、行政法规、行业或者地区主管部门规定的进行融资租赁交易查询机构，即使案涉车辆出租人拉赫兰顿融资租赁（中国）有限公司将《租赁协议》和租赁设备均登记于人民银行征信系统，也不产生中信银行应当知道案涉车辆（抵押物）为租赁物的法律后果。”因此，中信银行不知道也没有义务查询案涉抵押物为融资租赁物……因此，本案在同一物上产生了两个相互冲突的物权的原因，不仅在于兆峰公司的无权处分，更是由于案涉租赁物的实际所有权人对租赁物的管理及保护不当使租赁物被抵押，并在租赁物上形成善意第三人的抵押权。在中信银行基于善意且无过错而取得案涉租赁物上抵押权的情况下，这种物权冲突产生的不利法律后果由租赁物的实际所有权人承担更为公平合理。

---

① （2018）新2327执异5号。新疆昌吉州吉木萨尔县人民法院还指出，所有权保留表面看来是附条件的所有权转移，实则具有担保合同履行的担保物权属性，即在买受人未履行合同义务前，出卖人保留所有权，促使买受人积极履行合同义务。

② （2014）辽民三终字第212号。辽宁省高级人民法院认为，判断中信银行是否有义务审查抵押物是否为融资租赁物，一是《商业银行法》第36条规定，商业银行贷款，借款人应当提供担保。商业银行应当对保证人的偿还能力，抵押物、质物的权属和价值以及实现抵押权、质权的可行性进行严格审查。经商业银行审查、评估，确认借款人资信良好，确能偿还贷款的，可以不提供担保。二是《流动资金贷款管理暂行办法》第13条第1款第（9）项规定，对有担保的流动资金贷款，还需调查抵（质）押物的权属、价值和变现难易程度、或保证人的保证资格和能力等情况。三是《中国人民银行、中国银监会、中国证监会、中国保监会关于进一步做好中小企业金融服务工作的若干意见》（银发〔2010〕193号）第3条第（11）款要求“大力发展融资租赁业务。扎实推进扩大商业银行设立金融机构试点工作。支持金融租赁公司按照商业持续原则，开展中小企业融资租赁业务创新。完善融资租赁公示登记系统，加强融资租赁公示系统宣传，提高租赁物登记公信力和取回效率，为中小企业融资租赁业务创造良好的外部环境。加强对融资租赁业务的指导监督，促进融资租赁行业规范化，管理统一化，合同统一化，在规避风险的同时保证融资租赁有序、规范发展”。经审查上述有关规定，这些规定只能说明中信银行负有法定的权属审查义务及应知道融资租赁登记公示系统的存在，但这些规定并未明确将“办理资产抵押业务时，必须登陆融资租赁登记公示系统，查询相关标的物是否为融资租赁物”作为中信银行等金融企业的规定义务。

同样，在联盛纸业（龙海）有限公司与中国光大银行股份有限公司漳州支行、漳州金鑫辉包装有限公司等买卖合同纠纷①案中，龙海联盛公司再审请求保留货物所有权并有权取回货物的诉讼请求依法成立，其依据在于“现存放于龙祥北路39号仓库（本案查封的仓库）内标示有‘联盛纸业’的所有包装纸系金鑫辉公司向龙海联盛公司购买的包装纸。公司生产的每个原纸包括存放在龙祥北路39号仓库的货物，都贴有联盛纸业产品商标，在每一个原纸的商标上都有标明产品名称、产品等级、产品定量、产品规格、产品重量，这与龙海联盛公司发货给金鑫辉公司的产品与发货单是一一对应的”。最高人民法院认为，对于无需登记的动产，以占有为其公示方式，尽管本案存在金鑫辉公司使用仓库的可能，但金鑫辉公司于2013年3月4日向漳州光大银行出具的证明明确了仓库内的货物归富亿公司所有，因此，漳州光大银行有理由相信富亿公司对质物享有所有权，漳州光大银行已尽到了审慎的注意义务。在龙海联盛公司未提出相反证据证明漳州光大银行存在恶意的情况下，应推定漳州光大银行善意取得质权。因此，龙海联盛公司关于漳州光大银行未尽审查义务，存在主观过错，无法善意取得质权的再审理由依据不足，不能成立。

可见，上述判决之所以成立，完全是因为法律上没有设立所有权保留登记对抗主义。可以推论，类似判决在《民法典》生效之后将不会再产生。同时，对于所有权保留状态下商业银行抵押权善意取得的问题，既往大量司法裁判认定，商业银行作为专业的金融机构未履行相应的审查义务，从而导致商业银行败诉。

在江门中奥网业有限公司、江门农村商业银行股份有限公司杜阮支行金融借款合同纠纷②案中，高级人民法院认为，关于12.5米干网织机抵押的

---

① （2015）民申字第1490号。

② （2018）粤民终1732号。在该案一审中，江门市中级人民法院作出（2015）江中法民四初字第18号判决，认为保威特俊设备（安徽）有限公司将12.5米干网织机出卖给中奥公司并保留所有权，是保障买卖价款实现的一种担保方式……因保威特俊设备（安徽）有限公司的所有权保留并未在有关机关进行登记，也没有在上述设备上设置保威特俊设备（安徽）有限公司保留所有权的提示，因此无法产生公示公信的效力。新会农商行无法获知保威特俊设备（安徽）有限公司出卖给中奥公司的设备由保威特俊设备（安徽）有限公司保留所有权，只能依照法律规定善意相信动产占有人中奥公司为所有权人。中奥公司将此设备抵押给新会农商行，并且办理了动产抵押登记，其行为符合抵押权善意取得制度的要件，新会农商行善意取得的设备抵押权合法有效。因此，新会农商行的抵押权优先于保威特俊设备（安徽）有限公司的保留所有权。

问题。……中奥公司由于没有付清购买该设备的全部价款，所有权属于卖方保威特梭（安徽）有限公司（以下简称保威特梭公司）。故农商行杜阮支行对中奥公司提供的抵押物 12.5 米织网机是否享有抵押权，关键在于其是否构成善意取得。一审法院没有追加保威特梭公司为本案第三人，未查明农商行杜阮支行在接受 12.5 米织网机作为抵押物、签订合同时涉案抵押合同时是否已履行必要的审查义务及农商行杜阮支行是否构成抵押权善意取得，而是仅依据保威特梭公司的所有权保留没有登记及其所有权保留没有在设备上设置提示，直接认定农商行杜阮支行对上述设备的抵押权构成善意取得。因此，一审判决在案件基本事实方面认定不清。

在中国工商银行股份有限公司随州分行、湖北富达彩印印务有限公司金融借款合同纠纷[①]案中，随州市中级人民法院认为，第三人上海电气公司依照《回租租赁合同》约定主张对租赁物即小森 LS-429 胶印机享有所有权亦符合法律规定……原告工行随州分行作为金融机构，有能力亦有义务对借款人提供的抵押物权属和状况进行审查，但其仅凭被告富达彩印公司提供的该胶印机抵扣联增值税专用发票而非发票联认定其权属，且没有提供证据证明其已按中国银行业监督管理委员会发布的《流动资金贷款管理暂行办法》等相关规章、制度对抵押物的权属进行审查，显然有违金融机构应尽的审慎义务。同时，被告富达彩印公司因与案外人之间纠纷导致人民法院裁定查封涉案胶印机，该财产保全时间亦早于原告工行随州分行办理抵押登记时间。而原告工行随州分行也未能提供证据证明其对上述胶印机进行现场查勘，不能达到其办理抵押登记属善意第三人之辩解目的。因此，对原告工行随州分行对小森 LS-429 胶印机拍卖价款享有优先受偿权的诉讼请求不予支持。

在北流市农村信用合作联社、广西北流市方圆电子科技有限公司金融借款合同纠纷[②]案中，玉林市中级人民法院认为，方圆印业公司向北流信用社提供的抵押担保物均为动产，理论上动产以占有为公示，可相对于专业贷款的金融机构，对有担保的流动资金贷款，还需调查抵押物的权属、价值和变现的难易程度。但北流信用社在审查中显然存在对抵押物所有权书面审查不审慎的问题：（1）在方圆印业公司提供的证明其是抵押物所有权人的增

① （2017）鄂 13 民终 608 号。

② （2019）桂 09 民终 38 号。

值税专用发票上,有部分物品是发票联,有部分是抵扣联,不进一步排除合理怀疑;(2)方圆印业公司提供抵押物的发票金额31,077,600元,与当时市场价格相差较大;(3)没有核实方圆印业公司是否是购货人,而当时发票查询网上可进行,并没有任何技术障碍。因此,北流信用社存在过失,双方虽对抵押合同约定项下抵押物进行了登记,也不构成善意,该抵押合同中涉及上海电气公司的4台机械的抵押无效。

四、商业银行风控操作建议

基于以上分析,为更好地防范金融风险,维护金融债权,本书写作团队建议商业银行加强以下风险防控措施:

(一)在所有权保留登记对抗主义下,商业银行明确自身事前审查的流程与操作规范,通过中国人民银行征信中心动产权属登记系统查询抵押物/质押物是否存在所有权保留等权利限制的登记

《民法典》第641条明确了所有权保留登记对抗的效力。在权利人对大型机器设备、大宗商品买卖标的物在中国人民银行征信中心动产融资统一登记公示系统进行了所有权保留登记的前提下,作为之后的抵押权人——商业银行主张善意取得抵押权的空间将被大大压缩。《中国人民银行征信中心动产融资统一登记公示系统操作规则》①第3条规定,该规则所指动产和权利担保包括当事人通过约定在动产和权利上设定的、为偿付债务或以其他方式履行债务提供的、具有担保性质的各类交易形式,包括但不限于应收账款质押、应收账款转让、融资租赁、保证金质押、存货和仓单质押等,法律法规另有规定的除外。《民法典》第641条扩张了这一条的适用范围到所有权保留。按照这一规定,出卖人可以到中国人民银行征信中心动产融资统一登记公示系统登记所有权保留的状态,以此公示效果取得物权对世-排他效力。可以想象,在《民法典》生效之后,这一操作将成为所有权保留卖方的常规操作。

鉴于此,商业银行需要事前通过中国人民银行征信中心动产权属登记

① 《中国人民银行征信中心动产融资统一登记公示系统操作规则》规定,动产融资统一登记系统通过互联网提供登记与查询服务,参见《中国人民银行征信中心动产融资统一登记公示系统操作规则》(2019年4月修订),自2019年4月28日起实施,载中华人民银行征信中心官方网:http://www.pbccrc.org.cn/zxzx/djfw/201406/d4a36c9c6bdd4a9aa0527e2244dfe7e8.shtml,2020年12月31日访问。

系统查询抵押物/质押物是否存在所有权保留等权利限制的登记，否则不可能主张自身对担保物权的善意取得。

（二）商业银行信贷人员应适当扩大对动产抵押/质押物的审查范围。从司法实践来看，信贷人员尤其需要注意以下两个事项的事前查验：第一，发票凭证是否存在异常情况；第二，通过现场查勘，核对实物占有以及标的物上是否粘贴所有权保留标记，以排除抵押物存在权属不明确的情况

对于商业银行具体应该履行的审查义务内容，可以参照上海电气租赁有限公司、华夏银行股份有限公司绍兴诸暨支行、诸暨市昌美针纺织有限公司等金融借款合同纠纷第三人撤销之诉①案。该案中绍兴市越城区人民法院认为，华夏银行对抵押标的物权属的审核已尽到审查义务。涉案讼争设备属于动产，并由被告诸暨昌美公司占有使用。根据动产物权变动以占有为公示方式，华夏银行有理由相信属使用人所有。被告华夏银行审核抵押标的物所有权的凭证是原告开具给租赁方的增值税专用发票抵扣联，增值税专用发票不仅是购销双方收付款的商事凭证，而且可以作为购买方固定资产的税收抵扣凭证。根据国家相关规定，增值税专用发票联次系一次开具，上、下联的内容和金额均应一致。原告虽将其中购货方用作记账的发票联持有，华夏银行未收集该发票联或对购货合同作审查，但作为内容相一致的抵扣发票已明确记载诸暨昌美公司系购货单位。因此，发票显示所购讼争设备为被告诸暨昌美公司所有的事实明确。同时，华夏银行在办理抵押登记时，还向工商部门、中国人民银行征信中心动产权属登记系统查询抵押物的权利限制及权属情况，故对抵押物的权利审核，华夏银行已尽其审查义务。

在招商银行股份有限公司广州南方报业支行与东莞市清亦韵实业有限公司、宋某某、仲利国际租赁有限公司金融借款合同纠纷②案中，广州市中级人民法院认为，即便案涉49台机器设备实际不属于清亦韵公司所有，但招商银行在签订《最高额抵押合同》时已经审查了清亦韵公司提供的发票抵扣联（购货单位名称为“东莞市清亦韵实业有限公司”）、股东会决议、抵押物保险单及发票、设备评估报告等材料，且涉案机器设备在抵押合同签订时由清亦韵公司所占有，鉴于上述情况，在没有相反证据的情况下，招商银行有理由

---

① （2017）浙0602民撤7号。

② （2015）穗中法金民终字第716号。

相信案涉 49 台机器设备属于清亦韵公司所有,其已经尽到了谨慎审查的义务。

对于发票问题,尤其值得商业银行重视。在东营方瑞石油科技有限公司与广汉市锦程石油机械有限公司取回权纠纷①案中,广汉市人民法院专门提出,当事人应当对所有权保留进行恰当的公示,比如参照动产抵押的方式办理相应登记,或在交付给被告的发票上背书或批注“货款未付清,所有权保留”标记,或在标的物上粘贴所有权保留标记。

(三)商业银行应当关注原 2012 年《买卖合同司法解释》中关于买受人的付款比例对所有权保留实现的影响条款是否继续有效

值得注意的是,2012 年《买卖合同司法解释》第 36 条第 1 款规定,买受人已经支付标的物总价款的 75%以上,出卖人主张取回标的物的,人民法院不予支持。湖北省高级人民法院认为,“该款是对买卖合同所有权保留情形中取回权限制的规定,其规定的本意是在买受人已支付价款达到 75%时,出卖人的利益较大程度上得到了实现,限制其取回权,不会对出卖人利益产生重大影响。② 但《民法典》在植入《买卖合同司法解释》关于出卖人取回权及其相关规则时,对出卖人取回权的限制并未适用此种规则。③

买受人取得标的物之后再进行抵押的情况下,支付比例将直接涉及抵押合同的效力。在上海久和船舶进出口有限公司与舟山市富升疏浚工程有限公司、招商银行股份有限公司等海事担保合同纠纷、船舶抵押合同纠纷④案中,浙江省高级人民法院认为,《最高人民法院关于审理买卖合同纠纷案件适用问题的解释》第 36 条第 1 款规定,买受人已经支付标的物总价款的

---

① (2016)川 0681 民初第 742 号。

② 邯郸金狮棉机有限公司与中国农业发展银行黄石市分行、黄石方辰棉业有限公司所有权确认纠纷[(2014)鄂民一终字第 00113 号]。

③ 最高人民法院认为两者并行不悖,理由在于《民法典》第 634 条规定,分期付款的买受人未支付到期价款的数额达到全部价款的五分之一,经催告后在合理期限内仍未支付到期价款的,出卖人可以请求买受人支付全部价款或者解除合同。出卖人解除合同的,可以向买受人请求支付该标的物的使用费。

④ (2014)浙海终字第 17 号。该案判决书中,浙江省高级人民法院还指出,涉案《进口船舶销售合同》中约定“乙方(富升公司)必须付足全部船款后方可实质性拥有该船产权,否则产权仍属甲方(久和公司)”,该约定应视为久和公司与富升公司在签订买卖合同时对“富升工 1”轮的所有权作出了保留,该保留符合《合同法》第 134 条的规定,应予保护,此时所有权归属是明确的,故本案不适用《物权法》第 184 条有关所有权不明或者有争议的财产禁止抵押的规定。

75%以上,出卖人主张取回标的物的,人民法院不予支持。根据本案查明的事实,富升公司向久和公司支付船款已达到船舶总价款的75%以上,此时久和公司已丧失对“富升工1”轮的取回权,而招行镇海支行依据船舶所有权登记证书办理的涉案抵押贷款已向舟山海事局办理抵押登记且经原审法院(2013)甬海法商初字第88号民事调解书确认有效,故前述所有权保留的约定不得对抗招行镇海支行已登记设立的船舶抵押权。因此,《民法典》生效之后,商业银行需要持续关注后续司法解释是否进一步明确买受人的付款比例对所有权保留实现的影响。

(四)商业银行在所有权保留业务中若对出卖人进行放贷,则应督促出卖人积极行使取回权,避免在买受人重整期间出卖人取回权的行使受到限制

《企业破产法》第75条第1款规定,在重整期间,对债务人的特定财产享有的担保权暂停行使。但是,担保物有损坏或者价值明显减少的可能,足以危害担保权人权利的,担保权人可以向人民法院请求恢复行使担保权。《民法典》第642条第2款规定所有权保留买卖中取回权的行使“参照适用担保物权的实现程序”。按照最高人民法院的观点如果买受人处于重整期间,出卖人行使取回权应参照《企业破产法》的上述规定。因此,考虑到企业的重整和债权人的一般利益,出卖人取回权的行使可能受到限制。

(五)商业银行在所有权保留业务中若与买受人订立借贷合同,为防止破产管理人决定解除合同,使“取回权”变为“破产债权”,依据具体情况,可以增设“买受人申请破产前的告知义务”“银行代位清偿未支付价款”等合同条款以保障银行权利的优先地位

我国《企业破产法》上的取回权是指对于破产管理人占有不属于破产财产的财产,财产的权利人可不依照破产程序,经破产管理人同意而直接取回的权利。由于所有权保留中的出卖人是标的物所有权人,故当买受人破产时,当然具有取回权,这也是设定所有权保留的重要目的;如果不能取回,出卖人将失去物权上的地位而仅仅以债权人的地位申报债权,损失可能极大。《企业破产法》第38条规定,人民法院受理破产申请后,债务人占有的不属于债务人的财产,该财产的权利人可以通过管理人取回。但是,本法另有规定的除外。所有权保留合同在买受人价金未支付完毕或者其他约定条件未满足前,所有权尚未转移给买受人,所以该合同属于双方均未履行完毕的合同。因此在具体程序上,买受人的破产管理人决定继续履行合同的,在向出

卖人一次性支付剩余价款或者履行完其他义务后,同时取得标的物所有权,该标的物作为破产财产统一分配;破产管理人决定解除合同的,出卖人有权取回标的物,并返还买受人已支付的价金,并可以就此造成的损失向买受人请求赔偿,该赔偿请求权属于破产债权。

第八编　婚姻编与继承编

第二十九章　夫妻共同债务认定新规则与商业银行风控措施

【《民法典》变化的影响】风险增加

【风险等级】★★★★★

【提要】《民法典》承继了2014年最高人民法院民一庭《对江苏省高级人民法院〈关于婚姻关系存续期间夫妻一方以个人名义所负债务如何认定问题的请示〉的批复》(〔2014〕民一他字第10号)的答复到2018年《最高人民法院关于审理涉及夫妻债务纠纷案件适用法律有关问题的解释》逐步建立起"配偶优位主义"的立法理念,部分摒弃了2004年《婚姻法司法解释(二)》第24条"债权人优位主义"的立法理念。《民法典》第1064条区分"家庭日常生活负债"(家事代理之债)与"大额负债"(夫妻合意之债)和"债权人善意之债"三种情况,进一步厘清了夫妻共同债务的范围和界限,该条将对银行贷款合同尤其是个贷合同的法律风险事前控制及事后不良清收诉讼产生重大影响。在此情况下,如何在诉讼中最大程度的保障金融机构的合法利益?为此,银行在相关个贷流程中应当设计相应条款及风控手段。

一、民法典及配套新规

▶《民法典》

【夫妻共同债务】

第1064条　夫妻双方共同签名或者夫妻一方事后追认等共同意思表示所负的债务,以及夫妻一方在婚姻关系存续期间以个人名义为家庭日常生活需要所负的债务,属于夫妻共同债务。

夫妻一方在婚姻关系存续期间以个人名义超出家庭日常生活需要所负的债务,不属于夫妻共同债务;但是,债权人能够证明该债务用于夫妻共同生活、共同生产经营或者基于夫妻双方共同意思表示的除外。

▶《关于人民法院审理离婚案件处理财产分割问题的若干具体意见》(法发〔1993〕32号)

17. 夫妻为共同生活或为履行抚养、赡养义务等所负债务,应认定为夫妻共同债务,离婚时应当以夫妻共同财产清偿。下列债务不能认定为夫妻共同债务,应由一方以个人财产清偿:

(1)夫妻双方约定由个人负担的债务,但以逃避债务为目的的除外。

(2)一方未经对方同意,擅自资助与其没有抚养义务的亲朋所负的债务。

(3)一方未经对方同意,独自筹资从事经营活动,其收入确未用于共同生活所负的债务。

(4)其他应由个人承担的债务。

▶最高人民法院《关于适用〈中华人民共和国婚姻法〉若干问题的解释(二)》(法释〔2003〕19号)

【婚姻关系存续期间一方以个人名义所欠债务的处理】

第24条　债权人就婚姻关系存续期间夫妻一方以个人名义所负债务主张权利的,应当按夫妻共同债务处理。但夫妻一方能够证明债权人与债务人明确约定为个人债务,或者能够证明属于婚姻法第十九条第三款规定情形的除外。

▶《最高人民法院民一庭2014年对江苏省高级人民法院所作的〔2014〕民一他字第10号答复》

如果举债人的配偶举证证明所借债务并非用于夫妻共同生活,则其不承担偿还责任。

▶《最高人民法院民一庭2015年对福建省高级人民法院所作的〔2015〕民一他字第9号复函》

夫妻一方对外担保之债不应当适用《婚姻法解释(二)》第24条的规定认定为夫妻共同债务。

▶最高人民法院《关于适用〈中华人民共和国婚姻法〉若干问题的解释(二)的补充规定》(法释〔2017〕6号)

在最高人民法院《关于适用〈中华人民共和国婚姻法〉若干问题的解释(二)》第二十四条的基础上增加两款,分别作为该条第二款和第三款:

夫妻一方与第三人串通,虚构债务,第三人主张权利的,人民法院不予支持。

夫妻一方在从事赌博、吸毒等违法犯罪活动中所负债务，第三人主张权利的，人民法院不予支持。

▶《最高人民法院关于依法妥善审理涉及夫妻债务案件有关问题的通知》（法释〔2017〕48 号）

各省、自治区、直辖市高级人民法院，解放军军事法院，新疆维吾尔自治区高级人民法院生产建设兵团分院：

家事审判工作是人民法院审判工作的重要内容。在家事审判工作中，正确处理夫妻债务，事关夫妻双方和债权人合法权益的保护，事关婚姻家庭稳定和市场交易安全的维护，事关和谐健康诚信经济社会建设的推进。为此，最高人民法院审判委员会第 1710 次会议讨论通过《最高人民法院关于适用〈中华人民共和国婚姻法〉若干问题的解释（二）的补充规定》，对该司法解释第二十四条增加规定了第二款和第三款。2017 年 2 月 28 日，最高人民法院公布了修正的《最高人民法院关于适用〈中华人民共和国婚姻法〉若干问题的解释（二）》。为依法妥善审理好夫妻债务案件，现将有关问题通知如下：

……

三、审查夫妻债务是否真实发生。债权人主张夫妻一方所负债务为夫妻共同债务的，应当结合案件的具体情况，按照《最高人民法院关于审理民间借贷案件适用法律若干问题的规定》第十六条第二款、第十九条规定，结合当事人之间的关系及其到庭情况、借贷金额、债权凭证、款项交付、当事人的经济能力、当地或者当事人之间的交易方式、交易习惯、当事人财产变动情况以及当事人陈述、证人证言等事实和因素来进行综合判断。防止违反法律和司法解释规定，仅凭借条、借据等债权凭证认定存在债务的简单做法。

在当事人举证基础上，要注意依职权查明举债一方作出有悖常理的自认的真实性。对夫妻一方主动申请人民法院出具民事调解书的，应当结合案件基础事实，重点审查调解协议是否损害夫妻另一方的合法权益。对人民调解协议司法确认案件，应当按照《最高人民法院关于适用〈中华人民共和国民事诉讼法〉的解释》的要求，注重审查基础法律关系的真实性。

四、区分合法债务和非法债务，对非法债务不予保护。在案件审理中，对夫妻一方在从事赌博、吸毒等违法犯罪活动中所负的债务，不予法律保护；对债权人知道或者应当知道夫妻一方举债用于赌博、吸毒等违法犯罪活动而向其出借款项的,不予法律保护;对夫妻一方以个人名义举债后用于个人违法犯罪活动,举债人就该债务主张按夫妻共同债务处理的,不予支持。

五、把握不同阶段夫妻债务的认定标准。依照婚姻法第十七条、第十八条、第十九条和第四十一条有关夫妻共同财产制、分别财产制和债务偿还原则以及有关婚姻法司法解释的规定,正确处理夫妻一方以个人名义对外所负债务问题。

六、保护被执行夫妻双方基本生存权益不受影响。要树立生存权益高于债权的理念。对夫妻共同债务的执行涉及到夫妻双方的工资、住房等财产权益,甚至可能损害其基本生存权益的,应当保留夫妻双方及其所扶养家属的生活必需费用。执行夫妻名下住房时,应保障生活所必需的居住房屋,一般不得拍卖、变卖或抵债被执行人及其所扶养家属生活所必需的居住房屋。

七、制裁夫妻一方与第三人串通伪造债务的虚假诉讼。对实施虚假诉讼的当事人、委托诉讼代理人和证人等,要加强罚款、拘留等对妨碍民事诉讼的强制措施的适用。对实施虚假诉讼的委托诉讼代理人,除依法制裁外,还应向司法行政部门、律师协会或者行业协会提出司法建议。对涉嫌虚假诉讼等犯罪行为的,应依法将犯罪的线索、材料移送侦查机关。

以上通知,请遵照执行。执行中有任何问题,请及时报告我院。

最高人民法院

2017 年 2 月 28 日

▶《最高人民法院关于审理涉及夫妻债务纠纷案件适用法律有关问题的解释》(法释〔2018〕2 号)

为正确审理涉及夫妻债务纠纷案件,平等保护各方当事人合法权益,根据《中华人民共和国民法总则》《中华人民共和国婚姻法》《中华人民共和国合同法》《中华人民共和国民事诉讼法》等法律规定,制定本解释。

第一条　夫妻双方共同签字或者夫妻一方事后追认等共同意思表示所负的债务,应当认定为夫妻共同债务。

第二条　夫妻一方在婚姻关系存续期间以个人名义为家庭日常生活需要所负的债务,债权人以属于夫妻共同债务为由主张权利的,人民法院应予支持。

第三条　夫妻一方在婚姻关系存续期间以个人名义超出家庭日常生活需要所负的债务，债权人以属于夫妻共同债务为由主张权利的，人民法院不予支持，但债权人能够证明该债务用于夫妻共同生活、共同生产经营或者基于夫妻双方共同意思表示的除外。

第四条　本解释自2018年1月18日起施行。

本解释施行后，最高人民法院此前作出的相关司法解释与本解释相抵触的，以本解释为准。

▶最高人民法院《关于适用〈中华人民共和国民法典〉婚姻家庭编的解释(一)》(法释〔2020〕22号)

第33条　债权人就一方婚前所负个人债务向债务人的配偶主张权利的，人民法院不予支持。但债权人能够证明所负债务用于婚后家庭共同生活的除外。

第34条　夫妻一方与第三人串通，虚构债务，第三人主张该债务为夫妻共同债务的，人民法院不予支持。

夫妻一方在从事赌博、吸毒等违法犯罪活动中所负债务，第三人主张该债务为夫妻共同债务的，人民法院不予支持。

第35条　当事人的离婚协议或者人民法院生效判决、裁定、调解书已经对夫妻财产分割问题作出处理的，债权人仍有权就夫妻共同债务向男女双方主张权利。

一方就夫妻共同债务承担清偿责任后，主张由另一方按照离婚协议或者人民法院的法律文书承担相应债务的，人民法院应予支持。

第36条　夫或者妻一方死亡的，生存一方应当对婚姻关系存续期间的夫妻共同债务承担清偿责任。

第37条　民法典第一千零六十五条第三款所称"相对人知道该约定的"，夫妻一方对此负有举证责任。

▶《浙江省高级人民法院关于妥善审理涉夫妻债务纠纷案件的通知》(浙高法〔2018〕89号)

本省各级人民法院、宁波海事法院：

自《最高人民法院关于审理涉及夫妻债务纠纷案件适用法律有关问题的解释》(以下简称《解释》)于2018年1月18日施行以来，审判实践中对《中华人民共和国婚姻法》(以下简称《婚姻法》)及相关司法解释的理解与适用尚不统一。为切实保障审判质量与审判效果，现将审理涉夫妻债务纠纷案件的有关问题通知如下：

一、引导“共债共签”，对基于共同意思表示所负债务依法认定为夫妻共同债务

全省各级法院在审判实践中应当加强对夫妻共同债务形成时“共债共签”原则的宣传，尽量引导债权人要求夫妻共同签署借款合同、借据等文书。通过发挥裁判导向作用，引导民商事主体主动规范交易行为，加强风险防范。交易过程中，债权人处于相对优势地位，完全可以也有条件在交易时即要求相对人配偶做出共同负债的意思表示，以避免日后产生纠纷时的举证风险。

审判实践中应当注意，《解释》第一条列举了“夫妻双方共同签字”和“夫妻一方事后追认”作为夫妻共同意思表示的两种情形，除此之外，共同做出口头承诺、共同做出某种行为等也是夫妻共同意思表示的表现形式。若有证据证明配偶一方对负债知晓且未提出异议的，如存在出具借条时在场、所借款项汇入配偶掌握的银行账户、归还借款本息等情形的，可以推定夫妻有共同举债的合意。

此外，《解释》第一条规定的“所负的债务”，不应狭义理解为借贷之债，还应当包括其他合同之债。只要是基于夫妻共同意思表示所负的合同之债，均应由做出意思表示的各主体按约负担。

二、正确界定“家庭日常生活需要”标准

根据《解释》第二条、第三条的规定，负债是否超出“家庭日常生活需要”，是判断是否构成夫妻共同债务的重要标准。按照通常理解，“家庭日常生活需要”是指夫妻双方及其共同生活的未成年子女在日常生活中的必要开支事项，如正常的衣食住行消费、日用品购买、医疗保健、子女教育、老人赡养、文化消费等。审理中，判断负债是否超出“家庭日常生活需要”，可以结合负债金额大小、家庭富裕程度、夫妻关系是否融洽、当地经济水平及交易习惯、借贷双方的熟识程度、借款名义、资金流向等因素综合予以认定。

以下情形，可作为各级法院认定“为家庭日常生活需要所负债务”的考量因素：

(1)单笔举债或对同一债权人举债金额在20万元(含本数)以下的；(2)举债金额与举债时家庭收入状况、消费形态基本合理匹配的；(3)交易时债权人已尽谨慎注意义务，经审查举债人及其家庭支出需求、借款用途

等,有充分理由相信债务确系为家庭日常生活需要所负的。

以下情形,可作为各级法院认定“超出家庭日常生活需要所负债务”的考量因素:

(1)单笔举债或对同一债权人举债金额在20万元以上的;

(2)债务发生于夫妻分居、离婚诉讼等夫妻关系不安宁期间,债权人知道或应当知道的;

(3)出借人明知借款人负债累累、信用不佳,或在前债未还情况下仍继续出借款项的;

(4)借贷双方约定高额利息,与正常生活所需明显不符的。

具体案件审理时,应注意引导各方当事人积极举证。举债发生于父母子女、兄弟姐妹等密切关系主体之间的,债权人理应对举债人的生活状况、夫妻关系较常人更为了解,这种情形下对债务是否为家庭日常生活需要所负的审查应严于一般主体,在举证责任分配上也可依职权适当加重债权人的举证责任。

三、注意举证证明责任分配,妥善把握利益平衡

案件审理过程中,要充分注意《解释》在不同负债情形下举证证明责任的分配。这里的举证证明责任是指结果意义上的证明责任,即:若事实真伪不明,则由承担证明责任的一方承担不利后果,对其构成或不构成夫妻共同债务的诉讼主张不予支持。

1. 对夫妻存在举债合意的证明责任分配。对《解释》第一条规定的夫妻共同意思表示,证明责任在债权人。夫妻双方共同签字的借款合同、借条以及短信、微信、QQ聊天记录、邮件等其他能够体现夫妻共同举债意思表示或事后追认的有关证据,都是债权人用以证明债务系夫妻共同债务的有力证据。

2. 为家庭日常生活需要负债情形下的证明责任分配。对《解释》第二条规定的夫妻一方为家庭日常生活所负的债务,原则上应当推定为夫妻共同债务,债权人无需举证证明该债务是否实际用于家庭日常生活。若配偶抗辩债务不属于夫妻共同债务的,应由其举证证明所负债务并非用于夫妻共同生活。

3. 超出家庭日常生活需要负债情形下的证明责任分配。对超出家庭日常生活范围的债务是否属于夫妻共同债务,《解释》第三条将证明责任分配给了债权人,即此时应由债权人举证证明该债务用于夫妻共同生活、共同生

产经营或基于共同意思表示。

全省各级法院要重视《解释》对之前裁判规则特别是证明责任分配规则带来的改变,正确理解,准确适用。具体案件审理中,既要适用《解释》对于举证证明责任的分配,也要强化法院职权探知,确有必要的,可依当事人申请或依职权主动调查案件事实。同时,在适用《解释》第三条时,也要认识到债权人对夫妻内部关系举证的客观难度,案件审理过程中要注意运用法官心证,如果凭借日常生活经验或逻辑推理,能够对"债务用于夫妻共同生活、共同生产经营或基于共同意思表示"形成高度可能性判断的,则不存在对债权人适用结果责任的余地,以避免对举债人夫妻过度救济,致显失公平。

四、正确理解《解释》第三条规定的"夫妻共同生活、共同生产经营"范围

根据《解释》第三条的规定,对超出家庭日常生活需要所负的债务,债权人能够证明债务用于夫妻共同生活、共同生产经营或基于夫妻共同意思表示的,应当认定为夫妻共同债务。这里的"夫妻共同生活",在概念外延上大于"家庭日常生活",只要是夫妻双方共同消费支配的或者用于形成夫妻共同财产的支出,都属于"夫妻共同生活"的范围。"夫妻共同生产经营"的情况则更为复杂,较常见的有夫妻双方共同决定生产经营事项、一方授权另一方决定生产经营事项等情形。审判实践中,判断经营活动是否属于夫妻共同生产经营,要根据经营活动的性质以及夫妻双方在其中的地位作用等综合认定。

有证据证明存在以下情形的,可以考虑认定为夫妻共同债务:

(1)负债期间购置大宗资产等形成夫妻共同财产的;

(2)举债用于夫妻双方共同从事的工商业或共同投资;

(3)举债用于举债人单方从事的生产经营活动,但配偶一方分享经营收益的。

有证据证明存在以下情形的,可以考虑认定为个人债务:

(1)婚姻持续短暂且夫妻关系存续期间无大宗开支,负债用于家庭共用共益的可能性较低的;

(2)债务发生于夫妻分居、离婚诉讼等婚姻关系不安宁期间,配偶有固定工作或稳定收入来源的;

(3)债务用途存在指向举债人从事赌博、吸毒等违法犯罪活动的高度可能性;

(4)债务用途与举债人无直接关联,而是举债人单方自愿负担且用途与家庭共同生活、共同生产经营无关的,如与家庭共同生活、共同生产经营无关的担保、债务加入等;

(5)债务用途无益于家庭甚至有损于家庭安宁生活的,如用于婚外同居生活等。

司法实践中还需注意,浙江作为民营企业大省,民间资金活跃,经商文化氛围和投资氛围较为浓厚。对一些案件中,负债用于夫妻一方以单方名义经商办企业,或进行股票、期货、基金、私募等高风险投资的,不宜一律以“不能排除收益用于共同生活”为由,“一刀切”地认定为夫妻共同债务。尤其在夫妻长期分居、矛盾激烈等情况下,如果有独立收入来源的配偶一方抗辩对举债人的经营或投资行为完全不知情,且未分享经营或投资所得的,应谨慎认定债务性质为夫妻共同债务。

五、注意《解释》第二条、第三条与《婚姻法解释二》第二十四条在法律适用上的衔接

目前,《婚姻法解释二》第二十四条并未废止,全省各级法院在审理涉夫妻债务纠纷案件时,要注意把握好两个司法解释在法律适用上的衔接。《解释》第二条、第三条所规定的“家庭日常生活所需”标准和“实际用途”标准,不是判断债务性质的唯一标准。具体案件审理过程中,还应当审查是否存在《婚姻法解释二》第二十四条规定的“除外情形”:

(1)如果存在债权人与债务人之间明确约定为个人债务、夫妻之间约定了分别财产制且债权人知情情形的,即便是为家庭日常生活所需所负的债务,或虽超出家庭日常生活所需但实际用于夫妻共同生活、共同经营的,也不能根据《解释》第二条、第三条的规定认定为夫妻共同债务,而应当直接认定为个人债务;

(2)如果存在夫妻一方与第三人恶意串通虚构债务、夫妻一方因赌博吸毒等违法犯罪行为所负债务情形的,亦应排除在夫妻共同债务之外。

浙江省高级人民法院

2018 年 5 月 23 日

二、立法考辨

《民法典》出台之前,对于夫妻共同债务的认定问题,曾经出现过长达 6

年的争议。对于夫妻共同债务认定，可以遵循两种思路，即"配偶优位主义"和"债权人优位主义"，前者将夫妻关系存续期间一方对外负债推定为个人负债，以保护配偶之权利，但容易导致"假离婚，真逃债"等损害债权人金融机构权益的情况发生。后者则将夫妻关系存续期间一方对外负债推定为夫妻共同负债，以体现保护债务人的思路，但又容易出现"个人负债累及配偶甚至利用负债转移夫妻公众财产"的弊端。这一问题本质上需要立法在两种极端情况之间"两害相权取其轻"。

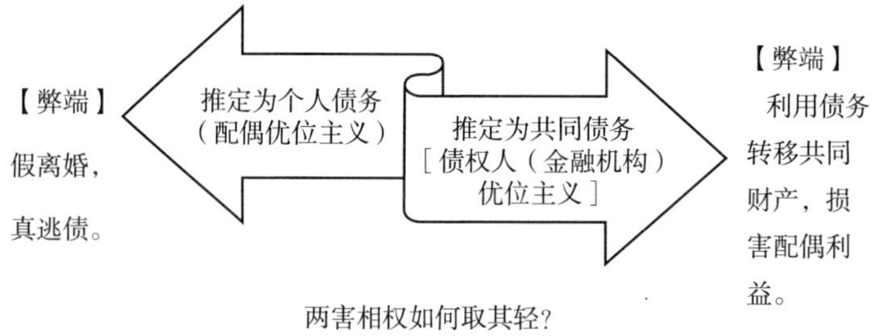

图 29-1　夫妻共同债务"配偶优位"和"债权人优位"两种立法思路示意

早在 1993 年《关于人民法院审理离婚案件处理财产分割问题的若干具体意见》，人民法院仅将"夫妻为共同生活或为履行抚养、赡养义务等所负债务，应认定为夫妻共同债务"①认定为共同债务，体现出家事代理的思路，但在 2003 年《婚姻法司法解释（二）》第 24 条中，最高人民法院转向采取了"债权人优位主义"立法理念。其主要理由在于，在中国国情的语境下，夫妻一方单方面举债的情形非常复杂，不仅存在夫妻一方以个人名义在婚姻关系存续期间举债给其配偶造成损害的情况；也存在夫妻合谋以离婚为手段，将共同财产分配给一方，而将债务分配给另一方，借以达到逃避债务、损害债权人利益的情形。②

但这一规定出台之后，"各级人民法院以及妇联等组织经常接到反映或者投诉，也出现了夫妻一方与债权人恶意串通损害夫妻另一方权益，而人民法院适用第二十四条判令未举债一方配偶共同承担虚假债务、非法债务的

① 《关于人民法院审理离婚案件处理财产分割问题的若干具体意见》第 17 条。

② 参见最高人民法院民事审判第一庭编著：《最高人民法院婚姻法司法解释（二）的理解与适用》，人民法院出版社 2004 年版，第 218 页。

极端案例。”[①]根据《南方周末》的记者调查，“被负债者”QQ群中87.1%的群成员为女性，80.6%受过高等教育，86.7%拥有稳定的工作及收入，“不知情、未签字、无合意、未受益”是24条受害者的基本案情特征。[②] 实践中甚至出现了反“24条”联盟，即是指反对《婚姻法司法解释(二)》第24条的“被负债”群体。[③] 其中比较典型的案件包括小马奔腾创始人李明的遗孀金燕被北京法院判决在2亿元范围内承担李明当初签下的回购股份责任。[④]

《婚姻法司法解释(二)》第24条出台后，学术界对其批评的声音很大。早在2011年，夏吟兰就指出，现行的夫妻共同债务推定规则从保护交易安全出发，过分注重对债权人利益的保护，非举债一方配偶的合法权益受到过度损害；[⑤]杨晓蓉、吴艳专门针对夫妻一方的经营性负债进行了研究，在原则上同意夫妻单方经营性负债均应认定为夫妻共同债务的同时，指出无偿担保、无关联巨额借贷等特殊债务不应当被认定位夫妻共同债务；[⑥]叶名怡指出，中国裁判文书网上公布的4979份民事判决书中，认定为共同债务的判决占比88.73%，仅有10.02%被认定为个人债务，因此《婚姻法司法解释(二)》第24条在司法实务中几乎无法被推翻；[⑦]陈法同样认为《婚姻法司法解释

---

① 程新文、刘敏、方芳、沈丹丹：《〈关于审理涉及夫妻债务纠纷案件适用法律有关问题的解释〉的理解与适用》，载《人民司法(应用)》2018年第4期，第34页。

② 参见高伊琛、李霁：《不知情、未签字、无合意、未受益女教授“背”夫债》，载《南方周末》2019年2月21日。

③ 参见记者明鹊、实习生程颖迪：《反“24条”联盟：近百妻子因前夫欠款“被负债”，结盟维权》，载澎湃新闻网，https://www.thepaper.cn/newsDetail_forward_1527334，2020年12月31日访问。

④ 金某与建银文化产业股权投资基金(天津)有限公司合同纠纷[(2018)京民终18号]。该案二审判决书指出，既然李某在上述公司的股权系金某与李某婚姻关系存续期间所得的共同所有的财产，建银文化基金的投资致使公司财产及股东个人的财产同时增值，金某作为配偶一方实际享有了建银文化基金投资小马奔腾所带来的股权溢价收益，李某因经营公司所承诺的回购责任亦属夫妻共同债务，符合权利义务一致原则。最后，金某自称目前经营的公司雇用的是原小马奔腾人员、采用原小马奔腾经营模式。可见，金某现在经营的公司仍然享用建银文化基金投资小马奔腾所产生的溢出效应。

⑤ 参见夏吟兰：《我国夫妻共同债务推定规则之检讨》，载《西南政法大学学报》2011年第1期。

⑥ 参见杨晓蓉、吴艳：《夫妻共同债务的认定标准和责任范围——以夫妻一方经营性负债为研究重点》，载《法律适用》2015年第9期。

⑦ 参见叶名怡：《〈婚姻法解释(二)〉第24条废除论——基于相关统计数据的实证分析》，载《法学》2017年第6期。

(二)》第24条在司法实务中已经举步维艰,事实上无法实行;①缪宇②指出,《婚姻法司法解释(二)》第24条错误地理解了日常家事代理权理论,误将夫妻共同债务等同于夫妻连带债务。合同债务,虽然发生在婚姻关系存续期间,应当首先被认定为夫妻一方的个人债务。何丽新认为,夫妻共同债务非共有物之债,亦非合伙之债,非举债方清偿夫妻共同债务的责任财产应当以“共同财产”为限,《婚姻法司法解释(二)》第24条以个人财产连带清偿夫妻共同债务的思路是错误的;③也有很少的学者对《婚姻法司法解释(二)》第24条予以认同。孙若军认为,夫妻共同债务适用“时间”推定规则是一个基本法理,因此婚姻存续期间内,凡债权人有理由相信举债是为夫妻共同生活或具有夫妻合意的,应当推定为夫妻共同债务。④

除了理论上的研究,实践中,十多年来特别是近年来,随着经济社会的发展,我国城乡居民家庭财产结构、类型、数量、形态以及理财模式等发生了巨大变化,社会公众的婚姻家庭观念和家庭投资渠道也日趋多元化。许多家庭的财富因此快速增长,同时因投资而产生债务的风险也在不断放大,⑤尤其是近年来民间借贷兴起,个人债务数额不断增加,这些因素都促使最高人民法院从2014年开始,逐步开始对《婚姻法司法解释(二)》第24条绝对的“债权人优位主义”进行纠偏。在〔2014〕民一他字第10号答复(答复江苏高院)和〔2015〕民一他字第9号答复(答复福建高院)两个文件中,最高人民法院都明确了夫妻一方对外担保之债不应当适用《婚姻法司法解释(二)》第

---

① 参见陈法:《我国夫妻共同债务认定规则之检讨与重构》,载《法商研究》2017年第1期。陈法指出,实际上我国司法实践中夫妻债务认定已经分化为四种规则,即共同生活之用途规则、双方约定之合意规则、家事代理之权限推定规则和婚姻期间借款之时间推定规则。

② 参见缪宇:《走出夫妻共同债务的误区——以〈婚姻法司法解释(二)〉第24条为分析对象》,载《中外法学》2018年第1期。在另一篇文章中,缪宇参考美国各州的立法,指出应当承认债务人的配偶的个人财产原则上不对夫妻共同债务负责,参见缪宇:《美国夫妻共同债务制度研究——以美国采行夫妻共同财产制州为中心》,载《法学家》2018年第2期。

③ 参见何丽新:《论非举债方以夫妻共同财产为限清偿夫妻共同债务——从(2014)苏民再提字第0057号民事判决书说起》,载《政法论丛》2017年第6期。

④ 参见孙若军:《论夫妻共同债务“时间”推定规则》,载《法学家》2017年第1期。

⑤ 参见程新文、刘敏、方芳、沈丹丹:《〈关于审理涉及夫妻债务纠纷案件适用法律有关问题的解释〉的理解与适用》,载《人民司法(应用)》2018年第4期。

24 条的规定认定为夫妻共同债务，[①]特别要求地方法院“避免简单机械适用第 24 条”。随后法释〔2017〕6 号将“夫妻一方与第三人串通，虚构债务”和“夫妻一方在从事赌博、吸毒等违法犯罪活动中所负债务”两种情况排除在《婚姻法司法解释（二）》第 24 条的适用范围之外，进一步压缩了 24 条的空间，稍后又在法〔2017〕48 号明确“制裁夫妻一方与第三人串通伪造债务的虚假诉讼”。最终，在《最高人民法院关于审理涉及夫妻债务纠纷案件适用法律有关问题的解释》[②]中，最高人民法院开始引导夫妻共同债务以“共债共签”为原则，对基于共同意思表示所负债务依法认定为夫妻共同债务，至此，“法释〔2018〕2 号已倾向于保护举债方配偶的利益”。[③]《民法典》第 1964 条吸收上述文件精神，形成了立法层面的条款。根据这一条款，夫妻共同债务将被分为三类，即“家庭日常生活负债（家事代理之债）”与“大额负债（夫妻合意之债）”和“债权人善意之债”三种情况，原则上共同生活所负之债是夫妻共同债务，但是超额债务，要么夫妻共同签字或者其他方式予以认可，要么，债权人有证据证明该债务被用于共同生活、共同生产经营或夫妻双方同意的情况下，才能有条件地认定为共同债务。同时，债权人主观上

---

① 上述复函是仅针对个案回复，并不具有普遍适用性。如果债权人有证据证明未举债一方虽未签字确认债务，但其仍有受益的，则仍可能认定为夫妻共同债务。例如，在赵某、姬某某金融借款合同纠纷[（2019）最高法民申 2302 号]案中，最高人民法院认为，赵某提出本案应适用 9 号复函，但该复函系针对个案作出的回复，不具有普遍适用的效力，且本案情形与复函答复的案件情形并不相同，故对赵某该主张不予支持。……虽然姬某某系以其个人名义为该笔贷款提供担保，但该笔贷款系用于青岭公司，而姬某某时任该公司法定代表人，且持有该公司 50%的股权，二审法院据此认定姬某某为青岭公司提供担保不仅为了公司经营，也为个人收益，并无不当。因青岭公司系赵某与姬某某婚后设立的公司，所得收益已形成夫妻共同财产，二审法院认定青岭公司的经营状况同时与赵某、姬某某的夫妻共同财产有直接关系，亦无不当。相似案例还包括李某某与安某某执行异议之诉[（2016）最高法民申 2908 号]。

② 对于该司法解释的形成过程，最高人民法院介绍称 2017 年 2 月、11 月和 2018 年 1 月，最高人民法院与全国妇联召开三次座谈会，就夫妻债务的司法认定交换意见；2017 年 3 月至 7 月，与全国妇联联合邀请婚姻法专家学者、全国人大代表、全国政协委员等组成联合调研组，分赴北京、山东、江苏、浙江、福建、安徽、广东、湖南等 8 省市进行专题调研，认真听取部分全国人大代表、全国政协委员、专家学者、妇联组织、民政部门、各级法院法官、律师以及案件当事人意见；2017 年 2 月、6 月、8 月、11 月和 2018 年 1 月，与全国人大常委会法工委多次交流，就制定夫妻债务司法解释充分沟通。2018 年 1 月，征求检察机关、中国婚姻法学研究会、部分民法学专家学者意见。在各有关部门、社会团体组织、专家学者等达成基本共识的基础上，制定出台了《解释》。参见程新文，刘敏，方芳，沈丹丹（最高人民法院）：《〈关于审理涉及夫妻债务纠纷案件适用法律有关问题的解释〉的理解与适用》，载《人民司法（应用）》2018 年第 4 期。

③ 冉克平：《论夫妻共同债务的类型与清偿——兼析法释〔2018〕2 号》，载《法学》2018 年第 6 期。

存在善意，对夫妻一方滥用家事代理权无法辨别或者有理由相信债务已经获得夫妻双方共同意思表示的，仍可以成立夫妻共同之债务。

表 29-1 《民法典》第 1064 条夫妻共同/个人债务一览

<table>
<tr><th>项目</th><th>第一要件</th><th colspan="2">第二要件</th><th>第三人善意?</th><th colspan="2">是否构成共同债务</th></tr>
<tr><td>家庭日常生活负债</td><td>债务数额符合家庭日常生活所需</td><td colspan="2">无</td><td>推定善意</td><td colspan="2">构成√</td></tr>
<tr><td rowspan="5">超出家庭日常生活负债的大额负债</td><td rowspan="5">债务数额超出家庭日常生活所需</td><td rowspan="3">夫妻共同确认</td><td colspan="2">事前共债共签</td><td>善意</td><td>构成√</td></tr>
<tr><td colspan="2">事后明确追认</td><td>善意</td><td>构成√</td></tr>
<tr><td colspan="2">事后行为推定</td><td>善意</td><td>构成√</td></tr>
<tr><td rowspan="2">债权人证明义务</td><td colspan="2">能证明夫妻共同生活、共同生产经营</td><td>善意</td><td>构成√</td></tr>
<tr><td colspan="2">不能证明夫妻共同生活、共同生产经营</td><td>恶意</td><td>不构成×</td></tr>
</table>

三、司法裁判可视化梳理

根据法释〔2018〕2 号的生效日期，本律师团队使用 Alpha 案例库检索了 2018 年 1 月 19 日—2020 年 12 月 31 日“金融借贷中的夫妻共同债务纠纷”，①检索条件为：“案由：未设置案由”+“全文：夫妻共同债务”+“攻方当事人包含：银行”，得到判决书 80,596 件，如图 29-2 所示。

从图 29-2 来看，一审裁判结果的可视化分析可以看到，当前条件下全部/部分支持的有 77,117 件，占比为 97.81%；其他的有 793 件，占比为 1.01%；全部驳回的有 511 件，占比为 0.65%。但通过对二审裁判结果的可视化分析可以看到，当前条件下维持原判有 567 件，占比为 49.09%；改判的有 477 件，占比为 41.30%；其他的有 106 件，占比为 9.18%。由此可见，夫妻共同债务的案件对商业银行构成了实质性法律风险。

法院对“金融借贷纠纷中夫妻共同债务”的裁判一般会依照以下思路，如图 29-3 所示。

① 最后检索日期：2020 年 12 月 31 日。

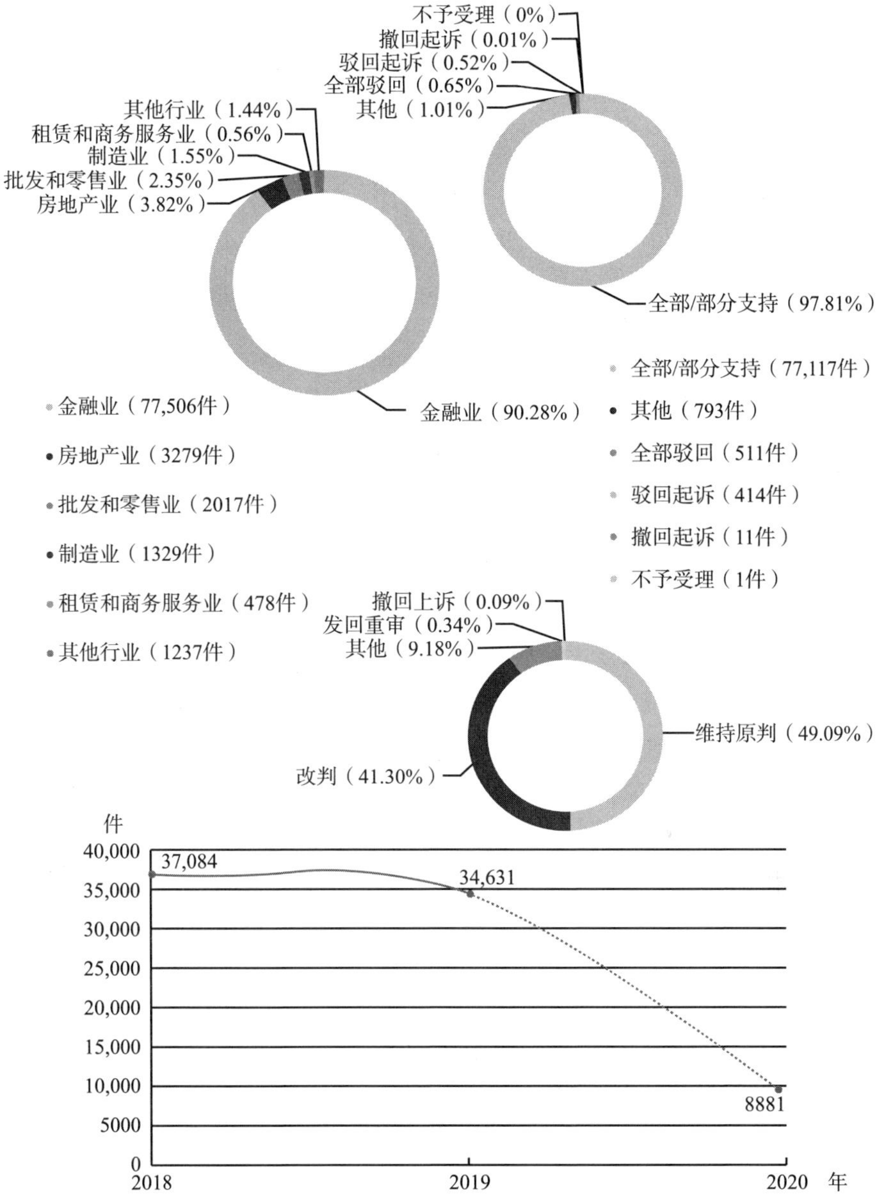

图 29–2　金融借贷中的夫妻共同债务纠纷可视化示意

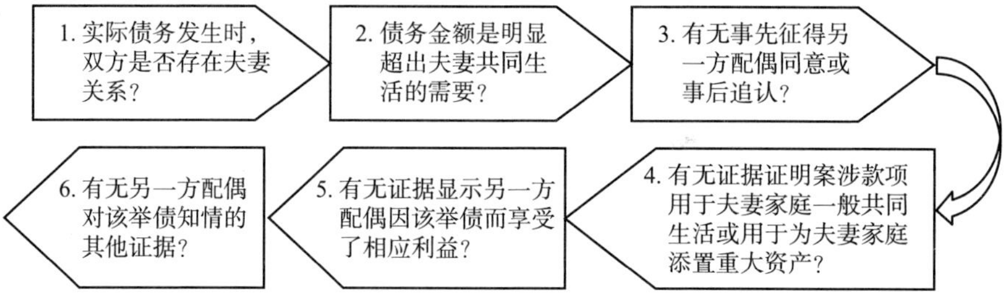

图 29-3　金融借贷中夫妻共同债务纠纷司法裁判思路示意

典型案件例如沈某某、宁波银行股份有限公司杭州西湖支行信用卡纠纷[①]案中，浙江省高级人民法院认为，其一，虽然楼某某在向被申请人申领信用卡并办理透支业务时为楼某某与沈某某夫妻关系存续期间：实际债务发生时，双方是否存在夫妻关系？但包括案涉债务在内的连续借款金额已明显超出夫妻共同生活的需要；债务金额是明显超出夫妻共同生活的需要。其二，楼某某与沈某某均有稳定的工作和收入，非有特殊需要，无须向他人举巨额债务。现无证据证明楼某某将案涉款项用于夫妻家庭一般共同生活或用于为夫妻家庭添置房产等重大资产；有无证据证明案涉款项用于夫妻家庭一般共同生活或用于为夫妻家庭添置重大资产？也无证据证明沈某某因楼某某的该举债而享受了相应利益；有无证据显示另一方配偶因该举债而享受了相应利益。其三，被申请人发放案涉款项的主要参照依据是楼某某个人的资信状况，并且其有条件要求楼某某的配偶在合约上签字确认，而合约上未见沈某某签字，也无证据证明楼某某举债时事先征得沈某某同意或事后得到沈某某追认；一方配偶同意或事后追认，缺乏夫妻共同意思表示。其四，根据《宁波银行汇通信用卡领用合约》，当信用卡申领人的配偶持有附属卡时，需对信用卡债务承担连带清偿责任，而沈某某并未持有案涉信用卡的附卡；有无另一方配偶对该举债知情的其他证据。因此，沈某某主张案涉债务为楼某某个人债务，具有相应事实依据。

在招商银行股份有限公司南通分行与顾某金融借款合同纠纷[②]案中，江苏省高级人民法院认为，首先，根据一审、二审法院查明的事实，陈某某签订借款合同时并未征得顾某的同意，其还在借款合同中伪造了顾某的签名、一方配偶同意或事后追认？其次，根据双方陈述及举证，陈某某与顾某婚前已

---

① （2018）浙民再 408 号。

② （2019）苏民申 332 号。

经各自拥有一辆汽车，陈某某在婚姻关系存续期间另行贷款购买价值761,600元宝马牌小型越野客车已经超出了正常家庭的日常生活需要；债务金额是明显超出夫妻共同生活的需要？再次，陈某某与顾某在自愿离婚协议中亦并未涉及宝马牌小型越野客车的分割，也在一定程度上印证了顾某对陈某某贷款购买车辆并不知情的事实；有无另一方配偶对该举债知情的其他证据？综上，招商银行南通分行主张陈晓峰贷款购买案涉宝马牌小型越野客车属于家庭共同生活需要缺乏事实和法律依据。

根据以上思路，商业银行败诉的主要风险点有以下几个：

（一）商业银行对债务发生时，借款人夫妻关系是否存在审查不严

在中国邮政储蓄银行股份有限公司西双版纳傣族自治州分行、王某某信用卡纠纷①案中，西双版纳傣族自治州中级人民法院认为，邮储银行版纳分行认为王某某与俞某某系夫妻关系，主张俞某某对王某某的上述款项应承担连带还款责任，因上诉人邮储银行版纳分行提供的证据不能证明王某某在信用卡消费时，王某某与俞某某系夫妻关系，其应承担举证不利的后果，故对邮储银行版纳分行要求俞某某承担连带还款责任的上诉请求，法院不予支持。

（二）法院认定相关债务超出家庭日常生活负债，同时缺乏"共债共签"

从最高人民法院的态度来看，"家庭日常生活负债（家事代理之债）"的范围认定仅仅是从负债（借款）用途进行界定，没有从负债（借款）金额的合理区间值给予指引。②

---

① （2018）云28民终426号。

② 通常所说的"家庭日常生活"，学理上称之为日常家事。我国民法学界、婚姻法学界通说认为，婚姻是夫妻生活的共同体，在处理家庭日常事务的范围内，夫妻互为代理人，这是婚姻的当然效力，属于法定代理。国家统计局有关统计资料显示，我国城镇居民家庭消费种类主要分为八大类，分别是食品、衣着、家庭设备用品及维修服务、医疗保健、交通通信、文娱教育及服务、居住、其他商品和服务。家庭日常生活的范围，可以参考上述八大类家庭消费，根据夫妻共同生活的状态（如双方的职业、身份、资产、收入、兴趣、家庭人数等）和当地一般社会生活习惯予以认定。但农村承包经营户有其特殊性，农村承包经营户一般以家庭为单位，家庭日常生活与承包经营行为经常交织在一起，两者难以严格区分，故为了正常的承包经营所负债务，可以认定为家庭日常生活需要所负债务。需要强调的是，家庭日常生活需要的支出是指通常情况下必要的家庭日常消费，主要包括正常的衣食消费、日用品购买、子女抚养教育、老人赡养等各项费用，是维系一个家庭正常生活所必需的开支。当然，随着我国经济社会和人们家庭观念、家庭生活方式的不断发展变化，在认定是否属于家庭日常生活需要支出时，也要随着社会的变化而变化。参见《妥善审理涉及夫妻债务纠纷案件依法平等保护各方当事人合法权益——最高人民法院民一庭负责人就〈最高人民法院关于审理涉及夫妻债务纠纷案件适用法律有关问题的解释〉答记者问》，载《人民法院报》2018年1月18日。

因此,实践中各地法院对"家庭日常生活负债"金额的掌握有一定的灵活性,多与本地经济发展水平有关。如在重庆等西部地区,"本案所涉借款本金30万元,数额较大,已经超出家庭日常生活需要",①而在浙江,"因方建金不能提供证据证明该'超出日常生活需要范围的50万元借款'被用于汪某某赵某某家庭共同生活和经营"。② 在山东青岛,"鲍某某以个人名义向被上诉人中银消费金融有限公司借款(20万),款项支付至鲍某某个人账户,借款数额较大,超出家庭日常生活需要"。③ 在湖北,"本案所涉债务本金为28.5万元。从款项金额看,该款项超出了'日常家事代理'、'日常生活所需'等范畴"。④

(三)对大额负债(夫妻合意之债)中夫妻共同签字缺失、瑕疵甚至第三人冒用另一方配偶名义签字、捺印的行为,商业银行存在审查不严的过错

早在2015年恒生银行(中国)有限公司广州分行与胡某某、苏某某借款合同纠纷⑤案中,广州市中级人民法院就指出,恒生银行广州分行作为专门从事贷款发放等业务的金融机构,无论是自身具备的技术条件,还是交易过程中所负有的注意义务,均应有别于其他普通商事主体。尤其是本案中,借款人申请发放的贷款高达人民币199万元,已经超出日常家事代理的范畴,用于抵押的雅宁街27号房产亦登记在胡某某、苏某某名下,而胡某某、苏某某二人均为广州本地居民,且无任何证据显示苏某某本人到场确认抵押贷款意愿、签署相关法律文书存在障碍。但纵观本案抵押贷款的审批、发放过程,始终处于优势地位的恒生银行广州分行却从未向苏某某本人当面核实过身份及意愿,其关于自己已经完全履行审慎审查义务,应作为善意第三人给予保护的主张,并无充分法律依据。退一步讲,即便恒生银行广州分行基于公证书的公某审批、发放贷款并无明显过错,其相对于被他人假借名义办理抵押贷款而自身没有任何过错的苏某某而言,亦无给予优先保护的充分依据。再者,从交易成本的角度分析,作为个人的苏某某难有其他更好的办法防范类似于本案风险的发生,而作为金融机构的恒生银行广州分行则

---

① (2018)渝民申825号。

② (2016)浙民申3250号。

③ (2020)鲁02民终4381号。该案中,中银消费金融有限公司于2016年5月14日向鲍某某发放贷款人民币200,000元。

④ (2019)鄂民申387号。

⑤ (2015)穗中法金民终字第72号。

可以通过要求贷款申请人到场面签文书、严格审批程序等途径，轻而易举地避免类似风险再度发生。鉴于此，法院认为，原审法院关于因放贷审查不严所致风险及法律后果应由恒生银行广州分行自行承担，本案抵押贷款合同的相关内容对苏某某不产生法律约束力的认定并无不当，苏某某无须作为共同借款人或抵押人对本案债务承担责任。

在宁德市奇隆翔农业有限公司、周某某金融借款合同纠纷①案中，最高人民法院认为，根据案件事实，能够认定由第三者冒用黄某某名义在案涉《最高额保证合同》上签字、捺印的行为系黄某某的丈夫周某某故意而为，恒丰银行福州分行虽然存在核保不严的过失，但仅有这一过失尚不足以产生免除黄某某保证责任的法律后果。考虑到恒丰银行福州分行在福州市中级人民法院(2017)闽01民初604号民事判决作出后，并未就该判决中免除黄素容的保证责任部分提起上诉这一另案中的情形，为节约司法资源，免除当事人的诉累，经法院释明，恒丰银行福州分行向法院提交《承诺书》，同意在本案原审判决的执行程序中放弃要求黄某某承担连带清偿责任的请求。在这一案件中，法院认定“银行存在核保不严的过失”，最终导致银行放弃了对夫妻债务的追偿。

在温某某、平安银行股份有限公司福州分行金融借款合同纠纷②案中，福建省高级人民法院指出，被告郑某某系以个人名义与被申请人签署《保证担保合同》，为被申请人与原审被告刘某某之间的债务提供担保，再审申请人并未在合同上签字对被申请人与原审被告刘某某之间的债务提供担保，不符合《最高人民法院关于适用〈中华人民共和国婚姻法〉若干问题的解释》规定应当按夫妻共同债务处理的情形。原审判决仅以再审申请人系郑某某的配偶，即认定讼争债务系夫妻共同债务，判决再审申请人对郑某某所负担保债务承担共同清偿责任，显然系法律适用错误。

在旦某某、商业银行股份有限公司夹江支行金融借款合同纠纷③案

---

① (2018)最高法民申4026号。

② (2019)闽民申4756号。

③ (2018)川11民终1151号。相似的案例还包括成都农村商业银行股份有限公司洞子口支行、刘某某金融借款合同纠纷[(2020)川01民终4355号]。成都市中级人民法院认为，关于案涉债务是否属于刘某某、陈某的夫妻共同债务。案涉《小微借款合同》末页“共同借款人”处“陈某”的签名经司法鉴定并非陈某本人所签，农商行洞子口支行也并未举证证明案涉借款用于刘某某、陈某夫妻共同生活、共同生产经营或陈某具有与刘某某共同借款的意思表示，不能证明系刘某某、陈某的夫妻共同债务。

中，乐山市中级人民法院在二审中查明“《个人借款合同》《个人借款合同分合同》及《借款人及配偶承诺书》上旦某某的签名及捺印非旦某某本人所签”，进而认为，案涉借款是王某以个人名义向夹江支行借款，旦某某未在案涉的《个人借款合同》《个人借款合同分合同》及《借款人及配偶承诺书》上签字，亦无事后追认的意思表示，案涉借款亦是四川科达陶瓷有限公司委托王某借款，由四川科达陶瓷有限公司实际使用，并未用于王某与旦某某共同生活或共同生产经营，故本案夹江支行与王某之间的借款不属于旦某某与王某的夫妻共同债务，旦某某不应承担本案诉争借款的还款责任。

（四）商业银行对提供借款用于夫妻共同生活或者基于夫妻双方共同意思表示举证不能从而承担败诉的风险

在中国建设银行股份有限公司平凉分行、甘肃鑫山矿业有限责任公司金融借款合同纠纷案①中，最高人民法院认为，孙某某2013年9月10日另行出具《承诺函》，对鑫山矿业公司所负债务作出了由其个人承担的意思表示，并以自己及配偶邢某的财产为债权提供保证。孙某某对鑫山矿业公司债务承担的意思表示系以其个人名义出具，且超出家庭日常生活需要。鉴于邢某并未在该《承诺函》上签名，邢某不受该《承诺函》的约束。《最高人民法院关于审理涉及夫妻债务纠纷案件适用法律有关问题的解释》第3条规定：“夫妻一方在婚姻关系存续期间以个人名义超出家庭日常生活需要所负的债务，债权人以属于夫妻共同债务为由主张权利的，人民法院不予支持，但债权人能够证明该债务用于夫妻共同生活、共同生产经营或者基于夫妻双方共同意思表示的除外。”建行平凉分行提交的证据不能证明上述债务用于邢某、孙某某夫妻共同生活或共同生产经营，其基于夫妻共同债务主张邢某承担案涉借款本息及律师费用，法院不予支持。

在汪某某、山东肥城农村商业银行股份有限公司金融借款合同纠纷②案中，山东省高级人民法院认为，根据婚姻法及其司法解释之规定，所谓夫妻共同债务，应为夫妻关系存续期间基于夫妻双方共同签字或夫妻一方事后追认等共同意思表示所负的债务，或虽以夫妻一方个人名义所负但用于夫妻共同生活、共同生产经营所需的债务。本案中，（1）从借款合同的签订来看，汪某某未在本案所涉任何借款资料中签名，事后也从未予以追认，不能

① （2019）最高法民终579号。

② （2020）鲁民再79号。

认定借款系夫妻二人共同意思表示。(2)从借款实际流向来看,在肥城农商行向王某某账户两次发放贷款后,案外人赵某某凭密码分别于次日(2007年2月6日、2008年1月31日)将款项取走。肥城农商行无证据证明借款用于汪某某与王某某的共同生产或经营。(3)从汪某某与王某某的婚姻状况来看,生效判决查明,汪某某自2006年12月即回娘家居住,与王某某分居生活直至判决离婚。案涉借款系王某某在二人分居期间所借。肥城农商行第二次发放案涉贷款前,汪某某已再次具状起诉离婚,生效离婚判决中也未涉及对该10万元借款财产权益的分割。按照常理推论,涉案款项在二人离婚诉讼期间用于夫妻共同生活基本不具有可能性。综合以上三个方面,原审认定涉案债务为汪爱民与王五银夫妻共同债务证据不足,法院依法予以纠正。抗诉机关的抗诉理由成立,法院依法予以支持。

在朱某某、新平彝族傣族自治县农村信用合作联社金融借款合同纠纷[①]案中,云南省高级人民法院认为,新平县信用社以金融借款合同纠纷起诉至法院,未提交证明该借款是用于朱某某和李某关系存续期间的家庭共同生活的证据,新平县信用社承担举证不能的不利法律后果。

(五)对提供借款用于夫妻共同生产经营,另一方从中受益银行举证不能

在徐某某、湖北省资产管理有限公司金融借款合同纠纷[②]案中,湖北省高级人民法院认为,本案中,陈某某为祥诚公司金融授信借款债权提供保证,该担保债务金额巨大,明显超出家庭日常生活所需。陈某某虽为祥诚公司的登记股东,但湖北资管公司二审中提交的证据不能证明陈某某提供保证为祥诚公司带来经营收益且该收益或该收益转化的股价增值在离婚时为徐某某所共享,进而印证陈某某的个人保证行为属夫妻双方共同生产经营活动或符合双方共同意思表示。湖北资管公司以陈某某连带保证债务属其与徐某某夫妻关系存续期间的夫妻共同债务为由,请求徐某某承担连带还款责任,缺乏事实依据,不予支持。

---

① (2019)云民申2222号。相似案例还包括宿某某、中国民生银行股份有限公司济南分行金融借款合同纠纷[(2019)鲁民再857号]。在该案中,山东省高级人民法院认为,本案中,案涉借款虽然发生在宿某某与曲某某的婚姻关系存续期间,但民生银行济南分行未举证证明该借款用于曲某某与宿某某的家庭日常生活,也未证明该借款系双方共同生产经营所需,故其主张案涉借款系宿某某与曲某某夫妻共同债务的主张没有事实与法律依据,法院不予支持。

② (2018)鄂民终321号。

四、家庭成员共同声明及承诺书的设计

按照上述风险点，本书写作团队设计《家庭成员共同声明及承诺书》作为借款合同附件如下：

附件：家庭成员共同声明及承诺书

××××××××银行股份有限公司：

____年____月____日，借款人________与贵行签订编号“__________”号《____借款合同》，并于____年____月____日借款____万元（大写：______），用途________，期限____年，此借款是我们家庭的共同债务。我们作为借款人的家庭成员，共同作如下声明和承诺：

一、在出具本声明和承诺时，我们均具有完全民事行为能力与贵行签署和履行有关法律文件。

二、上述在贵行的借款为我们的共同债务，我们承担全额连带还款责任。

三、上述借款未还清前，若借款人不在家或因其他事务不能亲自到贵行办理包括但不限于上述借款结息、展期、借新还旧、签收到期和逾期通知书等时，我们一致同意家庭里的主要成员均可到贵行代表借款人办理上述借款相关手续，上述任一家庭成员与贵行签署的与上述借款相关的所有法律文书，我们均予以承认。

上述声明和承诺是我们全体家庭主要成员的真实意思表述，具有法律效力。

声明及承诺人：

1. 借款人：________身份证号码：__________签字并加盖手印：

____年____月____日

2. 家庭成员：______身份证号码：__________签字并加盖手印：

____年____月____日

3. 家庭成员：______身份证号码：__________签字并加盖手印：

____年____月____日

五、商业银行风控操作要点

《民法典》对"交易成本"与"夫妻一方知情权同意权"进行了衡平，以部分牺牲事前交易效率为代价，优先考虑配偶一方的知情同意权。对商业银行而言，贷款便捷与贷款风控两者如何平衡是亟需重点考虑的因素。为更好地防范金融风险，维护金融债权，本书写作团队建议商业银行加强以下风险防控措施：

（一）严格执行面签制度，通过事前实地调查尽量避免债务人对婚姻状况不实陈述带来的风险

由于我国民政部门对于婚姻登记并实现全国联网，且民政部门停开国内未婚关系证明的政策大背景下，[1]应当避免对央行征信系统的依赖。本书写作团队在实际办案中曾经遇到央行征信系统由于时滞，登记情况与实际夫妻婚姻状况不相符的情况，即"一方为已婚，但其配偶显示为未婚"的情况。因此，根据《个人贷款管理暂行办法》第 17 条"贷款人应建立并严格执行贷款面谈制度"的规定，如借款个人声称本人处在离婚、丧偶状态的，商业银行务必要求其提供"离婚证原件"或者配偶死亡证明，并由业务人员前往该个人家庭住址进行现场核实和街邻走访，复核其单身身份。同时，商业银行应当要求债务人或担保人签署《单身保证书》，在合同中通过对不实陈述加重违约责任以威慑不诚信的行为。

（二）全面树立"共债共签"的风控意识，避免举证陷阱

从地方性法规来看，各级法院在审判实践中应当加强对夫妻共同债务形成时"共债共签"原则的宣传，尽量引导债权人要求夫妻共同签署借款合同、借据等文书。通过发挥裁判导向作用，引导民商事主体主动规范交易行为，加强风险防范。交易过程中，债权人处于相对优势地位，完全可以也有条件在交易时即要求相对人配偶作出共同负债的意思表示，以避免日后产

---

① 2015 年 8 月 27 日民政部发布的《关于进一步规范（无）婚姻登记记录证明相关工作的通知》（民函〔2015〕66 号），除对涉台公证事项和涉哈萨克斯坦等 9 个国家的公证事项仍可继续出具证明外，民政部门不再向任何部门和个人出具（无）婚姻登记记录证明。

生纠纷时的举证风险。[①] 因此，商业银行应当积极与地方法院沟通，根据不同地方法院对“夫妻共同生活负债”的司法认定标准，对配偶是否需要面谈或签字进行内部规定。对于普惠金融、小额信贷业务、网上放贷等放贷金额较小的线上信用贷款业务，可以考虑优化流程、快捷办理。但是，对超过一定额度项的贷款必须建立夫妻共同债务确认的操作环节，通过硬性内控防范风险。以成都地区为例，如超过 30 万元金额的贷款，配偶须面谈并签面谈笔录，同时出具证函，实现“共债共签”。[②]

（三）严格规程，保证“共债共签”各个环节的合规性，避免操作性风险

在具体“共债共签”的各种操作中，有的商业银行使用夫妻共同签署的《自然人借款申请表》，有的商业银行使用《贷款承诺书》，有的商业银行使用在借款或担保合同上由配偶签字的做法。

但现有案例显示，在特定情况下，有些配偶签字并不能当然构成“共债共签”司法认定的理由。例如，在福建三明农村商业银行股份有限公司莘口支行、邓某某金融借款合同纠纷[③]案中，三明市中级人民法院认为，如果《借款合同》中未约定该债务属于夫妻共同债务，仅仅是夫妻共同签署的《自然人借款申请表》不足以构成“共债共签”。又如在广发银行股份有限公司福州分行、陈某金融借款合同纠纷[④]案中，福州市中级人民法院认为，广发银行福州分行二审提交的《结婚登记申请书》及《审查处理结果》足以证明案涉贷款发生于陈某与陈某某夫妻关系存续期间。案涉《自信卡（自信一贷）申请表》载明的贷款用途为“装修、耐用消费品”，案涉《个人信用贷款核准通知书（额度）》则载明贷款用途为“住房装修”，表明该贷款系用于家庭日常生活。陈某某作为借款人陈某的配偶在案涉《自信卡（自信一贷）申请表》“借款配

---

① 《浙江省高级人民法院关于妥善审理涉夫妻债务纠纷案件的通知》（浙高法〔2018〕89 号）。

② 在现实中，已经出现由于银行审查不严，在申请贷款时，借款人未提交婚姻及配偶信息，且法院在离婚判决中判决离婚前的债务由借款人一人承担，借款人配偶收到需承担债务连带责任的诉讼传票，向监管机构投诉的案例。参见专题分析：《个人负债金额超出日常所需，银行可增加夫妻共同债务确认环节》，载《中国银行业》2019 年第 3 期。

③ （2020）闽 04 民终 377 号。三明市中级人民法院认为，如果《借款合同》中未约定该债务属于夫妻共同债务，三明农商行莘口支行也未提供证据证明该借款已用于姜某某与邓某某的日常生活、共同生产经营或邓某某已事后追认，三明农商行莘口支行仅提供由姜某某、邓某某共同签署的自然人借款申请表尚不足以证明该笔借款属于姜某某与邓某某的共同债务，故该笔借款应确定为姜某某的个人债务，邓某某对姜某某的该笔借款不承担共同清偿责任。

④ （2019）闽 01 民终 2216 号。

偶签名”处签字，应当认定陈某某对案涉债务是明知的。在孔某某、张某某与永靖县农村信用合作联社、朱某某金融借款合同纠纷[①]案中，甘肃省高级人民法院指出，《个人生产经营贷款承诺书》载明：“本人郑重承诺：一、本人知悉丈夫借款相关事宜；二、如贵社发放本币贷款，本人将自愿承担连带担保责任。”张某某对该承诺书中签名的真实性予以认可。因张某某知悉丈夫孔某某贷款事宜，且承诺愿意对贷款承担连带保证责任，应视为其有共同举债的意思表示，一审判决张某某承担还款责任并无不当。

另外，从法院判例来看，如果共同签字后，在实际放款之前离婚的，不影响夫妻共同债务的成立。在龙江银行股份有限公司牡丹江富强支行、牡丹江赛得隆汽贸广场有限责任公司金融借款合同纠纷[②]案中，黑龙江省高级人民法院认为，本案中，丁某抗辩主张，案涉《循环借款合同》虽于 2014 年 5 月 26 日签订，但借款系于 2016 年 4 月 18 日实际发放，而丁某与张某某已于借款发放前即 2016 年 3 月 14 日已经离婚，其不应作为张某某配偶为案涉借款本息承担共同还款责任。但因丁某系承诺对《循环借款合同》项下的借款本息承担共同还款责任，案涉借款虽在丁某与张某某离婚后发放，但张某某系基于该《循环借款合同》所负债务。

（四）对于担保之债，商业银行应当明确要求夫妻双方均在担保合同中明确作出承担连带保证责任的意思表示

对于担保之债，商业银行在操作上应当更加谨慎，要求夫妻双方共同对债务承担连带保证责任的，不仅应当要求夫妻双方签字而且需要夫妻双方均在担保合同中明确作出承担连带保证责任的意思表示，同时最好具备公证笔录。在莫某、尹某某金融借款合同纠纷[③]案中，最高院认为，民事主体从事民事活动，应当遵循诚信原则，秉持诚实、恪守承诺。根据已经查明的事实，莫某、尹某某分别在编号为兴银蓉（个保）1204 第 123 号、兴银蓉（个保）1204 第 125 号的《个人担保声明书》保证人配偶处签字、捺印，表明二人知悉《个人担保声明书》载明的李甲、李乙对案涉《基本额度授信合同》项下债务提供连带责任保证的相关内容，并同意以夫妻共同财产对上述债务承担连带保证责任。莫某、尹某某应受上述《个人担保声明书》的约束。《公证书》

---

① （2019）甘民终 111 号。

② （2019）黑民终 308 号。

③ （2017）最高法民申 4883 号。

及谈话笔录与《个人担保声明书》不仅不冲突，而且进一步对莫某、尹某某在《个人担保声明书》上签字的真实性以及自愿为案涉《基本额度授信合同》项下债务提供连带责任保证担保的意思表示予以证明。《公证书》所附谈话笔录载明，"因我们担保人系夫妻关系，我们同意为成都五牛格利达矿业有限公司向兴业银行股份有限公司成都分行申请金额为陆仟万元人民币的基本额度授信提供连带保证责任担保，为保证我们按期履行担保义务，故发表上述声明。"两份谈话笔录上分别有莫某、尹某某的签字、捺印，表明二人认可谈话笔录载明内容，上述文件系莫某、尹某某的真实意思表示，不违反法律、行政法规的强制性规定，不损害国家、社会公共利益或者他人合法权益，合法有效。一审、二审判决并非仅凭蜀都公证处出具的两份谈话笔录而是综合全部在案证据认定莫某、尹某某承担责任。莫某、尹某某的再审主张，依据不足。

但在虞某某、王某、贵州天府矿业有限公司、四川弘鑫矿业有限公司与冯某某其他合同纠纷①案中，最高人民法院认为，涉案《协议书》签订时王某和虞某某系夫妻关系，《协议书》列明的合同当事人中不包括王某，王某在《协议书》中没有任何意思表示，仅在该《协议书》上有签名。对王某签名行为的性质，应认定为系基于其与虞某某之间的夫妻关系，对夫妻一方处置夫妻共同财产的确认，即对虞某某承诺的以夫妻共同财产提供担保行为的确认。王某与虞某某虽然存在夫妻身份关系，但其有独立的民事行为能力，虞某某在《协议书》中设立的民事法律关系不当然及于王某。由于王某在《协议书》中未承诺以其个人名义为合同义务提供连带担保责任，原审法院认定王某提供了保证担保错误，法院予以纠正。

(五)避免片面理解"共债共签"，注意收集旁证，证明配偶一方知情同意

对于普惠金融、小额信贷业务、网上放贷等放贷金额较小的线上信用贷款业务，一味要求做到绝对"共债共签"，要求债务人配偶到场签字，对于商业银行操作成本过高。因此，商业银行应当避免片面理解"共债共签"，积极收集"夫妻双方共同签字的借款合同、借条以及短信、微信、QQ 聊天记录、邮

① (2014)民二终字第 63 号。相似判决可以参见中国农业银行股份有限公司南京建邺支行与石某瑜、石某琦与赵某明、齐某案外人执行异议之诉申请再审民事裁定书[(2016)最高法民申 436 号]。在该案中，最高人民法院认为，关于本案所涉债务是否为夫妻共同债务。本案所涉债务是石某为相关公司提供担保所负，为相关公司的经营活动而设定，并非因夫妻共同生活所负，也没有证据足以证明相关公司经营活动的收益用于夫妻共同生活，本案所涉债务不应认定为夫妻共同债务。

件等其他能够体现夫妻共同举债意思表示或事后追认的有关证据”,[①]间接证明配偶一方的知情同意。在徐某、中国农业银行股份有限公司玉溪红塔支行金融借款合同纠纷[②]案中,最高人民法院认为,本案抵押合同和抵押登记中,“徐某”的签名及指印虽非徐某本人的签名和指印,但合同签订和抵押登记办理时胡某与徐某尚为夫妻,胡某也认可徐某的签名系由其代签,办理抵押登记所需房屋产权证及土地使用权证原件均由胡伟提供,结合徐某申请再审时陈述其在农行红塔支行有多笔贷款的事实,该行工作人员因其他贷款接触过并认识徐某,且互有联系方式,原审认定农行红塔支行有理由相信该行为为夫妻双方共同的意思表示并无不当。在张某、雅安农村商业银行股份有限公司雨城支行金融借款合同纠纷[③]案中,四川省高级人民法院认为,张某现否认借款是陈某与其的夫妻共同意思表示,但综合全案情况,二审判决从高度盖然性角度认定诉争款项能够代表张某与陈某的共同意思并无不当。农商银行雨城支行在向陈某发放贷款时是否存在疏漏系该行内部管理问题,但诉争款项确已发放至陈某账户并被使用,张某关于农商银行雨城支行存在管理漏洞和重大过错的再审申请理由,不能成为其与陈某不还款的理由。在招商银行股份有限公司杭州分行、周某金融借款合同纠纷[④]案中,浙江省高级人民法院认为,本案争议在于案涉债务是否为周某、卢某某婚姻关系存续期间的共同债务。从招行杭州分行再审提交的证据可证实,周某于 2016 年 12 月 13 日收到招行杭州分行发放的 20 万元贷款后,即于当日分 5 次将借款转汇至卢军挺账户……现有证据可证明周某所借款项已汇入其配偶卢某某的银行账户,应推定周某、卢某某夫妻有共同举债的合意。

(六)在不能证明“共债共签”的情况下,商业银行应当积极举证一方负债涉及用于夫妻共同生活

商业银行如果不能证明“共债共签”,则需要注意收集其他证据,举证证明一方负债涉及用于夫妻共同生活。值得注意的是,从司法案例来看,另一方配偶是否具有稳定工作与收入来源对此关系重大。

---

① 《浙江省高级人民法院关于妥善审理涉夫妻债务纠纷案件的通知》(浙高法〔2018〕89 号)。

② (2018)最高法民申 3736 号。

③ (2018)川民申 5544 号。

④ (2019)浙民再 260 号。

在李某某、黄某某民间借贷纠纷[1]案中，浙江省高级人民法院认为，关于案涉债务是否为夫妻共同债务的问题。根据《婚姻法》第41条之规定，夫妻共同债务应为夫妻因共同生活所负而产生。具体到本案中，所涉借款本金22万元，数额较大，已明显超出家庭日常生活需要；李某某对案涉债务并不知情，事后亦未向黄某某明确对该债务系基于夫妻共同意思表示所负的债务予以追认；李某某、王某某购置大宗物件如房产购买及装饰装修、车辆购买等均发生在案涉债务之前；李某某身为公务人员，职业、收入相对稳定。基于此，综合本案客观事实，凭借日常生活经验和逻辑推理，现有证据尚不足以认定案涉借款系用于夫妻共同生活、共同生产经营或基于夫妻双方共同意思表示，故不宜认定为夫妻共同债务。李某某关于案涉债务属王某某个人债务的主张成立，予以支持。原一审、二审判决认定不当，法院予以纠正。

反之，在王某某、陈某某民间借贷纠纷[2]案中，广东省高级人民法院认为，本案中，涉案借款发生在王某某与郑某某夫妻关系存续期间，王某某并未提交证据证明存在上述例外情形，故一审、二审法院认定该笔借款属于王某某与郑某某的夫妻共同债务，并无不当。王某某提交了关于郑某某的多起执行案件文书，因与本案并无关联，法院不予采信。另外，王某某虽主张对涉案借款并不知情，但并未举证证明其有固定工作和稳定收入，考虑到家庭生活实际开支需要，不能排除涉案借款或收益用于其日常生活的可能性。基于以上分析，一审、二审法院认定涉案债务属于王某某与郑某某的夫妻共同债务，并无不妥。

(七)对于“夫妻店”以及另一方配偶对企业经营有深入介入的情况，商业银行应当主动、积极收集掌握“夫妻共同生产经营”的证明

夫妻共同生产经营所负的债务一般包括双方共同从事工商业、农村承包经营所负的债务，购买生产资料所负的债务，以及共同从事投资或者其他金融活动所负的债务等。判断生产经营活动是否属于夫妻共同生产经营，要根据经营活动的性质以及夫妻双方在其中的地位、作用等综合认定。夫妻从事商业活动，视情况适用《公司法》《合同法》《合伙企业法》等法律及

① (2018)浙民再574号。
② (2018)粤民申2062号。

其司法解释的规定。[①] 在平安普惠融资担保有限公司与张某红、张某华追偿权纠纷[②]案中，江苏省高级人民法院认为，虽然涉案借款的贷款目的是用于卓然公司扩大经营规模购进商品，但卓然公司仅有张某红与张某华两名股东，即卓然公司系张某华和张某红开办的夫妻公司，故即便涉案借款系卓然公司所用，也是夫妻双方在婚姻关系存续期间从事家庭投资经营的行为，属于夫妻共同生活的一种，产生的收益归夫妻共同所有，由此产生的债务亦应认定为夫妻共同债务。现普惠公司已经代偿了涉案借款，有权向张某华、张某红行使追偿权，故张某红关于一审、二审判决认定事实和适用法律错误，涉案借款非夫妻共同债务，不应承担偿还责任的主张不能成立。”

（八）做好借款人配偶的前期走访、后期回访工作，及时了解可能对贷款不利的信息

从司法案例来看，“夫妻处于分居状态、未共同生活的，夫妻一方所举债务不应认定为夫妻共同债务”已经成为一个共识。在陈某某与郑某某、丁某某申请再审[③]案中，最高人民法院指出，本案中，郑某某与丁某某于 2005 年 12 月 23 日登记结婚，婚后郑某某前往广州市打工，丁某某在广东省雷州市生活，夫妻处于分居状态。双方 2006 年生育一女儿，后于 2007 年、2008 年、2010 年又分别生育三个子女。在双方离婚诉讼案件中，经医学鉴定，仅 2006 年生育的女儿是郑某某亲生，其余均非郑某某与丁某某所生子女，可以看出郑某某与丁某某夫妻之间有婚姻之名而并无共同生活之实。其次，自 2006 年 1 月 22 日起至 2011 年 7 月 20 日期间，陈某某多次给丁某某银行汇款，陈某某与丁某某之间并未对这些汇款的性质进行书面约定，直至 2011 年 9 月 13 日郑某某提起离婚诉讼时，丁某某才于同年 10 月补写了《借据》《借条》给陈某某。而陈某某在丁某某与郑某某离婚诉讼案件中曾作为证人出庭，但提起民间借贷诉讼时却仅起诉丁某某一人，在与丁某某就民间借贷案件达成调解协议并取得调解书后，又以该债务属于郑某某、丁某某夫妻共同债务为由要求撤销郑某某与丁某某的离婚诉讼判决，陈某某的诉讼行为明显有违诚信，有虚假诉讼之嫌。故综合全案，丁某某所举债务不宜认定为用

---

① 参见罗书臻：《完善共同债务认定标准，平衡保护各方合法权益，最高法出台涉夫妻债务司法解释》，载《人民法院报》2018 年 1 月 18 日。

② （2017）苏民申 4787 号。

③ （2015）民申字第 1031 号。

于郑某某与丁某某的夫妻共同生活，也就不能认定为丁某某与郑某某的夫妻共同债务。

在汪某某、山东肥城农村商业银行股份有限公司金融借款合同纠纷[①]案中，法院特别重视“夫妻分居”这一事实，着重指出，汪某某自 2006 年 12 月即回娘家居住，与王某某分居生活直至判决离婚。案涉借款系王某某在二人分居期间所借。肥城农商行第二次发放案涉贷款前，汪某某已再次具状起诉离婚，生效离婚判决中也未涉及对该 10 万元借款财产权益的分割。按照常理推论，涉案款项在二人离婚诉讼期间用于夫妻共同生活基本不具有可能性。

因此，商业银行对借款人的配偶应当事前进行实地调查，事后由后台客服进行集中贷后回访，通过电话录音的模式，尽可能了解债务人婚姻状况，以便后续主张夫妻共同债务。

---

① (2020)鲁民再 79 号。

第三十章　登记在夫妻一方名下的不动产抵押风险防范

【《民法典》变化的影响】风险增加

【风险等级】★★★★

【提要】《民法典》第1062条规定了夫妻共同财产制度,其是基于夫妻婚姻关系而形成的共同共有制度下的一种规则,但是,当夫妻共有的不动产仅登记在夫妻一方名下时,很可能出现登记的一方擅自抵押房产或者父母将登记在未成年子女名下的房产进行抵押登记的情形,由于该类型案件涉及抵押权的善意取得和夫妻共同财产处分问题,实践中裁判规则并不统一,因此,作为抵押权人的商业银行如何降低风险,是一个值得讨论的问题。

一、民法典及配套新规

▶《民法典》

【夫妻共同财产】

第1062条　夫妻在婚姻关系存续期间所得的下列财产,为夫妻的共同财产,归夫妻共同所有:

(一)工资、奖金、劳务报酬;

(二)生产、经营、投资的收益;

(三)知识产权的收益;

(四)继承或者受赠的财产,但是本法第一千零六十三条第三项规定的除外;

(五)其他应当归共同所有的财产。

夫妻对共同财产,有平等的处理权。

【抵押权善意取得】

第311条　无处分权人将不动产或者动产转让给受让人的,所有权人有权追回;除法律另有规定外,符合下列情形的,受让人取得该不动产或者动产的所有权:

(一)受让人受让该不动产或者动产时是善意;

（二）以合理的价格转让；

（三）转让的不动产或者动产依照法律规定应当登记的已经登记，不需要登记的已经交付给受让人。

受让人依据前款规定取得不动产或者动产的所有权的，原所有权人有权向无处分权人请求损害赔偿。

当事人善意取得其他物权的，参照适用前两款规定。

▶最高人民法院《关于适用〈中华人民共和国民法典〉婚姻家庭编的解释（一）》（法释〔2020〕22号）

第28条　一方未经另一方同意出售夫妻共同所有的房屋，第三人善意购买、支付合理对价并已办理不动产登记，另一方主张追回该房屋的，人民法院不予支持。

夫妻一方擅自处分共同所有的房屋造成另一方损失，离婚时另一方请求赔偿损失的，人民法院应予支持。

二、立法考辨

首先，应明确夫妻双方对于共同财产的共同共有是基于特殊的身份关系，在婚姻关系存续期间取得的财产，除非夫妻双方特别约定，即便财产登记在一方名下，也是为共同财产。《民法典》的婚姻家庭编同时构建了家事代理制度，基于日常生活需要，夫妻一方可以处置一部分共同财产，但无论是从普通常理还是司法实践上，以不动产作抵押贷款都不能作为一种“日常生活需要”，所以，对于共同共有，部分共有人擅自抵押共有不动产的，一般会被认定为无效。

其次，关于不动产登记的效力，我国施行物权法定原则，抵押权作为一种担保物权，其创设、变更、消灭等都必须符合物权变动的原则，物权是权利人对于除权利人以外的一切人都具有的权利，即对世权，因此，对于物权，都应该具有一定能为外界所知的公示性方式，而不动产有专门的登记制度，不动产登记簿对外具有公示公信效力，即具有权利正确性推定效力，第三人可以通过查看不动产登记从而推定权利人，即使不动产登记簿上载明的权利人与实际权利人有别，也不能影响物权变动的效力，这是物权公信效力的要求，正是因其很强的公示推定效力，抵押权人一般只负形式审查的义务，我国法律、法规也未规定抵押权人在接受抵押时负有对抵押物的产权证做实质性审查义务，仅需要确认抵押是权利人的真实意思表示即可，对于其他共有人不明知也不应知。但银行往往在司法实践中被认为具有更高的审查义务，这也正是银行对于这类抵押的风险来源。

再次，关于抵押合同效力问题。2001 年《担保法司法解释》第 54 条规定，共同共有人以其共有财产设定抵押，未经其他共有人的同意，抵押无效。在刘某娃、王某霞金融借款合同纠纷[①]案中，最高人民法院指出，刘某娃、王某霞用以抵押的房屋系刘某娃与刘某林共同共有，因现有证据不能证明刘某林、张某娥夫妇同意以案涉共有房屋设定抵押，导致案涉《抵押合同》无效。

但此处"抵押无效"并未否定第三人通过善意取得获得抵押权的可能性，在陈厚强、重庆鼎丰信用担保有限公司保证合同纠纷[②]案中，最高人民法院指出，陈某强委托王某与鼎丰担保公司签订《反担保抵押合同》及《重庆市房地产抵押合同》的事实存在，合同内容不违反法律、行政法规的强制性规定，合同依法成立并生效，对当事人具有法律约束力。郑某明即使确系涉案房屋的共有权人，也不影响涉案合同的效力。本案中，涉案房屋已经办理了抵押登记，根据《物权法》第 9 条"不动产物权的设立、变更、转让和消灭，经依法登记，发生效力……"的规定，物权登记具有公示公信效力。鼎丰担保公司依据涉案房屋的物权登记，有理由相信陈某强有权以该房屋提供抵押担保。

最后，对于善意取得的问题，善意取得制度在《物权法》第 106 条中得以规定，新颁布的《民法典》第 311 条并未作出调整，抵押权属于担保物权，因此抵押权的善意取得，参照其规定执行，最高人民法院对于共同共有人擅自抵押，第三人适用善意取得也有相关的规则。通常认为，善意取得在抵押权上的体现，主要是在于认定抵押权人"善意"的标准，[③]即受让人知道登记簿上记载的权利主体错误的情况，具体可以分为以下两类：(1)不动产登记簿记载的权利主体自始错误的情形。(2)不动产登记簿记载的权利主体不准确，如房屋为 A 和 B 夫妻共同共有的财产，但是登记簿上只是记载了 A 一

---

① (2019)最高法民申 1337 号。该案中最高人民法院指出，对于该无效之结果，作为签订《抵押合同》的当事人，农行青山支行未尽审查义务，刘某娃、王某霞以共有物设定抵押前未征得共有人同意，双方均有过错。

② (2017)最高法民申 823 号。

③ 参见程啸：《论不动产抵押权的善意取得——兼评最高人民法院物权法司法解释之规定》，载《财经法学》2017 年第 1 期。

人,而没有将另一共有人 B 加以记载。此时,若真实的不动产权利人能举证证明受让人知晓该错误,受让人不构成善意,因此,当受让人是银行等金融机构在设定抵押权时,不仅要看不动产登记簿的记载,还应审查权利人的婚姻情况,否则,难以谓之善意。

另外,对于夫妻双方以登记在未成年子女名下的房屋作抵押的问题,对于这类案件,需要将范围限定在房产归没有民事行为能力或不以自己的劳动收入为主要经济来源的限制民事行为能力人的未成年子女所有时,父母将房屋抵押的行为。房产归未成年子女单独所有时抵押行为的效力。根据法律规定,无民事行为能力人实施的民事法律行为无效,限制民事行为能力人进行与其意思表示不相适应的双方民事法律行为,需要代理人追认。换言之,父母此时是具有法定代理权,所进行的处分行为有效,但父母的这种代理权本身又应当为《民法典》第 35 条①所约束。因此,对父母的这种抵押行为,吴昊晗提出有四种解释思路,其中最为科学的当属"无权代理无效论",即认定父母此种代理行为为无权代理,并且由于未成年人在此类事项下的不可归责性,银行不能构成表见代理从而善意取得,只能留待未成年子女成年后再看其追认与否。②

但在王某某、贺某某执行异议再审纠纷③案中,最高人民法院指出,父母为了规避责任故意将房屋登记在未成年子女名下然后与债权人办理抵押登记,侵害债权,人民法院最终认为该房屋为家庭共有财产,债权人善意取得,抵押成立。不动产权属证书是权利人享有该不动产物权的证明,一般情况下,登记权利人即推定为实际权利人,但有证据证明购房款实际出资人不是登记权利人时,亦要根据实际出资情况确定房屋的归属,父母对未成年子女的赠与,亦不影响认定登记不动产为家庭共有财产。对恶意抵押人进行惩罚,对债权予以保护以维护良好的交易秩序。对于商业交易中多有钻空子的现象,司法实践也未曾"一刀切",而是会根据当时的具体情况进行判断,但交易主体依旧应该掌握基本知识,合理设计交易合同、交易规则。

---

① 《民法典》第 35 条第 1 款规定,监护人应当按照最有利于被监护人的原则履行监护职责。监护人除为维护被监护人利益外,不得处分被监护人的财产。

② 吴昊晗认为,法定代理人追认有效论、管理性强制性规定论、无权处分论、无权代理无效论四种解释路径,参见吴昊晗:《父母以其未成年子女房产设定抵押行为的效力——最高人民法院相关判决评析》,载《法学评论(双月刊)》2018 年第 5 期(总第 211 期)。

③ (2017)最高法民申 3404 号。

三、司法裁判可视化梳理

本书写作团队使用Alpha案例库对“金融借贷中登记在夫妻一方名下房屋抵押纠纷”进行了检索，①检索关键词为“全文：抵押物共有”+“全文：善意取得”+“攻方当事人包含：银行”+“法院认为包含：善意取得”，总共得到判决381件，可视化分析如图30-1所示。

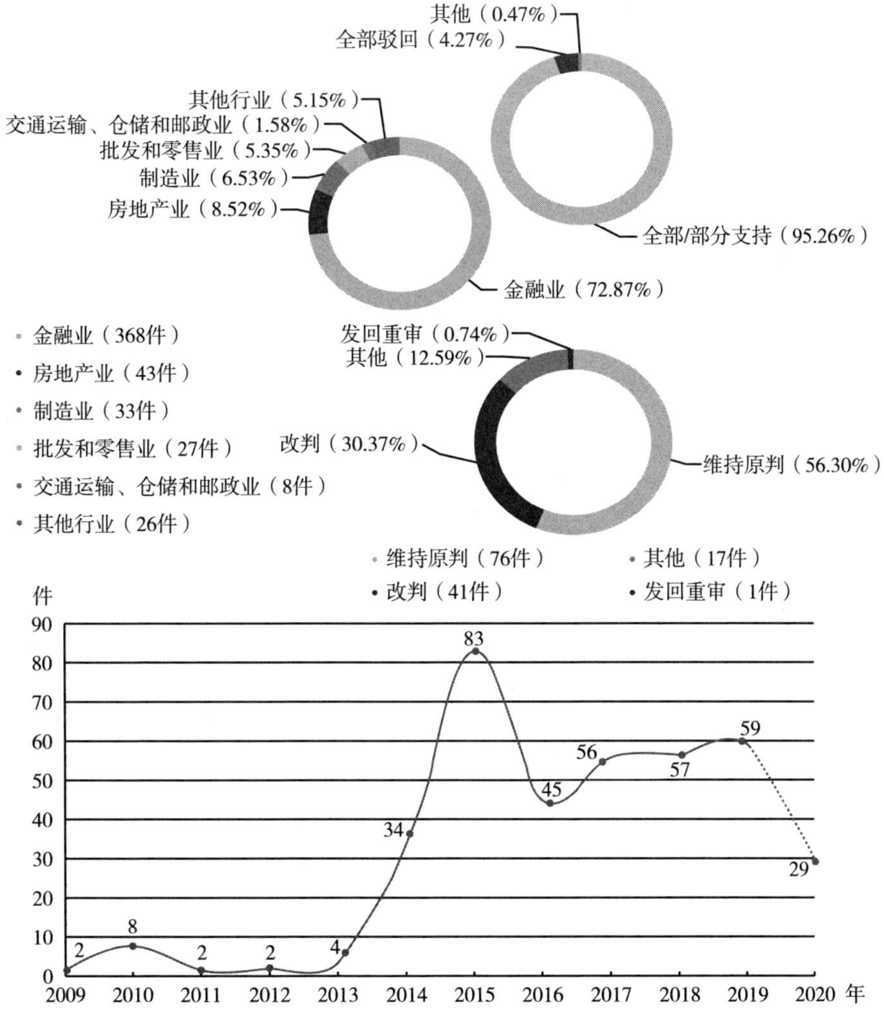

图30-1　金融借贷中登记在夫妻一方名下房屋抵押纠纷可视化示意

---

① 最后检索日期：2020年12月31日。

夫妻另一方对不动产的所有权享有合法权益，银行对不动产的抵押权也享有合法权益，两者均无恶意，仅是办理抵押登记的一方存在过错，此时，保护另一共有人的权益属于保护静的物权权利，保护银行的利益属于保护动的交易安全，关于如何平衡两者之间的利益关系，虽然无论在理论界还是在实务界，保护交易安全都是共识。实践中，对该案案件的司法裁判思路如图 30-2 所示。

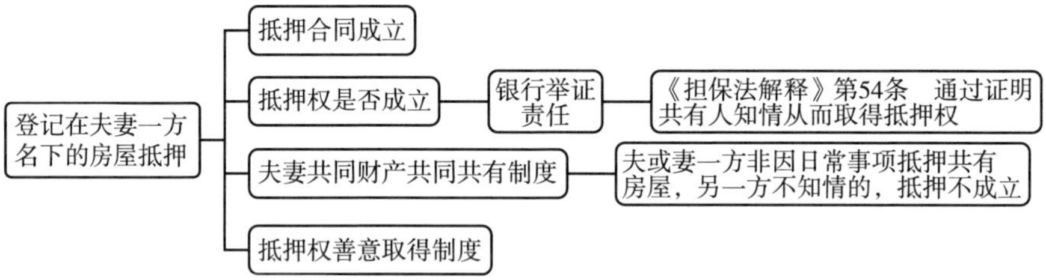

图 30-2　登记在夫妻一方名下房屋抵押纠纷司法裁判思路示意

一般来说，在司法判例中，司法部门认定商业银行败诉的风险来源，主要体现在以下几个方面，如图 30-3 所示。

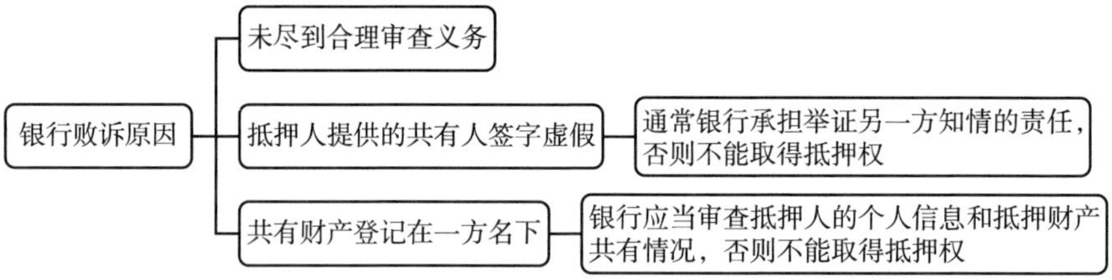

图 30-3　登记在夫妻一方名下房屋抵押案件商业银行败诉原因示意

（一）银行未尽到合理审查义务，存在重大过错，不能善意取得抵押权。这里的重大过错包括“金融机构怠于询问共有人意思”

在恒生银行（中国）有限公司广州分行与胡某某、苏某某借款合同纠纷①案中，广东省高级人民法院认为，胡与苏系夫妻关系，胡某某利用伪造的授权委托书办理了委托公证，并携相关证件到银行办理了抵押登记，后胡与苏离婚，公证书因委托人苏某某签名系伪造而被撤销，银行主张其是基于公证书的公信力审批发放了贷款，已经履行了审慎审查义务，但司法裁判中，法院认为银行作为专门从事贷款发放等业务的金融机构，无论是自身具备的

① （2015）穗中法金民终字第 72 号。

技术条件，还是交易过程中所负有的注意义务，均应有别于其他普通商事主体，而涉案房产登记在胡、苏名下，却没有相关证据表明苏某某曾亲自到场确认抵押贷款意愿，银行却从未向其本人当面核实过身份及意愿，不认可银行主张其作为善意第三人应给予保护的主张。

在中国农业银行股份有限公司石林彝族自治县支行与石林鑫森种植园等金融借款合同纠纷①案中，昆明市中级人民法院认为司法部门以涉案房屋已登记在夫妻一方名下，属于在抵押过程中银行应该已注意到的事实，但并未要求其本人到场办理抵押登记，而只是让其丈夫携带相关材料回家签字，银行并未进到合理审查义务，存在重大过失，不能适用善意取得制度取得抵押权。上诉人（商业银行）在订立《抵押合同》的过程中未尽到合理、审慎的注意义务，对造成相关合同及资料上段某某签名不属实的后果存在重大过失，因此上述房屋虽已办理抵押登记，上诉人亦不能适用善意取得制度而取得上述房屋的抵押权。由此可见，在司法实践中，显然对于银行等金融机构设定了更高的注意义务，因此在实践中，银行也应该设置更严谨的审查程序和审查制度。

（二）银行重大过错亦包括“共有人签字被认定伪造的，金融机构未能识别”

在吴某某与江口支行最高额抵押借款合同纠纷②案中，奉化市人民法院认为，本案的抵押房产系原告谢某某与被告吴某某的婚后共同财产，为此吴某某与农商银行签订的最高额抵押借款合同中有关房屋抵押的约定因没有原告谢某某同意而无效。被告农商银行关于产权证只有被告吴某某一人而无需原告签名、根据善意取得规定以及房屋抵押已办理登记手续，为维护交易安全为由确认抵押行为有效的辩称，法院认为被告农商银行作为金融机构在发放贷款时理应做到对当事人的谨慎审核义务，其辩称的涉案房产系被告吴某某一人，只需被告吴某某签字即有效，但事实却要求被告吴某某配偶签名，故其辩称与事实不符，再者善意取得制度不适用本案，综上被告农商银行的辩称不予采纳。

在中国建设银行股份有限公司深圳市分行与邹某某、龚某某、罗某某、

---

① （2014）昆民四终字第99号。

② （2013）甬奉商初字第913号。

孟某借款合同纠纷[1]案中,广东省高级人民法院认为,经司法鉴定,涉案《个人住房最高额抵押贷款合同》及《深圳市房地产抵押登记申请表》上“罗某某”的签名并非罗某某的笔迹,罗某某本人称其从不知晓贷款及抵押事项,从罗某某手持龚某某交付给其的虚假的未经抵押的房地产证这一事实判断罗某某的确对抵押事项从不知情,而建设银行深圳分行也未能提供证据证明罗某某知道或应当知道涉案房地产已经抵押而未提出异议……建设银行深圳分行作为金融机构,在接受龚某某与罗某某夫妻共同共有的房产作抵押时,未审核抵押人“罗某某”签名人的身份,导致涉案《个人住房最高额抵押贷款合同》及《深圳市房地产抵押登记申请表》上“罗某某”的签名并非其本人所为,建设银行深圳分行对此具有过错,不符合善意第三人的条件。

(三)虽然配偶没有在登记簿或权属证书上显示出来,但商业银行明知配偶的存在而怠于合理的审查和注意义务,对真实权利状况不知情存在重大过失

在内蒙古宁城农村商业银行股份有限公司山头支行与段某某金融借款合同纠纷[2]案中,赤峰市中级人民法院认为,从本案设定抵押担保的情况看,虽然房产证上登记的房屋所有权人为上诉人段某某,但原审庭审时上诉人对其存档的贷款申请调查审查审批表无异议,该审批表中的个人贷款申请表中载明抵押人是段某某,财产共有人是燕某某,在房地产抵押清单中载明抵押人是段某某、燕某某,且上诉人段某某在订立抵押担保合同时亦提交了其与燕某某的结婚证和身份证,通过上述证据证明被上诉人宁城农商银行山头支行对于抵押担保房产系上诉人段某某、燕某某夫妻共同财产的事实是明知的,在此情况下,在签订涉案最高额抵押合同及房地产抵押合同并没有让房产共有人燕某某签名,且燕某某明确表示其不同意就共有的房产设定抵押担保,故该抵押担保合同应依法认定无效。关于上诉人宁城农商银行山头支行提出的其就涉案房屋适用善意取得和表见代理的主张,因第三人善意取得及表见代理适用的条件是上诉人宁城农商银行山头支行主观须为善意、无过失,而本案中上诉人宁城农商银行山头支行作为金融机构在签订抵押合同、办理登记过程中,在明知燕某某与段某某是夫妻关系,燕某

---

[1] (2014)粤高法民二申字第117号。

[2] (2016)内04民终715号。

某是抵押物的共有人及段某某、燕某某均是抵押人的情况下，没有让燕某某在抵押合同签字，具有明显过错，故不适用善意取得和表见代理的相关规定。

（四）不同于非专业化的普通债权人，银行在缔结合同时应该具有更高程度的注意义务

在中国建设银行股份有限公司深圳市分行与邹某某、龚某某、罗某某、孟某借款合同纠纷[①]案中，广东省高级人民法院认为，建设银行深圳分行作为金融机构，在接受龚某某与罗某某夫妻共同共有的房产作抵押时，未审核抵押人“罗某某”签名人的身份，导致涉案《个人住房最高额抵押贷款合同》及《深圳市房地产抵押登记申请表》上“罗某某”的签名并非其本人所为，建设银行深圳分行对此具有过错，不符合善意第三人的条件，故一审、二审判决驳回建设银行深圳分行要求罗某某作为抵押人承担连带责任的诉讼请求，有事实和法律依据，并无不当。

在中国建设银行股份有限公司虞支行与陆某某抵押纠纷[②]案中，商业银行仅出示了顾某某提供的陆某某的相关证件，绍兴市中级人民法院认为，因房产证、土地证载明的所有权人为“顾某某”，上述证件由被上诉人顾某某本人持有亦属正常，而印某系凭借身份证即可刻制，故本案中构成被上诉人陆某某“同意”的表象即为被上诉人顾某某持有被上诉人陆某某的身份证，而被上诉人顾某某与陆某某系夫妻，被上诉人顾某某可通过多种途径获取被上诉人陆某某身份证明，且上诉人系商业银行，不同于非专业化的普通债权人，在缔结担保合同时应当负有更高程度的注意义务，故光凭被上诉人顾某某持有被上诉人陆某某身份证来判断陆某某已达到知道或应当知道的程度，显然依据不足。上诉人在与被上诉人顾某某签订《个人借款及担保合同》及出具《共有人同意书》时要求抵押物共有人到场并同意的行为也印证了这一点。……本案中既然上诉人已要求被上诉人陆某某亲自到场签字，则本身包含了需核实抵押人身份情况的义务，但因《个人借款及担保合同》及《共有人同意书》等材料的上的字并非被上诉人陆某某所签，可判断当时到场的并非陆某某本人，故上诉人在核对身份上未尽审慎注意义务，不应认定为善意相对人。上诉人虽辩称当时签字的人与被上诉人陆某某比较相

---

① （2014）粤高法民二申字第117号。

② （2010）浙绍商终字第362号。

像,但未能提供证据予以证明,法院不予支持。

由此可见,法院认为在办理抵押时,银行等金融机构是具有对于抵押人婚姻状况进行审查的义务的,只有在银行等金融机构有足够理由相信抵押人未婚,也即能够相信抵押财产上不存在其他明显的财产共同共有人时,才有可能被法院认定为善意,不同于非专业化的普通债权人,银行、小贷公司甚至是律师等具有专业知识的专业机构在缔结合同时应该具有更高程度的注意义务。

值得注意的是,部分地方高级人民法院希望通过审判意见给出规范化的意见,如江苏省高级人民法院2019年发布的《家事纠纷案件审理指南(婚姻家庭部分)》第40条[①]就指出其核心裁判要点在于"登记在一方名下,该方处分"时,可能适用善意取得制度,但是,"登记在一方名下,对方处分"时,可能更加适用《婚姻法司法解释(一)》第17条第2项之规定,通过举证证明第三人有理由相信其抵押是夫妻双方共同意思表示。

四、商业银行现有条款的比对点评

(一)多家商业银行的现有条款比对

本书写作团队以"抵押合同"为例,考察了多家银行合同成立/生效条款的安排,比对点评如下:

【A银行】

第6条　抵押人应提交的文件

抵押人应向抵押权人提交形式上和内容上均为抵押权人认可和接受的以下文件(经过抵押权人审查同意后可以部分豁免):

……

(5)如果抵押物上还存在其他共同共有人,该等其他共同共有人认可本协议的内容并同意抵押人签署本协议的书面文件,如共同共有人与抵押人为夫妻,应提供夫妻关系的证明文件(结婚证或户口簿);

---

① 江苏省高级人民法院《家事纠纷案件审理指南(婚姻家庭部分)》第40条规定,《婚姻法解释三》第11条规定仅适用于"登记在夫妻一方名下,该方处分"的情形,受让人在符合《物权法》第106条规定情形下,其主张取得物权的,应予支持。在不符合《物权法》第106条规定情形下,依照《婚姻法解释一》第17条第2项的规定,如果受让人能够举证证明"有理由相信其为夫妻双方共同意思表示"的,受让人主张继续履行合同的,亦应予以支持。

第7条　抵押人的陈述和保证

7.1　抵押人向抵押权人陈述并保证：

……

(3)抵押人是本协议项下所抵押建筑物的合法所有人及所抵押建设用地使用权的合法使用权人,对抵押物拥有完全的、有效的、合法的处分权。若抵押物上还存在其他共同共有人或按份共有人,该等其他共有人完全同意本协议的内容并书面同意抵押人签署本协议。

【B银行】

第6条　甲方声明与保证

……

6.2　甲方对本合同项下的抵押物拥有完全的、有效的、合法的所有权或处分权,且该抵押物不存在任何争议,未被依法查封、扣押、监管、抵押或者被采取其他强制性措施。如抵押物上存在其他共同共有人或按份共有人,则甲方已获得该共有人所有的必要的同意和批准。

【C银行】

第16条　甲方声明条款

……

(四)抵押财产不存在其他共有人,或者虽然存在其他共有人,但该抵押担保行为已经获得其他共有人的书面同意。

【D银行】

第13条　声明与承诺

13.1.3　抵押人保证抵押财产之上没有其他共有人,或者虽有共有人但抵押人已获所有共有人的书面许可,抵押人承诺在签署本合同前将该书面许可交抵押权人保存;

【E银行】

第8条　甲方的权利和义务

8.3　甲方保证是本合同项下的抵押财产完全的、有效的、合法的所有者或有权处分者。抵押财产如为共有,已取得共有人同意。

第10条　违约责任

10.2　甲方如有下列行为之一,给乙方造成经济损失的,应给予全额赔偿:

10.2.1　无权处分抵押财产或隐瞒抵押财产存在共有、争议、被查封、被扣押、已经出租或已经设立抵押等情况的。

附件一　甲方之配偶/抵押财产共有人声明书

本人______(身份证号码:__________________)为______(甲方,身份证号码:__________________)的配偶抵押财产共有人。本人不可撤销地同意如下事项并同意与　(甲方)共同承担如下事项所涉及的全部责任义务:

1. 本人同意______(甲方)以________________(抵押财产)为主合同_____________(合同编号:______)项下之全部部分债务提供抵押担保。

2. 本人知悉主合同_________(合同编号:______)及《抵押合同》(合同编号:______)项下全部内容,并对合同的条款确认无异议。

特此声明。

签字:______

____年____月____日

【F银行】

第1条　乙方的陈述与保证

1.12　抵押物不属于共有财产,或虽属于共有财产但已就抵押事项征得共有人书面同意。

第20条　声明条款

……

20.2　乙方对本合同条款的含义及相应的法律后果已全部通晓并充分理解。签约各方对本合同含义认识一致。抵押物有共有人的,共有人也已认真阅读并确认了本合同的所有条款,知悉并出具了同意乙方以抵押物向甲方提供担保的书面承诺。

本合同项下抵押物如有共有人,则共有人特别声明:本人已了解本合同全部内容,并自愿承担与乙方相同的权利与义务。

共有人签字:

证件类型及号码:

住所地:

手机号码:

固定电话:

通信地址:

电邮地址：

抵押物共有人签字日期：____年____月____日

【G银行】

第4条　抵押人承诺

……

6. 抵押人已就本合同项下抵押事宜征得抵押物共有人同意。

第11条　违约责任

……

2. 抵押人有下列行为之一的，应按本合同所担保主债权本金数额的______%向抵押权人支付违约金；造成抵押权人损失的，应同时给予全额赔偿：

（1）未取得本合同担保所需的合法有效授权；

（2）未如实告知拖欠税款、抵押物建设工程款等款项，以及抵押物存在共有、争议、异议、已设定抵押、已出租或者被查封、扣押、监管等情况；

（二）多家银行的现有条款之检讨

从上述合同看来，银行在接受抵押签订合同时，多数未将仅登记在夫妻一方名下的夫妻共同财产作为一种特别需要防范的状况，因此仅在合同中约定了一般性的规则，此处，急切地需要做出调整：

第一，银行在抵押人的陈述与保证中都仅仅说明抵押人提供的资料需要真实，并且规定重大诉讼、仲裁、违约、负债或其他影响抵押物的事由应向银行提前说明，这种做法虽然将所有可能的情况都做了一个打包兜底，但是，在实际操作中，银行工作人员对于具体的需要哪些证明文件或材料，这些文件或材料如何算是真实都可能并不清楚知晓，因此，对抵押人的操作也有可能不规范从而造成对抵押财产审查的漏洞为日后埋下隐患。

而反观E、F银行的做法，即专门设计了《甲方之配偶/抵押财产共有人声明书》（E银行）或者要求共有人"特别声明：本人已了解本合同全部内容，并自愿承担与乙方相同的权利与义务"（F银行）。本书写作团队认为，这一做法不仅体现了银行对于这种风险防控的重视，也能以合同的一个文本形式作为证据留存，值得借鉴。

第二，A银行明确要求"如共同共有人与抵押人为夫妻，应提供夫妻关系的证明文件（结婚证或户口本）"。在我国婚姻登记民政系统信息不完备的情况下，本书写作团队认为这一做法值得提倡。

第三,以上各银行都约定了对于抵押过程中抵押人虚假声明或者提供虚假证明材料的违约责任条款,但结合司法案例来看,由于抵押人伪造材料、文件或其上的签字,导致财产共有人不知情的责任,法院通常会让银行举证证明财产共有人知情,否则抵押权不能实现,因此,在此处的合同约定应尽可能体现出财产共有人的真实意思表示。

本书写作团队认为,将相关提交材料的条款增加修改为“若有财产共有人,需要共有人亲自签字并捺手印”更为完善;同时,从内控体系上,应该注重不可将文件材料交与抵押人离开银行签字,而是应在银行有相应录音录像设备的地方进行,但若确实将文件交与抵押人私下签字,则在签字后应该及时询问财产共有人的意思并留存相关通话录音、影像资料或者签名证明文件等证据,确认其对于抵押事项已知情,当然此项事由多数是银行已经明知有财产共有人的存在。

第四,若银行不明知不动产权属状态,则体现了上述第一点的作用,在合同中就约定对于抵押财产可能存在的风险要求抵押人提供相关证明材料进行审查,因此,银行在此风险项下的合同设计和内部管控体系应该相互呼应,互相辅助,证明银行对于抵押事项审查过程严谨、办理程序适当完善。

第五,对于违约责任条款的设计,主要是关于抵押人提供虚假证明材料构成的违约,各家银行都将提供虚假材料作为违约的事由要求抵押人承担违约责任。只有G银行规定“应按本合同所担保主债权本金数额的____%向抵押权人支付违约金”。同时,对于再提供担保和及时纠正事项,还是应该撰写在合同中,这样第一可以在银行发现材料虚假的时候及时为债务进行另一层保护,第二也可以从另一方面证明银行在取得抵押权时是善意的。

值得注意的是,本专题所提及风险仅仅依靠银行合同的调整作用是有限的,在具体实践中银行还是应该以完善的内控体系为前提,以相关合同条款的设计为辅助或者保障。银行作为有组织的金融机构,通常会被认为负有查询不动产登记和抵押人婚姻情况等义务,也即银行相对于普通的民事主体,理应有更加完善的放贷审查体系,并且银行所提供给抵押人的多为格式合同,根据格式合同所遵循的原则,对于处在优势地位即提供格式合同的一方,司法当然会施加更大的公平压力,认定商业银行为善意取得,也即认定商业银行尽到了审查义务,并非易事,因此,要更多的关注从合同条款设计和内控体系完善以及证据保留以证明抵押为夫妻双方共同意思表示。

五、商业银行风控操作要点

基于以上司法裁判结果和法理分析，本书写作团队认为司法部门会按照《民法典》及相关配套法规、司法解释的规定，认定登记在夫妻一方名下的不动产抵押的责任承担。为更好地防范金融风险，维护金融债权，本书写作团队建议商业银行加强以下风险防控措施，如图 30-4 所示。

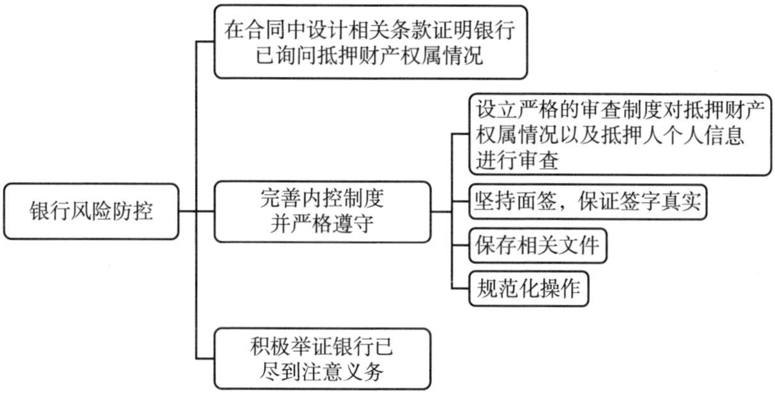

图 30-4　商业银行对登记在夫妻一方名下房屋抵押风险控制示意

（一）主动了解抵押人的个人信息，包括婚姻状况，以合同相关条款设计完善资料留存

银行在接受个人房屋抵押时，应对抵押人的身份信息、房屋权属状况进行审查，需要关注的是，不仅需要进行形式上的审查，更要注重对于抵押物的权属，核实抵押人的婚姻状况，以确定其是否有财产共有人，如果抵押人声称自己未婚，应要求抵押人出具书面证明，并注意查看其户口簿或其他信息记录上是否显示未婚；如果抵押人声明已婚，则无论不动产为婚前购买还是婚后购买，权利证书上记载如何，都应要求其配偶出具知情同意抵押的声明，并要求其配偶协助办理相关手续。

在星展银行（中国）有限公司深圳分行、郝某某与廖某、杨某借款合同纠纷[①]案中，深圳市中级人民法院认为，本案中，从《离婚协议书》约定的内容来看，杨某于 2014 年 8 月 28 日与廖某协商离婚时已知悉廖某将其夫妻共有房产，即深圳市罗湖区银湖路鸣翠谷×栋 6××房屋为卡蒙特公司向星展银行借

① （2016）粤 03 民终 12971 号。

款作抵押一事，双方虽然在《离婚协议书》中约定由此产生的债务由廖某负责偿还，但直至 2015 年 2 月 11 日星展银行提起本案诉讼，杨某一直未对该房产设立抵押提出异议，该行为应视为同意廖某以其夫妻共有房产为涉案债务提供抵押，该抵押有效。星展银行有权要求廖某在抵押担保的范围内承担担保责任。因此，星展银行主张对廖某名下位于深圳市罗湖区银湖路鸣翠谷×栋 6××房产行使优先受偿权，符合法律规定，法院予以支持。

同时不能忽视离婚、再婚的情形，如果抵押人存在离婚、再婚等情形，应重点关注房屋的购买时间、不动产权证书、离婚协议书、离婚判决书、离婚时间、再婚时间等可能影响不动产权利归属的信息，对于存在财产共有人的，应该征得共有人的同意，另外，对于再婚的情况，即使不动产属于抵押人的婚前财产，也应该要求其现配偶出具同意抵押的声明。以上内容，尽可能在抵押合同中体现，全面审查抵押人提供资料的真实性和完整性，同时在内控体系的完善方面，尽可能通过审查能明确抵押财产权属以及抵押人身份是否适格。

（二）坚持面签，优化操作流程（照片），确保签字真实性

从上述案例的银行败诉情况看来，即使是抵押人伪造其他共有人的签字，抵押也是无效，银行依旧无法取得抵押权。因此，在实际操作过程中，商业银行的工作人员应该在核实抵押人和共有人身份的基础上，坚持当面签字的原则，必要时留存相应影像资料，以确保签字的真实。

在郭某某与韩某抵押合同纠纷①案中，石家庄市中级人民法院认为，王某某称其在进行房屋抵押登记之前曾至抵押房屋进行核实，并且提供了当时在抵押房产处所拍摄的照片 9 张，郭某某对于王某某提交的照片系在抵押房产中拍摄真实性无异议，且对照片中其本人在家的情况认可，据此，对于郭某某称对案涉房屋抵押不知情的主张，法院不予采信。

因此，银行在接受抵押担保时，作为专业机构，理应由一套完整并合理的业务操作流程，以约束业务员的行为，从内部避免因不合理的操作而需要承担责任。并且应该让抵押人知悉相关操作流程以及其需要交付的相关证明文件，必要时留存影像资料。尤其应当注意的是，在作为补充签字证据瑕疵的证据时，仅通过持有共有人的相关证件并不足以使法院相信共有人知情或应当知情而未提出异议，而通过提供在共有人居住期间拍摄的照片，并

① （2015）石民四终字第 01584 号。

且最好有共有人在照片中，或者提供双方共有人的《离婚协议书》以证明另一共有人对于抵押事项知情，才能使法院认定银行的抵押权。

（三）做好档案管理工作，保证材料一致性，从而积极举证证明债权人已尽到注意义务

做好档案管理工作，一方面是操作流程中的过程性文件的保留，这与上面一条相互作用，证明银行严格遵守操作流程，以便法院认定银行已尽到应有的审查义务；另一方面是对于抵押人提供的文件，应当作为相关证据进行保存，并且通过当事人签字按手印等方式确保银行保存的材料与抵押人持有的材料的一致性。如果在银行已做到上述风险防控事项的情况下，根据目前的司法裁判来看，完全可以依据《民法典》第 311 条主张对于抵押权的善意取得，或者依据《担保法解释》第 54 条，提供相关证据证明财产共有人明知或应知抵押事项而未反对，从而实现抵押权的实现。

在韩某银与中国农业银行股份有限公司北京通州支行等抵押合同纠纷[①]案中，北京市第三中级人民法院认为，首先，农行通州支行持有韩某银本人身份证件的复印件，其中结婚证持有人为韩某银；其次，《房地产抵押估价报告》附有房屋内部照片，评估期间房屋实际居住人为韩某银，据此农行通州支行有理由相信韩某银"知道或者应当知道"房屋抵押贷款事宜。故根据相关法律规定，在婚姻存续期间，韩某银作为房屋所有权的共有人，在其"知道或者应当知道"房屋抵押贷款事宜的情况下，法院认定韩某红对该房屋抵押贷款的处置行为合法有效。

（四）注意审查以登记在未成年子女名下的房屋进行抵押的情况

根据以上介绍的无权代理行为的理论，银行在办理抵押贷款时，应该尽可能避免以登记在未成年子女名下的房屋进行抵押的情况，若接受抵押登记，则此时很有可能抵押权无法实现，但是，如果能够举证使法院认定父母对未成年子女名下房产进行抵押行为是具有诈害债权的故意时，应认为有一定可能性实现抵押权，因此，在实际操作中，一方面是在原则上尽量避免此种抵押；另一方面还是应具体情况区别对待，如若未成年子女在进行抵押的时间点确实有处置房产设定抵押的意思表示和相应的意思表示能力，而且在将来有追认的可能，那么可以进行变通，但是，都应按照操作流程留存相关证据以备由此可能带来的法律风险。

---

① （2015）三中民（商）终字第 07272 号。